JN442146

국민 모두가 알아야 할

태극기의 어제와 오늘

국민 모두가 알아야 할

태극기의 어제와 오늘

송춘영

형설출판사
www.hyungseul.co.kr

사진으로 보는 태극기의 변천

1. 민족 문화와 태극형 무늬(음양형 무늬)

▶ **보검 장식의 태극형 무늬**(고신라)

(3파문)

▶ **수막새의 태극형 무늬**(백제)

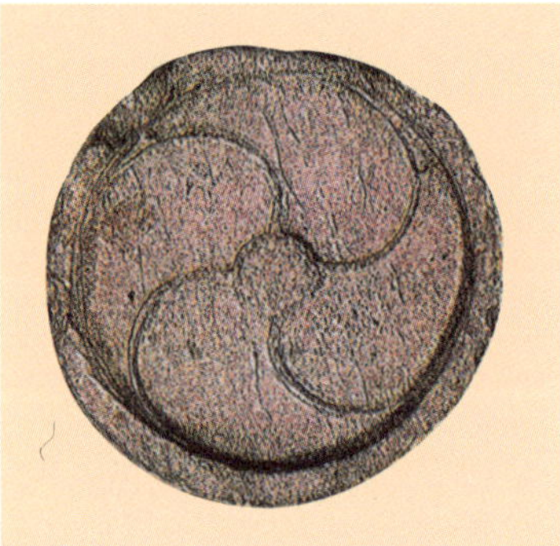

(4파문 : 만자문)

▶ **상자 모양 벽돌의 태극형 무늬**(백제)

(4파문)

▶ **개마총 현실 서벽 천장 받침 1층의 무늬**(고구려)

▶ 감은사지 석재 기단의 태극형 무늬(신라)

▶ 허재의 석관 천판의 태극형 무늬(고려)

▶ 공민왕비 정릉 석재의 태극형 무늬(고려)

2. 태극기의 창제

▶ **어기**(1882)

▶ **『해상 국가들의 깃발』에 있는 태극기**(1882. 7.)

▶ **영국 국립문서보관소 소장 태극기 사본**(1882. 11.)

(박영효의 태극기 모사본)

3. 태극기의 변천

(1) 1880년대

▶ 『통리교섭통상사무아문』 제작의 조선국기(1884)

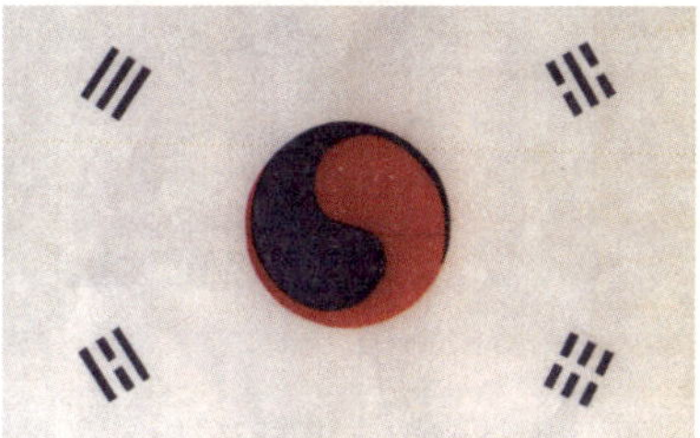

▶ 미국 스미소니언 국립박물관 소장 태극기(1884)

(쥬이 태극기)

▶ 「통상조약장정성안휘편」의 태극기(1886)

(대청국속 고려 국기)

(2) 우표 도안의 태극기

광복전

▶ 대조선국 우초(표)의 태극도(1884. 11)

▶ 대조선국 우초(표)의 태극기(1884)

▶ 조선 우표의 태극기(1895. 7)

▶ 조선 우표의 태극기(1897. 10)

광복후

▶ 해방 기념 우표의 태극기(1946. 5)

▶ 총선거 기념 우표의 태극기(1948. 5)

▶ 올림픽 참가 기념 우표의 태극기(1948. 6)

▶ 헌법 공포 기념 우표의 태극기(1948. 8)

(3) 대한제국기(1897~1910)의 태극기

▶ **데니의 태극기**(1890)

▶ **노블 목사의 태극기**(1890)

▶ **독립문 태극기**(1897)

▶ **장서각 소장 『각국기도』에 있는 대한제국국기만만세도**(1897~1910)

▶ **우정박물관 소장 태극기**(1900)

▶ **불원복 태극기**(1906)

▶ 『독립신문』의 태극기

① 제1호(신문 호수)(1896. 4)

② 제76호(1896. 8)

③ 제100호(1919. 8)

▶ 『황성신문』의 태극기

① 제11호(1898. 9)

② 제51호(1900. 5)

③ 제1921호(1905. 4)

▶ 『태극학보』의 태극기

제8호(1907. 3)

(4) 민족 수난기(1910~1945. 8)의 태극기

▶ **태극기 제작 목각판**(1919)

▶ **미주 지역에서 사용한 태극기**(1919)

▶ **대한민국 임시정부 태극기**(일제강점기)

▶ **이승만이 사용한 태극기**(1930년대)

▶ **김구 친필 서명문 태극기**(1941)

▶ **임시정부 국무위원회 국기 양식 통일안에 의거 만든 태극기**(1942)

(5) 광복 후의 태극기

① 미군정기의 태극기

▶ **광복군 서명문 태극기**(1945. 8)

▶ **광복 직후 정부에서 공포한 태극기**

▶ **미군정 문교부에서 만든 태극기**

② 정부 수립 후의 태극기 시정 (국기시정위원회에서 심의한 5개 태극기 도안)

구 왕궁 소장 안(제1안)

미군정 문교부 안(제2안)

우리국기보양회 안(제3안)

이정혁 안(제4안)

독립문 안(제5안)

▶ **현행 태극기**(1949. 10. 15)

▶ **청 사신 숙소 앞 태극도**(아극돈 그림)

粗通言語效中華官是鴻臚
古大加人意未能全鮮識有
時書代簸行斜朝鮮舊以鴻臚主賓客即大加也俗名
差備朝夕侍奉左右以通言語
見人蹲踞渾閑事趨走庭前
禮數繁華履風巾仍是舊異
御留此盤盤桓以蹲踞爲常以趨走爲敬習俗然也
黄華履折風巾則仍古制矣
克敦

▶ **청 사신 숙소도**

▶ **영조의 청사신 영접도**(아극돈 그림)

추천사

정종섭 장관

대구교육대학교 송춘영 전 교수님의 「국민 모두가 알아야 할 태극기의 어제와 오늘」 증보판 출간을 진심으로 축하합니다.

학계나 교육계에서도 우리나라의 상징인 태극기에 대해 관심이 저조하고 연구 실적도 미미한 것이 현실입니다. 그럼에도 불구하고 교수님께서 1977년부터 태극기에 대한 자료수집과 정리 · 연구 활동을 해 오시고 2008년도에 출간하셨던 「태극기의 어제와 오늘」을 변화된 내용을 보완하여 증보판을 출간하시니 학문적인 열정과 교육자로서 사명감에 경의를 표합니다.

「국민 모두가 알아야 할 태극기의 어제와 오늘」은 태극기의 연혁과 국기 법령의 변천사, 외국의 국기 교육 사례 등을 망라한 국기 교육 기본 자료집으로서 충분한 가치와 의미를 담고 있다고 생각합니다. 따라서 국가, 지방자치단체 및 공공기관 공직자의 태극기에 대한 기본 소양 함양과 각급학교의 태극기 교육에 참고할 수 있는 훌륭한 교본이 되리라 믿습니다.

특히, 광복 70년의 뜻 깊은 해를 맞아 귀중한 저술이 빛을 보게 되어 기쁘고, 많은 독자 제현들에게 확산되고 읽혀지어 태극기를 통해 대한민국 국민의 대통합과 국가의 정체성이 공고해 지기를 바라면서 추천사에 갈음합니다.

광복 70년! 6월 25일

행정자치부 장관 정 종 섭

머리말

국기는 나라의 상징이며, 민족의 역사와 이상이 담겨있는 숭고한 표지(標識)이다. 그러므로 어느 나라를 막론하고 국기 없는 나라는 없다.

우리나라의 국기인 태극기는 19세기 후반에 창제된 이후 1949년 이전까지는 규격이 통일되지 않은 국기를 사용해 왔다. 그러나 광복 후 1949년 10월 15일 「문교부 고시 제2호」의 반포로 규격이 통일된 '시정(是正)태극기'(현행 태극기)를 국기로 사용해 오고 있다.

이처럼 태극기의 제정 역사가 130여 년이 지났음에도 국기(태극기)제정 기념일의 지정도 없이 태극기에 관한 학문적 연구 성과 또한 극히 미진하며, 교육 현장에서는 국기 교육 자료집의 부족으로 국기에 대한 예절이나 국기 게양 및 강하 방법, 국기의 관리와 취급 방법, 국기 그리기 등의 외형적 지도에 그치고 있다.

필자가 국기에 대해 관심을 갖게 된 것은 1977년 경북교육연구원 연구사로 재직 할 당시 국기 교육에 남다른 관심을 가졌던 고 이성조 교육감의 지원 하에 국민정신 교육 자료를 수집 · 정리 하고 이를 제작하면서부터였다. 필자는 국민정신 교육 자료를 수집 · 정리 · 제작하는 과정에서 언젠가는 이 귀중한 자료들을 국기 교육을 위한 자료집으로 발간해야겠다는 마음을 갖게 되었다. 그러나 대학으로 자리를 옮기면서 사정이 여의치 않아 그 이상의 진척을 가져오지 못하였다.

그 후 정년퇴임을 하고 시간적 여유를 가지면서 그간 모아놓은 자료를 정리하여 『태극기의 변천과 국기교육』이란 제목으로 출판하였으나 시간 부족으로 미비한 점이 없지 않았다. 그 뒤 2007년 「국기법」이 법률로 제정 · 시행됨에 따라 이에 근거한 자료와 새로운 태극기 관련 자료를 수집 · 정리하고 미비한 점을 수정 · 보완하여 우리 모두가 알아야 할 『태극기의 어제와 오늘』이란 제목으로 출판하였다. 이 후 2008년 국기에 관한 규정이 개정되고, 태극기 자료의 문화재 등록, 2009년에는 「국기의 게양 · 관리 및 선양에 관한 규정」이 반포 시행됨에 따라 필자는 관련 규정과 새로운 자료를 수집 · 정리하고, 내용을 부분적으로 수정 · 보완하여 증보판을 내게 되었다.

이 책은 Ⅰ. 기와 국기, Ⅱ. 태극기의 구성과 그 의미, Ⅲ. 태극기의 제정 과정, Ⅳ. 국기 교육의 방법, Ⅴ. 국기와 우리의 자세, Ⅵ. 국기에 관한 규정 등 총 6장으로 구성하였다. 이 책의 특징은 다음과 같다.

1. 책 표지 다음에 '사진으로 보는 태극기의 변천'을 수록하여 태극기의 변천 과정을 직관적으로 이해하도록 하였다.

2. 태극기에 관한 연구 성과를 간략히 비교 · 소개함으로써 태극기에 관한 선입견이나 오류를 시정하여 국기의 주체적 인식을 높이도록 하였다.
3. 외국과 우리나라의 국기교육을 비교하여 우리나라의 국기교육의 특색을 이해하고, 교사와 학생의 국기의식의 실태를 조사 · 제시하여 국기 교육 방법의 개선 자료로 활용할 수 있도록 하였다.
4. 부록으로 '국기 약사 연표'를 수록하여 태극기 변천 과정의 시간적 종적 파악을 할 수 있도록 하였다.
5. 국기에 관한 중요한 참고 문헌을 수록하여 태극기와 국기 교육 연구자를 위한 자료의 활용에 도움이 되도록 하였다.
6. 국기에 관한 제규정과 문화재로 등록된 태극기 자료를 수록하여 국기 관련 규정의 올바른 이해와 자료의 활용에 도움이 되도록 하였다.

그러나 필자가 능력이 부족하고, 태극 · 양의 · 4괘에 관한 역학적 기초지식이 없어서 기존의 연구 성과를 활용하는데 그쳤다. 그러므로 자료의 한계에서 오는 해석상의 무리도 없지 않을 것이다. 또한 태극형 문양과 민족 문화와의 관계, 태극기의 도안이 갖는 사상적 의미와 우리 민족 · 역사와의 관계 등에 대해서도 선명히 밝히지 못한 아쉬움이 남는다. 이러한 문제는 누군가(후학)에 의해 밝혀질 것으로 기대한다. 다만 국기교육을 위한 체계적 종합적 자료집이 부족한 현실에서 이 책이 현장의 국기교육을 위한 자료집으로서의 기능은 물론 국기에 대한 국민의 주체적 인식과 국기의 존엄성과 국기 사랑의 마음을 더 높이는 자료로 활용되었으면 하는 마음이다. 동학인의 비정을 바란다.

이 책(자료집)을 내는데 추천서를 써주신 행정자치부 정종섭 장관님께 감사를 드린다. 또한 귀중한 자료(제사진, 그림, 내용문)를 제공해 주시고 그 활용을 쾌히 허락해 주신 김상섭 박사*, 안동대학교 김희곤 교수, 서울대학교 이태진 명예교수(전 국사편찬위원회위원장), 동국대학교 한철호 교수, 영문 자료를 정리해 준 금오공대 윤희수 교수, 대구교육대학교 박인현, 주웅영 그리고 남인국 교수, 한국독립기념관의 강대덕 실장과 김도형 연구원, 장서각의 윤대봉 담당관, 문화재청의 김미성 담당관, 행정자치부의 박재목 · 이홍석 의정담당관, 서울대학교 규장각 도서관 및 국립중앙박물관의 자료 담당관, 대구교육대학교 도서관 및 여러 대학 박물관의 자료 담당관에게 진심으로 고마움을 전한다.

끝으로 현재 출판계의 어려운 여건을 무릅쓰고도 국기에 대한 깊은 관심과 애정을 가지고 국기의 중요성을 인식하여 쾌히 출판을 허락해주신 형설출판사 장지익 사장님과 편집 및 교정에 수고해 주신 임직원 여러분께 감사를 드린다.

2015년 8월

저 자

차 례

I 기와 국기

1. 기의 개념과 종류
2. 국기의 개념과 유형

1. 기의 개념과 종류

(1) 기의 개념과 기능

1) 기의 개념

기는 어떤 그림이나 부호 또는 문자 등을 일정한 천이나 종이 같은 데에 디자인하고 채색하여 막대에 단 것으로 특정한 의미를 표상한 총칭이다. 즉, 국가나 군대 · 선박 · 여러 단체나 기관 등에서 사용하기 위해 특별한 형태를 도안 · 채색하여 만들어 이를 깃대에 달아서 특정한 상징적 의미를 나타낸 표지이다.[1)]

이러한 기가 언제부터 어떻게 사용되었는지는 정확히 알 수 없지만 아마도 인류의 역사와 더불어 함께 하여 온 것으로 짐작된다.

인간은 선사시대부터 집단 생활을 하면서 그들의 흔적이나 위치를 어떤 기호나 부호, 문자나 신호 등으로 표시하여 알릴 필요성을 느끼게 되었을 것이다. 그리하여 나무막대나 장대 같은 끝에 풀잎새나 새끼오리(새끼줄) 또는 천 조각 같은 것을 달아서 먼 곳에 있는 동료나 집단에게 우군의 존재와 위치 · 방향 등을 알리는 표적으로 사용하였을 것이다. 이 같은 표지는 특히 전쟁 시에 많이 사용되었을 것으로 믿어진다. 그러므로 기는 군기에서 먼저 발달하게 되었다. 수많은 군사들이나 군중이 떼지어 오고 갈 때 대오를 편성하게 되면, 편성된 대오를 구분하기 위한 기치가 필요하였을 것이며, 이 대오를 인도하며 지휘할 지휘자의 표지나 군호를 위해서는 기 같은 것이 필요하게 되었을 것이다. 육지나 바다에서는 이같은 군사적 필요성에서 군기가 발달하게 되었던 것 같다.[2)] 이처럼 기는 종교적 의식에서 위의를 갖추거나 군사적 식별(아군과 적군), 부대의 편성, 선박의 식별 등 의례나 군사적 · 해상적 목적에서 사용되어 왔다.

중국에서 기를 사용하게 된 것은 기원전 1122년까지 거슬러 올라간다. 고대 그리스 아테네의 해군은, 기원전 5세기 초부터 자주빛 기를 사용하여 왔다. 최초의 기는 일반적으로 지휘관의 개인적 표지나 전쟁할 때 군인들을 식

---

1) 한국정신문화연구원, 『한국민족문화대백과사전』 4, 1991, p. 377.

2) 이선근, 「우리 국기 제정의 유래와 그 의의」『국사상의 제 문제』 2, 국사편찬위원회, 1959, p. 184.

별하기 위한 표지로서 사용되었다. 전쟁할 때 군인들의 무장(갑옷 · 투구 · 기갑 등)의 앞뒤나 좌우에 표지를 표시하였다. 또는 왕이 선박에 승선했을 때에도 기를 달았다. 대부분의 기들은 국왕이나 지휘관(사령관)의 개인적 권위의 상징으로서 사용되었고, 이것은 수세기 후까지 국가를 상징하는 기가 되지 않았다.[3)]

기의 생명은 표지성(상징성)이다. 기는 쉽게 눈에 띄어야 하며, 기의 천은 바람에 펄펄 잘 휘날리도록 높은 데에 달아야 한다. 그러기 위해서는 어떤 형태(모양)나 도안(도형), 색상이 필요하였다. 형태는 장방형이나 정방형 또는 삼각형 등이 있으며, 도형은 동물이나 천상(天象)의 천체, 자연의 지형과 산천 같은 것이 대상이 되었다. 색상은 눈에 잘 띄는 빨강색 · 노랑색 · 푸른색 · 검은색 등이 사용되었다.[4)]

기는 깃대에 매단다. 깃대는 기를 다는데 사용된 막대나 장대이다. 고대의 군인이나 기사들은 그들의 창 끝에 기를 달기도 하였는데 이를 기창이라 한다. 오늘날 각 단체나 기관에서 사용하는 표지기의 깃대 끝을 뾰족하게 만든 것은 이 같은 기창에서 유래한 것이라 한다.[5)]

깃대의 맨 위의 끝에는 깃봉을 달아 위의(威儀)를 나타내기도 한다. 우리나라의 깃봉은 황금색의 무궁화 봉오리 모양이다. 기를 다는 깃대를 일정한 장소에 세워 기를 달도록 만들어 놓은 것을 게양대라 하며, 기를 내리고 다는 사람, 기를 드는 사람, 기로서 신호하는 사람을 기수 또는 기관(旗官)이라 한다.[6)]

2) 기의 기능

기의 기능은 여러 가지를 들 수 있다. 『한국민족문화대백과사전』 4권, '기의 상징' 에서는 "기는 특정한 의미와 뜻을 나타내며, 신호로 쓰이기도 하며, 의장으로서의 상징성이 있다"고 하였으며,[7)] 한종인은 "기는 사회 참여와 정보 전달

---

3) Douglas M. Rife, 'The History of Flags and What They Mean', "Pledge of Allegiance" (Teaching & Learning Company, Carthage, 1989), p. 7.

4) 이선근, 앞의 논문, p. 184.

5) 한국정신문화연구원, 앞의 책, p. 378.

6) 위와 같음.

7) 한국정신문화연구원, 위의 책, pp. 378~379에서는 일반적 상징성과 의장적 상징으로 나누었으나 여기서는 통합하였다.

의 수단이고, 구성원을 단결하고 통합하는 도구이며, 대중을 조작하는 심리적 수단과 도구로서의 기능이 있다"고 하였다.[8)]

이상에서 본 기의 기능을 종합하면 다음과 같다.

첫째, 기의 가장 중요한 기능은 상징성이다. 군대나 사회 단체, 행정 기관, 학교, 기업체, 선박 등의 기는 그 나름의 특정한 의미와 뜻을 지니고 있다. 국기뿐만 아니라 각 기는 역사와 문화 · 전통과 환경, 구성원의 이상을 나타내고 있다.

둘째, 기는 구성원의 의사 소통이나 통신의 수단인 신호로서의 기능이 있다. 철도에서 사용되는 신호기, 전쟁 시 아군의 의사 소통을 전하는 기, 최근의 비행기 · 선박 · 자동차 · 기차 · 기계와 기기 등에서 사용되는 전자 신호는 신호 수단의 일대 변화를 가져왔다.

셋째, 기는 의장기로서의 기능이 있다. 국가적 · 사회적 행사나 군사적 행사에 있어서 의례 행렬이 진행될 때는 군기까지 여러 기가 의장기로서의 기능을 갖는다. 의장기로서의 기는 무늬가 핵심적 요소이다. 특히 국왕의 권위를 나타내는 무늬는 그 나라의 역사적 · 전통적 배경과 그 시대의 사회적 배경을 바탕으로 하여 나라마다 다르며, 의장기는 그 시대의 사회성을 나타내기도 한다.

넷째, 기는 구성원을 단결시키고 통합하는데 유용하다. 전 국민이 자국의 국기에 대한 존엄성을 가지고 국기를 중심으로 나라의 발전을 기원하고, 힘을 합쳐 국가의 국난을 극복해 온 것이라든가, 국경일 행사 때나 국제 경기에서 자국의 국기가 게양된 것을 보고 국기를 들고 만세와 환호하는 모습에서 총합된 단결의 힘을 볼 수 있다.

3) 기의 무늬

기에 사용된 무늬는 다양하다. 무늬의 대상은 천상(天象)의 천체를 비롯해서 동식물, 자연의 지세나 산천, 문자 등 다양하다. 기의 무늬는 시대와 사회의 변천에 따라 그 형태와 내용, 채색도 바뀌어져 오면서 도식화 · 양식화되어 온 것 같다.

『한국민족문화대백과사전』 4권, '의장기와 상징성' 에서는 기의 무늬를 동

---

8) 한종인, 「국기의 절대표상으로서의 태극기에 관한 연구」, 홍익대학교 산업미술대학원 석사학위 논문, 1991, pp. 10~12.

물 무늬, 사신 무늬, 천상 무늬 등 3가지로 나누고, 구체적으로 동물 무늬는 11가지, 사신 무늬는 4가지, 천상 무늬는 6가지로 나누었다.[9] 또한 한종인은 국기의 무늬를 상징 유형별로 천상, 지세 풍경, 동식물, 문자, 인상(人象) 도구, 추상 무늬 등 6가지로 분류하였다.[10]

이상의 무늬 유형을 종합하여 공통적인 무늬별로 분류하면 다음과 같다.

① 동물 무늬

기의 무늬 중 가장 많은 것은 동물 무늬이다. 동물 무늬는 인류의 유목 생활뿐만 아니라 예부터 동물을 숭배하여 온 사상과 관련이 있는 것으로서 힘있고 용맹스러우며 상서롭고 길상적인 의미를 지닌 동물을 선호하였기 때문이라 생각된다. 대표적인 동물 무늬를 살펴보면 다음과 같다.

㉠ 용 무늬 : 용은 무궁한 조화 능력을 지닌 초월적인 동물로 천자나 국왕을 상징한다. 하며 청룡기 · 황룡기 · 교룡기 등이 있다.

㉡ 호랑이 무늬 : 호랑이는 예부터 산신 · 수호신으로서 인간의 생활과 밀접한 관계를 갖고 있는 동물이다. 백호기 · 문기 등이 있다.

㉢ 거북 무늬 : 거북은 장수와 다산을 상징하는 길상의 동물로 현무기 · 가귀선인기 등이 이에 속한다.

㉣ 기린 무늬 : 기린은 상서롭고 신령스러움을 나타내는 동물로 이상적인 평화를 상징한다. 기린기가 있다.

㉤ 사자 무늬 : 사자는 동물의 왕으로 서방에서 들어와 천록과 벽사를 상징하는 동물이다. 사자기 · 치사기(馳獅旗) 등이 있다.

㉥ 곰 무늬 : 곰은 신화에 많이 나오는 신령스러운 동물이다. 황웅기(黃熊旗) · 적웅기 등이 있다.

㉦ 말 무늬 : 말은 하늘을 날아 천록과 벽사를 상징하는 동물이다. 천마기 · 용마기 등이 있다.

㉧ 12지 무늬 : 12지(支)는 동양 철학에서 땅의 12 방향을 나타내는 동물로 소 · 토끼 · 뱀 · 염소 · 돼지 · 닭 등을 나타내며, 육정기(六丁旗)가 이에 속한다.

㉨ 봉황 무늬 : 봉새는 봉황새 중에서도 수컷인 조류의 왕으로 초능력을 지녀 치란을 알고, 어진 왕이 나오면 상서로운 군왕을 상징하는 동물로 사용

9) 한국정신문화연구원, 앞의 책, pp. 379~381.

10) 한종인, 앞의 논문, pp. 13~23.

되어왔다. 주작기 · 붉은 봉황기가 있다.

㊂ 학 무늬 : 학은 길상을 상징하는 동물로 백학기 · 현학기가 있다.

이상의 동물 무늬 중에서도 특히 주작 · 현무 · 청룡 · 백호 등 4신도는 4방위를 수호한다는 뜻에서 왕의 노부(鹵簿)에 많이 사용되었으며, 이것은 풍수지리학이나 역학(易學)과도 관계가 깊다. 고구려의 4신도는 조선시대 말까지 왕의 노부에 사용되어 왔다.

② 천상 무늬

천상 무늬는 천체를 대상으로 한 것이다. 해와 달은 음양을 다스리고 별은 지상의 만물에 작용한다고 믿고, 천인지(天人地)를 연결한다는 민간신앙의 대상으로서, 또한 천명을 받아 지상을 다스리는 왕권의 상징으로서 기의 무늬에 많이 사용되어 왔다. 천상 무늬의 기로는 28수기(宿旗) · 일월기 · 오성기 · 북두칠성기 등이 있다.

③ 산수 무늬

산은 예부터 하늘과 인간 세계를 연결해 주는 신선한 장소이며, 강이나 내는 생명의 상징으로 문명의 발생과 관계있다고 믿어 왔기 때문에 신앙의 대상이 됨에 따라 무늬로 많이 사용되어 왔다. 산수 무늬의 기로는 오악기가 있다.

④ 신인(神人) 무늬

신인은 천상계에 사는 초세속적인 신선으로 믿고, 왕은 하늘에서 내린 사람이므로 신인 무늬는 왕의 노부에 사용되었는데 가귀선인기가 있다.

⑤ 태극형 무늬

태극은 동양의 역학에서 우주 만물을 생성하는 근원으로 인식되어 왔다. 동양 철학의 근간으로 인간의 생활 속에 깊이 파고들어 유물이나 유적에 많이 사용되었는데, 우리나라의 각종 유물에서 태극형 무늬를 찾아볼 수 있으며, 태극기는 그 대표적인 기이다.

⑥ 부적 무늬

부적은 인간의 재앙을 막아 주거나 멀리 하며 길상을 가져온다는 민간 신앙의 표현으로 그림이나 부호, 글자로서 기의 무늬를 만들어 사용해 왔는데 그 예로는 육정기가 있다.

이상에서 살펴본 바와 같이 기의 무늬는 옛 사람들의 자연관과 토속 신앙이 바탕이 되었고, 시대가 변천함에 따라 동양 철학 사상과 전통 사상이 합쳐져 특정한 의미가 부여되었으며, 또한 하나의 상징성을 나타내게 되었다.

(2) 기의 종류

기의 종류는 다양하다. 기는 그것이 갖는 상징성이나 형태, 용도, 색상이나 조형 등에 따라 여러 가지로 분류할 수 있으며, 동양과 서양 등 지역에 따라 그 기준이 다를 수 있다. 이선근이나 『한국민족문화대백과사전』에 제시된 동·서양 기의 종류를 바탕으로[11] 분류하여 그 특징을 요약하여 살펴보면 다음과 같다.

1) 동양에서의 기의 종류

① 기(旗) : 이 기는 일반적으로 모든 기를 총칭한 이름으로 사용되는 말이지만 이 기는 좌우가 좁고 아래·위가 길며 깃대에 매는 부분만 제외한 삼면에 제비꼬리 모양의 술을 단 모양을 한 것인데, 이 기에는 곰과 호랑이를 상·하로 그린 붉은색으로서 장수의 위엄을 상징하였다.

② 기(旂) : 이 기는 깃대 위에 방울을 달고 기폭에는 교룡이나 거북·뱀 등이 그려진 기로서 제후의 군기로 사용되었다.

③ 전(旃) : 이 기는 꼬부라진 자루(曲柄)에 무늬 없는 통백(通帛)을 드린 것으로 삼고(三孤 : 少師, 少傅, 少保 3官을 말함)의 기였다.

④ 모(旄) : 이 기는 소의 꼬리털을 가늘고 짧은 봉에 주섬주섬 매어 달아서 만든 기로서 지휘관의 지휘용으로 사용되었다.

⑤ 패(旆) : 이 기는 감색의 헝겊을 길게 늘여 끝에는 제비꼬리 모양으로 쪼개지게 만든 것으로 장수(장군)의 기로 사용되었다.

⑥ 정(旌) : 이 기는 새의 긴 날개털을 모수(旄首)에 꽂아 천자가 군사의 사기용 또는 지휘용으로 사용되었다.

⑦ 조(旐) : 이 기는 기폭에 거북과 뱀을 그린 것으로 길흉을 표시하는데 사용되었다.

⑧ 여(旟) : 이 기는 새모양을 기폭에 그린 기로서 군기의 일종으로 사용

---

11) 이선근, 앞의 논문, pp. 184~188 및 한국정신문화연구원, 앞의 책, p. 381.

되었다.

그 외에도 중국의 기에는 치(幟) · 당(幢) · 번(幡) 등이 있었는데, 이것은 두 자를 묶어서 기치 · 기당 · 당번 · 정기 등의 이름으로 쓰였다.

치는 길이가 5척, 너비는 반폭으로 길이가 길고 폭이 좁아 바람에 잘 펄럭이도록 만들었다. 정과 당은 기보다 아래 · 위가 훨씬 긴 것이어서 기를 달 때에는 깃대를 휘어서 깃대의 맨 위 끝에 달았다. 당은 부처나 보살의 위덕을 상징하는 것으로 사찰에서 불사를 행할 때 사찰 입구에 달았다. 오늘날 사찰 입구에 옛날의 당간지주(당간을 양쪽에서 받쳐 고정시키도록 만든 장치로 돌이나 나무로 만들었음)나 당간(사찰 입구의 당간지주에 세운 깃대를 다는 깃대로, 청동당간이나 철당간 또는 목당간이 있음)이 남아 있는 것을 보면 당이란 기를 사용해 왔음을 알 수 있다. 번은 당과 비슷하다.

2) 서양에서의 기의 종류

고대 서양에서 쓰여진 기의 유래와 종류에 대해 이선근은 5가지로 분류하였다. 5가지의 기를 보면 다음과 같다.[12)]

① 이집트와 앗시리아 · 유태 같은 고대 국가들이 일찍이 기를 사용하였고,

② 기원전 800년경에 검정 헝겊의 군기가 페르시아에서 사용되었고,

③ 백색 바탕에 황금색 독수리도 군기로 사용된 적이 있었으며,

④ 그리스 · 로마 같은 나라에서는 갑옷 조각을 매달아 군기로도 삼았으며,

⑤ 중세에는 1219년 덴마크의 왕 왈데마(Waldemar)는 이교도와 싸우게 되었을 때 신의 게시에 따라 붉은 바탕에 흰 십자 휘장으로 군기를 삼았다가 대승리를 가져왔다 한다. 이 때문에 흰 십자기는 '대너브럭(Dannebrog)'이라 칭하여 세계 최초의 국기로 나타났으며, 오늘까지도 이것은 덴마크의 자랑이요, 심벌이 되었다.

이 외에도 서양에서의 기의 종류는 5가지로 분류하는데, 그 특징을 보면 다음과 같다.[13)]

① **스탠다드**(Standard) : 이 기는 왕실기로 대형이어서 들고 다니지 못하고 왕궁 같은 곳의 일정한 장소에 달았다. 이 기의 모양은 길이(가로)가 길고, 기의 바깥쪽을 향하여 좁아지다가 끝이 두 갈래로 쪼개어졌다. 그러나

---

12) 이선근, 위의 논문, p. 186.

13) 주 11)과 같음.

후에는 장방형 또는 정방형으로 바뀌었다.

② **배너**(Banner) : 이 기는 전쟁 시 왕후와 기사들이 사용했던 작은 기로서 그 모양은 장방형 또는 정방형이 있다.

③ **페넌**(Pennon) : 이 기는 삼각형의 작은 기로 기사들이 창 끝에 달아 사고의 방지라든가 위세의 과시용으로 사용되었다

④ **엔사인**(Ensign) : 이 기는 군기, 특히 해군의 군함기로 사용되었다.

⑤ **페넌트**(Penant) : 이 기는 펜던트(Pendant)라고도 하는데 그 모양은 옆으로 긴 삼각형으로 기의 바깥쪽 끝이 제비초리 모양으로 쪼개졌다.

이상에서 살펴본 기의 종류 외에도 형태(모양)별로 보면 ① 세로가 긴 대기, ② 가로가 긴 대기, ③ 정방형 기, ④ 장방형 기, ⑤ 삼각기(정삼각기 또는 장삼기), ⑥ 연미기(끝이 제비초리 모양으로 두 갈래로 갈라진 기) 등이 있으며, 용도에 따라서는 ① 상징기(군기 · 유엔기 · 교기 · 단체기 등), ② 군기(대장기(위엄과시) · 초요기), ③ 의장기, 그 외에 만국기 · 만선기 · 풍어기 · 농악기 · 부적기 등이 있다.[14)]

(3) 우리나라의 기의 역사

삼국시대 이후는 기의 사용에 대한 기록이 남아 있기 때문에 이를 통하여 그 대강을 알 수 있다.

1) 삼국시대의 기

삼국시대의 기는 고구려의 안악 3호 고분 벽화의 행렬도에서 의장기의 일단을 찾아볼 수 있다. 이런 점으로 보아 왕실이나 군대에서는 기를 사용하였을 것으로 짐작된다. 특히 불교의 전래와 발달은 종교적 의식용의 기를 사용하였던 것으로 보인다. 비록 후대의 것이긴 하지만 당간이나 당간지주가 남아 있는 것을 보면 종교적 의식용의 기를 사용하였음을 뒷받침하여 준다.

2) 고려시대의 기

고려시대에 기를 사용한 자료는 『고려사』「여복지」와 『고려도경』 등의 문

---

14) 위와 같음.

헌에서 찾아볼 수 있다. 법가노부(의종의 거동 행렬)에는 기치가 30여 종에 이른다고 하였으며, 『고려도경』에는 7종이, 『고려사』「여복지」에는 61종의 기 이름이 보인다.[15] 이런 점으로 보아 고려시대에는 왕실과 군대에서 체계적으로 정비된 기를 사용하였음을 알 수 있다.

3) 조선시대의 기

조선시대에는 고려 말의 기치를 이어받았으나 간결하게 정비하는 한편 용도를 세분하였던 것 같다. 『한국민족문화대백과사전』에 제시된 조선시대의 기를 의장기와 군기로 나누어 설명한 내용을 요약해 보면 다음과 같다.[16]

① 의장기

의장기는 왕 · 왕비 · 왕세자 · 왕세손 등에 따라 다르고 왕의 거동에 있어서는 대가(大駕) · 법가(法駕) · 소가(小駕) 등의 차이가 있다. '대가노부'에는 24개, '법가노부'에는 20개, '소가노부'에는 14개의 기를 각각 사용하였다. 그 중 대가노부에 있는 것이 법가노부에는 황룡기 · 육정기가, 소가노부에는 백택기 · 황룡기 · 육정기가 없다.

왕비의 거동 때에는 백택기를, 왕세자의 거동 때에는 기린기 · 백택기 · 현학기 · 백학기 · 가귀선인기를, 왕세손이 거동할 때에는 기린기 · 금자기(金字旗)를 사용하였다.

② 군기

군대에서 사용하는 군기도 넓은 의미로는 의장기에 포함시킬 수 있으나 군기가 갖는 용도가 의장기와는 차이가 있기 때문에 분리하여 살펴보고자 한다.

조선시대의 군기는 48종이 되지만 『속병장도설』에는 16개의 군기 이름이

15) 『고려도경』에는 상기 · 응준기 · 해마기 · 봉기 · 백택기 · 오방기 · 소기 등 7종의 기 이름이 보인다. 고려의 61종의 기에 그려진 무늬는 주로 동물 무늬가 많은데 용 · 기린 · 거북 · 사자 · 말 · 호랑이 · 학 · 봉 · 주작 등이 많은 것이 특징이다.

16) 한국정신문화연구원, 앞의 책, pp. 382~383 및 문화공보부 문화재 관리국, 『조선시대 궁중복식』, 1981, p. 153.

17) 위의 책, pp. 383~384.
『속병장도설』에는 교룡기 · 대열기 · 홍순시기 · 홍영기 · 사명기 · 수자기 · 남신기 · 문기 · 청도기 · 영기 · 금군정기 · 금군영기 · 금군청호영기 · 별장천총수기 · 파총초관수

보이며, 창덕궁에는 9종의 군기가 보관되어 있다.[17)]

4) 대한제국의 기

대한제국(1897~1910)의 기는 조선시대에 사용되어온 기를 이어받고, 특히 1876년 문호개방 이후 외국과의 문물이 교류되면서 새로운 시대에 맞는 기치의 필요성을 느껴 더욱 정비하였던 것으로 보인다. 대한제국기에는 1882년에 창제된 태극기(국기)를 사용해 왔으며, 군제의 개편에 따라 군기도 또한 정비되었을 것이다. 따라서 의장기도 새로운 시대에 맞게 정비되어 그 수가 조선시대의 의장기 수보다 크게 늘어난 71종이나 되었다.[18)]

5) 현대의 기

대한제국기에 이르기까지 사용되어 온 의장기나 군기, 특히 국기인 태극기는 일제지배하에서는 일제의 식민정책으로 사용할 수 없었다. 뿐만 아니라 전통적인 민속 놀이 시에 사용해 온 농기나 서낭기 · 뱃기 등도 자유로이 사용할 수 없었으며 일제의 탄압을 받았다.

그러나 광복 후 오늘날에는 민족의 전통적 신앙과 종교적 의식에 사용된 기들이 복구되어 자유롭게 사용되고 있다. 조선시대의 왕이나 왕비의 거동 때 사용되었던 각종 의장기도 재현되어 가장(假裝) 의식 행렬 때 사용되고 있다. 특히, 국제 관계가 활발해짐에 따라 외국 국기는 물론 유엔기와 올림픽기, 만국기의 사용, 시대의 변천 과정에서 나타난 새마을기, 민방위기, 각 사회단체와 행정기관, 각 교육기관, 기업체 등을 대표하는 각종의 기들도 사용되고 있다.

이상에서 보았을 때, 기의 기원은 인류의 역사와 함께 사용되어 오면서 시대와 사회 · 문화가 바뀌어져 옴에 따라 기의 기능과 종류도 바뀌어져 왔다. 기의 효용성은 여러 가지가 있겠지만 특히 상징성과 구성원의 자긍심을 고취하고 구성원의 단결과 통합이란 긍정적인 측면이 적지 않다.

기 · 별장인기 · 기대총기 · 대장기 등의 기명이 보이고, 창덕궁에는 출정기 · 의봉기 · 운학기 · 순사기 · 상단기 · 천마기 · 공작기 · 황곡기 · 천록기 등이 보관되어 있다.

18) 한국정신문화연구원, 위의 책, p. 384.

2. 국기의 개념과 유형

(1) 국기의 개념

한 나라를 대표하고 상징하는 표상물은 국기와 국가(國歌) 외에도 국장(國章)·국화·국새(國璽)·국조(國鳥) 등이 있다. 그 중 국기는 나라와 민족의 역사와 언어·문화·환경 등 그 나라의 전통과 이념을 일정한 천이나 종이에 특정한 형태를 디자인하고 채색하여 만든 기이다. 그러므로 국기는 나라와 민족의 이상을 나타낸 표지이며, 민족의 통합과 애국심 또는 민족 의식을 고취하는 기치이며, 나라의 주권과 존엄성을 나타내는 표상이다.

세계 어느 나라를 막론하고 국기가 없는 나라는 없다. 세계 여러 나라는 정치적·경제적·문화적으로 교류하면서 세계화를 통한 국제 평화를 유지하려고 노력한다. 각국이 국제 행사 때 자국의 국기를 앞세우는 것은 국기는 나라와 민족의 주권을 대표하는 표지이기 때문이다.

(2) 국기의 기원

그러면 이러한 국기는 언제부터 만들어 사용하게 되었는가? 국기를 만들어 사용한 시기는 나라마다 차이가 있다. 국기는 일반적으로 근대국가의 산물이라 한다. 국기의 모양과 도형이 오늘날처럼 정형화되지는 않았지만 왕이나 왕실에서 또는 중세 봉건국가하에서도 국기가 사용되어 온 것으로 보인다. 국기는 고·중세에서 뿐만 아니라 절대주의시대의 국가에서 사용해 온 군기에서 그 연원을 찾을 수 있지만, 근대의 국기가 만들어진 것은 18세기에서 19세기 초에 걸쳐 일어났던 미국 독립 전쟁과 프랑스 혁명, 즉 근대 시민 혁명을 겪고 국민 국가가 탄생된 이후라 생각된다.

근대적 국민 국가가 수립된 후 국민을 하나의 집권 체제하에 통합하기 위해서는 나라와 민족의 이념이나 역사와 전통을 상징하는 어떤 표상물이 필요하였다. 그리하여 프랑스에서는 자유·평화·박애를 상징하는 삼색기를 만들었다. 미국은 독립 전쟁 후 13주의 독립과 평등을 나타내고 연방국가를 표현하는 성조기를 만들었다. 또한 중세의 십자군이 사용한 십자의 휘장을 바탕으로 한 십자형 국기가 만들어지기도 하였다. 영국의 국기인 유니언 잭과 스위스·덴마크·노르웨이·핀란드 등의 국기는 이런 십자를 도형으로 하여 만든 것이다.

이처럼 국기는 근대 국가의 출현과 함께 국민 국가의 특유한 성격과 특성이 반영되었으며, 오늘날 서구의 국기는 자국의 역사 발전과 시대의 변천에 따라 그 형태와 도안 · 색상 등이 수정된 것으로서 나라의 주권을 대표하는 표지가 되었던 것이다.

(3) 국기의 유형

국기는 나라마다 그 형태와 디자인 · 색상 등이 다르다. 형태는 장방형 · 정방형이 있으며, 색상도 2색 또는 3색을 쓰고, 디자인도 동물이나 천상의 천체 · 문자 등 다양하다. 이러한 국기를 분류하는 기준은 그 기준을 어디에 두느냐에 따라 또는 개인적 시각에 따라 각각 그 유형이 다를 수 있다.

한종인은 국기의 종류를 상징적 유형과 조형적 요소별로 분류하고, 상징적 유형으로는 ① 천상, ② 지세 · 풍경, ③ 동 · 식물, ④ 문자, ⑤ 인상(人象) 도구, ⑥ 추상적 무늬 등 6가지 유형으로, 조형적 요소별로는 ① 형태, ② 비례(가로 : 세로의 비), ③ 색상과 배색 등으로 나누어 국기의 유형을 분류하였다.[19]

이우직은 국기의 유형을 7가지 유형으로 분류하였으나 한종인의 상징적 유형의 기준과 큰 차이가 없다. 그의 7가지 유형을 보면 다음과 같다.[20]

① 자연계의 현상에서 이상을 따온 것(중국 · 일본)
② 신화나 종교에서 따온 것(영국 · 스위스 · 터키)
③ 동 · 식물로 나타낸 것(이란 · 레바논 · 라오스)
④ 역사적 사실이나 제왕 · 위인의 업적을 기념한 것(덴마크 · 네덜란드)
⑤ 문자나 기호로 표시한 것(사우디아라비아 · 과테말라)
⑥ 기물이나 건물로 표시한 것(인도 · 캄보디아)
⑦ 빛깔과 도안으로 이상을 나타낸 것(프랑스 · 이탈리아)

이우직의 이러한 기준은 디자인의 대상을 중심으로 한 것이며, 유형 ①~⑥까지는 ⑦의 항목에 포함시킬 수 있다.

교학사 편집부에서 출판된 『국기와 함께 알아보는 세계 여행』에서 국기의 색

19) 한종인, 앞의 논문, pp. 13~30.
20) 이우직, 『태극기 해설』, 현암사, 1987, pp. 21~22.

깔과 형식을 중심으로 국기를 분류한 것을 보면 다음과 같다.[21)]

① 국기의 색깔

㉠ 녹색 · 노랑 · 빨강은 아프리카의 색깔(이디오피아)
㉡ 이슬람교의 상징색은 녹색(이란 · 리비아 · 사우디아라비아)
㉢ 공산(사회)주의 상징색은 빨강색(중국)

② 국기의 형식

㉠ 캔턴이 있는 국기(깃대 쪽 좌상부에 작은 칸 설치)
㉡ 3색을 사용한 3색기(가로 3색기 · 세로 3색기)
㉢ 크리스트교를 나타내는 십자기(스위스 · 덴마크)
㉣ 이슬람교를 나타낸 초생달기(터키)
㉤ 별을 디자인에 넣은 국기
㉥ 태양을 디자인에 넣은 국기
㉦ 그 밖의 공통 형식(삼각형을 넣은 것, 동물을 상징한 것, 새나 나무를 넣은 것, 국장(國章)을 넣은 것 등)

이 분류 기준을 보면 국기의 색상을 기준으로 아프리카, 이슬람계 지역, 공산주의 지역 등 3지역으로만 나눈 것은 이 3지역에 포함되지 않는 지역의 국기는 제외될 가능성이 없지 않다.

다음으로 국기의 형식을 중심으로 분류한 것을 보면, 디자인과 색상, 종교를 같은 기준으로 보고 이를 합쳐서 제시한 것은 불교를 믿는 지역의 국기가 제외되었을 뿐만 아니라 그 기준이 일정한 통일성이 없다는 문제점이 있다.

그러므로 필자는 위에서 살펴본 분류 기준을 종합하여 상징적 디자인의 무늬와 조형 요소별로 나누어 국기의 유형을 분류해 보고자 한다.

1) 상징적 유형별로 본 국기

① 천상 무늬 국기

천상 무늬 국기는 하늘의 해 · 달 · 별 등을 국기의 도안 대상으로 하여 만든 것이다. 천상 무늬 국기를 좀 더 구체적으로 살펴보면 다음과 같다.

---

21) 교학사 편집부, 『국기와 함께 알아보는 세계 여행』, 2002, pp. 205~206.

㉠ 태양 무늬 국기는 아시아 지역의 나라 중 일본 · 대만 · 필리핀 · 방글라데시의 국기가 이에 속한다.

㉡ 초생달 무늬 국기로는 이슬람계의 국가들이 많은데 파키스탄 · 터키 등의 국기가 이에 속한다. 그러나 초생달 무늬를 한 국기 중에서도 초생달 외에 별을 함께 쓰고 있는 국기가 있는데 싱가포르 · 튀니지 · 알제리 · 터키 등의 국기가 그러하다.

㉢ 별무늬 국기는 이슬람계의 국가들이 많지만 특히 베트남 · 미국(성조기) · 필리핀 · 칠레 · 중국(오성기)이 이에 속하며, 이 중 미국은 별과 줄(Stripe)을 사용하고 있다.

② 자연 환경 무늬 국기

이것은 국기의 무늬로 자연의 지세와 풍경, 즉 국토의 모양, 풍경, 천연 자원, 관광, 지리적 위치 등을 나타낸 것으로 키프로스 · 캄보디아 · 루마니아 · 지브롤터 · 괌 등의 국기가 이에 속한다.

③ 동 · 식물 무늬 국기

이 국기는 그 나라의 건국 신화나 특정 기념물, 또는 특산물을 나타낸 것인데, 동물 무늬 국기는 스리랑카(검을 쥔 사자) · 부탄(용)의 국기가 이에 속하며, 식물 무늬 국기는 캐나다(단풍잎) · 레바논(삼나무)의 국기가 이에 속한다.

④ 사람 모양 및 도구 무늬 국기

이 국기는 역사적 사실이나 제왕 · 위인의 업적을 기념하기 위하여 인물이나 신체의 한 부분을 국기에 디자인해 놓은 것인데, 자이르(인민의 혁명운동) · 스와질란드(전사의 방패와 창) · 케냐(방패와 칼) · 바티칸(베드로의 열쇠와 교황권) · 오만(교차된 칼) 등이 있다.

⑤ 문자 무늬 국기

이 국기는 문자를 국기의 문양으로 사용한 것인데, 사우디아라비아(코란의 한 구절) · 이란(알리는 위대하다는 명문) · 브라질(표어)의 국기가 이에 속한다. 그 외에도 국명과 독립 일자를 넣은 국기도 있는데, 과테말라(독립일자) · 엘살바도르 · 니카라과 · 아프가니스탄 등의 국기가 이에 속한다.

⑥ 음양 사상(태극) 무늬 국기

이 국기는 동양 철학의 바탕인 태극 도형(음양 양의)을 국기의 도안으로 삼은 것인데, 우리나라(태극기) · 몽골(음양 양의 · 달 · 해 · 물 · 불 · 표의 문자 등)의 국기가 이에 속한다.

이상에서 보았을 때 아시아 지역의 나라들은 우주 자연의 현상이나 동양 철학 사상을 많이 사용하였으나 서구의 여러 나라들은 십자나 별 · 줄무늬를 많이 사용한 것이 다르며, 색상은 자유주의 국가에서는 푸른빛과 자연 현상을 많이 쓰고 있는데 대해서, 공산(사회)주의 국가에서는 붉은색과 낫 · 망치 · 톱니바퀴 등 인위적이고 노동자와 농민의 도구를 쓰고 있는 점이 차이가 있다.

2) 조형적 요소별로 본 국기

국기를 조형적 요소별로 분류한다는 것은 국기의 형태, 기폭의 비율, 색상의 배색 등으로 나누어 그 특징을 살펴보려는 것이다. 여기서는 한종인의 조형적 요소별로 본 국기의 분류 기준[22]을 바탕으로 국기를 유형별로 분류해 보고자 한다.

① 형태별로 본 국기

세계 여러 나라의 국기는 일반적으로 장방형 또는 정방형을 이루고 있으나 네팔은 국기의 바깥이 두 개의 삼각형으로 쪼개져 있으며, 스위스와 바티칸은 정사각형을 이루고 있다.

국기의 크기는 대형기 · 중형기 · 소형기 · 수기 등으로 나눈다. 이 같은 4가지의 종류의 기도 아무렇게나 그 크기를 대 · 중 · 소로 나누어 만들 수 없다. 어떤 크기의 국기라도 국기 제작 규정에 맞도록 만들게 된다.

오늘날 각국에서는 한정적인 국기만이 쓰이고 있다. 왜냐하면 제작과 활용상의 효용성, 일반기와의 구별, 국가 권위의 표현 등으로 단순한 형태를 취하는 것이 아닌가 싶다.[23] 각국의 국기에 대한 규격과 용도를 법으로 규정해 놓은 것도 이 때문이라 생각된다.[24]

---

22) 한종인, 앞의 논문, pp. 24～30.

23) 위의 논문, p. 24.

24) 우리나라의 국기 제작법은 1949년 10월 15일 문교부 고시 제2호로 반포된 후 1984년 2월

정현규는 국기를 형태별로 '십자가형 국기, 태양기, 초생달기, 성조기, 삼색기, 적성기(赤星旗) 또는 적기(赤旗), 기타 동물 · 식물, 문자를 사용한 기' 등으로 분류하였다(정현규, 앞의 책, pp. 109~113).

② 가로 · 세로의 비율로 본 국기

국기의 제작 규정은 나라마다 다르지만 그것은 법으로 규정하고 있다. 그러므로 가로 · 세로의 비 또한 다르다. 세계의 여러 나라 국기의 가로 · 세로의 비는 다양하나 몇 가지 유형을 보면 다음과 같다.[25]

㉠ 3 : 2의 국기

세계 여러 나라의 국기 중 가로 · 세로의 비가 3 : 2인 국기가 가장 많다. 우리나라의 태극기와 유엔기도 이에 속한다.

㉡ 2 : 1의 국기

국기의 가로 · 세로의 비가 2 : 1인 국기는 3 : 2의 비를 한 국기를 제외한 나머지 거의 대부분이다.

㉢ 1 : 1의 국기

국기의 가로 · 세로의 비가 1 : 1인 국기는 스위스와 바티칸의 국기로 이 국기는 정사각형이다.

㉣ 기타 비를 한 국기

위의 세 가지 유형 외에도 가로 · 세로의 비가 독특한 것을 보면 8 : 5의 비를 한 국기(스웨덴 · 폴란드 · 튀니지), 9 : 5인 나라의 국기(필리핀), 19 : 10의 비율을 한 나라의 국기(미국), 3 : 2.6의 비율을 한 나라의 국기(노르웨이), 8.5 : 7의 비를 한 나라의 국기(덴마크), 18 : 11의 비를 한 나라의 국기(핀란드), 5 : 3의 비를 한 나라의 국기(우루과이 · 엘살바도르), 5 : 4의 비를 한 나라의 국기(룩셈부르크), 3 : 1의 비를 한 나라의 국기(이란) 등 다양하다.

이처럼 국기의 가로 · 세로의 비율이 나라마다 차이가 있고 다르지만 국제적

21일 대통령령(제11361호)으로 「대한민국 국기에 관한 규정」을 제정하였고, 이 령은 그 후 6차례나 개정되었다. 그러나 이 규정은 2007년 7월 27일 「대한민국 국기법」과 「대한민국 국기법 시행령」이 시행되면서 폐지되었다.

25) 한종인은 앞의 논문 pp. 25~26에서 길이와 너비의 비를 2 : 3, 1 : 2, 5 : 8, 5 : 9, 10 : 19, 2.6 : 3, 8 : 11, 7 : 8.5, 11 : 18, 3 : 5, 4 : 5, 1 : 3의 비를 한 국기를 제시하였는데 만약 한종인이 제시한 비대로 국기를 만들면, 세로의 폭이 가로보다 더 넓은 국기가 되기 때문에 균형이나 시각적으로 좋지 않다.

행사(국제 회의나 국제적 체육 행사)나 유엔 총회 등이 열릴 때에는 유엔기의 규격 방식인 3 : 2의 비율을 한 동일한 규격의 국기를 사용하는 것이 하나의 국제적 관례로 되어 있다. 국제적 행사 때 사용되는 국기의 규격이 일정하지 않으면 통일미와 균형미가 없고 시각적으로 보기가 좋지 않기 때문에 일정 규격의 국기를 사용하도록 한 것 같다.

③ 색상 · 배색별로 본 국기

국기의 색상은 그 나라의 역사와 전통, 문화와 환경 등에 따라 나라마다 특정한 색을 사용한다. 색상은 선명하고 인식하기 쉽고 눈에 잘 띄는 색을 조화롭게 사용한다. 국기의 색상이 가지는 의미와 상징성 또한 나라마다 다르다. 예를 들면 국기의 기폭의 흰색은 자유와 평등, 또는 진리와 순결을 상징하는가 하면, 아르헨티나는 자기 나라에 흐르는 강을, 우리나라는 순결과 평화, 백의 민족을 의미한다는 것이다.

적색이라도 주홍색 · 암적색에 따라 그 나라의 전통색과 상징성이 다르다. 붉은색을 박애, 무용(武勇), 혁명, 독립을 위해 흘린 조상의 피(아랍계), 또는 나라 새(國鳥)의 날개색이라고 하여 색상의 의미가 다르다.

세계 여러 나라에서 사용되고 있는 색상과 그것이 지니는 의미나 상징성이 무엇인가를 보면 다음과 같다.[26)]

색상의 의미별 분류

색 상	상징 의미
적 색	애국자의 피, 정열, 혁명, 박애, 무용(武勇), 태양
청 색	강, 바다, 물, 하늘, 희망, 자유
황 색	황금, 나라의 부, 태양, 사막, 번영
녹 색	농업, 삼림, 국토와 자연의 미, 번영, 희망
흑 색	암흑, 고난, 의지, 흑인

위의 5가지 색상은 세계 여러 나라의 국기에 사용된 색을 공통적인 것을 골라서 제시한 것이며, 그 색상이 갖는 상징적 의미는 고유한 의미가 아니라 이 같은 색상의 국기를 가진 나라에서 제시한 상징적 의미를 골라 공통적인 의미별로 살펴본 것이다. 그 외에도 백색을 국기의 색상으로 사용한 나라도 있다.

26) 이 도표는 한종인, 위의 논문, pp. 26~27의 내용을 필자가 종합하여 재구성한 것이다.

그러나 대부분의 나라들은 위에서 살펴본 색상을 단색 하나만을 쓰지 않고 두 가지 내지 세 가지 색상을 사용하고 있다. 세계 여러 나라에서 사용한 색상의 배색을 기준으로 국기를 유형별로 보면 다음과 같다(이 도표는 위의 논문, pp. 27~28의 내용을 종합 요약하여 필자가 작성한 것임).

색상의 배합별로 본 국기

배색형	내 용 설 명	대표적 나라
횡2색 국기	가로로 2가지 색을 사용하여 배열한 국기	인도네시아 · 모나코 · 폴란드
횡3색 국기	가로로 3가지 색을 사용하여 배열한 국기	이란 · 인도 · 오스트리아 · 독일
종2색 국기	세로로 2가지 색을 사용하여 배열한 국기	파키스탄 · 포르투갈 · 알제리아
종3색 국기	세로로 3가지 색을 사용하여 배열한 국기	프랑스 · 벨기에 · 이탈리아
캔턴 국기	기폭 왼쪽 위에 작은 구획을 두어 만든 국기	미국 · 대만 · 호주 · 뉴질랜드
십자 국기	기폭에 십자형을 도안해서 만든 국기	스위스 · 그리스 · 덴마크 · 노르웨이
기타 국기	단색 바탕에 특정한 무늬를 넣어 만든 국기	한국 · 일본 · 터키 · 라오스 · 중국

위에서 보는 바와 같이 국기의 색상 배합은 대체로 두 가지 또는 세 가지 색을 사용하고 있는 나라가 많다. 세계 190여 개 나라의 국기를 색상의 배합별로 조사하여 분류해 보면 3색 배합 국기가 전체의 47%인 89나라로 가장 많고, 2색 배합 국기가 24%인 45나라, 4색 배합 국기가 23%인 44나라, 그 외 5색 배합 국기가 약 6%, 단색 국기가 한 나라이다.

(3) 국기의 존엄성

국기는 나라의 역사와 전통, 문화와 환경이 각각 다른 것과 마찬가지로 그 형태와 도형, 색상과 상징성 또한 다르다. 국기는 그 나라의 역사와 전통 · 문화와 환경뿐만 아니라 민족의 이상이나 이념을 잘 나타내며 나라의 주권을 대표하는 표지이다. 그러므로 국민들은 저마다 자국의 국기에 대한 긍지와 존엄성을 가지고 예절을 바르게 지키려 한다. 국민으로서 국기의 존엄성을 수호하고 선양함은 국민의 책무이며, 문화 민족으로서의 척도의 기준이 된다. 국가와 민족의 상징이며, 나라의 주권을 대표하는 국기는 민족의 최고의 이상이 담겨 있다. 그래서 나라마다 자국의 국기에 대한 존엄성과 예절 교육을 중요시하고 있다.

우리는 우리나라의 국기를 소중히 여기며, 존엄성을 가지고 예절을 바르게 지켜야 한다. 또한 자국의 국기뿐만 아니라 다른 나라의 국기에 대해서도 자국의 국기와 마찬가지로 똑같이 소중히 여기고 예절을 바르게 지켜야 한다. 이것은 문화 민족으로서의 마땅한 도리이며 글로벌시대에 있어서 세계 평화를 위한 태도라 하겠다.

자국의 국기만을 소중히 여기고 다른 나라의 국기를 멸시하고 모독하는 것은 소아적 행위로서 타의 지탄을 받아 마땅하다. 우리는 역사에서 다른 나라의 국기를 모독하거나 멸시했을 때 외교적 문제로 비화하거나 국가간의 분쟁을 야기하게 된 사실을 찾아볼 수 있다.

이러한 역사적 사실을 몇 가지 들면 다음과 같다.[27)]

첫째, 15 · 6세기, 영국은 제해권을 주장하면서 영국의 영해를 지나는 다른 나라의 선박이 영국 선박과 마주칠 때에는 먼저 영국 국기에 경의를 표시하여야 된다는 경고를 한 바 있다. 만약 이를 이행하지 않을 때에는 무력 항쟁도 불사하겠다고 하였다. 1554년 '해가 지지 않는 나라' 라고 자처하던 스페인의 필립 왕이 영국 여왕 메리와 결혼하기 위하여 180여 척의 대함대에 호위되어 항해하면서 영국의 해군 사령관이 인솔한 28척의 함대와 맞섰을 때 앞의 통고한 예의를 지키지 않았다 하여 영국 함대로부터 포격을 받았다. 이에 당황한 스페인은 자국의 국기를 내려 예를 치룸으로써 무사하였다. 이것은 국기를 앞세운 힘의 작용인 것이다.

둘째, 1637년 영국과 네덜란드의 제해권을 둘러싼 싸움이라든가, 1653년 네덜란드와 프랑스의 연합 함대가 영국에 선전 포고를 한 것도 외형상 국기 문제가 원인이 된 것이다.

셋째, 1840년 영국과 청나라 사이에 일어났던 아편 전쟁도 청나라의 지방관이 영국 국기를 모독한 것이 그 원인이 된 것이며, 1856년 제2의 아편 전쟁이라 할 수 있는 애로우호 사건도 표면상 국기가 도인(導因)이 된 것이다.

넷째, 1871년 조선에서 일어난 신미 양요도 강화 포대가 미국의 국기를 모독하고 포격을 가한 것이 표면상의 구실인 것이다.

이처럼 국기 문제는 국제 분쟁의 원인이 된다는 점을 감안하면 자국의 국기뿐만 아니라 다른 나라의 국기에 대해서도 존엄성을 가지고 국기에 대한 예절을 바르게 지키도록 하여야 한다. 특히 21세기 글로벌시대를 살아갈 한국인으로서 공적 · 사적으로 해외 문화 관광이나 역사 탐방을 많이 나가고 또한 해외로 유학을 가는 한국인의 수가 늘어나면서 외국 생활을 할 수 있는

---

27) 이선근, 앞의 논문, p. 188.

기회가 많아지고 있다. 한국을 찾는 외국인의 수가 증가되면서 우리는 외국 문화에 대한 접촉이 잦다. 이러한 때에 한국인으로서의 긍지를 가지고 우리나라의 국기뿐만 아니라 다른 나라의 국기에 대해서도 바르게 알고 국기에 대한 예절을 잘 지키는 일은 국제 이해뿐만 아니라 국제 평화를 위해서도 바람직한 태도이다.

Ⅱ 태극기의 구성과 그 의미

1. 태극의 의미

우리나라의 태극기를 구성하고 있는 중심 도안은 태극 도형이다. 태극 도형은 가로 · 세로의 비가 3 : 2인 흰색의 깃면 바탕의 중심에 도안된 그림이다. 이 태극 도형은 S자 모양의 음양 양의가 한 원 안에 있어 얼핏 보면 하나이면서 둘이고 둘이면서 하나인 것 같이 보인다. 태극기의 중심 도형인 태극은 무엇이며 어떤 의미가 있는지 살펴보고자 한다.

태극(太極)이라는 용어는 『주역』의 계사전에 처음 나오는 말로 그 내용은 다음과 같다.

'역에 태극이 있고 이것이 양의를 생하고, 양의는 사상(四象)을 생하며, 사상은 팔괘(八卦)를 생한다. 팔괘가 길흉을 정하고 길흉은 대업을 생한다.'

위의 내용에서 '팔괘가 길흉을 정하고 길흉은 대업을 생한다'는 것으로 보아 이것은 길흉 화복의 점을 치는데 사용되었던 것 같다. 『주역』의 계사전에 처음 나오는 태극에 대한 의미는 이후 중국의 역사적 발전 과정을 겪으면서 철학적 의미가 붙어져 심오한 철학적 의미로 발전되어 갔다.

그러나 송 이전의 태극의 의미는 보편적으로 철학적 의미를 갖지 못하였지만 송 이후에는 깊이 있는 철학적 의미를 더하여 중국 철학사에서 매우 중요한 위치를 차지하게 되었다. 『주역』의 계사전에 나오는 태극에 대한 해석은 중국의 철학자뿐만 아니라 조선의 학자들도 그 의미를 상고하였지만 다소 차이가 있다. 중국과 조선의 철학자들이 보는 태극의 의미를 김상섭의 태극기에 관한 연구 성과를 바탕으로 간략히 살펴보고자 한다.[1)]

(1) 중국에서의 태극의 의미

1) 송 이전의 태극

① 장자

전국시대의 무위자연설을 주창한 장자는 인간 정신의 자유를 추구하여 "도는 천지 만물의 근원이며 있지 않는 곳이 없다"고 하면서 "도는 태극 위

---

1) 자세한 내용은 김상섭, 『태극기의 정체』, 동아시아, 2001, pp. 137~170을 참고하기 바란다.

에 있으면서 높은 듯 하지 않고 육극(六極 : 상 · 하 · 동 · 서 · 남 · 북 등 6공간) 아래 있으면서도 깊은 듯 하지 아니한다"고 하여 태극과 육극을 짝으로 설명하였다. 이러한 장자의 견해에 대해 김상섭은 "장자의 태극은 우주 무한론에서 현상계의 최고의 극한을 말했을 뿐 어떤 철학적 의미를 갖지 못하고, 도의 존재 상태만을 설명했을 뿐 실체의 개념은 아니다"라고 하였다(김상섭, p. 139).

② 『주역』 계사전의 태극

『주역』의 계사전에 나오는 위의 글 중 하단 부분에 "팔괘가 길흉을 정하고 길흉은 대업을 생한다"는 것은 점을 치는데 사용된 것임을 짐작케 한다. 김상섭은 『주역』의 계사전에 나오는 태극에 대해 "태극은 점을 칠 때 시초를 셈하는 최초의 근원을 말한 것이고, 양의 · 사상 · 팔괘는 점치는 과정에서 사용한 용어이며, '역유태극…'은 점치는 과정을 한 구절로 요약하여 기술한 것"이라 하였다(김상섭, p. 147).

③ 한대의 태극

한대의 유학자들은 원기설(元氣說)의 입장에서 태극이란 천지가 형성되기 전에 기가 한데 뒤섞이어 있는 상태로 보았다. 원기란 구체 사물을 형성하지 않는 기의 혼돈 상태로 이것이 곧 만물의 근원이며 만물을 형성한 자료라 하였다.

전한의 유흠은 "태극 원기는 하늘 · 땅 · 사람을 품고 있는 한 덩어리로 보고 태극을 세계 만물을 형성하는 물질 요소로 어떤 사물이든 기 · 형 · 질 3요소를 가지고 있으며, 이 3요소는 태극 원기에 혼륜되어 있다"고 보았다. 후한의 정현은 태극을 "천지가 나누어지기 전의 혼돈되고 청허한 기"라고 하였다.

김상섭은 "한대의 유학자들이 태극의 실제의 의미를 가지고 우주론적 개념으로 인식한 것은 주역 경전에 대한 한대의 발전된 해석으로서 이것은 한역(漢易)에서 중요한 위치를 차지한다"고 하였다(김상섭, pp. 151~152).

④ 위진 및 당대의 태극

왕필은 삼국시대의 사람으로 한대의 유학자들이 태극을 원기로 보는 주장을 배척하고 "태극은 점을 칠 때 사용한 50개의 시초(蓍草) 중 사용하지 않는 최초의 하나"라 하였다. 이 "최초의 하나인 1은 시초를 셈하는 본원으로서의 무(無)를 가리키며, 이 무가 바로 태극"이라 하였다. 또 그는 "이 최초의 하나인 1(무)은 49개의 시초를 통해 그 작용을 드러내고, 49개의 시초는 1에서 비롯된다" 하였다. 그러나 당의 최경은 "50개의 시초 중 하나를 제외한 49개의 시초를 태극"으로 보았다(김상섭, pp. 153~154). 동진의 한강백은 "태극은 무이고 양의는 유"라고 하면서 한대의 유학자들이 주장한 태극 원기설을 배척하고 태극을 우주 만물의 존재 근원으로 인식하였다.

이처럼 왕필이나 한강백은 한대의 원기설을 배척하고 태극을 우주 만물의 존재 근원이라 하였으나 김상섭은 그것이 곧 철학적 개념은 아니라 하였다. 그러나 당의 공영달은 한대의 원기설을 이어받아 "태극은 천지가 나누어지기 전에 원기가 뒤섞이어 하나가 된 것"이라 하였다(김상섭, pp. 152~155).

김상섭은 한 · 당대의 유학자들은 원기설의 입장에서 태극을 우주 발생의 최초의 본원이라 하여 우주론적 의미를 부여함으로써 태극에 대한 해석을 진일보 발전시킨 것이지만 그렇다고 이러한 우주론적 입장이 곧 그들의 철학적 개념이나 과제는 아니라고 하였다(위와 같음).

『주역』의 계사전에 처음으로 나오는 태극에 대해 지금까지 살펴본 유학자들의 해석에 대해 김상섭은 두 가지로 나누어, 하나는 괘를 그리는 과정으로 해석하는 입장에서 보는 태극과 다른 하나는 우주론적 입장에서 보는 태극으로 설명하였다. 즉 전자는 "태극은 괘의 본이고, 양의는 음양이며, 4상은 태양 · 소음 · 소양 · 태음이고, 8괘는 건 · 태 · 리 · 진 · 손 · 감 · 간 · 곤으로 이것은 태극에서 음양, 4상, 8괘를 그려나가는 8괘의 생성 과정을 나타낸 것이며, 후자는 태극은 우주의 본원이며, 양의는 하늘과 땅이고, 4상은 춘하추동 4계절을, 8괘는 8가지 자연현상(하늘 · 땅 · 물 · 불 · 못 · 산 · 우레 · 바람)을 가리키는 것"이라고 하였다(김상섭, p. 149).

이처럼 『주역』의 계사전에 나오는 태극은 점을 칠 때 점괘를 얻는 최초의 근원으로서 점의 범주에 속하는 개념으로 이해되었으나 후세로 오면서 여기에 여러 가지 이론을 덧붙여서 점차 우주론적이고 형이상학적 의미로 발전되어 갔다. 그러나 송 이전까지는 그것이 철학적 개념이나 과제는 되지 못하였던 것 같다.

2) 송대의 태극

중국의 경학에 대한 연구는 송대에 이르러 전대의 훈고학적 연구로부터 벗어나 경서의 해석에 철학적 의미를 붙여서 설명한 이른바 성리학이라는 새로운 학풍이 일어나 발달하였다. 성리학은 주돈이 · 정호 · 정이를 거쳐 남송의 주희(주자)에 이르러 집대성된 신유학이다.

성리학이란 우주 만물의 생성 원리와 인간의 심성 문제를 연구하는 유학의 학풍으로 조선시대에도 이 유학이 크게 발달하였다. 송대의 유학자들은 태극을 어떻게 해석하였는지 간략히 살펴보고자 한다.

① 주돈이(주렴계)

주돈이는 성리학의 조종으로 우주의 본체와 인간의 심성 · 의리에 대해 연구하여 성리학의 철학적 학문의 바탕을 마련하였다. 그가 지은 『태극도설』은 우주론(앞부분)과 심성론(뒷부분)으로 구성되어 있다. 주돈이가 『태극도설』에서 태극을 어떻게 해석하고 있는가를 보면 다음과 같다.

「무극에서 태극이 나왔다. 태극이 움직여 양을 생하고 움직임이 극에 이르면 머무른다. 머물러서 음을 생하고 머무르는 것이 극에 이르면 다시 움직인다. 움직임과 머무름이 반복하여 서로 그 근본이 된다. 양으로 나뉘고 음으로 나뉘어 양의가 세워진다. 양이 변하고 음이 합하여 수 · 화 · 목 · 금 · 토를 생하고, 5개의 기가 순조롭게 분포되고 춘하추동 4계절이 운행된다. 5행은 하나의 음양이고 음양은 하나의 태극이며 태극의 본원은 무극이다. 5행이 생하여 각각 그 특성을 갖는다. 무극의 본성과 음양 · 오행의 정수는 묘하게 합하고 응취한다. 건도는 남성을 이루고, 곤도는 여성을 이룬다. 남녀의 두 성(기)이 교감하여 만물을 생성하고 만물은 낳고 또 낳아서 변화는 끝이 없다」(김상섭, pp. 156~157에서 재인용).

주돈이는 우주론에서 "만물의 근원인 태극은 무에서 생기고, 태극의 동정(動靜)에 의하여 음양이 생기며, 음양 두 기의 변화와 묘합에 의하여 오행이 생성된다"고 하면서 "이 음양 · 오행의 정수가 응결하여 건곤남녀를 이루고 이 두 성의 교감에 의하여 만물이 낳고 또 낳아 변화는 끝이 없다"고 하였다. 다만 여기서 무극과 태극은 무엇이며 어떤 관계인지 구체적인 설명이나 해석이 없다. 하지만 위의 글에서 보면 주돈이는 한 · 당대의 태극 원기설을 더욱 발전시켜 태극을 음양이 혼합하여 나누어지지 않은 것, 즉 기(氣)로 보았다. 김상섭은 "주돈이가 태극 즉 음양 두 기가 뒤섞여 있는 원기 자신의 동정(動靜)에 의하여 음양 두 기가 앞뒤로 나누어 생한다고 한 것은 독창적인 견해"라고 하였다(김상섭, pp. 157~158).

② 소옹

소옹은 북송인으로 우주 만물의 모든 사물은 수의 법칙에 의하여 변한다고 보면서 "태극은 수의 시작인 1이며, 움직이지 않은 성(性)이며, 심(心)이고 천지 만물의 본원인 도"라 하였다. 즉 태극은 1이면서 천지 만물의 본원이라 하였으며, 그 외에도 우주론적 입장에서 태극을 기로 보았다(김상섭, pp. 159～160).

③ 주희

남송의 주희는 성리학을 집대성한 유학자이며 정이의 문하생으로 스승의 학문에서 큰 영향을 받았다. 주희는 주돈이가 태극을 기로 본 것과는 달리 리(理)로 해석하였다. 주희는 『주역』의 계사전에 나오는 "역에 태극이 있고 이것이 양의를 낳는다"는 것이라든가, 주돈이가 "무극에서 태극이 나왔다"는 것과는 달리 "역은 음양이 변하는 것이다. 태극은 음양이 변화하는 원리이며, 리는 객관 세계의 내재 원리이고, 기는 존재를 구성하는 물질적 요소"라 하였다. 또한 주희는 "태극은 리이며 영원히 변치 않으며, 그것은 존재 근원으로서 만물의 총체적인 보편 원리이며 존재 근원으로서의 개별자의 특수 원리"라 하였다. 주희는 리인 태극은 만물의 내재 원리로 태극을 본체론에 속하는 개념으로 파악하였다(김상섭, pp. 161～163). 주희는 『태극도설해』에서 '무극이 태극'이라는 것에 대한 해석을 다음과 같이 하였다.

「하늘이 하는 일은 소리도 없고 냄새도 없으니 실재 조화의 밑둥이요, 만물의 근원이다. 그러므로 '무극이면서 태극이다'라고 한 것이지 태극 외에 다시 무극이 있는 것은 아니다」(김상섭, p. 167에서 재인용).

이처럼 주희는 태극 외에 무극이 있는 것이 아니라 무극이 곧 태극이라고 믿고 "태극은 일체의 변화를 주재하며 변화 속에서 변하지 않는 것", 즉 만물의 근원이라 하였다. 주희가 태극을 리로 해석한 것은 한·당 이래 태극을 기로 본 것에 대한 해석의 큰 변화로 이것은 이후 중국뿐만 아니라 조선의 사상계에도 큰 영향을 미쳤다.

3) 명·청대의 태극

주희 이후 명·청대에 이르러서 태극에 대한 해석은 송대와 달리 새로운 변화를 가져왔다. 김상섭은 주희 이후의 태극에 대한 해석은 크게 3파로 분류할 수 있다고 하였다(김상섭, pp. 169～170).

하나는 객관적으로 존재하는 사물의 리를 인정하지 않은 사람 즉, 태극을 말하지 않은 사람으로 송의 육구연과 명의 왕수인이 속한다. 다른 하나는 장재의 영향을 받아 태극을 기로 해석한 사람으로 왕부지가 이에 속한다. 끝으로 주희의 영향을 받아 태극을 리로 보는 사람으로 명의 래지덕이 속한다.

① 왕수인

왕수인(명)은 "태극은 생생하는 원리이다. 태극이 생생하는 것은 음양의 두 기가 생생하는 것이다"라고 하여 우주 본체의 문제보다 인간의 실천 윤리 문제에 관심을 더 기울였다(김상섭, p. 170).

② 래지덕

래지덕(명)은 주희의 설을 받아들여 "태극은 지극한 원리이다. 리는 상(象)과 수에 내재되어 있어 형용하기 어려우므로 태극"이라고 하였다(위와 같음).

③ 왕부지

왕부지(청)는 기학파의 해석을 받아들여 "태극은 음양 두 기가 합하여 하나가 된 실체로 보고 이를 우주의 본체와 만물의 근원"으로 파악하였다. 그는 "태극은 음양의 두 기가 합일한 실체이고, 이것은 천지 만물에 내재되어 있으며, 이것이 나누어지면 음양이 된다"고 하였다(위와 같음).

(2) 조선에서의 태극의 의미

우리나라에 주자학(성리학)이 전래된 것은 고려 후기이다. 성리학을 전래하는데 빼놓을 수 없는 사람은 안향 · 백이정 · 우탁 · 권부 · 이제현 등이다. 성리학은 여말 신흥사대부들의 정치적 이념이 되었고, 이것은 조선의 건국과 더불어 조선시대의 정치적 이념으로 수용되어 더욱 발달하게 되었다.

우리나라에 성리학이 전래된 이후 태극에 대한 유학자들의 관심은 고조되었고, 성리학자들의 태극에 대한 해석은 주리적 입장에서 보느냐 아니면 주기적 입장에서 보느냐에 따라 달라진다. 조선시대의 성리학자들의 태극에 대한 해석을 간략히 요약 · 정리하면 다음과 같다.[2)]

2) 김상섭, 앞의 책, pp. 171～187.

1) 여말 선초의 태극

① 이색

여말 선초의 학자인 이색은 이제현에게 학문을 배웠으며 그의 문하에서 정몽주 · 정도전 · 권근 등의 명유가 배출되었다. 그가 태극에 대해서 "태극은 적(寂)의 근본이다. 한 번 움직이고 한 번 머물러서 만물이 화순한다. 인심은 적의 마음이다. 한 번 감하고 한 번 응하며 만선(萬善)이 유행한다"(김상섭, p. 172)고 한 것을 보면 태극을 적의 근본으로 보았다. 여기서 적이란 태극이 동정하여 천지 만물을 생성하기 전의 혼돈하고 고요한 상태로, 태극은 곧 혼돈하고 고요한 상태의 근본이며 이것을 우주의 본원으로 파악하였다. 그러나 적(寂)의 근본인 태극이 어떻게 동정하여 만물을 화생하는지에 대한 설명은 분명하지 않다. 김상섭은 이색은 태극을 리로 파악한 것이 분명하다 하였다(김상섭, p. 173).

② 정도전

이색의 문하인 정도전은 조선의 개국 공신으로 주희의 태극설을 수용하여 "태극은 천지 만물이 있기 전의 천지 만물 보다 앞서 있고, 천지 만물의 원리를 갖추고 있는 리"로 보았다. 즉, "천지 만물이 있기 전에 먼저 태극이 있었으며, 천지 만물에는 리가 이미 그 가운데 혼연히 갖추어져 있다"고 하였다. 정도전이 태극을 리로 보는 것은 이색의 견해와도 같지만 리인 태극이 어떻게 만물을 화생할 수 있는가에 대해서는 설명이 없는 것 같다(김상섭, p. 175).

③ 권근

이색의 문하로 여말 선초의 유학자인 권근은 주희의 태극설을 받아들여 "만물은 각각 한 개의 리를 갖추고 있으며, 리는 각 사물의 존재 근거로 태극을 만물의 존재 근원"으로 보았다. 그는 "만물은 태극에서 나와 한 가지의 태극(리 · 성)을 갖추고 있으므로 하늘 아래 성을 갖지 않는 것은 아무 것도 없다"고 하였다.

이처럼 이색이나 정도전 · 권근 등은 태극을 리로 해석하였지만 권근의 해석이 가장 뛰어나다고 김상섭은 말하였다(김상섭, p. 176).

④ 김시습

조선 초기의 학자인 김시습은 태극을 기로 보았다. 즉 "태극은 음양이고 음양이 태극이라는 것이다. 음양 외에 따로 태극이 있다면 음양이 될 수 없고 태극 안에 음양이 따로 있다면 태극이라 말할 수 없다"고 하였다(위와 같음). 이것은 주돈이의 '음양은 하나의 태극' 이라는 설을 받아들인 것이다. 그는 태극을 기로 보고 태극과 음양을 동질의 기로서, 기는 만물의 본원이며 만물을 생성하는 가장 근본적인 물질적 실체로 보았다(김상섭, pp. 176~178).

2) 조선 중기의 태극

① 이언적

이언적은 성리학을 철학적으로 발전시키는 데 크게 이바지한 학자이다. 그는 주희의 설을 이어받아 태극을 다음과 같이 말하였다.

「태극은 곧 도의 본체요, 만 가지 변화를 주관하는 것이니, 자사(子思)가 말한 천명지성이라는 것이다. 공허하여 아무런 조짐이 없는 것 가운데 만 가지 형상들이 빽빽이 갖추어져 있다. 하늘이 만물을 덮고 있는 것, 땅이 만물을 싣고 있는 것, 해와 달이 만물을 비추는 것, 조화의 그윽함과 바람과 천둥이 변하는 것, 강이 흐르는 것, 성명(性命)이 바른 것, 윤리가 드러나는 것 등 본말과 상하가 하나의 원리로 관통되어 실제로 그렇지 않는 것이 없으니 이는 바꿀 수 없는 것이다」(김상섭, pp. 178~179에서 재인용).

이언적은 태극을 도의 본체이고, 만 가지 변화를 주관하며, 공허하고 아무런 조짐이 없는 것으로 만물에 관통되어 있는 하나의 원리로 보았다. 그는 태극을 곧 리로 보았던 것이다. 이언적은 "태극은 곧 리이고, 성(性)이 곧 리이다. 리가 먼저이고 기가 나중이고, 리 가운데 기가 있으며 리는 하나이나 만물은 기에 의해 다르다"고 해석하였다. 그는 주희의 "무극이 곧 태극"이라는 설을 그대로 받아들인 것이다(김상섭, pp. 178~181).

② 김인후

조선 중기의 학자인 김인후는 "태극은 리이고 음양은 기이며, 양자는 서로 떨어지지도 않고, 섞이지도 않으며, 태극과 음양의 관계는 하나이면서 둘이고 둘이면서 하나인 것"으로 보았다. 이것은 주희의 "리와 기는 서로 떨어지지도 않고, 서로 섞이지도 않는다"는 설을 그대로 이어 받은 것이라 하였다(김상섭, pp. 181~183).

③ 이황(1501～1570)

주자이래 주자학에 가장 정통한 학자로서 주자학을 집대성한 이황은 조선시대 성리학을 대표할 뿐만 아니라 영남 성리학파의 조종이다. 이황은 태극에 대해서 다음과 같이 말하였다.

「……공자와 주돈이는 음양이 태극에서 생하는 것이라고 분명히 말한 것이다. 만약 리와 기가 본래 한 가지라고 한다면 태극이 곧 양의이니 어찌 생하는 것이라고 할 수 있겠는가? 본성(眞)이니 정수(精)니 말한 것은 그것이 두 가지인 것이므로 묘하게 합하고 응취한다고 말한 것이다. 그것이 한 가지라면 어찌 묘하게 합하고 응취하는 것이 되겠는가?

'태극에 동정이 있다'는 것은 태극이 스스로 동정한다는 것이고, '천명이 유행한다'는 것은 천명이 스스로 유행한다는 것이다. 어찌 동정하게 하고 유행하게 하는 것이 다시 있겠는가?」(김상섭, pp. 184～185에서 재인용).

이처럼 이황은 주희와는 달리 "태극은 스스로 동정하고, 천명은 스스로 유행한다. 어찌 주재하는 것이 다시 있겠는가?"라고 하여 태극 자체의 동정을 인정하여 주재성을 가진 리로 발전시켰다. 그는 태극이 음양을 낳는 것을 형이상학과 형이하학으로 나누어 리와 기 두 가지로 보았다. 이 리와 기는 본체론적인 구별에 따라 서로 섞이지 않는 것임을 강조한 리기이원론을 주장하였다. 이것이 주돈이 · 주희와 다른 점이다(김상섭, pp. 183～187).

④ 이이(1536~1584)

이황과 더불어 조선시대 성리학의 양대 산맥을 이루는 이이는 기호성리학파의 조종이다. 이이는 주희의 리기설을 받아들여 더욱 발전시켰다. 이이는 『주역』의 계사전에 나오는 「역유태극……」의 구절을 "음양이 변역하는 가운데 태극의 원리가 있다"고 하여 태극은 음양이 변역하는 원리이고 음양에 태극이 내재해 있다고 보았다. 그는 "태극은 음양이 변역하는 원리이고 리는 기 가운데 있다"고 하는 송대의 변역설을 받아들여 리와 기를 두 가지 실체로 보지 않고, 별개로 존재할 수 없는 일원적 본성을 가져 서로 떨어질 수 없는 '리기일원론'을 주장하였다. 이이가 보는 태극은 "음양의 변역은 끝이 없고 태극은 음양의 근본이며 음양 속에 내재해 있다"고 보았다. 또한 태극과 음양은 서로 떨어질 수 없는 일원적 관계임을 강조하였다(김상섭, pp. 189～191).

⑤ 장현광

장현광은 주희의 태극설을 받아들여 그의 태극설을 체계화하여 발전시켰다. 장현광은 태극에 대해서 '태극은 초월성 · 보편성 · 주재성 · 불변성 · 영원성 · 관통성 · 포괄성 · 무한성 · 절대성 등의 속성을 가지고 있는 만물의 근본'이라 하였다. 그는 태극을 리로 보고 주희의 설을 더욱 발전시켰다(김상섭, pp. 192～193).

3) 조선 후기의 태극

① 윤휴

조선 후기의 윤휴는 송 이전의 원기설을 받아들여 태극을 기로 보았다. 그가 말하는 태극은 '기가 처음 생겨난 것이며 기의 결합에 의해 우주 만물이 구성된다'고 보았다. 즉, '태극은 우주의 본원이며, 이것이 음양 두 기로 나누어진 것이 양의이고, 기가 합하여 4상을 이루고 우주 만물을 구성하여 물질적 형체를 만들어냈다'고 해석하였다. 그는 태극 · 음양 · 4상은 동질의 기이고, 기 이외의 리의 초월적 존재를 부정하였다(김상섭, p. 194).

② 정약용(1762～1836)

조선 후기의 실학 사상을 집대성한 정약용은 태극을 기로 보았다. 정약용은 태극에 대해 "태극은 점을 칠 때 사용되는 50개의 시초(蓍草)가 아직 둘로 나누어지지 않고 뒤섞여 있는 것"이라고 하면서 "태극은 양의나 4상과는 달리 아직 아무런 형체를 가지고 있지 않은 분화되기 전의 혼돈된 상태"라 하였다. 즉 천지가 나누어지기 전에 한데 뒤섞이어 있는 원기라고 주장하는 한 · 당대의 유학자들의 설을 받아들여 태극을 기로 보고 우주 만물이 생겨나는 것은 모두 이 기를 받아서 이루어진다고 하였다. 정약용은 주희 이후의 중국이나 조선의 유학자들이 태극을 리로 보았던 설을 부정하고, 태극에 대한 관념적 해석에서 벗어나 태극을 물질적이고 그 자체가 운동할 수 있는 실재의 기로 파악하였다(김상섭, pp. 195～196).

이상에서 조선시대의 유학자들이 보는 태극의 의미에 대해 살펴보았다. 성리학이 전래된 이후 조선시대의 성리학자들은 태극을 관념적 · 주리적 입장에서, 또는 물질적 · 주기적 입장에서 해석하고 의미를 부여하여 부단한 논쟁을 불러 일으켰다. 또한 조선시대의 유학자라면 누구나 태극에 대해서 말을 한마디 하지 않은 사람이 없을 정도였으나 중국 유학자들의 해석의 범위를 명쾌하게 벗어나지 못한 아쉬움이 있다. 그러나 이황의 '리기이원론'은 주돈이나 주희와는 다른 점이 있다.

『주역』의 계사전에 처음으로 사용된 태극이란 용어의 개념에 대해 송대 이전의 중국의 유학자들은 태극을 원기 · 무(無) · 수 · 기(氣) · 리(理) 등의 의미로 해석하여 왔으며, 송대 이후는 태극을 리 또는 기로 해석하였다. 또한 조선의 유학자들도 태극을 리 또는 기로 보아 왔다. 김상섭은 "태극은 기에 해당된다고 하면서 우리나라의 태극기는 『주역』 계사전의 '역유태극……' 이라는 점치는 데 사용된 한 구절을 그림으로 나타낸 것"이라 하였다(김상섭, p. 197).

특히 최근에는 태극기에 대한 기존의 연구 성과에 대해 비판적 안목으로 검토하고 문제점을 지적하는 한편 철학적 입장에서 태극기의 정체를 밝혀 태극기에 대한 새로운 이해를 촉구한 연구 성과가 나오기도 하였다. 김상섭은 『태극기의 정체』에서 "태극은 중국의 역사 속에서 중국인들이 사용해 온 그들의 용어이지 우리나라의 국기와는 아무런 관련이 없으며, 대한민국의 국기가 태극기가 되어야 할 어떤 이유도 없다"고 하였다(위와 같음).

그러나 이러한 견해는 태극이란 용어를 중국의 역학적인 측면에서 해석하고 의미를 부여한 것으로 이는 태극의 기원설에 바탕을 둔 것이라 생각된다. 태극의 연원이 중국이고 그것은 중국 사람들이 사용한 용어로서 우리 국기와는 아무런 관련이 없다고 한다면, 앞에서 본 태극형 무늬 즉 S자 모양의 음양형(콤마형) 무늬는 인류가 신석기시대 이래 동 · 서양의 여러 지역에서 모양은 다르지만 사용해 왔고, 우리나라에서도 태극 사상이 들어오기 전에 이미 삼국시대부터 역사적으로 태극형 무늬를 사용해 왔음을 볼 때 이를 우리의 것으로 보는 것이 옳을 듯 싶다.

설사 김상섭의 주장대로 그것은 태극 도형이 아니고 불교 미술의 한 무늬로 본다 하더라도 그것이 우리 민족 문화 속에서 하나의 무늬로서의 위치를 차지하고 있음을 볼 때 이는 분명 우리 민족 문화의 한 부분으로 보아야 하지 않을까 싶다.

우리나라 불교의 연원이 인도이고, 성리학의 연원이 중국이라고 하여 우리나라의 불교와 성리학을 모두 인도와 중국의 것이고 한국의 것이 아니라고 말할 수 있겠는가?

고대 그리스의 신전 건축 양식의 기원이 이집트에 있고, 서구 여러 나라의 종교가 기독교라고 해서 그들이 독창성과 자주성이 없는 민족이라고 말할 수 있겠는가?

어느 민족을 막론하고 역사 발전 과정에서 다른 민족의 우수한 문화를 받아들여 자기 민족의 역사적 현실에 적합하도록 외래 문화를 소화해서 새로운 문화로 창조 · 발전시켜 왔다면 그것을 모두 외래 문화에 지나지 않는다고 말할 수 없을 것이다.

이같은 생각은 문화적 낙차에서 말미암은 그릇된 문화적 선입관의 소치라 생각된다. 세계 어느 민족이라도 순수한 고유 문화란 찾아보기 어려울 것이다. 우수한 문화를 받아들이려는 진취적 태도는 새 문화 창조를 위해 필요한 요소의 하나라 생각된다.

태극이란 용어의 사용 연원이 중국이고, 성리학의 발생지가 중국이라 하더라도 그것이 조선에 전래되어 조선의 역사와 문화 · 종교 · 철학 사상 속에 융해되어 조선의 역사 속에서 발달해 오면서 하나의 학문적 위치를 가졌다면 그것을 중국의 것으로 보아야 할지 음미해 볼 필요가 있을 것이다.

2. 태극 도형의 의미와 변천

(1) 태극 도형의 의미

태극이란 용어가 처음으로 사용되었을 때는 태극을 그림으로 그려 설명하지는 않았던 것 같다. 태극을 그림으로 그려 설명하면서 철학적 의미를 부여한 것은 송대에 이르러서였다. 즉 송 이전에는 태극 도형을 그리지 않고 태극의 개념만 설명한 것으로 보인다.

송대에 태극을 도형으로 그려 철학적 해석을 하였다면 그것은 어느 역학파에서 나왔는가? 김상섭은 중국의 역학파를 역학의 내용에 따라 상수역(象數易)과 의리역(義理易)으로 대별하고, 상수역은 다시 점서역 · 기상역 · 도서역으로, 의리역은 도가역 · 유가역 · 사사역(史事易)으로 나누며, 시대를 기준으로 한역과 송역으로 나누어 그 특징과 역학파의 체계를 밝혔다. 김상섭이 분류한 역학파의 특징을 요약하면 다음과 같다(김상섭, p. 36).

역학파의 분류 및 그 특징

2학파	6분파	특 징	학자명
상수역	점서역	시초로 점을 쳐서 괘효의 풀이 글을 완미하여 인간 만사의 길흉을 결정하는 파	
	기상역(機祥易)	천지 간의 모든 사물에 음양 오행을 적용시키고 상생 상극의 원리를 취하여 인간의 길흉 화복을 추론하는 파	맹희·초연수·경방
	도서역	각종 그림을 그려 주역의 원리를 해석하는 파	소옹·유목
의리역	도가역	도가의 관점을 가지고 역경을 해석하는 파	왕필·한강백·공영달
	유가역	공·맹의 유가의 관점에서 역경을 해석하는 파	정호·정이
	사사역(史事易)	역사적 사실을 가지고 역경을 해석하는 파	이광·양만리

우리나라의 태극기는 도서역에서 나왔다 한다.[3)]

위에서 보면 도서역은 주역의 원리를 그림으로 그려 해석한 상수역의 분파로서 이것은 청대의 학자들이 송대의 상수역에 대해 붙인 이름이라 한다. 상수역은 한대의 학자들이 역을 말하면서 상수를 주로 하였다. 도서역은 송대에 이르러 분파된 파로서 송대의 역학 체계를 이루었다(김상섭, p. 37).

태극을 그림으로 그려 철학적 의미를 부여하게 된 것은 송대의 도서역에서 나온 것이다. 도서역의 창시자는 북송의 진단이며, 진단이 충방에게 전수한 도서역은 소옹의 「선천도」, 유목의 「하도낙서」, 주돈이의 「태극도」 등 3계통으로 발전되었다. 이 도서역의 기본 그림은 「하도낙서」, 「선천도」, 「후천도」로 이 그림을 바탕으로 후세에 많은 그림이 나오게 되었으며 또한 그 해석에 대한 논쟁이 있어 왔다. 주희는 도서역의 총체라 할 수 있는 『역학계몽』을 지어 이후 명·청대에 이르기까지 크게 성행하였으나 청대의 왕부지(王夫之)와 호위 등의 반대에 부딪히게 되었다고 한다(김상섭, pp. 38~39).

3) 김상섭은 앞의 책 p. 36에서 '상수역이란 천문·역보·오행·시구(蓍龜) 잡점·형법(관상술과 풍수설까지 포함) 등 잡다한 술수를 역과 배합하여 발전시킨 파이고, 의리역이란 인간의 윤리·철학의 입장에서 주역의 경문을 해석하는 파를 말한다' 고 하였다.

(2) 태극 도형의 변천

태극 그림이 송대의 도서역에서 나온 것이라면 그것은 이후 어떻게 변천되어 갔는가?

1) 유목의 태극 도형

북송시대의 유목(劉牧)은 역학의 근본은 수라고 하면서 "천지의 수가 이미 결정되면 천지의 상은 여기에 따라 정해진다"고 하였다. 그는 한대 이후의 태극 원기설을 받아들여 "태극은 수와 상이 없다. 태극은 천지가 나누어지기 전의 뒤섞인 하나의 기이므로 이것을 원으로 표현한 것이고, 흰 점(홀수)과 검은 점(짝수)이 각 5개인 것은 두 개의 기가 뒤섞여 있음을 나타낸 것"이라 하였다. 이러한 유목의 태극설을 그림으로 나타낸 것을 보면 아래와 같다(김상섭, p. 41에서 재인용).

유목의 태극 도형

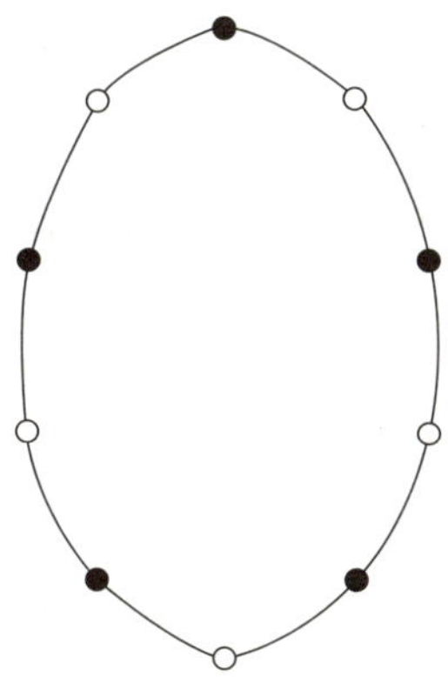

2) 주돈이의 태극도

북송의 주돈이는 성리학의 조종으로 도가역을 고쳐 유가의 계통으로 귀속시켰다. 그는 「태극도」를 지었는데 5부분으로 구성되었다. 또한 이 「태극도」에 해설을 붙여서 『태극도설』을 지었다. 주돈이가 우주 만물의 화생 과정을 나타낸 그림은 다음과 같다(김상섭, p. 42에서 재인용).

주돈이의 태극도

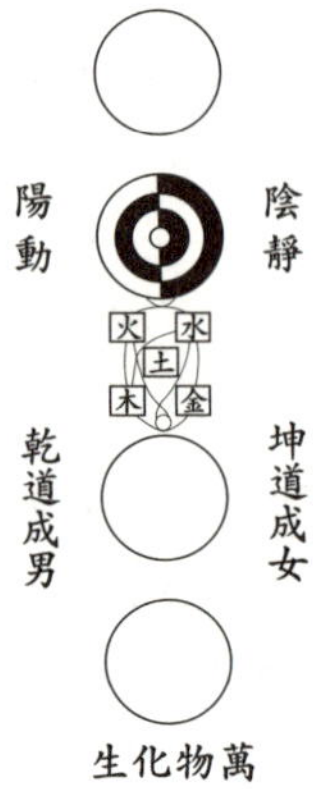

위의 태극도를 보면 다음을 알 수 있다.

첫째 부분은 '무극이 태극'이라 하여 무극에서 태극이 나왔다는 것.

둘째 부분은 태극이 움직여 양의를 낳고 움직임이 극에 이르면 머무르고 머물러서 음을 낳는다는 것.

셋째 부분은 양이 변하고 음이 합해져 오행(수 · 화 · 목 · 금 · 토)을 낳고, 오행의 기가 순조롭게 분포되고 춘하추동 4계절이 운행된다는 것.

넷째 부분은 건도는 남성을, 곤도는 여성을 나타낸 것. 무극의 본성과 음양오행의 정수는 묘하게 합치고 응취한다는 것.

다섯째 부분은 만물이 화생한다는 것. 남녀의 두 성이 서로 교감하여 만물이 생성되고 변화하니 만물을 낳고 또 낳아서 변화는 끝이 없다는 것이다.

위의 태극도는 무극에서 태극→음양→오행→건남 곤녀→만물 화생으로 이어지는 생성 과정을 그림으로 나타낸 것이다. 위 주돈이의 태극변화도는 이황의 『성학십도』의 태극변화도와 같으나 태극도는 '동자 없는 눈(중앙의 흰원)'의 모양으로 흰색 원형을 나타내고 있다.

김상섭은 "주돈이의 태극도는 우리나라의 태극기와는 아무런 관련이 없다. 우리나라의 태극기는 『주역』의 계사전의 내용의 한 구절(역유태극……)을 그림으로 나타낸 것이지 태극도와는 무관하다"고 하면서 "주돈이의 태극도에는 오행의 과정이 있으나 주역의 계사전에는 오행의 관념이 없는데 이것이 양자의 차이점"이라 하였다(김상섭, p. 43).

3) 소옹의 복희팔괘방위도

북송의 소옹은 8괘의 생성 과정을 그림으로 나타내었는데, 이것은 주희의

『주역본의』에 '복희팔괘차서도' 라는 이름으로 실려 있으며 이 그림에서 흰색은 양을, 검은색은 음을 나타낸 것이라 한다. 이 '복희팔괘차서도' 를 보면 아래와 같다(『주역본의』, 동아도서공사, 1983, p. 3에서 재인용).

복희팔괘차서도

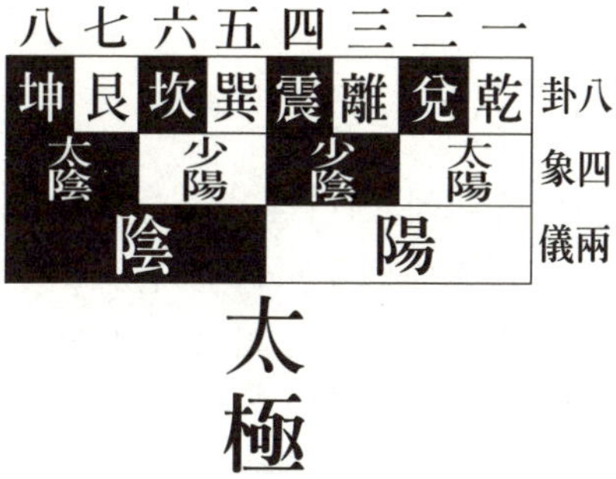

소옹은 이 '복희팔괘차서도' 에 배열된 8괘를 여덟 방위에 배열시킨 그림을 그렸는데 이 그림이 '복희팔괘방위도', 그 그림을 보면 아래와 같다(위와 같음).

복희팔괘방위도

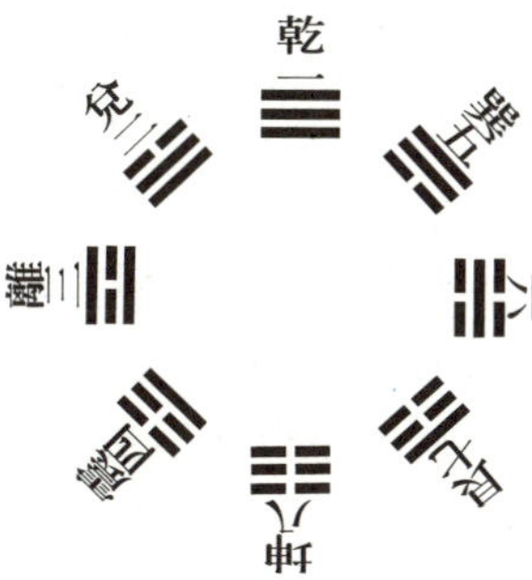

위의 그림에 대해 김상섭은 다음과 같이 해석하였다(김상섭, p. 49).

"8괘의 배열 순서는 남쪽에서 왼쪽으로 돌아가면서 건 · 태 · 리 · 진 4괘를 배열하였고, 다시 서남쪽에서 오른쪽으로 돌아가면서 손 · 감 · 간 · 곤 4괘를 순서대로 배열하였다. 그림의 왼쪽은 진괘에서 건괘에 이르는데 진은 하나의 양(−)이 아래에서 생하고, 리 · 태괘는 두 개의 양이, 건괘는 세 개의 양(−)이 생하는데 이것은 양기가 위로 올라가며 자라나는 과정이다. 다시 그림의 서쪽에서 오른쪽으로 돌아가면서 손 · 감 · 간 · 곤 4괘를 순서대로 배열하였고, 오른쪽은 곤괘에서 손괘에 이르는데, 손은 하나의 음(--)이 아래에서 생하고, 감 · 간괘는 두 개의 음이, 곤괘는 세 개의 음이 생하는데, 이것은 음기가 아래로 내려오며 자라나는 과정이다"라고 하면서 "우리나라 태극기의 4괘의 배치는 이 '복희팔괘방위도'에 근거하여 건 · 곤 · 감 · 리 4괘를 45도 왼쪽으로 눕혀 놓았다"고 하였다(위와 같음).

4) 주희의 태극도

태극 도형은 송대에 성리학이 발달하면서 새로운 도형으로 발전하였다. 주희는 『주역』의 계사전에 나오는 한 구절(역유태극……)의 내용을 해설하면서 태극도를 하나의 원으로 다음과 같이 그렸다(김상섭, p. 51에서 재인용).

주희의 태극도

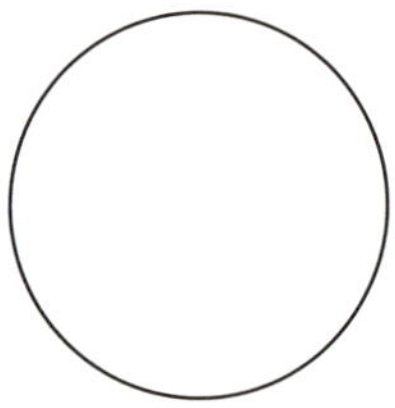

위의 그림에 대해 김상섭은 "주희의 태극은 모든 것을 초월하면서 동시에 모든 것에 존재한다. 태극은 만물의 근원이며 존재의 근거이다. 또한 태극은 만물의 총체적인 보편 원리요, 특수한 개별자의 원리이다. 주희는 모든 것을 초월하고 모든 것에 내재하는 태극을 원으로 그렸으며, 수로 표시하면 태극은 만물의 리를 합하여 하나의 이름으로 한 것뿐"이라고 하였다. 즉 주희의 태극도는 태극을 가장 정확하게 그렸으며, 주희의 태극도가 진정한 태극도라 하였다(김상섭, pp. 51~52).

5) 황공망의 태극도〈복희선천시화지도〉

원대의 도교 대사였던 황공망은 '복희선천시화지도'를 그렸는데 이것은 소옹의 '복희팔괘방위도'를 바탕으로 그린 것이며, 해설은 '문왕팔괘차서도'의 원리를 가지고 있다 한다. 황공망이 그린 '복희선천시화지도'를 보면 다음과 같다(김상섭, p. 53에서 재인용).

황공망의 복희선천시화지도

위의 그림은 태극도라 칭하지 않지만 태극도의 그림과 유사하다. 김상섭은 위의 그림에 대해 "이 그림은 좌우가 서로 반대되며 각 괘가 갖는 음효와 양효의 수를 보고 음양의 그림을 그린 것이어서 어떤 원리를 가지고 그린 그림이 아닌 도가역학 계통에 속한다"고 하였다(김상섭, p. 58).

이 그림의 구성은 중앙에 음양이 있고 그 밖에 8괘의 이름이, 8괘명 밖에 8괘를 배열해 놓았다. 음양의 도는 방향을 보면 음기는 건괘에서 자라 태 · 리 · 진을 거쳐 곤괘 쪽으로, 양의 방향은 곤괘에서 자라 간 · 감 · 손괘를 거쳐 건괘 쪽으로 돌며, 음양의 머리에 음에는 흰 점(눈)이, 양에는 검은 점(눈)이 있는데 이것은 앞에서 본 태극도에는 찾아볼 수 없다. 중국의 태극 그림의 음양에 흰 점과 검은 점을 그려 넣은 것은 황공망 이후부터로 보인다.

6) 래지덕의 태극도〈원도〉

명대의 래지덕이 그린 '양산래지덕원도'는 그의 유명한 저서인 『주역집주』에 수록되어 있다고 한다. 이 래지덕의 원도를 보면 아래와 같다(김상섭, p. 55에서 재인용).

래지덕의 원도

앞의 그림에 대해 래지덕은 "『주역』의 리와 기, 상과 수 등 모든 원리와 내용을 포괄하고 있다"고 하였다. 그림의 중앙에 있는 흰 원은 만물을 주재하는 리이고 이 리는 음양 상수 속에 감추어져 있다. 이 그림은 음(검은색) · 양(흰색)이 흰 원을 둘러싸고 있는데, 양은 왼쪽에서 오른쪽으로, 음은 오른쪽에서 왼쪽으로 서로 반대 방향으로 굽혀져 있다. 이것은 음양의 대치와 유행을 나타낸 것이다.

김상섭은 "이 그림은 주역의 모든 원리를 하나로 표현한 것으로 래지덕의 독창적인 그림"이라 하였다(김상섭, p. 56).

7) 조휘겸의 태극도〈천지자연지도〉

명대의 조휘겸이 그린 '천지자연지도'는 일명 '선천태극도'라고도 한다. 이 그림은 조휘겸이 지은 『육서본의』에 수록되어 있다고 하는데 그 그림을 보면 다음과 같다(김상섭, p. 58에서 재인용).

조휘겸의 천지자연지도

위의 그림을 본 김상섭은 "한 원 안에 음(검은색) · 양(흰색) 두 기가 서로 맞물려 있고, 각 음 · 양의 머리(넓은 부분), 즉 음(검은색)에는 흰 점(눈)이, 양(흰색)에는 검은 점이 있어야 하나 흰 점을 그린 것은 그림이 잘못되었다"고 하면서 "음양이 도는 방향은 음이 건괘에서 손 · 감괘를 거쳐 곤괘 쪽으로, 양은 곤괘 쪽에서 자라 진 · 리 · 태괘를 거쳐 건괘 쪽으로 돌고 있다. 조휘겸이 그린 '천지자연지도'의 음양의 방향은 앞에서 본 황공망이 그린 '복희선천시화지도'의 음양이 도는 방향과는 반대이며 음양의 머리(넓은 부분)에 있는 점도 모양이 다르다. 그러나 건 · 곤 · 감 · 리 4개의 배열 위치는 같다"고 하였다. 또한 김상섭은 이 그림에 대해 조휘겸의 말대로 "태극이 음양을 품고, 음양이 8괘를 품고 있는 묘"를 나타낸 것이라 하였다(김상섭, p. 61).

8) 조중전의 고태극도

김상섭은 "명대의 조중전이 그렸다는 '고태극도'[4]는 그가 지은 『도학정종』에, 또는 청대의 호위가 지은 『역도명변』 3권에 수록되어 있다고 하지만 누가 그렸는지는 잘 알 수 없다"고 한다(위와 같음). 이 '고태극도'는 앞에서 본 조휘겸이 그린 '천지자연지도'와 큰 차이가 없어 보이지만 자세히 보면 다르다. 조중전이 그렸다는 '고태극도'를 보면 다음과 같다(김상섭, p. 62에서 재인용).

조중전의 태극도(고태극도)

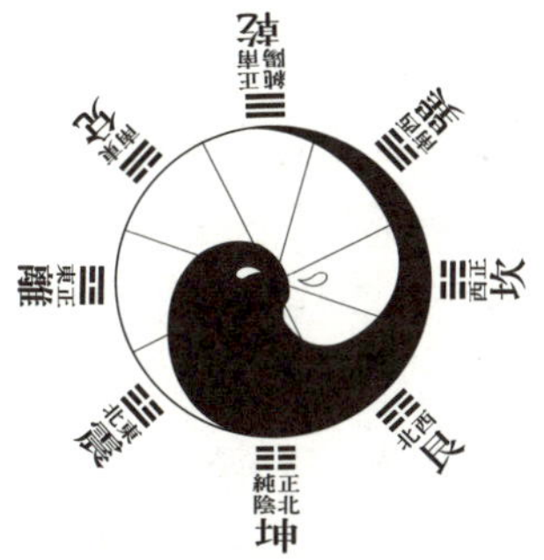

위의 '고태극도'는 음양(양의)을 8등분하고 8괘를 8등분한 조각에 배열하여 괘명을 명시하였다. 8괘(부호)와 8괘명의 사이에 8괘 방위를 표시하였으며, 음양의 머리에 마치 곡옥과 비슷한 모양을 한 흰색의 점을 꼬리가 안으로 향하도록 표시하였다.

앞에서 본 '천지자연지도'와 조중전의 '고태극도'가 다른 점은 '천지자연지도'는 음양을 8등분하지 않았고, 음양의 머리(넓은 부분)에 있는 흰 점은 같으나 점의 꼬리 방향이 '고태극도'는 원의 중심 안쪽으로 향하고 있는 반면 '천지자연지도'는 흰 점의 꼬리가 원 중심에서 밖으로 향하도록 표시되었다는 점, 그리고 '고태극도'에는 8괘(부호)와 그 이름이 표시되어 있으나 '천지자연지도'에는 8괘의 부호가 없다는 점, 다음으로 '고태극도'에는 8괘의

4) 김상섭은 조중전이 그린 태극 그림을 '고태극도'라 한 것은 주돈이의 '태극도'와 구별하기 위하여 '古' 자를 태극도 앞에 붙였다고 하였다(김상섭, p. 64).

방위가 나타나 있으나 '천지자연지도' 에는 없다는 점 등이 있다. 음양의 머리에 있는 점은 '복희팔괘방위도' 와 '천지자연지도', '고태극도' 세 가지가 각각 다르다.

『주역』의 계사전에 나오는 「역유태극……」 한 구절을 그림으로 그려 철학적 의미를 부여하고 해석하게 된 것은 송대 이후부터였다. 주돈이가 '태극도' 에서 태극을 원으로 표시하면서 5층으로 나누어 설명하였으나, 주희는 태극을 하나의 원으로 그렸다. 그러나 원대 이후에는 태극 · 음양 · 8괘의 그림을 입체적으로 그려 음양(양의)의 밖에 8괘를 배열하였고, 음양의 머리(넓은 부분)에는 모양은 다르지만 검은 점과 흰 점이 표시되었는데 명대 이후는 흰 점으로 표시되었으며, 태극도의 그림은 학자에 따라 차이가 있었다.

이처럼 중국의 태극도의 그림이 시대의 변천에 따라 바뀌어져 간 것은 태극에 대한, 즉 『주역』의 계사전에 나오는 「역유태극……」에 대한 학자들의 견해가 달랐기 때문이다.

김상섭은 "중국의 태극도의 변천 과정은 구체적인 자료의 검토와 해석으로 우리들에게 많은 이해를 가져다 주었다. 또한 태극도의 변천 과정을 학문적인 입장에서 실증적으로 고찰한 것도 태극의 이해에 크게 도움을 주었다" 고 하며 이 같은 연구를 통하여 "우리나라의 태극기는 중국의 도서역의 '선천도' 계통의 그림이며, 이것은 '복희팔괘방위도' 에서 '고태극도' 로, 고태극도에서 태극기의 그림으로 발전된 것이며, 태극기의 이름과 그림도 중국의 '고태극도' 에서 온 것이라 하면서, 태극기에는 중국적인 색깔은 있어도 한국적인 철학적 의미는 찾아볼 수 없다" 고 하였다(김상섭, pp. 66~67).

3. 음양(양의)의 의미

태극기를 구성하고 있는 두 번째 그림은 음양(양의)이다. 태극기의 중심도형은 태극 도형이다. 이 태극 도형은 태극원이 S자 모양의 형상으로 나누어져 윗부분은 붉은색으로 아랫부분은 푸른색으로 채색되었는데, 이것은 음양을 형상화한 것이다. 이 형상화한 음양을 양의(兩儀)라고도 한다.

양의란 말은 『주역』의 계사전에 처음으로 나온다. 『주역』 계사전에 보면 "무극에서 태극이 나왔다. 이것이 양의를 생하며 양의는 사상(四象)을 생하고 사상은 팔괘를 생한다" 고 한 것이라든가, 주돈이의 『태극도설』에 "무극에서 태극이 나왔다. 태극이 움직여 양(陽)을 생하고 …(중략)… 머물러서 음을 생한다. …(중략)… 양으로 나뉘고 음으로 나뉘어 양의가 세워진다"는 것을 보면 음양이 곧 양의이며, 양의 또한 음양임을 알 수 있다. 그러므로 음양을 음양 양의라 말하는 사람도 있다.

음양의 의미도 시대에 따라 해석의 차이가 있었던 것 같다. 그러면 음양(양의)이란 무엇이며, 어떤 의미인지 중국 학자들의 견해를 간략히 살펴보고자 한다.

(1) 한대 이전의 음양

음이란 일반적으로 어둡고 햇빛이 비치지 않는 곳, 음한 곳, 음달을 말하고, 양이란 밝고 햇빛이 비치는 곳, 따뜻한 곳, 양달을 말한다. 또한 음양은 서로 짝이 되는 개념으로 사용되기도 한다.

김상섭은 "중국의 『논어』나 『맹자』·『장자』·『도덕경』 등에 음양이란 용어가 나오지만 그것은 자연계의 현상이나 구체 사물을 가리키는 것일 뿐 어떤 철학적 의미를 지닌 것은 아니다"라고 하였다(김상섭, pp. 200~203). 또한 그는 음양이 철학적 의미를 지닌 것으로 해석한 것은 『역전(易傳)』이 처음이라 하면서 역전에서 설명하는 음양에 대해 다음과 같이 해석하였다.

"음양의 실체는 기이며, 그 사물의 속성인 양은 강성, 음은 유순한 기이고, 음괘는 짝수, 양괘는 홀수이며, 일월·천지·건곤·강유·홀짝수 등이 음양의 속성에 의해 나타난 존재 형식이다. 음양의 변화는 헤아릴 수 없는 신묘한 것이고, 한 번 음이 되고 한 번 양이 되는 것을 도(道)라 한다. 도란 음양이 변하는 것이며 그 형체를 넘어선 것이라고 하여 처음으로 철학적 개념으로 발전하게 되었다"고 하였다(김상섭, pp. 203~204). 또한 김상섭은 "춘추전국시대에는 제자백가사상이 발달하면서 음양학도 유행하였는데 대표적인 사람은 추연이다. 음양 두 기가 성하고 쇠하는 것을 가지고 4계절의 변화를 설명한 것도 추연의 음양사상을 나타낸 것이다. 특히 이 시대에는 음양오행설이 성행하면서 음양사상은 『주역』의 원리 해석에도 영향을 미쳤다. 이처럼 음양에 대한 철학적 의미의 해석이 나타난 것은 전국 말엽에 이르러서였다"라고 하였다(김상섭, p. 204).

(2) 진·한대의 음양

진·한대의 음양의 개념은 전대에 비하여 발전된 것으로 보인다. 『여씨춘

추』에서는 음양의 성쇠와 조화라는 원리를 바탕으로 자연 변화의 질서를 말하였으며, 『회남자』에서는 “음양이 화합하여 만물이 생하고, 만물은 음양의 두 기의 변화에 의해 생하고 소멸한다”고 하였다(김상섭, p. 205).

전한의 동중서는 계절의 변화에 따라 음양의 위치와 순조롭고 거스르는 상황도 따라서 변하므로, 자연 · 사회 · 인사 · 도덕 · 감정을 모두 음양으로 해석하였다. 특히 그는 음양 사상을 유학 정치 사상과 결부시켜 “하늘과 사람은 서로 감응한다”고 하였다. 후한의 왕충은 자연계의 현상을 음양 두 기의 운동 변화를 가지고 해석하였다. 그는 “4계절의 변화나 추위와 더위 등 자연 현상과 삶과 죽음 등 사물의 현상을 음양 두 기의 변화 작용”으로 해석하였다(김상섭, pp. 206~207).

이처럼 진 · 한대에 이르러서는 자연의 현상과 인간 사회의 변화를 음양의 두 기의 변화와 조화라는 원리를 바탕으로 해석하였다.

(3) 위 · 진 및 당대의 음양

위나라의 왕필은 음양의 성질에 대해 “음은 약하고 유순한 것, 비천한 것, 양은 강직하고 존귀한 것”이라 하면서 음양의 성질을 가지고 건 · 곤괘의 처음 효를 해석하였다. 더불어 “음은 양을, 양은 음을 서로 구한다”고 하였다(김상섭, pp. 207~208).

당나라의 공영달은 더불어 “음양의 두 기의 운행이 쉬지 않고 계속되어 만물의 생성 · 소멸이 끝이 없이 이어진다”고 하면서 “천지와 인간 사회는 모두 음양에 의해 형성된 하나의 총체적 계통”이라 하였다(김상섭, p. 208).

(4) 송대 이후의 음양

송대의 주돈이는 그의 『태극도설』에서 “태극이 움직여 양(陽)을 생하고 움직임이 극에 이르면 머무른다. 머물러서 음을 생하고 머무르는 것이 극에 이르면 다시 움직인다. 움직임과 머무름이 반복하여 서로 그 근본이 된다. 양으로 나뉘고, 음으로 나뉘어 양의가 세워진다. 양이 변하고 음이 합하여 수 · 화 · 목 · 금 · 토를 생한다…(중략)…”고 한 것이라든가, “오행은 음양이고 음양은 하나의 태극이다”라고 한 것을 보면 태극과 음양 · 오행은 동질의 기로 파악하였음을 알 수 있다. 주돈이가 “양은 만물을 생성하는 원리요, 음은 만물을 완성하는 원리”라고 말하면서 “음양의 두 기는 태극의 동정에 의해 생성되고 음양의 두 기가 교감하여 만물을 생성 · 완성한다"고 보았다. 김상섭은 이를 주돈이의 독창적 견해라 하였다(김상섭, pp. 156~157 및 209~210).

장재는 음양의 의미에 대해 "음양은 물질적 실체이고 객관 세계의 구성 재료'라 하면서 음양의 두 기가 모이고 흩어지는 운동 변화를 통해 자연계의 각종 현상이 발생하며 구체 사물이 생성된다"고 하여 우주 만물의 모든 현상은 음양에 의하여 이루어지는 것으로 파악하였다(김상섭, p. 210).

주자학을 집대성한 주희는 "음양은 기이고 객관 사물의 구성 재료라고 하면서 음양의 두 기가 변하고 교감 · 응취할 수 있는 것은 곧 태극이 주재하기 때문이며, 리가 없으면 기의 작용도 없으며 기가 없다면 리 또한 붙어 있을 곳이 없다"고 하여 리와 기를 서로 의존적 존재로 파악하였다. 주희는 "음양은 고정된 존재가 아니며 그것은 상대적 존재"라고 이해하였다(김상섭, pp. 213~214).

육구연은 음양에 대해 음양은 형체를 넘어선 것이라 하여 형이상학적으로 보았다. 그는 "한 번 음이 되고 한 번 양이 되는 것은 형체를 넘어선 것으로 여겨 태극과 동등한 것이며 태극이 나뉘어져 음양이 되니 음양은 곧 태극" 이라고 하였다(위와 같음).

명대의 왕수인은 양명학자로 태극과 음양, 리와 기를 형체를 넘어선 것과 형체를 넘어서지 않는 것으로 구분하지 않고 한 가지로 보았다. 또한 음양은 두 가지가 아니라 한 가지로 파악하였다. 이런 점으로 보아 왕수인은 "태극과 음양은 일체이며 음과 양, 동과 정은 서로가 바탕이 되는 하나"로 보았다. 즉 음양의 동정을 두 가지로 보지 않고 한 가지로 파악하였다(김상섭, pp. 214~215).

이상에서 음양의 개념에 대한 중국 학자들의 견해를 살펴보았다. 초기의 음양은 대수롭지 않은 자연계의 현상이나 구체 사물을 의미하였다. 그러나 전국시대 말에 음양을 '기로 보고 우주 만물을 생성하는 두 원리'라는 의미가 부여되었다. 이후 음양의 개념에 대한 견해는 음양은 태극과 동질의 기로 보는 견해라든가, 음양의 두 기의 동정에 의하여 만물이 생성되고 변화에 대한 내적 원인 혹은 만물을 구성하는 요소로 보려는 견해, 음양은 두 기가 아니라 서로 떨어질 수 없는 의존적 · 상대적 존재이며, 또한 하나로 보려는 철학적 의미 등으로 발전되었음을 알 수 있다(김상섭, p. 215).

이러한 음양 사상이 우리나라에 전래된 것은 삼국시대로 이것은 태극이 전래된 것보다 훨씬 오래 전이었다. 중국의 음양 사상이 전래된 이후 그것은 우리의 민족 문화의 발전에 큰 영향을 미쳤지만 우리나라 학자들이 보는 음양의 개념에 대한 해석은 중국 학자들의 범위를 벗어나지 못한 것으로 파악되고 있다(위와 같음).

4. 괘의 의미와 구성

(1) 괘의 의미

태극기를 구성하고 있는 세 번째 도안은 4괘이다. 4괘는 태극기의 깃면 아래 · 위의 네 모서리에 비스듬히 그려져 있다. 이 4괘는 무엇이며 그것은 어떤 의미가 있는지 간략히 살펴보고자 한다.

괘는 주대에 점을 치는데 사용된 부호로 양효(−)와 음효(--)로 구성된다. 괘가 점치는데 사용되는 부호라면 그것은 어디에 처음으로 나오는 말인가? 괘라는 말은 『주역』의 계사전에서 나왔는데,

「역에 태극이 있고 이것이 양의를 생하고, 양의가 4상(象)을 생하고, 4상이 8괘를 생한다. 8괘가 길흉을 정하고 길흉은 대업을 생한다」

라고 한 것을 보면 괘의 생성과 그 쓰임이 길흉을 점치는데 사용되었음을 알 수 있다.

주대의 점치는 방법으로는 시초점(蓍草占)이 있었다 한다. 당시의 시초점은 어떻게 쳤는지 알 수 없으나 춘추전국시대의 시초점법을 통하여 짐작할 수 있다는 것이다. 김상섭은 "시초점이란 50개의 시초를 사용하여 점을 쳤기 때문에 시초점이라 한다. 즉 50개의 시초를 셈하여 괘를 얻어서 점을 치므로 괘는 시초점을 칠 때 사용되는 부호였다. 김상섭은 시초점에 대해 '50개의 시초'는 네 번의 과정을 거치고 또 이것은 3변(變)하여 한 개의 효를 얻는다. 얻은 효는 양효가 아니면 음효이다. 9변하여 3개의 효를 얻어 8괘 중 한 괘가 성립되고, 18변하여 6개의 효가 드러나 드디어 64괘 중의 한 괘가 성립된다"고 하면서 "시초점을 쳐서 괘를 얻고 효를 얻어 음양의 효가 변화하는 것 등을 보고 그 괘나 효에 해당하는 글을 풀이하여 점을 쳤다. 이렇게 점을 치기 위해서 그려진 괘가 춘추전국시대를 거치면서 철학적 의미를 부여하여 자연계의 현상이나 인간 세상의 변화 등을 상징하는 부호로 발전되었다"고 하였다(김상섭, p. 219).

(2) 효의 의미

효(爻)라는 것은 '괘를 구성하는 기본 부호로 양효(−)와 음효(--)가 있다. 『주역』의 계사전에는 양효와 음효라는 이름이 없고 괘를 이루는 단위에 불과하였으나 추연파의 음양학이 주역에 흡수되어 괘와 효에 음양이라는 의미와 음효 · 양효라는 이름이 붙여지게 되었다' 고 한다(김상섭, pp. 219~220).

효의 기원에 대해 김상섭은 5가지 설을 들어 설명하면서 나름대로 근거 있는 설이나, 어느 것이 맞는지 알 수 없으며, 어떻게 그려졌는지도 현재로서는 확실히 단정할 수 없다고 하였다.[5] 김상섭은 효에 대해 다음과 같이 설명하였다.

「효 가운데 양효는 9(양성), 음효는 6(음성)으로 표시하고, 9와 6은 효의 성질을 나타내는 동시에 변하는 효를 표시한 것이다. 효의 이름은 한 괘의 아래에서 위로 올라가면서 처음 효, 둘째 효… 꼭대기(上) 효라 부른다. 처음 효는 시간 개념이며, 꼭대기 효는 공간 개념이다. 그러므로 한 괘는 시간과 공간 속에 존재하는 현상계를 나타낸 것이다. 현상계는 변화하며, 효가 변하면 괘도 변한다. 3개의 효로 구성된 한 괘는 어느 한 상황을, 효는 한 상황 가운데의 어느 한 단계를 반영한다. 그러므로 한 상황의 각 단계가 변하면 그 상황도 따라서 변한다. 효는 만물의 변화를 본뜬 것이고 음양의 변동과 사물의 변화를 반영한다」

라고 하였다(김상섭, pp. 220~223에서 재인용).

(3) 8괘의 의미

8괘는 점을 쳐 길흉을 정하는데 사용하는 부호로 건(乾) · 곤(坤) · 감(坎) · 리(離) · 진(震) · 손(巽) · 간(艮) · 태(兌)괘를 말한다.

8괘라는 말은 『주역』의 계사전에서 '역에 태극이 있고, 이것이 양의를 생하고, 양의가 사상(四象)을 생하고, 사상이 8괘를 생한다' 고 한 것을 보면 주이전에는 8괘란 말은 없었던 것 같다. 혹자들이 8괘는 복희(삼황오제의 한 사람으로 조작적 인물임)가 만들었다고 주장하지만 그것은 후세에 만들어진

5) 효의 기원에 관한 5가지 설은 다음과 같다.
① 끈을 맺는 것에서 유래되었다는 설, ② 남녀의 생식기 설, ③ 거북의 껍질을 불태워 나타나는 무늬에서 취했다는 설, ④ 대나무 마디와 시초에서 기원했다는 설, ⑤ 해와 달 · 별 등의 모양에서 그렸다는 설 등이다(김상섭, pp. 222~223).

것이라고 보는 견해[6]가 타당성이 있는 것으로 보인다. 이러한 8괘의 기원에 대해 김상섭은 10가지설을 제시하여 살펴보고 "10가지 설[7]은 나름대로 근거 있는 말이나, 어느 것이 맞는지 알 수 없으며 과연 어떻게 해서 그려진 것인지 정확히 알 수 없다"고 하였다(김상섭, p. 235).

그러면 지금부터 8괘가 갖는 성질과 그것이 갖는 의미는 어떤 것인지 살펴보도록 하자. 8괘의 성질과 그것이 갖는 의미를 추출 · 요약하여 표로서 나타내면 다음과 같다(김상섭, pp. 236~238).

8괘의 성질과 의미

괘의 성질 · 의미 \ 8괘명	건(☰)	곤(☷)	감(☵)	리(☲)	손(☴)	진(☳)	간(☶)	태(☱)
주역 설괘전	강건	유순	빠지는 것	붙는 것	들어가는 것	움직이는 것	정지	기뻐하는 것
동물 모습	말	소	돼지	꿩	닭	용	개	양
인간 신체	머리	배	귀	눈	다리	발	손	입
자연 현상	하늘	땅	물	불	바람	우뢰	산	못

이러한 괘에 대해 김상섭은 "괘는 중국 민족의 지혜의 산물로 중국 문화에 지대한 영향을 끼쳤고 중국인에 애용되어 중국적인 색깔은 있어도 우리나라 태극기의 4괘와는 아무런 관련이 없다"고 하였다(김상섭, p. 238).

이상에서 살펴본 태극 · 음양 · 8괘의 의미에 대한 학자들의 견해를 요약 정리하면 다음과 같다.

---

6) 김상섭은 앞의 책, p. 230에서 8괘와 64괘도 주초에 여러 점치는 관리들에 의해 주의 도읍에서 그렸을 가능성이 가장 크다고 하였다.

7) 김상섭, 위의 책, pp. 231~235에서 제시한 8괘의 기원 10가지 설을 보면 다음과 같다.
① 천지 만물의 모습에서 8괘의 모양을 취했다는 설, ② 수에 근거하여 그렸다는 설, ③ 대연(大衍)의 수에서 취했다는 설, ④ 태극에서 8괘가 나왔다는 설, ⑤ 건곤 부모로부터 여러 자식이 나왔다는 설, ⑥「하도 · 낙서」에서 나왔다는 설, ⑦ 8괘는 문자라는 설, ⑧ 해와 달 · 별에서 그렸다는 설, ⑨ 수로 점을 치는데서 8괘가 나왔다는 설, ⑩ 숫자도형에서 8괘가 나왔다는 설로 이 중 ②, ③, ⑨, ⑩은 수와 관련이 있다.

① 태극의 의미

나라 / 주창자	중 국	나라 / 주창자	조 선
장 자	태극은 천지 만물의 근원으로 있지 않는 곳이 없다 함.	정도전	태극은 우주 만물의 원리를 갖추고 있는 리(理)로 봄.
왕 필	태극은 만물의 존재 근원이라 함. 태극은 점을 칠 때 사용되는 50개의 시초(蓍草) 중 사용하지 않는 최초의 하나로 봄.	권 근	태극은 우주 만물의 존재 근원이며, 만물은 하나의 태극을 가지고 있다. 태극은 리이고 성(性)이라 함.
최 경	태극은 50개의 시초 중 하나를 제한 나머지 49개의 시초라 함. 즉 50개의 시초 중 사용하는 49개의 시초가 아직 둘로 나누어지지 않는 상태라 함.	김시습	태극은 음양이고 음양은 하나의 태극임. 태극을 기로 보고 태극과 음양을 동질의 기로 보고, 기는 만물의 본원이며, 만물을 생성하는 근본적 · 물질적 실체로 봄.
한강백	태극은 무이고 양의는 유이다. 유는 무에서 비롯되므로 태극이 양의를 생한다고 함. 태극은 시공을 초월한 것이며, 만물의 처음이라 함.	이언적	태극은 공허하며 아무런 조짐이 없는 것이며 본말과 상하, 만물에 관통되어 있는 하나의 리(理)로 봄. 즉 태극을 리로 보고 리는 도의 본체이고 만물의 변화 현상을 주관하는 것이라 함.
정 현	태극은 천지가 나누어지기 전의 혼돈되고 청허한 기이며 우주 발생의 최초의 근원이라 함.	김인후	태극은 리이고 음양은 기이며 양자는 서로 떨어질 수 없는 하나이면서 둘이고 둘이면서 하나인 것이라 함.
공영달	태극은 천지가 나누어지기 전의 원기(元氣)이며, 우주 발생의 최초의 본원이라 함.	이 황	태극은 스스로 동정(動靜)하고 천명은 스스로 유행한다. 어찌 그 주재하는 것이 다시 있겠는가? 동하고 정하는 것에는 반드시 동정하게 하는 원리가 있으니 이것이 태극이라 함. 이황은 주희와는 달리 리기이원론을 주창하였음.
주돈이	태극을 만물의 원리로 봄. 태극의 본원은 무극이라 함. 무극에서 만물의 원기인 태극이 생하고 태극	이 이	태극은 음양이 변역하는 원리이고 음양의 뿌리가 되며, 음양에도 있다고 봄. 리와 기를 두

나라 주창자	중 국	나라 주창자	조 선
주돈이	의 동정에 의하여 음양이 생하고 음양의 변화와 합에 의해 오행의 기가 생긴다고 봄.	이 이	개의 실체로 보지 않고 서로 떨어질 수 없는 리기일원론을 주창함.
소 옹	태극을 수로 보고 수의 원리로써 천지 만물과 인간 사회의 변화를 추론함.	윤 휴	태극은 기가 처음 생겨난 것이며 기의 결합에 의하여 우주만물이 생겨난다고 봄. 태극은 우주의 본원이며, 태극과 음양·사상(四象)을 동질의 것으로 보고 리의 존재를 부정함.
장 재	태극을 기로 봄. 한 사물의 양면을 태극으로 보고 두 면은 서로 분리되지 않고 의존하며 하나를 이루고 이 두 면은 대립하지 않고 조화하는 것으로 봄.	정약용	태극은 아무런 형체를 갖추고 있지 않는 분화되기 전의 혼돈 상태라 함. 태극은 천지가 나누어지기 이전에 한데 뒤섞여있는 원리로 봄.
주 희	태극을 리로 봄. 무극이면서 태극이라 하여 무극은 태극을 묘사한 것일 뿐이라 함. 태극은 음양이 변하고 교역하는 변화의 원리이며, 사물이 될 수 있게 하는 존재 근원이며 사물의 내재적 원인이라 함. 태극은 일체의 변화를 주재하는 만물의 존재 근원이라 함.		
육구연	리와 기는 하나의 존재 세계로 존재한다고 봄.		
왕수인	태극은 만물의 생성하는 원리라 함.		
왕부지	태극을 기로 보고 태극은 음양의 두 기가 합하여 하나가 된 실체로 봄.		

② 음 · 양의 의미(중국 학자)

해석자	의 미	해석자	의 미
『상 서』	대자연의 대수롭지 않은 현상을 나타낸 것임.	공영달	음 · 양 두 기의 운행으로 만물의 생성 · 소멸이 끊임없이 이루어지고, 천지와 인간 사회는 모두 음양에 의해서 형성된 총체적 계통이라 함.
『시 경』	양은 강 · 홀수, 음은 유 · 짝수로 봄.	주돈이	음양은 태극의 동정에 의해 생기며, 음양의 두 기가 교감하여 만물을 생성하고 완성한다고 봄.
『역 경』	일월 · 건곤 · 천지 · 강유 · 음양의 속성에 의해 나타나는 존재 형식이라 함.	장 재	음양은 물질적 실체이고, 객관세계의 구성 재료라 함. 우주의 모든 현상은 음양에 의해 이루어진다고 봄.
『도덕경』	음양의 두 기는 만물의 자체 내에 났고, 음양은 만물을 구성하는 기본 요소로 봄.	주 희	음양은 두 개의 기이고, 형체를 갖춘 객관적 사물의 구성 재료라 함.
『장 자』	음양을 4계절과 결부시켜 만물을 생성하는 작용, 인간의 질병과 감정도 음양의 조화에 의하여 작용하는 것으로 봄.	육구연	음양은 형체를 넘어선 것이고(도), 음양이 곧 태극이라 함.
『회남자』	양은 불 · 해, 음은 물 · 달로 보고, 음양이 화합하여 만물이 생기며, 만물은 음양의 기화(氣化)에 의해 생성 · 소멸된다고 봄.	왕수인	음양은 서로가 그 바탕이 되니 음양의 동정을 두 가지가 아니라 한 가지로 봄.
동중서	양은 하늘 · 동쪽, 음은 땅 · 서쪽을 말하며, 음양으로 자연 · 사회 · 인간 · 도덕 · 감정을 해석함. 음양의 범주를 유학사상과 결부시켜 하늘과 사람은 감응한다고 봄.		
왕 충	음 · 양 두 기의 변화를 가지고 자연계의 현상을 해석함.		

③ 8괘의 의미

의미 \ 괘명	건(☰)	곤(☷)	감(☵)	리(☲)	손(☴)	진(☳)	간(☶)	태(☱)
성 질	강건	유순	빠지는 것	붙는 것	들어가는 것	움직이는 것	정지	기뻐하는 것
동물 모습	말	소	돼지	꿩	닭	용	개	양
신 체	머리	배	귀	눈	다리	발	손	입
자연 현상	하늘	땅	물	불	바람	우레	산	못
방 위	남쪽	북쪽	서쪽	동쪽	서북쪽	동북쪽	북서쪽	남동쪽

5. 태극기에 담긴 뜻

(1) 기존의 연구 성과

위에서 태극과 태극 도형, 음양(양의), 8괘(4괘)에 대해 그것들이 어떤 의미가 있는가를 알기 쉽게 요약 정리해 보았다. 『주역』의 「계사전」에 나오는 점치는데 사용된 글귀가 철학적 · 형이상학적 의미를 더하면서 많은 유학자들이 자신의 견해를 주장해 왔다. 중국의 태극 사상은 성리학이 조선에 전해지면서 이 땅에서도 유학자라면 한 마디씩 할 정도로 그 주장들이 분분하였다. 다만 조선 유학자들의 주장은 거의 중국 유학자들이 주장한 범주를 벗어나지 못하였으며, 광복 이후에도 자기 나름대로 태극의 원리에 대한 견해를 피력하기도 하였다. 특히 우리나라의 국기가 태극기로 됨에 따라 이에 대한 긍정적 · 합리적 근거를 규명하려는 노력도 있어 왔지만 이를 잘못된 것이라고 보는 견해(역리상의 원리에 맞지 않고, 우리 민족과 무관한 중국의 태극이라는 점)도 있다. 이런 점에서 우리가 현재 올바른 태극기 교육을 한다는 것은 어려우며, 한다 하여도 형식적 교육에 치우칠 수밖에 없다. 그리고 태극 · 음양 양의 · 4괘가 우리의 역사와 민족과는 어떤 관련이 있으며 우리가 태극을 우리 국기의 휘장으로 삼은 이유가 무엇인가에 대한 통일된 정론도 아쉽다.

10년 이상의 학교 교육을 받은 우리나라 사람들에게 태극기에 담긴 뜻이 무엇이냐고 물어 보았을 때 시원하고 명쾌하게 대답할 사람이 몇이나 될 것인가?

광복 이후 우리나라의 태극기에 담긴 뜻에 대한 연구 성과를 정리하여 요약하면 다음과 같다.

태극기에 담긴 뜻(상징성)

구분 / 주창자	흰바탕의 깃면(□)	태극원 (○)	음 · 양 양의(☯)	4 괘 건(☰) 곤(☷) 감(☵) 리(☲)	근 거
김경탁		우주 만물의 기본(존재) 인간 생명의 원천	우주 만물의 생성 요소 민족의 얼과 힘	〈우주의 공간성과 시간성〉 하늘 · 땅 · 달 · 해 남쪽 · 북쪽 · 서쪽 · 동쪽	『태극의 원리』, 취영암, 1946, pp.6~23.
오재춘	백의 민족의 순결성	우주 만상의 구성의 근원, 태극의 형체와 기상을 상징하는 부호	우주 만물의 생장의 기상 순환성 창조의 정신	하늘 · 땅 · 물 · 불 남쪽 · 북쪽 · 서쪽 · 동쪽	『태극기론』, 신해당, 1955, pp.5~14.
김일수	평화 애호의 정신 백의 민족의 순결성	천지로 나누어지기 전의 우주의 근원, 천지 만물의 구성의 근원 단일 정신	창조의 정신 순환성, 상대성 만물의 생성 요소	〈무궁의 정신〉 〈광명의 정신〉 하늘 · 땅 · 물 · 불	『국기 해설』, 우리국기보양회, 1957, pp. 1~2.
이선근	평화 애호의 정신	우주 만물의 생성의 기본요소	우주 창조의 원리	하늘 · 땅 · 달 · 해	〈우리국기제정의 유래와 그 의의〉, 『국사상의 제문제』 2, 국사편찬위원회, 1959, p. 214.
백광하	평화 애호의 정신 백의 민족의 순결성	우주 만물의 생성 근원 단일의 정신	창조의 정신, 순환성, 상대성, 태극의 연화(演化)작용	〈사방의 위치〉 〈음양의 분화작용〉 〈세계의 사해(四海)〉	『태극기』, 동양수리연구원, 1967, pp. 61~136.

<table>
<tr><th rowspan="2">구분
주창자</th><th rowspan="2">흰바탕의
깃면(□)</th><th rowspan="2">태극원
(○)</th><th rowspan="2">음 · 양
양의(◕)</th><th colspan="4">4 괘</th><th rowspan="2">근 거</th></tr>
<tr><th>건(☰)</th><th>곤(☷)</th><th>감(☵)</th><th>리(☲)</th></tr>
<tr><td>이상천</td><td>평화 애호
의 정신
백의 민족
의 순결성</td><td>우주 만물의
생성 근원
단일의 정신</td><td>창조의 정신,
상대성</td><td colspan="4">〈무궁의 정신〉
〈광명의 정신〉
하늘 · 땅 · 달 · 해
남쪽 · 북쪽 · 서쪽 · 동쪽</td><td>〈현행 태극기에 대한 고찰〉, 『교육평론』, 1969, pp. 127～128.</td></tr>
<tr><td>이상백</td><td>평화 애호
의 정신
백의 민족
의 순결성</td><td>우주 만물
의 생성의
본원
단일의 정신
민족의 동
질성</td><td>창조의 정신</td><td colspan="4">〈무궁의 정신〉
〈광명의 정신〉
하늘 · 땅 · 달 · 해</td><td>〈효과적인 국기교육을 위한 자료 개발에 관한 연구〉, 『교육연구』, 부산시교육연구원, 1973, p. 33.</td></tr>
<tr><td>민족
문화원</td><td>평화 애호
의 정신</td><td>우주 만물의
근원 · 모체,
단일 정신,
통일 정신</td><td>창조의 정신</td><td colspan="4">〈무궁의 정신〉
〈광명의 정신〉
하늘 · 땅 · 물 · 불</td><td>『국기교본』, 민족문화원, 1977, p. 43.</td></tr>
<tr><td>학술원
국기
자문
위원회</td><td>평화 애호
의 정신
백의 민족
의 순결성</td><td>우주 만상의
근원
인간 생명의
원천
우주의 원리</td><td>창조의 정신,
융합성, 조화
와 화합성, 발
전성, 통일성</td><td colspan="4">〈무궁의 정신〉〈광명의 정신〉
〈홍익 인간의 국시〉
하늘 · 땅 · 물 · 불
정의 · 풍요 · 지혜 · 광명</td><td>『태극기의 원리와 해설』, 학술원 국기자문위원회, 1977, pp. 3～12.</td></tr>
<tr><td>김종호</td><td>평화 애호
의 정신</td><td>단일의 정신
우주 만상의
구성의 근원</td><td>창조의 정신</td><td colspan="4">〈무궁의 정신〉〈광명의 정신〉
하늘 · 땅 · 달 · 해</td><td>『국기해설』, 집문당, 1978, pp. 37～41.</td></tr>
<tr><td>김재호</td><td>평화 애호의
정신
백의 민족의
순결성</td><td>단일 정신
원융 사상</td><td>창조의 정신
순환성, 상대성</td><td colspan="4">〈무궁의 정신〉
〈광명의 정신〉
하늘 · 땅 · 물 · 불</td><td>『국민윤리 국기해설』, 송산출판사, 1982, pp. 34～35.</td></tr>
<tr><td>유승국</td><td>백의 민족
의 순결성
단일성</td><td>우주 만상의
근원
인간 생명의
원천</td><td>순환성, 상대성
상호 융합성</td><td colspan="4">하늘 · 땅 · 물 · 불
정의 · 풍요 · 지혜 · 광명</td><td>〈태극기의 원리와 민족의 이상〉, 『한국정신문화연구원』, 1983, 여름호, pp. 3～4.</td></tr>
<tr><td>임채도</td><td>국토, 민족
의 순결성</td><td>국민,
단일성</td><td>창조의 정신
순환성, 조화성</td><td colspan="4">〈정부의 주권〉
〈발전 · 광명〉
〈겸허 · 전진〉</td><td>〈남북한의 상징깃발 태극기의 정통성〉, 『북한』 3월호, 1986, p. 93.</td></tr>
</table>

구분 / 주창자	흰바탕의 깃면(□)	태극원 (○)	음·양 양의(◉)	4 괘				근 거
				건(☰)	곤(☷)	감(☵)	리(☲)	
이우직	영토 백의 민족의 순결성	국민 현상의존재와 사물의근원	순환성, 조화 융합성, 사물의 품성 현상, 운동·발전을 관찰하는 기준	정부 〈국토의 방향 표시〉 하늘 · 땅 · 물 · 불 남쪽·북쪽·서쪽·동쪽				『태극기 해설』, 현암사, 1987, pp. 23~39.
총무처	평화 애호의 정신 백의 민족의 순결성	우주 만물의 생성 발전하는 대자연의 이치	우주 만물의 생성 발전하는 대자연의 이치	〈우주 만물의 생성 발전하는 대자연의 이치〉				『태극기』, 총무처, 1989, p. 4.
최창동	우주의 시간·공간성, 평화 애호의 정신 민족의 순결성, 자유	우주 만상의 근원 인간 생명의 원천 단일성, 통일성, 국민	순환성, 조화와 융합성, 국민	하늘 · 땅 · 물 · 불 정의·풍요·지혜·예절 남쪽·북쪽·서쪽·동쪽 가을 · 봄 · 겨울 · 여름				〈태극기의 제정배경과 법철학적 의의 및 남북통일 국기 제정안〉, 『법학연구』, 창간호, 부산외국어대학교, 1989, pp. 84~89.
이홍직		우주 생성의 최고 원리	존귀성, 희망	하늘 · 땅 · 해 · 달 동쪽·서쪽·남쪽·북쪽 봄 · 여름 · 가을 · 겨울				『한국사대사전』, 교육도서, 1990, p. 1926.
구필회		우주 만물의 구성의 본체	천지 현상과 만물의 기본 단위	〈만물의 발전상의 도형〉 하늘 · 땅 · 물 · 불				『태극기와 민족정기』, 태극기광복추진위원회, 1990, pp. 35~38.
한종인	우주의 시간·공간성, 평화 애호의 정신 민족의 순결성	천지가 분화되기전의상태 단일성 통일성 조화와 화합성	순환성, 변전성, 창조의 정신 만물의 성장 바탕이 되는 원인	〈무궁의 정신〉〈광명의 정신〉 하늘 · 땅 · 해 · 달 봄 · 여름 · 가을 · 겨울				〈국기 절대표상으로서 태극기에 관한 연구〉, 홍익대학교 산업미술대학원 석사학위논문, 1991, pp. 43~46.
한국민족문화대백과사전	민족의순수성 평화 애호의 정신 동질성	모든 존재와 가치의 근원	순환성, 조화, 융합성, 생성발전의 원리	〈무궁의 정신〉〈광명의 정신〉 하늘 · 땅 · 물 · 불 정의·풍요·지혜·광명				〈태극기〉, 『민족문화대백과사전』23, 한국정신문화연구원 1991, pp. 20~21.

구분 / 주창자	흰바탕의 깃면(□)	태극원 (○)	음 · 양 양의(◐)	4 괘 건(☰) 곤(☷) 감(☵) 리(☲)	근 거
백문섭	평화 애호의 정신 백의 민족의 순결성	우주 만물의 구성의 본체(본질)	우주 만물의 구성의 기본 단위	하늘 · 땅 · 달 · 해 남쪽 · 북쪽 · 서쪽 · 동쪽	『올바른 태극기해설』, 보경문화사, 1992, pp. 38~43.
백영기	민족의 순결성 평화 애호의 정신	우주 만상의 생성의 근원 인간 생명의 원천	우주 만상의 구성 요소 조화와 융합성	하늘 · 땅 · 물 · 불 정의 · 풍요 · 지혜 · 광명	〈태극기와 혼백사상〉, 『태극기 보급이 민족혼에 미치는 영향』, 대한민국국기보급회, 1995, pp. 43~46.
김은집	민족의 순결성, 순박성	우주 만물의 근원		하늘 · 땅 · 물 · 불	〈기의 개념과 기능〉 위와 같음, pp. 55~70.
허 윤	평화 애호의 정신 민족의 순결성 · 동질성	우주 만상의 근원, 인간 생명의 원천 단일의 정신	창조의 정신 순환 변전성 조화와 융합성	〈무궁의 정신〉 〈광명의 정신〉 정의 · 풍요 · 지혜 · 광명	〈태극기를 활용한 캐릭터 개발에 관한 연구〉, 계명대학교 대학원 석사학위논문, 1998, pp. 4~6.
김원모	백의 민족 평화 애호의정신	단일 정신	창조 정신	하늘 · 땅 · 달 · 해 〈무궁의 정신〉 〈광명의 정신〉	『태극기의 유래』, 행정자치부, 1998, p. 10.
백운곡	백의 민족의 순결성 평화의 상징	우주 만상의 근원 세상 만유의 근본	하늘과 땅 해와 달	하늘 · 땅 · 달 · 해 남쪽 · 북쪽 · 서쪽 · 동쪽	『태극기에 담겨있는 새천년 한국의 운』, 생각하는 백성, 1999, pp. 4~60.
정선덕	평화 애호의 정신 정의 · 광명	단일의 정신	창조의 정신	〈무궁의 정신〉 〈광명의 정신〉	〈국기를 활용한 홈페이지 디자인 연구〉, 계명대학교 대학원 석사학위논문, 2000, p. 9.

구분 주창자	흰바탕의 깃면(□)	태극원 (○)	음 · 양 양의(☯)	4 괘 건(☰) 곤(☷) 감(☵) 리(☲)	근 거
김기한	평화 애호의 정신 민족의 순결성	단일의 정신	창조의 정신 우주 만물의 생성의 기상	〈무궁의 정신〉 〈광명의 정신〉 하늘 · 땅 · 달 · 해 봄 · 여름 · 겨울 · 가을 동쪽 · 서쪽 · 북쪽 · 남쪽	〈포스터에 활용한 태극기의 시각적 표현연구〉, 계명대학교 대학원 석사학위논문, 2000, pp.14~15.
문룡호	평화의 정신 백의 민족의 순결성	우주 단일정신	우주의 생성 원리 창조 변화 정신	하늘 · 땅 · 달 · 해 여름 · 겨울 · 가을 · 봄 남쪽 · 북쪽 · 서쪽 · 동쪽	『태극기이야기』, 미술문화, 2000, p. 89.
행정자치부 (김원모)	맑음, 순수 평화, 상징의 정신	조화 대자연의 진리		하늘 · 땅 · 달 · 물 해 · 불 · 정의 · 풍요 생명력 · 통일의 조화	『대한민국 국기의 상징』, 2000.
정현규	평화의 정신 민족의 순결성		조화 생성 발전 대자연의 진리	하늘 · 땅 · 달 · 해	『이제 통일 한국의 상징을 준비할 때다』, 삶과 꿈, 2004, p.109.
김상섭		기(氣)	우주의 두 원리 우주 만물의 생성 변화에 대한 내재 원인, 만물 구성의 기본 요소	〈우주 만물의 상징 부호〉 하늘 · 땅 · 물 · 불	『태극기의 정체』, 도서출판 동아시아, 2001, pp. 136~238.
지경사 편집부	영토 평화	국민 단결	창조성 존귀와 양 희망과 음	〈광명의 정신〉〈무궁의 정신〉 하늘 · 땅 · 달 · 해 봄 · 여름 · 겨울 · 가을 동 · 서 · 북 · 남	『국가와 국기』, 지경사, 2004, pp. 9~10
최정혜	백의 민족의 순수성, 평화	우주 만물의 생성 발전하는 자연의 이치	변화와 발전, 음양의 조화	하늘 · 땅 · 물 · 불	『국기와 함께하는 지구촌 여행』, (주)은하수 미디어, 2005, pp. 8~9.

위의 표에서 태극기에 담긴 뜻(의미)이 무엇인가를 보면 다음과 같다.

첫째, 흰 바탕의 기면은 총 빈도 61회 중 '백의 민족의 순결성' 이라는 것이 약 46%인 28회로 가장 많고, 다음이 민족의 '평화 애호 정신' 이라는 것이 약 37%인 22회이며, 그 외에도 '국토', '우주의 시간성과 공간성', '민족의 동질성' 을 나타낸다는 견해도 있다.

둘째, 태극은 64회의 빈도 중 '우주 만물 생성의 기본 요소 및 우주 구성의 근원' 이라는 것이 약 36%인 24회로 가장 많고, 민족의 '단일 정신' 또는 '민족의 동질성' 을 나타낸다는 것이 약 24%인 16회, '인간 생명체의 근원의 원천' 이라는 것이 약 9%인 6회이고, 그 외에도 '천지로 분화되기 전의 혼돈 상태', '조화와 융합', '국민', '통일 정신' 등을 나타낸다는 것 등도 있다.

셋째, 음양 양의의 뜻은 총 73회의 빈도 중 '창조의 정신' 을 의미한다는 것이 23%인 17회로 가장 많고, 다음이 '조화 · 융합' 을 나타낸다는 것이 19%인 14회, '순환성' 을 나타낸다는 것이 15%인 11회이며, '우주만물의 생성요소' 라는 것이 약 10%인 7회이며 그 외에도 발전 · 통일 · 성장의 원인, 변화를 나타낸다는 견해도 있다.

넷째, 4괘는 건 · 곤 · 감 · 리괘를 개별적으로 보지 않고 묶어서 그에 담긴 뜻을 밝히고 있는데, 빈도 42회 중 건 · 곤괘는 '무궁의 정신' 을, 감 · 리괘는 '광명의 정신' 을 나타낸다는 것이 각 33%인 14회로 가장 많고, 다음이 '방위의 위치', '국토' 를 나타낸다는 것으로 각 2회이다. 그 외에도 '음양의 분화 작용', '만물의 상징 부호', '세계의 사해(四海)', '정부' 를 나타낸다는 견해 등도 있다.

4괘 하나 하나에 담긴 뜻, 즉 개별적 괘에 담긴 뜻이 무엇을 나타내는가를 보면 다음과 같다.

4괘의 개별적 의미

괘명 / 의미요소	건(☰)	곤(☷)	감(☵)	리(☲)
자연 현상	하늘(27회)	땅(27회)	달(12회), 물(14회), 해(2회)	해(12회), 불(14회), 달(2회)
사방 방위	남쪽(7), 동쪽(3)	북쪽(7), 서쪽(3)	서(7), 남(1), 북(2)	동(7), 북(1), 남(2)
계 절	가을(1), 봄(4), 여름(1)	봄(1), 여름(4), 겨울(1)	겨울(3), 가을(3)	여름(1), 가을(2), 겨울(2), 봄(1)
기 타	정의(7)	풍요(7)	지혜(7)	광명(6), 예절(1)

4괘인 건 · 곤 · 감 · 리가 각각 갖는 의미를 보면 자연 현상으로는 건은 하늘, 곤은 땅, 감은 물(달), 리는 불(해)이라고 하였다. 계절로는 건은 봄, 곤은 여름, 감은 가을 · 겨울, 리는 가을 · 겨울을, 방위로는 건은 남쪽, 곤은 북쪽, 감은 서쪽, 리는 동쪽에 해당된다는 주장이 많다. 그러나 표에서 보듯이 4괘에 담긴 뜻을 이와는 다르게 보는 견해도 있다.

이처럼 4괘에 담긴 뜻이 개인의 견해에 따라 각각 다른 것은 주창자가 확실한 역학적 이해의 바탕에 근거하여 나온 것이 아니고, 무비판적으로 다른 사람의 견해를 그대로 수용하여 제시한 결과라 생각된다. 남의 견해를 무조건 따르고, 이것을 또 다른 사람이 따르다 보면 많은 오류를 낳게 된다. 이러한 부정확한 자료들을 보고 4괘를 현장 교육에서 지도한다면 어떻게 될 것인지 염려스럽다.

이상에서 살펴본 바와 같이 태극 · 음양 양의 · 4괘에 담긴 학자들의 견해는 통일된 정론이 없이 다양하다. 우리는 어떤 이론에 맞추어 어떻게 국기 교육을 할 것인가?

이에 정부에서는 태극기의 내력과 태극기에 담긴 뜻이 무엇인가를 정립해서 국기 교육 자료로 활용하도록 하였다. 즉 행정자치부에서는 1999년 초 건국 50주년 기념 사업의 일환으로 학계와 언론계 등 전문가들의 의견을 수렴하여 이를 정립하였다. 행정자치부에서 태극기의 내력과 태극기에 담긴 뜻을 정립하려고 노력한 과정을 보면 다음과 같다(행정자치부, 국가 상징해설 경과 자료).

(2) 국가상징 해설 정립 과정

1) 목적

행정자치부에서 제시한 국가 상징 해설 목적을 보면 다음과 같다.

"태극기 · 애국가 · 무궁화 등 국가 상징의 내력과 해설을 정립하여 교육 · 홍보 자료로 활용함으로써 국가 정체성 확립과 국민 통합의 구심점으로 삼으려는 것임"

이라고 밝히고 있다.

2) 추진 경위

이러한 목적을 달성하기 위하여 행정자치부에서는 1996년 6월 17일부터 1999년 6월 20일까지 3년에 걸쳐 다음과 같은 활동 추진계획을 세웠다.

날짜	활동 추진계획
'96. 6. 17.	국가상징자문위원회 구성(위원장 최창규)
'96. 10. 16.	국가상징 선양사업 추진계획 보고(대통령)
'97. 1.~10.	시안집필 • 태극기의 내력 : 김원모(단국대 사학과 교수) • 태극기의 뜻 : 최창규(성균관장, 위원장) 유승국(전 정신문화연구원장) 최영진(성균관대 한국철학과 교수) • 애국가의 내력 : 이상만(음악 평론가) • 무궁화의 내력 : 이현희(성신여대 사학과 교수)
'97. 11.~12.	관계관 서면 의견 수렴 : 교육부 등 61개 기관
12.	태극기 내력 정립을 위한 토론회 개최
	각 분야별 토론회 개최(3회)
'98. 7.	관계관 회의 개최
'98. 12. 16.	- 교육부, 산림청, 국사편찬위원회, 국립국어연구원, 독립기념관 부설 한국독립운동사 연구소-
'99. 1. 15.	국가상징자문위원회 전체위원회 심의
1. 19.	국가상징자문위원회 소위원회 최종안 축조 심의
2. 20.	시안 집필자 최종안 감수 및 해설안 확정
6. 30.	「대한민국 국가상징」 내력 및 연혁 책자 원고 확정

3) 향후 활용 계획

국가상징자문위원회에서 정립한 국가의 상징을 향후 국민에게 홍보하고, 이를 교육하고자 자료 발간 계획을 다음과 같이 세웠다.

① 국가상징 기초교육 홍보 책자 발간

- 「대한민국 국가상징」 내용 홍보 책자 발간('99. 11. 예정)
- 국가상징 만화 제작(국정홍보처와 공동 발간 : '99. 12.)
- 국가상징 영문 해설 책자 제작 반포(2000년 초)

② 국가상징 교육 기반 조성

- 인터넷에 국가상징 사이트 개설 「정부대표 홈페이지」와 연결(2000년)
- 공무원 교육 기본 교재 개발 배포(2000년)
- 학교 교육을 위한 교재 개발 검토(교육부와 사전 협의 후 추진)

그러나 이상과 같은 활용 계획이 어느 정도 추진되었고 홍보 책자의 발간과 보급이 각급 기관과 국민들에게 얼마나 실천되었으며, 상징성 교육을 위한 기반 조성이 얼마나 이루어졌는지는 자료의 한계로 확인할 수 없다.

(3) 태극기에 담긴 뜻 정립

국가상징자문위원회에서 정립한 '태극기의 내력과 태극기에 담긴 뜻'을 보면 다음과 같다.

1) 태극기의 내력

국가상징자문위원회에서 정립한 국기의 내력을 보면 다음과 같다.

「세계 각국이 국기를 제정하여 사용하기 시작한 것은 근대 민족 국가가 발달하면서부터였다.

우리나라의 국기 제정은 1882년(고종 19년) 5월 22일에 체결된 조미수호통상조약의 조인식이 그 직접적인 계기가 되었다. 당시 조선 정부는 청이 자기 나라 국기인 용기를 약간 변형하여 사용할 것을 요구하였으나 이를 거부하고 우리 민족이 예로부터 즐겨 사용해 오던 태극 문양을 흰색 바탕에 빨강과 파랑으로 그려 넣은 '태극 도형기'를 임시 국기로 사용하였다.

그 후 국기 제정의 필요성을 느낀 정부는 종전의 '태극 도형기'에 8괘를 첨가하여 '태극·8괘 도안'의 기를 만들었다. 1882년 9월 박영효는 고종의 명을 받아 특명전권대신 겸 수신사로 이 국기를 지니고 일본으로 가던 중 선상에서 태극 문양과 그 둘레에 8괘 대신 건·곤·감·리 4괘만을 그려 넣은 '태극·4괘 도안'의 기를 만들어 바로 그 달 25일부터 사용하였다. 10월 3일 본국에 이 사실을 보고하자, 고종은 다음 해인 1883년 3월 6일 왕명으로 이 '태극·4괘 도안'의 태극기를 국기로 제정·공포하였다.

그러나 이 태극기는 구체적인 제작 방법이 명시되어 있지 않았다. 이에 대한민국 임시정부에서는 1942년 6월 29일 「국기 양식 일치안」을 제정·공포하였으나 일반 국민에게는 널리 알려지지 않았다. 1948년 8월 15일 대한민국 정부가 수립되면서 태극기의 제작법을 통일할 필요성이 커짐에 따라 정부는 1949년

1월 「국기시정위원회」를 구성하여 그 해 10월 15일에 오늘날의 「국기 제작법」을 확정 · 발표하였다.

대한민국 정부가 태극기를 국기로 계속 사용해 오고 있는 것은 태극기가 지닌 이러한 민족사적 정통성을 이어받기 위함이다.」

2) 태극기에 담긴 뜻

국가상징자문위원회에서 정립한 태극기에 담긴 뜻을 보면 다음과 같다.

우리나라 국기인 '태극기'는 흰색 바탕에 가운데 태극 문양과 네 모서리의 건 · 곤 · 감 · 리 4괘로 구성되어 있다.

「태극기의 흰색 바탕은 밝음과 순수, 그리고 전통적으로 평화를 사랑하는 우리의 민족성을 나타내고 있다. 가운데의 태극 문양은 음(陰 : 파랑)과 양(陽 : 빨강)의 조화를 상징하는 것으로 우주 만물이 음양의 상호 작용에 의해 생성하고 발전한다는 대자연의 진리를 형상화한 것이다.

네 모서리의 4괘는 음과 양이 서로 변하고 발전하는 모습을 효(爻 : 음 --, 양 —)의 조합을 통해 구체적으로 나타낸 것이다. 그 가운데 건괘(☰)는 우주 만물 중에서 하늘을, 곤괘(☷)는 땅을, 감괘(☵)는 달과 물을, 이괘(☲)는 해와 불을 상징하며, 각각 정의, 풍요, 생명력, 지혜를 뜻한다. 이들 4괘는 태극을 중심으로 통일의 조화를 이루고 있다.

이와 같이, 예로부터 우리 조상들이 생활속에서 즐겨 사용하던 태극 문양을 중심으로 만들어진 태극기는 우주와 더불어 끝없이 창조와 번영을 희구하는 한민족(韓民族)의 이상을 담고 있다. 따라서 우리는 태극기에 담긴 이러한 정신과 뜻을 이어받아 민족의 화합과 통일을 이룩하고, 인류의 행복과 평화에 이바지해야 할 것이다.」

태극기에 담긴 뜻은 1977~78년에도 학술원 국기자문위원회에서 낸 『태극기의 원리와 해설』과 유승국이 쓴 「태극의 원리와 민족의 이상」(1983, 정신문화연구원, 여름호)에서도 밝힌바 있으나 위의 내용과 거의 같다.

이상에서 행정자치부가 정립해 놓은 태극기에 담긴 뜻을 살펴보았다. 심오한 대자연의 이치(진리)와 철학적 의미를 담고 있는 태극기의 상징성을 제한된 지면에 축약해서 알기 쉽게 설명하려고 노력하였다.

그러나 필자는 이 내용을 읽으면서 태극과 음양 양의 · 4괘가 우리 역사 · 문화와 어떤 관련성이 있는지 역사적 · 문화적으로 고증하였더라면 하는 아쉬움이 남는다. 태극기의 문제는 민족과 국가의 정체성 문제와 직결된다. 그러므로 우리의 역사와 문화 속에서 태극기의 정체성과 당위성을 찾아 그 관련성을 바르게 이해하고 지도할 때 태극기에 대한 주체적 인식은 더욱 더 할 것이다. 이런 점에서 우리는 비록 행정자치부에서 정립해 놓은 태극기에 담긴 뜻의 설명에 아쉬움이 있더라도 이를 바르게 지도하도록 노력해야 할 것이다.

우리는 국가적 차원에서 3년여에 걸쳐 정립한 태극기에 담긴 뜻이 각종 교육 자료로 제작하여 각급 학교에 배부되었을 것으로 믿는다. 그러므로 개인적으로 그 내용에 다소의 문제가 있다 하더라도 정부 차원에서 정립한 태극기에 담긴 뜻을 바르게 이해하고 지도하여 국기 사랑과 나라 사랑의 마음을 더욱 굳건히 갖도록 하여야 할 것이다.

Ⅲ 태극기의 제정 과정

1. 태극형 무늬와 민족 문화

세계 어느 나라를 막론하고 국기가 없는 나라는 없다. 국기는 나라와 민족을 대표하고 상징하는 표지이며 그 나라의 독립 주권을 나타낸다. 그러므로 각 민족은 자국의 국기를 경건한 마음으로 받들어 존중하며 국기에 대한 예절을 지킨다. 국기는 그 나라의 민족의 역사와 영욕을 같이 하면서 애환을 함께 한다.

우리나라의 국기는 태극기이다. 태극기라고 부르는 것은 태극 도형을 국기의 중심 기장으로 삼고 있기 때문이다. 우리 국기의 태극은 무엇이며, 이것이 우리나라에 언제부터 전해져 사용되었으며, 그것은 우리 민족과 어떤 관계가 있는가 등에 대해 한국인이라면 누구나 한 번쯤 의문을 가져 보았을 것이다.

앞에서 살펴본 바와 같이 태극이란 용어는 중국의 『주역』의 계사전에 처음 나오는 말로 그 내용을 보면 다음과 같다.

'역에 태극이 있고 이것은 양의를 생한다. 양의는 사상을 생하고 사상은 8괘를 생한다. 8괘가 길흉을 정하고 길흉은 대업을 생한다.'

여기서 태극이란 의미는 중국의 역사 발전 과정에서 학자들의 견해에 따라 해석의 차이가 있어 왔다. 송대 이전의 태극은 점을 칠 때 시초를 셈하는 최초의 근원을 말한 것이고, 양의 · 4상 · 8괘는 점을 치는 과정에서 사용한 용어이다. 위의 『주역』의 「계사전」에 나오는 내용은 점을 치는 과정을 한 구절로 요약하여 설명한 것이라 한다(김상섭, p. 147). 이러한 태극은 후세에 오면서 여러 가지 의미를 붙여 점차 우주론적이고 형이상학적 개념으로 발전되었다. 송대 이전의 중국의 학자들은 태극을 원기 · 무 · 수 · 기 · 리 등의 개념으로 보았으나 송대 이후는 리 또는 기로 해석하였으며, 우리나라의 유학자들도 송대 이후의 태극 사상을 받아들여 많은 논쟁을 하였지만 대체로 송대의 범주를 벗어나지 못한 것 같다.

태극 사상이 우리나라에 전래된 것은 성리학의 전래와 궤를 같이 한다. 성리학이 고려 후기의 안향 · 백이정 등에 의해 이 땅에 전래된 후 여말에는 성리학에 대한 관심이 높아져 고려 후기의 학문과 사상계의 변화에 큰 영향을 미쳤다. 특히, 조선의 건국으로 성리학은 조선의 정치적 이념이 되면서 많은 학자들의 관심의 대상이 되었으며, 이와 함께 조선의 유명한 유학자라면 태극에 대해 한마디 말하지 않은 사람이 없을 정도였다. 성리학의 전래는 조선시대의 태극 사상의 발달을 가져왔다.

그러나 성리학이 전래되기 이전에는 태극에 대한 연구가 없었던 것으로 보인다. 다만 태극에 관한 학문적 연구는 없었다 하더라도 우리 민족은 태극형 무늬와 유사한 S자 모양의 음양형 무늬를 일찍부터 사용해 왔음을 역사적 유물이나 유적에서 찾아볼 수 있다. 우리 민족이 사용해 온 태극형 무늬와 비슷한 S자 모양의 음양형 무늬를 시대별로 찾아보면 다음과 같다.

(1) 선사시대의 태극형 무늬

인류가 언제부터 태극형 무늬와 비슷한 S자 모양의 음양형 무늬를 사용하였는지는 정확히 알 수 없으나 신석기시대부터 사용해 온 것으로 짐작된다. 이러한 사실은 세계 여러 지역에서 출토된 신석기시대의 유물을 통하여 짐작할 수 있다.

독일의 카이저 빌헬름 2세는 독일이 제 1차 세계대전에서 패배하고 퇴위한 뒤 네덜란드의 두른(Doorn)성의 한가한 유폐 생활 속에서 스스로 두른학회를 조직한 다음, 제 1차 연구 발표회에서 1933년 자신의 연구 논문인 「파만(巴卍)의 역사적 연구」를 발표하였다. 그는 이 논문에서 태극형 무늬를 중국 외에도 유럽 · 아시아 · 미국 등 광범하게 고고학적 자료를 조사 · 소개하여 이 태극형(음양) 무늬는 선사시대부터 인류가 사용해 온 공통적인 무늬라 하였다. 이 논문은 태극형 무늬의 이해에 도움을 주는 귀중한 자료로 인정되고 있다.[1)]

카이저는 오리엔트의 트리폴리(Tripoli)에서 출토된 토기에 그려진 S자 모양(콤마 모양)의 음양형 무늬는 태극형 그림과 비슷하다고 하면서 이러한 무늬는 아메리카 평원의 인디언에서 발굴된 진주 세공품에 새겨 놓은 무늬라든가 푸에블로(Pueblo) 인디언의 도자기에 그려진 무늬(뉴멕시코의 Zuni), 가구, 직물에서 발견되는 무늬, 스코틀랜드의 고대 목기에 조각된 트리스켈리온(Triskelion) 무늬 등은 태극형 무늬와 비슷한 음양형 무늬라 하였다. 이러한 무늬는 오리엔트뿐만 아니라 스칸디나비아 반도, 이탈리아 북부, 그리스, 지중해 연안, 이집트, 인도에 이르기까지 널리 퍼져 있다고 하였다.[2)]

---

1) 이선근, 앞의 논문, p. 204.

2) 카이저 빌헬름 2세 저, 龜井邦一역, 『巴卍の歷史的 硏究』, 白揚社, 1933, pp. 8~9 및 pp. 22~45.

태극형 무늬는 양의 태극형 무늬, 3의 태극형 무늬, 4의 태극형 무늬, 다의 태극형 무늬 등이 있다. 양의 태극형 무늬는 우리나라와 중국에서 많이 사용되고 있으며, 3의 태극형 무늬는 일본, 월남, 한국에서도 사용되고 있다. 4의 태극형 무늬(Swastika)는 아메리카 평원의 인디언과 푸에블로 인디언의 가구·직물에서 발견되며, 그 외에도 스코틀랜드, 스칸디나비아 반도, 이탈리아 북부, 그리스, 지중해 연안, 이집트, 인도에 이르기까지 널리 여러 지역에 퍼져 있다. 다의 태극형 무늬는 구대륙의 이집트 출토품, 신대륙의 인디언 출토품 등에서도 찾아볼 수 있다고 한다.[3]

뉴욕 박물관에 있는 멕시코 인디언의 고대 장고 마구리에 그려진 양의 태극형 무늬, 하버드 박물관과 페닉스의 허드 박물관에 보이는 3의 태극형 무늬, 4의 태극형 무늬 등은 세계적으로 널리 퍼져 있다.[4] 이러한 태극형 무늬를 그림으로 보면 다음과 같다.[5]

〈아메리카 평원 인디언의 진주 세공 모양〉

〈푸에블로 인디언의 도기 모양〉

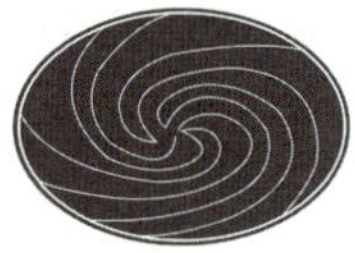

〈스코틀랜드의 트리스켈리온〉

태극형과 비슷한 음양형 무늬는 트리폴리에서 출토된 토기에 그려진 무늬에서도 유사한 무늬를 찾아볼 수 있고, 수사의 제 1기에 출토된 접시에 그려진 무늬 중 卍자형 무늬를 비롯하여 원(토지), 파상문, 빗살문(물·비), 삼각형(산), 십자형(토지, 4방향), 탑의 첨단(하늘) 등의 무늬는 당시의 인류가 우주를 보고 상징한 그림이라 한다.[6] 이러한 유물에서 찾아볼 수 있는 태극형과 비슷한 음양형 무늬(콤마형)는 B.C. 4000~3000년경의 오리엔트 지역에서 출토된 유물에서도 발견되는 것으로 보아 S자 모양의 음양형 무늬는 신석기시대와 청동기시대를 거치면서 여러 지역으로 전파되어 갔던 것으로 짐작된다.

---

3) 위와 같음.

4) 이선근, 앞의 논문, p. 212.

5) 카이저 빌헬름 2세, 앞의 책, p. 8에서 재인용.

6) 위의 책, pp. 32~45.

인도의 스와스티커(Swastika)는 두 종류의 무늬가 있는데, 적색의 卐자형은 동방의 색을, 청색의 卍자형은 서방의 색을 나타낸 것이라 하며[7], 일본의 3의 태극문은 적 · 청 · 녹색을 나타내며 행복과 행운의 상징으로 여겼다 한다. 각국의 S자 모양의 음양형 무늬를 보면 다음과 같다.[8]

〈인도의 무늬〉

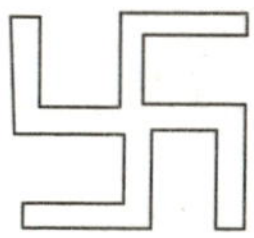

(적색)

〈인도의 무늬〉

(청 · 흑색)

〈일본의 3의 태극문〉

(적 · 청 · 녹색)

〈한국의 태극문〉

(적 · 청색)

〈중국의 태극문〉

(적, 청 · 흑색)

〈월남의 3의 태극문〉

위에서 보는 바와 같이 태극형 음양 무늬가 나라마다 차이가 있는 것은 그 나라의 자연 환경과 생활 문화, 역사와 전통이 다른 데서 나타난 결과라 생각된다.

그런데 중국에서 태극 도형이 그려진 것은 송대 이후로 이해되고 있으나 당대의 금속제 거울(동경)에 태극원, 팔괘, 동물, 28수(宿)의 이름이 기록되어 있는 것을 볼 수 있다. 당대의 금속제 태극문 거울을 보면 다음과 같다.[9]

카이저는 이 태극문 거울(p. 92)을 보고 "중앙의 원은 토지, 그 주위에는 4방의 방위를 나타내는 4개의 동물(위는 독수리, 아래는 거북, 왼쪽은 사자, 오른쪽은 용)을, 동물 주위에 팔괘를, 팔괘 바깥쪽의 원 주위에는 12지의 동물을 새겨 넣었고, 그 밖의 원 주위에는 28수(宿)의 이름이 쓰여 있다. 카이저는 팔괘 중 양은 창조적인 것, 강력, 가족으로 보면 아버지를, 음은 수동성, 종속적인 것, 땅, 가족으로 보면 어머니를 의미한다"고 하면서 "이 같은 도안은 중국인의 사유가 결합되어진 것"이라 하였다.[10]

---

7) 카이저 빌헬름 2세, 앞의 책, p. 61.

8) 위의 책, 안 표지 및 p. 14, p. 17에서 재인용.

9) 위의 책, p. 49에서 재인용.

10) 위의 책, pp. 49~51.

당대의 태극문 금속제 거울

그러나 태극 도형의 그림이 없었던 당대(唐代)에 어떻게 이러한 금속제 거울이 만들어졌는지 고고학적 · 역학적 지견이 없는 필자로서는 쉽사리 납득이 가지 않는다. 만약 이 금속제 태극 거울이 당대에 만들어졌다면 송대 이후에 태극 도형이 그려졌다는 이론에 대한 새로운 검토가 있어야 할 것으로 보인다. 그러나 이 금속제 거울은 당대에 만들어진 것인지 아니면 후대에 만들어진 것인지 분명치 않다. 이에 대한 전문가의 고증이 있었으면 한다.

위에서 살펴본 바와 같이 태극형 무늬 즉 S자 모양(콤마형)의 음양형 무늬는 그 지역의 자연 환경과 생활 문화의 차이에 따라 그 모양과 형태가 달랐던 것으로 보인다.

선사시대의 인류는 우주 자연을 보고 느낀 직관을 그들의 생활 도구인 토기나 공예품 등에 토지나 산, 물, 지도, 하늘 같은 것을 그림으로 또는 조각으로 나타내었다.[11] 태극형 무늬 즉 S자 모양의 음양형 무늬도 세계 여러 지역에서 무늬의 차이는 있지만 공통으로 사용되었던 것으로 보인다.

카이저 빌헬름 2세보다 30여 년 앞서 1901년 휠러(Olin, D. Wheeler)는 "*Wonder Land*" 라는 소책자에 'The History of a Trade Mark' 라는 논문을 발표하였다. 휠러는 미국의 '북태평양 철도회사' 가 채택한 태극 도안을 해설하기 위하여 조사 · 연구하던 중 중국에서 12년 동안 선교사로 체재하였던 홀트(W. S. Holt)를 만나 그의 도움으로 중국식 태극 도안의 역사를 짐작하게 되었고, 뒤이어 마틴 박사(Dr. W. Martin), 레그 박사(Dr. Legge), 윌리엄 교수(Prof. S.

11) 카이저 빌헬름 2세, 앞의 책, p. 47.

William) 같은 학자의 연구 성과를 빌어 그 해설을 완성하는 동시에 이를 논문화하였다 한다(이선근, 앞의 논문, pp. 204~205).

그의 논문에서 그는 중국의 역학설을 소개하고, 나아가 태극 도형의 고고학적 연구의 일면을 개척하여 이 도안이 아시아나 유럽 대륙은 물론 아메리카 인디언에서 출토되는 유물에서도 발견된다는 것을 소개함으로써 이 태극 도형과 비슷한 무늬가 중국만의 독점물이 아님을 증명하여 주었다.[12)]

훨러는 태극 · 팔괘 도안의 해설을 『주역』의 계사전에 나타난 우주 생성의 원리와 대조하여 다음과 같이 나타내었다(이선근, pp. 206~207).

• 중국 사람들은 태극이 낳았다고 하는 양의(Two Principles)를 다음과 같은 기호로 표시하였다.

— (양)　　　-- (음)

• 양의가 사상(四象)을 낳았는데 이는 양의를 그 중의 하나 위에, 또 한 번은 다른 하나 위에 놓음으로써 만들어진다.

⚌　　⚍　　⚎　　⚏

• 사상의 각 하나를 따로 각 양의 밑에 계속적으로 놓으면 팔괘가 된다. 팔괘는 다음과 같다.

1	2	3	4	5	6	7	8
☰	☱	☲	☳	☴	☵	☶	☷

• 『주역』 계사전의 태극 · 팔괘 순서를 도해하면 다음과 같다(위의 논문, p. 207).

12) 이선근, 앞의 논문, p. 205.

태극 · 팔괘의 순서도

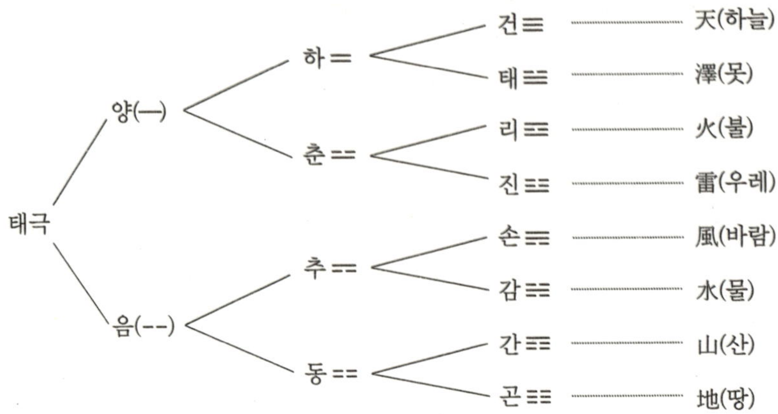

휠러는 "이 태극 · 팔괘 도안은 일반 사람에게는 무의미하고 넌센스로 보일 수도 있겠지만 중국인에게는 큰 의미가 있을 것"이라고 하였다. 또 홀트의 연구를 빌어 "태극은 단순한 무형의 원리라 하고, 태극이 활동하기 시작한 때부터 모든 사물의 변화에 의해 산출되었다…(중략)…. 이 자연의 두 힘(음 · 양)과 사상(四象), 8가지 변화의 무형의 원리"라 하였다. 그는 윌리엄 박사의 연구를 빌어 '우주의 무한한 변화, 삼라 만상의 자연의 작용과 그 반응, 보이는 것과 보이지 않는 것, 여러 가지의 모든 결과는 일률적으로 이 인과의 현상, 즉 중요한 진화론에 의해서 용이하게 설명하였다(이선근, 위의 논문, pp. 207~208).

휠러는 윌리엄 박사의 연구를 빌어 "하늘은 무형체로 완전한 혼돈이었다. 순 에테르에서 우주가 생겨나고, 우주는 창공을 낳고, 창공은 은하를 낳았다. 그러므로 하늘이 먼저 생겨나고, 다음에 대지가 생겨났다. 하늘과 대지의 영묘한 정기에서 음 · 양의 두 원리가 형성되었고, 이 음양의 공동 작용에서 4계절이 나왔으며, 이 4계절의 정력을 발휘하는 데에서 대지의 모든 사물이 생겨나게 된다"고 하였다(위의 논문, pp. 208~209).

그는 또 마틴의 연구를 빌어 중국의 천지 개벽은 천문학의 성운설과 흡사하다고 하면서 "중국인의 천지 개벽설은 심오한 철학의 원천인 동시에 미신의 영양소"라 하였다. 그는 이러한 "천지 개벽설은 이집트의 '우주란설'과 유사점이 있고, 페르시아 · 인도의 철학, 기독교의 성서와도 부합되는 점이 많다"고 소개하면서 "중국인의 천지 개벽설이나 태극 도형은 중국 철학만의 특유한 독점물이 아니라 이집트 · 인도 · 페르시아는 물론 기독교 성서에서도 공통의 유사점을 발견할 수 있다"고 하였다(위의 논문, p. 209).

이상에서 보았을 때, 태극형과 유사한 S자 모양의 음양형 무늬는 중국인의 독점물이 아니라 고대 인류 공통의 우주관을 상징한 것이 아닌가 생각된다.

하버드 대학교의 하버드 연경학사의 『주역색인』의 서문에 밝힌 내용에서도 이러한 점을 어느 정도 짐작할 수 있다. 그 내용을 보면 다음과 같다.

첫째, 역이란 점을 치는 글이다. 춘추시대 이후 제자(諸子)가 다투어 떠들었고, 유가 계통에서 세상이 취신(取信)하도록 내세우는 동시에 고대의 유문(遺文)을 함부로 따오거나 혹은 위조함으로써 만들었다(위의 논문, p. 202).

둘째, 양한(兩漢)이래로 역을 말하는 자는 실수와 의리 두 파로 나뉘어 각자의 시시비비만을 주장하므로 이미 인간의 마음과 눈을 현혹시키기에 족하였다. 그리하여 각 파 중에서도 이해가 같지 않고 사승(師承)이 다르므로 서로 공박해왔다. 이로 인하여 역학은 사람으로 하여금 더욱더 그 뜻을 밝혀내기 어렵게 되었다(위와 같음).

셋째, 역에는 괘사나 효사를 제외한 외에도 10익이라 하여 치 · 상 · 문언…… 등의 해역(解易)하는 저작이 있어 옛 사람들은 주공이나 공자에서부터 나온 것이라 믿어 왔다. 따라서 거짓을 밝히려는 기풍이 왕성하였던 송대에 있어서도 의문을 깊이 가져 본 자는 드물었다. 근세에 이르러 학풍이 바뀌어 비로소 검토해 보려는 인사도 생기게 되므로 전국시대와 진 · 한시대에 걸쳐 경전을 해설하는 모든 유가들의 의탁한 조작으로 판단되고 말았다. 이에 2천년 이래 쌓여 온 비밀 뭉치도 세상에 활짝 천명되고 말았다(위의 논문, pp. 200~203).

중국에서 역학이 하나의 체계를 갖추어 학문으로 검토 연구되기 시작한 것은 주자 이후로 봄이 옳을 듯 싶다. 역학에서 말하는 우주 생성의 원리도 유교 철학만의 독점물이 아니고 거기에는 도가 · 음양가 · 불가 등의 영향도 다분히 받은 것으로 이해되고 있다. 특히 라투레트(Latourette)가 그의 저서인 『중국인의 역사와 문화』에서 "중국 고대의 역서 혹은 산시(算時)의 방법은 주대의 한족의 독점 지식이 아니라 서방의 외국으로부터 수입되었을 것"이라(이선근, 위의 논문, pp. 201~203.)고 한 것을 보면 태극 도형의 무늬도 중국에서만 사용한 것이 아니라 상고 인류의 공통된 무늬로 이것은 고대 인류의 우주관을 상징한 것으로 상정해 볼 수 있지 않을까 한다.

그러면 선사시대의 인류는 왜 이러한 태극형과 비슷한 음양형 무늬를 사용해 왔을까? 중국인들은 태극형의 음양형 무늬를 일반적으로 '행운의 인(印 : 표시)'이라고 생각해서 일상 생활에 많이 사용하였다. 즉 하나의 부적으로 집에 그려 붙이거나 몸에 갖고 다님으로써 액운을 막아 주는 부호로 사용되었고, 점복이나 마술사들에게도 이용되었던 것 같다. 또한 음양은 신비적이고 창조적인 것으로서 도처에 작용하는 힘으로 여겼다.[13] 서양에 있어서는 태극형(Swastika) 무늬는 'Good Luck'을 의미한다고 하며, 그 원형은 태극이며, 나치 독일의 기장을 卍으로 채택한 것도 이 때문이라 한다.[14]

이상에서 살펴보았을 때 태극형과 비슷한 음양형 무늬는 선사시대의 인류가 행운과 신비와 창조, 상서와 천상의 신비를 나타내는 신성한 부호로 여겨 일찍부터 사용해 왔으며, 이것은 고대의 인류가 우주 자연의 삼라만상의 변화상을 보고 느낀 점을 그들의 생활 문화 속에 담아 표현한 것이 아닌가 생각된다. 다만 인간이 선사시대부터 선호하여 사용해 온 태극형과 비슷한 음양형 무늬(S자 모양 또는 콤마형)는 그 자체가 태극 도형이 아니고 고대 미술에 있어서 장식 무늬의 한 부분으로 사용된 것으로 보인다. 이러한 태극형과 비슷한 음양형 무늬는 시대의 변천에 따라 인간의 생활 문화 속에 깊이 파고들어 그 흔적을 일찍부터 남겼으며, 그것은 각 지역의 역사와 문화, 종교, 철학, 전통의 차이에 따라 도안의 형태와 색상, 그 모양도 다르게 나타난 것으로 보인다.

선사시대에 인류의 공통적 부호인 태극형과 비슷한 음양형 무늬는 중국인의 독점물이 아닌지 여부는 인류의 원시 생활 문화사나 고고 미술사 내지 무늬학의 측면에서 도상적(圖象的) 연원과 변천과정, 상징성의 변모, 지역적 특질의 차이 등 비교사적 심층적 연구가 이루어질 때 우리의 이해에 더욱 도움이 될 수 있을 것이다. 이제 이러한 태극형과 비슷한 음양형 무늬가 우리 민족의 문화 생활 속에서 어떻게 표현되었는지 시대별로 살펴보고자 한다.

(2) 삼국시대의 태극형 무늬

1) 청동방패꾸미개(4~5세기경 가야 유물)

이 청동방패꾸미개는 1990년 경상대학교 박물관이 김해 대성동에서 발굴한 4~5세기경의 가야 유물이다. 이 유물을 보면 다음과 같다(국립중앙박물관, 『대한의 상징, 태극기』, 2008, p. 39에서 재인용).

---

13) 카이저 빌헬름 2세, 앞의 책, pp. 13~14.

14) 이선근, 앞의 논문, pp. 212~213.

청동방패꾸미개

위의 유물을 보면 중심부에는 두 개의 원형이 겹쳐 있는데, 그 중 밑에 있는 큰 원형 위에는 볼록하게 튀어나온 듯한 원형이 붙어있고 그 밑에 있는 큰 원형 돌기를 중심으로 S자 모양의 무늬 두 개가 교차되어 4개의 융기곡선이 오른쪽 방향으로 선회하고 있어 마치 4의 태극문(4파문) 모양과 비슷해 보인다.

이 무늬는 사람의 눈에 보이지 않는 기(氣)·기운을 나타내고자할 때 이 방패꾸미개의 모습과 같이 움직임이 강하고 질서 있는 모양을 많이 사용한다. 기·기운은 우주에 가득하고 무수하지만 이 모든 것을 표현한다는 것은 매우 복잡하고 어렵기 때문에 태극과 같이 둘로 나누어 표현하거나 기타 3~5개로 많이 표현하였다. 이 가운데 4개로 표현한 기·기운 표현은 나중에 만자문(卍字文)으로도 변형되었다 한다(위와 같음).

2) 보검 장식의 3의 태극형 무늬(3파문)

삼국시대 태극형 무늬와 비슷한 S자 모양의 음양형 무늬는 고신라시대(5~6세기)의 유물인 '보검 장식(1973년 6월 경주의 미추왕릉 지구에서 발견)' 에서 찾아볼 수 있는데, 이 유물을 보면 다음과 같다.[15)]

보검 장식의 태극형 무늬

15) 한병삼, 『한국미술전집』 2, 「고분미술」, 동화출판사, 1975, p. 68.

위의 보검 장식은 일종의 칼집으로 중앙에 넓적한 장식판에는 장방형의 구간을 짓고, 그 안에 3개의 각 원 안에 S자 모양이 연결된 것과 같은 3의 태극형 무늬(三巴文)를 금제로 둘렀고, 이 3파문 속에는 알에서 방금 태어난 올챙이 새끼 모양과 비슷한 도형(콤마형)이 놓여 있다. 이 3의 태극형 무늬는 얼핏 보면 태극형 무늬나 곡옥 모양과도 흡사하다.

태극형 무늬는 일반적으로 S자 모양을 한 음양 양의형을 기본 도형으로 알고 있지만 그 외에도 3의 태극문, 4의 태극문 등의 무늬도 찾아볼 수 있다. 그러므로 이러한 태극형과 비슷한 무늬가 비록 칼집의 장식 무늬의 한 부분으로 새겨져 있지만 이것이 단순한 장식 무늬의 한 부분으로 보아야 할지 아니면 태극형 무늬와 유사한 음양형의 무늬로 보아야 할지는 전문가의 고증이 필요하지만 태극형 무늬로 보아도 좋을듯 싶다. 다만 이런 무늬가 고신라시대의 역사적 유물에 새겨져 있다는 것은 그 자체가 장식 무늬라 하더라도 장식 무늬 이상의 어떤 의미가 깃들어 있지 않을까 생각된다. 이런 점에서 우리의 역사적 유물이나 유적에 새겨진 태극형과 유사한 음양형 무늬는 우리의 관심과 흥미를 끌게 한다. 특히 성리학 즉 태극 사상이 전래되기 훨씬 이전인 삼국시대에 이러한 무늬를 찾아볼 수 있다는 것은 분명 우리 민족의 생활 문화와 어떤 관련이 있을 것으로 보인다.

3) 수막새의 4의 태극형 무늬(4파문)

백제시대의 막새에는 연꽃 · 동물 · 식물 같은 무늬 외에도 백제다운 특징을 보이는 무늬가 있다. 그것은 수막새에 새겨진 卍자형 무늬로 이를 卍자형 수막새라 한다. 卍자형 수막새를 보면 다음과 같다.[16]

수막새의 4의 태극형 무늬

16) 진홍섭, 『한국미술전집』 3, 「토기 토우 와전」, 동화출판사, 1975, p. 104 및 국립중앙박물관, 위의 책, p. 39에서 재인용.

앞의 수막새는 7세기경 백제의 수막새로 익산의 왕릉의 궁터에서 출토된 것이다. 이를 보면 와면에 아무 무늬도 없지만 가운데 원형 돌기를 중심으로 S자를 교차시켜 4개의 융기 곡선을 그려서 4의 태극형 무늬(4파문), 즉 卍자형 무늬를 이루고 있다. 이것은 와당 미술의 한 장식 무늬로 볼 수 있지만, 불교 미술의 한 부분으로도 볼 수 있을 것 같다. 왜냐하면 불교의 상징적 부호로 卍자를 사용하고 있을 뿐 아니라 인도에서는 卍자를 태극형 무늬로 사용하고 있다[17]는 점을 감안하면 삼국에 불교가 전래된 이후에는 이러한 卍자형 무늬가 사용되었을 것으로 본다.

4) 연꽃 인동무늬 상자 모양 벽돌의 4의 태극형 무늬(4파문)

백제의 무령왕릉에서 출토된 연꽃 인동무늬 상자 모양 벽돌(부여박물관 소장)에서도 卍자 무늬와 비슷한 무늬가 새겨져 있음을 볼 수 있는데 이 유물을 보면 다음과 같다.[18]

연꽃 인동무늬 상자 모양 벽돌의 태극형 무늬

위의 벽돌에는 4개의 인동 무늬를 卍자 무늬와 유사하게 새겨 앞에서 본 수막새의 卍자형 무늬와 비슷해 보인다. 이 벽돌의 무늬도 얼핏 보면 태극형 무늬처럼 보인다. 이 무늬가 태극형 무늬와 관련이 있는지 아니면 고대 와당 미술의 한 장식 무늬인 인동 무늬로 볼 수 있을지 알 수 없지만 백제시대의 벽돌이나 수막새에 卍자형 무늬가 새겨졌다는 것은 우리에게 깊은 주목을 끌게 한다.

17) 카이저 빌헤름 2세, 앞의 책, 속표지에 제시된 태극형 무늬 사진을 보면 인도의 태극형 무늬는 卍·卐 두 가지를 볼 수 있다.

18) 진홍섭, 앞의 책, p. 134.

5) 개마총 현실 서벽 천정 받침 1층의 괴운문

태극형 무늬와 비슷한 무늬는 고구려 고분 벽화에서도 찾아볼 수 있다. 평양의 삼석구역 노산리에 있는 6세기경의 고구려 개마총(鎧馬塚) 현실 서벽 천정 받침 1층의 무늬에는 괴운문을 크게 변형하고 공간을 갈색 선문으로 그려진 무늬가 보이는데, 이 무늬를 보면 다음과 같다.[19)]

개마총 현실 서벽 천정 받침 1층의 무늬

이와 같은 태극형무늬는 다른 고분이나 절터에서 나온 기와에서도 찾아볼 수 있다. 태극형 무늬와 비슷한 S자 모양의 이 음양형의 무늬는 고분 벽화 미술의 한 장식 무늬로 괴운문을 변형시킨 것이다. 고분에서 출토된 유물이나 고분 벽화에서 태극형 무늬와 유사한 음양형의 무늬를 찾아볼 수 있다는 것은 자연 발생적으로 우연한 것이 아니라 우리의 옛 조상들이 일찍부터 음양형 무늬를 선호하고 사용해 왔다는 것을 뒷받침해 준다. 신석기시대 이래 인류가 선호하여 사용해 온 음양형의 무늬는 청동기시대를 거치면서 서북방으로부터 한반도에 전해져 우리 민족의 생활 문화 속에 스며들어 사용하게 되었으며, 고대 국가로 성장 발전하는 과정에서 우리의 역사와 문화 · 종교 · 철학 등과 융합하여 다양한 유물의 장식 무늬와 도안으로 변형 발전되어 온 것이 아닌가 생각된다.

김경탁이,

> "태극은 우리 배달 민족의 정신의 상징이며, 이러한 문양은 고대 희랍 건축물의 나선형과 흡사한 것으로 보아 이것은 멀리 희랍에서 기원하여 인도를 거쳐 고구려로 들어와 신라 · 고려 · 조선으로 이어져 오늘의 태극형으로 발달한 것"(『태극의 원리』, 취영암, 1946, p. 4에서 재인용)

---

19) 김원룡, 『한국미술전집』 4, 「벽화」, 동화출판사, 1975, p. 78.

이라 한 것도 위의 설명과 같은 맥락이라 할 수 있다.

이러한 태극형 무늬는 양의 태극형 무늬(음양 양의)뿐만 아니라 3의 태극형 무늬(3파문), 4의 태극형 무늬(4파문) 또는 다의 태극형 무늬(다파문) 등 다양하다 한다.[20]

(3) 통일신라시대의 태극형 무늬

삼국시대에 사용된 태극형 무늬는 통일신라시대에서도 찾아볼 수 있다. 신라의 삼국 통일은 비록 불완전한 통일이었다 하더라도 그것은 삼국의 역사와 문화·민족을 융합하여 새로운 통일 국가로 발전할 수 있는 바탕을 마련하게 되었다. 특히 삼국의 예술을 통합하여 통일신라시대의 불교 미술의 발달을 가져왔다.

통일신라시대의 태극형 무늬와 비슷한 음양형의 무늬는 삼국시대의 태극형 무늬에 비하여 훨씬 세련된 도형으로 발전된 모습을 보여 준다. 그것은 1959년 국립중앙박물관에서 발굴한 감은사지 석재 기단석에 새겨진 태극형 무늬와 유사한 음양형 무늬이다. 이 감은사지 석재 기단석에 새겨진 태극형 무늬와 유사한 음양형 무늬를 보면 아래와 같다.[21]

감은사지 석재 기단석의 태극형 무늬

위의 도형이 새겨져 있는 석재 기단의 중앙에는 태극의 형상처럼 생긴 태극형 무늬를 음각하고 그 좌우에 삼각형이 각각 7개씩 양각되어 있다. 석재 전체의 길이는 11척, 폭 약 2척, 두께는 제일 두꺼운 데가 1척을 넘는다.

이처럼 감은사지 석재 기단석에 태극 도형과 유사한 음양형의 무늬가 새

---

20) 카이저 빌헤름 2세, 앞의 책, p. 8.

21) 국립중앙박물관, 「감은사지 발굴 연구보고서」, 『고문화』 19, 1969, pp. 32~39.

겨져 있다는 것을 어떻게 설명하여야 할 것인가? 이에 대한 해석은 두 가지 견해가 있다.

하나는, 감은사지 석재 기단석의 무늬를 태극 도형의 시원으로 보려는 입장이다. 유승국은 "이러한 무늬는 주렴계의 태극도의 제작 연대 보다도 약 400년이나 앞선 통일신라시대에 건립(682)된 감은사지에서 출토된 석재 기단에 태극 도형이 새겨져 있고, 또 태극에 내포된 음양 사상은 고구려 고분 벽화나 민족 설화에서 음양 상대성의 원만한 조화를 이상적인 상태로 여겨 왔음을 볼 때 송대의 태극 도형이나 이에 버금가는 음양 사상을 일찍부터 이해하고 사용해 왔음을 알 수 있다"고 하였다.[22]

백광하는 "주렴계의 「태극도설」이 발표된 것보다 388년 앞선 682년(신문왕 2년)에 건립된 감은사의 절터에서 발굴된 석재 기단석에 태극 도형이 새겨져 있는 것으로 보아 우리 민족은 태극 도형과 유사한 음양형 무늬를 신비의 부호로 여겨 이를 몇 천년 전부터 사용해 왔음은 의문의 여지가 없으며, 이는 중국의 『태극도설』과는 아무런 관련이 없다"고 하였다.[23] 이러한 주장은 감은사지 석재 기단석에 새겨진 태극 도형과 유사한 이 음양형 무늬를 한국의 태극 도형의 효시로 보고, 이는 주돈이의 『태극도설』이 전래되기 632년 전에 우리의 조상들이 사용해 왔다는 것이다.

다른 하나는, 감은사지 석재 기단석에 새겨져 있는 태극 도형 무늬와 유사한 무늬는 중국의 태극 도형이 아니며, 주돈이의 「태극도」와 『태극도설』은 우리의 태극기와 아무 관련이 없다는 견해이다.

김상섭은 『태극기의 정체』에서 이 같은 견해를 주장한 이유를 다음과 같이 제시하였다.[24]

첫째, 감은사가 창건된 통일신라시대는 중국의 당대이다. 우리나라에서 태극이 논의되기 시작한 것은 고려 말 주자학이 전래된 이후라는 점을 감안하면 시기적으로 맞지 않다.

둘째, 유학의 용어인 태극이 불교 사원의 기단석에 하나의 도안으로 새겨질 수 있겠는가? 우리나라에서 발굴된 불교 미술의 유물에서는 태극 용어와 관련이 있는 어떤 그림도 찾아볼 수 없는데, 유독 감은사지의 기단석에만 태극 도형을 새겨 두었겠는가? 이 기단석의 무늬는 태극 도형이 아니고 불교

22) 유승국, 「태극기의 원리와 민족의 이상」, 『정신문화연구』, 여름호, 1983, pp. 4~9.

23) 백광하, 『태극기』, 동양수리연구원출판사, 1967, pp. 25~30.

24) 김상섭, 앞의 책, pp. 259~262.

미술의 한 부분이다.

셋째, 중국의 당나라 때에도 불교 사원에 태극 도형과 같은 그림이 없었는데 신라에 있었겠는가? 명대 이전에는 지구상에 태극형 그림이 없었다.

넷째, 감은사지 석재 기단석의 태극 도형 무늬는 신라의 어떤 다른 유물에서도 찾아볼 수 없는데, 이 기단석에만 있다는 것을 보면 이러한 무늬의 사용이 당시에 일반화되지 않았다는 것을 말해주는 것이다.

이처럼 감은사지 기단석에 새겨진 태극 도형 무늬는 주돈이의 「태극도」나 『태극도설』과는 아무런 관련이 없고 이 무늬는 신라 불교 미술의 한 부분이라 하였다.

그런데 『감은사지 조사 발굴 보고서』(국립중앙박물관 특별조사보고서 2책, 1961)의 "기단석의 중앙에 태극의 형상처럼 생긴 S문을 음각하고 그 좌우에 3각형을 각각 7개씩 양각하였다"는 설명 내용을 보면 이는 불교 미술의 한 부분으로 볼 수 있지만 태극형 무늬로도 볼 수 있지 않을까 생각된다.

김상섭의 이같은 견해는 감은사지 기단석에 새겨진 태극형 무늬에 대한 새로운 이해와 해석의 가능성을 보여 주는 것으로 매우 의미 있는 해석이라 생각되며, 필자도 공감하는 부분이 없지 않다. 다만 통일신라시대의 태극형 무늬와 유사한 무늬가 단 하나라도 전하여 진다는 것은 통일신라시대에 태극형 무늬가 사용되었음을 뒷받침하여 주는 자료로서 이것은 우리에게 중요한 의미를 던져 준다. 태극형 무늬가 언제부터 사용되었으며, 그것은 우리 민족의 생활 문화 속에서 어떻게 사용되었으며, 어떤 의미가 있는가? 이러한 무늬를 단순한 불교 미술의 한 부분으로 볼 수도 있겠지만 거기에 새겨진 의미는 무엇인가에 대한 고고 미술사적 설명의 아쉬움을 느낀다.

태극 그림에 내포되어 있는 음양형과 비슷한 S자 모양(태극형 · 콤마형)의 무늬는 선사시대의 인류나 고대 국가의 유물이나 유적에서도 찾아볼 수 있는데, 이것은 과연 무엇일까? 신석기시대의 토기나 유물에 새겨져 있는 파상문, 와선문, 인동문, 회전문 등에 보이는 태극형과 유사한 음양형의 무늬는 세계 여러 지역에서 찾아볼 수 있다. 앞에서 살펴본 오리엔트의 트리폴리에서 출토된 토기에 그려진 음양형 무늬(S자형 · 콤마형)는 태극형 무늬와 비슷하다. 아메리카 평원의 인디애나에서 발굴된 진주 세공 모양의 음양형 무늬, 푸에블로 인디애나의 도자기에 그려진 무늬(뉴멕시코의 Zuni), 스코틀랜드의 목기에 조각된 트리스켈리온 무늬 등은 태극형 무늬와 매우 흡사하다.

이처럼 선사시대의 동서 여러 지역에서 태극형 무늬와 유사한 음양형의 무늬를 토기 등의 유물에 그려 사용하였다는 것은 이러한 무늬가 인간의 길상과 행복을 가져다 주는 신성한 부호로 여겨 이를 선호하였기 때문이 아닌가 싶다. 뿐만 아니라 이러한 무늬는 고대 인류의 공통된 우주관이나 자연관에서 나온 즉, 우주 자연의 삼라만상의 변화 모습을 보고 느낀 점을 그들의 생활 문화 속에 표현한 직관적 무늬가 아닌지 생각해 본다.

신석기시대이래 인간이 선호하여 사용해 온 태극형 무늬와 비슷한 음양형 무늬는 주돈이의 태극 도형이 아니며, 또한 그와 아무 관련은 없다 하지만 고대 인류의 생활 문화 속에서 장식 미술의 한 부분으로 사용되어 온 것은 분명한 것 같다. 그러나 이러한 무늬는 시대의 흐름에 따라 인간의 생활 문화 속에서 새롭고 다양한 무늬, 즉 무늬의 형태와 도안, 장식술과 채색술의 발전을 가져왔으며, 그 나라의 역사와 문화, 종교, 철학 등과 융합되어 나라마다의 다른 무늬로 나타나게 된 것이 아닌가 여겨진다.

(4) 고려시대의 태극형 무늬

1) 허재의 석관 천판에 새겨진 태극형 무늬

고려시대에도 태극형 무늬와 유사한 음양형 무늬를 사용한 흔적을 찾아볼 수 있다.

허재는 고려 인종 때 검교태위 호부상서를 지낸 사람으로 인종 14년(1144)에 죽었다. 그의 묘지에서 출토된 석관의 천판 무늬의 중앙에는 태극형 무늬와 유사한 음양형 무늬가 선명하게 새겨져 있다. 이 석관 천판의 태극형 무늬를 보면 다음과 같다.[25)]

허재의 석관 천판의 태극형 무늬

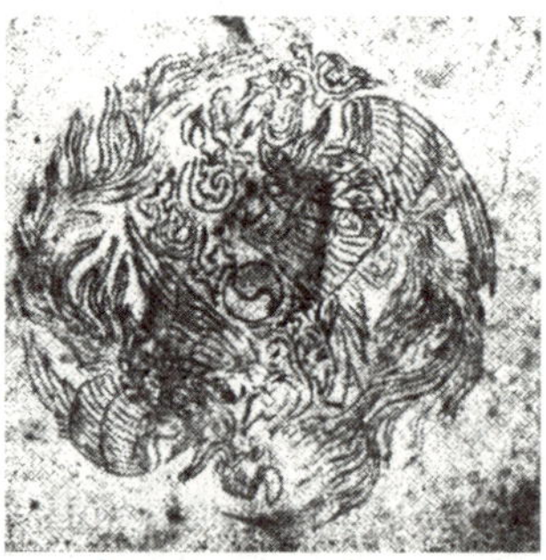

25) 백광하, 앞의 책, p. 30에서 재인용.

앞의 석관 천판에 새겨진 태극형 무늬는 감은사지 석재 기단석에 새겨진 태극형의 무늬보다 정확하며, 그것은 현행 태극기의 중심 도형인 태극 양의와 거의 같다.

이 석관 천판에 새겨져 있는 태극형 무늬는 충숙왕 14년(1314) 주자학이 전래되기 170여 년 전에 만들어진 것이다. 이것은 중국의 「태극도」나 『태극도설』이 전래되기 전에 사용된 것으로서 이는 우리나라에 성리학이 전래되기 전부터 태극형과 유사한 음양형 무늬가 사용되어 왔음을 뒷받침하여 준다. 허재의 석관 천판에 왜 이러한 태극형 무늬가 선명하게 새겨져 있는지 또 어떤 의미가 있는지 알 수 없지만, 그것은 전대부터 사용해 온 무늬로 보이며, 이후에도 사용되었을 것으로 짐작된다.

2) 고려 말 범종의 태극 · 4괘도

국기선양회에서는 두 차례에 걸쳐 「대한민국 태극기 변천사 전시회」를 개최하여 국민의 태극기에 대한 올바른 인식과 태극기의 이해를 위한 계몽에 크게 이바지하였다.[26] 이 전시회의 전시품 중에는 태극과 4괘가 새겨져 있는 고려 말의 동종이 있었다. 이것을 본 관람객들은 태극기의 시원에 대해 많은 관심과 의문을 갖게 되었을 것이다. 이 동종에 새겨진 태극 도형과 4괘를 보면 다음과 같다.[27]

고려 말 범종의 태극 4괘

(일본인의 감정에 의거해 재현하였다는 동종)

26) 국기선양회에서는 1995년 세종문화회관에서, 1998년에는 용산전쟁기념관에서 「대한민국 태극기 변천사 사진 전시회」를 개최하여 태극기의 변천에 관한 인식을 높이는데 이바지하였다.

27) 김상섭, 앞의 책, p. 263에서 재인용.

앞의 범종은 높이 35cm, 종신의 직경이 30cm로 1392년에 제작된 매우 작은 동종이라 한다. 그러나 위의 동종은 원래의 범종이 아니고, 1956년 한 일본인의 감정에 의해서 다시 만든 것이라 한다. 국기선양회에서는 이 동종의 바깥 표면 중하단에 새겨져 있는 태극 · 4괘를 우리나라 태극기의 시원으로 이해하고 있는 것 같다.[28)]

그러나 김상섭은 이 같은 국기선양회의 주장에 대해 의문을 제기하였다. 즉 "이 범종의 소장자와 소장 장소, 감정의 경위와 감정서 내용 등에 관한 구체적 설명이 없어서 믿기 어렵다는 것이다. 이 범종은 지구상에 없으며, 설사 있다 하더라도 그것은 구한말에 만들어져 구한말의 그 어느 누구가 태극과 4괘를 새겨 넣었을 가능성이 있다고 하였다. 태극 · 음양과 4괘의 위치가 어떤 원리에 따르지 않고 아무렇게나 그려져 있는 점으로 보아 쉽사리 짐작할 수 있다는 것이다. 고려 후기의 동종 종신에는 불보살상이 새겨져 있으나 태극 도형과 4괘가 새겨져 있다"는 것은 범종의 변천사적 면에서 보았을 때 쉽사리 납득이 가지 않는다고 하였다.[29)]

이 같은 주장은 매우 설득력이 있는 견해로 보인다. 이 동종이 일본인의 감정에 의해 만들어진 것이라는 점에서 감정자의 전문적 지식에 대한 신뢰성에 의문이 적지 않다. 작은 동종과 다시 만든 큰 동종의 종두를 비교하면 다른 점을 볼 수 있다. 그러므로 이 범종에 대해서는 고고학적인 면에서 전문가의 고증과 충분한 검토가 있었으면 한다.

3) 공민왕비 정릉 석재의 태극형 무늬

이 태극형 무늬는 개성에 있는 공민왕비 정릉 석재의 금강저(金剛杵) 문양 중앙에 새겨져 있다. 이 태극형 무늬를 보면 다음과 같다(국립중앙박물관, 위의 책, p.41 및 정현규, 앞의 책, p.323에서 재인용).

---

28) 위와 같음.

29) 위의 책, pp. 263~266.

공민왕비 정릉 석재의 태극형 무늬

위의 태극형 무늬로 보아 고려 말에는 태극형 무늬의 사용이 전대에 비하여 점차 확대되어 간 것으로 보인다. 고려 말에 세워졌거나 보수된 향교나 사원(祠院) 등의 건축물에 태극형 무늬가 다수 그려져 있다는 것은 주돈이의 『태극도설』이 전래된 것과 무관하지 않을 것이다.

4) 향교 및 사찰의 태극형 무늬

국기선양회에서는 고려시대의 태극형 무늬가 새겨진 자료로서 허재의 석관 천판과 고려 후기의 향교와 공민왕비의 정릉 석재에 새겨진 태극형 무늬를 제시하기도 하였다. 그러나 울진의 월계서원(희종 1년 : 1205 건립), 김제의 향교(공양왕 2년 : 1390), 양주의 화엄사(충숙왕 15년 : 1328) 등에서도 태극형 무늬가 새겨져 있는 점으로 보아 고려 후기에는 태극형 무늬의 사용이 확대 되었던 것으로 보인다.

성리학이 전래된 시기를 충숙왕 원년(1314)으로 본다면 여말에는 태극 도형이 사용되었을 것으로 짐작된다. 그러나 향교나 서원 등에 그려진 태극 도형은 조선시대에 이르러 사용이 일반화된 점을 감안하면 여말의 향교문에 그려진 태극 도형은 충분한 고증이 있어야 하겠지만 아마도 조선시대에 향교를 보수 내지 중건하면서 건물의 외문에 태극형 무늬를 그려 놓은 것이 있지 않았을까 생각된다.

그러나 김상섭은 "건물이나 유물 등에 태극 도형과 비슷한 무늬가 그려져 있다고 하여 그것이 곧 태극 무늬는 아니며, 태극은 그 주위에 배열된 음효와 양효의 수에 의하지 않고는 그려질 수 없기 때문에 이것은 태극 무늬로 볼 수 없다"고 하였다.[30] 하지만 태극 주위에 괘가 있어야만 태극으로 볼 수

30) 위의 책, p. 267.

있다면 태극 도형만 그려진 무늬는 무엇으로 보아야 할 것인가? 그것은 단순한 음양형 무늬의 도안으로 보아야 할지? 태극에 대한 이해가 부족한 필자로서는 비록 괘가 주위에 배열되어 있지 않은 태극형 무늬라 하더라도 그것은 태극형 무늬를 도안한 하나의 무늬로 볼 수 있지 않을까 생각된다.

(5) 조선시대의 태극형 무늬

태극형 무늬와 유사한 S자 모양의 음양형 무늬는 통일신라와 고려시대를 거쳐 조선시대에 이르러서는 그 사용이 점차 확대되어 갔다.

고려 후기에 전래된 성리학은 신진사대부들의 새로운 이념으로 수용되어 조선 건국의 정치적 이념이 되었다. 이에 따라 성리학적 가치 체계를 교육하기 위하여 중앙에는 성균관이, 각 지방에는 향교와 서원 등이 설립되었다.

태극형 무늬의 사용 범위는 조선시대에 이르러 백자나 향교, 서원, 사원, 궁궐 등 여러 유물이나 유적으로 확대되었다. 심지어 선암사 불단과 선방문 상하에도 태극형 무늬가 그려져 있고, 수어장대에도 이러한 무늬가 그려져 있다. 특히 불단과 선방문에 태극형 무늬가 그려져 있다는 것은 조선이 불교를 배척하고 주자학을 이념으로 하는 양반 관료 체제를 이루었던 점을 감안하면 억불책의 일환으로 나타난 것은 아닌지, 그것은 분명 어떤 의미가 있을 것이라 생각된다.

조선시대의 궁궐인 창경궁의 명정전과 경복궁의 근정전 등의 돌계단뿐만 아니라 사원(祠院)의 홍살문, 임진왜란때 조선 수군의 선박 깃발 등에도 태극형 무늬가 그려져 있다. 이처럼 조선시대에 태극형 무늬의 사용이 크게 확대된 것은, 성리학이 전래된 이후 중국의 『태극도』나 『태극도설』 같은 태극 관련 서적이 전해져 태극에 관한 관심이 고조되면서 태극에 관한 학문적 연구 성과와도 관련이 있겠지만, 태극은 우주 만물의 생성 근원이라는 의미를 갖고 있기 때문에 인간의 길상과 행운을 가져다 줄 뿐 아니라 액운을 막아주는 신성한 부호로 믿고 그 사용이 점차 확대되어간 것이 아닌가 생각된다. 조선 후기에 태극형 무늬는 문갑이나 나전 칠기, 목칠기, 북, 장고, 향촉대, 자물쇠 등에도 널리 사용되었다.

(6) 근대의 태극형 무늬

조선시대에 사용해 온 태극형 무늬는 근대에 이르러 더욱 확대되어 갔다.

우표라든가 신문을 비롯하여 백성들의 일반 생활 용구에 이르기까지 사용되었다. 근대에 사용된 우표, 『독립신문』, 『황성신문』, 『태극학보』 등 인쇄물뿐만 아니라 엽서, 각종 함과 패, 숟가락, 담뱃재떨이, 민화, 수막새, 반짇고리, 갓집, 모자, 베개모, 떡살 무늬판, 연적, 도자기, 화로, 비치게 등등 생활용구의 여러 군데에 사용된 흔적을 쉽사리 찾아볼 수 있다. 근대에 이르러 각종 건물이나 생활 용품에 이르기까지 신비스러운 부호로 우리의 조상들은 생활 문화 속에서 태극형 무늬를 사용해 왔다.

다만 태극 음양 무늬의 연원을 지나치게 소급하는 것은 자칫 견강부회가 되지 않을지 좀더 충분한 검토가 있었으면 한다.

이처럼 태극형 무늬와 비슷한 음양형 무늬는 신석기시대 이래의 인간이 신성한 부호로 여겨 사용해 오던 것이 삼국시대에 이르러서는 유물의 장식 무늬의 한 부분으로서, 통일신라시대에는 불교 미술의 한 부분으로 사용되었다. 그러나 고려시대에 이르러서는 전대의 태극형 무늬보다 훨씬 선명하고 정확한 태극형 무늬로 현행 태극 무늬와 거의 같은 모양으로 발전하였다.

그러나 성리학이 전래되고 『태극도』나 『태극도설』이 전래되면서 조선시대에는 궁궐이나 향교, 사원, 백자 등에도 태극형 무늬가 그려졌으며, 조선 후기 이후, 근대에 이르러서는 귀족은 물론 일반 백성들의 생활 용구와 근대 우표나 신문 등에 이르기까지 사용의 범위가 확대되어 우리 민족 문화의 한 부분으로 자리잡게 되었다. 태극이나 태극 도형의 시원이 비록 고대의 중국이었다 하더라도 그것이 이 땅에 전래되어 우리의 역사 발전 과정 속에 용해되어 면면히 이어져 와 민족 문화의 한 부분으로 자리잡게 되었다면 그것은 우리의 문화로 보아야 할 것이다. 우리나라의 태극 도형과 중국의 태극 도형이 다른 것은 태극을 사용한 그 나라의 역사와 문화, 종교, 철학, 전통이 다르기 때문이다.

우리나라의 국기인 태극기의 중심 휘장인 태극 도형에 대한 국적 문제가 논쟁점으로 되어 있을 뿐 아니라 지금도 태극기의 정체성과 정통성에 관한 문제가 제기되고 있다. 이것은 광복 후 태극기를 시정(是正)하면서 태극과 태극 도형에 관한 학문적 이론을 바탕으로 한 정체성을 확립하지 못하고 졸속하게 국기를 시정한데 그 원인이 있다고 생각된다.

이런 점에서 비록 만시지탄의 감이 없지 않지만 국가적인 차원에서 행정자치부가 정부 수립 50주년 기념 사업의 하나로 태극기의 내력과 태극기에 담긴 뜻, 즉 태극기의 상징성을 학계와 언론계 등 각계의 전문가들의 의견을 수렴하여 1999년 초에 이를 정립하였는데, 이는 참으로 뜻있는 일이라 아니할 수 없다. 태극기의 내력과 그 기에 담긴 뜻이 무엇인가에 대한 내용 정립을 위한 노력은 1970년대에 대한민국 학술원 국기자문위원회에서도 한 바 있으며, 이를 해설서로 간행하기도 하였다. 이러한 자료들은 각급 학교나 단체 등에 보급하고, 누구나 쉽사리 구독할 수 있도록 하였으면 좋을 것 같다. 태극기에 관한 귀중한 자료들이 도서관 한 구석의 서가에 먼지에 쌓인 채 보관되어 있어서는 안 될 것이다. 특히 각급 학교에서는 국기 교육을 위한 자료집으로 활용될 수 있도록 하여야 할 것이다.

태극기의 내력과 그 상징성에 관한 자료의 정리는 몇몇 사람의 자문이나 의견 수렴으로 이루어져서는 안 된다. 그것은 적어도 철학자, 역사학자, 고미술학자, 유학자, 국기 연구가 등을 중심으로 하는 가칭 '국기상징성연구위원회' 를 구성하고 여기서 우리나라의 태극형 무늬의 생성과 변천에 관한 규명은 물론 음양과 4괘에 대해서도 충분한 연구를 하여 우리의 태극기가 갖는 참된 의미와 상징성이 무엇인가를 밝혀 이에 관한 논쟁을 종식하도록 하여야 할 것이다. 이 같은 일은 태극기의 정체성을 확립하고 올바른 이해를 위하여 필요한 자세이다. 혹자는 태극기를 만들어 사용해 온 지 약 60여 년(최초의 제정 연도로 보아서는 130여 년)이 지난 지금에 와서 태극기의 정체성이나 상징성에 관한 작업을 한다는 것은 무모한 일이라 할지 모른다. 그러나 우리나라 태극기의 정통성이나 정체성 · 상징성을 분명히 밝히지 않는 한 태극기에 관한 정체성 논쟁은 계속될 것이다. 통일 후, 통일 한국의 국기가 어떻게 제정되더라도 국민이 납득할 국기의 정통성과 정체성은 분명히 정립해야만 할 것이다.

2. 태극기의 창제

(1) 태극기 창제의 발단

1) 조선의 문호 개방

① 문호 개방 전의 사정

문호 개방이 되기 전 조선의 사정은 안으로 박제가, 이규경, 최한기 등에 의해 통상 · 개화론이 대두되었다. 북학론자인 박제가는 청뿐만 아니라 일본 · 서구와도 통상의 길을 열어 국가가 부국 강병해질 것을 주장하였다. 이규경도 순조 32년(1832) 영국의 상선이 통상을 요구해 왔을 때 이를 허락할 것을 주장하였다. 최한기는 『해국도지』를 읽고 서양의 지식을 논하고 문호 개방의 필요성을 주장하였다.

이러한 통상 · 개화론은 박규수, 오경석, 유대치(홍기) 등으로 이어졌다. 박규수는 박지원의 손자로서 할아버지의 사상을 이어받고 문호를 개방하여 서양 문물의 수입을 주장하였다. 오경석과 유대치도 서양 문물에 관한 책을 읽고 통상과 개화를 주장하였다.

한편 쇄국정책을 실시하였던 대원군이 1873년 고종의 친정으로 정권에서 물러나자, 명성황후를 중심으로 한 개화 정책자들에게는 외국과의 통상을 위한 하나의 기회를 제공해 주었다.

② 문호 개방

조선에서의 통상 · 개화론의 대두는 일본에게 통상 조약을 강요할 수 있는 기회를 주게 되었다. 일본은 운요호라는 군함을 강화 앞바다에 보내어 초지진의 수비병으로 하여금 발포하도록 유도하였다. 초지진 수비병의 포격을 받은 일본의 운요호는 불법 발포라 주장하면서 구로다 기요타카(黑田淸隆)를 특명 전권 대신으로 조선에 보내어 무력 시위를 하면서 강화의 갑곶에 상륙하여 협상을 강요하였다.

조정에서는 신헌을 보내어 협상케 한 결과 조 · 일 양국 간에 조약을 체결하게 되었으니 이를 강화도조약 또는 병자수호조약이라 한다. 이 운요호 사건은 일본이 미국으로부터 문호 개방의 방법을 배워 이를 조선에 적용시킨 것으로 이것은 일본이 각본대로 꾸며서 만든 것이다. 병자조약은 일본의 무력에 의하여 강압적으로 맺은 불평등 조약으로서 이것으로 인해 일본은 조선 침략의 제1보를 내딛게 되었으며, 일본의 치외법권이 인정된 조약이었다.

일본과 병자수호조약을 맺은 조선은 이후 아시아 진출을 꾀하고 있던 미국 · 영국과는 1882년에, 이탈리아 · 러시아와는 1884년에, 프랑스와는 1886년에 통상조약을 각각 맺게 되었다. 잠자던 조용한 아침의 나라 조선은 이제 격동하는 세계 무대에 등장하게 되었다. 이러한 통상 조약 체결 과정에서 국기 문제의 대두는 당연한 것이었다.

2) 개화 정책의 추진

강화도조약이 성립된 이후 조선에서는 김기수를 수신사로 임명하여 일본에 파견하였다. 일본은 하나부사 요시사다(花房義質)를 공사로 하여 조선에 파견하였다. 하나부사는 서대문 밖의 청수관(천연정)을 가공사관으로 삼아 머물게 되었다.

문호 개방 이후 1880년에는 김굉집(후의 김홍집)이 수신사로 일본에 갔다 오면서 청의 주일 참찬관이었던 황준헌으로부터 『조선책략』과 『역언(易言)』을 얻어 가지고 왔다. 『조선책략』은 나라가 부강하려면 서구의 제도와 문물을 배워야 된다는 것과 러시아의 남하를 막기 위해서는 '친중국 · 결일본 · 연미방' 하여야 한다는 내용이었다. 정관응이 지은 『역언』은 부국 강병을 위해서는 기술만 중요시해서는 안 되며 기술 뒤에 있는 정치 제도 등도 받아들여야 한다는 내용이었다. 이러한 영향과 자극은 조선이 개화 정책을 펴게 하도록 하였다.

조선 조정에서는 1881년 조준영 · 박정양 · 어윤중 · 홍영식 등을 신사유람단으로 하여 일본에 파견해서 일본의 정치 · 군사 · 교육 · 산업 등의 상황을 자세히 시찰해 오도록 하였다. 또한 청의 권고에 따라 김윤식을 영선사로 삼아 청의 톈진(天津) 기기국에 가서 신무기의 제조법과 군사 관계의 기초 과학을 배워오도록 하였다. 이러한 정부의 노력은 세계 진운에 발맞추어 나가려는 의식적 · 자발적 노력이었다.

조선에서는 이러한 노력으로 얻은 신지식 등을 바탕으로 제도의 개혁에 착수하였다. 즉 종래의 5군영을 장어영 · 무위영, 두 영으로 개편하고 별기군을 신설하는 등 군제를 개편하였고, 통리기무아문을 두고 그 밑에 12사(司)를 두는 등 정치적 개혁을 단행하였다.

그러나 문호 개방에 대한 유생들의 반대는 위정척사운동으로 나타났으며, 물러났던 대원군의 복귀를 바라게 되었다. 문호 개방 이후 대원군과 명성황후의 대립, 얽힌 조정의 혼란, 일본의 침투에 대한 민족적 반항심은 급기야 1882년 임오군란의 폭발을 가져왔다. 임오군란의 결과 조선과 일본 사이에는 제물포조약이 맺어져 일본은 조선에서의 위치를 강화할 수 있는 새로운 계기를 마련하게 되었다. 일본과 청나라는 톈진조약을 맺어 조선을 둘러싼 청 · 일의 대립으로 향후 군사적 충돌을 가져올 수 있는 계기가 마련되었다.

3) 개화 독립당의 탄생

문호 개방 이후 국내에서는 세계 정세에 대한 지식이 확대되면서 김옥균 · 박영효 · 서광범 · 홍영식 등의 청년들을 중심으로 개화 정책을 주장하는 한편 일본의 메이지유신을 본떠 정치적 쇄신과 청의 간섭을 배격하려는 개화 독립당이 탄생되기도 하였다. 임오군란 후 박영효를 수신사로 하여 일본에 갔을 때 김옥균 · 서광범 등이 함께 동행하였다.

문호 개방 이후 조선은 밖으로 새로운 서구의 열강과 수호통상조약을 맺으면서 독립국가로서의 위상을 갖추려고 노력하여야만 하였으며, 이러한 대외적 외교 관계에 있어서 나라의 주권을 대표하는 국가의 상징 휘장인 국기의 필요성을 느끼게 되었을 것이다.

(2) 태극기의 창제

1) 국기 문제의 대두

한국 근대사에서 국기 문제가 외교상에서 처음으로 제기된 것은 운요호 사건(1875)의 결과, 조선과 일본의 두 나라 사이에 조일수호조규를 체결하기 위한 회담 과정에서 나타났다. 일본은 회담 시작부터 조선의 강화 수비병이 운요호에 포격을 가한데 대해 트집을 잡고 다음과 같이 질문하였다.

"운요함이 귀국의 경계를 지나는데 수비병이 함부로 이를 포격하였으니 어찌 교린지도라 하겠느냐?"(이선근, p. 190에서 재인용).

이에 조선에서는,

"입경문금(入京問禁)은 예경소재(禮經所載)인데 운요호는 애당초 모국선(某國船)이 무슨 일로 들어온다는 것도 먼저 알리지 않고 남의 나라의 요새 지대에 제멋대로 들어왔으니 우리 수비병이 발포한 것은 부득이한 일이다"(위와 같음).

라고 하였다. 이에 일본은 국기 문제를 꺼내어 다음과 같이 반문하였다.

"운요함이 귀국 경계선을 지날 때 세 돛대(三帆柱)에 모두 국기(일장기)를 달아 일본 군함임을 표시하였는데 어찌 몰랐다고 하겠느냐?"(위와 같음).

조선은 이에 대해,

"당시 선기는 황기라고 들었는데 필시 다른 나라의 함선으로 인정한 것이다.

설사 그것이 귀국의 기표라 하더라도 수비병이 알 수 없는 것도 용혹무괴가 아니냐?"(이선근, p. 191에서 재인용).

고 답하였다. 일본은 조선의 대답에 대해,

"우리 국기가 무슨 색이라 함은 이미 알린 바가 있거늘 왜 연해 각 처에 미리 주의시키지 않았느냐?"(위와 같음).

고 반문하였다. 이에 조선에서는,

"귀국과는 자세한 협정이 없는 관계로 이를 각 처에 미쳐 주의시키지 못하였다"(위와 같음).

고 답하였다.

당시 조선 정부에서는 국기가 무엇이며 어떻게 사용하는지 국기의 중요성이 무엇인지를 잘 알지 못하고 있었던 것 같다. 그러므로 일본의 트집에 궁색한 대응 밖에 할 수 없었던 것이다.

이처럼 국기 문제는 강화도 회담을 할 때 처음부터 제시되었다. 당시 일본 대표단의 한 사람인 노무라(野村靖)는 조선의 신헌과 간담할 때 "귀국도 속히 국기를 만들어 우리에게 한 벌 보내주기 바란다"고 부탁하였다(위와 같음). 우리 측의 왜학 훈도인 현석운은 일본의 미야모도에게 국기의 중요성과 그 사용에 대한 주의 사항을 질문하기도 하였는데, 미야모도는 다음과 같은 말을 하였다.

"국기라는 것은 지중 지귀한 것이니 만일에 갑국 선박이 을국의 국기를 위조 사용하거나 모독하게 되면 을국의 군함은 이를 해적과 같이 간주하여 나포하거나 응징한다"(위와 같음).

조선에서는 일본과 조약을 체결하는 과정에서 국기의 의미와 사용 방법 등에 대한 이야기를 듣고 국기에 대한 관심을 갖게 되었던 것으로 믿어진다. 그렇지만 당시의 국기 문제는 국제 외교에 있어 필요한 조건이라는 것을 환기시켜 주었을 뿐 국기의 제작에 관한 관심이나 노력은 부족하였던 것 같다.

2) 국기 도안의 제안

① 황준헌의 중국 용기 제안

조선의 국기 도식 문제가 처음으로 제기된 것은 1880년에 이르러서였다.

김홍집이 1880년 제2차 수신사로 일본에 갔다 돌아오면서 당시 주일 청나라 참찬관이었던 황준헌이 쓴 『조선책략』을 가져와 조정에 전하면서부터였다. 『조선책략』은 황준헌이 쓴 간단한 논문으로 그 내용은 조선이 러시아의 남하정책에 대비하기 위해서는 '친중국 · 결일본 · 연미방' 하여야 된다는 외교 정책의 방향을 제시한 것이 핵심이었다. 그러나 그 글에서 조선의 국기 제정에 대해,

> "조선은 청에 주청하여 해군 · 육군 모든 군의 군기는 중국의 용기를 그대로 사용하고 이를 국가의 기표로 사용하도록 하라."(권석봉, p. 42)

는 의견을 제시하였다. 이것은 조선의 국기를 청의 용기로 사용하도록 권고한 것으로 조선을 청의 속방에 두고자 하는 속셈에서 나온 발상이라 생각된다. 이러한 황준헌의 외교 정책의 방향과 국기 도식 문제는 그가 권고한대로 청에 주청되었으며 조선의 정부에서는 그에 대한 대책을 논의하게 되었을 것이다. 그러나 이에 관한 실증적 자료가 발견되지 않아 구체적 내용은 알 수 없다.

이처럼 황준헌이 제시한 조선의 국기 도식안의 권고는 향후 국기 문제가 청에 주청해야 하는 방식으로 나가게 되는 계기가 되었다.[31]

황준헌이 조선의 국기 문제를 제안한 후 1880년 12월 1일 조정에서는 진하겸동지사은사 일행을 청에 파견하면서 사역원 부사직 이용숙을 수행시켜 국기 도식에 관한 문제를 구체화하도록 하였다.

이용숙은 그 전에 1880년 9월 청에 제시한 무비(武備) 학습에 관한 문제를 청의 북양대신 리훙장(李鴻章)을 통하여 진전시키는 일 외에 다른 사명이 부여되었는데, 그 내용은 이충무공전서 『역자함고(譯者函稿)』 12 「논조선외교」(1881. 2. 2)에 보인다. 이용숙이 조선 측의 『청시절약서책』 1본과 영중추부사 이유원의 서함을 전달하였는데, 이 서책은 영의정 이최응이 주관하여 청에 주청한 것이라 한다.[32] 이 『청시절약서책』의 요지는 『이충무공전서』 주고(奏稿) 40 『답복조선소문사의접』(1884. 2. 2)의 부건 「근장작복조선순문각조조선청단」에 기록되어 있다 한다(권석봉, p. 43). 이것은 전문 8조로 되어 있는데 국기 도식에 관한 것은 제7조에 있으며, 그 내용을 보면 다음과 같다.

---

31) 권석봉, 「국기 제정의 유래에 관한 관견」, 『역사학보』 23, 1964, p. 42.
32) 위의 논문, p. 43.

「우리나라 선박에는 본래 기표가 없어 지금 당장 논의해서 만들고자 한다. 황준헌이 귀국(조선)에 중국의 용기를 그대로 사용할 것을 주청한 바 있는데 중국의 선박에 사용하고 있는 기의 길이와 그림 모양은 어떠한지? 우리나라는 어떤 색과 도안을 사용하면 마땅한가?」(권석봉, p. 43에서 재인용).

위의 내용은 우리나라 선박에 사용할 기표를 만드는데 있어 중국 선박의 기표가 어떠할지, 우리 선박에 사용할 기표의 색과 도식에 대해 물은 것이다. 이러한 주청에 대해 리홍장은 1881년 2월 2일 청의 덕종에게 올리면서 국기에 관한 자신의 의견을 다음과 같이 말하였다.

“서양의 선박이 사용하고 있는 기치는 모두 그 나라 왕의 기와 관계가 있으므로 해상을 왕래할 때는 그 기를 보고 어느 나라의 선박인가를 알게 하고자 함이라”(권석봉, p. 44에서 재인용).

리홍장은 선박에 사용하는 기표는 국왕의 기이며, 국왕의 기는 곧 국기의 사용을 뜻하므로 선박에는 따로 사용하는 기가 없다고 하였다. 그는 또,

“지금 조선의 국왕이 사용하는 기가 이른바 용방기(용을 그린 네모난 기)라면 이 또한 중국의 용기와 서로 비슷하므로 그 용기로써 국기로 함이 가하고, 또 이를 선박의 기표로 사용하도록 하라”(김상섭, p. 72에서 재인용).

고 하였다. 리홍장은 황준헌의 종용에 따라 조선의 왕이 사용하고 있는 용기가 중국과 비슷하므로 이 기를 국기로 뿐만 아니라 선박기로 사용해도 좋다는 의견을 제시한 것이다. 리홍장은 또 국기의 사용에 있어서의 몇 가지 문제에 대해,

“기는 바르게 정하여 사용함이 마땅하니 먼저 용기의 치수 · 안색(색상) · 회구(繪具) · 도식 등을 북양아문과 상의하고 이에 근거해서 상주를 확인하여 자문을 보내도록 하라”(김상섭, pp. 72~73에서 재인용).

는 의견을 제시하였다. 이것은 국기를 만들어 사용할 때는 반드시 중국의 리홍장과 상의하여 처리하라는 것으로 조선의 국기 문제는 리홍장의 의견과 방향 제시대로 청의 덕종에게 상주하고 조선은 덕종의 회자문을 받아 처리하여야 한다는 것이었다.

이처럼 국기 도식 문제는 『조선책략』이 전해진 이후 조선에서는 황준헌의 권고대로 청에 주청하는 방향으로 이루어졌으며, 청에서는 리홍장의 의견과 방향 제시를 바탕으로 성경(盛京) 예부의 회자문으로써 구체적으로 해결해 갔다. 다만 리홍장의 의견과 방향 제시가 조선에서 어느 정도 수용되고 또

구체화되었는지는 알 수 없지만 위의 의견 등을 종합해 보면 조선 정부에서는 국기 문제에 대한 관심이 높아져 갔을 것으로 짐작된다.

② **마젠충의「흰 바탕의 청운 홍룡」도식 제안**(1차 회담)

황준헌에 의해 제안된 조선의 국기 문제는 문호 개방 이후 대원군과 명성황후의 대립으로 이어졌고 그로 인한 조선 정부의 정치적 갈등과 혼란, 일본의 침투에 대한 반항심은 1881년 위정척사 운동으로 나타났으며, 급기야는 임오군란의 폭발로 이어졌다.

조선과 미국은 임오군란이 일어나기 두 달전 1882년 5월 22일(음 4. 6) 마젠충의 중재로 제물포에서 조선의 신헌 · 김홍집과 미국의 슈펠트가 조 · 미수호통상조약을 체결하였다. 이때 조선의 김홍집과 청의 마젠충 사이에는 조선의 국기 문제를 재론하게 되었다.

마젠충은 조 · 미수호통상조약을 체결하던 날 청의 군함 위원호로 조선의 김홍집과 서상우, 이응준 등과 슈펠트를 초청하여 연회를 베풀었다. 이 때 김홍집과 마젠충은 필담으로 두 차례에 걸쳐 국기 문제를 논의하였다. 두 사람의 필담 내용은『청국문답』(초6일 '왕청선문답조')에 수록되어 있는데 마젠충이 김홍집에게 언급한 국기 문제 내용을 보면 다음과 같다.

「지금 한 가지 고할 일이 있다. 귀국이 외국인에게 제시할 국기가 없다는 것은 불가하다. 지난번 이응준이 손수 보여준 국기 도식은 일본 국기와 비슷하여 서로 혼동되니 귀국의 국기 도식은 어떻게 하겠는가? 황준헌은 귀국이 마땅히 중국의 용기를 사용해야 한다고 말했는데, 내가 보기에는 이 또한 타당치 않을 것 같다」(전해종,「청국문답」,『역사학보』22, 1964, p. 30~31에서 재인용).

마젠충은 조선의 국기의 필요성을 강조하고 이응준이 제시한 국기 도식은 일본의 국기와 서로 혼동되며, 황준헌이 제시한 용기도 반대한다는 태도를 분명히 하였다.

이응준(통역관)은 신헌과 김홍집을 수행하면서 조선과 청 두 나라에 연락을 취하기 위하여 수시로 마젠충과 접촉을 가졌었던 사람이다. 이응준이 제시한 국기 도안은 구체적으로 어떤 것인지 알 수 없다. 지난번에 이응준이 국기 도식을 보여주었다는 시기는 아마도 마젠충이 김홍집과 필담하기 위하여 접촉한 1881년 5월 9일(음. 3. 22)부터 5월 21일(음. 4. 5) 사이였던 것으

33) 권석봉, 앞의 논문, p. 49.

로 추정되고 있다.[33] 다만 이응준이 보여준 국기 도식이 정부의 안인지 아니면 이응준 개인의 안인지는 알 수 없으나 황준헌이 용기를 권고한 이후 계속 국기 문제에 대해 양국이 관심을 가지고 논의해 온 점을 감안한다면 정부의 도식일 가능성을 배제할 수 없다.

위와 같은 마젠충의 의견에 대해 김홍집은 다음과 같이 답하였다.

"이것은 타당한 말이다. 다시 현명한 가르침을 바란다."(권석봉, p. 50)

라고 말하였다. 이에 마젠충은 다시 김홍집에게,

"국기는 각국에 나타내 보이는 것이므로 도식을 확정하기가 매우 어려우니 제가 당연히 조정(중국)으로 돌아가 의논함이 좋겠다. 누차 묻지만 귀국의 왕의 복식은 홍색의 곤룡포를 사용하지 않는가?"(위와 같음)

라고 반문하였다. 이것은 국기의 도식을 정한다는 것은 어려우므로 중국에 돌아가 의논해 보겠다고 하면서 조선의 국왕의 복식에 대해 관심을 갖고 질문한 것이다. 이에 김홍집은 마젠충에게,

"국왕의 복식은 청운·홍룡포를 입으며 양쪽 어깨와 가슴 및 등(背)은 금실로 용의 무늬를 수 놓았다."(김상섭, p. 76)

고 답하였다. 이 말을 들은 마젠충은 김홍집에게,

"귀국은 흰색을 숭상하지 않느냐?"(위와 같음)

고 물었다. 이에 김홍집은 마젠충에게,

"조야의 복색은 대체로 청색을 숭상하지만 일반 서민은 흰 옷을 좋아한다. 이것은 곧 은태사(殷太師)의 유풍이라 말한다."(위와 같음)

고 대답하였다. 마젠충은 김홍집의 말을 듣고서 국기 도식에 대한 의견을 다음과 같이 말하였다.

"나는 귀국의 국기는 흰 바탕에 청운·홍룡을 사용함이 좋다고 생각한다. 다만 용은 네 발톱을 사용하여 중국 국기와 구별을 암시한다. 어떻게 구별을 하느냐 하는 것은 단지 용의 네 발톱(조선)과 다섯 발톱(중국)에 있는 것이다. 푸른 구름은 또한 구름이 용을 따른다는 뜻을 취한 것이고, 군신은 백성을 근본으로 하므로 국기의 바탕은 흰색을 사용하는 것이다."(김상섭, p. 77에서 재인용)

마젠충은 국기의 도식을 흰 바탕(백성의 흰 옷)에 청운(조야의 복색)·홍룡(왕의 홍색 곤룡포)으로 하되 용의 발톱은 네 개로 하여 중

국의 용기와 구별하도록 하였다. 이러한 도식은 조선 국왕의 복색 무늬와 조야의 복색 그리고 백성의 흰 옷을 바탕으로 한 것이다.

여기서 용의 발톱을 넷으로 한데 대해 김상섭은 "중국의 용의 발톱은 다섯이므로 이보다 하나 적은 4개로 하여 조선을 청의 속방으로 삼으려는 저의가 담겨 있는 것으로 보인다. 그런데 조선 국왕의 곤룡포에는 용의 발톱이 5개, 왕세자의 옷에는 4개가 그려져 있음을 볼 때 청의 정치적 저의를 충분히 짐작하고도 남음이 있다"고 하였다.[34)] 마젠충이 제안한 흰 바탕의 청운 · 홍룡 도식은 청의 용기와 비슷한 용기이지만 청의 용기와는 다른 도식이었다.

일본의 『시사신보』(제179호, 1882년 10월 2일자)에 조선의 국기에 대해 논평한 글 중에 마젠충이 '삼각형의 푸른 바탕의 용기'를 조선의 국기로 쓰도록 권고하였다는 것은 위의 글에 비추어 볼 때 그 저의가 의심된다.

김홍집은 마젠충이 제안한 '흰 바탕의 청운 · 홍룡기'에 대해,

> "그 깊은 요지와 의미는 심히 묘하다. 마땅히 조정에 알려서 속방에서는 중국의 국기를 본떠 사용할 수 있을 뿐임을 나타내도록 하겠다."(권석봉, p. 51에서 재인용)

고 대답하였다. 김홍집의 말을 들은 마젠충은 다시 김홍집에게 다음과 같은 의견을 제시하였다.

> "국기 도식을 논의해서 정한다는 것은 다 북양대신에게 자문을 보내는 것이 타당할 것이다."(위와 같음)

마젠충이 조선의 국기 도식을 정하는 것은 모두 리훙장의 자문을 받아 정하도록 하였다. 이에 대해 김홍집은,

> "반드시 깊이 논의해서 정하는 것이 타당하지만 북양대신의 자문을 청하는 것은 천천히 하는 것이 좋겠다."(김상섭, p. 78)

고 대답하여 리훙장의 자문에 대해 서두르지 않을 것임을 분명히 하였다.

③ 마젠충의 「태극 · 8괘」 도식 제안(2차 회담)

1882년 5월 22일(음 4. 6) 청의 군함 위원호에서 열린 조선의 국기 문제에 대한 회담은 마젠충이 '흰 바탕의 청운 · 홍룡기'를 제안하고 김홍집이 이를 받아들임으로써 일단락되었다. 그러나 마젠충이 서울을 떠나기 전 5월 27일

---

34) 김상섭, 앞의 책, p. 77.

(음 4. 11)에 국기 도식 문제에 대해 김홍집과의 2차 회담을 가졌다. 회담 내용은 『청국문답』 11일 「남관별시문답(南館別時問答)」조에 나타나 있는데 그 내용을 보면 다음과 같다.

마젠충은 김홍집에게 "국기에 대한 일은 그대가 유의하기 바란다"고 하여 김홍집에게 주의를 환기시켰다. 이에 김홍집은,

> "일찍이 논의된 홍룡 · 청운기는 만드는데 시간과 비용이 많이 든다. 이응준이 제시한 국기 도식이 일본 국기와 비슷하여 혼동된다고 하니 이를 수정하여 홍색의 바탕에 청색과 흰색을 합성한 원을 그려 사용함으로써 일본 국기와의 혼동을 피할 수 있다."(전해종, p. 131～132 및 권석봉, p. 51에서 재인용)

는 수정안을 제시하여 마젠충의 안을 거부하였다. 여기서 이응준이 제시한 국기 도식은 어떤 것인지는 알 수 없으나 김상섭은 일본의 국기와 서로 혼동된다는 점을 감안하면 흰색 바탕에 홍색의 원을 그린 것으로 보았다.[35)]

김홍집의 의견을 들은 마젠충은,

> "국기를 정하는 일은 매우 중요하므로 결코 가벼이 해서는 안 되니 귀국(중국으로)하는 데로 정부와 자세히 의논하겠다."(권석봉, p. 52에서 재인용)

고 말하였다. 그는 이어서 다음과 같이 말하였다.

> "전일에 이 일을 논의한 후 생각해 보았는데 흰색 바탕 가운데 태극도를 사용하고 바깥 둘레에는 8괘를 사용한다면 조선의 8도의 수와 맞다고 생각한다. 8괘는 순흑색을 사용하여 드러내고, 태극은 반홍 · 반흑을 사용하고 기의 바깥 둘레는 홍색 수를 둘러 장식하면 어떻겠는가? 다만 이것은 이 사람 개인의 의견이므로 귀국하여 당연히 우리 정부(청)에 알리겠다."(위와 같음)

마젠충은 태극 · 8괘 도식의 제안을 사견이라고 전제하였지만 8괘를 8도에 비견하고 돌아가 청의 정부에 알리겠다고 하였다. 이 같은 마젠충의 말을 들은 김홍집은 '가르침을 받겠다. 저 또한 당연히 우리 조정에 알리겠다' 고 답하였다. 이런 김홍집의 대답을 보면 마젠충의 태극 · 8괘 도식은 조선의 조정에 보고되었을 것이고 또한 조정에서는 이 안에 대해 어느 정도의 논의가 있지 않았을까 짐작된다.

마젠충이 태극 · 8괘를 조선의 국기 도식으로 제안한 것은 비록 사견이라 하더라도 거기에는 무언의 강제성이 깔려 있는 명령이었고 이에 대한 태도

---

35) 김상섭, 앞의 책, p. 78.

는 이의 없이 그대로 수용되었다. 이 태극 · 8괘 도식은 조선의 국기 도식에 영향을 주었지만 마젠충의 반홍 · 반흑의 태극도는 이후 조선 정부의 논의를 거쳐 반홍 · 반청으로 바뀌게 되었다. 이것은 조선의 자주적 결정이었다.

조선의 국기 도식 문제는 조선의 정부에서 국기에 대한 이해가 없었던 상황 하에서 청의 사신인 마젠충이 적극적으로 관여하였으나 이것은 독립 국가로서의 조선 정부에서 국기 문제를 좀더 적극적 · 능동적으로 대처하려는 노력을 기울였음을 알 수 있다.

황준헌의 용기 제안 이후 청에서 용기의 도식은 다르지만 계속 조선의 국기 도식을 용기로 고집하다가 태극 · 8괘 도식으로 제안한 것에 대해서 김상섭은 “조선의 국기를 중국과 관련된 어떤 것으로 지정해 둘 필요가 있었기 때문이며, 이는 조선을 중국의 속국으로 하고자 하는 증표”라고 하였다(김상섭, p. 78). 이태진은 “이응준의 감정본을 보고 8괘의 의미로 8도 운운하는 발언은 착안이라기 보다는 출발을 눈앞에 두고 국기 문제에 대해 더 이상 관여하기가 어렵다는 판단아래 체면을 세우기 위해 몇 마디 붙인 것에 불과한 정도의 이야기”라고 하였다(이태진, p. 238). 김상섭은 마젠충이 제안한 태극 · 8괘 도식을 그려 제시하였는데, 그 그림은 다음과 같다.[36]

마젠충이 제안한 태극 8괘도

마젠충이 제안한 태극 · 8괘도를 중국의 『고태극도』와 비교해 보면 8괘 중 진 · 간 두 개의 부호가 다름을 알 수 있다. 그 『고태극도』의 진 괘는☳, 간 괘는☶인데, 마젠충의 태극 · 8괘도에는 진 괘가☶, 간 괘가☳으로 표시되어 있다.

36) 김상섭, 앞의 책, pp. 81~82.

④ 어기(御旗)에 대한 견해

어기는 왕이 사용하는 기로 군주기 또는 주상기라고도 하며, 의장기의 하나이기도 하다. 어기는 나라마다 그 모양과 제작 사용 연대가 다르다. 우리나라는 조선시대에 왕이 거동할 때 어기를 사용한 것으로 보인다. 왕의 거동에 있어서는 대가(大駕) · 법가(法駕) · 소가(小駕)에 따라 차이가 있었다. 대가노부에는 24개, 법가노부에는 20개, 소가노부에는 14개의 기를 각각 사용하였다.

조선시대에 사용한 어기는 이태진(서울대학교 명예교수)이 서울대 규장각도서관 서고에 보관되어 있는 것을 1998년에 발견한 것으로 가로 45.1cm, 세로 35.8cm되는 채색도이다.[37] 이 어기는 '중심에 4개의 동심원을 그리고 이를 수직으로 나누어 황색과 백색을 교차시켰으며, 동심원 외각에는 황색으로 팔괘를 도안하여 비치하였고 전체의 바탕색은 적색이며, 다시 황색의 테두리를 하였고, 깃대에 매는 면 이외의 3면은 녹색의 깃 장식이 있다(규장각 자료분류 번호 : 26192, 윤경진 해제에서 재인용).'

즉 이 어기는 홍색 깃면 바탕에 흰색과 노란색을 교차시킨 태극을 가운데 두고, 그 태극 주위에는 노란색의 8괘를 둘러 놓았고, 깃면 가에는 다시 노란색의 테두리를 하였으며, 깃대에 매는 왼쪽면 이외의 3면은 녹색의 삼각수실이 달려 있다. 이 어기 사진을 보면 다음과 같다(이 어기 사진은 서울대 규장각 도서관의 제공과 그 게재 승인을 받은 것임).

어기

37) 어기의 도면은 가로 49cm, 세로 35.8cm인데 「어기의 해제」에는 가로 45.1cm, 세로 35.8cm로 되어 있다. 그러나 어기의 녹색 깃면의 장식(삼각수실)을 제외한 적색 깃면은 가로 25.4cm, 세로 17.4cm이며, 김상섭의 앞의 책, p. 86에는 가로 31.5cm, 세로 24cm로 표시되어 있다.

앞의 어기에 대한 견해는 두 가지가 있다. 하나는 태극기의 도식을 어기에서 찾으려는 입장과 다른 하나는 어기와 태극기는 다르다는 견해이다.

먼저 태극기의 도식을 어기에서 찾아보려는 입장은 KBS 제1방송에서 방영한 TV 역사 저널(1998. 8. 18) '그때 태극기가 있었다'는 방영 내용 중 태극기의 도식에 대한 설명을 한 것이 그것이다. 이 설명에서 "이응준이 급히 제작한 국기는 흰색 천 중앙에 청·홍색을 반반씩 사용해서 태극 양의를 그렸던 것이다"라 하고, "직접 이응준이 그렸다는 태극 문양을 오늘날 우리 태극기의 태극 문양과 같은 그림으로 그려 방영하였다"고 하였다. 이에 대해 김상섭은 "이응준이 청·홍색을 반반씩 사용해서 태극 문양을 그렸다는 기록은 그 어느 문헌에도 없으며, 이응준이 제시한 국기 도식은 그림이나 기록이 어디에도 없으며, 어떤 것인지 고증할 수 없다"고 하면서 이를 허구라 하였다. 또한 김상섭은 "이응준이 마젠충에게 제시한 태극 문양을 보고 마젠충이 이는 일본 국기와 유사하다고 여겨 이를 거부하였다는 것은 '반청·반홍의 태극 문양'을 보고 누가 보아도 이를 일본 국기와 혼돈된다고 보는 사람은 아무도 없을 것"이라고 하였다(김상섭, 앞의 책, pp. 82~85).

다음은 '그 때 태극기가 있었다'는 설명에서 "마젠충이 김홍집에게 새로 제안한 국기 도안은 반홍·반흑의 태극 주변에 팔괘를 그려 넣은 것이었다. 이것은 주돈이가 만들었다는 '태극·팔괘도'를 응용한 것으로 보이는데 여기에 거론된 태극은 조선의 전통적인 문양과는 명확히 차이가 나는 것이었다"라 하고, 마젠충이 김홍집에게 새로 제안한 국기 도식으로 주돈이가 만들었다는 '태극 팔괘도'를 응용한 그림까지 방영하였다.[38]

이에 대해 김상섭은 "이 그림(어기의 태극)은 반홍·반흑이 아닌데 어떻게 '반홍·반흑'이라고 하면서 설명하였는지 이해할 수 없다"고 하면서 "어기의 태극도는 주돈이의 태극도 중 둘째 층의 '양동음정도'를 그리고 그 주변에 소옹의 '문왕팔괘도'의 8괘를 배열한 것이며, 어기의 '태극도'는 주돈이의 태극도와는 다른 왼쪽의 반이 노란색으로 이 내용은 문제점이 있다"고 하였다. 그는 또한 "주돈이는 태극 팔괘도를 그리지 않았으므로 마젠충이 제안한 태극 8괘도는 '고태극도'였지 주돈이가 만든 것이 아니다"라고 하였다.[39] 김상섭은 "안쪽의 작은 원의 왼쪽 반에는 색을 칠할 수가 없다. 색을

38) 김상섭, 위의 책, pp. 82~83.
39) 위의 책, pp. 83~86.

칠하면 감 · 리 양쪽 어느 것도 괘로 성립할 수 없으며, '문왕팔괘방위도'를 원 안에서 원 밖으로 향하도록 그리지 않고 원 밖에서 원 안으로 향하도록 그렸기 때문에 팔괘 중 손 · 태괘와 진 · 간괘의 위치를 서로 바꾸어 놓았다" 고 하면서 "태극 문양은 우리 민족이 만들어 낸 고유한 문양이라는 주장에 대해 이것은 근본적으로 우리 민족과는 추호의 관련도 없다"고 하였다.[40)]

그런데 어기에 대한 방영(「그때 태극기가 있었다」)을 한 2개월 뒤인 1998년 11월 3일 『조선일보』에 '태극기의 원조 태극 · 8괘도 발견' 이란 제하에 '태극기의 원조 어기'를 발견했다는 기사가 보도되었다. 이 기사의 내용을 보면 다음과 같다.

「박영효가 1882년 태극기를 만들 때 저본으로 사용했던 '태극팔괘도'가 이태진(서울대 국사학과 교수)에 의해 발견됐다. 이 교수가 서울대 규장각 도서 중에서 찾아 낸 '어기(가로 31.5cm, 세로 24cm, 규장각 분류번호 26912)는 1882년 8월 제3차 수신사(修信使) 일원으로 방문한 박영효가 왕명으로 받아 간 기와 동일한 것, 홍색 바탕에 흰색과 노란색 태극을 가운데 두고 노란색 8괘를 주위에 빙둘러 놓았다. 박영효는 당초 이 기를 국기로 할 생각이었으나 수신사 일행이 탄 배의 영국인 선장이 복잡하다고 지적하는 바람에 4괘만 이용하고 태극도 단순화하여 새로 태극기를 만들었다' 고 이 교수는 밝혔다. '태극팔괘도'는 대신 당시 군주제 국가에서 일반적으로 사용하고 있던 군주기(君主旗)로 사용돼 1884년 우리나라 최초 우편 도안으로도 들어간 것으로 밝혀졌다.

이 교수는 "'태극 · 팔괘도'는 정조(正祖)의 위민(爲民)정치 이념을 선천변위후천도(先天變爲後天圖)에 입각해서 만들어진 것"이라고 말했다.」[41)](『조선일보』, 1998년 11월 3일자에서 재인용)

위의 기사에 대해 김상섭은 다음과 같은 문제점을 제기하였다.[42)]

첫째, 이 그림은 '태극 팔괘도'가 아니고 '음양 팔괘도'라는 점.

둘째, 박영효가 태극기를 만들 때 어기를 저본으로 사용했다는데 대해 『사화기략』에도 어기를 저본으로 하였다는 기록이 없으며, 어기를 저본으로 태극기를 만들었다면 현행 태극기의 4괘가 지금처럼 배열될 수 없다는 점.

셋째, 박영효가 수신사로 갈 때 국기를 그려 사용하라는 명은 받았어도

40) 위의 책, pp. 85~91.

41) 이태진, 「고종의 국기 제정과 군민일체의 정치 이념」, 『고종시대의 재조명』, 태학사, 2000. pp. 248~250.

42) 김상섭, 앞의 책, pp. 87~94.

기를 받아 간 일은 없으며 왕명으로 받아 간 기와 동일하다는 증거가 없다는 점.

넷째, 박영효는 이 기를 국기로 할 생각은 근본적으로 없었고 태극기를 단순화한 일도 없다는 점.

다섯째, 이 그림은 정조와 추호의 관계도 없으며, 이 그림에서 위민정치 이념이 담겨 있는 곳이 전혀 없고 정조의 화성행차 그림인 '반차도'에도 여러 가지 기가 있으나 어기는 보이지 않는다는 점.

끝으로, 1998년 8월 18일 방영에는 마젠충이 제안했다는 태극 · 팔괘도를 11월 3일에는 '태극기의 원조'라고 주장한 기사의 주장은 모두 잘못이라는 점.

그는 이 어기의 기사에 대해,

① 김홍집이 리훙장에게 우리 조선의 선박에 사용할 기표에 대해 질문했을 때 '귀국의 왕이 사용하고 있는 기는 용방기이니 중국의 용기와 비슷하므로 이 용기를 국기로 해도 좋겠다'고 한 말에서 이미 어기가 사용되었음을 알 수 있다는 점.

② 박영효의 국기 제정 경위에 관한 보고서인『송기무처서』에 '외국에는 국기 이외에 반드시 군주의 기표도 있으니 국기와 비슷한 모양으로 만드는 것이 좋겠다.…(중략)… 주상의 기는 태극을 중앙에 두고 8괘는 기 주변에 분포하는 것이 좋을 것 같으며, 바탕은 홍색을 전용하는 것이 선명하게 보일 것이다.' 지금 어기가 홍색 바탕 가운데 음양 · 8괘가 그려져 있는 것으로 보아 어기는 박영효의 의견을 받아들여 그려진 것으로 보인다는 점.

③ 어기는 박영효가 그린 태극기와 구별하기 위하여 주돈이의 '양동음정도'를 그리고 주변에 문왕팔괘도 팔괘를 그렸을 것으로 본다는 점.

④ 어기의 8괘는 원 밖에서 원 안으로 향하도록 그렸는데 이것은『고태극도』의 그림을 보고 그 영향을 받아 그렸을 것으로 본다는 점.

⑤ 최초의 우표 도안에 팔괘를 생략한 음양 도안을 넣었다는 점.

등을 들고 이 어기는 1883년 3월 6일(음 1. 27) 고종이 국기를 공포한 후에 태극기와 함께 동일한 인물에 의해 동일한 장소에서 그려진 것으로 보고 국기와 어기는 다른 것이라 하였다.[43)]

이 어기에 대해 신원봉은 팔괘의 배치(어기의 팔괘도와 문왕 팔괘도의 위

---

43) 위의 책, pp. 92~94.

치 차이), 태극의 모양(음양으로 나눈 것은 「태극도설」의 이론에 배치), 깃대의 위치(오른쪽에 있어야 할 깃대가 왼쪽에 있는 것) 등 세 군데가 조작되었을 가능성이 큰 것으로 보았다.[44)]

위의 어기에 대해 이태진은 "어기의 태극 · 팔괘도는 『문왕후천 팔괘도』를 그대로 옮긴 것이 아니다. 팔괘도만 따고 중앙의 태극 · 팔괘도는 주돈이의 『태극도설』이나 이황의 『성학십도』 중의 태극도의 그것과 다르다. 주림계나 이황의 것은 태극이 '동자 없는 눈' 의 형상으로 흰색 원형을 유지하고 있다. 이에 반해 어기의 태극 변화도는 음 · 양으로 양분되어 있고 4개의 동심원을 수직으로 나누어 황색과 백색을 교차시켰다. 이것은 유교 역사상 처음 있는 일로 조선의 독창적인 것이다. 이 군주기로서의 어기의 도형은 한국 최초의 우표인 '문위우표' 에도 사용되었다"고 하였다(이태진, 앞의 책, p. 263~265). 이러한 견해는 김상섭이 '어기의 태극도형' 을 "중국적인 것으로 보고 우리 민족과는 아무런 관련이 없다"고 보는 것과는 달리 군주기인 어기와 국기인 태극기를 민족의 독창적 · 자주적 입장에서 보려는 것으로 판단된다.

어기의 제정 시기에 대해서는 분명히 알 수 없으나 조미수호통상조약이 체결된 후 독립국가로서의 새로운 국제질서 속에서 국가의 지위와 자주성을 높이고 청의 전통적 질서로부터 벗어나려고 국호를 '대조선', 왕의 칭호를 '대군주' 로 바꾼 것이라든가, 박영효가 조정에 보고한 문서인 『송기무처서』의 내용에 주상기는 태극을 가운데 두고 팔괘를 기의 변두리에 늘어놓는 것이 좋을 듯하며, 바탕은 홍색을 전용하는 것이 선명하게 보일 것 같다고 한 것을 보면 국기를 제정하여 조정에 보고한 1882년 10월 3일 이후 1883년 3월 6일 국기를 8도 · 4도(都)에 반포한 이전으로 추정된다.

3) 태극기의 창제

① 조미수호통상조약 때 사용한 태극기(1882. 5) : '이응준 감정본'

조선은 문호 개방을 계기로 국기 제정의 필요성을 느꼈다.

1876년 조일수호통상조약이 체결된 6년 후인 1882년 5월 22일(음. 4. 6) 조선의 신헌 · 김홍집과 미국의 슈펠트는 마젠충의 중재로 제물포에서 조미

---

44) 신원봉, 「박영효 태극기의 유래와 그 발전의 의미」, 『동양고전연구』 43, 2011, pp. 289~291.

수호통상조약을 체결하였다. 이 때 마젠충과 김홍집 사이에서 조선의 국기 문제가 본격적으로 재론되었다.

마젠충은 조미수호조약을 체결하던 날 청의 군함 위원호로 조선의 김홍집 · 서상우 · 이응준 등과 미국의 슈펠트를 초청해서 조약체결 축하를 위한 연회를 베풀었다. 연회를 마치고 슈펠트가 스와타라호로 돌아간 후 김홍집과 마젠충은 두 차례에 걸쳐 국기 문제를 논의하였다. 그 내용은 『청국문답』(초 6일 '왕청선문답조')에 수록되어 있는데, 마젠충이 김홍집에게 언급한 국기 문제의 내용을 보면 다음과 같다.

「지금 한 가지 고할 일이 있다. 귀국이 외국인에게 제시할 국기가 없다는 것은 불가하다. 지난번 이응준이 소매에서 꺼내 보여준 국기 도식은 일본 국기와 비슷하여 서로 혼동되니 귀국의 국기 도식은 어떻게 하겠는가? 황준헌은 귀국이 마땅히 중국의 용기를 사용해야 한다고 말했는데, 내가 보기에는 이 또한 타당치 않을 것 같다」(권해종, p. 130~131 및 김상섭, p. 75에서 재인용)

마젠충은 조선의 국기의 필요성을 강조하고 이응준이 제시한 국기 도식은 일본의 국기와 서로 혼동되며, 황준헌이 제시한 용기도 반대한다는 태도를 취하였다. 이처럼 조미수호조약 체결 당시 이응준의 국기 도식 문제가 처음으로 거론되었다.

이응준이 제시한 국기 도식은 어떤 것이었는가?

이응준은 역관으로 조선과 청 두 나라의 업무 연락을 취하기 위하여 수시로 마젠충 · 김홍집 등과 접촉을 가졌다. 김홍집은 마젠충과의 필담 과정에서 국기 제정의 필요성을 절감하였다. 5월 14일(음 3. 27) 조선의 신헌 · 김홍집 일행이 이응준을 대동하고 스와타라함을 방문했을 때 슈펠트는 김홍집에게 '중국의 속국임을 상징하는 청용기를 버리고 새로운 국기를 제작하라'고 권유하였다. 이에 이응준은 김홍집의 지시를 받고 국기 도식을 조미수호통상조약 체결 당일 조인식을 위해 스와타라함상에서 급히 제작하였다. 김원모는 이응준이 만든 태극기는 "박영효가 태극기를 제작할 때 원형이 되었으며, 이응준이 만든 국기 도식은 흰바탕의 깃면 중앙에 태극 양의를 반홍 · 반청으로 그렸고 8괘가 없는 태극 도형기"이라고 단정하면서 "…마젠충을 별실로 퇴장시키고 태극도형기와 성조기를 나란히 게양한 가운데 한 · 미 양국의 대표자가 조약식을 거행하였다"고 단정하였다.[45)]

45) 김원모, 앞의 논문, pp. 61~67. 및 1998, p. 6, pp. 45~46.

그러나 이태진은 김원모의 주장에 대해 "좀 더 신중을 기할 필요가 있으며, 조미수호통상조약 체결 당시 우리 측이 국기를 처음 사용하였으며 그 모양이 태극기와 유사하다는 등을 확인하는 정도에 머물러야 한다"고 하였다. 또한 이태진은 "국기 문제는 한 개인의 착상에 의한 것일지라도 국왕의 허가없이 결정될 수 없는 것인 만큼 수행원 이응준이 그런 중대한 일을 처리할 수 있는 입장이 아니었다"고 하였다.[46] 즉 "이응준의 국기 도식은 비록 개인의 착상이라도 그것은 단독으로 처리할 수 있는 입장이 아니므로 국왕이나 정부의 지시나 위촉을 받았을 가능성을 배제할 수 없다"고 하면서 "당시의 조선은 청의 조공질서 아래에서 청의 용기사용 여부를 놓고 청과 미묘한 외교 관계를 벌이고 있던 상황하에서 조선 정부의 공식적인 사항을 드러내는 것이 부담이 될 수 있었기 때문에 이응준 개인이 만든 것처럼 가장했을 가능성도 없지 않다"고 하였다(이태진, p. 241).

이응준의 국기 도식을 둘러싼 논쟁은 국기 제정의 기원과 창안자를 구명하는데 중요한 시사점을 주는 의미를 지닌다(한철호, p. 9). 2004년 1월 26일 고서점 아트뱅크 대표 윤형원은 『해상국가들의 깃발』에 실린 태극기를 발굴 · 공개하였다. 이 책의 서문에는 1882년 7월 19일자로 3,000부를 제작해서 각급 기관에 배포하기로 결의했다는 내용이 명기되어 있다. 한철호는 "Corea Ensign 이란 명칭이 붙어진 이 태극기는 '박영효의 태극기' 와 비교해 보면 4괘는 건 · 곤 · 감 · 리로 좌우가 바뀌었고 색은 흑색이며 태극기의 모양은 거의 비슷하다"고 하였다(위와 같음). 또한 그는 "이응준이 만든 국기 도식이 조미수호조약 체결 때 성조기와 함께 내걸었던 것이며, 이 'Corea Ensign' 은 이응준의 국기 도식이 틀림없다"고 판단하였다.[47] 그러나 이응준이 창안했다는 기록이 없기 때문에 'Corea Ensign' 의 창안자가 누구인지는 단정할 수 없다. 또한 'Corea Ensign' 을 국기라고 부를 수 있는가? 이응준의 국기 도식은 강화도 조약을 계기로 국기 문제에 양국의 관심이 높아져 갔으며 또한 계속 논의해 온 점을 감안하면 정부의 논의를 거친 것일 수 있는 가능성을 배제할 수 없다. 그렇지만 이 책에 Natianal Flag라 하지 않고 Ensign이라고 표기한 것으로 보아 개인의 창안일 가능성 또한 배제할 수 없을 것이다. 이에 대해 한철호는 'Corea Ensign'은 이응준 개인이 창안한 것

46) 이태진, 앞의 책, pp. 240~241.

47) 한철호, 위의 논문, p. 9.

이 틀림없으며 이 책의 출간 당시 미국이 입수할 수 있었던 조선의 국기는 조미수호통상조약을 체결할 때 내걸었던 이응준의 국기 도식 이외에는 다른 기를 찾아보기 힘들기 때문"이라고 하여[48] 이응준의 창안설을 뒷받침해 주고 있다. 그는 또한 " 'Corea Ensign' 은 비록 조미수호조약 때 성조기와 함께 조선을 상징하는 기로 게양되었다 하더라도 국기가 제정되지 않은 상황하에서 이를 국기로 보기보다는 국기 대용으로 사용된 것으로 보인다"[49] 고 하였다. 필자도 이 주장에 공감한다.

이응준의 국기 도식을 Natianal Flag가 아닌 'Corea Ensign' 으로 표기한 것도 이와 무관하지 않을 것이다. 이응준의 국기 도식은 박영효가 국기인 태극기를 제정하는 과정에서 또한 결정적 영향을 끼쳤을 것임은 부인할 수 없을 것 같다(한철호, 앞의 논문, p. 10).

이상에서 살펴본 이응준의 국기 도식은 1882년 5월 조미수호통상조약 체결 때 미국 성조기와 함께 조선의 국기 대용으로 게양된 기로 추정된다. 이응준이 창안하여 조미수호통상조약 때 게양된 태극기를 보면 다음과 같다(이 사진은 한철호 교수가 제공한 자료로 그의 게재 승인을 받아 게재한 것임).

조미수호통상조약 때 사용한 태극기?

(이응준이 창안한 태극기)

위의 태극기를 보면 흰색 바탕의 깃면 중앙에 그린 태극 양의는 청 · 홍색으로 칠했으며 양의(빨간색)는 곤괘에서 시작하여 그 넓은 부분이 왼쪽 아래로, 음의(파란색)는 건괘에서 시작하여 그 넓은 부분이 오른쪽 위로 많이 굽혀져 서로 깊게 맞물려 있다. 4괘는 흑색으로 건 · 곤 · 감 · 리가 좌우로 바뀌어 있으며 태극으로부터 밖으로 멀리 떨어져 있다. 그러면 이러한 이응준

48) 위의 논문, pp. 9～10.

49) 위의 논문, p. 10.

의 국기 도식은 언제 제작되었을까? 권석봉은 '이응준 감정본'이 제작된 것은 이응준이 미국과 접촉하였던 1882년 5월 9일(음 3. 22)부터 5월 21일(음 4. 5) 사이로 보았다(권석봉, 앞의 논문, pp. 130~132). 이응준이 창안한 태극기를 '박영효 태극기'와 비교하면 태극 음양의 위치와 모양, 색은 같지만 4괘는 양자가 다르다. 즉 '박영효 태극기'의 4괘의 위치는 현행 태극기의 4괘의 위치와 같으나 이응준의 국기 도식의 4괘는 좌우가 바뀌어 있다. 이러한 이응준의 국기도식은 최초의 도안자로서의 역할이란 큰 의미가 있으나 이 국기 도식은 국왕 내지 정부의 위촉 아래 이루어진 것임을 배제하기 어렵지 않을까 생각된다.

② 『해상국가들의 깃발』에 실린 태극기[50)](1882. 7)

우리나라의 국기인 태극기를 박영효가 제정한 것은 1882년 9월이었으며, 이 국기를 해외에 처음 게양한 것은 박영효가 9월 25일(음 8. 14) 일본의 니시무라야 숙소에 게양한 것이다. 박영효가 국기를 처음으로 제정하였다는 것은 지금까지 통설화 되어 있다. 그러나 1882년 7월 미국 해군부 항해국에서 출간한 『해상국가들의 깃발(Flags of Maritime Nations)』이란 책에 태극기가 수록되어 있는 것이 발견 공개됨으로써 알려지게 되었다. 『조선일보』(2004년 1월 27일(화))에는 '가장 오래된 태극기'라는 제하에 『해상국가들의 깃발』이란 책에 수록된 태극기를 사진과 함께 보도하였다. 그 내용을 보면 다음과 같다.

『해상국가들의 깃발』 서문에는 3,000부를 제작하여 상하원 및 해군부 등 각 기관에 배포하기로 1882년 7월 19일 상원에서 결의했다는 내용이 병기되어 있다. 이 책은 49개국의 국기를 비롯하여 여러 채색 깃발들이 수록되어 있는데 나라의 알파벳 순으로 배열되어 있으며, 태극기는 청의 황룡기 오른쪽에 '코리아 기(Corea Ensign)'란 이름으로 게재되어 있다(『조선일보』, 2004. 1. 27. 11 및 국립중앙박물관, p. 9에서 재인용). 그러나 1899년에 간행된 『해상국가들의 깃발』에는 'National Flag'라고 쓰여 있으며, 이 기는 '박영효의 태극기'의 4괘와는 달리 리 · 감괘의 위치가 바뀌어 있다(한철호, p. 10).

이 책에 실린 태극기를 보면 다음과 같다(위와 같음).

50) 이 책 Ⅲ-3에 인용된 자료 중 『조선일보』에 게재되었던 태극기 관련 기사와 사진은 TCN미디어(주)의 자료 활용 게재 승인을 받아 게재한 것이다.

『해상국가들의 깃발』에 있는 태극기

위의 태극기를 보면 흰색 바탕의 깃면 중앙에 그린 태극 양의(빨간색)는 곤괘에서 시작하여 그 넓은 부분이 왼쪽 아래로, 음의(파란색)는 건괘에서 시작하여 그 넓은 부분이 오른쪽 위로 많이 굽혀져 음양이 서로 깊게 맞물려 있다.

4괘는 검은색으로 건 · 곤 · 감 · 리가 좌우로 바뀌어 있으며, 그 위치는 태극에서 밖으로 멀리 떨어져 있다. 이를 '박영효의 태극기'의 모사본(영국 국립문서보관소 소장)과 비교해 보면 태극 양의의 위치가 다르고 모양이 모사본보다 덜 굽혀져 있으나 형태는 거의 비슷하다. 4괘는 모사본의 것은 현행 태극기의 4괘와 같으나 이 책에 실린 태극기의 4괘는 건 · 곤 · 감 · 리가 좌우로 바뀌어져 있다. 이에 대해 김원모는 조미수호통상조약 당시 깃발을 뒷면에서 그렸기 때문일 것이라고 추정하였다(한철호, p. 9참조).

그러나 한철호는 김원모의 견해에 대해 '4괘를 뒤편에서 보았을 경우 태극도 뒤집힌다는 점을 고려하지 않은 점을 지적하였다(한철호, 앞의 논문, p. 9).

이응준의 국기 도식은 조미수호통상조약 체결 때 미국 성조기와 함께 게양되었던 것으로 생각되며, 이 태극기를 미국이 입수하여 『해상국가들의 깃발』에 수록하였을 것으로 짐작된다. 이런 점으로 보아 이응준의 국기 도식(태극 · 4괘도)은 박영효가 태극기를 제정할 때 지대한 영향을 끼쳤으며, 이를 모본 내지 참고하였던 것으로 추정된다(한철호, p. 16).

이상에서 보았을 때 우리나라의 태극기를 처음으로 창안한 사람은 이응준이며, 국기인 태극기를 처음으로 제정한 사람은 박영효라고 보는 한철호의 견해(한철호, 위의 논문, p. 19)에 매우 설득력이 있다 하겠다.

③ 박영효의 태극기 제정

마젠충이 태극 · 8괘도를 제시한 지 약 2개월 후 조선에서는 1882년 6월에 임오군란이 일어났다. 일본은 임오군란의 피해를 보상해 줄 것을 요구하였다.

조선의 이유원 · 김홍집과 일본의 하나부사 사이에 제물포조약이 체결되었다. 조선에서는 박영효를 특명전권대신 겸 수신사(제3차)로 하여 일행과 함께 일본에 파견하였다. 박영효 일행은 1882년 9월 20일(음 8. 9) 메이지마루호를 타고 일본에 갔다.

박영효가 쓴 『사화기략』에 보면 9월 20일(음 8. 9) 인천에서 메이지마루호를 타고 그 이튿날(21일) 일본으로 출발하여 23일 시모노세키에 도착하였으며, 25일 고베(神戶)에 도착하여 니시무라야(西村屋) 숙소에 머물렀고, 이때 '새로 만든 국기'를 깃대에 매어 숙소 누각(寓樓)에 달았다. 이때 깃대에 달은 국기는 "세로로 반듯하며 길이는 너비의 5분의 2에 미치지 않게 하고, 중심부에는 태극을 그리고 청 · 홍색을 칠하였으며, 네 모서리에는 건 · 곤 · 감 · 리 4괘를 그렸으니 "이미 주상으로부터 명을 받은 것이 있다" 라고 하였다.[51)]

이 보고서 내용을 보면 박영효 일행이 일본에 가는 중에 메이지마루호 배안에서 영국 선장 제임스의 조언을 박영효가 받아들였으며, 박영효의 책임하에 태극 · 4괘의 국기를 그렸을 것으로 믿어지며, 이 국기는 숙소 누각에 게양되었음을 알 수 있다. 그러면 이 태극 · 4괘의 국기는 어떻게 그려졌는가? 이같은 사실은 박영효가 고종에게 10월 3일(음 8. 22)에 올린 장계와 국기 제정의 경위에 대한 보고서를 기무처에 보낸 것에서도 알 수 있다. 이 내용은 「부산선편수상장계」의 장계문에 잘 나타나 있는데, 이 장계문의 내용을 보면 다음과 같다.

> "본국 국기를 새로 만드는 일은 벌써 처리하였으므로 지금 이미 대 · 중 · 소 3본의 기를 만들어 그 중의 소기 1본을 올려 보낸다."(이선근, pp. 196~197 및 김상섭, p. 98)

여기서 '벌써 처리하였다'는 것은 박영효가 출발 전에 왕으로부터 태극 · 8괘도를 국기 도식으로 사용할 것을 명 받았으나 이를 변용하여 태극 · 4괘로 바꾸어 처리하였다는 것을 의미한다. 즉 앞에서 본 '주상으로부터 명을 받은 것이 있다'라는 것은 마젠충이 제시한 태극 · 8괘도를 절대적으로 바꾸지 못하도록 하는 명이 아니라 융통성이 있는 명이었기 때문에 태극 · 4괘로 변개한 것으로 해석함이 옳을 듯 싶다.

국기 제정 과정은 박영효가 기무처에 보낸 『송기무처서』의 국기 제정 경

---

51) 이선근, 앞의 논문, pp. 196~197. 및 김상섭, 앞의 책, pp. 96~97.

위에 대한 보고서에서 그 내용을 찾아볼 수 있다.

「국기 표지는 메이지마루 선중에서 영국 영사 애스턴(阿須頓)과 더불어 상의한 바, 그의 말이 선장인 제임스는 4해를 두루 다녀 각국의 기호(旗號)도 잘 안다 하므로 함께 상의하였다. 선장의 말이 태극·8괘의 도식은 특별히 색이 뛰어난 것이지만 8괘의 분포는 조잡하고 불분명해 보이며, 각국이 이를 본떠 제작하는 데도 매우 불편하다. 그러니 4괘만을 사용하기로 하되 네 모퉁이에 그려 넣으면 더욱 아름다운 것이다.

또 말하기를, 외국에서는 국기 이외에 반드시 군주의 표기가 있는 법인데 대개는 국기와 비슷한 모양으로 만들어 채색과 무늬를 좀더 찬란하고 선명하게 만드는 것이 가장 좋다고 한다. 이제 이 선장으로 하여금 국기의 대·중·소 각 1본씩 만들고 그 중 소 1본을 지금 수계 상송한다.

주상기는 태극을 가운데 두고 8괘를 기의 변두리에 늘어 놓는 것이 좋을 듯하며, 바탕은 홍색을 전용하는 것이 선명하게 보일 것 같다. 이미 각국으로 더불어 통상수호한 후에 무릇 사신으로 나가게 되는 자는 예의상 국기가 없으면 안 될 것이니 각 항구에서 병함(군함)으로 6문 이상의 함포를 소유하고 있는 자와 만나게 되면 반드시 축포의 예의로 대해야 하며, 그럴 때에는 이 나라 사신의 국기를 게양하여 분별하도록 해야 한다. 또 서로 조약을 맺은 각국이 여러 가지 경축절을 맞이하게 될 때에도 국기를 달아 서로 축하하는 예를 표하도록 하고 각국 공사가 서로 회합할 때에도 국기로서 앉는 순서를 나타낸다. 이러한 모든 일은 국기를 만들어 가지지 않으면 할 수 없는 것이다.

이제 영국·미국·독일·일본의 각국도 모두 우리 국기를 그려 갔으니 이러한 일은 반드시 천하에 표명해야 될 것이다. 상세히 상달하기 바란다」(이선근, 앞의 논문, pp. 197~198 및 김상섭, 앞의 책, pp. 98~99에서 재인용)

위의 내용을 보면 다음과 같은 사실을 알 수 있다.

첫째, 조선의 국기는 메이지마루호 배 안에서 영국 영사(애스턴)와 영국인 선장(제임스)의 조언을 받아들여 태극·8괘(복잡·불명)를 태극·4괘로 변개하였음을 알 수 있다는 점.

여기서 태극 8괘를 태극·4괘로 바꾸어 태극기를 제정한 것은 마젠충이 제안한 태극·8괘는 제임스가 지적한 것처럼 단순히 복잡·불분명하고 복잡한 점도 있었겠지만 영국 선장과 국기 문제를 상의하여 조언을 받음으로써 마젠충의 간섭으로부터 벗어날 수 있는 합리적 명분을 찾고, 일본으로 출발하기 전에 국왕으로부터 태극·8괘도 외에도 조정에서 논의되었던 '이응준 감정본'을 휴대했거나 참고하여 제임스에게 태극·8괘도와 함께 보여주고 박영효는 '이응준 감정본'을 모본 내지 참고하여 태극·4괘를 채택하여 국기를 제정하였던 것으로 추정된다.

둘째, 태극 · 4괘의 대 · 중 · 소기는 영국 선장의 조언을 받고 그렸으나 그 크기가 어느 정도인지 잘 알 수 없다는 점.

태극 · 4괘의 국기를 대 · 중 · 소 1본을 만들어 그 중 소본을 국왕에게 올려 보냈다는 것은 태극 · 4괘를 국기로 결정하고 용도에 따라 크기가 다를 수 있는 것에 대비해 대 · 중 · 소 3본을 만들도록 한 것이라 생각된다.

셋째, 태극 · 8괘도(마젠충이 제시)는 제임스 선장의 조언으로 군주의 기표로 하였으며 태극 · 4괘기는 국기로 사용하여 국기와 군주기를 달리 하였다는 점.

넷째, 태극 · 8괘를 태극 · 4괘로 변개한 것은 고종으로부터 받은 명이 절대적 불변의 명이 아니다. 즉 고종으로부터 받은 명이 절대적 불변의 명이 아니라 변개의 융통성이 있는 명이며, 우선 사용하면서 사후 결재를 받는 식으로 표본을 상송한 것으로 보인다는 점.

다섯째, 조선의 국기는 고베에서 사용함과 동시에 각국에 그려 가도록 하고 이런 일을 천하에 반포케 하였다는 점.

여기서 박영효가 국기인 태극기를 만들어 고베에서 게양하였다는 것은 해외에 게양한 최초의 사실로 이후 일본에 머물면서 각종 행사에 국기를 게양하여 국제적 인정을 받음으로써 국기의 신빙성을 과시하게 되었다는 것이다.

여섯째, 조선은 외교 관계에서 국기의 사용과 예절 등 국기를 다루는 방법을 알게 되었다는 점 등이다.

국기 제정을 8도(道) · 4도(都 : 수원 · 광주 · 강화 · 개성)에 반포해야 한다는 '통리교섭통상사무아문'의 상계에 따라 고종은 1883년 3월 6일(음 1. 27) 이를 윤허하여 지방관에게 알렸다.[52] 그러나 그 당시의 국기 규격에 관한 규정은 없었다. 『고종실록』에 국기라는 이름은 있지만 태극기라는 명칭은 보이지 않는다. 이런 점으로 보아 국기를 창제 · 반포했을 당시의 이름은 태극기라 하지 않고 국기라 칭하였던 것 같다.

그 후 10월 3일 왕비의 탄신을 맞아 연요관(延遼館)에서 각국의 대표를 초청해 축하연을 베풀었을 때 태극기와 함께 참석한 나라의 국기로서 좌석의 위치를 표시하여 정하고 실내도 장식하였다[53]는 것을 보면 국기에 대한 인식뿐만 아니라 그 사용이 점차 확대되어 간 것으로 짐작된다.

52) 『고종실록』 20, 고종 20년 계미 1월 27일.

53) 이선근, 앞의 논문, p. 199.

이상에서 보았을 때 조선의 국기인 태극기를 제정한 날짜는 늦어도 1882년 인천항을 출발한 9월 20일(음 8. 9)일부터 9월 25일(음 8. 14) 고베에 도착하기 전으로 보인다.

그러면 1882년에 그린 국기는 어떤 그림이었을까? 메이지마루호 배 안에서 태극기를 제정할 때 가장 조언을 많이 한 사람은 메이지마루호의 선장이었던 영국인 제임스였다. 하지만 박영효 또한 국기 제작에 적극 참여하였을 것임은 분명하다. 제임스의 조언을 받아 그려진 태극기는 원형이 전해지지 않아 어떤 모습인지 알 수 없지만 김상섭은 제임스가 조언하여 그렸을 최초의 태극기를 아래와 같이 그려서 제시하였다(김상섭, p. 103).

제임스가 조언하여 그렸을 것으로 보이는 태극기

(김상섭 그림)

위의 그림을 보면 현행 태극기의 태극(반홍 · 반청)과는 달리 태극은 음양 양의가 홍색은 왼쪽에서 오른쪽 아래로, 청색은 오른쪽에서 왼쪽 위로 완만하게 굽혀져 상하로 놓여 있고, 4괘는 검은색으로 현행 국기의 4괘의 위치와 같다. 김상섭이 제시한 태극기는 '이응준 감정본' 이나 조미수호통상조약 체결 때 사용한 태극기, 『해상국가들의 깃발』에 있는 태극기와는 다르다.

1882년에 만든 국기는 당시에 국기 규격에 관한 규정이 마련되지 않아 국기를 만드는 사람에 따라 그 형태와 색깔도 다르지 않았을까 생각된다. 그러나 앞의 『사화기략』[54] 내용에서,

「새로 만든 국기를 깃대에 매어 숙소 누각에 달았다. 흰바탕에 세로로 반듯하며 길이는 너비의 5분의 2에 못 미친다. 중심부에 태극을 그리고 청 · 홍색을 칠하였으며 네 모퉁이에는 건 · 곤 · 감 · 리 괘를 그렸다.」

54) 신원봉은 『사화기략』은 박영효의 수필(手筆)원본이 아닌 필사본이며, 9년간(1927. 5~1935. 9) 조선사 편수회의 손을 거친 것이어서 사료로서의 한계가 있음을 지적하였다(앞의 논문, p. 285.).

는 것을 보면 깃면의 길이(가로)에 비하여 너비(세로 : 폭)가 더 넓었던 것으로 짐작된다. 이것은 당시의 태극기의 규격(모양)을 나타낸 것으로도 볼 수 있으며, 이런 해석이 가능하면 태극기의 지름도 유추해 볼 수 있지 않을까?

이상에서 태극기의 창제 과정을 살펴보았다. 박영효가 국기인 태극기를 제정하기 전에 이응준의 감정본이 제작 · 사용되었으며 이는 박영효의 국기 제작에 큰 영향을 끼쳤을 것으로 추정된다. 태극기는 창제 과정에서 청의 간섭을 받고, 제정 때는 영국인 제임스 선장의 조언을 받아 만들어지게 되었음도 알게 되었다. 이런 점에서 김상섭은 "조선의 국기인 태극기는 민족의 능동적 · 주체적 의지에 의한 독창성은 물론 민족의 자주적 · 주체적으로, 정체성과 상징성을 부여하려는 노력이 부족하였다는 것은 부정할 수 없다"고 하였다.[55] 그러나 조선의 문호 개방 당시 외국과의 교류가 없었고 국기에 대한 이해가 거의 없었던 상황하에서 김홍집은 마젠충이 제시한 국기 도식에 대해 문제점을 제기하여 반대하였고, 중국의 태극 · 8괘를 태극 · 4괘로 변개하여 태극 · 8괘도는 군주기로, 태극 · 4괘도는 우리의 국기로 택하였다. 우리의 태극기를 최초로 창안한 사람은 이응준으로 추정되며, 국기를 처음으로 제정한 사람은 박영효임을 알게 되었다. 역사상 최초의 국기를 창제한 노력에 대해서는 한말의 우리 민족의 역사의식의 산물이란 점에서 그 사상적 의미는 높이 평가되고 우리의 자주성을 긍정적으로 높이 인정해야 할 것이다.

4) 태극기의 창제에 관한 제설

이상에서 살펴본 태극기의 창제 과정을 통하여 태극기의 창제에 관한 몇 가지 설을 찾아볼 수 있다. 그 중 중요한 설을 시기별로 보면 다음과 같다.

① 1872년 제정설

이 설은 김일수가 「태극기의 유래」, 『국기해설』(우리국기보양회, 1957)에서 국기의 제정 연도를 1872년 문호를 개방하고 그 해에 국기를 제정하였다고 주장한데 근거한 것이다. 그러나 1876년 조선이 문호 개방되었고 강화도 조약 체결과정에서 국기 문제가 제기되었던 점을 고려하면 이 설은 비전문가의 견해로서 사실의 파악에 큰 오류를 범한 일고의 가치도 없는 설로 이해되고 있다(이선근, 앞의 논문, pp. 193~194 및 이태진, 앞의 책, p. 419).

---

55) 김상섭, 앞의 책, pp. 107.

② 이종원(李淙遠) 제안설

이 설은 문일평이 「태극 국기의 유래」, 『호암전집』(조선일보사, 1939, pp. 106~107)에서 임오년 이후에 공주 관찰사 이종원이 제시한 태극 팔괘의 도식에 의해 비로소 태극으로써 국기를 결정하였다는 데 근거한 것이다. 이것은 임오군란 후 박영효가 일본에 특사대사로 갈 때 국기를 만들어 내걸었다는 사실에 바탕한 것이다. 이 설에 대해 이태진은 "『고종실록』에 의하면 이종원은 고종 33년 4월 초하루 농공상부 농무국장에 임명된 적이 있고, 같은 해 초나흘에 공주 관찰사로 임명되어 위의 소개와는 시간적 차이가 많다. 공주 관찰사 직함시에 제안을 했다면 시기가 맞지 않는다"고 하면서 "구체적 자료가 나오지 않는 한 설득력이 없다"는 부정적 견해를 제시하였다(이태진, 앞의 책, pp. 234~235).

③ 일본 공사 하나부사(花房義質) 제안설

이 설은 일본의 미야타케(宮武外骨)가 「조선의 국기 하나부사 요시타다의 제안」, 『임오계림사변(壬午鷄林事變)』(近藤印刷所, 1932, pp. 60~263)이란 논거에 근거한 것이다. 이 논거를 보면 "조선은 하나부사 공사의 건의를 기본으로 하고, 우리 외무성의 경고에 따라 용기를 채택하지 않고 '3파' (巴)가 아닌 2파의 태극기를 국기로 채택하였다"고 하였다(이태진, 앞의 책, p. 235 및 김원모, 앞의 책, p. 32).

이 설에 대해 이태진은 "하나부사 공사가 박영효 일행이 1882년 9월 일본으로 가면서 승선한 배에 동승한 사실에 유래한 것으로 『사화기략』에도 태극기 제정에 하나부사가 관여한 언급이 없다"(위의 책, p.235)라고 하면서 이 설은 설득력이 없다고 하였다. 박영효가 일본으로 갈 때 국왕의 명을 받았으며, 태극 팔괘도와 이응준 감정본을 휴대하고 승선한 배 안에서 제임스의 자문을 받아 태극기를 만들었다는 점을 고려하면 설득력을 잃게 된다.

④ 마젠충(馬建忠) 창안설

이 설은 권석봉이 「태극기의 제정 유래에 관한 관견」(『역사학보』 23, 1964)에서 1882년 5월 조미수호통상조약을 체결할 때 이를 후원하기 위하여 조선에 파견된 마젠충이 제안한 '태극팔괘' 도식이 조선의 국기 창제에 결정적 계기가 되었다고 주장한데 근거한 것이다. 권석봉이 『청국문답』(서울대학교 규장각 소장)에 근거하여 주장한 논지를 요약하면 다음과 같다.

"마젠충은 조선의 국기 문제에 대해 김홍집과 접촉하는 과정에서 1882년 5월 22일(음 4월 6일) 청선 위원호에서 '청운홍용' 도식을 제안하였다. 그러나 김홍집은 청운홍용기를 만드는 데는 시간과 공비가 너무 많이 든다는 이유로 이를 거부하였다. 그 후 마젠충은 이응준이 제시한 국기도식(이응준 감정본)을 보고 일본 국기와 비슷하여 혼동된다고 하였다. 이후 5월 27일(음 4월 11일) 김홍집은 마젠충과 국기 문제로 2차 회담시 이응준 감정본의 수정안을 제시하였다. 이에 마젠충은 사견이라 전제하면서 백색 바탕에 '태극팔괘' 도식을 수정 제안하면서 팔괘의 의미를 조선의 8도와 연결시켜 이를 권장하는 의견을 내었다. 이에 김홍집은 가르침을 받아 우리 조정에 알리겠다고 답하였다…" 권석봉은 "우리 국기의 도식이 청의 한 외교관에 의해 제안되었다는 것은 매우 불명예스럽고 불쾌한 것이긴 하나 사실을 밝힌다는 것은 정당한 비판을 위하여 중요한 것이 되리라 믿는다"고 하였다(권석봉, 앞의 논문, pp. 52~54).

이에 대해 이태진은 "창안이라기보다는 마젠충이 중국으로의 출발을 앞두고 국기 도안에 대하여 더 이상 간여가 어렵다는 판단하에 자신의 체면을 유지하기 위해 몇 마디 붙인 것에 불과한 정도의 이야기이며, 이를 가지고 태극기가 마젠충에 의해 창안이라고 하는 것은 지나친 비판을 면하기 어렵다"고 하였다(이태진, 위의 책, p. 238). 이러한 견해에 필자도 공감하면서 비록 박영효가 태극기를 만들 때 '태극팔괘' 도식을 참고 하였더라도 박영효가 만든 태극기는 '태극팔괘' 도식과는 다르며, 김홍집이 마젠충의 제안 도식을 거부하고 이를 수정 제시한 것이라든가, 박영효의 태극기가 '이응준 감정본'과 비슷하다는 점 등을 고려하면 마젠충 창안설은 설득력이 없다고 판단된다.

⑤ 고종 창안설

이 설은 일본의 『시사신보』(1882년 10월 2일자 제 179호)에 게재된 「조선의 유신」이란 제하에

"지금까지 조선에서는 국기라는 것이 없었는데, 이번에 지나(중국)로부터 내도한 마젠충이 조선의 국기는 지나 것을 모방하여 '삼각형 청색 바탕에 용기'를 그려 쓰도록 하였다. 본국 지나는 황색을 사용했지만, 조선은 지나의 동방에 해당되는 속방이요, 동방은 청색을 존중하다는 의미에서 청색 바탕을 사용할 것을 지도(指圖)하였으나 국왕은 크게 분개하여 결단코 지나기를 모방할 수 없다고 거절하면서 4각형 옥색 바탕에 태극의 도(태극양의)를 청적색으로 그리고 기의 네 귀퉁이에는 동서남북의 역괘를 부쳐서 이제부터 조선의 국기로 결정하였다" (이선근, 앞의 논문, pp. 199~200 및 권석봉, 앞의 논문, p. 47, 이태진, 앞의 책, pp. 235~236)

고 한데 근거한 것이다.

위의 기사에 대하여 이선근은 청의 용기 제안을 거부하고 조선의 국왕이 스스로 태극기의 제정을 하명하였다는 점, 그 얼마나 통쾌하게 생각할 것이냐고 언급하면서 고종 창안설을 뒷받침하였다. 여기서 우리는 태극기 제정과정에서 고종의 자주적 태도와 의지를 간과해서는 안 될 것이다. 그러나 김원모는 "마젠충이 고종을 알현 자리에서 용기 습용을 강요했는지의 문제는 기록을 찾아볼 수 없어서 그 진위를 알 수 없고, 이 기사의 내용은 날조되었을 가능성을 배제할 수 없다"고 하면서 마젠충의 고종 알현을 부정하였다(김원모, 1998, pp. 37~38).

이태진은 "마젠충이 조선에 처음 온 것은 1882년 4월~5월 양간에 조미수호통상조약의 체결을 후원하기 위한 것이었고, 두 번째는 8월 10일 인천에 도착하여 8월 26일 대원군을 압송하기 위함이 그 주 임무였다. 그러므로 10월 2일자의 이 기사는 후자에 해당된다"고 하면서 "마젠충이 고종을 알현하여 국기 문제를 논의했다는 것은 기록이 보이지 않을 뿐 아니라 당시의 정치적 상황을 고려하면 그 가능성은 희박하며 특히 마젠충의 용기 습용을 거절했기 때문에 청 측에서 양위 계획까지 검토되었던 점을 감안하면 고종의 분개는 배제할 수 없다"고 하였다(이태진, 앞의 책, pp. 236~237).

이처럼 고종이 청의 용기 습용을 거절하고, 박영효가 국기 제정과정에서 국왕의 명을 받은 바 있고, 국왕께 올린 글에서 본국의 국기를 만드는 일은 이미 처분이 있었다는 것을 보면 고종이 국기에 대한 필요성을 인식하고, 국기 제정에 관여하였고, 필요에 따라 어느 정도 변개 · 사용할 수 있는 권한을 박영효에게 위임하였다고 하여 고종이 국기를 창안하였거나 제정하였다고 보는 것은 무리한 견해라 생각된다.

⑥ 이응준(李應俊) 창안설

이 설은 1882년 5월 22일(음 4월 6일) 조미수호통상조약 체결을 위한 교섭 중 조선 측의 수행원이었던 역관 이응준이 스와타라호(미국) 함상에서 태극 도형기를 만들어 조약 조인식 때 미국의 성조기와 나란히 내걸었다는 주장에 근거한 것이다. 이응준 창안설을 처음으로 제시한 것은 1992년 김원모이다. 그는 「조미조약체결사」(『동양학』 22, 1992) 및 「자료조미조약체결사」(『사학지』 25, 1992)와 『태극기의 변천』(행정자치부, 1998) 등에서 이응준 창안설을 주장하였다. 이 설은 한철호도 「우리나라 최초의 국기('박영효 태극기', 1882)와 통리교섭통상사무아문 제작 국기(1884)의 원형 발견과 그 역사적 의의」

(『한국독립운동사 연구』 31, 2008)란 글에서 1882년 7월 미해군부 항해국에서 발간한 『해상국가들의 깃발(Flags of Maritime Nations)』에 게재된 태극기를 보고 이것은 '이응준 감정본'이 틀림없다고 하면서 이응준 창안설을 주창하였다. 김원모와 한철호의 설을 간략히 살펴보면 다음과 같다.

㉠ 김원모의 견해

김원모의 주장 내용을 요약하면 다음과 같다.

- 1882년 5월 22일(음 4. 6) 신헌 · 김홍집 등 조선측의 일행이 청의 위원호의 마젠충을 방문했을 때 김홍집과 마젠충의 대담(1차)에서 마젠충이 "어제 이응준이 소매에서 꺼내준 기식은 일본 국기와 비슷하여 서로 혼동되기 쉽다.…이전에 황참찬(준헌)이 중국의 용기를 사용해야 한다고 하였는데 본인이 생각해도 미안한 일이다"(『동양학』 22, p. 62)
- 1882년 5월 27일(음 4. 11) 마젠충이 남관(南館)에서 이별할 무렵 김홍집과의 면담(2차)에서 마젠충은 재차 청운홍용기를 제시하자 김홍집은 "시간과 공비가 많이 든다는 이유를 들어 거부하면서 이응준 감정본이 일본 국기와 서로 비슷하여 혼동된다고 하니 홍색 바탕에 반청반백의 합성원을 그리면 혼동됨을 피할 수 있지 않겠느냐?"고 하면서 마젠충의 제안을 완곡히 거부하고 김홍집의 의사를 타진하였다(위의 책, p. 63)
- 1882년 5월 14일 조선 측의 김홍집 일행이 스와타라호의 슈펠트를 방문했을 때, 슈펠트는 "청의 용기를 습용한다면 이는 스스로 중국의 속국임을 인정하는 것이기 때문에 새로 독립국가로서의 국기를 제정하여 사용할 것을 권유하였다. 이에 김홍집은 이응준에게 태극도형기를 제정하도록 지시하였으며, 이응준은 김홍집의 지시를 받아 급히 태극도형기를 만들었다. 이응준이 만든 태극도형기는 흰색바탕 중앙에 태극 도형을 그리고 양의의 색깔은 반홍 · 반흑이며, 팔괘를 생략한 것으로 이것은 태극기 제정의 기원이 되었다(김원모, 위의 논문, pp. 62~67 및 위의 책, pp. 43~45, 앞의 책, 1998, p. 34)"

이처럼 김원모는 이응준이 스와타라호 함상에서 슈펠트의 권고에 의해 김홍집의 지시를 받고 급히 태극도형기를 만들었다고 하였다. 그러나 이태진은 "스와타라호 함상에서 김홍집의 지시를 받고 급히 태극도형기를 만들었다고 하지만 이것은 미국 측의 의미를 높이기 위해서 그렇게 기술할 가능성도 있다. 국가의 상징인 국기를 아무런 준비없이 미국이 요구한다고 즉석에서 이응준 개인이 단독으로 제정하였다는 것은 쉽사리 납득이 가지 않는다. 이응준은 수행원으로 이미 준비된 안을 보관하는 자에 불과할 수도 있을 것이다. 이응준 감정본은 어떤 형태였는지 자료의 부족으로 알 수 없다. 이응준 감정본이 일본 국기와 흡사하여 혼동된다고 하였을 뿐 4괘나 팔괘가 없다는 지적도 없다. 다만 조미수호통상조약 조인식 때 조선의 국기로 사용되었으며 그 모양이 태극기와 유사하다는 것은 분명한 것 같다"고 하였다(이태진, 앞의 책, pp. 240~241). 이태진은 또 "이응준 감정본이란 용어가 있지만 조미수호통상조약을 체결할 때 당시의 청과의 미묘한 관계라든가 새로운 국제질서 속에서 일개의 역관이 지대한 국기 문제를 단독으로 처리할 수 있는 입장이 아닌데 스와타라호 함상에서 급히 만들어 조약 조인식 때 사용하였다는 것은 좀처럼 납득이 가지 않는다. 왜냐하면 조일수호조규 체결 과정에서 국기 문제가 제기된 이후 국기의 중요성을 인식하고 이에 대한 논의가 있어왔을 것임을 고려한다면 국왕의 허락 없이 결정할 수 있는 것은 아니었다. 국기 제작 문제는 어느 특정한 나라의 일방적 권유나 영향을 받았다기보다는 문호 개방 이후 조선이 스스로 취했을 입장을 확인하는 방향에서 검토되어야 한다"고 하였다(위와 같음). 필자도 이에 동감하면서 국기 제정 과정은 특정한 외국의 일방적 권유에 의한 것이 아니라 조선의 자주적 의지의 산물임을 간과해서는 안 될 것이다.

ⓛ 한철호의 견해

한철호는 1882년 7월 미국 해군부 항해국에서 발간한 『해상국가들의 깃발(Flags of Maritime Nations)』에 게재된 태극기가 '이응준 감정본'이 틀림없다는 것을 2008년 5월에 밝히고, 11월 『한국독립운동사』 제31집(한국독립운동사연구회, 2008)에 발표하여 태극기 창안에 관한 종래의 학설(박영효설)을 부정하고 새로운 인식의 토대를 마련하였다. 한철호의 발표를 요약하면 다음과 같다.

"1882년 5월 조미수호통상조약이 체결된 지 2개월이 채 안된 1882년 7월에 발간된 『해상국가들의 깃발』에는 49개국 국기를 비롯하여 여러 채색 깃발이 알파벳순으로 배열되어 있다. 그 중 태극기는 청의 황룡기 오른쪽 코리아 란에 'Corea Ensign'이란 이름으로 수록되어 있다. 이 'Corea Ensign'의 형태를 보면 태극 양의의 모양은 '박영효의 태극기 모사본'(영국 국립문서보관소장 : 1881년 11월 11일, 앞의 사진 참조)과 거의 같으나 4괘는 검은색으로 건·곤·감·리 괘가 좌우로 바뀌어 있다. 이 'Corea Ensign'은 '이응준 감정본'이 틀림없다. 왜냐하면 『해상국가들의 깃발』이란 책을 출간할 당시 미국이 입수할 수 있었던 조선의 상징기는 조미수호통상조약 조인식 때 내걸었던 '이응준 감정본' 외에는 찾아보기 힘들기 때문이다"(한철호, 앞의 논문, p. 9)

라고 하였다.

김원모는 "이 'Corea Ensign' 은 조미수호통상조약 조인식 때 미국의 성조기와 나란히 내걸었던 것이며, 1883년의 '고려국기' 와 그 모양이 흡사하다는 점에서 태극기의 원형을 고스란히 지니고 있으며, 괘의 좌우가 바뀐 것은 조약 당시 깃발을 뒤편에서 그렸기 때문일 것으로 추정하였다"(위와 같음). 이에 대해 한철호는 태극기를 뒤편에서 그린 것이라면 태극도 뒤집힌다는 것을 고려하지 않았다고 지적하였다.

한철호는 "국가의 중대한 국기 문제를 구체적으로 검토하였을 가능성을 배제할 수 없는 상황에서 국왕의 제가나 조신들과의 논의 과정을 거치지 않고 이응준 단독으로 창안하였다고는 볼 수 없지만, 창안자에 관한 자료가 없는 현시점에서 이응준에 의해 창안되었다고 보는 것이 타당할 것이다. 다만 조미수호통상조약 조인식 때 내걸었던 '이응준 감정본' 은 공식적인 조선의 국기가 제정되지 않은 상황에서 최초의 국기라기보다는 임시로 국기 대용으로 사용한 '조선의 기' 로 보는 것이 옳을 듯싶다. '이응준 감정본' 은 국기로 인정받지 못하였기 때문에 『해상국가들의 깃발』에서 National Flag라 하지 않고 'Ensign' 이라고 표기한 것은 이와 무관하지 않다"(한철호, 위의 논문, p. 10)고 하였다. 이러한 논지에 대해 이태진도 이 같은 가능성을 배제할 수 없다고 하였다.

필자도 한철호의 견해에 동감하면서 다만 조선의 국기 제정문제는 어느 특정한 나라의 일방적 권유나 영향을 받은 타율적 영향이라기보다는 문호개방 과정에서 조선이 스스로 취했던 자주적 의지의 표상임을 잊어서는 안 될 것이다.

⑦ 오경석 · 김경수 고안설

이상에서 태극기의 창제에 관한 지금까지의 여러 설을 살펴보았다. 그러나 ⑦번의 설은 기존의 연구에서 거의 제외되었던 것이다.

이 설은 김두봉이 쓴 『신국기의 제정과 태극기의 폐지에 대하여』(노동신문사, 1948)에서 태극기를 최초로 고안한 사람은 오경석 · 김경수라고 주장한데 근거한 것이다. 이 설은 『주간조선』(1485호, 1998. 1. 8, pp. 76~77)에서 처음 소개하였고, 이후 신원봉이 발표한 「박영효 태극기의 유래와 그 발견의 의의」(『동양고전연구』, 43, 2011)에서 김두봉의 견해를 밝힘으로써 태극기의 창제에 관한 우리의 주목과 관심을 끌게 하였다. 김두봉이 제시한 오경석 · 김경수 고안설을 요약 소개하면 다음과 같다.[56]

㉠ "1876년 2월 11일(고종 13년 음 1월 17일)부터 동년 2월 27일(음 2월 3일)사이에 일본과 강화도 조약을 체결할 적에 조선의 판중추부사 신헌과 부총관 윤자승이 일본의 전권관리 대신 쿠로타(黑田淸隆)와 부대신 이노우에(井上馨)와 강화 유수영(留守營) 주위의 연무당 집사청에서 병자수호조약을 맺기 위한 회의가 진행될 즘에, 한 가지 문제가 생겼으니 곧 일본 측에서 조선의 국기가 어떤 것이냐고 물었다. 당시 회의장에 참석하였던 당상역관 오경석은 창졸간에 대답하기를 유수영 삼문 정문에 그려져 있는 태극이라고 말하였다. 그 때 우리나라(조선 : 필자)에서는 관아 · 사택 · 기타 성황당 등의 문에 태극을 그리어 두는 일이 많았다. 오경석은 국기 없는 것을 수치로 알고 임기응변으로 대답하고 그 뒤에 친교가 있는 동역관지사 김경수에게 말하고 국기를 고안하자고 하였더니 김은 태극의 주위에 8괘 중 4괘를 배치하자 하였다. 이렇게 고안된 태극기를 1882년 왕궁에서 채택하여 차차 국기로 되어 고종이 경내(京內)에 거동할 때는 태극기를 게양하였다(이상은 다 오세창 談). 그 익년 1883년(고종 20년) 3월 6일(음 1월 27일)에 태극기가 이미 제정되어 8도(道) 4도(都)에 행하게 되었다한다"(김두봉, 위의 논문, pp. 55~56).

김두봉은 "태극기가 제정되던 역사에 관하여 오경석의 아들인 오세창으로부터 직접 들은 사람은 김일성대학의 강사인 한길언과 천도교 청우당 함남도당위원장 김옥빈 등 사람"임을 기록해 놓았다(위의 논문, p. 57, 주2).

『주간조선』 1485호의 요지를 보면 다음과 같다.

㉡ 태극기 고안에 대해 오경석의 손자인 오일육은 인터뷰를 통해 "태극기를 처음 만든 것이 할아버지였다는 말이 집안에서 내려오고 있다"며, "해방 후 선친으로부터 그런 이야기를 들은 것은 나뿐만 아니라 여럿이 있었다"고 말하였다. 오일육이 들은 이야기는 "1875년 운양호 사건으로 당시 조부께서 당상통역관으로 갔었는데 한국에는 국기가 없느냐고 해서 조부가 임시변통으로 절 등에 많이 그려져 있는 태극 문양을 급조해서 그려 넣어 만들었다"(『주간조선』, 1998.1.8 1485호, p. 77).

이상에서 보면 ㉠과 ㉡의 내용은 다소의 차이가 있지만 양자가 오경석의 집안에서 전해오는 증언을 근거로 한 것이다. 이것은 오경석이나 김경수 본인이 직접 쓴 기록이나 그 둘이 직접 한 말이 아니고, 집안의 후손(오일육)의 증언(인터뷰)을 통해서 쓴 것이므로 자료의 객관적 신빙성 면에서 한계가 없

56) 위의 김두봉이 쓴 자료는 미국 국립문서관리 기록청에 소장되어 있던 것으로 한국의 국립중앙도서관이 2008년에 영인하여 공개한 것이다. 필자는 국립중앙도서관의 도움으로 이 자료를 수집한 것이다.

지 않다. 그러나 1876년 이전에는 태극 · 4괘로 구성된 태극기가 없었던 당시에 오경석 · 김경수가 조일수호조규 체결 과정에서 태극도형과 4괘로 구성된 태극기를 고안하여 만들었다는 것은 간과해서는 안 될 관점이라는 것이며(신원봉, 위의 논문, p. 284) 이것은 우리의 주목과 관심을 끌기에는 충분하다 하겠다.

오경석 · 김경수가 논의해서 만든 태극기는 이후 이응준이 마젠충에게 제시한 태극기에, 조미수호통상조약 조인식 때 성조기와 함께 내걸었던 태극기(Corea Ensign)에, 박영효의 태극기(고종의 명을 받음) 등에, 즉 태극기를 제정할 당시의 흐름을 고려하면 이들 태극기의 제정과 무관하지는 않을 것 같다(신원봉, 위와 같음). 그럼에도 오경석 · 김경수 고안설이 기존의 태극기 연구가들의 연구대상에서 제외된 것은 무엇 때문일까? 이에 대해서 신원봉은 "정치적 고려 때문이었던 듯하다"며 "북한의 인민기를 만든 김두봉이 주장한 설인데다가 그것도 태극기를 폄하하기 위해 주장되었기 때문이며, 자료 자체에 접근하기 어려웠던 점도 작용했을 것"이라고 하였다(신원봉, p. 283).

오경석 · 김경수 고안설은 남북이 분단된 정치적 상황이 다른 현실적 여건하에서 북한 소재의 태극기 관련 자료를 수집할 수 있는 자유로운 접근성이 용이하지 않으며 김두봉이 인민기를 제정하면서 한국의 태극기를 부정하여 태극기는 북한의 정치적 성격에 위반되고 주역에 근거하여 일정한 의의와 표준 없이 만든 것이라고 폄하하였기 때문에 연구에 어려움이 있었던 것으로 짐작된다. 오경석 · 김경수가 고안한 태극도형과 4괘로 구성된 태극기는 일개 역관이 국왕이나 조정의 승인 없이 임의로 만들었을까?라는 의문이 든다. 오경석 · 김경수가 고안하였더라도 지중지대한 국기를 조정의 동의 없이 역관의 신분으로 단독 처리하였다는 것은 쉽사리 납득이 가지 않는다. 오경석은 조일수호조규 체결 과정에서 국기 문제에 대해 조정에 품의하였을 것이며 조정의 어떤 지시를 받아 태극기를 고안하여 만든 것으로 추정된다. 이렇게 고안된 태극기는 이응준 감정본으로 더욱 구체화 되고 이후 조미수호통상조약 체결 과정을 겪으면서 더욱 구체화되었으며, 1882년 9월에는 고종의 유지를 받은 박영효가 일본에 특명전권대신으로 갈 때 메이지마루호 배 안에서 태극기를 만들 때 그 바탕이 되지 않았을까 짐작된다.

이렇게 제정된 태극기는 1883년 3월 6일 국기로 공식 반포되었으며, 일제 식민 하에서는 민족독립운동의 구심체로서의 기능하였고, 광복 초에도 남북에서는 태극기를 사용하였다. 이처럼 태극기는 대한민국 임시정부의 정통성을 계승하여 오늘날 대한민국의 국기로써 국제 사회에서 사용되고 있다.

그러나 북한에서는 민족의 영욕과 역사를 함께 하여온 태극기를 부정하고 정통성이 없는 인민기를 만들어 사용하고 있다. 이것은 역사적 정통성이 없는 것임은 분명하다 하겠다.

3. 태극기의 변천

(1) 1897년 이전의 태극기

① 일본 『시사신보』의 태극기(1882. 10)

일본의 『시사신보』(제179호, 1882년 10월 2일자)는 '조선의 유신' 이란 제하에 태극기의 제정 경위를 아래와 같이 소개하였다.

「지금까지 조선에는 국기라는 것이 없었으므로 이번에 청국으로부터 마젠충이 조선의 국기는 청국 것을 모방하여 삼각형 푸른 바탕에 용을 그려 쓰라. 청국은 노란빛을 사용하지만 조선은 중국 동쪽에 해당하는 속방이고, 동쪽은 푸른빛을 존중한다는 의미에서 푸른 바탕을 사용하도록 하였으나 국왕은 이를 크게 분개하여 결단코 청국 국기를 모방할 수 없다고 거절한 다음 옥색 바탕에 태극 도안을 청 · 적색으로 그리고 기의 네 모퉁이에는 동 · 서 · 남 · 북의 역괘를 붙이어 이제부터 조선의 국기로 결정했다.」[57]

고 하면서 태극기를 게재하였는데, 이 신보에 게재된 태극기를 보면 다음과 같다.[58]

『시사신보』에 게재된 태극기

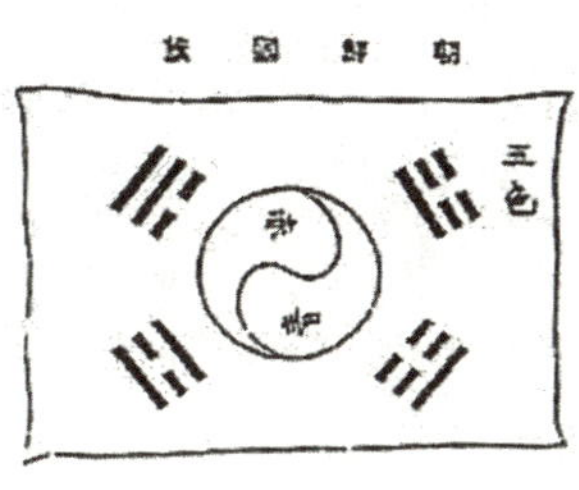

57) 김상섭, 위의 책, p. 109 및 이선근, 앞의 논문, pp. 199~200 및 권석봉, 앞의 논문, p. 47에서 재인용

58) 위와 같음.

앞의 태극기 그림은 옥색 바탕에 청(오른쪽)·적색(왼쪽)의 태극 양의를 세로로 반듯하게 그리고 4괘 중 리괘를 제외한 다른 3개의 괘는 잘못 그려진 괘이다. 이같이 잘못된 국기를 그려 게재한 것은 8괘를 모르는 사람의 눈으로 얼핏 보면 비슷하게 보여 잘못 그렸을 것으로 볼 수 있겠지만 의도적으로 날조하였다는 주장도 있다(김원모, p. 112 및 김상섭, p. 110). 필자의 생각으로는 이 태극기를 그린 사람은 태극기 제정 경위에 대한 고증도 충분히 하지 않고 바람에 펄럭이는 태극기를 얼핏보고 태극기를 그린 것이 아닌가 싶다.

잘못 그린 엉터리 태극기와 기사를 발견한 송명호(서울시청 직원)는 발견한 심정을 "최초의 태극기를 발견한 순간 기쁨과 허탈함이 교차했다"고 토로하였다 한다.[59] 권석봉은 태극기 제정의 과정을 구체적인 자료를 제시하여 잘못된 기사의 내용을 지적하였으며[60], 이선근은 중국의 요구를 거절하고 조선 국왕 스스로 국기의 채용을 하명하였다는 점을 통쾌하게 생각한다고 하였다.[61] 김상섭도 잘못된 기사이고, 엉터리 태극기라고 하면서 태극·음양·괘에 대한 주역의 사상을 분명히 알아야 한다고 하였다.[62]

이 『시사신보』의 태극기 그림은 조잡할뿐 바르게 그린 그림이 아니다. 2008년 2월 27일 공개된 「영국 국립문서보관소」 소장의 태극기 사본(모사본)은 일본 정부의 공식 외교 문서에 첨부된 것임을 감안하면 이 『시사신보』에 게재된 태극기는 잘못 그린것으로 생각되나 날조하지는 않은 것이라는 견해도 있다(이태진, p. 420 주25).

이러한 사실은 1998년 5월 22일 일본에서 열렸던 한·일 외무장관 회담에서 테이블 위에 놓인 태극기 괘의 아래·위 위치가 뒤바뀐 잘못 그려진 태극기를 일본 측이 올려 놓은 것도 그 한 가지 예라 하겠다. 구한말에 우리나라에서 그린 태극기에는 괘의 배열이 잘못되어 있는 것은 있어도 건·곤·감·리 4괘 외의 다른 괘를 그린 그림은 단 한 점도 찾아볼 수 없다. 8괘를 모르는 사람의 눈으로 보면 서로 비슷하게 보여 그림을 잘못 그리기 쉽다.

태극기의 원형을 규명하기 위해서는 새로운 자료의 발굴과 검증이 필요하다. 미발굴된 국내외의 새로운 자료를 발굴하고, 철저한 고증을 거칠 때 태극기의 원형은 복원될 수 있을 것이다.

---

59) 김상섭, 위의 책, p. 110

60) 권석봉, 앞의 논문, pp. 48~52.

61) 이선근, 앞의 논문, p. 200.

62) 김상섭, 앞의 책, p. 110.

② 『영국 국립문서보관소』에 소장된 태극기(1882. 11)

1882년 9월(음 8월) 박영효가 그 일행과 함께 일본에 수신사로 갈 때 메이지마루호 배 안에서 제임스 선장의 조언을 받아 그렸다는 이른바 '박영효의 태극기'는 130여 년이 지난 오늘에 이르기까지 그 원본뿐만 아니라 형태조차 전해지지 않아 그 원형이 어떤 것이었는지 알 수 없다. 그러므로 태극기의 원형을 둘러 싼 여러 의문이 제기되었고, 국기 연구자 간에는 많은 논의가 있어 왔다.[63] 그러던 중 2008년 독립기념관 한국독립운동사 연구소(소장 한시준)와 동국대학교 역사교육과 한철호 교수[64]는 우리나라 최초의 국기인 태극기의 원형으로 추정되는 '박영효의 태극기' 모사본을 발굴하여 언론에 공개함으로써 비로소 일반에게 알려지게 되었다.

한철호는 이 태극기와 관련 문서들을 정밀히 분석 · 검토하여 5월 27일(화요일) 한국독립운동사연구소 주최로 열린 제243회 월례회 연구 발표회에 참석하여 「우리나라 최초의 국기('박영효의 태극기', 1882)와 「통리교섭통상사무아문 제작 국기(1884)의 원형 발견과 그 역사적 의의」를 발표해서 태극기의 원형에 관한 지금까지의 오류를 바로 잡는데 크게 이바지 하였다.

영국 「국립문서보관소」 소장 태극기 사본

('박영효의 태극기' 모사본 : 한철호 사진 제공)

---

63) 이에 관한 자료는 다음과 같다.
김원모, 「태극기의 연혁」, 행정자치부 의정과, 1998. 「자료 조미조약 체결사」, 『사학지』 25, 단국사학회, 1992, 「조미조약 체결 연구」, 『동양학』 22, 단국대학교 동양학연구소, 1992. 이태진, 앞의 논문, 2000. 권석봉, 앞의 논문. 이선근, 앞의 논문 등이 있다.

64) 한철호는 동국대학교 역사교육과 교수로 한국 근대사를 전공하면서 우리나라의 태극기에 관한 심도있는 연구를 하여 태극기의 원형과 변천사의 이해에 크게 이바지 하였다.

이 '박영효의 태극기'의 모사본을 보면 앞의 그림과 같다(여기에 게재한 사진과 인용 내용은 한철호 교수와 독립운동사 연구소의 김도형 연구원의 자료 제공과 이의 활용 승인을 받아 게재한 것임).

그러면 위의 태극기 모사본의 발굴 과정과 모사본의 형태, 모사본이 '박영효의 태극기'의 원형으로 추정되는 증거, 모사본 발굴의 의의와 앞으로의 과제 등에 대해 간략히 살펴보고자 한다.

㉠ '박영효의 태극기' 모사본의 발굴 과정

'박영효의 태극기' 모사본(이하 모사본이라 한다)은 「영국 국립 문서 보관소(The National Archives)」에 소장되어 있는데 이것을 어떻게 알고 발굴하게 되었는가?

이 자료의 존재는 2007년 8월 '고려대학교 BK21 한국사학교육연구단'(단장 최덕수)의 참여 대학원생 장기 해외연수 일환으로 「영국 국립 문서 보관소」에서 연구하였던 한승훈(고려대 박사과정, 강사)이 이곳에 두 개의 태극기가 보관되어 있다는 사실을 '박영효의 태극기'에 대해 관심을 가지고 연구하던 한철호 교수에게 제보함으로써 알게 된 것이다.

이곳에 소장되어 있는 한국 관련 문서들 중에는 'F0 228/871'과 'F0 228/749'에는 각각 총천연색의 태극기와 관련된 문서가 동봉되어 있었다. 'F0 228/871'에 있는 것은 1882년 11월 1일자로 당시 일본의 외무대보(차관급) 요시다 기요나리(吉田淸成)가 주일 영국 공사 해리 파크스(Harry Parkes)에게 보낸 '박영효의 태극기'가, 'F0 228/749에 있는 것은 1884년 6월 10일자로 조선 주재 영국 총영사 애스턴(William G. Astone)이 주조선 겸 주청 영국 공사 파크스에게 보낸 통리교섭통상사무아문 제작의 '조선국기'(Corea Natoinal Flag)가 있었다(한철호, 위의 논문, p. 1).

한 교수는 위의 문서와 태극기를 정치하게 분석 · 검토하여 전자는 우리나라 최초의 국기였고, 후자는 현존하는 태극기 중 정부 기관에서 공식적으로 제작한 최초이자 최고(最古)의 국기라는 사실을 밝혔다.

이후 한철호는 독립기념관과 공동 발굴의 형태를 취하기로 합의하고 독립운동사연구소 김도형 연구원과 같이 2008년 1월 27일부터 2월 1일까지 「영국 국립 문서 보관소」를 직접 방문하여 이곳에서 최초의 태극기 소재를 확인함과 동시에 그 원형과 관련 문서를 칼라 복사해 와 제차 엄밀한 검토를 한 후 '박영효의 태극기'를 일반에게 공개하기에 이르런 것이다.

㉡ 모사본의 형태

이 모사본(박영효의 태극기)은 종이에 물감으로 그린 것이다.

이 모사본의 바탕은 상아색인데 이를 바탕색으로 보아야 할지 아니면 국기를 그린 종이의 색깔로 보아야 할지 확인할 수 없다 한다. 이 모사본의 크기는 상아색 바탕의 깃면(종이)은 1척을 30.3cm로 보면, 가로(길이) 4척 7촌(142.41cm), 세로(너비) 3척 8촌(115.14cm), 태극의 지름 2척 7촌(81.81cm)으로 이 크기는 박영효가 제작한 태극기 대 · 중 가운데 하나라 한다(한철호, 위의 논문, p. 3). 이 모사본의 모양을 보면 깃면 중앙의 태극은 양의(빨간색)는 곤괘에서 시작하여 그 넓은 부분이 왼쪽 아래로, 음의(파란색)는 건괘에서 시작하여 그 넓은 부분이 오른쪽 위로 많이 굽혀져 음양이 서로 깊게 맞물려 있어 현행 태극기의 태극 음양의 모양과는 다르다. 그러나 건 · 곤 · 감 · 리 4괘의 형태와 위치는 현행 태극기의 4괘의 형태 및 위치와 같다. 다만 4괘의 색은 검은색(현행 4괘)이 아니고, 청색이다. 그런데 이 모사본의 특징의 하나는 깃면의 가로, 세로와 태극 지름의 규격이 최초로 정확하게 기록되어 있다는 것이다. 이 규격에 관한 기록은 '박영효의 태극기' 에 명시되어 있는 것을 보고 태극기(모사본)를 그린 사람이 그대로 기록한 것인지, 아니면 모사본을 그린 사람이 모사본의 크기를 실측하여 그 크기를 기록한 것인지는 알 수 없다.

다만 『사화기략』에 '흰바탕에 세로로 반듯하며, 길이는 너비의 5분의 2에 못 미친다' 고 한 것이라든가, 1883년 3월 6일 고종이 '박영효의 태극기' 를 국기로 8도(道) · 4도(都)에 반포했을 때도 태극기의 규격에 관한 규정이 없었던 점을 보면 후자로 봄이 옳을 듯 싶다.

한철호는 모사본의 형태와 크기를 『사화기략』의 내용과 일치한다고 하면서 1882년 9월 25일(음 8. 14) 박영효가 나시무라야 숙소에 태극기를 깃대에 매어 단 내용에서 '깃대는 흰바탕으로 네모졌는데 세로는 가로의 5분의 2를 넘지 않았다' 고 설명하였다(한철호, 위의 논문, p. 3). 그러나 필자는 이 내용은 깃대의 형태나 형식을 설명한 것이 아니라 태극기의 크기와 모양을 설명한 것으로 보고자 한다. 즉 박영효는 나시무라야 숙소에 머물면서 실제 태극기를 깃대에 매어 숙소 옥상에 달았으며 그 크기는 흰바탕에 세로로 반듯하며(네모짐), 깃면의 길이는 너비의 5분의 2에 못 미친다고 보는 것이 옳을듯 싶다.

㉢ 모사본이 '박영효의 태극기' 의 원형으로 추정하는 증거

한철호는 이 모사본이 '박영효의 태극기' 의 원형으로 추정하는 증거로 다음과 같은 사실을 들고 있다(한철호, 위의 논문, pp. 2~3).

· 태극기(모사본)와 함께 동봉된 문서의 작성일이 박영효가 일본에 체류했었던 기간과 일치한다는 것이다. 박영효는 1882년 9월 25일 일본 고베(神戸)에 도착하여 니시무라야 숙소에 머물면서 태극기를 깃대에 매어 게양하였다. 이것은 국기를 해외에 게양한 최초의 역사적 사실이다. 그 뒤 10월 3일(음 8. 22) 국기 제정 사실과 경위를 기무처에 보고하고, 10월 4일(음 8. 23) 고베를 떠나 10월 6일 오사카로 왔다가 10일(음 8. 29) 이곳을 떠나 13일(음 9. 2) 도쿄에 도착하였으며, 12월 27일(음 11. 18) 귀국길에 오르기까지 약 2개월 보름 동안 도쿄에 머물렀다. 그는 도쿄에 머무는 동안 각종 국제적 행사 때 국기를 게양하여 공식 행사를 치루었으며, 1883년 1월 6일(음 11. 28) 고종에게 복명하였다 한다. 이러한 박영효의 활동을 살펴볼 때 'F0 228/871' 에 있는 태극기와 그와 관련된 문서의 작성(11월 1일)은 박영효의 일본 체류 기간에 이루어진 것임을 알 수 있다. 즉 일본 외무성에서 입수해서 그린 태극기는 바로 '박영효의 태극기' 이며 이 모사본은 '박영효의 태극기' 의 원형으로 추정된다는 것이다(위와 같음). 그러나 이 모사본은 원본이 아닌 사본임이 분명하다.

· 이 모사본은 '박영효의 태극기' 와 거의 같다는 것이다.

『사회기략』에 '…중심부에 태극을 그리고 청 · 홍색을 칠하였으며, 네모퉁에는 건 · 곤 · 감 · 리괘를 그렸다' 는 것이라던가, 10월 3일(음 8. 22) 국기 제정 경위에 관한 보고서를 올린 내용에 '제임스의 조언을 받아 태극 4괘의 대 · 중 · 소 3본의 기를 만들어 그 중 소기 1본을 올려 보낸다. 영국 · 미국 · 독일 · 일본의 여러 나라가 모두 그려가기를 청하니 이것은 천하에 알려 밝히는데 관련된 것이다' 라든가, 태극기와 함께 동봉된 문서의 내용에 일본의 외무대보 요시다가 '몇일 전 귀하의 구두 요청에 따라 조선의 국기 사본을 동봉한다' 고 밝히고 있는 것을 보면 일본 외무성에서는 '박영효의 태극기' 대 · 중 가운데 하나를 그려 놓았고, 이를 다시 파크스의 요청으로 사본을 만들어 보낸 것으로 보인다. 따라서 이 모사본의 형태와 크기는 '박영효의 태극기' 와 거의 같으며, 이것은 '박영효의 태극기' 의 원형을 고찰하는데 귀중한 자료라 생각된다(한철호, 위의 논문, p. 17).

㉣ 모사본 발굴의 의의와 앞으로의 과제

2008년 2월 27일 한철호 교수와 김도형 연구원의 노력으로 '박영효의 태극기' 의 원형으로 추정되는 실물 크기의 태극기 사본을 발굴 · 공개한 후 5월

27일 국기 원형 자료 분석 · 검토에 관한 주제 발표를 하고 이태진 · 김원모 등 국기에 관한 전문가들이 모여 4시간 동안의 격론 결과 태극기의 창안과 제정에 대하여 결론을 내린 것은 한국 국기사에서 새로운 장을 여는 획기적 성과로 판단된다. 이 모사본의 발굴과 연구 발표회가 갖는 의의를 들면 다음과 같다.

· 이 모사본은 지금까지 태극기의 원형과 형태를 둘러 싸고 제기되고 논의되어 왔던 국기의 유래와 형태에 대한 오류를 바로 잡는데 기여할 수 있는 귀중한 자료이다.

· '박영효의 태극기' 의 원형에 대한 이해와 국기의 유구성을 통하여 민족의 자존심과 주체적 의식을 높이는데 귀중한 자료이다.

· '박영효의 태극기' 는 당시의 국제적 행사 때에 사용되어 국제적으로 인정을 받은 국기라는 점에서 이 모사본은 '박영효의 태극기' 의 원형 연구에 빼놓을 수 없는 귀중한 자료이다.

· 이 모사본은 지금까지 태극기의 창제자가 박영효라는 통설을 깨고 우리나라의 태극기를 창안한 자는 이응준이며, 국가의 공식적인 국기를 제정한 자는 박영효라는 것을 밝히는데 귀중한 자료가 되었다.

③ 유길준의 태극기(1883)

이 태극기는 유길준이 1883년 2월 4일(음 1882. 12. 27)에 쓴 「사회규칙」(유길준전서편찬위원회, 『유길준 전서』 4, 일조각, 1996, p. 99) 속에 수록되어 있다. 유길준은 1876년 '조일수호조규' (강화도조약)을 맺을 때 현장에 있었으며, 1882년 9월 박영효가 일본에 수신사로 갈 때 동행하여 태극기 제정 과정을 목격하였던 사람이다. 이런 점을 감안하면 그는 국기에 대한 남다른 관심을 갖게 되었을 것으로 믿어진다. '유길준의 태극기' 를 보면 다음과 같다(유길준, 위의 책, p. 99에서 재인용).

유길준의 태극기

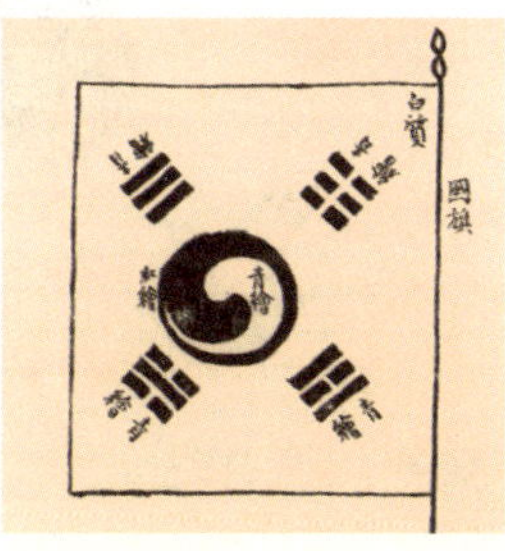

위의 태극기를 보면 깃면은 길이(가로)보다 세로(너비 : 폭)가 약간 더 길며, 깃면의 오른쪽을 깃대에 메었던 것으로 보인다. 이 태극기의 음양 양의를 보면 양의(빨간색)는 넓은 부분이 왼쪽 아래로, 음의(파란색)는 넓은 부분이 오른쪽 위로 많이 굽혀져 있으며, 4괘는 청색으로 다 바뀌어 있다. 유길준의 태극기를 박영효가 만든 태극기와 비교해 보면 박영효의 태극기가 길이는 세로의 5분의 2에 미치지 않았던 것과는 달리 깃면의 세로(너비)가 종으로 약간 길어 안정된 모양을 보인다.

④ 「통리교섭통상사무아문」 제작의 조선국기(1884)

이 '조선국기' (Corean National Flag)는 「영국 국립 문서보관소」의 문서번호 'F0 228/749' 에 있는 총천연색의 태극기로 여기에는 이 태극기와 함께 관련 문서가 동봉되어 있다.

이 태극기에 대해 한철호는 "1884년 6월 10일자로 주조선 영국 총영사 애스턴(William G. Astone)이 주조선 영국 공사 겸 주청 영국 공사 파크스에게 보낸 것이며, 조선의 통리교섭통상사무아문(Corea Foreign Office)이 제작하여 각국 공사 혹은 영사에게 필요할 경우 사용하라고 제공한 총천연색의 '조선국기' 이다. 동봉된 태극기에도 국기라고 쓰여져 있다. 이 국기는 '박영효의 태극기' 를 고종이 8도 · 4도(都)에 국기로 공포한 후 1년 3개월여 뒤에 제작된 것으로 이는 정부 기관에서 공식적으로 제작했던 국기들 중 현존하는 가장 오래된 국기의 원형으로 판단된다"고 한다(한철호, 앞의 논문, p. 14).

이 통리교섭통상사무아문에서 제작한 '조선국기' 를 보면 다음과 같다(이 사진은 한철호 교수가 제공한 자료로 이의 활용 승인을 받아 게재한 것임).

「통리교섭통상사무아문」 제작의 조선국기(태극기)

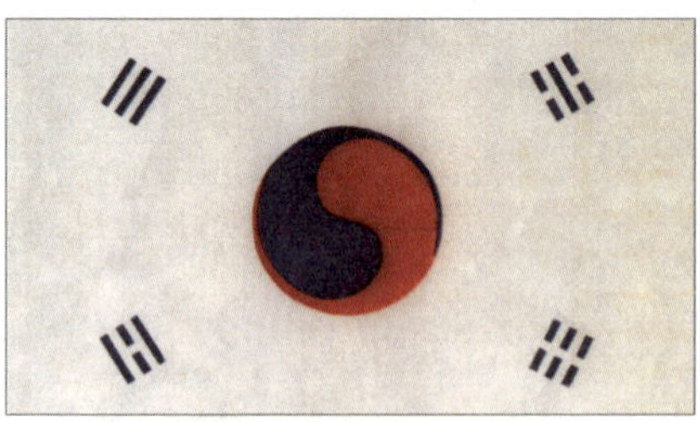

(한철호 사진 제공)

위의 태극기를 보면 다음과 같은 특징을 찾아볼 수 있다(한철호, 위의 논문,

p. 14).

㉠ 흰색 바탕의 깃면 중앙에 그려 놓은 태극은 양의 (빨간색)는 건괘에서 시작하여 그 넓은 부분이 오른쪽 위로, 음의(파란색)는 곤괘에서 시작하여 그 넓은 부분이 왼쪽 아래로 아주 완만하게 굽혀져 좌우에 반듯하게 놓여 있다.

이를 '박영효의 태극기'와 비교하면 태극 음양의 모양과 위치는 굽혀진 정도의 차이는 있으나 '박영효의 태극기'는 상 · 하로, 통리교섭통상사무아문 제작의 태극기는 좌우로 놓여 있다.

㉡ 건 · 곤 · 감 · 리 4괘의 모양과 색깔 및 위치를 비교해 보면 '박영효의 태극기'의 4괘의 모양 · 위치와는 같으나 '조선국기'의 4괘는 다소 바깥쪽으로 멀리 떨어져 있다. 4괘의 색은 양자가 다 청색으로 같으나 현행 태극기의 4괘는 흑색이다.

㉢ 셋째, 깃대의 위치는 오른쪽이다.

㉣ 조선국기는 태극과 4괘를 손으로 그리지 않고 인쇄함으로써 대량 유포하기 위해 제작되었을 가능성이 크다는 것이다.

이 태극기(조선국기)는 '박영효의 태극기'가 제작된 후 1년 3개월 여 뒤에 정부의 기관에서 공식적으로 제작되었다는 점에서 그 신빙성이 매우 높다는 것이다. 다만 이 태극기의 음양 양의의 모습이 그 이전에 제작된 태극기의 음양 양의에 비하면 완만하게 굽혀지고 좌우에 위치한 것을 보면 국기를 제작한 시기와 사람에 따라 형태의 차이가 있었음을 알 수 있다. 이것은 태극기를 제작하는 규정이 만들어지지 않은데도 그 원인이 있지 않을까 생각된다.

⑤ 쥬이 태극기(1884)

이 태극기는 1883년 국기를 반포했던 시기에 조선에 와 있던 미국 공사 푸트(Louis H. Foots)를 수행하였던 쥬이(Pierre Louis Jouy)가 1884년에 입수하여 미국에 가져갔던 태극기로 지금은 미국의 스미스소니언 국립박물관에 소장되어 있다. 그러므로 일명 쥬이 태극기 또는 미국 스미스소니언 박물관 소장 태극기라고도 한다. 이 유일한 태극기를 보면 다음과 같다.[65]

---

65) 국립중앙박물관, 『대한의 상징, 태극기』, 2008, p. 16에서 재인용.

쥬이 태극기

(스미스소니언 국립박물관 소장 태극기)

이 태극기는 노란색 바탕(삼베로 노란색임)의 중앙에 반홍 · 반흑의 음양이 그려져 있고, 4괘는 순흑색으로 현행 태극기의 4괘 위치와 같다. 태극기의 음양 양의는 흑색(음의)이 오른쪽 위에, 홍색(양의)이 왼쪽 아래에 있되 음양의 넓은 부분이 좌 · 우로 굽혀져 있다. 이 태극기는 박영효가 그렸던 태극기의 모사본과 비교해 보면 태극(음양) 문양이 모사본과는 달리 완곡하게 굽혀져 있되, 음양의 위치가 바뀌어져 있고, 4괘의 형태와 위치는 모사본의 4괘와 같으나 4괘의 색이 검은색이다. 이처럼 모사본과 쥬이의 태극기가 다른 점은 태극기 창제 당시 국기 제작에 관한 규정이 마련되지 않았기 때문이라 생각된다.

위의 그림에 대해 김상섭은 "박영효가 그린 태극기에 4괘가 왼쪽으로 45° 각도로 눕혀 그려진 것을 보고 당시의 누군가가 음양 양의 그림도 4괘와 같이 45° 각도로 왼쪽으로 눕혀 그려야 한다고 지적함에 따라 수정했을 것으로 보인다"고 하였다.[66]

⑥ 『통상조약장정성안휘편』의 태극기(1886)

이 태극기는 1991년 장학근이 해군사관학교 도서관에 소장되어 있는 『통상조약장정성안휘편』권 30권에 수록되어 있던 것을 처음으로 발굴 · 소개하여 그 제작 연도를 1874년 이전으로 비정한 바 있다.[67] 그러나 김원모는 1998년 1월 18일 서울대학교 규장각 도서관 소장의 『통상조약장정성안휘편』(전12권)에 수록되어 있는 '대청국속 고려국기'를 발견하고 그 내용을 신문에 소개하였다. 그는 "1883년 3월 6일(음 1. 27) 조선의 통리기무아문에서 국기 제정을 반포하고 동시에 청의 요청에 따라 국기 제정을 알리기 위

66) 김상섭, 앞의 책, p. 106.

67) 장학근, 「태극기 유래와 해군」, 『해군사관학교논문집』 33, 1991, pp. 4~6.

해 채색 태극기 한 장과 『조선국왕자문(왕복외교문서)』을 청의 총리아문에 보내었다. 이것을 청에서 접수한 것은 조선에서 고종이 국기 제정을 반포한 12일 뒤인 3월 18일(음 2. 10)이며, 대청국속 고려국기의 제작 연도를 1886년"이라고 하였다(김원모, 1998, pp. 57~65). 이로써 고려 국기의 제작 시기에 관한 오류는 수정되었다.68)

'대청국속 고려국기'가 수록된 『통상조약장정성안휘편』은 청이 외국과 맺은 조약과 외국 사신의 서신 등 중요한 내용을 모아 놓은 것으로 이 중 고려 국기는 제2권에 수록되어 있다. 이 책은 1886년 첫 발간된 후 여러 번에 걸쳐 간행되었고 '고려국기', '대청국속 고려국기'라는 명칭으로 채색된 것도 있다.69)

이 '대청국속 고려국기'를 보면 다음과 같다(서울대학교 규장각 한국연구원 소장 자료 제공과 게재승인을 받은 것임).

『통상조약장정성안휘편』의 태극기

㉠ 자료번호 규중5801-v-1-12

『통상약장유찬』의 태극기

㉡ 자료번호 규중 3795

위의 태극기를 보면 '㉠ 상단에는 '대청국속 고려국기', ㉡ 상단에는 '대청속 고려국기'라고 쓰여 있다. 위 태극기는 황색 깃면 중앙에 그려진 태극기 양의는 많이 굽혀져 있고 양의의 넓은 부분에는 흰 동그라미(흰 원)가 있다. 위의 태극기 4괘는 청색으로 현행 태극기의 4괘의 위치와 같다. 우리는 여기서 몇 가지 의문점을 갖게 된다.

첫째 : 깃면 상단에 왜 '대청국속 고려국기'라는 이름이 붙여졌을까?

조선에서 청에 태극기를 보내었을 당시의 태극기에는 '대청국속 고려국기'라는 이름을 붙이지 않았을 것이다. 그러면 왜 청에서는 이 같은 이름을

68) 한철호, 앞의 논문, pp. 5~7.

69) 위와 같음.

붙였는가? 『통상조약장정성안휘편』에 '대청국속 고려국기'를 수록할 당시의 조선과 청과의 관계를 보면 "조선은 미국과 통상조약을 체결한 이후 청의 전통적 속박 정책으로부터 벗어나려고 하였으며, 청은 조선의 자주적 대외정책을 꺾으면서 속방책을 지속적으로 유지하려 하였던 상황이었다. 이러한 대외관계 하에서 청이 조선의 국기 제정과 그 내용을 통보 받았을 때 조선의 국기를 그대로 받아들여 수록하지 않고 청의 속방임을 대내외에 과시하려고 조선의 국기를 왜곡했을 가능성이 얼마든지 있다"는 것이다(이태진, pp. 268~269). 그러나 '고려국기'(태극기) 상단에 '대청국속 고려국기'라는 이름을 붙여 청의 대조선 속방 정책의 표현으로 청의 속국으로서의 조선의 국기임을 강조하고 조선을 청의 속국으로 간주하려 한 것으로 보는 견해도 있다.

여기서 고려국기란 이름은 Corea National Flag를 한문으로 번역한 것으로 볼 수 있으나 중국의 문헌에 조선을 고려로 칭하거나 표기한 예들이 많이 보이며, 1884년 통리교섭통상사무아문에서 제작한 국기에도 Corea National Flag라고 한 것을 보면 이는 조선에서 1883년 3월 청에 보내었을 당시의 태극기 모습이 아닌 분명 변조된 것으로 믿어진다.

둘째 : 고려 국기의 깃면을 왜 황색으로 하였으며, 4괘의 색을 왜 청색으로 하였을까?

조선에서 청에 국기를 보내었을 당시의 태극기의 깃면은 흰색이며 4괘는 흑색이었을 것으로 판단된다. 그럼에도 깃면을 황색, 4괘를 청색으로 바꾼 것에 대해 김원모는 "황색은 음양오행상 중국의 천자를 상징하는 빛깔이고, 청색은 동방의 색으로 두 빛깔을 중심으로 한 태극기의 배합은 중국 천자의 속국으로서의 동쪽 나라라는 의미, 즉 조선을 청의 속국으로 여기고 이를 대내외에 밝히려는 의도를 드러낸 것이며 그것은 청이 추구한 속방 정책의 표현"이라 하였다(김원모, pp. 57~65 및 이태진 p. 268).

셋째 : 태극 양의에 왜 흰 동그라미 모양의 작은 원을 그려 넣었을까?

조선에서 청에 보내왔을 당시의 태극기에는 흰 동그라미가 없었다. 그럼에도 태극 양의에 흰 동그라미를 그려 넣은 것에 대해 김원모는 "중국에서는 전통적인 태극 음양도를 사용해 왔기 때문에 이를 조선의 태극 양의에 그려 넣어 중국의 것과 같은 모양으로 만들기 위해 이를 바꿔치기 하여 조선의 고유한 음양도마저 왜곡시켰으며, 이는 그들의 속방책의 표현으로 간주하였다"고 하였다.[70]

70) 한철호, p. 7 및 김원모, pp. 57~65.

조선의 음양도에 흰 동그라미를 넣은 것은 '고려 국기' 이전에는 없으나 근대 이후의 태극 양의에는 흰 동그라미를 넣은 것을 종종 찾아볼 수 있으며, 특히 '독립문 태극기'의 양의에는 흰 동그라미가 새겨져 있음을 볼 수 있다.

이상과 같은 '고려 국기'에 대해 김원모는 "깃면의 바탕이 흰색을 황색으로 왜곡했을 가능성만 제외할 경우 태극 문양이 우리의 전통적 고유문양으로 1883년 3월 6일 국기 공포 당시 본래의 국기 형태를 보여주는 것으로 4괘의 색은 청색으로 바꾸어야 한다"고 하였다(『동아일보』, 1998년 2월 5일자). 이에 대해 이태진은 "조선 측의 새 도안을 외면하고 중국의 전통적인 태극도를 집어넣은 것은 태극도형까지 자기의 것으로 바꿔치기한 것이며, 황색 바탕의 깃면에 4괘의 색깔마저 청색으로 바꾼 것은 청이 추구한 속방책에 합치하는 것이다. 그럼에도 이를 태극기의 원형으로 간주하는 판단은 큰 오류를 범할 위험성을 내포하고 있다"고 하였으며[71], 김상섭은 미국의 스미스소니안 박물관에 소장된 태극기의 4괘도 흑색인 것을 감안하면 이는 근거 없는 주장이라고 하였다(김상섭, pp. 111~112). 필자도 위의 비판에 동감한다.

⑦ **데니의 태극기**(1890, 등록문화재 제382호)

데니(Owen N. Denny, 德尼)는 고종 때 외교 고문으로 와 있었던 사람으로 고종으로부터 국기를 하사받아 가지고 1886년부터 1890년까지 가지고 있다가 귀국할 때 가져갔던 태극기이다. 이 기는 데니의 누이의 친손자인 윌리엄 나이트 롤스턴(William N. Rolston)이 소장하고 있던 것을 그의 아들 윌리엄 나이트 롤스턴 부부가 1981년 6월 23일 한국의 문공부에 돌려준 것이다. 이 태극기는 가로 268cm, 세로 185cm로 현재 용산에 있는 국립중앙박물관에 소장되어 있다. 데니의 태극기를 보면 다음과 같다.[72]

데니의 태극기

71) 이태진, 앞의 책, p. 269.

72) 국립중앙박물관 소장, 자료번호 : 신수 6266, 이 자료는 국립중앙박물관에서 제공 ·

데니 태극기의 태극 양의는 홍색이 오른쪽 아래에, 청색은 왼쪽 위에 있되 양의의 넓은 부분은 좌우로 많이 굽혀져 있다. 4괘는 청색으로 그 위치는 현행 태극기의 4괘의 위치와 같다. 이 태극기의 특징은 태극과 4괘를 흰광목 바탕에 재봉틀로 각각 박음질하였고 깃대 끈은 머리카락을 넣어 만든 것이 특색이다. 4괘의 위치는 『통상조약장정성안휘편』의 태극기의 4괘의 위치와 같다. 이 태극기는 현존 태극기 가운데 가장 오래된 것이며, 국기를 메는 끈이 오른쪽에 있는 것으로 보아 깃면의 오른쪽을 깃대에 메었던 것으로 짐작된다.

⑧ 우표에 도안된 태극기

1884년 우정국이 창설됨에 따라 그 해에 우리나라 최초의 우표가 발행되었다. 그 후 우표는 시기에 따라 그 도안의 형태가 다양하게 바뀌면서 그때그때의 정치적, 사회 · 경제적, 문화적 특징을 잘 나타내고 있다. 최초의 우표가 발행된 후 1949년 시정국기가 제정되기 전까지의 우표 중 태극기를 무늬로 도안한 우표를 시기별로 몇 가지 살펴보면 다음과 같다.

㉠ 대조선국 우초(표)의 태극도(1884)

1884년 우리나라 최초의 우표가 발행되었다. 당시 우리나라는 인쇄술의 부족으로 우표를 발행할 수 없어 일본 대장성에 의뢰하여 일본에서 발행해 왔다. 우표의 종류에는 5문, 10문이 먼저 만들어졌으나 갑신정변으로 사용 기간이 20여일 미만이었다 한다. 25문, 50문, 100문 짜리 우표는 납품이 지연되어 가장 많이 남아 있다 한다.[73] 이 5문, 10문 짜리 문위 우표를 보면 다음과 같다(『한국의 우표』, 1984, 광복이전 자료 1).

대조선국 우초(표)의 태극도(1884)

게재 승인한 것임.

73) 대한우표회, 『한국우표백년』, 대한우표회, 1984, p. 29.

위의 문위 우표를 보면 붉은색과 흑색이 있으며 이 문위 우표 가운데는 군주기로서의 어기의 도형인 태극도를 넣었다. 이 태극도를 태극기의 원형으로 보려는 견해가 있으나(국기선양회), 김상섭은 태극기의 도안과는 아무 관련이 없는 것이라 하였다.

㉡ 대조선국 우초(표)의 태극기

국기선양회에서는 1933년 간행된 『인천부사』란 자료와 『조선근대우편사』(1884~1905)에 태극기가 그려져 있는 우표를 발견하고 이 태극기가 우리나라 태극기의 원조로 보고, 국기선양회에서 지은 『태극기변천사전』(1995)에서 이를 태극기의 정통성이라고 주장하였다. 이 우표의 태극기를 보면 다음과 같다(『한국의 우표』, 1984 광복이전자료 및 이태진, p.265에서 재인용).

대조선국 우초(표)의 태극기

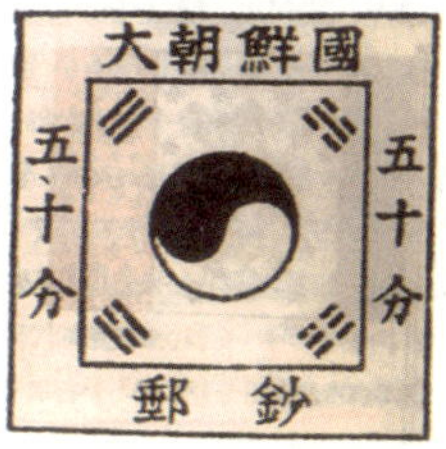

위의 우표의 태극기를 보면 '대조선국'이란 국호를 사용하였으며 음양(양의)도는 45° 각도로 왼쪽으로 눕혀져 있으나 홍색은 아래에 있되 넓은 부분이 오른쪽에, 청색은 위에 있되 넓은 부분이 왼쪽에 있다. 4괘는 현행 4괘의 위치와 같으나 음양 양의는 역학의 원리에 맞지 않게 그려져 있다고 한다(김상섭, pp. 114~115).

㉢ 조선 우표의 태극기(1895)

이 우표는 '태극 보통 우표'라 한다. 이 우표를 보면 1895년 7월 22일(양)에는 한 돈(10푼), 5돈(50푼)우표를, 1897년 10월에는 한 돈짜리 우표를 미국 워싱턴 D.C.에 있는 앤드루 비 그레이엄 회사에서 발행한 것이라 한다.[74] 이 우표에는 대조선국이란 이름 대신 위에는 코리아로, 밑에는 조선 우표라고 기록되어 있다. 이 그림을 보면 다음과 같다(『한국의 우표』, 광복이전, 자료 7).

74) 대한우표회, 위의 책, p. 39 및 p. 57.

조선 우표의 태극기

위의 우표에 도안된 태극기를 보면 음양 양의는 홍색은 위에 있되 넓은 부분이 오른쪽에, 흑색은 아래에 있되 넓은 부분이 왼쪽 중앙에 있다. 양의의 형태는 홍색이 가늘고 흑색이 커서 균형이 맞지 않다. 4괘는 건괘를 오른쪽 위에, 감괘를 오른쪽 아래에, 리괘는 왼쪽 위에, 곤괘는 왼쪽 아래에 배치하여 현행 태극기의 4괘의 위치와는 다르다.

㉣ 해방 기념 우표의 태극기(1946)

이 우표는 1946년 5월 1일 해방을 기념하기 위하여 서울 정교사에서 인쇄한 우표로 우리나라에서 최초로 인쇄된 것이라 한다. 이 우표를 보면 다음과 같다(『한국의 우표』, 1984, 광복후 자료 11).

해방 기념 우표의 태극기

위의 우표에 있는 태극기 무늬를 보면 음양 양의는 홍색이 위에 있되 넓은 부분이 왼쪽에, 청색은 아래에 있되 넓은 부분이 오른쪽에 45° 각도로 왼쪽으로 눕혀져 있고, 4괘는 그 배열 위치가 모두 바뀌어 있다.

㉤ 총선거 기념 우표의 태극기(1948)

이 우표는 1948년 5월 10일 남한만이라도 독립된 정부를 수립하려고 유엔의 감시하에 총선거를 실시하였는데 이를 기념하기 위하여 발행한 우표이다. 이 우표를 보면 다음과 같다(위의 책, 자료 28).

총선거 기념 우표의 태극기

위의 우표에 있는 태극기를 보면 음양 양의의 위치는 해방 기념 우표의 양의 위치와 같으나 4괘의 위치는 감 · 리 두 괘만 바뀌어 있다.

ⓑ 헌법 공포 기념 우표의 태극기(1948)

이 우표는 총선거 후 구성된 제헌 국회에서 1948년 7월 17일 대통령 중심제의 헌법을 공포함에 따라 이를 기념하기 위하여 그 해 8월 1일 발행한 것이다(위의 책, 자료 36).

헌법 공포 기념 우표의 태극기

위의 우표에 도안된 태극기를 보면 「총선거 기념 우표의 태극기」와는 달리 현행 태극기의 음양 양의와 4괘의 위치와 같다. 현행 태극기가 시정된 것은 1949년 10월 15일인데 그 이전에 현행 태극기와 같은 도안을 우표에 넣었다는 것은 이 때에도 이러한 태극기가 사용되었다는 사실을 뒷받침하여 준다.

ⓢ 올림픽 참가 기념 우표의 태극기(1948)

이 우표는 광복 후 제14회 런던 올림픽 대회 참가를 기념하기 위하여 1948년 6월 1일에 발행된 우표로 이를 보면 다음과 같다(위의 책, 자료 32).

올림픽 참가 기념 우표의 태극기

위의 우표에 도안된 태극기를 보면 음양 양의는 현행 태극기의 양의와 같으나 4괘는 위의 헌법 공포 기념 우표의 태극기와는 달리 감 · 리 두 괘의 위치가 바뀌어 있다. 이 4괘의 위치는 총선거 기념 우표 태극기의 4괘의 위치와 같다.

⑨ 노블 목사의 태극기(1890년대)

이 태극기는 1892년부터 1934년까지 우리나라에서 기독교 선교 활동을 하였던 미국인 윌리엄 아서 노블(William Arthur Nobel) 목사가 소장하였던 것이다. 이후 미국에 거주하는 그의 손녀인 엘렌 멕카스클(Elen Mekaskle)이 보관하다가 2008년 8월 14일 광복 제63주년 건국 제60주년 기념행사인 「'대한의 상징, 태극기' 전시회」(국립중앙박물관주최)에 대여한 것이다. 이 태극기 중 왼쪽의 것은 1890년 전후의 것으로 그 크기는 길이(가로) 24.5cm, 세로(너비) 18.5cm이며, 오른쪽의 것은 대한제국 때(1900~1910)의 것으로 그 크기는 길이(가로) 17.5cm, 세로(너비) 11.5cm로 현재 엘렌 맥카스클이 소장하고 있다. 노블 목사의 태극기를 보면 다음과 같다[75](국립중앙박물관 소장 자료제공과 게재 승인을 받은것임).

노블 목사의 태극기

㉠

㉡

75) 이 태극기와 관련된 기사는 2001년 4월 6일자(금) 『조선일보』에 「19세기 말 태극기의 원형 발견」이란 제하에 이 태극기는 기독교 대한감리교회 감독회장인 장광영이 노블 목사의 후손으로부터 입수하여 공개한 사실을 사진과 함께 보도한 바 있다.

위의 태극기를 보면 두 태극기의 태극 양의와 4괘의 위치는 다르다. 왼쪽의 태극기를 보면 ㉠은 명주 천 바탕 중앙에 있는 태극 양의의 양의(빨간색)는 곤괘에서 시작하여 그 넓은 부분이 왼쪽 아래로, 음의(파란색)는 건괘에서 시작하여 오른쪽 위로 많이 굽혀져 있다. 4괘는 검은색으로 좌우가 바뀌어있다. 이 태극기는 『해상국가들의 깃발』에 있는 태극기와 비교해보면 태극 · 양의의 모양과 4괘의 위치와 색이 같다. 이 노블 목사의 태극기는 태극 양의와 4괘를 박음질하여 만든 것이 특징이다.

오른쪽 ㉡의 태극기는 1900년대 만든 것으로 왼쪽의 태극기와는 달리 태극 · 양의가 양의(빨간색)는 건괘에서 시작하여 그 넓은 부분이 왼쪽 아래로, 음의(파란색)는 리괘에서 시작하여 그 넓은 부분이 오른쪽 위로 완만하게 굽혀져 있다. 4괘는 청색으로 같으나 감 · 리 두 괘가 바뀌어 있다. 이 태극기(오른쪽)에는 'Korea Flag up to Japanese Occupation' (일제 강점기 전의 한국 국기)이라는 기록이 함께 보관되어 있는데, 이것은 노블 목사 부인의 친필이라고 한다(위와 같음).

(2) 대한제국기(1897~1910)의 태극기

대한제국은 광무 원년(1897)년부터 융희 4년(1910) 8월 29일 일본에 병합될 때까지 13년 간의 역사를 가지고 있다. 이 시기의 태극기는 이전의 태극기와 어떻게 다른지 몇 가지 태극기 그림을 살펴보고자 한다.

① 독립문 및 「독립신문」의 태극기(1896~1898)

독립문은 대한제국이 수립된 후 독립협회에서 청의 사신을 맞이하였던 영은문(迎恩門) 자리에 1896년 세운 것이다. 독립문 위 중앙에 '독립문' 이라는 글자 좌우에 태극기를 새겨 놓았다.

「독립신문」은 독립협회의 서재필이 독립 정신과 민족의 자각, 자강을 고취하기 위하여 1896년 창간하였는데 『독립신문』 전면 위 중앙에 태극기가 게재되어 있다. 독립문과 『독립신문』에 있는 태극기를 보면 다음과 같다.[76)]

76) 주 65)와 같음(독립문에 새겨져 있는 태극기의 음양 양의에는 점이 있으나, 『독립신문』의 태극기에는 점이 없다).

독립문 태극기(1896)

독립문에 있는 태극기는 깃면의 중앙에 음양은 청색이 왼쪽 위에, 홍색은 오른쪽 아래에 바르게 놓여 있되 좌우로 많이 굽혀져 있고, 양의의 넓은 부분에는 흰 점(동그라미)이 있으며, 4괘는 흑색으로 4괘의 위치가 잘못 배치되어 있다.

『독립신문』은 국내에서는 1896년 4월에 창간하여 1898년 12월까지 발간되었으며, 상하이 임시정부가 수립된 이후부터는 임시정부의 기관지로 1919년 8월부터 1921년 3월까지 간행되었다. 이 기간에 간행된 『독립신문』에 게재된 태극기를 보면 다음과 같다.

『독립신문』의 태극기

㉠ 제1호(신문 호수 1896. 4)

㉡ 제76호(1896. 8)

㉢ 제100호(1919. 8)

위의 태극기를 보면 다음과 같은 특징을 찾아볼 수 있다.

첫째, 깃면의 규격이 ㉠과 ㉢은 거의 같으나 태극도형과 4괘의 위치가 다르며, ㉡의 태극기는 깃면의 크기가 다르다.

둘째, 음양 양의의 위치는 ㉡과 ㉢의 오른쪽 태극기는 태극은 같으나 괘의 위치는 각각 다르다. 『독립신문』에 있는 태극기의 음양의 모습은 독립문 태극기의 음양 양의가 많이 굽혀져 있는 것과는 다르다.

셋째, 4괘의 위치는 ㉠과 ㉡의 태극기는 현행 태극기의 4괘의 위치와 같지만, ㉢의 오른쪽의 것은 감 · 리 두 괘가 바뀌어 있다.

이처럼 거의 같은 시기에 만들어진 태극기라도 음양 양의와 4괘의 위치가 다른 것은 고종이 국기를 공포할 때 음양 양의와 4괘의 위치에 대한 규정이 없었기 때문이라 생각된다. 다만 음양 양의가 회오리쳐 굽혀진 것이 심하냐 심하지 않느냐는 것은 중국의 태극 도형의 영향을 받은 것일 수도 있겠으나 아마도 제작자의 미학적 취향에 따라 다른 것이 아닌가 생각된다.

② 국기 규격의 제정 반포(1900. 12. 8(음))

1882년 9월 박영효가 국기를 재정하고 1883년 3월에 고종은 박영효가 만든 신제 태극기를 국기로 8도 · 4도(都)에 반포하였다. 그러나 당시에는 국기 제작 방법이나 규격이 정해져 있지 않아 모양과 형태 또는 색깔 등이 다른 태극기를 만들어 사용해 왔다.

그러나 그 가운데는 최초의 공식적인 국기도 사용되어 왔음은 분명하다. 국기의 규격이 다르고, 또 다른 규격의 국기를 사용하고 있는 모습을 본 정부에서는 국기 규격에 관한 논의를 거쳐 바른 국기 제작 사용을 위한 훈령을 내렸다. 정부에서는 먼저 국기에 관한 규격을 제정하여 1900년 12월 8일 경무부에서 각 서(署)로 훈령을 내렸다 그 훈령 내용을 보면 다음과 같다.[77]

"각 회사 각 전(廛)의 태극기가 균일하지 못하므로 국기를 제조할 때 흰바탕에 길이는 2척, 너비는 1척 8촌, 태극은 7촌 청 · 홍색으로 하게 하라"(『데국신문』, 제281호, 1900년 12월 8일자).

위의 국기 규격은 태극기의 깃면 가로 · 세로와 태극의 크기와 그 색깍을 규정한 것이다. 그러나 이후에도 규격이 다른 국기를 사용하였다. 이에 궁내부에서는 경무청에 훈령을 내렸는데 그 훈령 내용을 보면 다음과 같다.

…(상략)… "근래 각 경절(慶節)시에 국기를 걸고 축하하는 의식을 보건데, 서울을 비롯하여 각도 · 부 · 군에 이르기까지 게양한 기장(旗章)의 청홍 빛깔이 다르고 그 크기가 균일하지 못하며 각가지 빛깔이 뒤섞이어 아롱지게 보이는 등 추태를 면치 못하니 이 어찌 국가 경축의 본의라 하겠는가?" …(중략)… "지금부터 개국 기원절을 비롯하여 경절일(慶節日)을 맞을때마다 각 서내(署內) 시가의 일반

77) 천관우, 『한국사 대계』 10, 「연표」(삼진사, 1973), p. 514.

인민들은 일제히 국기를 달아야하며 국기는 반드시 한 가지 모양으로 만든 '전매(專賣)국기'를 사용하기 바란다. 내외 이목에 조금도 추솔하다거나 깨끗하지 못하다는 폐단이 없게 하라"(『황성신문』, 제2012호, '國旗一齊' 1905년 8월 4일자)

위의 훈령 내용을 보면 국가의 경절에 국기를 달아 경축하는 것은 애국의 기상을 높이는 것이니 각 경절일에는 국기를 달아 축하하여야 한다. 경향 각지에서 경축 행사 때 사용하는 국기의 규격이 다르니 정부에서 만든 규격에 맞는 국기를 사용하도록 하고, 국민의 혐오감을 주는 국기를 사용하는 폐단이 없도록 하여 국기의 존엄성을 높이고 국기에 대한 예절을 바르게 지키도록 하였음을 알 수 있다. 여기서 우리는 국기의 사용에 대한 훈령을 궁내부에서 경무청으로 내린 것을 보면 국왕이나 정부가 국기에 대한 관심이 높았음을 알 수 있다.

그러나 1902년 1월 일본의 임시 대리공사(萩原守一)가 국기(태극기)의 규격에 대해 문의했을 때 외무대신 박제순은 "기의 길이가 5척(尺) 3촌(寸), 너비 3척 6촌, 팔괘의 길이 7촌, 너비 2촌"이라고 답하였다(목수현, 앞의 논문, p. 46 주 65) 이 규격을 보면 기의 깃면의 크기에 관한 규격만 말하고 태극 양의의 크기(도형)와 음양의 색깔에 대해서는 언급이 없으며 괘의 규격도 4괘가 아닌 팔괘 규격을 말한 것이다. 이것은 어느 나라의 국기인지 알 수 없는 즉 태극기가 아니다. 1883년 3월 태극 · 양의와 4괘로 구성된 태극기를 국기로 공포한 후 19년이나 사용해 왔음에도 조정의 관계관들이 태극기의 규격이나 제작 방법, 게양 방법 등에 대해 잘 모르고 대내외 관계에서 태극기를 사용하였다는 것은 쉽사리 납득이 가지 않는다. 이러한 문제는 오늘날 우리나라의 각 부처의 담당관들이 태극기에 대해 얼마나 알고 있는지 우리의 반성을 촉구하게 한다.

당시의 언론에서는 논설을 통해 국기에 대한 존엄성을 높이고 예절을 지키도록 하였는데, 그 내용을 보면 다음과 같다(『독립신문』, 1896년 9월 22일자 및 목수현, p. 54에서 재인용).

「애국하는 것이 학문상에 큰 조목이라, 그런 고로 외국서는 각 공립학교에서들 매일 아침에 학도들이 국기 앞에 모여 서서 국기를 대하여 경례를 하고 그 나라 임금의 사진을 대하여 경례를 하며 만세를 날마다 부르게 하는 것이 학교 규칙에 제일 긴한 조목이요, 사람이 어렸을 때부터 나라를 위하고 임금을 사랑하는 것이 사람의 직무로 밤낮 배워 놓거드면 그 마음이 아주 박혀 자란 후라도 나라 사랑하는 마음이 다른 것 사랑하는 것보다 더 높고 더 중해질거라 …(중략)… 조선 사람들은 국기가 어떠한 것인 줄은 모르는 고로 국기를 보고 공경하고 사랑할 마음이 없거니와 국기라는 것은 그 나라를 몸받은 물건이라 그러한즉 국기가 곧 임금이요, 부모요, 형제요, 처자요, 전국 인민이라 어찌 소중하고 공경할 물건이 아니리요.」

이 논설은 국기는 나라의 표상이므로 국기에 대해 존엄성을 가지고 예절을 잘 지켜 나라 사랑하는 마음을 갖도록 하여야 함을 강조한 것이다.

③ 우정박물관 소장 태극기(1900년경)

우정박물관 소장 태극기

우정박물관에 소장되어 있는 태극기는 1966년 문화재 반환으로 일본으로부터 반환된 것이다. 반환된 태극기는 두 개로 하나는 우정박물관에서 소장하고 있는데, 이것은 1900년경 만들어진 것으로 보이며, 국기의 크기는 가로 150.0cm, 세로 105.0cm이다(우정박물관 소장, 자료번호 : N. 2-1-1, 이 자료는 우정박물관에서 제공 · 승인한 것임).

다른 하나는 1974년 2월 8일 국립중앙박물관으로 이관되어 이곳에서 소장하고 있다(국립중앙박물관 소장, 자료번호 : 신수 2671, 이 자료는 국립중앙박물관 및 우정박물관에서 제공한 것임).

위의 태극기는 양의가 청색은 왼편에, 홍색은 오른쪽에 세로로 반듯하게 놓여 있고, 4괘는 홍색으로 감 · 리 두 괘만 바뀌어 있다. 이 태극기는 양의와 4괘를 박음질하여 만든 것이 특징이다.

국기를 창제 · 반포한 후 태극기는 국내에서 어떻게 게양되었는가? 국내에서 태극기 게양에 관한 자료는 잘 알 수 없으나 2003년 4월 24일(목요일)『조선일보』에 「태극기 국내 공식 게양 첫기록 발굴」이란 제하에 1884년 우정국 구내에 태극기를 게양하였다는 기사가 보도되었다.

이 기사는 "일본인 오비 나오조(小尾直藏)가 1884년 서울을 기행한 서울기행 보고서 『조선경성기담』을 1885년 2월 도쿄에서 펴냈는데, 이 보고서는 서지학자 고 이종학이 소장하였던 것으로, 그의 후배인 아리랑 연구가 김연갑이 『조선일보』에 공개함으로써 밝혀지게 되었다"고 하였다. 우정국 구내에 태극기 게양에 관한 주요 기사의 내용을 보면 다음과 같다.

…(중략)… "우정국 구내에 500~600년 된 회화나무(콩과에 속하는 낙엽 활엽수) 고목이 한 그루 있었는데(현재도 체신청 기념관 앞에 있음), 이 나무 곁에 매일 태극기를 게양하였다. 그 높이는 2장(6m) 남짓하며, 조선 국내에서 국기를 게양한 것은 이것이 효시다"(이하 생략)

위에서 살펴본 바와 같이 조선의 국기 문제는 운요호 사건(1875년) 후 조일수호조규(1876년)체결 과정에서 처음으로 제기되었다. 조선은 조정의 논의를 거치면서 태극기 제정을 준비해 왔으며, 1882년 5월 조미수호통상조약 조인식 때는 미국의 성조기와 함께 태극기를 내걸었다. 국기 제정 과정에서 중국이나 미국 측의 의견이 제시되기도 하였으나 박영효는 고종의 명을 받아 앞서 만들었던 태극기를 참고하여 1882년 9월 메이지마루호 배 안에서 태극기를 만들어 니시무라야 숙소 옥상에 게양하였다. 이 태극기는 1883년 3월 6일(음 1. 27) 조선의 국기로 확정하여 고종의 윤허를 받아 8도 · 4도(都)에 반포하였다. 이제 조선은 국기를 가진 독립국가로서의 위치를 갖고 국제적 대외관계나 국내의 여러 행사 때 태극기를 만들어 사용할 수 있게 되었다.

조선은 1876년 병자수호조약을 맺고 부산 · 인천 · 원산 3항구를 개항하였으며, 1890년에 이르기까지 미국 · 영국 · 프랑스 · 러시아 · 독일 등 서구 열강과도 수호통상조약을 맺어 국제무대에 등장하였다. 이에 따라 개항장 치소에는 주권 국가로서의 표상인 태극기를 달았을 것이다. 1883년 3월 6일(음 1. 27) 태극기를 국기로 반포한 후 조정에서는 지방관에게 국기의 의미와 중요성은 물론 국기를 게양하도록 하였다. 이러한 사례를 몇 가지 보면 다음과 같다.

첫째 : 국내 행사 때 태극기를 사용한 사례로는 1884년에 '대조선국 우초'(표)에 태극기를 넣은 것을 비롯하여 우정국 구내의 회화나무 곁에 태극기를 게양한 것, 1895년 덕원(원산) 감리서 내에서 태극장 · 국기 · 깃봉 · 깃대의 제작을 의뢰한 값을 의정부로 청구한 것, 1896년 태극기 배지 사용, 독립신문 제호의 태극기 그림, 독립문 기공식 때 태극기 게양, 1897년 대한제국 선포 의식 때 국기를 게양한 것, 1898년 만민공동회 때의 국기 게양, 옥구(沃溝) 군수가 기원경절(紀元慶節)에 군민을 모아 국기를 들고 만세를 부르도록 한 것, 1899년 인천항의 어상들 회사 앞 길의 송문에 국기를 게양한 것, 1900년 12월에는 국기에 관한 규격을 조정에서 각 서(署)로 훈령을 내렸고, 1901년 명헌태후 망팔(望八) 기념 진연 때 시전에 국기를 게양하여 경축토록 한 것, 고종 탄신 만수성절 시 상가에 국기를 게양하도록 한 것, 1905년 황토현(광화문 네거리)에서 궁

내부의 특허를 받아 국기 발매소를 설치하고 국기를 대·중·소별로 일정 규격을 염가 제작한 것, 베델(裵說 : Ernest Thomas Bethell)이 『대한매일신보』신문사 앞에 태극기를 게양한 것(목수현, 「근대 전환기 국가 시각 상징물」, 2008, 서울대학교 박사학위 논문, pp. 45~54를 요약하여 재인용한 것임).

등을 보면 관민(官民)으로부터 궁중에 이르기까지 태극기의 사용이 점차 확대되어 갔으며 일정 규격의 태극기를 보급하려는 당국의 노력이 있었음을 알 수 있다. 또한 국기는 국가와 민족의 상징으로서 일제 식민지화 과정에서는 의병·민족운동가들의 구심체로서 민족의 마음에 내면화되어 갔다.

둘째 : 대한제국의 표상으로써 국제적 대외관계에 있어서도 사용한 사례로는 1883년 8월 민영익·홍영식·서광범 등이 미국에 보빙사로 갈 때 태극기를 휴대하고 외교 행사 때 국기를 게양하였으며, 이들이 체류한 호텔의 국기 게양대에 태극기를 달았음. 1883년 10월 왕비 탄신일을 맞아 연요관에서 각국 대표를 초청하여 축하연을 베풀 때 태극기를 달고, 참석국의 국기로 좌석의 위치를 표시한 것, 1888년 1월 초대 주미공사 박정양이 워싱턴 15번가의 공사관 옥상과 공사관 대접견실에 태극기를 게양한 것, 1893년 시카고 만국박람회 때, 1900년 파리 만국박람회 때 국기를 게양한 것(위와 같음)

등을 보면 외국과의 관계가 점차 넓어져 가면서 대외적 표상으로서의 국기의 사용이 점차 확대되어 갔음을 알 수 있다.

셋째, 문호 개방 이후 조선에서는 세계 진운에 대처하기 위하여 근대 학교의 설립과 신교육의 필요성을 느꼈다. 그리하여 1895년 고종은 '교육 입국 조서'를 반포하였고, 1910년 7월 현재 경향 각지에는 관·공립학교 130여 개교, 사립학교 3,000여 개교, 제외국어학교(영어·일어·불어·러시아어·독일어 등) 등 각종의 근대 학교가 설립되었다.

이들 근대 학교에서는 교과 교육 외에도 운동회를 열어 학생들의 자주적 독립심과 애국심을 고취하였다. 이러한 사실은 1899년 4월 29일(토요일) 오후 1시 학부에서 각 외국어학교(어학교)의 대운동회를 전 훈련원에서 연합 개최하였는데, 이 때의 모습을 보면 '훈련원 대청 위에는 '대한 태극 국기'를 정간에 높이 세우고, 그 다음에 통상 각국의 국기를 차례로 세웠으며', 또 '태극기가 동풍에 휘날린다', '운동회 상품으로는 채단, 태극기, 금·은 시계, 책류 등으로 일일히 시상하였다'고 한 것이라든가, 1897년 4월 서울 관·공립 소학교 운동회 때 '마당을 조선 국기로 단장하였다'고 하였다. 사립 학교 운동회 때에 불렀던 운동가를 비롯하여 학생들의 자주 독립가, 자주 독립 애국가, 애국 독립가 등의 가사에 태극기 관련 구절이 보이는데 이를 보면 다음과 같다.

태극기 관련 가사 구절

시 기	제 목	관련 구절	증 거
1896년 5월	자주 독립 애국하는 노래 (이필규)	팔괘 국기 높이 달아 육대주에 휘날리세	한국정신문화연구원, 『한국교육근대사료집』, 5, 1993, p. 67.
7월	경무 학도들의 노래	대조선국 태극기호 세계상에 높이다니	위의 책, p. 73.
8월	배제 학도의 자주 독립가	우리나라 독립되니 팔괘기가 기운 나네	위의 책, p. 75.
9월	평양학당 김종성 애국가	태극기를 높이 들어 애국가를 불러 보세	위의 책, p. 77.
9월	배제 학도 애국 독립가	독립문을 세운 후에 팔괘기호 기운 나리	위의 책, p. 78.
1896년 4월	서울 관·공립 소학교 운동회	대운동을 할 때 마당을 조선국기로 단장함(노래는 아님)	위의 책, p. 105.
1897년 9월	배제 학도의 성몽가	팔괘 국기 높이 달고 천하 각국 알게 하세	위의 책, p. 145.
1899년 5월	학교 운동회 (외국어 학교)	태극기는 동풍에 휘날리는 지라	위의 책, p. 478.
1906년 10월	운동회 운동가 (사립소학교)	태극기를 높이 드니 대한 독립 만만세라	위의 책, 6, p. 362.
12월	송가문(광화학교 생도 송축가)	태극기호 높이 달고 학도가를 불러 보세	위의 책, 6, p. 440.

위의 자료를 보면 근대 학교에서는 운동회를 할 때 태극기를 게양하여 학생들의 자주적 애국심과 독립심을 고취하였으며, 학생들이 불렀던 운동회 때의 가사나 자주 독립가라든가, 애국가 속에는 나라와 국기를 사랑하는 학생들의 마음이 담겨져 있음을 알 수 있다. 또한 태극기를 학교에서 게양하고 있었음도 확인할 수 있다. 그러나 위의 가사 중에 '태극 팔괘 국기' 라든가

'팔괘 국기' 등의 말이 보이는데 이것은 1882년 9월 태극기가 창제되었고, 1883년 8도(道) · 4도(都)에 국기를 고종이 반포하였음에도 이같은 국기의 이름이 사용되었다는 것은 태극 · 4괘를 정부 차원에서 적극적으로 홍보하지 않는데 그 원인이 있었다고 생각된다. 하지만 지금도 체육 행사 때 관중들이 1882년 4월 청의 마젠충이 제안했던 태극 · 8괘도안 기를 들고 나와 응원하는 모습을 종종 볼 수 있다. 그것은 우리의 국기가 아니다. 우리의 국기는 '한반도 기' 도 아니며, 태극 · 8괘기도 아니다. 우리나라의 국기는 태극 도형과 4괘로 구성된 태극기임을 잊어서는 안 된다.

④ 『황성신문』의 태극기(1898)

『황성신문』은 1898년 남궁억 등이 창간한 신문으로 신문의 표지 전면 중앙에 태극기를 교차시켜 놓았다. 『황성신문』의 태극기를 보면 다음과 같다.

『황성신문』의 태극기

㉠ 제11호(1898. 9)

㉡ 제104호(1900. 5)

㉢ 제1921호(1905. 4)

위의 『황성신문』은 1898년 9월부터 1910년 9월까지 간행된 신문이다. 이 시기에 간행된 『황성신문』에 수록된 태극기를 보면 ㉠ · ㉡의 오른쪽 태극기의 양의(兩儀)의 위치는 음양이 같이 좌 · 우에 위치한다. ㉢의 오른쪽 태극기의 양의도 깃대를 바르게 세운 상태에서 보면 ㉠ · ㉡의 오른쪽 태극기와 같다.

4괘의 위치를 보면 ㉠ · ㉡의 오른쪽 태극기의 4괘의 위치는 모두 바뀌어 있지만, ㉢의 오른쪽 태극기의 4괘의 위치는 현행 태극기의 4괘의 위치와 같다.

이처럼 ㉠ · ㉡ · ㉢의 태극기의 모습이 다른 것은 앞에서 설명한 바와 같다.

『독립신문』과 『황성신문』에 게재된 태극기를 비교하면 『독립신문』의 태극기 ㉢의 왼쪽의 것과 『황성신문』의 ㉢의 오른쪽 태극기는 음양의 모양은 다소 다르지만 4괘의 위치는 같다.

⑤ 고광순의 '불원복' 태극기(1906 : 등록문화재 제394호)

1906년에 제작된 이 태극기는 의병장 고광순이 전라도의 구례 일대와 지리산을 무대로 일본군과 싸우면서 1907년에 사용하였던 국기로 고광순이 '불원복'이라는 글자를 수놓은 것이다. '불원복'이란 머지 않아 국권을 회복한다는 뜻으로 이 국기는 독립기념관에 소장되어 있다. '불원복' 태극기를 보면 다음과 같다.[78)]

불원복 태극기

이 태극기는 깃면의 중앙에 음양 양의는 홍색이 위에, 흑색은 아래에 양의가 반듯하게 놓여 있고, 4괘는 청색으로 4괘의 위치가 다 바뀌어 있다. 그러나 4괘를 각각 왼쪽으로 한 모서리씩 옮기면 현행 태극기의 4괘의 위치와 같게 된다. 이 태극기는 음양 양의와 4괘를 박음질하여 만든 것이 특징이다.

⑥ 『태극학보』의 태극기(1907)

1906년에 발간된 『태극학보』의 표지에는 민족의 자각과 교육 정신을 고취하기 위하여 태극기를 교차시켜 게재해 놓았다. 이 『태극학보』의 태극기를 보면 다음과 같다.[79)]

---

78) 독립기념관, 위의 책, p. 33, 자료번호 : 위 757(이 자료는 독립기념관에서 제공 · 승인한 것임).

79) 『태극학보』 제8호(1907), 속표지.

『태극학보』의 태극기

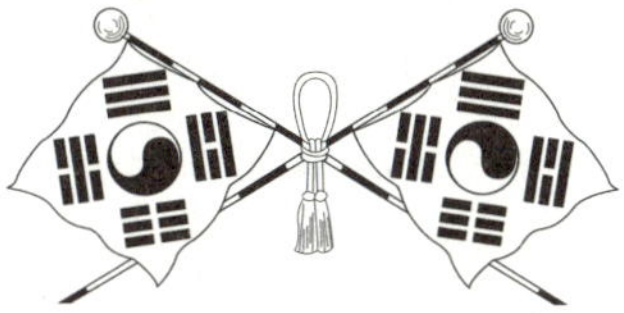

제8호(1907. 3)

『태극학보』는 1906년 8월(제1호)부터 1908년 11월(제26호)까지 간행된 것으로서 이 『태극학보』 속표지에 수록된 태극기를 보면 두 개의 태극기를 교차시켜 놓았다. 오른쪽의 태극기는 깃대를 바르게 세워서 보면 태극 음양의 위치는 홍색이 오른쪽에, 청색은 왼쪽에 놓여 있으며, 4괘는 감 · 리 두 괘가 각각 바뀌어 있다. 그러나 왼쪽 태극기의 음양 양의의 위치는 오른쪽의 양의의 위치와는 달리 음의가 오른쪽에, 양의가 왼쪽에 있으나, 4괘의 위치는 감 · 리 두 괘의 위치가 다르다.

⑦ '대한 황제폐하 몸긔' 태극기(1907)

이 태극기는 독일인 보병 중위인 헤르만 구스타프 데오도르 산더(Herman Gustav Theodor Sander)가 주일 독일 대사관 무관으로 있을 때 호가 하은이란 대한제국의 화가에게 부탁하여 위의 태극기 그림을 포함한 다수의 그림을 받았는데 그 중의 하나이다. 그는 1906년 9월과 1907년 3월에 두 차례 대한제국을 방문하여 많은 사진을 남기기도 하였다. 이 태극기 그림은 국립민속박물관에 소장되어 있다. 이 태극기를 보면 다음과 같다(국립민속박물관 소장 자료(민속29267－02) 제공과 게재 승인을 받은 것임).

'대한 황제폐하 몸긔' 태극기

앞의 태극기 그림 제목을 '대한 황제폐하 몸긔' 라 한 것을 보면 이는 대한제국의 황제를 상징하는 깃발(어기?)로도 해석할 수 있으나 깃발에 그려진 태극기는 조선 말기에 제정한 태극기를 국기로 그대로 계승하였다는 점에서 이것은 황제의 깃발 뿐만 아니라 대한제국의 국기로서의 의미와 상징도 있음을 알 수 있다(국립중앙박물관, p. 21). 이 태극기의 음양 양의는 청홍색으로 그 모양은 『해상국가들의 깃발』에 수록된 태극기의 음양 양의와 같지만 4괘의 색은 홍색이며 그 위치는 현행 태극기의 4괘의 위치와 같다.

⑧ 동덕여자대학교 박물관 소장 태극기(1908)

이 태극기는 1908년에 제작한 국기로 일제하에서는 조동식의 자택 지하에 비밀리에 감추어 소중히 간직하였다. 6.25전쟁때는 조동식이 태극기를 속옷 속에 꿰메고 괴나리 봇짐속에 넣어 소중히 간직해 왔다. 광복 후에는 동덕여자고등학교에 보관하여 게양해 왔으나 지금은 동덕여자대학교 박물관에 소장되어 있다. 이 태극기를 보면 다음과 같다.[80)]

동덕여대 박물관 소장 태극기(1908)

위의 태극기는 가로 174cm, 세로 160cm의 흰 비단천의 바탕에 태극 양의 · 4괘를 박음질한 것이다. 양의는 홍색이 오른쪽에, 청색은 왼쪽에 반듯하게 세워져 있고 4괘는 흑색으로 모두 바뀌어 있다.

⑨ 제럴드 본위크의 태극기(1910년경)

이 태극기는 캐나다인 제럴드 본위크(Gerald Bonwick) 목사가 대한제국 말엽 순종 때 와서 수집한 것으로서 이 태극기를 보면 다음과 같다(독립기념관, 자료번호 : 자 5039, 이 자료는 독립기념관에서 제공 · 게재 승인한 것임).

---

80) 이 자료는 동덕여자대학교 박물관에서 자료를 제공 · 게재 승인한 것이다(춘강기념관 자료번호 : No.75).

제럴드 본위크의 태극기

위의 태극기를 보면 명주천 바탕의 중앙에 태극 양의는 청색이 위에 있되 넓은 부분이 왼쪽 아래에, 홍색은 밑에 있되 넓은 부분이 오른쪽 위에 맞물려 많이 굽혀져 있으며, 깃대에 매는 쪽은 삼베천으로 이었다. 4괘는 파란색으로 현행 태극기의 4괘의 위치와 같다.

⑩ '대한제국 국기만만세' 태극기(1897~1910)

이 태극기는 장서각 소장의 『각국기도(各國旗圖)』(장서각 3-544 사본, 1책 9장)의 첫 장에 실린 대한제국 국기로 짐작된다. 이 책에는 41개국의 66개 기를 채색으로 정밀하게 그려 소개하였다. 이 태극기의 상단에는 한문으로 '大韓帝國國旗萬萬歲', 하단에는 한글로 '대한제국국기만만세'라 쓰여 있다. 이 태극기를 보면 다음과 같다(장서각 소장 자료 제공과 게재 승인을 받은 것임).

대한제국 국기만만세 태극기

위의 태극기는 깃면이 지면으로 정사각의 중앙에 태극 · 양의를 그리고, 네 모퉁이에 4괘를 배치하였다. 음양 양의는 청홍색으로 홍색은 그 넓은 부분이 오른쪽 아래로, 파란색은 그 넓은 부분이 왼쪽 위로 완만하게 굽혀져 좌우에 반듯하게 놓여 있다. 4괘는 흑색으로 모두 바뀌어 있다.

(3) 민족 수난기(1910~1945)의 태극기

1882년 8월 제임스의 조언으로 그렸다는 태극기는 국가적 차원에서 고종이 1883년 1월 27일(음) 국기로 공포하여 8도와 4도(都)에 주지시켰다. 그러나 이 당시에 국기 제작에 관한 규정이 만들어져 있지 않아 국기를 만든 시기와 사람에 따라 음양 양의의 도안과 4괘의 위치 그리고 색상까지 각각 달랐다. 이러한 태극기는 1910년 8월 29일 일제에 의한 강제 병합 이후 광복 때까지 수난을 당하였다. 이 시기에 만들어진 태극기도 규격이 통일되지 않아 그 형상이 달랐다. 그리하여 1942년 6월 상하이 대한민국 임시정부 국무위원회에서는 통일된 규정을 만들었다지만 광복될 때까지 만들어 사용한 국기마저 통일되지 않았다.

민족 수난기에 만들어진 태극기가 어떤 모습이었는지 몇 가지 국기 그림을 보면 다음과 같다.

① 대조선 국민군 단원의 군인 수첩 태극기(1910년대)

1910년대 대조선 국민군 단원의 훈련 내용을 기록한 수첩에는 군인 규칙 · 전술 · 응급 처치 · 군민군 단원의 명단이 기록되어 있다. 이 수첩 뒷면에는 태극기가 실려 있는데, 이 태극기를 보면 다음과 같다(독립기념관 자료번호 : 자1185, 이 자료는 독립기념관에서 제공 · 게재 승인한 것임).

국민군 단원의 군인 수첩 태극기

위의 태극기를 보면 양의(빨간색)의 넓은 부분은 오른쪽 아래로, 음의(파란색)의 넓은 부분은 왼쪽 위로 굽혀져 있으며, 4괘의 위치는 얼핏보면 현행 태극기의 4괘의 위치와 같아 보이지만 4괘의 위치가 모두 바뀌어 있다.

② 3 · 1운동 당시의 태극기 목각판(1919 : 등록문화재 제385호)

이 목각판은 3 · 1운동 당시 만세 시위에 사용할 태극기를 대량으로 찍어내기 위하여 만든 것으로 이것을 이용하여 찍어낸 태극기를 들고 만세 시위를 전개하였다.[81] 이 태극기는 1985년 남구용이 독립기념관에 기증한 것이다.

3 · 1운동 당시의 태극기 목각판

위의 태극기 목각판(틀)은 가로 30.2cm, 세로 30.9cm, 두께 6.56cm의 원목에 조각한 직사각형이다. 이를 보면 음양 양의가 청색은 왼쪽에 있되 넓은 부분은 밑에, 홍색은 오른쪽에 있되 넓은 부분은 위에 반듯하게 세워져 있고, 4괘는 감 · 리 두 괘의 위치가 바뀌어 있다. 이 국기 제작틀의 태극기는 음양 양의 위치가 앞의 동덕여대 태극기의 양의와는 다르지만 4괘의 위치는 같다(독립기념관 소장).

③ 미주지역 만세 시위 때 사용한 태극기(1919)

이 태극기는 미주지역의 '한국 독립의회' 가 3 · 1운동의 소식을 듣고, 임시정부 수립 직후인 4월 14일부터 16일까지 필라델피아의 독립관에서 '한인 자유대회' 를 열고 민족의 독립선언과 임시정부 수립을 전세계에 널리 선포하고 시위 행진을 할 때 사용한 국기이다.[82]

미주지역 만세 시위 때 사용한 태극기

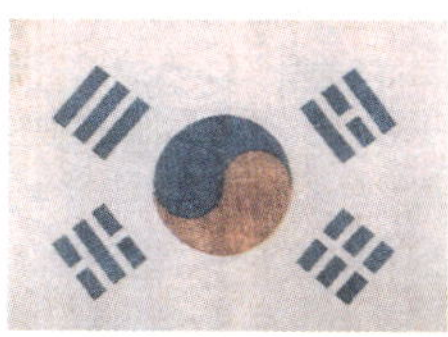

81) 독립기념관, 위의 책, p. 49, 자료번호 : 자 1533(이 자료는 독립기념관에서 제공 · 게재 승인한 것임).

82) 위의 책, p. 53, 자료번호 : 서 341(이 자료는 독립기념관에서 제공 · 게재 승인한 것임).

앞의 태극기는 깃면 바탕의 중앙에 음양 양의는 청색이 왼쪽, 그 넓은 부분은 왼쪽 아래에, 홍색은 오른쪽, 그 넓은 부분이 오른쪽 위에 놓여 있으며, 4괘는 청색으로 감 · 리 두 괘가 바뀌어 있다.

④ 3 · 1운동 때 평양 숭실중학교에서 사용한 태극기(1919)

이 태극기는 조만식 선생이 숭실중학교 학생이었던 김 건에게 "반드시 너의 손으로 태극기를 올려야 한다"는 당부에 따라 3 · 1운동이 일어나기 이틀 전 동료 학생들과 함께 만들어 교정의 국기 게양대에 게양하고, 독립선언식 개최를 알렸던 대형 태극기이다. 이 태극기는 길이(가로) 166cm, 세로(너비) 125.5cm로 현재 숭실대학교 한국기독교박물관에 소장되어 있다.[83)]

3 · 1운동 때 평양 숭실중학교에서 사용한 태극기

위의 태극기의 태극 · 음양양의를 보면 양의(빨간색)는 건괘에서 시작하여 그 넓은 부분이 왼쪽 아래로, 음의(파란색)는 곤괘에서 시작하여 그 넓은 부분이 오른쪽 위를 향해 반듯하게 좌우에 놓여 있다. 4괘는 흑색으로 좌우가 바뀌어 있다.

⑤ 대한독립선언서의 태극기(1919)

이 태극기는 1919년 4월 미주에서 발행된 대한독립선언서에 있는 교차된 태극기로 여기에는 대한독립선언서 전문과 임시정부 각료의 명단, 임시헌장 · 선언문 · 정강을 함께 실었다. 이 교차된 태극기를 보면 다음과 같다(독립기념관 자료번호 : 자1184, 독립기념관에서 제공 · 게재 승인한 것임).

83) 이 자료는 숭실대학교 한국기독교박물관에서 제공하고 그 승인을 받아 게재한 것이다.

대한독립선언서의 태극기

위의 태극기를 보면 오른쪽에 있는 태극기는 음양 양의의 위치가 현행 태극기의 음양의 위치와 같으나 4괘는 감괘(☵)와 리괘(☲)가 바뀌어 있다. 왼쪽의 태극기는 오른쪽의 태극기를 왼쪽으로 돌려놓은 것이기 때문에 음 · 양의 위치가 오른쪽 태극기와 반대이며, 4괘의 위치도 감 · 리 두 괘가 바뀌어 있다.

⑥ 진관사 소장 태극기(1919년대 : 등록문화재 제458호)

이 태극기는 2009년 5월 진관사(서울 은평구 진관동 354) 칠성각 해체 보수 과정에서 내부 불단과 벽체 사이에 있던 태극기와 독립신문 류 등 6종 21점의 유물이 발견되었는데, 이 태극기는 1919년 3 · 1운동을 기점으로 진관사에서 활동하던 스님이 독립운동에 가담하여 확보한 자료로 추정된다. 이 태극기를 보면 다음과 같다(이 자료는 문화재청의 자료 제공과 그 활용 승인을 받아 게재한 것임).

진관사 소장 태극기

위의 태극기는 독립신문 류(1919. 6~12)를 감싼 채로 발견되었는데, 규격은 가로 89cm, 세로 70cm의 면직물에 재봉틀로 박음질되어 있으며, 깃면 중앙에는 약 32cm 직경의 태극문양, 네 귀에는 흑색의 건 · 곤 · 감 · 리 4괘를 배열하였다. 이 4괘는 1942년 대한민국 임시정부 국무위원회가 제정한 국기양식 통일안의 4괘와 동일하나 현행 태극기의 4괘 위치와는 다르다(문화재청, 「문화재청 고시 제2010-20호」, 등록문화재 등록사유에서 재인용). 태극 양의는

홍색이 위에 있되 그 넓은 부분이 오른쪽 아래로, 음의는 흑색(먹으로 칠함)이 아래에 있되 그 넓은 부분이 왼쪽 위로 향하고 음양이 많이 굽혀져 있다. 태극 양의와 4괘는 박음이 있다.

⑦ 『한국의 독립』 외교 선전 책자의 태극기(1919~1920)

이 외교 선전 책자는 파리위원부 통신국에서 발행한 『한국의 독립』책자 표지에는 교차된 태극기를, 한국 통신부에서 발행한 『한국 평론(Korea Review)』지에는 태극 음양의 도형을 표지에 실었다. 이 책자는 대한민국 임시정부에서 주요 지역에 외교위원부를 두고 이를 통해 외교 선전 활동과 독립 운동의 선전을 목적으로 각종 외교 선전 책자를 발행하였는데 이 외교 선전 책자에 수록된 태극기를 보면 다음과 같다(독립기념관 자료번호 : 서382, 이 자료는 독립기념관에서 제공 · 게재 승인한 것임).

『한국의 독립』 외교 선전 책자의 태극기

위의 『한국의 독립』 표지의 태극기를 보면 음양 양의와 4괘의 위치가 현행 태극기의 음양과 4괘의 위치와 같다. 이런 점으로 보아 오늘의 태극기의 태극과 4괘의 위치는 1919년 이후에도 사용되었던 것으로 보인다.

⑧ 독립군 진군기(복재)의 태극기(1920년대)

이 태극기는 1920년대 독립군이 전투시 상징으로 사용했던 진군기(進軍旗)에 있는 것으로 이 태극기를 보면 다음과 같다(독립기념관 자료번호 : 북568, 이 자료는 독립기념관에서 제공 · 게재 승인한 것임).

독립군 진군기의 태극기

위 태극기의 음양 양의를 보면 양의(빨간색)의 넓은 부분은 왼쪽 아래로, 음의(파란색)의 넓은 부분은 오른쪽 위로 굽혀져 있으며, 4괘의 위치는 현행 태극기의 4괘의 위치와는 달리 다 바뀌어 있다.

⑨ 신규식이 사용한 태극기(1920년대)

이 태극기는 신규식(1872~1922)이 1920년대에 소장하고 있던 것으로 이 태극기를 보면 다음과 같다(독립기념관 자료번호 : 자3973, 이 자료는 독립기념관에서 제공 · 게재 승인한 것임).

신규식이 소장하였던 태극기

위의 태극기를 보면 음양 양의는 세로로 반듯하게 세워져 있으며, 양의(빨간색)의 넓은 부분은 왼쪽 위에, 음의(파란색)의 넓은 부분은 오른쪽 아래로 굽혀져 있으며, 4괘는 감(☵) · 리(☲)괘가 바뀌어 있어 현행 태극기와도 다르다.

⑩ 하와이 대한인국민회 독립의연금 영수증 태극기(1920년대)

이 태극기는 1920년대 하와이 대한인국민회에서 독립운동 자금을 모으기 위하여 발행한 대한 독립의연금 영수증(21元)에 있는 태극기로 영수증 오른쪽 위에 그려져 있다. 대한인국민회는 각종 국제대회에 대표를 파견하였으며, 임시정부를 후원하고, 각종 독립의연금을 모아 독립군 단체의 재정을 후원하였다. 이 태극기를 보면 다음과 같다(독립기념관 자료번호 : 자569, 이 자료는 독립기념관에서 제공 · 게재 승인한 것임).

독립의연금 영수증에 있는 태극기

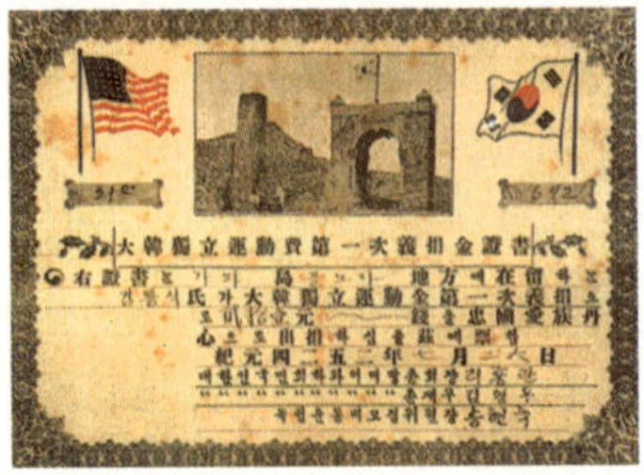

위의 태극기 그림을 보면 음양 양의는 양의의 넓은 부분은 위에서 오른쪽 아래로, 음의는 아래에서 왼쪽 위로 굽혀져 있으며, 4괘 중 리(☲) · 감(☵) 두 괘가 바뀌어 있다.

⑪ 대한민국 상하이 임시정부 의정원의 태극기(1923 : 등록문화재 제395호)

이 태극기는 대한민국 임시정부의 의정원 의장이었던 김봉준의 부인인 노영재가 제작하여 임시정부 의정원에 걸어 두었던 국기이다. 이 태극기를 보면 다음과 같다.[84)]

대한민국 임시정부 의정원에 걸렸던 태극기

위의 태극기는 태극과 4괘는 깃면의 길이 189cm, 세로 142cm이며, 재봉틀로 박음질을 하여 만든 국기로 음양 양의는 흰 바탕의 중앙에 홍색은 오른쪽, 그 넓은 부분이 오른쪽 위에, 청색은 왼쪽, 그 넓은 부분이 왼쪽 아래에 양의가 반듯하게 세워져 있다. 4괘는 흑색으로 감 · 리 두 괘가 서로 바뀌어 있다.

---

84) 독립기념관, 앞의 책, p. 89, 자료번호 : 위 896(이 자료는 독립기념관에서 제공 · 게재 승인을 받은 것임).

위 태극기를 보면 동덕여대에 있는 태극기(1908)와 3 · 1운동 때 사용한 태극기 목각판, 그리고 1919년 미주지역에서 사용한 태극기, 1923년 상하이 임시정부 의정원에서 사용한 태극기는 음양 양의의 위치가 다르지만, 1910년 대부터 1920년 대에 사용된 태극기의 4괘의 위치는 거의 같다.

⑫ 상하이 인성소학교 졸업증서 태극기(1925)

이 교차된 태극기는 상하이 대한민국 임시정부의 공립학교인 인성소학교 졸업증서에 있는 태극기이다. 이 졸업증서는 제5대 졸업생인 김옥인에게 수여한 것으로 이 당시의 교장은 여운형이었다. 이 태극기를 보면 다음과 같다(독립기념관 자료번호 : 자3710, 이 자료는 독립기념관에서 제공 · 게재 승인한 것임).

인성소학교 졸업증서 태극기

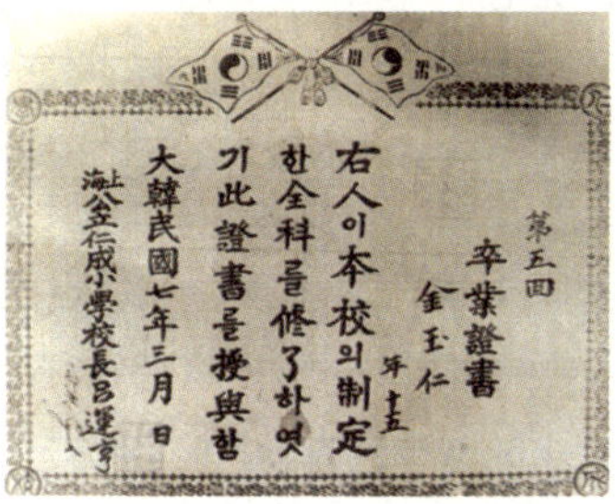
第五回
卒業證書
金玉仁
右人이本校의制定
한全科를修了하엿
기此證書를授與함
大韓民國七年三月 日
上海仁成小學校長呂運亨

위의 교차된 태극기 중 오른쪽의 태극기를 보면 음양 양의는 양의의 넓은 부분이 왼쪽 아래로, 음의의 넓은 부분은 오른쪽 위로 굽혀져 있으며 4괘는 건(☰) · 곤(☷)괘가 바뀌어 있다.

⑬ 김구 · 윤봉길 의사와 태극기(1932)

태극기를 배경으로 하여 찍은 김구 · 윤봉길 의사의 사진을 보면 태극과 4괘의 위치가 각각 다른 것을 볼 수 있다. 이 사진의 태극기는 완전히 보이지 않지만 그 윤곽은 이해할 수 있을 것으로 보인다.

이 사진의 태극기를 보면 다음과 같다.[85)]

김구와 윤봉길 의사 사진 뒤의 태극기는 음양 양의가 청색은 넓은 부분이 오른쪽 아래에, 홍색은 넓은 부분이 왼쪽 위에 반듯하게 세워져 있고, 4괘는

85) 『독립혈사』 I , 문화정보사, 1950, p. 109 및 p. 115.

건 · 곤 · 감 · 리 괘가 다 잘못 배치되어 있다. 이 태극기는 박음질을 하여 만든 것이 특색이다.

김구 · 윤봉길 의사와 태극기

⑭ 뉴욕 월도프 아스트리아 호텔에 게양된 태극기(1930년대 : 등록문화재 제381호)

2003년 5월 30일자 『조선일보』는 '이승만 초대 대통령 쓰던 태극기 돌아왔다' 는 제하에 1942년 '한국독립' 만찬 파티장에서 사용했던 태극기를 1981년 김동준이 발견하여 22년 간 간직해 왔던 것을 기증함으로써 밝혀지게 되었다는 기사가 사진과 함께 보도되었는데, 일명 '이승만이 사용한 태극기' 라고도 한다. 그 내용을 보면 다음과 같다.

이승만이 사용한 태극기

「이 태극기는 뉴욕 한미공화당 선거대책위원회의 의장을 지낸 재미동포 김동준이 이승만 전대통령이 미국에서 독립 운동을 할 때 사용하였던 태극기를 발견하여 수집 · 기증한 것이다. 이 태극기는 1942년 뉴욕 월돌프 아스토리아 호텔에서 개최된 '한국독립' 만찬 파티장에서 사용했던 것이다. 1981년 9월 김동준이 레이건의 선거 기금 모금을 위하여 만찬장에 갔다가 이 태극기를 보고 호텔 담당자에게 똑같은 크기의 현행 태극기 새 것을 주고 교환하여 받은 것이다.

그는 태극기에 쓰인 이름을 보고 워싱턴에 있는 제작 회사를 찾아가 1930년대에 만들어진 것임을 확인하고 유엔 대사를 통해 1942년 한 대사가 직접 참석했던 만찬장에서 이승만이 독립 운동을 할 때 사용하였던 태극기라는 것을 확인하였다. 그가 22년 간 소중히 보관해 오던 태극기를 2003년 4월 미국을 방문한 박관용 국회의장에게 기증 의사를 밝히고 기증하였는데 지금은 국회 헌정기념관에 보관되어 있다 한다(『조선일보』, 2003년 5월 30일 A24면에서 재인용).

이 태극기를 보면 음양 양의는 청색이 왼쪽에, 홍색이 오른쪽에 있되 좌 · 우로 많이 굽혀져 있고, 4괘는 청색으로 감 · 리 두 괘가 바뀌어 있다.

이 태극기는 가로가 1m 43cm, 세로가 84cm되는 두꺼운 광목천 앞 · 뒷면에 청 · 홍색의 천으로 아래 위로 심하게 굽혀져 있는 음양 양의와 청색의 4괘를 박음질(재봉질)해서 겹으로 붙인 것이 특색이다. 김원모는 이 태극기는 태극기의 원형 연구에 귀중한 사료가 될 것이라고 하였다.

⑮ 대한민국 임시정부 태극기(1930년대)

이 태극기는 대한민국 임시정부 주석을 지냈고, 광복 후 국회의원을 역임했던 장준하가 1949년에 김구로부터 받아 보관해 오던 것을 1975년 이화여자대학교에 기증한 것이다. 이태극기의 크기는 길이(가로) 257.5cm, 세로(너비) 128cm로 현재 이화여자대학교 박물관에 소장되어 있다. 이 태극기를 보면 다음과 같다(이화여자대학교 박물관 소장 자료제공과 게재승인을 받은것임).

대한민국 임시정부 태극기

위의 태극기를 보면 태극 음양 양의는 청홍색으로 현행 태극기의 음양 양의의 위치와 같으나 4괘는 흑색으로 감 · 리 두 괘가 바뀌어 있다. 이 태극기는 대한민국 임시정부 의정원 태극기의 음양의 위치(흑색의 넓은 부분이 오른쪽 위에, 파란색의 넓은 부분은 왼쪽 아래)와는 달리 음양도가 아래(청) 위(홍)로 놓여 있다.

⑯ 승리 역군(기원) 배지 태극기(1940년대)

승리 역군(기원) 배지는 제2차 세계 대전이 치열해지자 미주지역 동포들은 조국의 광복과 연합군의 승리를 기원하면서 독립금 모금 운동을 전개하고 기념 배지를 발행한 것이다.

이 배지의 태극기를 보면 다음과 같다(독립기념관 자료번호 : 자1188, 이 자료는 독립기념관에서 제공 · 게재 승인한 것임).

승리 기원 배지 태극기

위 배지의 두 태극기를 보면 두 태극기의 음양 양의는 음의의 넓은 부분이 왼쪽 위로, 양의의 넓은 부분은 오른쪽 아래로 굽혀져 있으며, 4괘는 현행 태극기의 4괘의 위치와 같다.

⑰ 김구 친필 서명문 태극기(1941 : 등록문화재 제388호)

이 태극기는 대한민국 임시정부의 김구 주석이 1941년 중국에서 미국으로 가는 벨기에 신부에게 준 태극기로 후일 안창호선생의 부인인 이혜련여사에게 전달된 것을 1985년 유족들이 독립기념관에 기증한 것이다.

김구 주석의 친필 서명 태극기를 보면 다음과 같다(독립기념관, 위의 책, p. 89, 자료번호 : 도 753, 이 자료는 독립기념관에서 제공 · 게재 승인한 것임).

김구 친필 서명문 태극기

위의 태극기를 보면 음양 양의는 청색이 왼쪽, 홍색은 오른쪽에 바로 세워져 있다. 4괘는 흑색으로 각각 배열 위치가 다르지만 이 국기를 뒤에서 보면

현행 태극기의 4괘의 위치와 같다. 이 태극기는 4괘와 양의를 재봉틀로 박음질한 것이 특징이다.

김구 주석의 친필 서명문 내용을 보면 다음과 같다.

'매우사(梅雨絲 : 마우스 오그) 신부에게 부탁하오. 당신은 우리의 광복 운동을 성심으로 돕는 터이니 이번 행차의 어느 곳에서나 우리 한인을 만나는 대로 아래의 의구(義句)의 말을 전하여 주시오. 지국(止國)의 설움을 면하려거든, 자유와 평화를 누리려거든, 정력 · 인력 · 물력을 광복군에 바쳐서 강노말세인 원수 일본을 타도하고, 조국의 독립을 완성하자.'

1941년 3월 16일 중경에서 김구 근정

⑱ 임시정부 국무위원회에서 규격을 통일한 태극기(1942)

1942년 6월 상하이 대한민국 임시정부 국무위원회에서는 지금까지 불규칙적으로 제작 사용해 온 태극기의 제작 규정을 통일하였는데 통일된 규정에 의해 만들어진 태극기를 보면 다음과 같다.

임시정부 국무위원회에서 규격을 통일한 태극기

위의 국기를 보면 음양 양의는 홍색이 위에 있되 넓은 부분이 오른쪽에, 청색은 아래에 있되 넓은 부분이 왼쪽에 놓여 있고, 4괘는 배열의 위치가 다르다.

임시정부 국무위원회에서 태극기 통일 규정을 만들었으나 이 시기에 만들어진 태극기도 음양 양의와 4괘의 위치가 각각 달랐음을 알 수 있다. 임시정부에서 만든 국기 제작 규정을 보면 다음과 같다.[86)]

86) 『대한민국 임시정부 공보』 75, 「국기 양식 일치안」(임시정부 비서처, 1942년 8월 20일). 이 자료는 독립기념관 독립운동연구소장(안동대학교 사학과 교수)인 김희곤 박사의 제공과 게재 승인으로 게재한 것이다.

상하이 임시정부 국무위원회에서 제정한 국기 제작 규정

국기 양식 일치안

근대 우리 국기의 양식이 일치하지 못함으로 대한민국 24년(1942) 6월 29일 국무회의에서 국기의 양식을 별지와 여히 일정케하여 차를 공포하기로 결의하다(공포 사항 참조).

무릇 국기라는 것이 지극히 소중한 것인데 우리 국기에 대하여 종래의 설명이 다단하여 각언(各言) 기설(其設)할 뿐 아니라 또한 따라 제도(製度)가 일치치 못하여 관첨상(觀瞻上)과 정신상에 영향이 불소(不少)함으로 이에 본 정부에서 그 학설에 주중(注重)하지 않고 양식을 일치케 함에 치중하여 민국(民國) 원년 경에 사용하던 것에 의거하여 그 제법(製法)과 척도(尺度)와 대소와 상징을 좌기와 여히 일정히 하여 차(此)를 공포하니 종금(從今)이후로는 차 표준에 일도(一導)하여 불일치함이 무(無)하기를 요함.

대한민국 24년 6월 29일
임시정부 국무위원회

[좌기]

1. 제법(製法)

(1) 깃면은 백색으로 함.
(2) 태극은 깃면을 4각에 의하여 재(裁)하고(4각의 대각선을 긋고), 그 교차점에 기하여 원형을 작(作)한 후, 그 사선에 의한 원의 직경을 4분하여 좌우 각 4분의 1점에 기하야 좌상우하의 각 상반형(相反形)으로 반원을 작하야 양의를 성(成)하고 그 상반부를 진홍색으로, 그 하반부를 아청색으로 함.
(3) 4괘는 그 사선에 기하여 열(列)하되 건과 곤은 우상좌하로 하고 리와 감은 좌상우하로 하되 흑색으로 함.

2. 척도(尺度)

(1) 깃면의 장(長)(길이 : 가로)과 광도(廣度)(너비 : 세로)는 3과 2의 비로 함.
(2) 태극의 직경은 깃면 광도(廣度 : 너비)의 2분의 1로 함.
(3) 괘는 태극 직경의 2분의 1과 3분의 1의 장방향으로 하되 그 광도(廣度)를 4등분하여 효(爻)는 각 1푼(分)으로 하고, 효와 효의 간은(사이는) 각 1푼(分)의 반으로 하며, 괘와 태극의 거리는 태극 직경의 4분의 1로 함.
(4) 기간(旗竿)은 건(乾)과 곤(坤)에 기(倚)케 함.

3. 대소(大小)

(1) 옥상에 고현(高懸 : 높이 게양하는)할 대기는 그 고도에 의하여 광(너비) 3척(尺) 반과 5척의 양종(兩種)으로 함.
(2) 첨전(簷前 : 처마 앞)에 사게(斜揭 : 비스듬히 다는 것)할 중기는 광 2척 반으로 함.

⑶ 유행시(遊行時)에 수지(手持 : 손에 쥠)할 소기는 광을 1척으로 함.

4. 상징

⑴ 태극의 홍색은 양(남성)을 대(代)하고, 청색은 음(여성)을 대함.

⑵ 4괘의 건과 리는 천(하늘)과 일(해)을 표(表)하고 곤과 감은 지(땅)와 월(달)을 표함.

(( )의 주석은 필자가 붙인 것임)

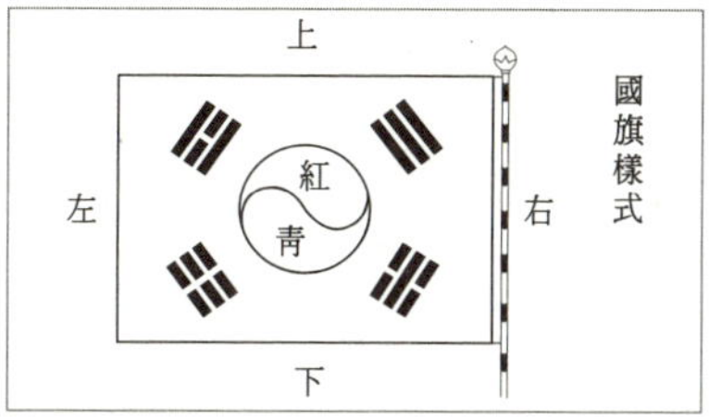

이같은 국기 제작법은 민국(民國) 원년(1919)경에 사용하였던 것에 의거하여 임시정부 국무위원회에서 만든 것이다. 그러나 그 이후에 만들어 사용한 태극기도 시기에 따라 양의나 4괘의 위치가 다른 것을 볼 수 있다. 이것은 임시정부에서 이 규정을 얼마나 널리 알렸느냐, 국기 제작자가 이 규정을 얼마나 알고 그렸느냐, 아니면 임시정부의 국기 제작 규정이 만들어졌음에도 종래의 제작 형태를 그대로 적용했느냐에 따라 다를 것이다.

이러한 임시정부의 국기 제작법은 현행 태극기의 작도법과 거의 같으나 음양 양의와 4괘의 배열 위치는 현행 태극기와 다르다. 그러나 이 태극기를 뒤에서 보면(오른쪽으로 돌려 놓고 보면) 음양 양의 위치는 현행 태극기와 같지만, 4괘의 위치는 감 · 리 두 괘가 바뀌게 된다.

태극기 창제 이후 광복 이전까지 사용해 온 태극기를 시기별로 나누어 그 변천상을 살펴 보았다. 1900년과 1942년에 국기 제작에 관한 규정이 제정 공포되었으나 태극 양의 · 4괘의 도안이나 위치, 색상 등이 각각 다른 모습의 태극기를 사용하여 왔다. 이상에서 본 태극기의 특징을 3가지 기준으로 나눌 수 있는데 이를 보면 다음과 같다.

첫째, 1882년 태극기가 창제된 이후 광복 전까지 60여 년간 사용해 온 태극기 그림과 사진을 국기 제작 규정, 음양 양의의 형태와 위치, 4괘의 위치를 중심으로 살펴보면 다음과 같다.

태극기 제작 규정의 변천

구분 \ 시기	1882. 8.	1900. 12.	1942. 6.
깃면(흰색 바탕)	길이 : 너비의 5분의 2에 못 미침	길이(가로) : 2자 너비(세로) : 1자 8치	길이와 너비의 비 : 3 대 2
태극의 규격	–	태극 : 7치	태극 직경 : 깃면 너비의 2분의 1
음양 양의의 색	음의 : 청색 양의 : 홍색	음의 : 청색 양의 : 홍색	음의 : 아청색 양의 : 진홍색
음양 양의의 위치	세로로 반듯함	–	음의 : 하반부(아래) 양의 : 상반부(위)
4괘의 이름 괘의 규격	건·곤·감·리 –	건·곤·감·리 –	건·곤·감·리 괘 : 태극 직경의 2분의 1과 3분의 1의 장방형, 너비를 4등분함, 괘는 흑색 효 : 너비의 1푼 효와 효사이 : 효너비 1푼의 반푼
괘의 위치	–	–	건 : 오른쪽 위 곤 : 왼쪽 아래 감 : 오른쪽 아래 리 : 왼쪽 위
괘와 태극의 거리	–	–	태극 직경의 4분의 1

위의 표에서 태극기의 제작 규정이 현행 태극기의 제작 규정과 거의 같게 제정된 것은 상하이 대한민국 임시정부 국무위원회에서였다. 임시정부 국무위원회에서는 1942년 6월 29일 '국기 양식 통일안'을 만들어 8월 20일 발행한 대한민국 임시정부 공보(관보) 제75호에 이 내용을 게재하였다.

그런데 위 표에서 1882년 8월(위의 표)에 보이는 태극 양의의 위치와 깃면의 규격에 관한 내용은 그 자체가 국기 제작 규정이라기 보다는 그것은 태극기를 창제하여 조정에 소기 1본을 상송하였을 때 당시의 태극기의 크기와 모양을 나타낸 것이라 생각된다(김상섭, p.102).

둘째, 필자가 수집하여 살펴 본 53개의 태극기의 음양 양의를 조사하여 그 형태와 위치가 어떠한가를 보면 다음과 같다.

태극기 음양의 위치와 형태 변천

구분 \ 시기		1882~1900 이전(A)	1900~1910 이전(B)	1910~광복 전(C)	광복후~국기 시정이전(D)	계
양의의 모양	현행과 같음	–	4	17	13	34(64.2)
	많이 굽혀짐	13	2	2	2	19(35.8)
	계	13(24.5)	6(11.3)	19(35.9)	15(28.3)	53(100)

위 표에서 태극기의 음양(양의)의 변천 모습을 보면 53개 중 현행 태극기의 양의의 모습과 유사한 것은 약 64%인 34개로 이 중 약 50%인 17개가 C시기에 많다. 다음은 D시기가 약 38%인 13개로 주로 1910년 이후에 제작된 태극기의 음양의 모습은 현행 태극기의 음양의 모습과 거의 같음을 알 수 있다. 그러나 53개 중 약 36%인 19개는 음양의 모습이 많이 굽혀져 있으며 이 중 약 68%인 13개가 태극기를 창제하였던 초기에 사용된 것이다. 이런 점으로 보아 태극기를 창제한 이후 1949년 시정(是正) 태극기가 제정될 때까지 사용된 태극기의 음양의 모양은 1900년 이전에는 주로 굽혀진 음양의 모습을 많이 사용해 왔으나 1910년 이후에는 현행 태극기의 음양(양의)과 같은 모습으로 바뀌어져 왔음을 알 수 있다.

그러면 태극기의 음양의 위치 중 음의의 위치는 어느 쪽에 있으며 그것은 어떻게 바뀌어져 왔는가?

음의의 위치 변천

위치 \ 시기	1882~1900 이전(A)	1900~1910 이전(B)	1910~광복 전(C)	광복 후~국기 시정 이전(D)	계
현행 위치와 같음	–	–	2	10	12(22.6)
왼쪽에 있는 것	5	3	6	1	15(28.3)
오른쪽에 있는 것	5	1	5	3	14(26.4)
위에 있는 것	1	1	1	1	4(7.6)
아래에 있는 것	2	1	5	–	8(15.1)
계	13(24.5)	6(11.3)	19(35.9)	15(28.3)	53(100)

위의 표에서 음의의 위치 변천을 보면 53개 태극기 중 약 28%인 15개가 왼쪽에, 26%인 14개가 오른쪽에 있으며 약 23%인 12개가 현행 태극기의 음

양의 위치와 같다. 그 외에도 아래에 위치한 것이 15%인 8개, 위에 있는 것도 4개나 있다. 현행 태극기의 음의 위치와 같은 것은 광복이후에 왼쪽에 있는 15개 중 약 40%인 6개가 C시기에, 약 33%인 5개가 A시기에, 오른쪽에 있는 14개 중 A · C시기에 있는 것이 각 5개, D시기의 것이 3개이며, 아래에 있는 것은 8개 중 5개가 C시기에 있다. 이런 점으로 보아 음의의 위치는 왼쪽과 오른쪽에 많은 것이 특징이다.

셋째는 53개 태극기의 4괘의 위치가 어떻게 배치되어 있는가를 보면 다음과 같다.

태극기 4괘의 위치

시기 / 위치	1882~1900 이전(A)	1900~1910 이전(B)	1910~광복 전(C)	광복 후~국기 시정이전(D)	계
현행 4괘와 같음	6	2	4	5	17(32.0)
4괘가 모두 바뀜	6	1	7	5	19(35.9)
감 · 리 괘만 바뀜	–	2	8	5	15(28.3)
건 · 곤괘만 바뀜	–	1	–	–	1(1.9)
4괘가 아닌 것	1	–	–	–	1(1.9)
계	13(24.5)	6(11.3)	19(35.9)	15(28.3)	53(100)

위의 표에서 보면 53개의 태극기 중 4괘의 위치가 현행 4괘의 위치와 같은 것은 32%인 17개로 이 중 약 35%인 6개가 A시기에 있다. 그러나 C · D시기에도 4 · 5개나 된다. 53개 중 4괘의 위치 모두 바뀌어 있는 것은 약 40%인 19개로 가장 많으며 그 시기는 C · A · D시기가 7 · 6 · 5개 순위이다. 53개 중 감 · 리괘가 바뀐 것은 23%인 15개로 이 중 C시기가 44%인 8개로 가장 많고, 다음이 D시기로 33%인 5개이다. 위의 표에서 4괘가 아니라는 것은 일본의 『시사신보』에 게재된 태극기의 4괘 중 리괘(☲) 외의 태괘(☱), 간괘(☶), 진괘(☳)를 배치하였는데, 이는 4괘가 아닌 것이다(앞의 Ⅲ-3-(1) 참조).

이처럼 국기인 태극기가 창제된 이후 광복 이전까지 다양한 형태의 국기가 사용되어 왔다 하더라도 그것은 우리나라의 국기로 사용되어 왔다.

4. 광복 후 태극기의 시정(是正)

(1) 미군정기(1945. 8~1948. 8)의 태극기

광복 후 남한에는 미군정이, 북한에서는 소련의 군정이 실시되었다. 미군정은 1945년 11월 17일 태극기의 제작 방법과 그 양식을 정하였고, 미군정청 문교부에서 만든 태극기를 교과서에 수록하기도 하였다. 광복 직후 중앙과 미군정하에서 발표한 태극기를 보면 다음과 같다(주 65와 같음).

① 광복 직후 정부에서 공포한 태극기

② 미군정 문교부에서 만든 태극기

광복 직후 정부에서 발표한 태극기의 음양 양의를 보면 홍색이 위에 있되 넓은 부분은 왼쪽에, 청색은 아래에 있되 넓은 부분이 오른쪽에 반듯하게 놓여 있다. 4괘는 현행 태극기의 4괘 위치와 같다.

미군정에서 만든 국기의 음양 양의의 위치는 광복 직후 정부에서 발표한 태극기의 음양과 같으나 4괘의 위치는 감 · 리 두 괘가 서로 바뀌어 있다.

광복 후 미군정시 정치적 · 사회적 혼란기에는 국기 제정에 관한 연구가 충분히 이루어질 수 없었던 상황을 감안하면 정부 수립 후 국기 제정 규정이 마련될 때까지 여러 도안의 국기가 사용되었던 것으로 짐작된다.

③ 광복군 서명문 태극기(1945년 : 등록문화재 제389호)

이 태극기는 1944년 광복군 제2대 대원으로 활약한 문수열(광복군명 문웅명)이 1945년 1월 10일 미국 특수 부대로 옮겨가게 되자 전우 이정수가 이별을 아쉬워하며 선물한 태극기이다. 이 태극기에 있는 글귀들은 광복 후 1946년 1월 중국에서 적은 것인데, 70여 광복군 대원들이 조국의 주권을 찾아 진정한 광복을 이루자는 염원과 결의를 다지는 글귀가 서명되어 있다. 이것은 1986년 8월 독립기념관에 기증한 것으로 이 태극기를 보면 다음과 같다.[87]

87) 독립기념관 소장 자료(자료번호 : 자3722)제공과 게재 승인을 받은 것임.

광복군 서명문 태극기

위의 태극기는 재봉틀로 박음질하여 만든 것으로 음양양의를 보면 양의(빨간색)는 위에 있되 그 넓은 부분이 오른쪽 아래로, 음의(흑색)는 아래에 있되 그 넓은 부분이 왼쪽 위로 완만하게 굽혀져 있으며, 4괘는 흑색으로 감 · 리 두 괘가 바뀌어 있다. 이 태극기는 대한민국 임시정부 국무위원회에서 1942년 6월 국기제작 규격을 통일한 태극기의 태극 · 4괘와는 다르다.

④ 정부 수립 축하식 때 게양한 태극기(1948. 8. 15)

1948년 8월 15일 광복 3주년 기념일에 중앙청 광장(옛 국립박물관)에서 대한민국 정부 수립 선포식을 거행하였다. 이 때 중앙청 기념 식장에는 태극기를 늘여서 게양하였는데 이 태극기를 보면 다음과 같다(독립기념관 자료번호(필름번호) : 4756, 이 자료는 독립기념관에서 제공 · 게재 승인한 것임).

정부 수립 축하식 때 게양된 태극기

위의 중앙에 길이로 게양된 큰 태극기를 보면 4괘의 위치는 현행 태극기의 4괘의 위치와 같으나 음양 양의는 현행 태극기의 음양의 위치와는 다르다. 오른쪽의 작은 태극기는 음양 양의와 4괘의 위치가 왼쪽 중앙의 큰 태극기와 다르며, 또한 현행 태극기와도 다르다.

⑤ 올림픽 출전 한국 대표 유니폼(상의) 배지 태극기(1948)

정부 수립 후 제14회 런던 올림픽 대회 때 대한민국의 선수들이 태극기 배지를 달고 처음으로 참가하였다. 이 때 대한의 대표 선수들이 가슴에 단 태극기 배지를 보면 다음과 같다(독립기념관 자료번호 : 자3919, 이 자료는 독립기념관에서 제공 · 게재 승인한 것임).

올림픽 출전 한국대표 유니폼 배지 태극기

위 태극기를 보면 음양 양의와 4괘의 위치는 현행 태극기와 같다. 그러나 1948년 발행한 '올림픽 참가 기념 우표'의 태극기와 비교해 보면 음양 양의의 위치는 같으나 4괘의 위치는 리 · 감 두 괘의 위치가 다르다. 이처럼 같은 해에 만들어진 태극기라 하더라도 4괘의 위치가 다른 것은 태극기의 제작 규정이 당시까지 통일되지 않았음을 알 수 있다.

(2) 태극기의 시정(是正)

1) 국기 시정 문제의 발단

광복 후 우리나라는 미군정하에서 정치적 · 사회적 혼란이 극심하였다. 해외에서 많은 민족 운동가들이 귀국하였다. 민주주의와 공산주의라는 이데올로기의 대립으로 사회적 혼란은 가중되었다. 이러한 속에서 일제에 항거하면서 지켜왔던 태극기를 사용하게 되었다. 태극기는 그 형태, 즉 도안이나 색상, 위치 등이 통일되지 않아 사용에 혼동을 가져다 주었다.

이에 1945년 11월 8일 미군정하의 문교부에서는 국기 도형을 공표하여 규격에 맞는 국기를 사용하도록 하였다. 그러나 이에 대한 이견(異見)을 가진 사람들은 그와는 다른 도형의 태극기를 사용하기도 하였다. 제3회 광복절 기념일인 1948년 8월 15일 정부 수립 기념 식장에 게양된 태극기는 길이로 늘여서 게양하였는데 4괘의 위치는 현행 태극기와 같다.

2) 국기시정위원회의 구성과 활동

이처럼 미군정기에 사용된 태극기는 규격이 통일되지 않아 국민들에게 뿐만 아니라 각급 기관 · 사회 단체 등에서 사용하는데 혼동을 가져다 주었다. 이에 이승만 대통령은 1949년 1월 4일 국기 규정 통일에 관한 지시를 내렸는데, 그 내용을 보면 다음과 같다.

'대한민국이 새로이 수립된 오늘 정부로서는 국기를 제정하여 전국민이 통일되고 정확한 국기를 쓰도록 조처하라'(백광하, 앞의 책, p. 45).

이에 3일 후인 1월 7일 국무회의의 결의에 따라 국기 제정을 문교부에 위촉하게 되었다. 문교부에서는 1주일 뒤인 1월 14일 국기시정위원회 구성준비위원회를 열고 각 부처 · 국회 · 법조계 · 학계 · 언론계 · 미술계 · 공공 단체 등 각 방면에서 위원 후보를 추천받아 2월 3일 42명의 위원을 선정 위촉하였다. 이 42명의 국기 제정(시정) 위원 명단을 보면 다음과 같다.[88]

국기제정위원(국기시정위원)명단(가나다순)

성 명	소 속	성 명	소 속
고재욱	동아일보사 주필	김일수	국립경찰전문학교 교수
고희동	미협회장	김찬영	대법관
김도태	경성여자상업학교장	김형원	공보처 차장
김영주	우국노인회	김홍관	유학강론 사장
김우열	서울고법원장	김효석	내무 차관
김 훈	기획처 차장	이봉수	문교부 편수과장
권혁채	우국노인회	이선근	서울대 교수(사학자)
노응도	경기 학무과장	이순석	예술대 교수
박종만	(추가위촉)	이정렬	사학연구가(국기연구가)
서상환	서울고검 검사장	이정혁	고려통신사 고문
손진태	문교부 차관	이종모	언론인
신석호	국사관 관장	이중화	조선어학회
안재홍	한성일보 사장	이재학	국회의원
양재하	한성일보 주필	장 발	예술대 교수
오세창	대한국민회 회장	장지영	조선어학회
옥선진	대검 검사	정인보	감찰위원장

88) 김일수, 앞의 책, pp. 33～36.

성 명	소 속	성 명	소 속
윤석오	총무처 차장	주기용	국회의원
이규남	철학자	최범술	국회의원
이병기	사학자	최창순	사회부 차관
이병도	사학자	최현배	조선어학회
이병열	구왕궁사무소	함석기	사학연구가(국기연구가)

위의 42명의 명단을 보면 학계와 관계(각 부처)가 각 11명으로 가장 많고, 법조계 5명, 언론계 4명 및 사회 단체 5명, 예술계 3명, 국기 연구가 2명, 기타 1명으로 각계의 대표들로 구성되었다.

2월 7일 국기제정위원회는 중앙청 제1회의실에서 제1차 회의를 열었다. 이때 '대한민국이 재건된 오늘에 있어서 국기를 반드시 새로 제정되어야 한다'는 의견이 제출되었으나 대다수의 위원들은 '과거 36년 동안 우리 겨레는 오직 태극기를 국가의 상징으로 하여 일정(日政)과 싸워 왔으며 또한 수많은 애국 선열들이 태극기 밑에서 순국하였으므로 태극기는 이 겨레의 마음을 연결하는 단 하나의 표지인 만큼 남북이 통일된 뒤에 양쪽이 합쳐 가지고 국기 문제를 재론하면 또 모르되 그전에는 이를 개정해서는 안 된다'라는 주장이 강하였다(김일수, 앞의 책, p. 37). 회의 결과는 태극기를 우리의 국기로 쓰되 도형의 잘못된 부분을 시정(是正)하여 통일하도록 결정을 내렸다. 이에 '국기제정위원회'는 '국기시정위원회'로 이름이 바뀌게 되었다.

국기시정위원회 위원들은 국내에서 사용하고 있는 여러 국기 중에서 역리에 맞고 역사적 근거가 있는 몇 가지를 골라 이를 중심으로 역사적·역리적으로 깊이 있는 연구와 조사를 하기로 하였으나 좀처럼 결론을 내지 못하였다.

당시에 제시된 국기는 제1도안(구 왕궁 소장 도안), 제2도안(미군정 문교부 도안), 제3도안(우리국기보양회 도안), 제4도안(이정혁 도안) 등 4가지였으나 뒤에 회의 과정에서 제5도안(독립문 태극기 도안)이 추가되었다. 이 5가지 도안을 보면 다음과 같다.[89)]

---

89) 김일수, 앞의 책, p. 38 및 p. 41.

국기시정위원회에 제출된 5개 태극기 도안

제1도안(구 왕궁 소장 태극기 안)

제2도안(미군정 문교부 안)

제3도안(우리국기보양회 안)

제4도안(이정혁 안)

제5도안(독립문 태극기 안)

위의 5가지 도안은 태극과 4괘의 위치가 각각 다 다르다. 그러므로 동 위원회에서는 이를 전문 위원에게 맡겨 검토하기로 결정하고 특별심사위원 12명을 선출하여 위촉하였다. 12명의 특별심사위원 명단을 보면 다음과 같다.[90]

특별심사위원회 위원 명단

성 명	소 속	성 명	소 속
고희동	미협회장	정인보	감찰위원장
노응도	경기 학무과장	최현배	조선어학회
이규남	철학자	김일수	경전 교수(국기연구가)
이병도	사학자	안재홍	한성일보 사장
이정혁	변협회장	이선근	사학가(서울대 교수)
장 발	예술대 교수	이정렬	사학연구가(국기연구가)[91]

90) 위의 책, pp. 33~36.

91) 국기시정위원 42명 중 이정렬 · 함석기에 대해 김일수는 사학연구가로, 백광하 · 백운곡은 국기연구가로 설명하였다.

특별심사위원 12명을 보면 학계 4명, 관계 및 예술계 · 국기 연구가 각 2명, 법조계 및 언론계 각 1명으로 구성되었다. 그러나 이들 위원들이 태극과 양의, 4괘의 위치와 색상 등에 대해 어느 정도의 전문적 지식을 갖고 있었느냐 하는 문제는 우리에게 생각을 해 보게 한다.

1949년 2월 23일 특별심사위원회(심계원 회의실)에서는 4개의 도안을 검토한 결과 우리국기보양회에서 제시한 제3도안을 국기의 도안으로 통과시켰다. 그러나 2월 28일 제2회 전체위원회(중앙청 제1회의실)에서는 이의를 제기하여 독립문에 있는 태극기 원형에 의거하여야 한다면서 새로운 제5도안(독립문 태극기)이 제시되었다. 전체위원회에서는 논쟁이 심하였지만 표결 결과는 특별심사위원회에서 통과된 제3도안이 부결되고 12대 8로 제5도안이 가결되었다.[92]

그 후 3월 25일 제3회 전체위원회(중앙청 제1회의실)에서는 제5도안에 대한 이의 제기로 다시 토론과 논쟁이 있었는데 제5도안은 역리에 합치되지 않고, 지난번 특별심사위원회에서 다른 도안을 주장하던 사람이 제5도안을 찬성한다는 것은 신념없는 짓이라고 공박당하자 다시 표결하여 제5도안이 부결되고 제3도안이 가결되었다.

제3회 위원전체회의에서 5개 국기 도안을 놓고 42명의 위원이 논의하여 찬 · 부 표시한 결과를 보면 다음과 같다(김일수, 앞의 책, pp. 43~45).

① 제3도안(우리국기보양회 안 : 현행 태극기) 찬성자(28인)

김홍관 이정렬 이중화 안재홍 함석기 최범술 이병도
정인보 신석호 김도태 고희동 이규남 김영주 이병기
김일수 오세창 이선근 김효석 박종만 최창순 김형원
윤석오 이재학 이종모 고재욱 장 발 이순석 양재하

② 제5도안(독립문 태극기 안) 찬성자(5인)

이정혁 김찬영 김우열 서상환 옥선진

③ 제1도안(구왕궁 소장 태극기 안) 찬성자(4인)

최현배 장지영 손진태 주기용

④ 미군정 문교부 도안과 이정혁 도안에 대한 찬성자는 없다

---

92) 김일수, 위의 책, p. 48.

그 외에 별개 도안(미상)을 주장한 노응도 · 권혁채는 불찬성자이며, 기권 1인(이병열), 부재위원 1인(김훈)이고, 이봉수 위원의 찬 · 반 여부는 알 수 없다.

이처럼 태극 도안을 두고 충분한 연구와 검토가 있었겠지만 갑론을박한 것은 4괘에 대한 역학적 이론이 부족하였다는 점과 태극 도형이 생성되는 원칙을 모르고 처음(꼬리)과 끝(머리)을 혼동한 점, 태극과 양의 · 4괘의 배열에 대한 역학적 이론에 대한 이해의 부족에서 온 결과라 생각된다.[93]

국가의 상징인 국기를 시정하는데 있어서 민주적 방식인 거수 표결로 결정되었다는 것은[94] 민주적 표결 방법을 적용할 때와 적용하지 아니 할 때를 구분하지 못한 아쉬움이 남는다.

국기시정위원회에서 현행의 국기 도안을 채택하는데 있어서는 다음과 같은 이론과 물적 증거에 의거하였다 한다.[95]

1. 양의의 머리와 꼬리는 양의의 꼬리와 같이 뾰족한 첨단부를 음양이 처음 출발하는 곳으로 수(首)가 되고, 머리와 같이 둥근 부분은 음양이 가장 성해진 미(꼬리)가 된다(이상천 안과 같은 것임).
2. 태극과 괘의 배치에 대하여(이하는 문교부 회신임)
   (1) 원칙은 복희선천도에 의하였다.
   (2) (건)은 양(陽)의의 미(넓은 곳)에 배치하는 것은 리괘가 양괘임에 하지를 의미하고 있으므로 양의 측에 두었다.
   (3) (곤)은 모두가 음으로 되어 있는 괘임에 동지를 의미하고 있으므로 음의의 미(넓은 곳)측에 두었다.
   (4) (감)은 음속에 양이 생하기 시작하는 괘임에 춘분을 의미하므로 양의의 수부 측에 두었다.
   (5) (리)는 양 속에서 음이 생하기 시작하는 괘임에 추분을 의미하므로 음의의 수부 측에 두었다.
3. 태극기의 선에 대하여는 우선과 좌선의 기준이 역학적으로 명백치 않으므로 현행 형식대로 하기로 국기시정위원회에서 결정하였다.
4. 국기 시정 당시 「국기 형식」을 결정함에 있어 참고된 물적 증거에 관하여
   (1) 서울의 동대문과 남대문에 있는 태극
   (2) 1900년 경의 상패

93) 백광하, 앞의 책, pp. 49~50.
94) 위와 같음.
95) 이상천, 「현행 태극기에 대한 고찰」, 『교육평론』 127 · 128, 교육평론사, 1969, pp. 69~70.

(3) 이범석 장군의 저술인 『청산리혈전실기』 중에 있는 화보
(4) 1903년 미국 뉴욕에서 발간한 세계지도
(5) 1907년 미국에서 발간된 사전
(6) 이 당시 독일에서 발간된 지도
(7) 이 당시 프랑스에서 발간 『라루오스 사전』

5. 국기에 대하여 아동에게 교육할 때 태극기가 가지고 있는 역학적인 분석 설명을 할 것이 아니라 태극기가 우리 국기로 결정된 역사적 사실과 태극기의 의의를 교육해야 할 것이다.

위 내용은 이상천의 질의에 대한 교육부의 회신이다. 특히 위의 5는 국기 교육을 할 때 국기의 상징성 교육보다 태극기의 제정 과정과 국기의 의의에 대해 지도해 줄 것을 바란다. 그러나 시정 국기가 제정되었다 하더라도 태극기에 담긴 뜻(의미)을 정부 차원에서 공식적으로 정립하지 못한 아쉬움이 있다.

이상과 같은 과정을 겪은 후 국기시정위원회에서 낸 연구 결론 보고서는 7월 27일 문교부에 제출되었고, 8월 9일 국무회의에서는 이를 문교부 고시로써 전국에 시행시키는 행정 조치를 취하도록 의결하였다. 이에 따라 문교부에서는 10월 12일 대통령의 재가를 얻어 1949년 10월 15일 「문교부 고시 제2호」로 공포하였다.[96] 드디어 대한민국의 '시정(是正) 태극기'가 탄생된 것이다. 시정 태극기를 보면 다음과 같다.

현행 태극기(시정(是正)태극기)

이렇게 탄생된 태극기에 대해 김상섭은 잘못 그려진 국기라면서 그 이유를 세 가지 제시하였다.[97]

첫째, 태극기가 우리의 그 무엇과도 아무런 관련이 없다는 점.

둘째, 국민 그 누구도 태극기가 무엇을 의미하는지 모른다는 점.

셋째, 태극기에 그려진 4괘의 배열이나 음양의 그림의 원리를 아는 사람이

96) 백광하, 앞의 책, p. 50.

없다는 점.

등을 들고 태극기의 창제와 시정 과정을 통하여 그는 아쉬움을 토로하기도 하였다. 98)

김상섭의 이같은 견해는 우리 국기가 잘못 그려진 것을 역학 이론에 바탕하여 지적한 것으로 우리 국기를 사랑하는 마음이 누구보다도 강했기 때문일 것이다. 그것은 잘못을 바로 잡으려는 마음에서였을 것이다.

역학에 문외한인 필자는 130여 년 이상의 역사를 가진 우리의 국기에 대해 지금 한 번 쯤 되돌아보게 된다. 언젠가 통일이 되었을 때 우리는 통일 국기를 만들기 위한 몸부림을 한 번은 치르게 될 것이다. 그 때 우리의 역사와 민족과 관계깊은 도안을 통일 국기로 채택하여 만들 때 보다 참신하고 훌륭한 의견이 반영되어 유서깊은 국기가 만들어지기를 기대한다.

광복 후 태극기 변천사에서 우리국기보양회는 국기의 시정과 국민 계몽에 크게 이바지하였으며, 그 공과는 분명 인정하여야만 한다. 당시의 우리국기보양회의 고문 명단을 보면 다음과 같다. 99)

우리국기보양회 고문 명단 (1949. 7. 현재)

· 명예 총재 : 대통령 이승만 · 회장 : 김일수

고문성명	직 책	고문성명	직 책
이시영	부통령	오세창	대한국민회 회장
김규식	민족자주연맹 위원장	신익희	국회의장
정인보	전 감찰위원장	안호상	문교부 장관
김효석	내무부 장관	임병직	외무부 장관
신성모	국방부 장관	김도연	재무부 장관
윤보선	상공부 장관	이종현	농림부 장관
허 정	교통부 장관	장기영	체신부 장관
권승열	법무부 장관	이윤영	사회부 장관
구영숙	보건부 장관	신태익	법제처장
전규홍	총무처장	김 훈	기획처장
이철원	공보처장	김병로	대법원장
김익진	대검총장	명제세	심계원장

97) 김상섭, 앞의 책, p. 121.

98) 위의 책, p. 134.

99) 김일수, 앞의 책, pp. 62～65.

고문성명	직 책	고문성명	직 책
배은희	고시위원장	이기붕	서울시장
백두진	외자총국장	이순택	금융조합연합 이사장
최순주	조선은행 총재	구자옥	경기 지사
지대형	민주국민당 최고위원	김성수	민주국민당 최고위원
조 소	사회당 당수	안재홍	신생회 회장
이 인	국회의원	박용준	서울시의사협 부회장
이종태	독립협회 총재	이선근	서울법대 학장
전진한	대한노총 위원장	이 호	치안국장
김태일	국립경찰전문교 교장	오천석	전 문교부 장관
이병도	서울대 도서관장	김홍관	유학강론 사장
이진환	사학자	이갑수	보건부 차관
고희동	전국문화단체총연합회 회장	김 구	임시정부 요인
이관구	충호 유림회장	함대훈	전 국립경전교장

합동통신사장	고려통신사장	동아일보사장	서울신문사장	연합신문사장
경향신문사장	조선일보사장	태양신문사장	평화일보사장	국도신문사장
독립신문사장	한국일보사장	시사신문사장	부인신문사장	

(3) 6 · 25전쟁 때 학도병 서명문 태극기

한국 근 · 현대사의 산물인 태극기는 1949년 10월 15일 「문교부 고시 제2호」의 반포로 태극 · 양의의 위치와 색깔, 4괘의 위치와 색깔의 규격이 통일된 태극기를 사용하게 되었다. 우리의 태극기는 일제의 압제 하에서도 엄밀히 보존되어 왔으며, 6 · 25전쟁 속에서도 이 태극기와 나라를 지켜 왔다. 6 · 25 참전 용사들은 태극기를 가슴에 안고 진격하여 1950년 9월 28일 서울을 수복하고 태극기를 중앙청 청사에 높이 게양하였으며, 북진하여 평양 하늘에도 태극기를 휘날렸다. 6 · 25전쟁 때 학도병의 서명문이 적힌 태극기를 보면 다음과 같다.

① 6 · 25전쟁 참전 학도병 서명문 태극기(1950년 : 등록문화제 제392호)

이 태극기는 1950년 9월 1일 제3차 학도병 지원 당시 부산 주둔 육군부대에 입대할 때 조국을 위해 몸 받칠 것을 맹세한 학도병들의 결의를 다진 결의서와 서명이 적힌 국기이다. 이 서명은 건국법정대학 법률과 학생들이 주축이 된 것으로 전하는데 그 글귀는 '대한민국 초석' '필승 학병' '용맹한 우리 역군' '조국의 통일을 위하여' 등이 적혀있다. 이 태극기는 1976년 6월 국가 보훈처에 기증한 것을 1987년 독립기념관이 입수하여 현재 소장하고 있다. 이 태극기를 보면 다음과 같다(국립중앙박물관, 앞의 책, p. 31 및 문화재청 「등록문화재 태극기」, 2008에서 재인용).

6 · 25전쟁 참전 학도병 서명문 태극기

(건국법정대학 학도병 서명문 태극기)

위의 태극기(74×59cm)는 흰 광목천에 음양 양의와 4괘를 새겨 찍어낸 것으로 양의(빨간색)는 위에 있되 그 넓은 부분이 오른쪽 아래로, 음의(파란색)는 밑에 있되 그 넓은 부분이 왼쪽 위로 굽혀져 있고, 4괘는 모두 바뀌어 있다. 이 태극기는 1949년 10월 15일 국기 제작법에 관한 규정이 제정된 이후에 제작된 것이지만 현행 태극기와 다른 것은 학도병들이 친필 서명을 할 때 국기를 바르게 놓지 못했기 때문이라 생각된다. 왜냐하면 태극기를 메는 끈은 오른쪽의 건 · 리 두 괘 쪽에 있는데 이것은 왼쪽으로 돌려놓은 것으로 현행 태극기와는 다르다. 그러나 이를 오른쪽으로 돌려놓고 보면 현행 태극기와 같다.

②6 · 25전쟁 참전 용사 이철희가 지녔던 태극기(1950년 : 등록문화재 제393호)

이 태극기는 6 · 25전쟁 때 특무상사였던 이철희가 지녔던 국기로, 여기에는 1950년 6월 25일부터 동년 10월 5일까지 머물렀거나 참전하였던 곳의 지명이, 태극기의 네 모퉁이에는 '사변폭발(事變爆發)' 이란 글귀와 깃면 중앙의 상단에는 '단기 4283. 6. 25' 이란 날짜가 적혀있다. 태극 음양 양의의 둘레에는 지명이 빼곡히 적혀있는데 우측의 의정부를 시작으로 대구로 끝나는 지명은 북한군의 남침경로, 좌측의 부산 · 영천 · 경주 · 충주 · 이천, 10.5 서울 입성, 승호리, 10.21 평양 등으로 적힌 지명은 국군의 북진 경로로 보인다. 이 태극기를 보면 다음과 같다(이 태극기는 독립기념관에 소장되어 있다. 국립중앙박물관, 앞의 책, p. 32 및 문화재청, 등록문화재 태극기에서 재인용).

6·25전쟁 참전 태극기

(이철희 사변폭발 태극기)

위의 태극기(87×56cm)는 흰 광목천에 태극 양의와 4괘를 날염하여 만든 태극기로 현행 태극기와 같다. 이 태극기는 국기 제작법에 관한 규정「문교부 고시 제2호」가 제정된 후에 제작된 것이다. 문화재로 등록된 태극기 자료 16점 중 본문에 제시되지 않은 4점의 태극기 자료를 보면 다음과 같다(문화재청, 태극기 자료 문화재 등록 자료에서 재인용).

남상락 자수 태극기(1919년)

(등록문화재 제386호)

대한독립만세 태극기(1930~1940년대)

(등록문화재 제387호)

유관종 부대원 태극기(1950년)

(등록문화재 제390호)

경주 학도병 서명문 태극기(1950년)

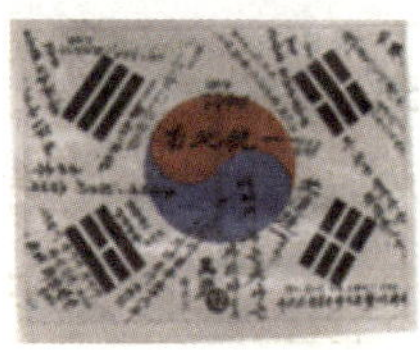

(등록문화재 제391호)

(4) 태극기 자료 문화재 등록[100)]

[2008. 8. 12]

[2010. 2. 25]

1) 태극기를 문화재로 등록한 동기

문화재청은 제63주년 광복절 및 대한민국 정부수립 제60주년인 2008년을 맞아 민족과 애환을 함께하여 온 역사적 가치와 의미가 큰 옛 태극기를 문화재로 등록함으로써, 국권상실 시기에 목숨을 걸고 가슴에 품은 태극기 한 장 한 장이 나라를 되찾는 정신적 지주가 되었음을 다시 한 번 상기하고 국가 상징으로서의 태극기의 의미를 되새기면서 국운 융성과 사회 통합에 큰 도움이 되길 기대함에 있다.

2) 태극기 문화재 등록의 기준

① 시기는 구한말부터 한국전쟁(6.25전쟁)까지 제작 · 사용된 태극기로
② 기본적으로 4괘와 음 · 양의 태극문양이 있고
③ 그 내력이 밝혀진 것들 중 문화재적 가치가 큰 것으로
④ 공신력 있는 기관(박물관)이 소장하고 있는 태극기 40점을 대상으로 하였다.

3) 태극기 문화재 등록 과정

태극기 문화재 등록 과정

기 간	활 동 내 용
2008년 2월~3월	위의 태극기 40점을 대상으로 관계전문가의 현지 조사
2008년 5월 2일	조사자 · 전문가 · 관계기관 합동 검토회의 개최
2008년 6월 5일	문화재위원회의 검토
2008년 7월 30일	문화재위원회의 심의로 15점을 문화재로 선정함
2008년 8월 12일	문화재청은 역사적 가치가 큰 태극기 15점을 문화재로 등록함

100) 이 자료는 문화재청 김미성 담당관이 제공한 자료를 필자가 재구성한 것임.

4) 등록문화재 태극기의 현황

① 태극기 세부 현황

태극기 세부 현황

연번	문화재 명칭	소재지(소장처)	제작년도	재질 · 규격	소유자
1	뉴욜 월도프 아스토리아 호텔 게양 태극기	서울 영등포구 의사당로1 (국회 헌정기념관)	1930년대	면직물, 바느질 144cm×85cm(중)	국회기록 보존소장
2	데니 (O.N.Denny) 태극기	서울 용산구 서빙고로 135 (국립중앙박물관)	1890년 추정	면직물, 바느질 262cm×182.5cm(대)	국립중앙 박물관장
3	미 해병대원 버스비어 (A.W.Busbea) 기증 태극기	경기 하남시 덕풍1동 426-10 (하남역사박물관)	1950년	레이온, 손칠 86.3cm× 69.3cm(중)	하남시장
4	동덕여자의숙 태극기	서울 성북구 하월곡 2동 23-1(동덕여자 대학교 박물관)	1908년	면직물, 바느질 144.5cm× 129cm(대)	학교법인 동덕여학단
5	태극기 목판	충남 천안시 목천읍 남화리 230(독립기념관)	1919년	목재(소나무) 32cm×30cm× 6.5cm(소)	독립기념 관장
6	남상락(南相洛) 자수 태극기	충남 천안시 목천읍 남화리 230(독립기념관)	1919년	견직물, 자수 44cm×34cm(소)	독립기념 관장
7	'대한독립만세' 태극기	충남 천안시 목천읍 남화리 230(독립기념관)	1930~40년대 추정	모직물(펠트), 날염 71.1cm× 27.8cm(소)	독립기념 관장
8	김구(金九) 서명문 태극기	충남 천안시 목천읍 남화리 230(독립기념관)	1941년	견직물, 바느질 62cm× 44.3cm(소)	독립기념 관장
9	한국광복군 서명문 태극기	충남 천안시 목천읍 남화리 230(독립기념관)	1945년	면직물, 바느질 87.8cm× 61.8cm(중)	독립기념 관장

연번	문화재 명칭	소재지(소장처)	제작년도	재질 · 규격	소유자
10	유관종(劉官鍾) 부대원 태극기	충남 천안시 목천읍 남화리 230(독립기념관)	1950년	면직물, 손칠 66.3cm×49cm(소)	독립기념관장
11	경주 학도병 서명문 태극기	충남 천안시 목천읍 남화리 230(독립기념관)	1950년	면직물, 날염 90cm×60cm(소)	독립기념관장
12	건국법정대학 학도병 서명문 태극기	충남 천안시 목천읍 남화리 230(독립기념관)	1950년	견직물, 날염 74cm×59cm(소)	독립기념관장
13	이철희(李鐵熙) '사변폭발(事變爆發)' 태극기	충남 천안시 목천읍 남화리 230(독립기념관)	1950년	면직물, 날염 87cm×56cm(중)	국립중앙박물관장
14	'불원복(不遠復)' 태극기	충남 천안시 목천읍 남화리 230(독립기념관)	1907년	면직물, 바느질(자수) 128cm×82cm(중)	고영준 (전남 담양)
15	대한민국임시정부 의정원 태극기	충남 천안시 목천읍 남화리 230(독립기념관)	1923년	마직물, 바느질 189cm×142cm(대)	이균옥 (경기 광명)
16	진관사소장 태극기	서울특별시 은평구 진관동 354 (진관사)	1919년경	면직물, 재봉틀바느질 89cm×70cm	진관사

문화재로 등록된 위의 태극기 16점을 제작 시기별로 보면 1910년 이전의 것이 3점, 1910~1920년대의 것이 4점, 1930~40년대의 것이 4점, 1950년대의 것이 5점이며, 소장 처별로 보면 독립기념관에 소장되어 있는 것이 11점이다.

② 주요연혁 및 특징

－등록문화재 제381호 『뉴욕 월도프 아스토리아 호텔 게양 태극기』

- 1942년 이승만 박사가 뉴욕 월도프 아스토리아 호텔에서 한국독립만찬회를 열 때 사용했다고 알려진 태극기로, 1981년 9월 재미동포 김동준씨가 이 호텔에 방문하였다가 옛 태극기임을 알고 새 태극기와 교환 후 대한민국 국회에 기증한 것임.
- 1930년대 워싱턴의 깃발 제작회사에서 만든 것이며, 두꺼운 면직물

에 태극문양과 4괘를 재봉틀로 정교하게 겹 박음질하였고 태극은 가늘고 긴 형태로 맞물려 있는 태극기로, 미국에서 태극기 제작 및 항일 독립 운동사의 연구 자료로서 가치가 큼.

－등록문화재 제382호 『데니(O. N. Denny) 태극기』

• 구한말 고종이 미국인 외교고문 데니(O. N. Denny, 1838～1900)에게 하사한 것으로 알려진 태극기로 지금까지 우리나라에서 발견된 태극기 실물 중 가장 오래된 것임. 데니가 1886년부터 1890년까지 고종의 정치외교 고문으로 활동하다가 귀국 시 가져간 것을 그의 후손(William Ralston)이 1981년에 우리나라에 기증한 것임.

• 광목 두 폭을 이어 박은 바탕의 테두리는 손바느질로 마감하였고, 양방은 홍색, 음방과 4괘는 청색 옷감을 오려 1cm 너비로 두 줄 상침한 태극기로 재봉틀을 사용하여 제작한 대형 태극기임. 태극문양의 양방과 음방은 가늘고 긴 몸통으로 원 중앙을 향해 회오리처럼 머리를 휘어감은 형태이고 깃대선에는 위 아래로 달려있는 깃대끈을 단단히 하기 위해 머리카락을 넣어 제작하였음. 보존상태도 매우 양호하며 현존하는 가장 오래된 태극기로서 태극기 변천사를 연구하는 데 귀중한 자료임.

－등록문화재 제383호 『미 해병대원 버스비어(A. W. Bsubea) 기증 태극기』

• 미 해병대 출신 버스비어(A. W. Busbea)가 2005년 11월 미국 아칸소주 리틀록시 맥아더 공원에서 열린 한국전쟁기념광장 기공식에서 경기 하남시에 기증한 태극기로, 한국전쟁 당시 서울 수복을 위한 전투 중 우리 시민이 버스비어에게 건네준 것을 전쟁기간 내내 군용트럭에 꽂고 다니다 귀국 시 갖고 돌아가 50여 년간 보관한 것임.

• 태극기 바탕에 괘의 밑그림을 그린 흔적이 남아 있고 그 위에 색을 칠한 것으로 원래는 일장기였던 것을 시민이 태극기로 개조한 것으로 추정되며, 다소 조잡해 보이기는 하나 한국전쟁 내내 전투현장을 누비고 소중히 간직된 태극기로 민중사적 · 사료적 가치가 큼.

－등록문화재 제384호 『동덕여자의숙 태극기』

• 1908년 동덕여자의숙 개교와 함께 교정에 게양되었고 국권 피탈 이후 36년간 장롱 속 나무상자 및 땅 속에 간직되다 1945년 광복 후에 동덕여자고등학교 교정에 다시 게양된 바 있음. 한국전쟁 때에는 조동식 교장이 태극기를 옷 속에 꿰매고 괴나리봇짐 속에 넣어 피난하

는 등 소중하게 간직되어 온 태극기로, 이러한 내용은 종전 초등학교 5학년 도덕교과서에도 실린 적이 있음.

- 4괘는 검정, 태극문양의 양방은 홍색, 음방은 청색 옷감을 오려 표면에 덧대고 재봉틀로 박음질한 태극기로 태극문양은 상하로 껴안은 형태이며 바탕은 누렇게 바랬음. 옷감재료나 바느질법 등에서 시대성을 볼 수 있고 100년 동안 학교의 정신적 지주로서의 역할을 한 상징성이 크며 사용 내력이 자세히 기록되어 있어 사료적 가치가 매우 큼.

–등록문화재 제385호『태극기 목판』

- 태극기를 찍어내기 위해 목재에 4괘와 태극문양을 새긴 목판임. 1985년 3월 남궁용이 독립기념관에 기증한 것으로 3 · 1운동 때 태극기를 대량으로 찍어내기 위해 사용되었다고 알려져 있음. 가로 32cm, 세로 30cm의 정사각형 형태로 6.5cm의 두꺼운 원목에, 4괘가 네 모서리까지 꽉 차게 조각되어 있고 둘레는 약 1.8cm 너비의 테두리가 있음.
- 인쇄 기술을 이용하기가 쉽지 않은 일제강점기에 사용되던 목판으로 매우 희귀한 자료일 뿐 아니라 그 당시 제작기법과 상황을 헤아릴 수 있는 것으로서 사료적 가치가 매우 큼.

–등록문화재 제386호『남상락(南相洛) 자수 태극기』

- 독립운동가 남상락(1892~1943)이 1919년 4월 4일 당시 독립만세 운동에 사용하기 위하여 부인과 같이 만든 것으로, 1986년 10월에 후손이 독립기념관에 기증함. 남상락은 1919년 3월 1일 고종의 인산을 참관하기 위하여 서울에 상경하였다가 파고다공원의 독립만세 시위에 가담한 후 충남 당진군 대호지면으로 내려와 동지들과 함께 장터에서 독립만세 시위를 벌이다 체포된 인물임.
- 가내수공업 방식으로 짠 견직물(명주)에 손바느질로 테두리를 마감하고 사괘를 검정실로 수놓았으며, 태극은 홍색실과 청색실로 수를 놓아 정성스레 만든 태극기임. 전체가 손바느질로 제작된 매우 희귀한 태극기로 사료적 가치가 매우 큼.

–등록문화재 제387호『‘대한독립만세’ 태극기』

- 1982년 9월 독립기념관 건립추진위원회에 일괄 수집된 태극기로 청색과 홍색의 모직 펠트를 연결 제작한 가늘고 긴 삼각형 형태의 깃발 속에 제작된 것임. 청색 펠트에는 “大韓獨立萬歲” 글귀가 박음질되어 있고 홍색 펠트에는 날염된 태극기가 부착되어 있음.

- 미국의 대학 깃발 같은 모양과 재질, 재봉틀 솜씨, 태극기의 괘 등으로 보아 미국에서 광복 전(1930~1940년대)에 제작된 것으로 추정되는 태극기로서 미국에서의 독립운동 관련 태극기 변천사를 연구하는데 귀중한 자료임.

－등록문화재 제388호 『김구(金九) 서명문 태극기』

- 대한민국임시정부 김구(1876~1949) 주석이 1941년에 중국에서 미국으로 가는 매우사(梅雨絲 : 마우스 오그) 신부에게 준 태극기로, 신부가 미국 뉴욕에서 약 1년 동안 활동하다 중국으로 돌아갈 때 안창호의 부인(이혜련)에게 전달한 것을 1985년 3월에 유족이 독립기념관에 기증함.
- 이 태극기는 옷감을 덧대 홍색의 양방과 청색의 음방, 흑색의 4괘를 재봉틀로 박음질 했고 태극문양은 세로 방향으로 감싸 안는 형태이며, 바탕에는 광복군에 대한 우리 동포들의 지원을 당부한 김구 선생 친필 묵서가 쓰여져 있음. 조국의 독립과 자주 평화통일에 평생을 바친 민족의 지도자이며 겨레의 큰 스승인 김구의 광복 의지가 생생히 담겨있는 태극기로 역사적 가치가 매우 큼.

－등록문화재 제389호 『한국 광복군 서명문 태극기』

- 광복군 제3지대 2구대에서 활동하던 문웅명(일명 문수열)이 1945년 2월 경 광복군 동료 이정수로부터 선물 받은 태극기로 1946년 1월 문웅명이 타 부대로 이임할 때 동료 대원들이 서명해 준 태극기임. 태극문양과 4괘는 옷감을 덧대고 재봉틀로 박음질하여 제작한 태극기로 1986년 8월 독립기념관에 기증되었음.
- 태극기 바탕에 조국의 완전한 독립을 염원하며 결의를 다지는 글귀와 서명이 빼곡히 적혀 있고 70여 건의 서명 중 김국주는 제17대 광복회장, 김영일은 제 18대 광복회장으로 활동하고 있음. 당시 태극기 제작기법 및 형태를 알 수 있는 유물로 글귀마다 나라사랑과 자유에 대한 굳건한 열망이 담겨있어 사료적 가치가 큼.

－등록문화재 제390호 『유관종(劉官鍾) 부대원 태극기』

- 유관종 소위가 1950년 10월 초 호남지구 진격 작전시 사용한 태극기로 1987년 1월 독립기념관에 기증함. 손으로 급히 만든 듯한 태극기로 태극문양은 물감으로, 4괘는 먹물로 그렸으며, 바탕에 청색 펜글씨로 백두산에 태극기를 휘날리겠다는 각오 등 무운장구를 염원하는

글귀와 서명이 적혀 있고 지명이 기록되어 있어 당시 전투 경로 등을 연구할 수 있음.

- 태극기의 전체적인 모양은 조잡해 보이나 전쟁 중 긴박한 상황에서 그린 것으로 동족상잔의 뼈아픈 교훈을 주는 태극기로서 사료적 가치가 큼.

– 등록문화재 제391호 『경주 학도병 서명문 태극기』

- 한국전쟁 당시 경주에서 자원한 학병 19 용사 등이 출정 전에 태극기에 각자 소감을 적고 서명한 태극기로, 1987년 5월 최임준이 독립기념관에 기증함.
- 현재의 국기 규격을 갖춘 판매용 태극기로 "우리의 죽음은 역사의 꽃이 되라", "17세 붉은 피 오직 조국에!" 등의 글귀와 서명은 한국전쟁 중 학도병들의 굳은 의지와 각오를 표현한 것으로서 사료적 가치가 큼.

– 등록문화재 제392호 『건국법정대학 학도병 서명문 태극기』

- 1950년 9월 1일 제3차 학도병 자원 시 부산의 건국법정대학 법률과 학생이 주축이 되어 서명한 태극기로, 1976년 6월 국가보훈처에 기증되었고 이를 독립기념관이 1987년 6월에 입수함.
- 목판에 태극문양과 4괘를 새겨 찍어낸 것으로 무운장구를 염원하고 결의를 다지는 글귀와 서명이 있음. 학도병들이 조국을 위해 몸바칠 것을 맹세하고 생사를 넘나드는 전쟁터에서도 고이 간직해 온 태극기로서 사료적 가치가 큼.

– 등록문화재 제393호 『이철희(李鐵熙) '사변폭발(事變爆發)' 태극기』

- 한국전쟁 당시 특무상사였던 이철희의 유품으로 현재의 태극기 규격을 갖춘 날염된 태극기임. 태극기 네 모서리에 "事變爆發", 맨 위에 "단기 4283. 6. 25日"이라는 글귀가 써 있으며, 태극문양 둘레에는 지명이 빼곡히 적혀 있는데 상부 우측의 의정부를 시작으로 대구로 끝나는 지명은 북한군의 남친경로, 좌측의 부산, 영천, 경주, 충주, 이천, 10.5 서울 입성, 승호리, 10.21 평양 등으로 적힌 지명은 국군의 북진경로로 보임.
- 국군의 애국정신과 투철한 군인정신이 생생하게 표출되어 있고 치열했던 남 · 북의 진군경로 등 한국전쟁사를 연구하는 데 귀중한 자료임.

–등록문화재 제394호『'불원복(不遠復)' 태극기』

- 조선 말 전남 구례 일대에서 활약한 의병장 고광순(1848~1907)이 사용한 것으로 알려진 태극기로 1986년 8월 고영준이 독립기념관에 관리 위탁함. 상단 중앙에 "不遠復" 글씨를 홍색으로 수놓았고 태극문양과 괘는 천을 오려 2줄로 박음질하였는데 태극문양의 양방은 홍색, 음방은 흑색이며, 마직물로 된 깃대 고정용 끈이 3개가 달려 있음.
- 1905년에 을사늑약이 체결되자 일제와 싸우면서 '머지않아 국권을 회복한다' 라는 신념으로 태극기를 만들어 의병활동의 정신적 지주로 삼은 것으로서 항일 독립운동과 관련하여 사료적 가치가 큰 태극기임.

–등록문화재 제395호『대한민국 임시정부 의정원 태극기』

- 1923년 상해 대한민국 임시정부 의정원에 걸렸던 것으로 전해지는 태극기로, 임시정부 국무위원을 지낸 김봉준이 부인과 함께 제작한 태극이며 1983년 9월 후손이 독립기념관에 위탁하여 관리하고 있음. 임시의정원은 1919년 대한민국 임시정부 수립과 함께 1945년 광복에 이르기까지 존속한 입법기관임.
- 재봉틀로 두 폭의 천을 이어 박고 태극문양과 4괘는 천을 오려 박음질 하였으며 좌측과 중앙의 상 · 하단에 묶음줄이 부착되어 있으며, 1m 길이의 다회(여러 올의 실을 꼬거나 짜서 만든 끈)가 달려있음. 태극기 변천사 및 항일독립운동사를 연구하는 데 귀중한 자료임.

–등록문화재 제458호『진관사 소장 태극기』

- 2009년 5월 서울 특별시 은평구 소재 진관사(津寬寺) 칠성각 해체 보수 과정에서 분단과 벽체 사이에서 태극기와 독립신문 류 등 6종 21점의 유물이 발견되었음. 신문 류의 발행 일자가 1919년 6월~12월 사이에 분포된 것으로 보아 이 태극기는 1919년 3 · 1운동을 기점으로 진관사에서 활동하던 스님이 독립운동에 가담하며 확보한 자료로 추정됨(2010년 2월 25일 문화재로 등록됨).
- 이 태극기는 독립신문을 감싼 채로 발견되었는데, 규격은 가로(길이) 89cm, 세로(너비) 70cm의 면직물에 재봉틀로 바느질된 것으로 중앙에 각 약 32cm 직경의 태극문양, 네 귀에 건 · 곤 · 감 · 리의 4괘(흑색)가 갖추어져 있다. 이 4괘의 위치는 1942년 대한민국 임시정부 국무위원회가 제정한 국기 양식의 4괘와 같으나 음양의 도형은 다르고 현행 태극기의 4괘의 위치와도 다름.

5. 대한민국 국기법의 제정

1949년 10월 15일「문교부 고시 제2호」'시정(是正) 태극기'를 대한민국의 국기로 공포한 후 국기에 관한 기본적 규정은 문교부 고시나 국무총리 훈령, 또는 대통령 고시로 규정하였으며, 이에 근거하여 국기 교육을 실시해왔다. 그러나 그 규정들이 다양하여 1984년 2월에는 대통령령으로「대한민국 국기에 관한 규정」을 제정함에 따라 이전의 규정은 이 대통령령에 모두 흡수·통합하여 일원화시켰다.

이 대통령령은 그 후 6차례의 부분적 개정을 거쳐 2002년 11월에는「대한민국 국기에 관한 규정」을 공포하여 시행해 왔다. 그러나 이령은 법적 위상을 갖지 못한 것이었다. 이에 2007년 7월 27일에「대한민국 국기법」과「대한민국 국기법 시행령」을 제정·시행함에 따라 국기에 관한 기본적 사항이 법률로 입법화되어 법률적 위상을 갖게 되었다. 이 국기법은 한국 국기사에서 새로운 발전의 계기를 마련한 매우 의미 있는 것이었다.

여기에서는「대한민국 국기법」과 동법 시행령이 어떻게 제정되었으며,「국기에 대한 맹세」가 어떻게 수정되었는가를 간략히 살펴보고자 한다.[101]

(1) 국기법 제정 이전의 국기에 관한 규정[102]

1) 국기 제작법에 관한 규정

① 문교부 고시 제2호(1949. 10. 15)

시정 태극기의 제작법에 관한 규정이 문교부 고시 제2호로 공포되어 깃면의 색상, 깃면의 길이와 너비의 비, 태극의 작도, 4괘의 작도, 깃봉과 깃대에 관한 규정이 마련되었다.

② 문교부 고시 제3호(1950. 1. 25)

문교부 고시 제3호는 국기 제작 규정 중 태극의 직경을 개정하고, 국기와

---

101)「대한민국 국기법」과 동법 시행령 및「국기에 대한 맹세」문 수정에 관한 자료는 행정자치부의 정유근 의정담당관이 제공한 자료를 정리하여 재구성한 것이다.

102) 국기 교육에 관한 제규정은 하나의 규정을 각각 수록하지 않고 내용 요소별로 묶어서 분류 정리한 것이다.

깃봉의 규격 대소에 관한 규정을 명시하였다.

③ **총무처 공고 제1997-7호(1997. 1. 31)**

옥외 게양용 국기천의 소재 및 국기의 염색 가공에 관한 기준을 정하여 공고한 것이다.

④ **총무처 고시 제1997-61호(1997. 10. 25)**

태극기의 태극의 빨강색과 파랑색의 표준 색도를 정하여 고시한 것이다.

⑤ **대통령령 제11361호(1984. 2. 21)**

국기에 관한 제규정을 대통령령으로 흡수 통합하여 깃면, 태극의 작도, 괘의 작도, 국기의 색상, 금실의 부착, 깃대의 제작, 깃봉의 제작, 국기의 용도별 규격 등을 명시하였다. 이에 따라 문교부 고시 제2호와 제3호는 폐지되었다.

2) 국기 게양 및 강하 방법에 관한 규정

① **국무원 고시 제8호(1950. 1. 16)**

국기 게양 방법에 관하여 게양 시각, 경 · 조일의 게양, 홀 · 짝수시의 게양, 외국기와의 게양, 식장에서의 게양 방법이 명시되어 있다.

② **대통령령 제2호(1966. 4. 25)**

이것은 국무원 고시 제8호의 내용을 더 구체적으로 세분하여 국기 게양 시각, 경 · 조일의 게양, 홀 · 짝수시의 게양, 외국기와의 게양, 기폭만 게양할 때에 관한 규정을 명시하였다. 특히 게양 방법에 관한 그림을 도시하여 이해를 촉구토록 하였다.

③ **국무총리 훈령 제136호(1976. 10. 4)**

국기 게양 및 강하식 시행 요령을 시행 목적, 적용 범위, 게양 및 강하식의 절차와 방법, 기타 의식에 관하여 명시하였다.

④ **총무 의정 131-1533(1982. 10. 7)**

국기 게양 및 강하식 시행 요령 즉 게양 시간, 국기 게양 및 강하식의 절차와 방법 등에 대하여 명시하였다.

⑤ 국무총리 지시 제30호(1982. 11. 26)

국기 게양 및 관리에 관한 내용을 지시한 것으로 올바른 규격의 국기 게양, 행사 후의 수기 관리 등에 관하여 명시하였다.

⑥ 대통령령 제11361호(1984. 2. 21)

대통령령 중 국기 게양일, 게양 시간 변경, 게양식 및 국기 강하식에 관한 절차와 방법, 게양 위치, 홀·짝수시 및 외국기와의 게양, 깃면의 크기 등에 관하여 명시한 것이다.

⑦ 행정자치부 고시 제2002-16호(2002. 8. 9)

새로운 「실내 게시용(정부 권장형) 국기틀」의 규격을 정하여 고시한 것이다.

⑧ 행정자치부 고시 제2002-17호(2002. 8. 19)

실내 게시용(정부 권장형) 국기틀 규격 고시(행정자치부 고시 제2002-16호(2002. 8. 9))의 내용을 정정하여 고시한 것이다.

3) 국기에 대한 예절과 취급에 관한 규정

① 국무원 고시 제8호(1950. 1. 16)

국기를 게양할 때의 예절에 관한 내용을 명시한 것이다.

② 총 제430호(1950. 5. 16)

국기 게양시 경례 방법에 관한 내용을 명시한 것이다.

③ 의정 131-830(1976. 6. 29)

국기에 대한 예의 식장, 국기 통과시, 경례 방법, 국기 취급 요령에 관한 내용을 명시한 것이다.

④ 국무총리 훈령 제136호(1976. 10. 4)

국무총리 훈령 중 국기 게양 및 강하식 때의 경의 표시, 주악 및 구령에 관한 내용을 명시한 것이다.

⑤ 대통령령 제11361호(1984. 2. 21)

대통령령 중 국기에 대한 경의 표시법과 국기의 소각에 관한 내용을 명시한 것이다.

⑥ **국무총리 지시 제1996-5호(1996. 3. 12)**

국기 게양 · 관리 및 국민 의례에 대한 지침을 시달한 것이다.

⑦ **국무총리 지시 제1997-16호(1997. 10. 13)**

국기 게양 · 관리 및 보급에 관한 지시 사항을 시달한 것이다.

4) 대한민국 국기에 관한 규정

① **대통령령 제11361호(1984. 2. 21)**

국기에 관한 제규정이 이원화되어 있기 때문에 이를 대통령령으로 처음 흡수 · 통합하여 「대한민국 국기에 관한 규정」으로 묶었다. 이 내용은 국기에 관한 규정 풀이(법령 해설)와 국기 제작 · 보존 · 사용 · 판매 등에 있어서의 존엄성 유지, 국기에 대한 맹세와 경례법의 명문화, 실내 게시용 및 가정용 국기의 규격에 대해 구체적으로 명시한 것이다.

② **제1차 개정령 대통령령 제12148호(1987. 4. 29)**

대통령령 제11361호로 국기에 관한 제규정을 통합하였으나 일광 절약 시간제 실시와 공무원 퇴근 시간, 일몰 시간을 고려하여 국기 게양 시각 및 강하시각을 변경함에 따라 제1차 개정을 하게 되었다.

③ **제2차 개정령 대통령령 제12642호(1989. 3. 10)**

제2차 개정령은 사무실에서의 국기 게양 규정 삭제, 국기의 표준 규격 중 용도별 국기 깃면의 크기와 깃대의 길이를 일부 완화하여 사용하도록 개정한 것이다.

④ **제3차 개정령 대통령령 제14943호(1996. 3. 12)**

제3차 개정은 국기 강하식이나 각종 행사에서 국기 경례시 애국가의 주악과 국기에 대한 맹세 낭송을 동시 실시하던 것을 맹세문 낭독을 하지 않도록 하여 애국가의 존엄성을 높이려 한 것이다.

⑤ **제4차 개정령 대통령령 제15182호(1996. 12. 27)**

제4차 개정은 국기의 표준 색도, 금실 부착기의 사용, 깃대의 제작, 국기 게양일과 게양 장소, 국기 게양 및 강하 시간, 건물의 국기 게양, 국기의 무늬 등에 대하여 보완한 것이다.

⑥ 제5차 개정령 대통령령 제15948호(1998. 12. 28)

제5차 개정은 각종 국제 회의나 국제 체육 행사 등에 있어서 우리나라를 승인하지 아니한 나라의 국기를 게양할 때는 행정자치부 장관의 사전 협의 절차를 거쳐야 하는데 이를 폐지하도록 한 것이다.

⑦ 제6차 개정령 대통령령 제17770호(2002. 11. 6)

2002 월드컵 축구 대회를 한국에서 개최함을 계기로 국기 무늬, 즉 태극 모양, 4괘를 각종 물품 등에 디자인하여 자유롭게 사용할 수 있도록 규정을 보완한 것이다.

이처럼 1984년 2월 21일 대통령령으로 국기에 관한 제규정을 통합한 후 2002년에 이르기까지 6차례에 걸쳐 「대한민국 국기에 관한 규정」이 개정되었다. 이것은 시대의 변화에 맞게 국기를 융통성있게 사용하도록 하여야 할 필요성에서 개정된 것으로 앞으로도 개정의 가능성을 배제할 수 없을 것이다. 그러나 아무리 시대의 변화에 적응하기 위한 개정이라 하더라도 국기의 존엄성이 훼손되거나 혐오감을 줄 수 있는 개정이 되도록 해서는 안 된다. 각 물건에 국기 모양을 디자인한다고 하여 남녀의 속옷이나 양말, 물건의 밑바닥 또는 땅에 닫는 곳, 침대 시트, 일회용 컵이나 박스, 또 혐오감을 주는 물건 등에 국기가 디자인되어서는 안 된다.

그럼에도 2004년 6월 18일(금요일) 서울에 있는 모 백화점에서 열린 '수영복 패션 쇼'에 수영복을 입은 여성 모델들이 태극기를 접어서 몸에 두르고 나온 모습이 방영되었으며, 5월 16일(금요일 오후 3시 50분경) CNTV(채널22) 화면에는 태극기맨(김종호)이 태극기를 나염한 흰색 바지, 저고리를 입고 태극기를 팔러 다니는 모습이 방영되기도 하였다.

국기 문양의 활용에 대해서는 「대한민국 국기법」 제11조(2007. 7. 27시행)에

① 국기 또는 국기 문양(태극과 4괘)은 각종 물품과 의식 등에 활용할 수 있다. 다만, 다음 각 호에 해당하는 경우에는 그러하지 아니한다.
1. 깃면에 구멍을 내거나 절단하는 등 훼손하여 사용하는 경우.
2. 국민에게 혐오감을 주는 방법으로 활용하는 경우.
② 제1항의 국기 문양 중 태극과 4괘는 이를 함께 또는 분리하여 각종 물품과 의식 등에 활용할 수 있다.

고 규정하고 있다.

이 규정에서 국기나 국기 문양을 각종 물품이나 의식 등에 함께 또는 분리하여 활용할 수 있다는 것은 '국기의 존엄성과 품위를 손상하지 않는 범위 내에서' 활용할 수 있음을 말한다. 즉 국민에게 혐오감을 주거나 국기를 훼손해서는 안된다는 것이다. 국기의 존엄성을 헤치고, 국민에게 혐오감을 주는 각종 물품 즉, 국기를 양말의 밑바닥이나 속옷, 또는 일시적으로 사용하고 버리는 물품, 침대 시트, 방석이나 손수건, 땅에 닿는 곳, 누추한 장소나 물품 등이라든가 광고 목적으로 활용되어서는 안 된다. 국기를 게양하고 강하할 때에 깃면이 땅에 닿지 않도록 해야 하는 이유도 국기에 대한 존엄성을 헤치지 않기 위해서이다. 특히 혐오감을 주는 물품에는 태극기를 무늬로 활용해서는 안 된다. 이것은 국기에 대한 존엄성이요, 예절인 것이다.

우리는 나라 없는 곳에 국기 없고, 국기 없는 곳에 나라 사랑이 있을 수 없는 역사의 교훈을 갖고 있다. 자유로운 생활 가운데에서도 국기에 대한 존엄성을 훼손하는 행위나 혐오감을 주는 행위를 하여서는 안 된다. 국기에 대한 존엄성은 다른 사람이 가져다 주는 것이 아니다. 부모를 공경하고 자식을 사랑하며, 아내와 남편을 사랑하고 소중히 여기는 것처럼 우리가 국가의 표상인 국기를 경건한 마음으로 소중히 다루는 것은 문화 민족으로서의 기본 자세이다.

(2) 대한민국 국기법의 제정

우리나라의 국기인 태극기는 1882년 9월 박영효가 제정한 것을 고종이 1883년 3월 6일(음 1. 27) 8도와 4도(都)에 공포하였다. 그러나 당시에는 국기 제작에 관한 규정이 마련되지 않아 태극기를 제작하는 사람이나 시기에 따라 음양 양의의 도안이나 색상, 4괘의 위치가 같지 않았다.

태극기의 제작에 관한 규정은 1900년 12월 8일 깃면과 태극의 도안 · 색상에 관한 규정이 간략하나마 마련된 것이 있었으며, 1942년 6월 29일 상하이 대한민국 임시정부 국무위원회에서는 「국기 양식 일치안」이란 국기 제작 방법에 관한 규정을 제정 · 공포하였다. 이 「국기 양식 일치안」은 현재의 국기 제작법과 거의 같지만 양의와 4괘의 위치가 다르다. 그럼에도 1900년 이후에 제작 · 사용한 태극기의 모양은 차이가 있었다. 이러한 현상은 광복 후에도 마찬가지여서 사용하는데 혼란과 불편을 가져다 주었다.

이에 정부에서는 국기시정(是正)위원회를 구성하여 수 차례에 걸친 협의회와 논의를 거쳐 1949년 10월 15일 국기 제작 규격에 관한 규정을 「문교부 고시 제2호」로, 1950년 1월 25일에는 국기 깃봉에 관한 규정을 「문교부 고시 제3호」로, 또 「국무원 고시 제8호」로 국기 게양 방법을 각각 공포하였다. 1972년 8월에는 「국기에 대한 맹세」를 제정 · 실시하였으며, 1976년 10월 4일에는 「국무총리 훈령 제136호」로 국기 게양식 및 강하식 시행 요령을 각 기관에 시달하여 실시하도록 하였다. 이러한 국기에 관한 제규정은 1984년 2월 21일 '대통령령 제11361호' 로 「대한민국 국기에 관한 규정」을 만들어 이전의 제규정은 이에 흡수 · 통합하여 일원화시켰다. 그 후 이 국기에 관한 규정은 6차례의 부분적 개정을 거쳐 2002년 11월 6일 '대통령령 제17770호' 로 확정 · 공고되었다.

이러한 우리나라의 국기에 관한 규정은 선진 외국의 여러 나라들이 국기에 관한 기본적 사항을 헌법에 명문화하거나 단일 법률로 규정하고 있는 것과는 달리 대통령령으로 규정하여 법제화되지 않았다.

우리나라도 국기가 갖는 의미와 존엄성, 그리고 그 중요성에 비추어 볼 때, 국기의 존엄성과 국기 사랑하는 마음을 더욱 높이기 위해서는, 국가적 차원에서 국기에 관한 기본적 사항을 법제화하여야 한다는 각계의 여망이 높았다. 이에 따라 늦은 감은 있으나 2007년 1월 27일 「대한민국 국기법」을 '법률 제8272호' 로 공포하고, 6개월이 경과한 날인 7월 27일부터 시행하도록 하였다. 행정자치부에서 「대한민국 국기법」을 제정하여 입법화한 그 역사적 의의는 매우 클 뿐만 아니라, 한국 국기사의 획기적 발전의 계기가 될 것으로 믿어진다.

이 장에서는 「대한민국 국기법」의 제정 이유와 그 내용, 동법 시행령의 제정 과정과 그 내용을, 그리고 「국기에 대한 맹세문」의 수정 과정과 그 내용에 대해 간략히 살펴보고자 한다(국기 법안 내용은 행정자치부에서 제공한 자료에 의한 것임).

1) 국기법의 제정 이유

법제처에서 제시한 「대한민국 국기법」(이하 '국기법' 이라 함)의 제정 이유를 보면 다음과 같다.

「국기는 한 나라의 역사와 전통 및 국권 · 국위 · 존엄성을 나타내는 대표적인 상징으로서, 주요 선진국을 비롯한 세계 각국에서는 국기에 관한 사항을 헌법에 명문화하거나 단일 법률로 제정하고 있으나, 우리나라는 수권 법률없이 대통령령인 「대한민국 국기에 관한 규정」으로 규정하고 있으므로 우리나라의 역사와 전통 및 이상이 담겨져 있는 국기에 대한 사항을 법률로 규정함으로써 국기에 대한 국민의 자긍심과 의식을 제고시키고 나아가 애국 정신을 고양하려는 것임」(『관보』 제16430호, 2007. 1. 26).

이라고 밝히고 있다.

위의 제정 이유를 보면 국기는 한 나라와 민족의 역사와 전통 이상이 담겨있고, 국권과 존엄성을 나타내는 표상이기 때문에, 국기에 관한 사항을 법률로 정하여 나라 사랑하는 마음과 국기에 대한 존엄성을 더욱 높이려는데 그 이유가 있음을 알 수 있다. 지금까지는 국기에 관한 사항이 선진 외국과는 달리 우리나라는 수권 법률이 없는 대통령령으로 규정되어 있는 것을 입법화함으로써 그 위상을 높이려고 하였다는 점에서 그 의의는 매우 크다 하겠다.

2) 국기 법안의 발의

국회에서 국기법 제정을 위하여 국기 법안이 발의된 것은 2004년이었다. 즉 2004년 6월 10일에는 이상배 의원 등 13인이, 9월 24일에는 홍미영 의원 등 25인이 공동 명의로 발의하였다.

국기 법안을 발의한 의원을 보면 다음과 같다.

국기법안 발의 위원명

발의 일자	2004. 6. 10	2004. 9. 24
발의자	이상배(대표 발의), 권오을, 김광원, 김석준, 김성조, 김태한, 박종근, 이상득, 이인기, 이해봉, 임인배, 주성영, 주호영 의원 (13인)	홍미영(대표 발의), 김원웅, 김태년, 김현미, 노현송, 박기춘, 서재관, 신중식, 심재덕, 안상수, 염동연, 유승희, 유시민, 이경숙, 이계안, 이원영, 이재오, 장복심, 전병헌, 정문헌, 정성호, 제종길, 조성래, 최규식, 황우여 의원 (25인)

3) 국기법안의 내용

두 국기 법안의 내용을 비교하면 다음과 같다.

국기법안 내용

발의안 \ 발의자	이상배 등 13인(2004. 6. 10)	홍미영 등 25인(2004. 9. 24)
국기법 제안 이유	국기는 한 나라를 상징하고 국가의 권위와 존엄을 표상하는 깃발로서 미국 · 일본 · 중국 등 상당수의 나라들은 국기에 대하여 헌법 또는 법률로 정하여 국기의 존엄성과 위상을 높이고 있으나 우리나라는 수권법률 없이 대통령령으로만 정하고 있으므로, 우리나라의 역사와 전통 및 이상이 담겨져 있는 국기에 관한 사항을 법률로 정함으로써 국기에 대한 국민의 인식을 제고하고 국기의 존엄성과 애국 정신을 고양하려는 것임.	국기는 한 나라의 역사와 전통 및 국권 · 국위 · 존엄성을 나타내는 대표적인 상징으로서, 프랑스 · 독일 · 미국 · 일본 등의 선진국을 비롯한 세계 각국에서 국기를 헌법에 명문화하거나 혹은 단일 법률로 제정하고 있음. 따라서 현행 대통령령(대한민국국기에 관한 규정)으로 규정하고 있는 우리나라의 국기 관련 규정을 법률로 격상하여 관습상의 국기에 법적 지위를 부여함으로써, 국기에 대한 국민들의 자긍심과 인식을 제고시키고 나아가 존엄성의 수호 및 애국 정신을 고양하기 위한 것임.
주요 내용	가. 대한민국 국기는 태극기로 함(안 제2조). 나. 모든 국민은 국기를 존중하고 애호하여야 하며, 국가는 국기의 제작 · 보존 · 사용 및 판매 등에 있어서 존엄성이 유지되도록 필요한 조치를 강구하여야 함(안 제3조). 다. 국경일, 1월 1일, 국군의 날, 한글날, 현충일, 국장 기간, 국민장일 등을 국기를 게양하는 날로 정하고, 국가와 지방자치단체, 기타 공공 단체의 청사와 각급 학교에는 연중 국기를 게양하도록 함(안 제13조). 라. 현충일 · 국장기간 · 국민장일 등 조의를 표하는 날에는 조기로 게양하도록 하고, 국기와 다른 기(외국기 및 국제연합기를 제외)를 게양하는 경	가. 대한민국 국기는 태극기로 함(안 제2조). 나. 모든 국민은 국기를 존중하고 애호하여야 하며, 국가는 국기의 제작 · 게양 및 관리 등에 있어서 국기의 존엄성이 유지될 수 있도록 필요한 조치를 강구함(안 제3조). 다. 국기 게양은 국경일, 현충일, 국군의 날, 한글날, 국장 기간, 국민장일, 정부가 따로 지정한 날, 지방자치단체의 조례 또는 지방의회의 의결로 정하는 경사스러운 날로 하고, 국가와 지방자치단체의 청사 등에는 국기를 연중 게양 하여야하며, 각급 학교 및 군부대에는 매일 국기를 게양하도록 함(안 제6조). 라. 국기는 경축일 또는 평일에는 깃봉과 깃면의 사이를 떼지 아

발의안 \ 발의자	이상배 등 13인(2004. 6. 10)	홍미영 등 25인(2004. 9. 24)
주요 내용	우에는 국기를 가장 윗자리에 게양하여야 함(안 제16조 및 제17조). 마. 국가는 대통령령이 정하는 바에 따라 국기 관련 사업에 대하여 필요한 지원을 할 수 있도록 함(안 제22조). 바. 국기 또는 국기 문양은 품위를 손상하지 아니하는 범위 안에서 각종 물품의 문양으로 활용할 수 있도록 함(안 제23조).	니하고 게양하며, 현충일 · 국장기간 · 국민장일 등 조의를 표하는 날에는 깃봉과 깃면의 사이를 깃면의 너비만큼 떼어서 게양하고, 기타 국기의 게양 방법 및 게양 시각, 게양식 · 강하식 등에 관하여 필요한 사항은 대통령령으로 정함(안 제7조). 마. 국기 또는 국기 문양(태극과 4괘로 이루어져 국기의 온전한 형태를 유지하고 있는 무늬와 모양을 말한다)은 각종 물품 등에 활용할 수 있으나, 국기의 깃면에 구멍을 내거나 절단하여 사용하는 경우와 국민에게 혐오감을 주는 방법으로 활용하는 경우에는 그러하지 아니함(안 제9조). 바. 국가는 국기 선양을 위하여 대통령령이 정하는 사업을 민간단체 등이 추진하는 경우에는 필요한 지원을 할 수 있음(안 제10조).
법안 내용	**제1장 총 칙** 제1조(목적) 이 법은 대한민국을 상징하는 국기의 제작 · 게양 및 관리 등에 관한 기본적 사항을 규정함으로써 국기에 대한 인식의 제고 및 존엄성의 유지를 통하여 애국 정신을 고양함을 목적으로 한다. 제2조(국기) 대한민국 국기(이하 “국기”라 한다)는 태극기(太極旗)로 한다. 제3조(국기의 존엄성) ① 모든 국민은 국기를 존중하고 애호하	제1조(목적) 이 법은 대한민국을 상징하는 국기의 제작 · 게양 및 관리 등에 관한 기본적 사항을 규정함으로써 국기에 대한 인식을 제고하고 그 존엄성을 수호하며 애국 정신을 고양함을 목적으로 한다. 제2조(대한민국의 국기) 대한민국 국기(이하 “국기”라 한다)는 태극기(太極旗)로 한다. 제3조(국기의 존엄성) ①모든 국민은 국기를 존중하고 애호하여야 한다.

<table>
<tr><th>발의자 / 발의안</th><th>이상배 등 13인(2004. 6. 10)</th><th>홍미영 등 25인(2004. 9. 24)</th></tr>
<tr><td>법안 내용</td><td>여야 한다.
② 국가는 국기의 제작 · 보존 · 사용 및 판매 등에 있어서 존엄성이 유지되도록 필요한 조치를 강구하여야 한다.
제4조(국기에 대한 맹세) 국기에 대한 맹세를 할 때에는 다음의 맹세문을 낭송하여야 한다. 다만 국기에 대한 경례 중 애국가를 주악하는 경우에는 그러하지 아니한다.
"나는 자랑스런 태극기 앞에 조국과 민족의 무궁한 영광을 위하여 몸과 마음을 바쳐 충성을 다할 것을 굳게 다짐합니다"
제5조(국기에 대한 경례) ① 제복을 입지 아니한 사람은 국기를 향하여 오른손을 펴서 왼편 가슴에 대고 국기를 주목한다.
② 제복을 입지 아니한 사람 중 모자를 쓴 사람은 국기를 향하여 오른손으로 모자를 벗어 왼편 가슴에 대고 국기를 주목한다. 다만, 모자를 벗기 곤란한 경우에는 이를 벗지 아니할 수 있다.
③ 제복을 입은 사람은 국기를 향하여 거수경례를 한다.
제6조(다른 법률과의 관계) 국기에 관한 사항에 대하여 다른 법률에 특별한 규정이 있는 경우를 제외하고는 이 법이 정하는 바에 의한다.

제2장 국기의 제작
제1절 깃 면
제7조(깃면의 구성 등) ① 국기의 깃면은 가운데의 태극(太極)과 네</td><td>② 국가는 국기의 제작 · 게양 및 관리 등에 있어서 국기의 존엄성이 유지될 수 있도록 필요한 조치를 강구한다.
제4조(국기의 깃면, 깃봉, 깃대 등) ① 국기는 가운데의 태극(太極)과 네 모서리의 건곤감리(乾:☰ 坤:☷ 坎:☵ 離:☲) 4괘(卦)로 구성한다.
② 국기의 깃면은 그 바탕을 흰색으로 하고, 태극의 윗부분과 아랫부분을 각각 빨간색과 파란색으로 하며, 괘는 검은색으로 한다. 그 깃면의 길이와 너비의 비례는 3 대 2로 한다.
③ 깃봉은 아랫부분에 꽃받침 다섯 편이 있는 둥근 무궁화 봉오리 모양으로 하며, 그 색은 황금색으로 한다.
④ 깃대는 견고한 재질로 만들고, 그 색은 흰색 · 은백색 · 연두색 또는 이와 유사한 색으로 한다.
⑤ 국기 깃면의 그리는 방법과 규격, 국기의 표준 색도, 깃봉의 제작 및 깃대의 설치 방법은 대통령령으로 정한다.
제5조(국기에 대한 경례) 국기에 대한 경례를 하는 때에는 선채로 국기를 향하여 오른손으로 펴서 왼쪽가슴에 대고 국기를 주목하거나 거수 경례를 한다. 그 밖의 국기에 대한 경례 방법과 절차에 관한 구체적인 사항은 대통령령으로 정한다.
제6조(게양일 등) ① 국기를 게양하여야 하는 날은 다음 각 호의 1과 같다.</td></tr>
</table>

발의안 \ 발의자	이상배 등 13인(2004. 6. 10)	홍미영 등 25인(2004. 9. 24)
법안 내용	모서리의 건곤감리(乾坤坎離) 4 괘(四卦)로 구성한다. ② 국기의 깃면은 그 바탕을 흰색으로 하고, 태극의 윗부분과 아랫부분은 각각 빨강색(진홍색)과 파랑색(아청색)으로 하며, 괘는 검정색으로 한다. ③ 국기 깃면의 크기는 별표 1의 국기의 호수별 표준 규격에 의한다. 다만, 필요한 경우 길이와 너비를 3 대 2의 비례로 하여 그 크기를 달리 할 수 있다. ④ 깃면을 그리는 방법은 별표 2와 같다. 제8조(국기의 표준 색도) 행정자치부장관은 제7조제2항의 규정에 따른 색의 표준이 되는 색도를 정하여 이를 고시한다. 제9조(국기의 검정색 표시) 인쇄물 등에 국기의 깃면을 제7조제2항의 규정에 따른 색으로 표시할 수 없는 경우에는 깃면 바탕과 태극의 윗부분은 인쇄물 등의 바탕색으로, 태극의 아랫부분과 4괘는 검정색으로 나타내어야 한다. 다만, 외국인의 열람을 위한 인쇄물 등은 국기를 표시함에 있어서 특별한 사유가 없는 한 제7조제2항의 규정에 따른 색으로 표시하여야 한다. 제10조(금실의 부착) ① 깃면의 둘레에 금실을 달 수 있는 경우는 다음과 같다. 다만, 국기와 금실을 달지 아니하는 외국기를 함께 게양하거나 사용하는 경우에는 금실을 달 수 없다.	1. 국경일 2. 현충일 3. 국군의 날 4. 한글날 5. 국장 기간 6. 국민장일 7. 정부가 따로 지정한 날 8. 지방자치단체의 조례 또는 지방의회의 의결로 정하는 경사스러운 날 ② 제1항의 규정에도 불구하고 모든 국민은 매일 24시간 국기를 게양할 수 있다. ③ 각급 학교 및 군부대에는 국기를 매일 게양하여야 한다. ④ 국가 및 지방자치단체의 청사 등에는 국기를 연중 게양하여야 하며, 가급적 연중 게양하여야 하는 장소는 다음 각 호와 같다. 이 경우 야간에는 적절한 조명을 하여야 한다. 1. 공항 · 호텔 등 국제적인 교류장소 2. 대형건물 · 공원 · 경기장 등 많은 사람이 드나드는 곳 3. 공공기관 청사 등의 울타리 4. 기타 많은 깃대가 함께 설치된 곳 ⑤ 국기가 심한 눈 · 비와 바람 등으로 그 훼손이 우려되는 경우에는 이를 게양하지 아니한다. 제7조(국기의 게양 방법) 국기는 경축일 또는 평일에는 깃봉과 깃면의 사이를 떼지 아니하고 게양하며, 현충일 · 국장기간 · 국민장일 등 조의를 표하는 날에는 깃봉과 깃면의 사이를 깃

발의안 \ 발의자	이상배 등 13인(2004. 6. 10)	홍미영 등 25인(2004. 9. 24)
법안 내용	1. 국가를 대표하는 사람의 승용차에 다는 경우 2. 의전용으로 쓰이는 경우 3. 실내에서 게양하는 경우 4. 각종 국제회의 때 탁상용으로 쓰이는 경우 5. 그 밖에 대통령령으로 정하는 경우 ② 금실의 폭은 깃면 너비의 7분의 1 내지 8분의 1로 하여 깃면의 둘레에 달고, 깃대와 접하는 부분에는 이를 달지 아니한다. 제2절 깃봉과 깃대 제11조(깃봉의 제작) ① 깃봉은 아랫부분에 꽃받침 5편이 있는 둥근 모양에 가까운 무궁화 봉오리 모양으로 하고, 그 색은 황금색으로 한다. ② 깃봉의 제작 방법은 별표 3과 같다. 제12조(깃대의 제작 등) ① 깃대는 견고한 재질로 만들고, 그 색은 흰색 · 은백색 · 연두색 또는 이와 유사한 색으로 한다. ② 깃대의 설치 방법은 대통령령으로 정한다. **제3장 국기의 게양** 제13조(게양일 및 게양 장소) ① 국기를 게양하여야 하는 날은 다음 각 호와 같다. 다만, 다른 날에도 국기를 게양할 수 있다. 1. 국경일 2. 1월 1일 3. 국군의 날 4. 한글날	면의 너비만큼 떼어서 게양한다. 기타 국기의 게양 방법 및 게양 시각, 게양식 · 강하식 등에 관하여 필요한 사항은 대통령령으로 정한다. 제8조(국기의 관리 등) ① 국기를 게양하는 기관 또는 단체의 장 등은 국기의 존엄성이 손상되지 아니하도록 국기, 깃봉, 깃대 등을 관리하여야 한다. ② 여러 사람이 모이는 집회 등 각종 행사에서 수기(手旗)를 사용하는 경우 행사를 주최하는 자는 국기가 함부로 버려지지 아니하도록 관리하여야 한다. ③ 국기가 훼손되어 게양하기에 적합하지 아니한 경우에는 소각 등 적절한 방법으로 폐기하여야 한다. ④ 국기를 영구(靈柩)에 덮을 때에는 국기가 땅에 닿지 않도록 하고 영구와 함께 매장하여서는 아니되며, 덮는 방법 등에 관해서는 대통령령으로 정한다. 제9조(국기 또는 국기 문양의 활용) ① 국기 또는 국기 문양(태극과 4괘로 이루어져 국기의 온전한 형태를 유지하고 있는 무늬와 모양을 말한다)은 각종 물품과 의식(儀式) 등에 활용할 수 있다. 다만, 다음 각 호에 해당하는 경우에는 그러하지 아니한다. 1. 대한민국을 모독할 목적으로 깃면에 구멍을 내거나 절단하여 사용하는 경우 2. 국민에게 혐오감을 주는 방법으로 활용하는 경우 ② 제1항의 국기 문양 중 태극과 괘는 이를 함께 또는 따로 분리하여 각종 물품과 의식 등에 활

발의안 \ 발의자	이상배 등 13인(2004. 6. 10)	홍미영 등 25인(2004. 9. 24)
법안 내용	5. 현충일 6. 국장 기간 7. 국민장일 8. 정부가 따로 지정하는 날 9. 지방자치단체가 조례 또는 지방의회의 의결로 정하는 경사스러운 날(당해 지방자치단체에 한한다) ② 국가와 지방자치단체 그 밖의 공공단체의 청사와 각급 학교에는 연중 국기를 게양하여야 하고, 다음 각호의 장소에는 가능한 한 연중 국기를 게양하도록 하여야 한다. 1. 공항 · 호텔 등 국제적인 교류 장소 2. 대형 건물 · 공원 등 많은 사람이 드나드는 곳 3. 주요 정부 청사의 울타리 4. 많은 게양대가 함께 설치된 곳 5. 그 밖에 대통령령이 정하는 장소 제14조(게양 및 강하 시간) ① 국기는 24시간 게양할 수 있다. 이 경우 야간에는 적절한 조명을 하여야 한다. ② 군부대의 주된 게양대에는 국기를 낮에만 게양한다. ③ 국기를 낮에만 게양하고자 하는 경우 게양 및 강하 시각은 다음 각 호와 같다. 1. 게양 시각 : 오전 7시 2. 강하 시각 : 3월부터 10월까지 오후 6시, 11월부터 다음해 2월까지 오후 5시 ④ 다음 각호의 경우에는 제3항의 규정에 따른 국기의 게양 및 강하 시각을 변경할 수 있다.	용할 수 있다. 제10조(국기 선양을 위한 사업의 지원) 국가는 국기 선양을 위하여 대통령이 정하는 사업을 민간단체 등이 추진하는 경우에는 필요한 지원을 할 수 있다. 제11조(다른 법률과의 관계) 국기에 관한 사항은 다른 법률에 특별한 규정이 있는 경우를 제외하고는 이 법이 정하는 바에 의한다. **부 칙** 이 법은 공포 후 3월이 경과한 날부터 시행한다.

발의자 발의안	이상배 등 13인(2004. 6. 10)	홍미영 등 25인(2004. 9. 24)
법안 내용	1. 야간 행사 등에 있어서 국기를 게양할 필요가 있는 경우 2. 국장 및 국민장 등 조기(弔旗)를 게양하여야 하는 경우 ⑤ 국기는 심한 비 · 바람 등으로 훼손되거나 존엄성이 유지되기 어려운 경우에는 이를 게양하지 아니한다. 제15조(게양식 및 강하식) 군부대는 그 주된 게양대의 국기를 게양 및 강하하는 때에 대통령령이 정하는 바에 따라 게양식 및 강하식을 행하여야 한다. 다만, 제14조제4항의 규정에 따른 사유로 인하여 국기를 수시로 게양 · 강하는 경우에는 그러하지 아니한다. 제16조(국기의 게양 방법 등) ① 국기는 다음 각 호의 방법으로 게양하여야 한다. 1. 경축일 또는 평일 : 깃봉과 깃면의 사이를 떼지 아니하고 게양함. 2. 현충일 · 국장 기간 · 국민장일 등 조의를 표하는 날 : 깃봉과 깃면의 사이를 깃면의 너비만큼 떼어 조기(弔旗)를 게양함. ② 국기와 다른 기(외국기 및 국제연합기를 제외한다. 이하 이조에서 같다)를 함께 게양하는 경우에는 국기를 가장 윗자리에 게양하여야 한다. ③ 국기의 게양 및 강하 방법, 국기와 다른 기의 게양 및 강하 방법, 주택 · 건물 · 차량 등에 있어서 국기의 게양 위치 등에 관하	

발의자 / 발의안	이상배 등 13인(2004. 6. 10)	홍미영 등 25인(2004. 9. 24)
법안 내용	여는 대통령령으로 정한다. 제17조(국기 · 외국기 또는 국제연합기의 게양) ① 국기와 외국기를 함께 게양하는 경우 외국기는 우리나라를 승인한 나라에 한하여 게양하여야 한다. 다만, 국제적 회의 또는 체육 대회 등에 있어서는 우리나라를 승인하지 아니한 국가의 국기를 게양할 수 있다. ② 국기 · 외국기 또는 국제연합기를 함께 게양하는 경우 그 크기 · 높이 · 게양 방법 등에 관하여는 대통령령으로 정한다. 제18조(재외공관에 있어서 국기의 게양 및 강하시각 등) 재외공관의 경우에 국기의 게양 및 강하 시각 등은 주재국의 관례에 따른다. **제4장 국기의 관리** 제19조(국기의 유지 · 관리 등) ① 국기는 항상 깨끗한 상태로 유지 · 관리하여 국기의 존엄성이 훼손되지 아니하도록 하여야 한다. ② 국기를 게양 · 관리하는 기관 · 단체의 장은 월1회 이상 국기 및 게양대의 상태를 점검하여야 한다. 훼손된 국기나 게양대는 즉시 교체 또는 보수하여야 한다. ③ 여러 사람이 모이는 집회 등 행사를 주최하는 자는 수기(手旗)를 사용할 경우 국기가 함부로 버려지지 아니하도록 집중관리하여야 한다. 제20조(영구에 덮는 국기의 관리) 영	

<table>
<tr><th>발의자
발의안</th><th>이상배 등 13인(2004. 6. 10)</th><th>홍미영 등 25인(2004. 9. 24)</th></tr>
<tr><td>법안 내용</td><td>구(靈柩)에 국기를 덮을 때에는 국기가 땅에 닿도록 하거나 영구와 함께 매장하여서는 아니된다.
제21조(국기의 소각) 국기가 훼손된 때에는즉시 소각하여야 한다.
제22조(국기 관련 사업에 대한 지원) 국가는 대통령령이 정하는 바에 따라 국기 관련 사업에 필요한 지원을 할 수 있다.
제23조(국기 또는 국기 문양의 활용) 국기 또는 국기 문양(태극과 4괘로 이루어져 국기의 온전한 형태를 유지하고 있는 무늬와 모양을 말한다)은 그 품위를 손상하지 아니하는 범위 안에서 각종 물품 등에 이를 활용할 수 있다.

부 칙
이 법은 공포 후 3월이 경과한 날부터 시행한다.

[별표 1]

국기의 호수별 표준 규격
<table>
<tr><th>호수</th><th>깃면의 표준 규격
(길이×너비)</th><th>비 고</th></tr>
<tr><td>특호
1호
2호
3호
4호
5호
6호
7호
8호
9호
10호</td><td>540cm이상×300cm이상
450cm×300cm
306cm×204cm
270cm×180cm
225cm×150cm
180cm×120cm
153cm×102cm
135cm×90cm
90cm×60cm
45cm×30cm
27cm×18cm</td><td>용도별 권장규격
• 건물 게양대용 : 특호, 1호~7호
• 가정용 : 7호 또는 8호
• 차량용 : 9호 또는 10호</td></tr>
</table></td><td></td></tr>
</table>

발의안 \ 발의자	이상배 등 13인(2004. 6. 10)	홍미영 등 25인(2004. 9. 24)
법안 내용	[별표 2] 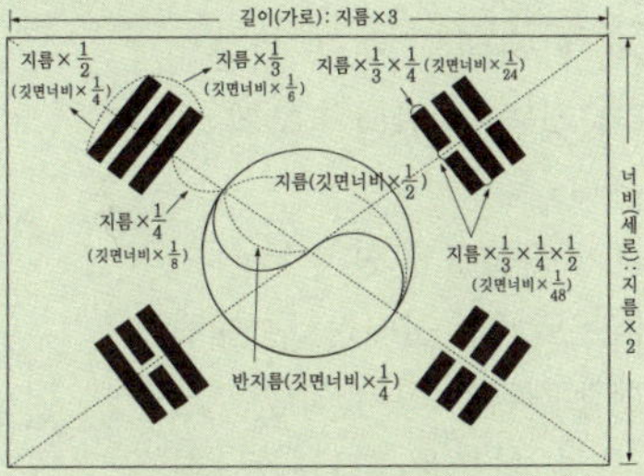 태극의작도 1. 태극의 원은 깃면의 두 대각선이 서로 만나는 점을 중심점으로 하는 원을 그리며, 지름은 깃면 너비(세로)의 2분의 1로 한다. 2. 태극의 빨강과 파랑을 구분하는 곡선은 두 대각선 중 왼쪽 윗모서리에서 오른쪽 아랫모서리로 그어진 대각선상의 원의 지름을 2등분하여, 왼쪽부분에 원의 지름의 2분의 1(깃면 너비의 4분의 1)을 지름으로 하는 반원을 대각선의 아랫부분에 그리고, 그 오른쪽 부분에 원의 지름의 2분의 1(깃면 너비의 4분의 1)을 지름으로 하는 반원을 대각선의 윗부분에 그린다. 괘의작도 1. 4괘의 건(乾 : ☰), 곤(坤 : ☷), 감(坎 : ☵), 이(離 : ☲)로 하되, 깃면의 왼쪽 윗부분에 건을, 오른쪽 아랫부분에 곤을, 오른쪽 윗부분에 감을, 왼쪽 아랫부분에 이를 각각 배열한다. 2. 괘의 길이는 태극 지름의 2분의 1(깃면 너비의 4분의 1)로 하고,	

발의자 발의안	이상배 등 13인(2004. 6. 10)	홍미영 등 25인(2004. 9. 24)
법안 내용	괘의 너비는 태극지름의 3분의 1(깃면 너비의 6분의 1)로 하며, 괘와 태극 사이는 태극 지름의 4분의 1(깃면 너비의 8분의 1)을 띄운다. 3. 괘의 길이 중심을 깃면의 두 대각선상에 두되, 그 길이는 두 대각선과 각각 직각을 이루도록 한다. 4. 괘의 구성 부분은 효(爻)로 하되, 그 효의 너비는 괘 너비의 4분의 1(깃면 너비의 24분의 1)로 하고, 효와 효사이 및 끊어진 효의 사이는 효 너비의 2분의 1(깃면 너비의 48분의 1)로 한다. [별표 3] 깃봉의 제작 방법 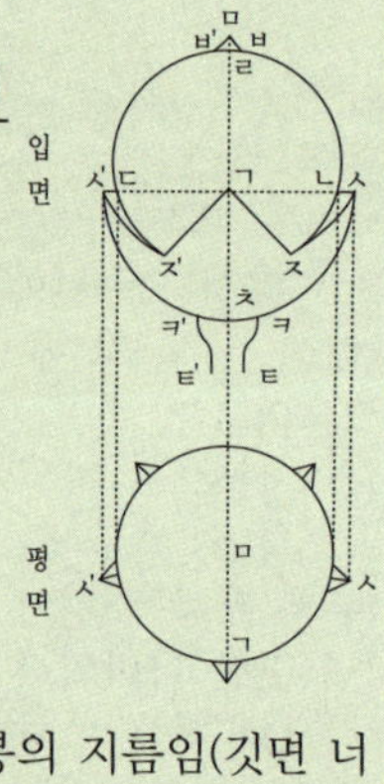 1. ㄴ ㄷ은 깃봉의 지름임(깃면 너비의 1/10) 2. ㄱ ㄴ : ㄱ ㄹ=7 : 8로 하여 ㄴ ㄹ ㄷ의 반타원을 이룸 3. ㄹ ㅁ · ㄹ ㅂ은 각 ㄱ ㄹ의 1/8 4. 꽃받침 첨단의 부피는 ㄱ ㄴ의 1/10 5. ㄱ을 중심으로 하여 ㅅ ㅊ ㅅ′의 반원을 그려 꽃받침을 이룸 6. ㅈ은 ㄱ ㅊ, ㄱ ㅅ의 각 중간점에서 수평 수직된 선의 교차점임 7. ㅊ ㅋ은 ㄱ ㄴ의 1/3 8. ㅋ ㅌ은 ㄱ ㄴ의 2/5	

위의 두 국기 법안을 보면 전자(2004. 6. 10 발의)는 총 4장 전문 23조로 구체적인 사항까지 취급하여 종전의「대한민국 국기에 관한 규정」처럼 보인다. 그러나 후자(2004. 9. 24 발의)는 전문 11조로 기본 사항만 다루고 구체적인 사항은 국기법 시행령에서 취급하였다. 새로 제정된「대한민국 국기법」은 이 두 안의 기본 사항을 절충하여 만든 것으로 보인다.

4) 국기법의 공포

위의 두 국기 법안은 관련위원회(소관위 · 법사위 등)에서 연구 검토하여 하나의 법안으로 만들어 심의 · 의결하고 2006년 12월 22일 본회에 상정 의결하였다. 본 회에서 의결된 국기 법안은 2007년 1월 11일 정부로 이송되어 2007년 1월 26일 법률 제8272호를 공포하였으며, 6개월이 경과한 날인 2007년 7월 27일부터 시행하게 되었다. 우리나라의 국기사상 비로소「대한민국 국기법」이 수권법률로서의 위상을 갖게 된 것이다. 우리는 국기법 제정의 과정과 의의를 바르게 인식하여 국기 사랑의 마음을 깊이 되새겨야 할 것이다.

5) 국기법의 주요 내용

국기법의 주요한 기본 사항은 이 법의 제정 목적과 정의, 다른 법률과의 관계, 국기의 존엄성, 국기 게양일과 게양 방법, 국기에 대한 경례, 국기의 깃면 · 깃봉 · 깃대, 국기의 관리, 국기 및 국기 문양의 활용과 제한, 국기 선양 사업 등에 관한 것 등 전문 12조로 구성되어 있다. 전문 내용은 Ⅵ-2의 내용(대한민국 국기법)을 참고하기 바란다.

(3)「대한민국 국기법 시행령」의 제정 및 개정

1) 제정 이유

'대통령령 제20204호' 로 2007년 7월 27일 공포한「대한민국 국기법 시행령」의 제정 과정과 주요 내용을 보면 다음과 같다.

국기법 시행령의 제정 이유를 보면 아래와 같다.

「대한민국을 상징하는 국기(태극기)의 제작 · 게양 및 관리에 관한 사항을 규정한 국기법이 제정됨에 따라 법률에서 위임된 사항과 법률의 시행에 필요한 사항을 현행 「대한민국 국기에 관한 규정」(대통령령 제17770호)에 준하여 규정하는 한편, 국기에 대한 맹세문을 보다 국민 정서에 맞게 수정하여 정하고, 현행 「규정」을 폐지하고자 하는 것이다.」

라고 명시하고 있다.

2) 제정 과정

① 입법 예고

행정자치부는 「대한민국 국기법 시행령」을 제정함에 있어 그 제정 이유와 주요 내용을 국민에게 널리 알려 이에 대한 의견을 듣고자 「행정 절차법」 제41조의 규정에 의하여 '행정자치부 공고 제2007-63호'를 2007년 4월 23일 행정자치부 장관의 이름으로 공고하고, 「대한민국 국기법 시행령 및 시행 규칙」 제정안을 입법 예고해서 의견이 있는 단체 또는 개인은 2007년 5월 13일까지 장관(의정팀장)에게 제출해 주도록 하는 한편, 입법 예고안의 질문을 보고 싶은 사람은 행정자치부 홈페이지(http://www.mogaha.go.kr) 입법 예고안을 참고 하도록 하였다. 의견 제출 요령은 아래와 같다.

가. 입법 예고 사항에 대한 의견(찬성 또는 반대 의견과 그 이유)
나. 성명(법인 기타 단체인 경우에는 그 명칭과 대표자), 주소 및 전화 번호
다. 보낼 곳 : 행정자치부 의정팀/주소 : 서울특별시 종로구 세종로 55 정부 중앙 청사 1917호, 우110-760

② 입법 예고의 주요 내용

가. 행정자치부 장관 · 교육인적자원부 장관 및 지방자치단체장은 국민의 국기에 대한 의식 제고를 위해 국기에 대한 교육 및 홍보 활동 등 국기 선양 사업을 추진 지원하도록 함(안 제2조).
나. 국기에 대한 경례 방법, 국기에 대한 맹세 등 국기에 대한 경례 방법 및 절차에 대해 규정함(안 제3조~4조)(현행 규정 제3조~4조).
다. 국기의 표준 규격, 태극의 작도, 괘의 작도, 국기의 표준 색도, 국기 깃봉의 제작, 깃대의 설치 방법 등 국기의 제작 방법을 규정함(안 제6조~11조)(현행 규정 제5조~11조 및 제22조).
라. 국기 게양 및 강하 방법, 게양 및 강하 시각, 게양식 및 강하식에 있어서의 경의 표시 방법, 국기와 다른기의 게양 방법, 국기의 게양 위치 등 국기 게양의 절차 · 방법 및 관리 방법을 규정함(안 제13조~24조)(현

행 규정 제12조~22조 및 제23조~24조).

마. 민간 단체가 추진하는 국기 선양 사업의 범위를 국기에 대한 교육 및 홍보 사업, 기타 국기 선양을 위하여 필요하다고 인정되는 사업으로 정함(안 제25조).

〈시행규칙〉

가. 행정자치부 장관은 관련 기관 · 민간 단체 등의 국기 선양 참여 권장, 대중 홍보 매체 등을 통하여 전 가구, 전 직장 국기 달기 홍보 등의 사업을 추진할 수 있도록 함(안 제2조).

나. 국기 천의 소재 및 염색 가공 기준, 조명 방법을 규정함(안 제13조, 제5조)(현행 총무처 공고 및 국무총리 훈령).

다. 국경일 등에 경축 분위기 조성을 위해 전국 주요 간선 도로변에 국기를 게양할 수 있도록 함(안 제7조)(현행 국무총리 지시).

라. 행사장 등에서의 국기 게양 위치에 대해 규정함(안 제8조)(현행 국무총리 지시).

3) 국기법 시행령 안의 의결

이상과 같은 시행령 및 시행 규칙안의 주요 내용은 관련위원회의 심의를 거쳐 「대한민국 국기법 시행령」안을 아래와 같이 의결하였다.

의결된 국기법 시행령안의 주요 내용을 보면 다음과 같다.

가. 국가 및 지방자치단체의 국기 선양 사업(안 제2조) : 국기의 존엄성을 유지하고 모든 국민들이 국기를 올바르게 이해할 수 있도록 하기 위하여 국가 및 지방자치단체의 장으로 하여금 국기에 대한 교육 · 홍보 등 국기 선양 사업을 추진 · 지원할 수 있도록 함.

나. 국기에 대한 맹세(안 제4조) : 국민 제안, 여론 조사 등을 거쳐 '국기에 대한 맹세문' 을 보다 국민 정서에 맞게 수정하여 규정함.

다. 국기의 깃면, 깃봉, 깃대의 제작 · 설치 방법(안 제6조부터 제11조까지).

① 태극기를 그리는 방법, 국기의 표준 규격, 표준 색도 등 국기의 제작에 관한 기본적인 사항을 현행 「대한민국 국기에 관한 규정」에 준하여 규정함.

② 국기 게양대는 국기를 잘 볼 수 있는 위치에 설치하도록 하는 등 국기 게양대 설치에 관한 구체적 기준을 제시함.

라. 국기 게양 및 강하 방법(안 제13조부터 제19조까지).

① 국기는 원칙적으로 깃대 또는 국기 게양대에 달아서 게양하되, 교육 목적 등으로 필요한 경우에는 실내 벽면 등에 설치할 수 있도록 함.

② 국기 깃면을 늘여서 게양하는 방법, 국기와 다른 기의 게양 및 강하 방법, 국기의 게양 위치, 게양식 및 강하식 등 국기 게양 및 강하 방법의 기본적인 사항을 현행 「대한민국 국기에 관한 규정」에 준하여 규정함.

이 시행령안은 재정경제부 · 교육인적자원부 및 과학기술부 등과 합의되었으며, 전문 24조, 부칙 2조로 구성되었다. 이 시행령의 시행으로 종래 실시하여 온 「대한민국 국기에 관한 규정」인 대통령령 제17770호는 폐지한다.

4) 대한민국 국기법 시행령의 개정

일부 개정 2008. 2. 29 대통령령 제20741호

일부 개정 2008. 7. 17 대통령령 제20915호

① 개정이유

국기를 다른 기와 게양하는 경우 국기를 다른 기보다 높게 게양함으로써, 대표적 국가 상징인 국기에 대한 예우를 명확히 하고자 함.

② 주요 내용

가. 국기게양대는 다른 게양대보다 높게 설치

㉠ 국기게양대를 다른 기의 게양대와 같이 설치할 때에는 국기게양대를 다른 기의 게양대보다 높게 하여 중앙부에 설치.

㉡ 2개의 게양대를 설치하거나 외국기와 상시적으로 같이 게양하는 경우에는 동일 높이로 설치 가능토록 함.

나. 국기는 가장 높은 깃대에 게양

㉠ 국기와 다른 기를 게양할 때에는 국기를 가장 높은 깃대에 게양토록 함.

㉡ 다만, 게양대 높이가 동일할 때에는 종전과 같이 게양할 기의 수가 홀수일 경우에는 중앙에, 짝수일 경우에는 가장 왼쪽에 게양토록 함.

㉢ 게양대를 새로 설치하거나 다시 설치하는 경우부터 적용

③ 실행령의 개정 내용(실행령 조문 참조)

㉠ 제2조(국가 및 지방자치단체의 국기 선양 활동) ①항 ②항 (2008. 2. 29 개정)

㉡ 제11조(깃대의 설치 방법) ③항 ④항 ⑤항 (2008. 7. 17 신설)

㉢ 제12조(국기의 게양식 및 강하식) ②항 (2008. 2. 29 개정)

㉣ 제16조(국기와 외국기의 게양 방법) ②항(2008. 7. 17 신설)

㉤ 부칙 제 20204호(2007. 7. 27) 제2조 (국기에 관한 규정 폐지)

제 20741호(2008. 2. 29) 〈39〉 대한민국 국기법 시행령 일부개정

(4) 국기의 게양 · 관리 및 선양에 관한 규정 제정

국무총리훈령 제538호(2009. 9. 10)

1) 제정 이유

이 훈령은 「대한민국 국기법」 및 「대한민국 국기법 시행령」에서 규정하고 있는 국기의 게양 및 관리 및 선양에 관하여 그 시행에 필요한 사항을 규정함으로써 국기에 대한 존경심과 애국심을 고양함을 목적으로 한 것이다(목적).

2) 사용 용어의 정의(뜻)

이 훈령에서 사용하는 용어의 뜻은 다음과 같다.(총칙)

① "다른기"란 국기를 제외한 외국기, 단체기, 군집기(群集旗)를 말한다.

② "가로기"란 가로(街路)면에 다는 국기를 말한다.

③ "차량기"란 차량에 다는 기를 말한다.

④ "깃대형"이란 실내에서 이동식 깃대에 국기를 게양하는 것을 말한다.

⑥ "탁상형"이란 실내에서 탁상 위에 국기를 게양하는 것을 말한다.

3) 규정의 중요한 내용

이 훈령은 제1장 총칙(목적 · 정의), 제2장 국기의 게양에 관한 규정(국기게양대의 설치 및 게양 기준), 제3장(국기의 관리 및 선양에 관한 규정), 부칙 두 조로 편성되어 있다.

① 국기의 게양에 관한 규정(제3조~제12조) : 국기게양대의 설치, 국기와 다른 기의 게양 방법, 조기게양, 가로기의 게양, 주택 및 건물에서의 국기 게양, 실내에서의 국기 게양, 행사장에서의 국기 게양 등이고

② 국기의 관리 및 선양에 관한 규정(제12조~제19조) : 국기 천의 소재, 국기의 염색 및 가공, 국기 보급 확대, 국기 수거함의 설치 운영, 국기 게양 관리, 국기의 선양 등에 관한 것이다.

이 훈련의 반포로 다른 훈령이나 태극기 사랑 실천운동 지침은 폐지 되었다(각 조문의 구체적 내용은 「국기의 게양 · 관리 및 선양에 관한 규정」을 참고할 것).

(5) 깃봉 제작 도식 설명의 수정

1) 시행령 이전의 깃봉 제작 방법

① 문교부 고시 제2호와 제3호의 깃봉 제작 방법

우리나라 국기(태극기)의 깃봉 제작 방법에 관한 규정은 '문교부 고시 제2호'에 처음으로 명시되어 있다. 이 규정에 의하면 '깃봉은 구형(그 직경이 태극 직경의 3분의 1)에 가까운 무궁화 봉오리로 하되, 하반부에 꽃받침(5편)을 뚜렷이 표시하며 전부 금색으로 한다' 고 하였다. 이 규정은 '문교부 고시 제3호' 로 깃봉의 제작 방법이 개정되어 깃봉의 직경을 태극 직경의 '3분의 1' 에서 '5분의 1' 로 바꾸고, 도시한 깃봉 꽃받침 첨단의 소구형을 없이 하고 깃봉의 규격을 국기의 호수에 따라 깃봉의 직경을 규정하였다. 이 문교부 고시 제2호와 제3호에 규정된 깃봉의 도식 설명을 보면 다음과 같다.

문교부 고시 제2호(1949. 10. 15)
시정 국기봉의 도식

깃봉

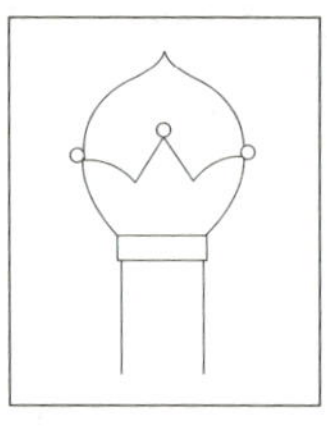

(깃봉 직경 : 태극 직경의 $\frac{1}{3}$)

문교부 고시 제3호(1950. 1. 25)
개정 국기봉의 도식 설명

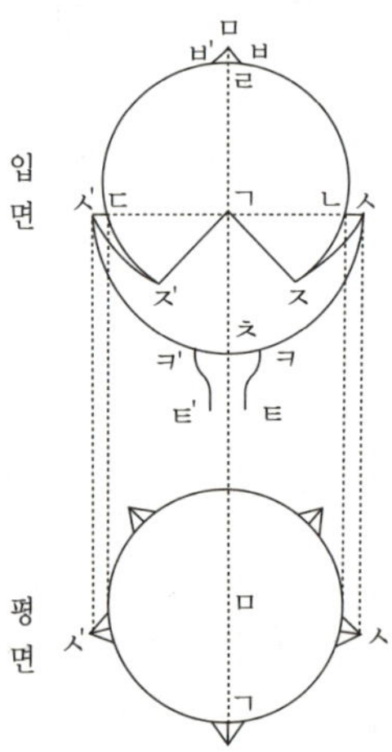

1. ㄴㄷ은 깃봉의 지름임 (태극 지름의 1/5)
2. ㄱㄴ : ㄱㄹ = 7 : 8로 하여 ㄴㄹㄷ의 반타원을 이룸
3. ㄹㅁ · ㄹㅂ은 각 ㄱㄹ의 1/8
4. 꽃받침 첨단의 부피는 ㄱㄴ의 1/10
5. ㄱ을 중심으로 하여 ㅅㅊㅅ'의 반원을 그려 꽃받침을 이룸
6. ㅈ은 ㄱㅊ, ㄱㅅ의 각 중간점에서 수평 수직된 선의 교차점임
7. ㅊㅋ은 ㄱㄴ의 1/3
8. ㅋㅌ은 ㄱㄴ의 2/5

(깃봉 직경 : 태극 직경의 $\frac{1}{5}$)

② 대통령령 제11361호의 깃봉 제작 방법

문교부 고시 제3호에 의한 국기 깃봉 제작에 관한 규정은 이후 계속 실시되어 왔으나 1984년 「대한민국 국기에 관한 규정」의 제정으로 이에 흡수 ·

통합되었다. 「대한민국 국기에 관한 규정」 제10조에 규정된 깃봉 제작 방법을 보면 '깃봉은 아랫부분에 꽃받침 5편이 있는 둥근 모양에 가까운 무궁화 봉오리 모양으로 하되, 그 색은 황금색으로 하며, 깃봉의 지름은 국기 깃면 너비의 '10분의 1' 로 하고 깃봉 제작 방법을 8가지 항목으로 나누어 구체적으로 명시하였다. 이 깃봉 제작 방법에 관한 도식 설명은 「대한민국 국기법 시행령」이 제정 · 시행될 때(2007. 7. 27)까지 계속되었다. 이 규정에 의한 깃봉 제작 도식 설명을 보면 다음과 같다.

대한민국 국기에 관한 규정 제10조의 깃봉 도식 설명(1984. 2. 21)

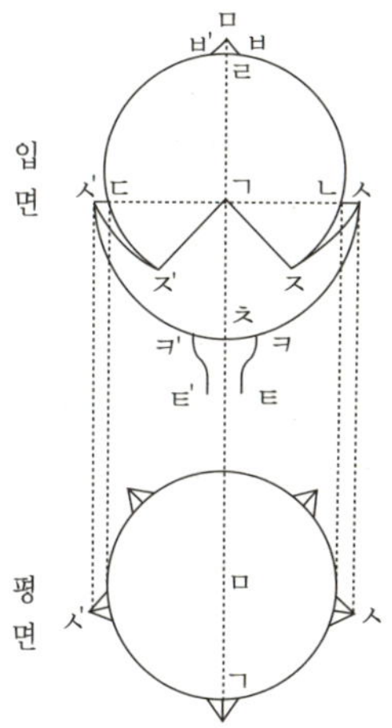

1. ㄴㄷ은 깃봉의 지름임(깃면 너비의 1/10)
2. ㄱㄴ : ㄱㄹ = 7 : 8로 하여 ㄴㄹㄷ의 반타원을 이룸
3. ㄹㅁ · ㄹㅂ은 각 ㄱㄹ의 1/8
4. 꽃받침 첨단의 부피는 ㄱㄴ의 1/10
5. ㄱ을 중심으로 하여 ㅅㅊㅅ′의 반원을 그려 꽃받침을 이룸
6. ㅈ은 ㄱㅊ, ㄱㅅ의 각 중간점에서 수평 수직된 선의 교차점임
7. ㅊㅋ은 ㄱㄴ의 1/3
8. ㅋㅌ은 ㄱㄴ의 2/5 (깃봉 직경 : 국기 깃면 너비의 $\frac{1}{10}$)

2) 국기법 시행령(2007. 7. 27)의 깃봉 제작 방법

「대한민국 국기에 관한 규정」은 1984년 2월 21일 제정된 이후 6차례의 부분적인 개정을 거쳐 국기법 시행령이 실시될 때까지 적용되었다. 이 「대한민국 국기에 관한 규정」은 「대한민국 국기법」(2007. 7. 27)과 동법 시행령(2007. 7. 27)의 제정 · 시행으로 폐지되었다. 국기법 시행령 제10조에 규정된 국기의 '깃봉 제작 방법' 에서 깃봉의 지름은 국기 깃면 너비의 10분의 1로 한다고 되어있으며, 깃봉 제작 방법을 보면 다음의 그림과 같다.

국기법 시행령 제10조의 깃봉 도식 설명(2007. 7. 17)

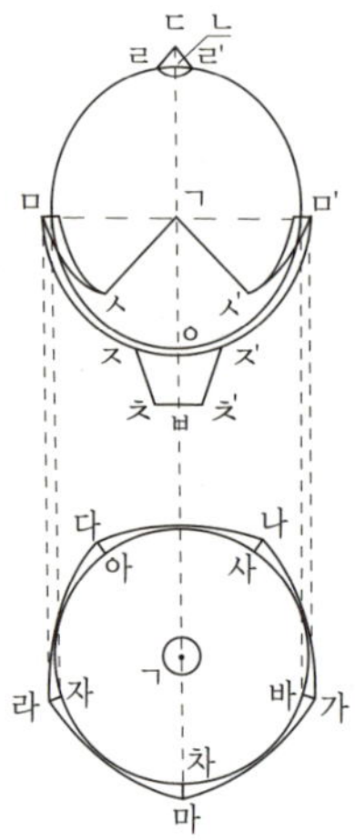

1. ㄱ-바를 짧은 축의 반지름으로 하고, ㄱ-ㄴ을 긴 축의 반지름으로 하는 반타원형이 꽃봉우리임(ㄱ-바는 깃면너비의 1/20, ㄱ-바 : ㄱ-ㄴ=7 : 8임)
2. ㄴ-ㄷ ㄴ-ㄹ은 각 ㄱ-ㄴ의 1/8
3. 꽃받침의 두께(바-가의 길이)는 ㄱ-바의 1/10
4. 가, 나, 다, 라 마는 정오각형의 위치에 있음(각 점간 각도는 72°)
5. ㄱ을 중심으로 ㄱ-가를 반지름으로 하는 반(半)구형을 그려 꽃받침을 이룸
6. ㅅ은 ㄱ-ㅇ, ㄱ-ㅁ의 각각의 중간점에서 수평, 수직된 선의 교차점임
7. ㅇ-ㅈ은 ㄱ-바의 1/3
8. ㅈ-ㅈ′ : ㅊ-ㅊ′ = 5 : 3임 (깃봉 직경 : 국기 깃면 너비의 $\frac{1}{10}$)

위의 깃봉 도식 설명을 보면 다음과 같은 특징을 찾아볼 수 있다.

첫째, 깃봉 도식 설명이 구체적이고 이해하기 쉽도록 잘 만들려고 노력한 흔적을 찾아볼 수 있다. 35년간 사용해 온 깃봉 제작 방법에 친숙해 있는 국민들에게 알기 쉽고 그리기 쉬운 깃봉 제작 방법을 모색하려고 했을 것이다. 그러나 도식 설명에 사용한 문자와 그 위치를 보면 깃봉의 중심축인 ㄱ을 제외하고는 모두 바꾸었으며, 그 설명이 복잡하여 이해에 어려움이 없지 않다. 예를 들면 ① 시행령 제10조에는 깃봉의 지름을 '깃면 너비의 10분의 1'로 한다고 규정해 놓고, 깃봉 도식 설명 1에는 ㄱ－바(반지름임)는 '깃면 너비의 20분의 1'이라고 한 것은 조문의 내용과 도식 설명의 내용이 혼동되기 쉽고, ② 도식 설명 4에서 각 점간 각도는 72°라고 한 것은 정오각형(깃봉 평면도 가 · 나 · 다 · 라 · 마)의 점간인지 아니면 어떤 점간의 간격인지 불분명하며, ③ 도식 설명 8의 꽃받침 아래의 윗부분(ㅈ－ㅈ′)과 아랫부분(ㅊ－ㅊ′)의 크기를 5 : 3으로 한 점 등은 시행령 이전의 깃봉 제작 방법과는 이해에 혼동을 가져다 준다. 국기법 시행령 제10조의 깃봉 도식을 이전의 깃봉 도식과 비교하여 보면 깃봉의 모양은 양자가 다 약간 더 타원형을 이루고 있다는 점이 다르다.

둘째, 국기법 제7조 ④항의 깃봉 설명과 시행령 제10조의 깃봉 제작 방법의 설명이 다르다는 것이다. 국기법 제7조에는 '국기의 깃봉은 아랫부분에 꽃받침 다섯 편이 있는 둥근 무궁화 꽃봉오리 모양으로 하며'라고 명시되어 있는데, 시행령 제10조의 깃봉 도식 설명 1에는 ㄱ－바를 짧은 축의 반지름으로 하고, ㄱ－ㄴ을 긴축의 반지름으로 하는 '반타원형이 꽃봉우리임' 이라고 되어있다. 봉오리는 꽃에 쓰이는 말로 꽃봉오리라 칭하고, 봉우리는 산에 쓰이는 말로 산봉우리라 쓰며, 꽃봉우리는 꽃봉오리의 사투리이다. 꽃봉우리는 봉오리의 오자로 생각되지만 꽃봉우리는 꽃봉오리로 수정되어야 한다.

깃봉 제작 방법은 누구나 알기 쉽고, 그리기 쉽도록 설명하여야 한다. 이런 점에서 볼 때 시행령 이전의 깃봉 도식 설명을 왜 구태어 바꾸었는지 모르겠다. 만약 시행령 이전의 깃봉 도식 설명에 문제점이 있다면 그것을 수정 보완하는 것이 더 좋지 않았을까 생각된다.

(6) 국기에 대한 맹세문 수정

1) 국기법 시행령 이전의 맹세문

① 국기에 대한 맹세문 제정

국기에 대한 맹세문이 제정된 것은 1972년 8월 8일이다. 당시 문교부가 중심이 되어 이를 처음으로 제정하였으며, 8월 15일부터 시행하도록 하였다.

국기에 대한 맹세문을 제정한 목적을 보면

> "국기에 대한 맹세"를 정하여 각급 학교 교직원 및 학생에게 교육 실천케 함으로써 국민의례시는 물론 평소 국기의 존엄성과 국가에 대한 충섬심을 더욱 철저히 다짐하여 애국 애족하는 국민 정신을 함양시킨다.

라고 하였다. 이것은 국기 교육을 위한 일환으로 제정되었음을 알 수 있다.

② 방침

국기 교육을 위한 일환으로 제정된 맹세문 교육의 방침을 보면 다음과 같다.

㉠ '국기에 대한 경례'는 국민교육헌장 이념 구현의 일환으로서 각급 학교 교육과정에 반영하여 지도하되,

㉡ 이미 시달된 "국기 · 국가 · 국가 원수에 대한 예절"과 관련지어 실천케 하며,

㉢ 학교 급별 및 시간성을 고려하여 단계적으로 추진, 항구적으로 추진시킨다.

③ 실시 요령

㉠ 계몽 및 암송 단계 : '72. 8~'73. 2

– 먼저 교직원 및 학생 전원이 맹세에 대한 취지를 충분히 이해 · 암송하고

– 맹세문을 국기 게양대 또는 좌 · 우측 적당한 곳에 게시하며

– 국민 의례(국기에 대한 경례 후) 등에는

- 초 · 중 · 고교에 있어서는 대표 학생의 선창(한 구절 한 구절 끊어서)에 따라 전원이 수창하고,
- 고등 교육 기관에 있어서는 대표 학생의 선창에 따라 전원이 마음 속으로 암송한다.

㉡ 묵송 단계 : '73 이후

각급 학교는 다같이 선창없이 전원이 묵송하여 마음에 다짐한다.

※맹세문 게시(국기 게양대 게시)

· 계양대 초석에 게시 가능한 경우

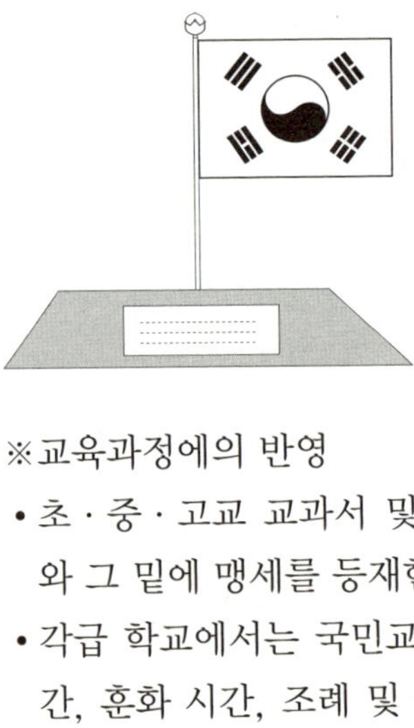

· 계양대 초석에 계양할 수 없는 경우 – 옆에 게시판 설치

※교육과정에의 반영

- 초 · 중 · 고교 교과서 및 문교부 발행 각종 도서의 속표지 다음에 국기와 그 밑에 맹세를 등재한다.
- 각급 학교에서는 국민교육헌장 이념 구현의 일환으로서 반공 · 도덕 시간, 훈화 시간, 조례 및 종례 시간을 이용하여 "국기에 대한 맹세"를 철저히 지도한다.

④ 실시상의 유의점

㉠ 국기는 국가의 상징이므로 "국기에 대한 맹세"는 바로 "국가 민족에 대한 맹세"라는 정신 지도에 치중할 것.

㉡ 맹세는 정중한 자세로 정확하게 암송할 것이며, 마음과 암송이 일치되

도록 지도할 것.

㉢ 국기 게양대에 게시한 "맹세"는 영구히 게시하고, 폭우 등으로 게시판이 오손되었을 경우에는 즉시 다시 써 붙일 것.

이상의 '국기에 대한 맹세' 에 관한 내용은 문교부 장학자료 '장학 1011～688' ('72. 8. 9) "국기에 대한 맹세"에 의거한 것이다.

2) 국기에 대한 맹세문 수정

① 맹세문 수정의 동기

현행 「국기에 대한 맹세문」(이하 맹세문이라 한다)은 1972년 8월에 당시의 문교부에서 만들어 국기 교육의 중요한 방안으로 실시되었다. 그 뒤 1982년에는 '국무총리 지시' 를 시달하여 맹세문에 대한 실질적 교육이 바르게 이루어지도록 하였으며, 1984년 2월에는 '대통령령 제11361호' 로 「대한민국 국기에 관한 규정」에 흡수시켜 2007년 7월 27일 이전까지 실시되어 왔다.

그러나 맹세문에 대한 의견이 근년에 이르러 대두되면서 2006년 말 의원 입법으로 「대한민국 국기법」이 제정되는 과정에서 맹세문이 법 규정 형식과 내용을 둘러싸고 국회 '행정자치위원' 에서 2006년 11월 7일 공청회까지 개최한 바 있었으며, 국회에서는 이를 대통령령에 규정하기로 정리되었다. 이에 따라 국기법의 시행령을 제정하게 된 행정자치부에서는 현행 맹세문을 시행령에 포함시켜 입법 예고하였으며(행정자치부 공고 제2007－63호 : 2007. 4. 23) 그 중 맹세문에 대하여 각 언론은 유지 · 폐지에서부터 문안의 문제점 등 국민의 다양한 의견을 보도하기도 하였다. 행정자치부에서는 국민의 여론을 파악하기 위하여 여론 조사 전문 기관인(필워드 브라운 미디어리서치)에 의뢰하여 전국의 20세 이상 성인 남녀를 대상으로 성별 · 연령별 · 직업별 등을 고려한 비례 할당 및 체계적 추출법으로 1,000명을 선정하여 질문지에 의한 전화 여론 조사를 실시한 것이다. 이 설문 조사 계획을 보면 다음과 같다(행정자치부 자료에 의거한 것임).

맹세문에 대한 조사 계획

구 분	내 용
1. 모집단	전국의 만 20세 이상 성인 남녀
2. 표본 수	1,000명
3. 표본 추출 방법	비례 할당 및 체계적 추출법(Proportionate Quota & Systematic

구 분	내 용
	Sampling)
4. 표본 오차	± 3.1% 포인트(95% 신뢰 수준)
5. 조사 방법	전화 여론 조사(Computer Aided Telephone Interview)
6. 조사 도구	구조화된 질문지(Structured Questionnaire)
7. 조사 일시	2007년 5월 16일(수)

② 조사 내용(4개 문항)

㉠ 맹세문 인지 여부
㉡ 맹세문 존폐에 관한 의견
㉢ 맹세문안 수정 여부에 관한 의견
㉣ 맹세문 실시 방법에 관한 의견
㉤ 기타 의견

③ 조사 결과

㉠ 맹세문 인지 여부
[문] ㅇㅇ님께서는 현행 국기에 대한 맹세문을 알고 계십니까?

이 문항에 관한 조사 결과를 보면 다음과 같다.

맹세문 인지 여부

문 항	응 답 률	
1. 전체를 외워서 말할 수 있을 정도로 잘 알고 있다.	38.9%	77.7%
2. 맹세문을 어느 정도는 알고 있다.	38.8%	
3. 맹세문에 대해 잘 모른다.	16.7%	22.3%
4. 맹세문에 대해 전혀 모른다.	5.6%	

(위 표는 행정자치부 여론조사 결과 1의 도표를 재구성한 것임)

위의 표에서 맹세문에 대한 인지 여부를 보면 '잘 알고 있다' 는 것이 응답자 전체의 약 39%, '어느 정도 알고 있다' 는 것이 약 39%로 약 78%의 응답자가 맹세문을 알고 있는 것 같다. 그러나 약 22.3%의 응답자는 맹세문을 잘 모르고 있다. 맹세문 인지 여부를 성별 · 연령별 · 직업별로 나누어 보면 아래와 같다.

성별 · 연령별 · 직업별로 본 인지 여부

구분 \ 인지도		잘알고있다	잘모른다	구분 \ 인지도		잘알고있다	잘모른다
전체		77.7	22.3	전체		77.7	22.3
성별	남	81.4	18.6	직업별	농업·임업·어업	58.2	41.8
	여	74.1	25.9		자영업	83.1	16.9
연령별	20대	86.7	13.3		블루칼라	80.0	20.0
	30대	88.0	12.0		화이트칼라	90.2	9.8
	40대	90.8	9.2		가정주부	73.9	26.1
	50대	67.8	32.2		학생	90.6	9.4
	60세 이상	43.7	56.3		무직기타	58.3	41.7

(위 표는 행정자치부 여론조사 결과 1의 도표를 재인용한 것임)

위의 표에서 맹세문에 대한 인지도를 보면 다음과 같은 특징을 찾아볼 수 있다.

첫째, 성별로 보면 남자는 약 81%, 여자는 74%로 남자의 비율이 10%정도 높다.

둘째, 연령별로 보면 맹세문을 잘 알고 있다는 것은 40대가 약 91%로 가장 높고, 다음이 30대로 88%, 20대가 약 87%, 50대가 약 68%, 60세 이상이 약 44%로 나이가 많을수록 맹세문의 인지도가 낮다.

셋째, 직업별로 보면 학생과 화이트칼라가 약 90% 이상으로 인지도가 높고, 다음은 자영업이 83%, 블루칼라가 80%, 가정 주부가 74%로 비교적 높다. 그러나 농업 · 어업 · 임업과 무직 · 기타가 각 58%로 비교적 낮다.

㉡ 맹세문 존폐에 관한 의견

[문] 다음은 법령에 규정된 「국기에 대한 맹세문」입니다. ○○선생님께서는 "국기에 대한 맹세문"이 계속 있어야 한다고 생각하십니까? 아니면 없어져야 한다고 생각하십니까?

"나는 자랑스런 태극기 앞에 조국과 민족의 무궁한 영광을 위하여 몸과 마음을 바쳐 충성을 다할 것을 굳게 다짐합니다."

이 문항에 대한 조사 결과를 보면 다음과 같다.

맹세문 존폐에 관한 의견

문항	있어야 한다	없어져야 한다	모름 · 무응답	계
비율	75.0	14.6	10.4	100

(위 표는 행정자치부 여론조사 결과 1의 도표를 재인용한 것임)

위의 도표에서 맹세문의 존폐 여부에 관한 의견을 보면 '있어야 한다' 는 것이 응답자 전체의 75%로 약 3분의 2이상이 긍정적인 반응을 보이고 있다. 그러나 '없어져야 한다' 는 것은 약 15%, 모르거나 무응답자가 약 10%로 대부분의 응답자가 맹세문이 있어야 한다는 의견을 나타내었다.

이것을 성별 · 연령별 · 직업별로 보면 다음 표와 같다.

성별 · 연령별 · 직업별로 본 존폐여부 의견 (n=1,000)

구분 \ 의견		있어야한다	없어져야한다	모름 · 무응답	구분 \ 의견		있어야한다	없어져야한다	모름 · 무응답
전체		75.0	14.6	10.4	전체		75.0	14.6	10.4
성별	남	77.8	13.7	8.5	직업별	농업·임업·어업	80.0	7.3	12.7
	여	72.3	15.4	12.3		자영업	78.5	12.3	9.2
연령별	20대	81.0	11.9	7.1		블루칼라	85.5	7.3	7.3
	30대	68.9	20.7	10.4		화이트칼라	69.4	23.1	7.5
	40대	62.9	22.3	14.8		가정주부	68.4	17.9	13.7
	50대	80.8	10.3	8.9		학생	85.9	9.4	4.7
	60세이상	87.4	2.9	9.8		무직 · 기타	81.5	6.5	12.0

(위 표는 행정자치부 여론조사 결과 2의 도표를 재인용한 것임)

위의 표에서 보면 다음과 같은 특징을 찾아볼 수 있다.

첫째, 성별로 보면 '맹세문이 있어야 한다' 는 것은 남자가 약 78%, 여자가 72%로 남 · 여가 다 3분의 2이상 긍정적인 의견을 보이고 있다.

둘째, 연령별로 보면 60세 이상이 약 87%, 50대와 20대가 각 약 81%로 30대와 40대에 비하여 '맹세문이 있어야 한다' 는 의견이 높다. 그러나 '맹세문을 폐지하여야 한다(없어져야 한다)'는 의견은 30 · 40대가 약 20% 정도로 다른 연렬층에 비하여 10% 이상 높다.

셋째, 직업별로 보면 '있어야 한다' 는 의견은 학생과 블루칼라가 각각 약 86%로 가장 높고, 다음이 무직 · 기타가 약 82%, 농업 · 임업 · 어업이 80%, 자영인이 약 79%로, 화이트칼라와 가정 주부는 각각 약 69%로 낮다. '없어져야 한다' 는 의견은 화이트칼라가 약 23%, 다음이 가정 주부로 약 18%, 자영인이 12%이며, 그외는 10% 미만이다.

이를 학력별로 보면 맹세문이 있어야 한다는 것이 중졸이하 층에서 약 84%로 가장 높았다.

㉢ 맹세문 수정 여부에 관한 의견

[문] ㅇㅇ님께서는 맹세문안을 현행대로 유지해야 한다고 생각하십니까?

아니면 시대 상황에 맞게 수정해야 한다고 생각하십니까?

이 문항에 관한 조사 결과를 보면 다음과 같다.

맹세문 수정여부에 관한 의견

문 항	현재의 맹세문안을 유지해야 한다	시대상황에 맞게 수정해야 한다	모름 · 무응답	계
비율	44.0	42.8	13.2	100

(위 표는 행정자치부 여론조사 결과 3의 도표를 재구성한 것임)

위의 표에서 맹세문안 수정 여부에 대한 의견을 보면 '현행대로 유지해야 한다'는 것은 응답자 전체의 44%, '시대의 상황에 맞게 수정해야 한다'는 것이 약 43%로 거의 비슷한 반응을 보이고 있다. 이것을 성별 · 연령별 · 직업별로 나누어 보면 다음 표와 같다.

성별 · 연령별 · 직업별 맹세문 수정여부 의견

구분 \ 의견		현행대로 유지해야 한다	시대상황에 맞게 수정해야 한다	모름 · 무응답	구분 \ 의견		현행대로 유지해야 한다	시대상황에 맞게 수정해야 한다	모름 · 무응답
전체		44.0	42.8	13.2	전체		44.0	42.8	13.2
성별	남	48.3	40.4	11.3	직업별	농업·임업·어업	60.0	20.0	20.0
	여	39.8	45.1	15.0		자영업	47.2	46.2	6.7
연령별	20대	45.2	51.4	3.3		블루칼라	54.5	41.8	3.6
	30대	37.3	56.0	6.6		화이트칼라	37.6	55.5	6.9
	40대	38.4	48.0	13.5		가정주부	38.3	43.5	18.2
	50대	47.9	31.5	20.5		학생	48.2	49.4	2.4
	60세이상	55.7	16.7	27.6		무직기타	49.1	21.3	29.6

(위 표는 행정자치부 여론조사 결과 3의 표를 재인용한 것임)

위의 표에서 보면 다음과 같은 특징을 찾아볼 수 있다.

첫째, 성별로 보면 '현행대로 유지해야 한다'는 것은 남자가 약 48%, 여자가 약 40%로 남자의 비율이 약 8% 정도 높다. 그러나 '시대 상황에 맞게 수정해야 한다'는 것은 여자가 남자보다 약 5% 높은 45%이다.

둘째, 연령별로 보면 '현행대로 유지해야 한다'는 것은 60세 이상이 약 56%, 50대가 약 48%, 20대가 약 45%로, 나이가 많은 연령층일수록 30 · 40대에 비하여 높다. 그러나 '시대 상황에 맞게 수정해야 한다'는 것은 30대가 56%, 20대가 약 51%, 40대가 48%로, 연령이 낮은 층의 의견이 높은 층의 의견보다 훨씬 높다.

셋째, 직업별로 보면 '현행대로 유지해야 한다' 는 의견은 농업 · 임업 · 어업이 60%로 가장 많고, 다음이 블루칼라가 약 55%, 무직 · 기타가 49%, 학생이 48%, 자영업이 47%로 화이트칼라나 가정 주부에 비하여 높다. 그러나 '시대 상황에 맞게 수정해야 한다' 는 것은 화이트칼라가 약 56%로 가장 높고, 다음이 학생으로 약 49%, 자영업이 약 46%, 가정 주부가 약 44%, 블루칼라가 약 42%로 큰 차이가 없다.

끝으로 학력별로 보면 '현행대로 유지해야 한다' 는 것은 중졸 이하가 약 52%, 고졸이 약 43%, 대재 이상이 약 41%이며, '맹세문을 수정해야 한다' 는 것은 대재 이상이 약 53%, 고졸이 약 45%, 중졸 이하가 약 19%로 저학력일수록 유지 의견이, 고학력일수록 수정의견이 높았다.

㉣ 국기에 대한 맹세 방식

[문] 국경일 등 공식적인 행사에서 국기에 대한 맹세를 어떤 방식으로 실시했으면 좋겠습니까?

이 문항에 관한 조사 결과는 다음과 같다.

국기에 대한 맹세 방식에 관한 의견

문 항	비 율
1. 참석자들이 국기에 대한 맹세문을 직접 낭송한다.	38.9
2. 녹음시설을 이용하여 맹세문을 들을 수 있게 한다.	25.9
3. 영상물을 이용하여 자막으로 보여준다.	26.9
4. 기타 의견	1.4
5. 모름 · 무응답	6.9
계	100.0

(위 표는 행정자치부 여론조사 결과 4의 도표를 재구성한 것임)

위의 표에서 국기에 대한 맹세 방식에 관한 의견을 보면 '참석자들이 직접 낭송한다' 는 것이 약 39%로 가장 높고, 다음이 '녹음 시설을 통하여 들을 수 있게 한다' 는 것이 약 26%, '영상물을 이용하여 자막으로 보여준다' 는 것이 약 27%로 ②, ③항은 거의 같다.

이를 성별 · 연령별 · 직업별로 나누어 보면 다음과 같다.

성별 · 연령별 · 직업별로 본 맹세 방식 의견

구분 \ 의견		참석자 직접 낭송	녹음시설 이용	영상물 자막이용	구분 \ 의견		참석자 직접 낭송	녹음시설 이용	영상물 자막이용
	전체	38.9	25.9	26.9		전체	38.9	25.9	26.9
성별	남	39.2	27.3	25.9	직업별	농업·임업·어업	43.6	20.0	23.6
	여	38.6	24.6	27.9		자영업	43.6	26.2	23.1
연령별	20대	44.8	25.2	27.6		블루칼라	38.2	29.1	30.9
	30대	34.9	29.5	31.5		화이트칼라	34.1	27.2	34.1
	40대	32.8	27.5	32.8		가정주부	36.8	25.2	29.5
	50대	43.8	24.7	22.6		학생	42.4	31.8	25.9
	60세이상	41.4	20.1	15.5		무직 · 기타	39.8	22.2	14.8

(위 표는 행정자치부 여론조사 결과 4의 도표를 재인용한 것임)

위의 표에서 국기에 대한 맹세 방식에 관한 의견을 보면 다음과 같다.

첫째, 성별로 보면 '참석자들이 직접 낭송한다'는 것은 남자와 여자가 약 39%로 같다. '녹음 시설을 이용하여 맹세문을 들을 수 있게 한다'는 것이나 '영상물을 이용하여 자막으로 보여준다'는 것은 비율의 차이는 있으나 남 · 여 큰 차이가 없다.

둘째, 연령별로 보면 '참석자들이 직접 낭송한다'는 것은 30 · 40대를 제외한 다른 연령층의 비율은 거의 비슷하다.

그러나 '녹음 시설을 이용하여 맹세문을 들을 수 있도록 한다'는 것과 '자막을 이용하여 보여준다'는 의견은 50대 이후의 연령층의 비율이 25% 미만으로 낮고, 다른 젊은층의 의견은 거의 비슷한 비율이다.

셋째, 직업별로 보면 '참석자들이 직접 낭송한다'는 것은 블루칼라와 화이트칼라 및 가정 주부가 농업 · 임업 · 어업과 자영인, 학생에 비하여 비율이 낮다. 그러나 '녹음 시설을 이용하여 맹세문을 들을 수 있게 한다'는 것은 학생이 약 32%일 뿐 다른 직업층에서는 최저 20%에서 최고 29%로 큰 차이가 없다. 다만 '영상물을 이용하여 자막으로 보여준다'는 의견은 블루칼라와 화이트칼라만 30%를 넘을 뿐 다른 직업층에서는 약 20%정도로 거의 비슷한 비율을 나타내고 있다.

④ 맹세문의 수정

㉠ 국기에 대한 맹세문 검토위원회 구성

행정자치부는 위의 여론 조사 결과를 바탕으로 맹세문에 대한 인지도가 높은 청 · 장년층의 다수가 맹세문의 수정을 지지하고 있는 점을 감안하고 또한, 시대의 흐름을 반영하는 미래지향적 견지에서 맹세문을 수정하기로 방침을 결정하였다. 그리하여 행정자치부는 맹세문의 수정에 국민의 참여가 필요하다는 판단 아래 널리 국민의 제안을 접수하였고, 이러한 다양한 국민들의 제안을 검토하여 새로운 맹세문 수정안을 만들 「국기에 대한 맹세문 검토위원회」(이하 「위원회」라 한다)를 구성하게 되었다.

이 위원회의 위원으로는 철학자 · 헌법 학자 · 윤리 학자 · 국문 학자 · 문인(ㅈ) · 사회 단체 · 대학원생 · 행정자치부 공무원 등 9인을 위촉하여 위원회를 2007년 6월 8일 구성하였다. 9인의 위원회 위원 명단을 보면 다음과 같다.

「국기에 대한 맹세문안 검토위원회」 위원 명단 (9명)

분 야	성 명	직 위	비 고
철학자	이한구	성균관 대학교 철학과 교수	검토위위원장
윤리학자	박종훈	한국 윤리학회 회장	검토위원
헌법학자	홍완식	건국대학교 법학과 교수	〃
국문학자	이상규	국립 국어원 원장	〃
문인	성기조	한국 문인협회 명예 이사장	〃
문인	주연아	국제펜클럽 한국본부 이사	〃
사회단체	김현섭	대한민국 재향군인회	〃
대학원생	최영욱	연세대학교 대학원생	〃
주관부처	황인평	행정자치부 의정관	〃

㉡ 맹세문 검토위원회의 활동

맹세문 수정안의 검토 및 도출을 의뢰받은 검토위원회는 행정자치부에서 받은 국민 작성 문안 666건과 관련 단체 작성 문안 6건 등 총 674건을 검토하고 이를 토대로 2007년 6월 13일 제1차 회의를 시작으로 총 6차례의 회의를 개최하였다. 매회 사전 준비 시간을 제외하고는 토론 시간만 3시간 내외가 소요되는 진지한 논의를 하였다. 회의 초기에는 현행 맹세문을 그대로 유지하자는 의견과 형식과 내용을 전면 수정하자는 안 등 다양한 의견이 제시되었다. 누차의 회의를 거듭하여 한 가지 방향과 세 가지 관점에서 맹세문 수정안을 마련하기로 하였다. 즉 현행 맹세문을 바탕으로 하여 가능한 한 이미 국민에게 친숙하게 된 문구와 문장을 바꾸지 않기로 하였다. 그 이유는 현행 맹세문을 국민의 약 80% 정도가 알고 있고, 현행 맹세문의 유지 의견과 수정 의견이 거의 같은 비율을 이루고 있었기 때문이다.

맹세문의 수정을 검토하는데는 3가지 관점을 세웠다.

첫째, 헌법 또는 법률적 관점이다. 여기에서는 양심의 자유 등에 대한 제한 여부가 논의될 수 있겠으나 맹세문은 새로이 제정하는 것이 아니라 기존의 대통령령인 「대한민국 국기에 관한 규정」의 맹세문을 수정하는 것이므로 양심의 자유 등에 대한 새로운 제한 규정을 신설하는 것은 아니라는 것이다. 즉 「대한민국 국기법」이 제정되면서 대통령령(「대한민국 국기법 시행령」)이라는 이전의 맹세문의 근거 규정과 동일한 법 형식으로 국기에 대한 경례법을 정하는 것이므로 새로이 기본권 제한의 사유가 발생하는 것이 아니라는 것이다.

둘째, 시대 상황의 변화라는 관점이다. 현행 맹세문이 만들어진지 35년이 흘렀고, 그간 우리의 정치 · 경제 · 국제적 환경이 많이 변화였으므로 이러한 변화에 맞지 않는 표현이 있는 경우를 검토하기로 하였다.

셋째, 어문법적 관점이다. 맹세문은 짧은 문장에 많은 의미를 담으려 하며 문장의 구조상 다소 어려움이 예상되나 간결하고 자연스러우며 운율에 맞는 문장이 되도록 노력하고 적어도 어문법적으로 문제가 없도록 하자는 것이다.

이 같은 원칙과 관점하에 심도 있는 논의를 하여 위원회에서는 다음과 같은 맹세문 수정안을 제시하였다. 행정자치부에서 접수한 국민 제안에서도 같은 수정안이 있었다.

검토위원회에서 제시한 맹세문 수정안을 보면 다음과 같다.

㉢ 맹세문 수정안

현행 맹세문과 수정한 맹세문을 비교하면 다음과 같다.

두 맹세문의 비교

현행 맹세문(구.맹세문)	수정안 맹세문
1) 나는 자랑스런 태극기 앞에 2) 조국과 민족의 무궁한 영광을 위하여 3) 몸과 마음을 바쳐 4) 충성을 다할 것을 굳게 다짐합니다.	1) 나는 자랑스러운 태극기 앞에 2-1) 자유롭고 정의로운 2-2) 대한민국의 무궁한 영광을 위하여 3) 삭제 4) 충성을 다할 것을 굳게 다짐합니다.

④ 수정안에 대한 설명

첫째, 현행의 '나는 자랑스런 태극기 앞' 에 중 '자랑스런' 은 '자랑스러운'

을 줄여서 쓴 단어이나 원칙적으로 어문법에 맞지 아니하므로 '자랑스러운'으로 수정하였다.

둘째, 현행 맹세문(구. 맹세문)에는 우리 모두가 추구하는 우리나라의 바람직한 모습이나 가치가 표현되어 있지 아니하나, 적어도 국기를 통해서 우리나라를 생각할 때는 미래지향적이며 우리가 추구하는 국가의 모습이 표현되는 것이 바람직하다는 의견이 지배적이었다. 그러나 짧은 문장에서 그러한 가치를 열거하기 쉬운 일은 아니었다. 그래서 현행 헌법의 전문에서 우리가 추구해야 할 가치로서 '자유'와 '정의' 두 가지를 인용하여 '대한민국' 앞에 '자유롭고 정의로운'을 추가하였다. 이 부분에서 '자유롭고 정의로운'이 앞 문장의 자랑스러운과 뒷문장의 '대한민국의 무궁한 영광'과 더불어 중층적 문장으로 나타나는 점이 지적되기도 하였으나 짧은 문장 구조상 부득이한 표현으로 이해하기로 하였다.

현행의 '조국과 민족의'는 그간 우리나라의 경제 발전과 함께 국제적 역할과 위상이 매우 커졌고, 국가간 인적 · 경제적 · 제도적 교류가 확대되었으므로 조국과 민족을 강조하는 것보다는 88서울 올림픽과 2002월드컵 대회 등을 거치면서 더욱 친숙해진 '대한민국'이라는 현재의 국호로 하였다.

셋째, 현행의 '몸과 마음을 바쳐'는 국가가 개인에 대해 일방적인 희생을 요구하는 봉건적 의미 내지는 지나치게 맹목적인 의미를 연상시킴으로 시대에 맞지 않다는 지적이 많아 삭제하기로 하였다.

넷째, 현행의 '충성을 다할 것을 굳게 다짐합니다'는 현행대로 유지하기로 하였다. 충성의 의미는 사전적으로 '진정에서 우러나는 정성'의 의미이기도 하고, '다짐'을 하는 문장에서는 이를 강조하는 의미를 가질 수 있고, 미래지향적이고, 이상적인 가치를 담은 국가에 대한 충성은 충분히 표현할 만하다고 하였다.

그리하여 국기에 대한 맹세문 검토위원회에서는 '국기에 대한 맹세문'을 다음과 같이 수정하였다.

수정된 국기에 대한 맹세문

"나는 자랑스러운 태극기 앞에 자유롭고 정의로운 대한민국의 무궁한 영광을 위하여 충성을 다할 것을 굳게 다짐합니다"

검토위원회에서는 맹세문 수정을 위하여 여러 자료를 검토하고 언론을 통한 국민의 여론에도 귀를 기울이는 한편 국민들이 작성 · 제출한 맹세문 수정안 등을 검토하여 공통의 안을 도출하려고 열의와 성을 다하였다. 35년간 사용해 온 국기에 대한 맹세문을 수정한다는 것은 조심스럽고 어려운 일이 아닐 수 없다.

필자는 수정된 맹세문에 대해 아쉬움을 느낀다. 그것은 '조국과 민족' 이란 용어를 삭제한데 대한 아쉬움이다. 검토위원회에서 제시한 수정안에 대한 설명 중 둘째 '조국과 민족의' 는 우리나라의 경제발전과 국제적 역할과 위상이 커졌고, 국가간의 인적 · 경제적 · 제도적 교류가 확대되었으므로 조국과 민족을 강조하는 것보다는 국제적 행사(올림픽 · 월드컵 대회 등)를 거치면서 친숙해진 '대한민국' 이라는 국호로 하였다는 것이다. 조국을 대한민국으로 대체한 것은 납득이 가지만 민족이란 용어는 세계화 시대에서 폐쇄적이고 배타적이기 때문에 삭제하였다는 것은 수긍이 가지 않는다. 필자는 대한민국 보다는 조국과 민족을 그대로 두어도 문제는 없을 것 같다.

대한민국이란 우리나라의 국호이며, 그것은 우리나라만을 의미한다. 국호라는 용어에는 민족의 개념이 포함되지 않는다. 민족이란 한 나라의 주체이다. 민족과 국민이 있는 곳에 조국과 국가도 존재한다. 21세기 국제 사회에서 정치적 · 경제적 · 문화적 교류가 아무리 활발히 이루어진다 하더라도 각국은 자국과 자국민의 이익을 최우선 한다. 조국과 민족이란 박정희시대 군사 정권의 산물이 아니다. 그것은 오랜 역사 속에서 형성 · 발전되어 온 것이다. 한 시대의 단대적 용어도 아니며, 그것은 영원하고 영속적인 것이다. 또한 이것은 보수와 진보간의 문제가 아니다.

셋째 현행의 '몸과 마음을 바쳐' 는 개인에 대한 일방적 희생을 강요하는 의미를 연상시킴으로 시대에 맞지 않아 삭제하고 '충성을 다할 것을 굳게 다짐합니다' 는 현행대로 유지하였다는 설명에는 뜻을 같이 한다. 몸과 마음을 바친다는 것과 충성이란 의미는 그 맥을 같이 하며, 의미상 중층적 문장이다. 충성에는 헌신과 희생이 따르게 되며 헌신과 희생에는 몸과 마음의 받침이 따르게 된다. 우리는 나라와 민족을 사랑하고 나라와 민족을 위해서 자신의 모든 것을 다 바친다. 애국심이란 전근대적 봉건사회나 제국주의 또는 전체주의 국가에서만 요구되는 것이 아니라 현대 민주주의 국가에서도 요구된다. 국가와 민족이 국난의 위기에 처했을 때는 국가가 충성과 희생 · 헌신을 국민에게 요구할 수 있다. 그러므로 맹세문에 '충성을 굳게 다짐한다' 는 문장속에는 몸과 마음을 바쳐라는 의미가 함축되어 있기 때문에 이를 삭제함이 옳다고 생각한다.

우리는 수정된 맹세문에 대한 논쟁보다는 이에 대한 올바른 교육이 필요하다. 형식적이고 한 마디 구호에만 그치는 '국기에 대한 맹세' 가 되어서는 안된다. 맹세문에 담긴 의미와 가치가 무엇인가를 알고 국기에 대한 존엄성을 더욱 높여 나라 사랑과 국기 사랑의 마음을 굳건히 다져야 할 것이다.

⑤ 기타 의견 처리

맹세문 검토위원회에서는 맹세문을 수정하였을 뿐 아니라 한국국기선양연구원에서 제출한 의견도 검토하여 이를 조치하였다. 한국국기선양연구원에서 제출한 의견 처리 결과를 보면 다음과 같다.

두 맹세문의 비교

제출자	내용	조치결과
한국 국기선양 연구원	• 시행령 제5조는 국기의 표준 규격이 아니라 표준 호수 규격임	• 반영 국기의 호수별 표준 규격으로 변경
	• 깃면 비율, 태극과 괘의 색깔 등을 시행령에서 규정하지 않아 시행령만으로 태극기를 그릴 수 없음	• 반영 깃면 비율, 태극과 괘의 색깔 등은 제7조(국기 깃면 구성)에서 규정하고 있는 사항이나 "깃면 그리는 방법"의 명확화 차원에서 반영
	• 시행령 제17조 제4항(조기 게양 방법에 대한 탄력성 부여 조항)을 삭제하고 원칙적 조기 게양 방법을 규정	• 부분 반영 영 제17조 4항 삭제 의견 반영 원리적 조기 게양 방법은 법에서 규정하고 있으므로 반영 불가함
	• 시행령 제11조 제2항으로 국기 게양대 높이에 대한 규정 신설	• 반영 시행령 제12조에 "~국기 게양·강하식을 할 수 있을 정도로 높게 설치한다"라고 규정하여 반영
한국 국기선양 연구원	• 깃봉 → 국기봉 • 깃대 → 국기대로 수정 • 게양대 → 국기 게양대로 수정	• 미반영 • 깃봉·깃대는 법에서 명시적으로 사용하고 있어 변경 불가 • 반영

(7) 보완되어야 할 문제

「대한민국 국기법 시행령」을 보면 보완되었으면 하는 규정이 발견된다. 그것은 옥내의 회의장이나 강당 등에서 국기를 깃대에 달아서 세워 놓을 때, 음양 양의의 위치 문제와 국기를 보관할 때, 푼 국기를 어떻게 접어서 보관할 것인가 하는 것이다.

1) 실내에서 국기를 게양할 때 음양의 위치

「대한민국 국기법」과 「대한민국 국기법 시행령」에는 국기의 게양 방법에 관한 규정은 잘 명시되어 있으나 건물 안(실내)의 회의장 · 강당 · 기관장실 등에서 깃대에 국기를 어떻게 게양할 것인가에 대해서는 규정이 불분명하다. 국기 게양 방법 중 국기의 게양 위치에 관한 규정을 보면 다음과 같다.

국기의 게양 위치 규정 비교

근거	대통령령 제17770호 제17조 제3항	대한민국 국기법 시행령 제18조 제3항
내용	건물 안의 회의장 · 강당 등에서 국기를 깃대에 달아서 세워 놓을 때에는 그 내부의 전면을 마주보아 그 전면의 중앙 또는 왼쪽에 국기가 위치하도록 한다(2002. 11 . 6, 이 조항은 국기법 시행령으로 폐지된 것임).	건물 안의 회의장 · 강당 등에서는 그 내부의 전면을 앞에서 바라보아 그 전면의 왼쪽 또는 중앙에 국기가 위치하도록 한다(2007. 7. 27 시행).
문제점	• 계양된 국기의 음양의 위치가 불분명하다. • 그림 예시가 없다. • 음양의 위치 규정 없다.	• 왼쪽과 같다.

위의 두 규정을 보면 게양된 국기의 음양 양의의 위치가 어느 쪽에 오도록 해야 하는지 구체적인 설명과 그 예시가 없어서 국기 게양에 혼란을 가져다 준다. 즉 음의(파란색)와 양의(빨간색)의 넓은 부분이 왼쪽이나 오른쪽의 아래 · 위 어느 쪽에 오도록 해야 하는지 알 수 없다. 그러므로 이러한 규정 때문에 실내의 회의장이나 의식 · 집회 때 또는 기관장실 등에 깃대에 국기를 잘못 달아 놓은 모습을 TV 화면에서 자주 보게 된다. 이러한 규정은 현장 교육에도 혼동을 가져다 줄 것으로 생각된다.

건물 안(실내)의 회의장이나 강당 기관장실 및 재판 법정실 등에서 깃대(고정식 · 이동식)에 국기를 달아서 세워 놓을 때에는 「국기법 시행령」 제13조 ②항에 "국기는 깃면의 건괘(☰)가 왼쪽 위로 오도록 하여 건괘와 리괘가 있는 쪽의 깃면 너비 부분이 깃대에 접하도록 게양한다" 하였으며, 국기의 게양, 관리 및 선양에 관한 규정 제11조 ④항에는 "깃대형에 국기를 게양할 때에는 태극 문양의 빨간색이 오른쪽에 오도록 늘어뜨려 단다"고 규정하고 있다. 그러나 음양의 구체적인 위치에 관한 규정은 없다. 음양 양의 위치가 바르게 게양된 것은 음의는 넓은 부분이 왼쪽 아래에, 양의는 넓은 부분이 오른쪽 위에 가도록 게양하여야 한다. 음양 양의의 위치가 바르게 게양된 국기의 그림을 보면 아래와 같다(경상북도 교육위원회, 『국기교육자료집』, 1976, p. 55).

회의장 · 강당의 깃대에 게양한 국기(단상의 왼쪽)

1. 음양의 위치가 맞지 않음
(잘못 게양된 모습)

2. 음양의 위치가 바름
(바르게 게양된 모습)

위의 단상의 깃대에 게양된 두 그림은 얼핏 보면 같아 보이지만, 1의 음양의 위치는 2의 음양의 위치를 반대로 놓은 것이다. 1의 국기 게양 그림은 잘못된 것이다.

이상에서 보았을 때 「대한민국 국기법 시행령」 제13조 ②항 국기의 게양, 관리 및 선양에 관한 규정 제 11조 ④항의 내용, 제18조 제3항은 다음과 같이 보완되었으면 좋을 듯 싶다.

'건물 안(실내)의 회의장 · 강당 등에서 국기를 깃대에 달아 세워 놓을 때에는 그 내부의 전면을 앞에서 바라보아 그 전면의 왼쪽 또는 중앙에 국기가 위치하도록 한다. 단 국기(태극기)의 음의의 넓은 부분은 왼쪽 아래에, 양의의 넓은 부분은 오른쪽 위에 오도록 게양한다.'

만약 위의 제18조 제3항을 보완할 수 없다면 국기법 시행 규칙이나 총리훈령 또는 공문 등을 통하여 국기 게양 방법을 숙지시켜 바르게 게양하도록 하여야 한다. 그런데 2009년 9월 10일 발표한 '국무총리훈령 제538호' 제11조(실내에서의 국기게양) 제①항에는 "실내에서의 국기게양은 깃대형을 원칙으로 하되, 실내 여건에 따라 게시형이나 탁상형으로도 할 수 있다"고 하였으며, 제④항에는 "깃대형 국기를 게양할 때에는 태극문양의 빨간색이 오른쪽에 오도록 늘어뜨려 단다."라고 규정해 놓고 있다. 그러나 제④항의 설명은 '태극문양의 빨간색(양의)이 오른쪽에 오도록 달되 그 넓은 부분이 오른쪽 위에 오도록 달아야 한다.'는 구체적인 위치의 설명이 있어야 한다. 왜냐하면 태극 양의(빨간색)의 위치가 오른쪽에 오도록 단다고 할 때 그 넓은 부분이 아래로 오도록 달아서는 안되기 때문이다.

2) 국기의 관리 · 취급 문제

우리는 국 · 내외의 각종 행사 때 수기를 들고 행사에 참여한다. 그러나 행사를 마치면 부끄러움 없이 수기를 함부로 버려 보는 이의 마음을 아프게 하고 눈살을 찌프리게 한 경우를 본 적이 한두 번이 아니다.

국기를 게양하거나 강하할 때나 국기를 관리하고 취급할 때는 국기의 존엄성이 훼손되지 않도록 하여야 한다. 국기의 관리나 취급 요령은 문교부 장학 자료 15, (1972. 4. 1)「국기의 보관」과 「의정 131－830」(1976. 6. 29), 「국기 게양시의 예의 및 취급 요령」, 5.국기 취급 요령, 「국무총리지시 제30호(1982. 11. 26) 「국기의 게양 및 관리에 관한 지시」 등에 잘 명시되어 있다. 문교부 장학자료 15와 의정 131－830에 규정된 '국기 취급 요령' 에는 '…푼 국기는 땅에 닿지 않도록 양쪽에 서서 마주 잡고 세로로 두 번, 가로로 두 번 접은 다음, 국기함에 넣어 정중히 보관한다' 고 되어 있다. 이러한 국기에 관한 제 규정은 「대한민국 국기에 관한 규정」(1984. 2. 21제정, 2002. 11. 6 제6차 개정) 제4항 보칙에 흡수 · 통합되었다. 그러나 푼 국기를 어떻게 접어서 국기함에 넣어 보관해야 하는지에 대한 규정이 없다. 푼 국기를 접어서 국기함에 넣어 정중히 보관해야 한다는 규정은 2007년에 시행된 「대한민국 국기법」이나 동법 시행령에도 없다. 따라서 푼 국기를 어떻게 접어서 보관할 것인가에 대한 규정은 어떤 형태이던 구체적 규정이 마련되었으면 한다.

① 국기 접는 방법

국기의 관리와 취급 요령은 여러 가지를 들 수 있으나 그 중 푼 국기를 어떻게 접어서 보관하느냐는 것은 국기의 존엄성이라는 면에서 볼 때 매우 중요한 것이다. 국기를 접는 방법은 앞에서 본 바와 같이 '푼 국기는 땅에 닿지 않도록 양쪽에 서서 마주 잡고, 세로로 두 번, 가로로 두 번 접은 다음 국기함에 넣어 정중히 보관한다' 라고 명시되어 있다. 여기서 세로 · 가로로 각각 두 번씩 접는다는 것은 어떻게 접는 것인지 「대한민국 국기법」이나 동법 시행령에는 국기 접는 구체적 방법이 규정되어 있지 않아 그 순서를 잘 알 수 없다. 이같은 문제점은 현장 국기 교육에 있어서도 혼란과 어려움을 가져다 줄 것이다.

국기 접는 방법은 여러 방법이 있겠지만 1976년 경상북도 교육청에서 발간한 『국기교육자료집』에 비교적 자세히 설명되어 있다. 이 자료집에 제시된 국기 접는 방법을 보면 다음과 같다(경상북도 교육위원회, 『국기교육자료집』, 1976, pp. 59~61에서 재인용).

㉠ 푼 국기를 두 사람이 양쪽에 서서 마주 잡는다.

-한 사람은 오른손으로 건괘(☰)쪽의 끝 부분을 잡고, 왼손으로는 감괘(☵)와 태극 사이의 윗부분을 잡는다.

-또 한 사람은 오른손을 곤괘(☷)와 태극 사이의 아랫쪽 부분을 잡고, 왼손으로는 리괘(☲)쪽의 깃면 끝 부분을 잡는다.

-감괘 및 곤괘가 처지게 된다.

• 하늘을 표시한 건괘가 위로 오게 하고, 땅을 표시하는 곤괘가 아래로 접치게 한다.

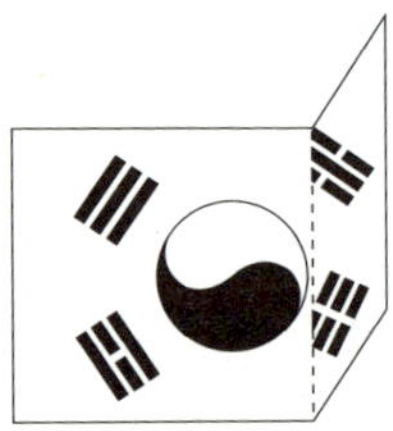

• 밑으로 처진 부분이 깃면 가로의 1/3에 해당하며, 이 1/3의 밑으로 접는다.

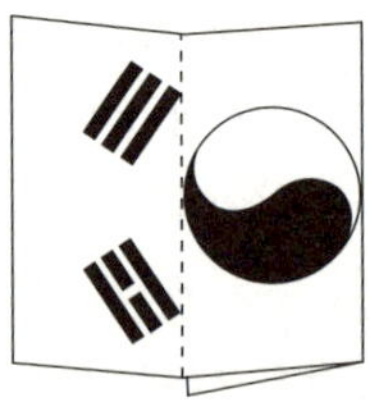

• 건괘, 리괘의 깃면 부분(깃면 부분의 1/3)과 태극이 합쳐지도록 접는다.

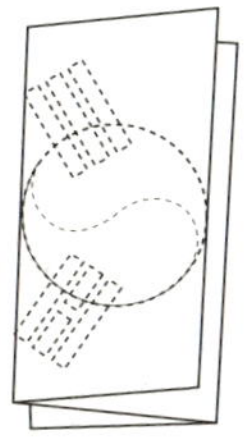

• 건괘와 리괘가 위로 오도록 해서 그 밑면의 1/4이 되도록 하여 건쪽을 먼저 접치고 리괘쪽을 다음에 접친다. 다음은 그 중간을 접는다.

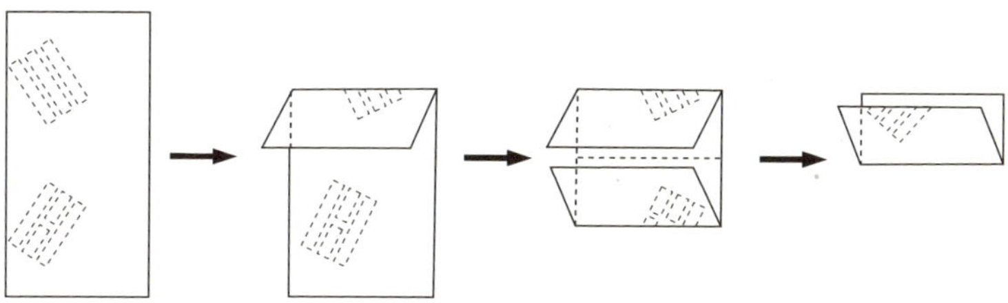

• 국기의 크기에 따라 계속 1/4이 되도록 접쳐 나가면 된다.

ⓛ 국기함에 보관－접은 국기는 국기함(부득이 할 경우는 국기대(袋)에 넣어서 정중히 보관한다.

※ 여러 사람이 알 수 있는 곳에 두어 누구나 게양할 수 있게 한다.

ⓒ 깃봉 · 깃대－외부가 손상하지 않도록 포장하여 국기와 함께 보관한다.

※ 비가 맞지 않는 곳에 보관한다.

ⓔ 국기가 낡았을 경우－깨끗한 곳에서 불태운다.

위의 방법을 보면 그림에서 보는 바와 같이 세로로 2번, 가로로 3번 접도록 되어 있다. 그러나 이 방법은 국기를 접을 때는 푼 국기를 세로로 두 번, 가로로 두 번 접어서 국기함에 정중히 보관한다는 규정과는 다르다.

이러한 방법 외에도 군에서 국기를 접는 방법도 있으나 이 또한 국기 접는 규정과는 다르고 복잡하다.

국기법 시행령에는 국기를 접는 방법에 관한 규정이 없다. 그러므로 교육 현장에서는 국기 보관에 관한 혼란을 가져올 수 있다. 따라서 당국에서는 국기를 접는 방법을 강구하여 통일된 국기 접는 규정을 구체적으로 제시해야 할 것이다. 이것은 국기 교육을 위한 필수적 사항이다. 각급 학교에서 푼 국기를 어떻게 접어서 보관하고 있는지를 파악한 바탕 위에 접기 쉽고 편리한 방법을 모색해서 국기를 바르게 접도록 하여야 할 것이다. 이로서 국기법 시행령의 부족한 내용을 보완할 수 있을 것이다.

(8) 국기 관련 벌칙과 판례

1) 형법 중 국기 관련 벌칙(국기에 관한 죄)(개정법 제5057호 1995. 12. 29)

① 제105조 : 국기 · 국장의 모독
② 제106조 : 국기 · 국장의 비방
③ 제109조 : 외국의 국기 · 국장의 모독

2) 국기 관련 법원 판례

① 음효의 절간 규격에 관한 판례: 대법원 선고 69누 4호 판결(1969. 5. 27).
② 국기 경례를 거부한 학생에 대한 제적 처분의 당부(當否) : 대법원 선고 75누 249호 판결(1976. 4. 27).

Ⅳ 국기 교육의 방법

1. 외국의 국기 교육
2. 우리나라의 국기 교육
3. 국기 교육의 실태
4. 효과적인 국기 교육의 방안

1. 외국의 국기 교육

(1) 미국의 국기 교육

1) 미국 국기의 역사

미국 성조기의 역사는 영국의 유니언에서 그 연원을 찾아볼 수 있다. 그러므로 미국의 국기사는 영국 국기사의 흐름 속에서 살펴보아야 한다. 미국의 성조기가 제정되어 바뀐 과정을 시기별로 간략히 살펴보면 다음과 같다. [1)]

① 스코틀랜드의 전설에 의하면 맥코름 왕 1세는 937년 브루만바우(Brumanbaugh) 전투 전날 깨끗하고 푸른 하늘에서 십자를 보았기 때문에 성 앤드루(St. Andrew) 십자기를 취하게 되었다 한다. 이 X형의 십자기는 푸른 바탕의 깃면에 흰색의 대각선 십자를 디자인한 것이다.

② 영국의 가장 최초의 국기는 성 조지(St. George) 십자기이다. 영국군은 1277년에 이미 흰 바탕의 깃면에 붉은 십자기를 디자인하였다. 그때 에드워드 1세는 전쟁의 표지기로써 이 기를 사용하였다.

③ 영국의 엘리자베스 여왕이 후계자 없이 1603년에 죽은 뒤 그의 조카가 즉위하였는데 그가 제임스 1세(스코틀랜드의 제임스 4세)이다. 영국과 스코틀랜드는 1606년에 유니언기를 만들려고 스코틀랜드의 성 앤드루 십자기와 영국의 성 조지 십자기를 합쳤다. 제임스 1세는 하나의 기에 두 개의 기를 합쳐 영국 국기라고 하였다. 이 국기는 황실의 함수기와 해군의 선수기로 사용되었으며, 이 기는 유니언 잭으로 알려졌다. 유니언 잭은 푸른 바탕의 깃면에 흰색의 대각선 십자와 붉은색의 십자를 합쳐 놓은 것이다.

④ 이 기는 종종 케임브리지기라고도 말한다. 이는 대영제국의 유니언 잭에 줄무늬를 결합한 것이다. 그것은 영국의 유산을 나타낸 것이고 줄무늬는 최초의 13개의 식민주를 나타낸 것이다. 조지 워싱턴 장군은 이 기를 1776년 1월 매사추세츠주의 케임브리지에 게양하였다.

---

1) 미국의 국기 교육에 관한 내용은 미 8군에 근무하였던 Kim Britcher가 수집하여 보내 준 자료를 금오공대 윤희수 교수가 정리한 것을 요약하여 재구성한 것이다.
Douglas M. Rife, 'The History of the Flag of the United States', "*Pledge of Allegiance*" (Teaching & Learning Company, Carthage 1989), pp. 8~10.

⑤ 1777년 6월 14일 대륙회의에서는 13개 주의 미국 국기는 13개의 줄무늬를 붉은색과 흰색으로 번갈아 놓고, 13개의 별인 연방은 푸른 바탕에 흰색의 13개 별을 새로운 성운으로 나타내도록 한다는 결의안을 통과시켰다. 깃면 바탕의 별은 혁명 전쟁동안 널리 보급되었던 것을 하나로 정리하여 나타낸 것이다. 5각으로 뾰족한 별들은 멀릿(mullet : 별 모양 무늬)이라 말한다.

⑥ 이 국기의 디자인은 영국군이 군수 창고를 빼앗지 못하였던 베닝턴(Bennington), 버몬트(Vermont)의 식민지 전쟁에서 승리하였기 때문에 유명하였다. 전초전은 1777년 8월 16일 시작되었다. 존 스타크(John Stark)는 그날 밤 그의 부하들에게 "우리 군대 저쪽에 헤센인이 있다"고 하였다. 그들은 한 사람당 7파운드 10펜스를 주고 사들였다. 그날 저녁 미국의 국기는 저쪽 언덕에서 휘날렸다. 모리 스타크는 창문에 기대어 잠을 잤다. 6각의 뾰족한 별들은 이 국기에 있다. 이 별들은 에스토일이라 부른다.

⑦ 버몬트와 켄터키는 원래의 13개 주 후에 처음으로 연방에 첨가된 2개의 주였다. 그들의 연방 가입이 승인되었을 때 국기에 2개의 별뿐만 아니라 두 개의 줄무늬도 첨가되었다. 이것을 미국의 함선에서 프란시스 스코트 키(Francis Scott Key)가 성조기라고 기록하였기 때문에 감명 깊은 국기였다. 키는 1814년 11월 13일 밤, 영국인이 포트 맥헨리, 볼티모어, 메릴랜드를 공격하여 폭파한 것을 주시하였다. 이 국기는 1795년부터 1818년까지 사용된 미국의 국기였다.

⑧ 1818년 4월 4일 대륙회의는 13개의 줄로 된 미국의 국기의 전통으로 회귀하는 법을 통과시켰다. 대륙회의는 첨가된 각 주의 줄무늬를 첨가하는 것은 곧 이상한 모양의 국기를 만들게 된다는 것을 인식하게 되었다. 그래서 대륙회의는 새로운 주가 연방에 첨가되었기 때문에 새로운 주를 포함한 새로운 별을 첨가하도록 준비를 하였다.

⑨ 성조기로 알고 있는 1818년의 기는 어떤 국기 제작자에 의해 사용되어 디자인의 창조성이 보인다. 이 국기에 있는 20개의 별은 하나의 큰 별의 모양을 이루고 있다.

⑩ 시민전쟁(남북전쟁) 동안에 대담한 에이브러햄 링컨은 남쪽의 주를 나타내는 별들을 국기에서 제외하려는 것을 허락하지 않았다.

이상에서 살펴본 성조기의 변천 과정을 그림으로 보면 다음과 같다.[2)]

---

2) Douglas M. Rife, 앞의 책, pp. 8~11의 자료를 정리하여 재작성한 것이다.

성조기의 변천

① 성 앤드루 십자기

② 성 조지 십자기

③ 유니언 잭 (1606)

④ 그랜드 유니언기(1776)

⑤ 별과 줄무늬기(1777. 6)

⑥ 베닝턴기(1777. 8)

⑦ 성조기(1795)

⑧ 성조기(1818)

⑨ 큰 별기(1818)

⑩ 남북 전쟁시의 성조기(1861)

2) 미국의 국기일 제정

미국의 국기는 성조기이다. 성조기의 제정 기념일은 1777년 6월 14일이다. 미국인들은 매년 6월 14일을 국기 제정 기념일로 기념한다. 미국은 제2회 대륙회의에서 새로운 신생 국가인 미국을 상징하는 국기를 공인하였다. 성조기는 미국의 남북 전쟁의 여름에 1861년 하트포드(Hartford)와 코네티컷(Connecticut)주에서 국기 제정 기념일 의식 때 처음으로 휘날렸다.

국기 제정 기념일의 첫 국가적 의식의 준수는 100년이 지난 1879년 6월 14일에 이루어졌다. 1890년대 중엽의 6월 14일 국기 제정 기념일의 준수는 대중적인 일이었다. 시장들과 주지사들은 이를 준수하려고 그들의 관할권에 선언을 발표하게 되었다.

그 후 여러 해에 걸쳐 국기 제정 기념일을 준수하기 위한 대중적 정서는 크게 고조되었다. 수많은 애국적 사회학자들과 베테랑 집단들은 국기 제정 기념일을 다같이 인정하였다. 이것은 그들의 중요한 목적의 하나가 된 이후 젊은이들 속에 애국주의를 자극하게 되었고, 학교는 처음으로 국기 교육의 활동을 교육에 포함시켰다.

1916년 우드로 윌슨(Woodrow Wilson) 대통령은 6월 14일 국기 제정 기념일의 준수를 국가적으로 광범위하게 선언하였다. 의회가 매년 6월 14일을 국기 제정 기념일로 지정한다는 결의를 하여 이 날을 영원히 기념하려고 하였으나 1949년까지는 잘 이루어지지 않았다.

그 후 이러한 조처는 해리 트루먼(Harry Truman) 대통령에 의해 법안으로 서명되었다. 비록 국기 제정 기념일은 미연방 공휴일처럼 의식은 하지 않지만 미국인들은 어디서든지 그 역사와 전통을 재연하여 영광을 유지하려고 하고 있다.

3) 성조기의 상징(의미)

미국 성조기의 붉은색과 흰색의 13개 줄무늬는 1774년 독립 당시의 13주를 의미하며, 붉은색은 모국인 영국을, 흰색은 독립을, 푸른색은 희망을, 50개의 별은 현재의 주의 수를 의미한다. 그러므로 주가 늘어나면 별의 수도 그만큼 늘어나게 된다.

4) 국기에 대한 예절

① 국기에 대한 경례

㉠ 국기 게양 및 강하를 할 때

- 국기에 대한 경례는 차렷 자세로 서서 한다.
- 정복을 입은 사람은 거수 경례를 한다. 정복을 입지 않았을 경우 남자들은 오른손으로 모자를 벗어 왼편 가슴 위에 대고 차렷 자세로 서야 한다.
- 국기 게양식이나 강하식을 할 때 또는 퍼레이드(행진)나 검열에서 국기가 지나갈 때 정복을 입은 사람은 거수 경례를 하고, 그 외 참석한 모든 사람들은 오른손을 펴서 왼편 가슴 위에 얹은 채 국기를 향하여 차렷 자세로 서야 한다.
- 외국인은 차렷 자세로 서야 한다. 이동 대열 속에서의 국기에 대한 경례는 국기가 지나가는 순간에 하여야 한다.

㉡ 애국가 연주와 함께 국기를 게양할 때

- 정복을 입은 사람들(군인, 경찰, 소방관 등)을 제외하고 참석한 모든 사람들은 오른손을 펴서 왼편 가슴 위에 얹은 채 국기를 향하여 차렷 자세로 서야 한다.
- 정복을 입지 않고 모자를 쓴 남자들은 오른손으로 모자를 벗고 그 모자를 왼편 가슴 위에 대고 차렷 자세로 서야 한다.
- 정복을 입은 사람들은 애국가의 첫 음이 울리는 순간 국기를 향해서 거수 경례를 하고 애국가가 끝날 때까지 이 자세를 유지한다.
- 국기가 게양되어 있지 않을 때 참석자들은 애국가가 들려오는 쪽을 향해서, 국기가 게양되어 있을 경우에는 그들이 할 방법(위의 예)으로 행하여야 한다.

② 국기에 대한 예의 및 존엄성

㉠ 국기는 최고의 존경심을 갖고 다루어야 한다.

㉡ 국기를 다른 목적으로 사용해서는 안 된다.

- 커튼이나 천장의 장식물, 침대 시트 등으로 사용해서는 안 되며, 어떤 물건을 운반하거나 담는 용도로 사용해서도 안 된다.
- 국기는 종이 컵이나 박스 등 일시적으로 사용하고 버리는 어떤 것에도 프린트하거나 다른 자국을 남겨서는 안 된다.
- 국기는 어떤 방식으로든지 광고 목적으로 사용해서는 안 된다. 국기를

방석이나 손수건 등과 같은 물건에 수놓아서는 안 된다.

ⓒ 국기의 어떤 부분도 의상이나 체육복으로 사용해서는 안 된다.

- 애국 단체 회원들의 정복에 헝겊을 대고 기운 국기는 부착할 수 있다.
- 양복의 상의 깃에 다는 복제된 국기핀은 심장 근처인 왼편 상의 깃에 달아야 한다.

ⓔ 국기는 땅이나 마루 바닥, 물건이나 상품 같은, 아래의 다른 어떤 것에도 닿지 않도록 하여야 한다.

ⓜ 깃대는 더러워지거나 손상되지 않도록 단단히 고정시켜야 한다.

ⓗ 깃대나 국기가 게양된 마루줄에 광고 표시를 부착해서는 안 된다.

ⓢ 국기를 마음대로 접거나 꾸겨서 들어서는 안 되며 의복처럼 입어서도 안 된다.

ⓞ 국기는 상이나 기념비의 덮개로 사용해서는 안 된다.

ⓙ 국기에 대한 맹세(충성 서약)

- '나는 미국의 국기에 대해, 그리고 국기가 상징하는 공화국에 대해, 그리고 모두에게 자유와 정의가 있고, 갈라질 수 없는 하나님의 지배를 받는 한 국가에 대해 충성을 맹세합니다.'

라는 충성 맹세를 오른손을 왼편 가슴 위에 얹은 채로 국기를 향하여 차렷 자세로 서서 선서해야 한다.

- 정복을 입지 않았을 경우, 남자들은 오른손으로 모자를 벗어 그 모자를 왼편 가슴 위에 대고 서 있어야 한다. 정복을 입은 사람들은 말없이 국기를 향하여 거수 경례를 하여야 한다.

ⓒ 국기를 옮길 때는 펼친 상태나 수평으로 유지해서는 안 되며 항상 높이 들고 방해를 받지 않도록 하여야 한다.

5) 국기의 보관

① 더 이상 게양하기에 적절하지 못한 상태의 국기는 잘 폐기하되, 이때는 소각하는 것이 좋다.

② 국기를 꽃줄 모양으로 길게 이으거나, 뒤로 혹은 위로 끌거나 접쳐도 안 되며 국기는 항상 방해를 받지 않고 드리어지도록 한다.

③ 국기가 찢어지거나 더러워지거나 손상된 것은 게양하거나 보관해서는 안 된다.

④ 국기의 깃면이나 어떤 부분 위에도 어떤 성격의 표시, 휘장, 문자, 단

어, 숫자, 디자인, 사진, 또는 그림을 부착해서는 안 된다.

⑤ 국기는 천장의 덮개로 사용되어서는 안 된다.

6) 국기 게양 방법

① 게양 시간과 장소

㉠ 게양 시간

국기는 일출시부터 일몰시까지 게양한다. 그러나 애국적 효과가 요구될 때는 국기를 온종일 게양할 수 있다. 그런 경우 어둠의 시간 동안에는 적절하게 빛으로 조명해야 한다.

㉡ 온종일 게양일

국기는 다음과 같은 날에는 온종일 게양해야 한다.

신정(1. 1), 취임식일(1. 20), 링컨 생일(2. 12), 워싱턴 생일(2월 셋째 월요일), 부활절 주일(가변적임), 어머니날(5월 둘째 일요일), 국군의 날(5월 셋째 토요일), 현충일(5월 마지막 월요일 : 정오까지 반기(조기)), 국기의 날(6. 14), 독립기념일(7. 4), 노동절(9월 첫째 월요일), 제헌절(9, 17), 콜럼버스 데이(10월 둘째 월요일), 해군의 날(10. 27), 재향군인의 날(11. 11), 감사절(11월 넷째 목요일), 크리스마스(12. 25), 그리고 미국 대통령에 의해 주의 탄생일(연방에 가입한 날짜)로 선포된 날들과 주의 공휴일 등이 해당된다.

㉢ 온종일 게양 위치

행정 명령에 의해 다음의 위치에 하루 24시간 게양한다.

벳치로스 하우스(필라델피아, 펜실베이니아주), 백악관, 미국 의사당, 워싱턴 DC, 워싱턴 기념비(워싱턴 DC), 아이워지마 해병대 기념관(알링턴), 렉싱턴의 버지니아 전쟁터 MA(독립전쟁의 첫 총성이 울린 곳), 겨울 야영 통나무집(포지 계곡에 있음), 펜실베이니아 멕헨리 성채(메릴랜드주의 볼티모어에 있음 : 1812년의 전쟁 동안 한 전투 후에 멕헨리 성채에 게양된 국기가 성조기에 대하여 영감을 제공했음. 멕헨리 성채에 게양된 유명한 국기가 꿰매어져 보관되어 있는 곳임), 펜실베이니아 게티스버그에 있는 제니 웨이드 하우스(제니 웨이드는 게티스버그 전투에서 사망한 유일한 민간인임), 미 전함 애리조나호 기념관(진주만), 미국의 모든 출입국 지점과 거기에 있는 세관 등이 있다.

㉣ 게양 장소

– 국기는 모든 공공 기관의 본부 건물 혹은 가까이 있는 건물에 날마다

게양하여야 한다.

- 국기는 투표일에 모든 투표소 안이나 근처에 게양하여야 한다.
- 국기는 모든 학교 안이나 근처에 수업하는 날 동안 게양하여야 한다.

② 게양 방법

㉠ 국기 하나를 게양할 때

- 가정에서 국기는 앞쪽 벽, 창턱, 또는 발코니에 비스듬히 튀어나온 깃대에 달아야 한다.
- 국기는 별이 새겨진 장방형의 부분이 위에 오도록 하여야 한다.
- 창문에 달 때 별이 새겨진 부분은 여러 사람이 길거리에서 볼 때 왼편에 있도록 하여야 한다.
- 깃대는 더러워지거나 손상되지 않도록 단단히 고정시켜야 한다.

㉡ 국기와 다른 기를 게양할 때

- 많은 국기, 지방기, 또는 사회 단체의 삼각기들을 국기와 함께 깃대에 게양할 때 미국 국기는 다른 기들의 중심부에, 그리고 가장 높은 곳에 있어야 한다.
- 기들을 인접한 깃대들에 게양할 때에는 미국 국기를 가장 먼저 올리고 가장 늦게 내려야 한다. 어떤 기나 삼각기도 미국 국기의 오른편 위에 놓여서는 안 된다.

㉢ 둘 이상의 국기를 게양할 때

- 둘 이상의 국기를 게양할 때에는 그 국기들을 같은 높이의 다른 깃대에 게양하여야 한다. 국기의 크기는 같아야 한다. 국제 관례는 평화기에 한 국가의 국기가 다른 나라의 국기 위에 게양하는 것을 금지한다.
- 유엔기나 어떤 다른 국기 또는 국제적인 기를 미국이나 준주, 미국의 속국 안에 있는 어떤 곳에서 게양할 때에는 미국 국기와 동등한 또는 그 위에 또는 현저히 더 큰 영광을 받는 위치에, 또는 미국 국기 대신에 게양해서는 안 된다.
- 미국 국기를 다른 국기들이나 삼각기 옆에 게양할 때에는 어떠한 국기의 오른쪽에 게양하거나 국기를 그룹의 중앙에 게양하고, 다른 국기들보다 약간 더 높게 게양한다. 만약 미국 국기가 다른 국기들과 동일한 깃대에 달았을 때에는 미국 국기는 항상 맨 위에 있어야 한다. 다른 국기들은 미국 국기보다 더 현저히 많은 영광을 받는 위치에 있어서는 안 된다.

- 미국 국기가 행진에 있어서 다른 국기들과 함께 운반될 때에는 미국 국기는 행렬의 오른쪽에 있거나 혹은 일련의 다른 국기들이 있을 때에는 그 줄의 중심부 앞에 있어야 한다.
- 어떤 다른 국기나 삼각기도 미국 국기 위에 또는 같은 높이라면 미국 국기의 오른쪽에 게양해서는 안 된다. 단, 해상에서 해군 군목이 인도하는 예배시와 해군 요원을 위한 교회의 예배시는 교회의 삼각기가 국기 위에 게양될 때이다.

㉣ 국기를 교차하여 게양할 때

미국 국기를 벽에 꽂힌 교차된 깃대에 다른 국기와 같이 게양할 때에는 미국 국기는 오른편에 있어야 하고, 그 깃대는 다른 깃대의 앞에 있어야 한다.

㉤ 빌딩 안에 게양할 때

- 주출입구가 하나뿐인 복도나 로비에 국기를 게양할 때에는 미국 국기는 별이 새겨진 부분이 빌딩에 들어가는 관찰자의 왼편에 수직으로 게양되어야 한다.
- 그 빌딩에 하나 이상의 출입구가 있을 경우 국기는 복도나 로비의 중심 가까이에 수직으로 게양하되 별이 새겨진 부분은 출입구가 동서 방향으로 있을 때에는 북쪽으로, 출입구가 남북으로 나 있는 경우는 동쪽으로 향하게 한다.
- 두 방향 이상의 출입구가 있을 경우는 별이 새겨진 부분은 동쪽을 향하도록 해야 한다.

㉥ 차량에 게양할 때

- 국기는 차량이나 기차, 보트의 본넷이나 지붕, 측면이나 뒷면에 드리워져서는 안 된다.
- 국기를 자동차에 게양할 때에는 깃대는 자동차 차체에 단단히 고정시키되 오른쪽 앞바퀴 덮개에 고정시켜야 한다.
- 차에 국기를 게양할 때에는 깃대는 차량 오른편에 단단히 고정시켜야 한다. 퍼레이드 때는 장식을 한 차에도 마찬가지로 적용한다.

㉦ 벽에 게양할 때

벽에 수평으로 혹은 수직으로 게양할 때에는 별이 새겨진 부분이 가장 위에, 그리고 국기 자체로 볼 때 오른쪽에 오도록 하여야 한다.

㉧ 회의장 단상에 게양할 때

- 미국 국기를 단상에 달 때 미국 국기를 평평하게 보이도록 연사의 머리 뒤쪽에 게양해야 한다.

- 교회나 공공의 강당에서 깃대에 게양할 때 미국 국기는 청중들의 앞쪽에서 보아 현저한(잘 보이는) 위치에 놓여야 한다. 그리고 성직자나 연사가 청중을 바라볼 때 오른편에 영광의 위치를 차지하도록 해야 한다.
- 게양된 다른 국기들은 성직자나 연사의 왼편, 즉 청중의 오른편에 놓여야 한다.

㉧ 일기 불순시 게양할 때

전천후 국기가 게양되는 때를 제외한 국기는 날씨가 험악한 경우 게양해서는 안 된다.

㉨ 거리의 중앙에 게양할 때

미국 국기를 거리의 중앙에 게양할 때 별이 새겨진 부분이 동서 거리에서는 북쪽으로, 남북 거리에서는 동쪽으로 수직이 되도록 달아야 한다.

㉩ 영구의 관에 덮을 때

- 국기를 영구의 관에 덮을 때 별이 새겨진 부분은 머리와 왼쪽 어깨 부분에 놓여야 한다.
- 국기는 무덤 안에 넣어서는 안 되고 땅에 닿도록 해서도 안 된다.

㉫ 반기(조기)를 게양할 때

- 반기(조기)의 위치에 게양할 때에는 국기를 잠시 깃봉까지 올렸다가 반기의 위치로 내린다. 일몰 때는 국기를 내리기 전에 다시 깃봉까지 올렸다가 내린다.
- 현충일(5월 마지막 월요일)에 국기는 정오까지만 반기의 위치에 게양하였다가 그 이후로는 깃봉까지 올려서 단다.
- 반기는 대통령의 명령에 의해 미국 행정부의 주요 인물, 주지사, 준주나 속국의 지사들이 사망했을 때는 그들을 추모하는 표시로 반기의 위치에 게양한다.
- 다른 관리나 외국의 유명한 인사들이 사망했을 경우 대통령 지시나 명령, 또는 법에 모순되지 않는 경우는 관습이나 관례에 따라 미국 국기는 반기 위치에 게양한다.
- 미국의 주나 준주, 속국의 현 · 전직 관리들의 사망시 그 주나 준주, 속국의 지사는 미국 국기를 반기 위치에 게양하라고 선포할 수 있다.
- 대통령이나 전직 대통령의 사망에는 30일 동안 반기 위치에 게양한다.
- 부통령, 전 · 현직 대법원장, 또는 하원 의장의 사망시는 10일간, 연방대법원 부원장, 행정부나 국방부 장관, 전직 부통령, 또는 주지사, 준주

지사, 속국의 지사의 사망시는 사망한 때부터 매장 때까지, 국회의원의 사망시는 사망 당일과 그 다음날까지 반기를 게양한다.

- 반기의 위치란 깃봉 꼭대기에서 깃대의 밑바닥까지 거리의 2분의 1 위치에 있을 때의 국기의 위치를 의미한다.
- 행정부나 국방부는 미국법 제목 5 제101절 및 제102절에 명시된 기관을 의미한다.
- 국회의원은 상 · 하의원, 준주 선출 연방 하원의원, 또는 푸에르토리코에서 온 상주대표를 말한다.

7) 국기의 금실 장식

① 실내에서만 사용하는 의식용 국기에는 금테 장식을 할 수 있다. 의식용 국기들은 원래 군대의 국기에서 사용되었다.

② 가장자리 장식(금실테)은 특별한 의미는 없지만 올바른 국기 교육의 지침에 따라야 한다.

③ 국기의 가장자리 금실테 장식은 연방정부 기관들에서만 사용된다는 것을 나타내는 내용은 국기법에 없다.

8) 국기 규정 변경

미국 국기의 게양에 관한 어떤 규칙이나 관습도 변경하거나 수정하거나 폐기할 수 있다. 또한 미 합참의장은 그것에 대한 부가적인 규칙들이 적절하거나 바람직하다고 생각할 때마다 정할 수 있다. 다만, 그런 변경이나 부가 규칙도 명령서 안에 언급되어야 한다.

9) 충성의 선서

미국 학교의 각 교실에서 교사나 학생이 활용할 수 있는 생동적이고 실질적인 자료는 거의 없는 것 같다. 그러나 1998년 더글러스 라이프(Douglas M. Rife)가 지은 '충성의 선서(Pledge of Allegiance)' 는 미국의 국기사와 충성의 선서사를 지도하는데 매우 가치있고 의미있는 자료이다.[3)]

이 책의 내용 목록 22개를 유사한 항목별로 모아 대별하면,

---

3) '충성의 선서' 라는 책은 총 32쪽으로 그 중 내용 목록 · 머리말 · 목적 · 사용 방법 · 참고문헌 · 문답키 등을 제외하면 주제별 본문의 내용과 학습 과제는 24쪽으로 분량이 적다.

① 기와 미국 국기의 역사
② 충성의 선서 역사
③ 정치적 풍자화와 국기 소각 논쟁
④ 최고재판소와 충성의 선서
등 4가지로 요약할 수 있다.

이 책의 목표를 보면 미국의 국기사, 충성의 선서, 정치적 풍자화, 최고재판소와 충성의 선서 거부 사건에 관한 내용을 알고 학습 과제를 해결함으로써 학생들은 국기와 충성의 선서에 대한 이해는 물론, 국기와 충성의 선서에 관련된 기능과 태도를 기를 수 있다는 것이다. 이 책의 목표를 구체적으로 보면 다음과 같다.[4]

『충성의 선서』 목표

중심 과제	목 표
1. 미국 국기의 역사	1) 국기 각 부분의 내용 이해 2) 미국 국기의 역사 설명
2. 충성의 선서	1) 충성의 선서사 이해 2) 충성의 선서 의미 설명 3) 미국과 가이아나(Guyana)국기의 충성의 선서 비교
3. 정치적 풍자화	1) 국가의 상징성 정의 내림 2) 정치적 그림의 정의 규명 3) 스스로 풍자화 그리기 4) 풍자화의 정치적 메시지 해석 5) 말로서 국기 설명
4. 최고재판소와 충성의 선서	1) 최고재판소의 판결을 읽고 설명 2) 판결 평가 3) 판결에 대한 의견 수렴 4) 호소 과정 설명 5) 표현의 자유 해석 6) 상징적 말 논쟁의 양면성 종합

위에서 보는 바와 같이 이 책의 핵심은 미국의 국기사와 충성의 선서사를 이해시키고 학생들의 애국심을 기르면서 다양한 기능과 수준 높은 사고력을 기르는데 그 중점을 두고 있다.

4) Douglas M. Rife, 앞의 책, p. 5.

이 책의 중심 과제인 기본적 사항의 구체적 내용과 평가 항목을 보면 다음과 같다.

첫째, 〈미국 국기의 역사〉

① 내용 구성은 기의 역사와 의미, 미국 국기의 역사를 국기의 제정 시기별로 국기 그림을 제시하고 그에 대한 해설을 덧붙여 이해에 도움을 주고 있다.

② 평가 항목은 국기 짝 맞추기와 국기 각 부분의 명칭 짝 맞추기이다. 국기 짝 맞추기는 평가지 앞면에 국기가 제정된 시기별로 국기 그림을 제시하고, 그 기의 이름을 보기에서 찾아 맞는 국기의 번호에 써 넣도록 하였고, 뒷면에는 식민지 전쟁기(독립전쟁기)의 유니언 잭과 오늘날 영국의 국기를 비교하여 두 기가 어떻게 다르며, 어째서 다른가를 서술하도록 하였다.[5)]

국기 각 부분의 명칭 짝 맞추는 평가지 앞면에는 깃대에 단 백기에 미국 국기의 각 부분의 위치를 선으로 표시해 놓고, 각 부문의 위치와 관련 있는 이름을 보기에서 찾아 선 위에 써 넣도록 하였다. 뒷면에는 미국 국기사의 지식을 활용하여 미국을 상징하는 새로운 기를 디자인해 보도록 하고 미국 국기의 색깔과 상징은 무엇을 의미하는지 서술하도록 하였다.[6)]

둘째, 〈충성의 선서사〉

① 내용 구성은 충성의 선서가 1892년 11월 처음으로 제정된 후 몇 차례의 수정을 거쳐 1954년 6월 14일 법률로 충성의 선서 내용에 '신의 가호 아래' 란 말을 첨가함으로써 그 완성을 보게 된 과정을 간략히 설명하였다.

② 평가 항목은 두 가지 형이다. 하나는 제시된 충성의 선서를 읽고 그 내용에 나오는 단어 6개에 대한 정의를 구명하고 각 단어를 사용하여 문장을 만들도록 하였다. 다른 하나는 충성의 선서에 대한 퍼즐을 만들어 그 퍼즐 안에 가로 · 세로에 들어갈 말을 보기에서 찾아 써 넣도록 하였다.[7)]

셋째, 〈국기에 대한 선서 비교〉

① 내용 구성은 가이아나(Guyana)의 국기와 선서 내용, 미국의 국기와 충성의 선서 내용을 제시하여 설명한 것이다.

② 평가 문항은 가이아나 국기의 색깔 상징, 가이아나와 미국 국민들은 자국

5) Douglas M. Rife, 'Flag Match', 앞의 책, pp. 10~11.

6) Douglas M. Rife, 'Part of the Flag', 위의 책, p. 12.

7) Douglas M. Rife, 'The History of the Pledge of Allegiance', 앞의 책, p. 14.

의 국기에 대해 무엇을 선서하는가? 가이아나의 선서와 미국의 충성의 선서와 다른 점은 무엇인가? 미국과 가이아나 국기의 색깔은 무엇을 의미하며 색깔의 상징은 무엇이 다른가? 지도에서 가이아나를 찾아 어느 대륙에 위치하고 있는가를 발표하도록 하였다.[8)]

넷째, 〈텍사스주 존슨과 최고재판소 판결 사건〉

① 내용 구성은 1984년 텍사스주의 댈러스(Dallas) 시청 광장에서 공화당 전국대회가 열렸을 때 그레고리 리 존슨(Gregory Lee Johnson)이 레이건의 정책(군비확장정책)에 반대하여 국기를 끌어내려 기름을 뿌려 소각한 사건이 일어났다. 존슨은 지방재판소에서 유죄 판결을 받았으나, 1989년 연방 최고재판소에서는 하급심의 판결을 기각하였다. 이 사건으로 국회나 언론 등 정치적 · 사회적으로 국기와 최고재판소의 판결 이유와 그 내용, 재판관의 의견 등을 간략히 서술하였으며, 정치적 풍자화를 제시하여 이 사건에 대한 독자들의 이해를 촉구하였다.[9)]

② 평가 문항은 대통령과 권리 장전에 대한 풍자화 퀴즈로 7개의 문항을 제시하였다. 즉 평가지 전면에는 풍자화에서 권리 장전에 불을 붙인 것은 누구인가? 권리 장전은 몇 차례의 수정을 거쳐 작성되었는가? 풍자화를 참조하여 비록 대통령이라도 권리 장전의 수정안을 소각할 수 있는지, 존슨에 대한 풍자화를 어떻게 활용하였는가? 폴 콘라드(Paul Conrad)가 풍자한 풍자화를 서술하여라. 국기 소각이란 말을 어떻게 생각하느냐? 그리고 뒷면에는 다른 상징의 의미를 사용하여 풍자화가와 같은 견해를 묘사해서 풍자화를 그려 보도록 하였다.[10)]

다섯째, 〈국기를 소각하며 끌어내리는 군중〉

① 내용 구성은 정치적 풍자화는 교과서보다 삽화를 통하여 사설을 논평하며, 사실에 바탕한 대부분의 메시지를 서술하고, 풍자화의 메시지를 독자들에게 의존하므로 풍자화에 관련된 이야기와 사건을 잘 알도록 지도하여야 한다는 것이다.[11)]

② 평가는 풍자화 퀴즈 문제를 앞면에 7가지를 제시하고, 뒷면에는 다른

8) Douglas M. Rife, "The Vocabulary Builder" & "Pledge Crossword", 위의 책, pp. 15~16.

9) Douglas M. Rife, "Pledge Flag Comparison", 위의 책, p. 17.

10) Douglas M. Rife, "What's in a Color", 위의 책, p. 18.

11) Douglas M. Rife, "Texas V. Johnson Supreme Court Case, 491 U.S.397(1989)", 위의 책, pp. 19~20.

상징의 의미를 사용해서 같은 관점을 묘사한 풍자화를 그려 보고, 당신은 국기 소각 풍자화에 동의하느냐, 아니면 동의하지 않느냐? 당신의 의견을 쓰라고 하였다.

여섯째, 〈최고재판소와 충성의 선서〉－(1)

① 내용 구성은 여호와의 증인파, 법의 정당한 절차, 헌법 수정 제1조 등의 어휘를 약술하고, 미네스빌 공립학교에 다녔던 고비티스가 매일 학교 교육의 일환으로 실시되고 있는 국기에 대한 경례와 충성의 선서를 종교의 자유에 위배된다는 이유로 거부하였다. 이로 인해 고비티스는 학교에서 퇴학 처분을 당했다. 이에 학생의 부모(여호와의 증인파를 믿음)는 퇴학 처분의 부당성을 법에 호소하였으나 하급심에서는 퇴교 처분의 정당성이 인정되었다. 피고는 다시 지방 최고재판소에 상소하여 승소하였다. 이에 지방 교육위원회는 연방최고재판소에 항소하였다. 그러나 연방 최고재판소는 헌법 수정 제1조에 위배되므로 교육위원회의 항소를 기각하고 사건을 지방재판소로 돌려 보내었다. 프랑푸르트 판사는 이 사건에 관한 법정의 판결 이유를 6개의 절로 나누어 설명한 것이다.

② 평가 항목은 미네스빌 학구의 고비티스를 이해하는데 관한 5개 문항이다. 평가지 앞면에는 릴리안과 윌리엄 고비티스는 왜 국기에 대한 경례와 충성의 선서 암송을 거부하였는지를 설명하였다. 법정에서 종교적 자유란 무엇을 말하는가? 무슨 이유로 학생에게 국기에 대한 경례와 충성의 선서를 암송하도록 강요하였는가? 충성의 선서 의무를 삭제하는 결정을 왜 내리지 못하였는가를 평가하고, 그 뒷면에는 당신은 이러한 결정에 동의하는가? 동의하는 이유를, 또는 동의하지 않는다면 그 이유를 설명하도록 하였다.

일곱째, 〈최고재판소와 충성의 선서〉－(2)

① 내용 구성은 항소, 강제, 정통파 등의 어휘에 대한 간단한 설명과 웨스트 버지니아주 교육위원회에 대한 바네트(Barnette) 판사의 판결에 관한 것으로 잭슨 판사가 법정의 판결 이유를 모은 내용을 8개절로 나누어 약술한 것이다. 즉 웨스트 버지니아주 교육위원회는 공립학교의 교육 활동의 일환으로 교사와 학생들에게 국기에 대한 경례와 충성의 선서 실시에 참여하여 실행하도록 요구하였다. 그러나 여호와의 증인파를 믿는 학생들이 이를 거부하였다. 이에 학교에서는 이 학생들을 퇴학 처분시켰다. 학부모들은 퇴학 처분에 불복하였다. 이 사건에 대한 지방재판소의 판결과 연방 최고재판소의 판결 이유를 잭슨 판사가 모아서 8개의 절로 나누어 약술한 것이다.

② 평가 항목은 앞면에 웨스트 버지니아 교육위원회와 바네트(Barnette)

판사에 대한 이해에 관한 문항을 5개 제시하였다. 어째서 이 사건을 법정에 항소하게 되었는가? 이 판결은 무엇이 이 사건의 상징인가? 어째서 권리 장전으로 국기 경례를 강제하는가? 어떤 수정안이 표현의 자유를 보호하는가? 특히 이 사건이 어째서 결심을 하는데 어려웠던 판결이 무엇인가? 등이다. 뒷면에는 사건에 대한 학생들의 의견을 설명하도록 한 것으로서 이 결정에 동의한다면 이 장의 뒷면에 대답을 설명하여라. 이 판결과 1989년 텍사스주의 존슨에게 내린 판결을 비교하여 그 사건에 집중될 논쟁은 무엇인가? 등이다.

이상에서 본 바와 같이 미국의 국기에 대한 경례와 충성의 선서에 관한 지도 자료는 그 내용을 설명한 다음에는 그 내용에 대한 이해도와 학생의 능력 태도 등을 평가하기 위한 평가 자료를 제시하고 있는데, 이것은 우리들의 국기 교육에 대한 반성과 함께 국기 교육의 방법에 대해 하나의 시사점을 제시해 준다.

미국이 처한 정치적 · 사회적 · 교육적 환경은 우리와는 다르다. 우리나라에서도 국기에 대한 경례를 거부하다가 퇴학 처분을 받은 학생도 있다. 국기에 대한 교육은 그 나라가 처한 환경에 따라 차이가 있음을 우리는 알아야 한다.

10) 미국 초등학교의 국기 교육

미국의 초등학교에 있어서는 국기에 대한 경례와 충성의 선서를 주(州)와 학교에 따라 차이는 있지만 수업 시작 전에 교실에서 몇 분 정도 실시하고 있다. 멕시코에서는 매 월요일 운동장에서 국기에 대한 의식을 행한다. 이때에 국가의 정체성을 확립하고 조국에 대한 책임감을 갖도록 한다.[12)]

이러한 의식 행사를 통하여 애국심을 기르도록 하는 한편 교육과정도 역사와 윤리, 도덕, 사회과, 공휴일, 문화 축전 등을 통하여 미국인이 될 어떤 의미 있는 메시지를 받게 된다는 것이다. 특히 미국의 공립학교에서는 국기에 대한 경례나 충성의 선서가 시민 정신을 기르기 위하여 문화적 · 국가적 가치를 강조한다는 것이다.[13)]

여기서 우리는 훌륭한 시민 정신이란 무엇이며, 학생들에게 충성의 선서

---

12) Susan J. Ripperger & Kathlccn A. Staudt, "*Pledging Allegiance.*", (New York and London : Routledgefalmer, 2003) p. 1.

13) 위의 책, p. 2.

가 갖는 의미는 무엇이며, 그것이 무슨 가치가 있는가에 대해 생각해 보아야 할 것이다.

애국심이란 무엇인가? 그것은 흔히들 나라를 사랑하는 마음이라 쉽게 말한다. 그 어린 학생들에게 나라 사랑하는 마음을 어떻게 기르도록 할 것인가? 흔히들 나라를 사랑한다는 것은 나라를 위하여 충성하고 헌신하며 희생하는 것을 애국심의 덕목으로 삼는 경우가 많다.

어린 학생에게 충성과 헌신, 희생을 강요하고 바라는 것이 애국심을 기르는 교육이라 할 수 있을까? 어린 학생들이 할 수 있는 애국심이란 어떤 것일까? 애국심은 가정과 학교, 사회와 국가가 여러 교육과 활동을 통하여 학생 스스로의 마음 속에서 나라 사랑의 마음이 우러나오도록 할 때 참된 애국심이 형성될 수 있다. 물리적 힘이나 외적 강압과 강제에 의한 애국심은 일시적 효과는 있을 수 있겠지만 그것은 그 외적 힘이 중단되었을 때에는 사상누각과 같이 될 수 있다. 그러므로 왜 국기에 대한 경례를 하며 충성의 선서 〈국기에 대한 맹세〉를 하는가를 학생 스스로 이해하고 마음에 다짐할 때 진정한 의미의 애국심이 나타나게 될 것이다.

어린 학생들이 할 수 있는 애국심은 건강하게 성장하는 것, 공부 열심히 하는 것, 책임과 의무를 다하는 것, 나보다 친구와 이웃을 사랑하고 봉사하는 것, 저축을 하는 것, 공공 기물을 아끼고 소중히 여기는 것, 국기에 대한 예절을 잘 지키는 것, 국기를 바르게 게양하고 내리는 것, 학교 행사와 지역사회 행사에 적극 참여하는 것, 국기를 소중히 다루는 것 등등이다.

이러한 것들은 시민 정신이기도 한 것이다. 시민 정신과 애국심은 정체성과 도덕성을 포함하고 있는 복합적인 것이다.[14)]

미국에서 국기 교육은 국기 교육 하나만을 독립적으로 지도하지 않고 시민 교육의 일환으로 역사과, 사회과, 도덕과 시간에 관련지어 지도하되 시민 정신과 애국심 교육의 일환으로 실시하고 있다. 베니토 쥬레즈 학교의 학생들은 매 월요일 아침 수업하기 전에 운동장에 모여 몇몇 부모, 자매 형제, 이웃의 친구들, 또는 다른 사람도 함께 참여하여 국기에 대한 경례와 충성의 선서 의식을 엄숙히 행한다. 참가자들은 그들의 오른손을 펴서 왼쪽 가슴에 대고 차렷 자세로 서서 마음 속으로 선서를 암송한다.[15)] 개인적 실행을 중요시한다. 즉, 개인의 선택에 따르는 어느 정도의 기본적 인권이 존중된다는

14) 위의 책, pp. 2~3.
15) 위의 책, pp. 52~53.

것으로 보인다.[16)]

미국 학교에서 실시하는 충성의 선서는 학교에서 일상적으로 반복되는 평범한 것이지만 학생들에게는 엄격하게 지도한다. 다만 그것이 얼마나 깊이 내면화되었느냐 하는 것은 분명치 않다.[17)]

충성의 선서를 지도할 때 교사들은 단순한 단어의 암기에 그치지 않고 거기에 담긴 의미와 뜻을 지도하려고 애쓰면서 교실에서 토론도 시킨다. 국기에 대한 경례와 충성의 선서는 아무런 의미나 의식없이 또는 뚜렷한 목적 없이 단순히 암송하도록 하거나 국기에 대한 경례를 해서는 안 된다. 미국의 국기에 대한 의식은 매우 짧고 비조직적이며, 개인적이며, 비인상적이라는 것이다.[18)]

미국에서는 국경일을 애국심 테마와 가치를 지도하기 위한 좋은 기회로 보고 국경일과 관련 있는 주제를 선정해서 계획을 세워 지도하기도 한다. 미국의 초등학교에서는 2월에 있는 대통령일, 특히 워싱턴과 링컨의 생일을 기념하기 위하여 그 대통령의 어린 시절에 관한 이상적인 이야기를 하고 의식을 행하기도 한다.[19)]

11) 국기 관련 사건에 대한 판례[20)]

① 국기 경례 거부에 대한 판례

미국은 국기에 대한 존엄성을 어느 나라보다도 중요시하고 또한 강조한다. 그것은 국민 구성의 다양성이란 현실에서 국민 정신을 통합하는데 있어서 국기를 중심으로 한 국민의 일체감을 갖게 하는 중요한 수단이 되기 때문이다.

그러므로 학교에 있어서는 국기에 대한 경례와 충성의 선서를 교육의 일과의 하나로 중요시하고 또한 이를 실행할 것을 주 교육위원회에서는 요구하고 있다. 그러나 여호와의 증인파를 믿는 학생이나 시민들은 종교의 자유와 표현의 자유를 주장하면서 헌법 수정 제1조에 위배된다는 판단하에서 국

16) 위의 책, p. 55.

17) 위와 같음.

18) 위의 책, pp. 55~56.

19) 위의 책, pp. 57~58.

20) 이 사례는 佐藤秀夫편, 『日本の教育課題』, 「日の丸」, 「君が代」, と學校(東京法令出版社, 1999), pp. 596~616에 수록된 자료를 추출하여 요약한 것이다.

기에 대한 경례나 충성의 선서를 거부하며 심지어는 국기를 끌어내려 소각하기도 한다.

이러한 국기 모독 사건이나 국기 경례와 충성의 선서를 거부하는 사람에 대해서는 당해 기관의 제재와 체벌을 받기도 하고 법정 문제로 비화되며, 심지어는 미 연방 최고재판소의 판결을 받기도 한다. 지방재판소의 판결과 교육위원회 및 학부모의 상소는 연방 최고재판소의 판결에 따르게 된다.

이 항에서는 미국 공립학교에 있어서 국기 경례 행사를 둘러싼 쟁점들 중 대표적인 사례를 중심으로, 즉 국기 경례와 충성의 선서를 반대하거나 또는 국기를 소각한 사람에게 법원은 어떤 판결을 내렸는지 몇 가지 판례를 중심으로 살펴 보고자 한다.

㉠ 1939년의 판례(People V. Sandstrom)

각 학구의 학교에는 국기 경례와 애국심 교육에 관한 교육 계획의 작성 의무를 제정법에 따라 과하고 있다. 주의 교육장은 제정된 규정에 따라 간단한 국기 경례와 충성의 선서를 실시해 왔다. 그런데 우상 숭배를 금하고 있는 여호와의 증인파들 부모와 같이 믿고 있던 13살 난 여학생이 국기 경례 의식 참가를 거부하였다. 이것은 부모가 딸에게 지시하여 딸이 학교 출석을 거부했다는 것이다. 부모는 의무 취학법 위반으로 치안판사에 고소되었다. 주 상소 제1심 재판소는 국기 경례 의식의 강제를 인정하지만 부모가 학생의 취학 거부를 종용한 것은 아니므로 국기 경례 의식 참가 거부에 대한 처벌은 부모가 아니라 학생을 처벌해야 한다는 이유로 원 판결을 파기하고 소장을 기각하였다.

주 최고재판소의 판결은 국기 경례는 종교적 의식에 해당하지 않는다고 인정한 연방재판소의 선례를 적용하여 국기 경례 의식은 선량한 시민의 자질 육성에 불가결한 것이므로 주가 모든 학생들에게 요구되는 교육 내용에 대해서는 어떤 법리를 정립하지 않으면 안 된다는 것이다. 즉 학교에서 학생들에게 국기 경례와 충성의 선서를 할 때는 무조건 강요에 의하지 말고 헌법에 위배되지 않는 합리적이고도 구체적인 규정을 만들어 교육을 하여야 한다는 것이다.

이 판례는 국기 경례 강제성의 적법성과 애국심 교육의 합법성에 관한 문제로 학교에서는 애국심 교육에 관한 합리적 규정을 통한 교육적 배려가 모색되어야 함을 보여준 것이다.

㉡ 1941년 판례(Commonwealth V. Johnson)

1935년 제정된 '주 일반법'에는 지방 교육위원회에 대해서는 국기의 구입을, 교장 및 교원에 대해서는 국기 게양을 주 1회 시업(始業)행사로서 학생들에게 국기 경례를 시키도록 교원에 요구하고 있다.

지방 교육위원회는 이 일반법에 의해 공립학교의 모든 학생에게 국기에 대한 경례를 하도록 할 것을 결정하였다. 그러나 여호와의 증인파를 믿는 학생 3인이 국기 경례 행사에 참가하는 것을 거부하여 퇴학 처분을 당하였다. 이들 학생은 상습적으로 취학 의무를 위반하여 출석 감독관에 의해 피소되었다.

주 제1심 재판소는 소장의 위반 사실을 인정하고 학생에게 유죄 판결을 내려 감화원에 수용할 것을 명하였다. 학생 측은 이에 이의 신청을 하여 그 명령은 집행되지 않았다. 그런데 주 최고재판소는 학교 당국의 퇴학 처분을 정당한 것으로 인정하였지만 국기 경례 의식의 참가 거부는 법령으로 규정되어 있으므로 감화원 수용에 상당하는 상습적 취학 의무 위반에 해당하지 않는다는 판결을 하고 원심을 파기하였다. 주 최고재판소는 국기 경례 의식의 적부 심사는 피하고, 법적 쟁점인 상습적 취학 의무 위반에 대한 적부만을 대상으로 심리한 것이다.

이것은 지방 교육위원회의 퇴학 처분권과 국기 경례 의식의 합법성에 관한 문제로 주가 제정한 법에 의해 국기 게양 의식의 실시를 요구하는 지방 교육위원회는 그 실시 규정을 구체적으로 제정하여 이 규정에 위반되는 학생은 처벌하도록 하여야 한다는 것을 나타낸 것이다.

㉢ 1943년 판례(West Virginia State Board of Education V. Barnette)

웨스트 버지니아주 교육위원회는 국기 경례를 공립학교의 정규 교육 활동의 일환으로 포함시키고 모든 교원과 학생들에게 국기에 대한 경례를 하도록 요구하고, 국기 경례 거부자를 불복종 행위로 간주하여 처벌할 것을 명하는 규정을 만들었다.

여호와의 증인파를 믿는 4가족의 부모들은 이러한 교육에 반대하고 학생들이 국기 경례를 거부하였기 때문에 퇴학 처분을 받는 것은 의무 취학법에 위반된다고 하면서 소를 제기하였다. 부모들은 학생 개인의 의견과 태도에 관한 문제는 자주적으로 결정할 수 있는 권리가 있다고 주장하고 관계 법규 규정의 집행을 금지하도록 하는 차지명령(差止命令) 청구 소송을 교육위원회에 냈다. 주 교육위원회는 공교육을 받는 조건으로 국기 경례를 요구하는 권한도, 이를 거부하는 부모와 학생들을 처벌하여 취학을 강제할 수 있는 권한도 갖고 있다고 주장하면서 부모의 이의 신청 기각을 요구하였다.

주 지방재판소는 부모의 주장을 지지하고 차지명령을 발급함에 따라 교육위원회는 상고하였다. 연방 최고재판소는 원심을 확인하고 교육위원회의 상고를 기각하였다.

이것은 수업에 의한 애국심 교육이 요구된다 하더라도 개인의 인권을 침해할 수 있는 것과 같은 국기 경례를 법률이나 규정으로 요구하고 이를 거부하는 학생의 재학권을 박탈하는 것은 위헌이다. 그러므로 주 법에 바탕하여 학교에서는 국기 경례나 애국심 교육을 할 때에는 구체적 실행 규정을 합리적으로 제정하도록 충분한 연구와 검토가 있어야 함을 보여주고 있다.

ㄹ 1966년 판례(Holden V. Board of Education)

이슬람교를 믿는 학생들이 부모의 명령으로 국기 경례와 충성 선서를 거부함에 퇴학 처분을 받았다. 이에 학생의 아버지는 양심적 거부를 인정하고 있는 주 법의 면제 규정이 적용되도록 학생의 복학을 시교육위원회에 제소하였다.

시교육위원회는 주 교육장의 복학 결정을 지지한 결정에 불복하여 상위재판소 공소부에 공소하였다. 주 최고재판소는 공소 사실을 확인하고 공소장을 교육위원회에 이송하였다. 양심적인 이유에 바탕하여 국기 경례 거부를 지지하고 복학을 명한 주 교육장의 재결을 전적으로 인정하였다.

이것은 또한 주 법의 권한과 교육위원회의 권한에 관한 것으로 학생의 양심적 거부의 범위를 잘 보여주는 것으로 학교에서는 양심의 거부 범위와 면제 조건에 대한 이해와 이에 관한 구체적 실행 계획 규정의 제정이 있어야 함을 보여주고 있다. 즉 학생의 양심적 거부를 인정하는 국기 경례 거부 규정의 면제 요건을 충족하는 종교상의 양심에 한정되지 않고, 양심에 따라 국기 게양을 거부하는 것은 퇴학 처분을 할 수 없음을 보여준 것이다.

ㅁ 1972년 판례(Russo V. Central School District)

고등학교 게시판에 국기에 대한 충성의 선서를 매일 하도록 하고, 모든 학생과 교직원은 국기에 대한 경례를 하도록 하였다. 이 학교에서는 교내 방송으로 교원이나 학생 한 사람이 선서 내용을 읽도록 하고, 다른 학생과 교원은 각 교실에서 일어서서 방송 소리에 맞추어 따라 부르도록 하였다.

그런데 이 학교에서 미술을 담당하였던 시보 교원이 홈룸 때 국기 경례를 할 때 일어서서 충성의 서약은 하였으나 국기에 대한 경례를 하지 않았다. 그 이유는 충성의 선서 가운데 있는 '모든 사람을 위한 자유와 정의'라는 말은 현대의 미국민의 삶의 방향을 반영하고 있지 않고 이 선서를 말하는 것은 자기에 대한 위선 행위라 하면서 선서를 암송하고 국기 경례를 거부하는 것은 개인의 양심에 바탕한 신념이라는 것이다.

교육위원회는 선서 중에 일어설 것을 요구하는 종전의 지령을 철회하고 성실한 양심에 바탕한 신념을 이유로 해서 선서 행사에 참가하지 않던 학생은 앉도록 허락한다는 신규정을 공포하였다. 이 규정의 공포에 앞서 교장으로부터 사정 이야기를 들은 시보 교원은 "그것은 개인의 양심의 문제"라고 답하고 그 후에도 같은 태도를 취하였다. 교장은 해당 교원을 다음 해에 재임용하지 말 것을 교육장에 품신하였다. 10일 후 교육위원회에서는 앞서의 방침을 고쳐 국기 경례를 거부하는 학생에 대해서 일어나 서 있을 것을 요구하는 신규정을 공포하였다. 1개월 후에 교육위원회는 이유를 밝히지 않고 해당 시보 교원을 면직시켰다. 시보 교원은 국기에 대한 충성의 선서를 거부한 이유로 면직하는 것은 헌법상의 제1수정권이 침해되었다는 이의를 교육위원회에 제출하였으나 지방 최고재판소에서는 교육위원회에서 제출한 국기 경례 거부 외에 5개 항목에 걸친 시보 임용 종료 이유를 확인하고 교원의 소를 기각하였으나 교원은 다시 공소하였다. 연방 최고재판소는 면직 처분의 직접적 이유가 국기 경례 거부에 있다고 인정하나 그에 따라 교원의 제1수정권이 침해되었다고 판결하여 원심을 파기하고 교육위원회의 소장을 기각하였다. 이것은 ① 주 및 교육 행정 당국은 합리적인 국기 경례 규정을 제정해서 집행하는 권한이 있고, ② 지방 교육위원회는 교육과정의 통제권과 규정 권한을 가지고 있으며, ③ 학교는 국기 경례 교육을 유지하는데 실질적 권한을 가지고 있으며, ④ 생도는 발달 단계로 보아 교육 효과가 있다. 그러므로 학교의 규율이 손상되지 않는 범위에서 교원의 표현의 자유는 제1수정주의의 보호를 받는다는 것을 인정한 사례이다.

이상과 같은 판례는 미국이라는 정치적 · 사회 문화적 환경과 전통 속에서 나타난 현상이다. 애국심 교육이나 국기에 대한 경례는 그 나라의 역사적 현실과 정치적 · 문화적 상황에 따라 다르므로 그 나라의 법 질서를 지키는 범위 내에서 합리적 계획을 수립하여 실행해야 할 것이다. 아무리 좋은 애국심 교육이라도 외적인 물리적 힘에 의해 강요되어서는 안 되며, 그것은 교육적으로 지도되어야 한다.

② 국기 소각 사건에 대한 판결

㉠ 사건의 개요

1984년 텍사스주의 댈러스(Dallas)에서 열리고 있던 공화당 전국대회를 향해 약 100여 명의 데모 군중이 기세를 올렸다. 데모 군중들은 레이건 정권의 두려움을 호소하면서 댈러스 시가로 행진하였다. 이 데모 군중 가운데 그레고리 리 존슨이 있었다. 데모 참가자들은 주변의 건물과 공장의 벽에 카레스프레이를 품어 오손시키고, 심어놓은 가로수를 넘어뜨리기도 하였으나 존슨은 이 행동에 가담하지는 않았다. 그러나 그는 도중에 데모대의 한 사람과 건물의 국기 계양대에서 끌어내린 국기를 수취해 두었다. 데모 군중이 시청 앞에 이르러 해산하려 하였을 때 존슨은 갖고 있던 성조기를 펴서 백등유에 적신 후 불을 붙였다. 국기가 타고 있는 동안에 데모대들은 외치면서 국기에 침을 뱉었다.

데모대가 해산된 뒤 그것을 본 사람은 타다 남은 기를 주어서 집으로 가져가 뜰 뒤에서 소각시켰다. 이 사건으로 부상은 당하지 않았으나 위협을 받은 사람도 없지 않았다. 그러므로 그것을 본 사람은 국기가 소각된 데 대하여 심각한 정신적 타격을 받았다. 존슨은 데모 참가자 중의 한 사람으로 기소되었다.

㉡ 판결

1심에서 존슨은 1년 간의 금고 및 2천 달러의 벌금이라는 유죄 판결을 받았다. 그러나 텍사스주 범죄 공소재판소는 이 하급심의 판결을 파기하였다. 이 재판소는 헌법 수정 제1조에 위반하므로 존슨을 처벌하지 않고 다음과 같은 판결을 내렸다.

"데모가 조직되어 있고, 연설 및 슬로건도 있다. 스스로의 주장을 호소하는 유인물을 배포한 상황이 있는 이상 피고의 행위는 분명 헌법 수정 제1조에 보장된 연설(말)에 해당된다"고 하였다.

이 재판으로 텍사스주 측은 '국민 통합의 상징인 국기를 보호하는 동시에 질서의 파괴를 방지한다' 는 등의 필요성을 주장하면서 상고하였다.

미국 연방최고재판소는 3월 21일 텍사스주의 상소를 수리하고 3개월 후 6월 21일 존슨은 유죄라고 판결한 것은 헌법 수정 제1조에 위반된다고 판결하였다.

㉢ 판결의 반향

미국 민주주의의 근간이 되는 헌법 수정 제1조는 당시 미국 의회의 가장 뜨거운 문제가 되었다.

이 최종 판결에 대해 당시 부시 대통령은 유감의 뜻을 표명하였다. 상원도 97 : 3이란 압도적 다수로 최고재판소의 판결은 괘씸한 행위를 한 사람을 보호대상으로 하였기 때문에 이는 헌법 수정 제1조를 모독한 것으로 심심한 유감의 뜻을 표명하는 결의안을 채택하였다. 하원도 같은 취지의 결의를 채택하였다.

상원 공화당 원내 총무인 돌 의원은 7월 18일 국기를 모독하는 행위를 헌법 수정 제1조의 보호 대상에서 제외하는 취지의 헌법 수정안을 상원에 제출하였다. 이 수정안은 53명의 찬동자의 서명으로 이루어졌으며 부시 대통령도 지지를 표명하였다.

헌법의 수정에는 상 · 하 양원 각각 3분의 2 이상의 찬성이 있어야 하고, 의회를 통과한 후에도 38주(州)이상의 비준이 필요하다. 이 판결 이후 언론인 워싱턴 포스트지에서도 국기 소각과 헌법 수정 제1조에 관한 사설을 게재하여 여운을 남기기도 하였다.

(2) 영국의 국기 교육[21)]

1) 국기의 명칭

유니언(Union)은 1625년에 처음 사용했다. 유니언이 어떻게 유니언 잭(Union Jack)으로 알려지게 되었는지에 대해 이론이 있지만, 대부분은 축소사로서의 잭이란 단어의 사용에서 그 명칭이 파생된 것으로 보인다.

이 단어는 1600년 이전에 세운 돛대에 게양된 작은 기들을 묘사하기 위해 사용되었다. 그리고 1627년까지 작은 형태의 유니언기가 이 위치에 자주 게양되었다. 몇 년간 그 기는 'The Jack', 'Jack Flag', 'The King's Jack' 등으로 불리어졌으나 1674년에 정식으로 '폐하의 잭(The King's Jack)' 이라고 부르게 되었지만 보통 유니언 잭으로 불려졌고 이것이 공식적으로 인정받았다.

이러한 유니언 잭은 처음에는 항구에 게양하는 것이 관례가 되었고, 특히 범장(帆裝)대에 게양하는 것이 관례가 되었다. 전함의 이물에서 게양될 때 유니언 플랙은 유니언 잭으로 일컬어졌다. 해군 본부는 발생 초기부터 그 사용이 어떠하든 그 기를 유니언 잭으로 지칭하였다.

1902년의 해군 본부 안내장에 의하면 지휘관들은 두 명칭 중 어느 것을 사용해도 좋다고 공식 승인하였다. 그 후 1908년 의회의 승인을 받았는데 그때 유니언 잭은 국기로 인정되어야 한다고 하였다. 1880년 대 말까지는 유

---

21) 영국의 국기 교육 관련 자료는 영국의 Durham University에 재직하고 있는 이종호 교수(현 고려대 교수)가 수집하여 보내준 자료를 윤희수 교수가 번역하여 정리한 것을 요약 · 재구성한 것이다.

니언 플랙보다 유니언 잭이란 이름이 더 빈번히 사용되었다. 이 때 유니언 잭은 종종 인쇄되었지만 잭을 지우고 나서 플랙을 삽입하는 수작업의 개정도 있었다.

2) 유니언 잭의 역사

유니언 잭은 영국(United Kingdom)의 국기이다. 이 유니언 잭은 성 조지(영국) 십자기, 성 앤드루(스코틀랜드) 십자기, 성 패트릭(아일랜드) 십자기가 결합되어 만들어진 것이다.

Great Britain(아일랜드를 제외한 영국의 본토)의 최초의 국기 형태는 1606년에 만들어졌고, 제임스 1세(1603～1625)와 찰스 1세(1625～1649)의 재위 기간에 사용되었다. 국기는 스코틀랜드의 푸른색을 배경으로 하여 스코틀랜드의 푸른색 십자가 위에 잉글랜드의 붉은 십자가가 놓여져 있는 모습이다. 문장학(紋章學)에서는 푸른색 위에 놓여진 붉은색은 잘 조화되지 않으므로 붉은 십자가는 그 자체의 올바른 배경인 흰색 십자가로 테를 두르게 되었다.

잉글랜드 공화국 기간(1649～1660)동안 올리브 크롬웰은 중앙에 아일랜드의 하프(악기명)를 첨가하였다. 그러나 1660년 찰스 2세의 왕정 복고로 원래의 형태를 되찾았다. 따라서 옛 국기인 '유니언 플랙' 또는 그레이트 유니언 GB(Great Britain)이 아일랜드의 합법적 합병 날짜인 1801년 1월 1일까지 계속 사용되었다.

그 당시는 성 패트릭 십자기(흰색 대각선 위의 붉은색)를 기존의 국기와 통합하는 것이었다. 그들은 그들의 개별적 정체성을 잃지 않고 3개의 십자가를 합치기 위해 국기 도안자들은 아일랜드의 붉은색의 두 면 중 한 면에서 보다 다른 한면에서 배경 흰색을 더 넓게 만들었다. 아일랜드의 십자가와 스코틀랜드의 십자가는 서로 쉽게 구분되는 반면 아일랜드의 붉은 십자가는 적절한 흰색 배경을 가진다. 유니언 잭은 오스트레일리아, 피지, 뉴질랜드, 투발루, 캐나다의 3주와 같은 영연방 국가의 기들의 일부이다.

스코틀랜드의 제임스 6세가 영국 왕위에 올라 그가 제임스 1세가 되었을 때 잉글랜드와 스코틀랜드의 국기는 육지에서 각각 붉은색의 성조기 십자가와 흰색의 성 앤드루 십자가로 계속 유지되었다. 그러나 해상에서는 어떤 국기가 적절할 것인가에 대한 혼란이 있었다. 1606년 4월 12일에는 '이 섬에 살고 있는 모든 국민들, 그레이트 왕국과 그 멤버들은 붉은 십자가와 흰색 십자가가 결합된 것은 달라야 한다'는 포고문이 발표되었다. 이것이 영국 국기에 대한 최초의 언급이다. 이때 언급된 디자인이 비록 없어졌지만 이것은 오늘날 영국 국기의 기본 도안이 형성된 것이다. 그러나 스코틀랜드 사람들은 기뻐하지 않고 당황했으며, 대안적인 디자인을 내놓았다. 스코틀랜드 사람들은 1618년 잉글랜드의 왕이 덤프리즈(도시명)를 방문했을 때 영국 국기를 스코틀랜드기의 형태로 변경시켜 사용한 것 같다. 이러한 사실은 1693년 스코틀랜드의 포병 대장 겸 상점 및 잡지 총감독인 슬레저가 이 변형기를 에딘버러성에 새겨 놓은 것이 뒷받침하여 준다.

현재 사용하고 있는 영국 국기의 도안은 1606년 4월 12일 왕실 포고령에 의해 확립되었고, 1634년 이 도안의 사용은 왕실 선박에만 한정하였다. 그 후 1649년부터 사용이 중단되었으나 1660년 다시 사용되었다. 그 기는 잉글랜드와 스코틀랜드가 통합된 1707년에 연합법의 규정들 중의 한 규정으로서 대영제국의 문장(紋章)이 되었다.

3) 국기의 사용과 그 지위

영국의 국기는 UK(United Kingdom)의 국기 도법에 의해 공식적으로 채택되지 않았지만 점차 사용함으로써 채택되게 되었다. 정부는 영국 시민들이 사용하는데 올바른 국기로 규정하였다. 영국의 헌법 제도에서 국기의 사용은 대단히 중요한 것으로 간주되었다.

비록 한때 국기의 사용이 표류되었지만, 특정한 군사적 목적을 위해 정부에 의해 사용되었다. 즉 그것은 영국 해군의 기였고, 해군 제독의 지위를 나타내는 것이었다. 이 때문에 민간 선박에서 영국 국기를 다는 것은 불법이었다.

영국 국기인 유니언 잭은 실제로 왕실기였는데 여왕의 허가와 정부 각료들의 조언에 따라 국기로 사용되었다. 유니언 잭은 영국의 각료들에 의해 사용되는 용어인데 이를 국기로 사용하여야 된다고 말하였다.

1800년 11월 5일 공문서에서 발췌한 것을 보면 추밀원이 자문하여 내린 국왕의 견해는 영국 국기는 육상에서 영국의 성채와 요새에, 해상에서는 영국의 군함에 게양할 수 있다는 것이었고, 이것은 공식적인 국기였다. 1887년 10월 31일 맨섬(Isle of Man)의 총독은 내무성에 영국 국기를 게양한 모습을 보고하였고, 1902년 10월 22일 마틴(Mr. Martin) 재무장관에게 시민들이 육상에서 대영제국과 식민지에서 그리고 공공건물과 학교에서 어떤 기를 게양할 지에 대한 질의를 하였다. 이에 밸포어(Mr. Balfour)는 기의 올바른 사용에 대해 제기되어 온 질문으로 정부의 면밀한 관심을 끌었다. 그러나 정부는 제안된 행동 방침을 채택할 수 없고 또 일반적으로 사용을 규정하기 위해 필요한 법을 만드는 것은 바람직하지 못하다고 보았다. 이것은 지금까지처럼 관습과 미풍 양속에 맡기는 것이 좋을 것이라는 입장을 취하였기 때문이다.

1908년 7월 14일 하원에서 크루(Crewe) 백작은 왕실기는 왕의 허락 없이는 게양할 수 없지만, 영국 국기는 육상에서 게양할 수 있다고 하였다. 1910년 2월 25일 주지사 협의회를 대표하는 베드포드(Bedford) 공작은 왕에게 제출하도록 처칠(내무장관)에게 청원서를 내었다. 즉 유니언 잭은 최근 당국에 의해 국기로 선포되었다. 따라서 영국 국민에 의해서도 게양될 수 있는 반면에 왕께서는 주지사들만 사용할 수 있는 구분되는 기를 하사해 줄 것을 청원한 것이다. 이 결과 1911년에는 주지사기를 하사하였다. 그러나 식민지에서는 어떤 기를 게양할 수 있느냐에 대해 여전히 혼란스러웠으며, 유니언 잭은 총독이나 그 대리인에 의해 육상에서만 게양할 수 있다고 널리 생각됐다.

1917년 아일랜드의 총독인 윈워드(Windward)는 아일랜드가 유니언 잭을 게양하기를 꺼려한다는 문제 제기에 대해 1933년 6월 27일 존 길모어(J. Gilmour : 내무장관)경은 하원에서 '영국 국기는 국기이고, 어떤 영국민에 의해서도 육상에서 적절히 게양할 수 있다' 는 발표를 하였다.

유니언 잭의 게양에 대한 문제는 1940년 육상에서 유니언 잭(주지사기)의 사용을 장려하는 협정이 맺어졌다. 유니언 잭이 일반 시민들에 의해 널리 사용된 것은 제1차 세계대전 중인 것으로 보인다. 즉 느리고 긴 과정을 거치면서 빅토리아 여왕의 50주년 축전인 1887년이나 또는 전에 시작되었지만 영국에서는 1930년대에, 식민지에서는 1940년대에야 비로소 시행된 것 같다.

4) 국기의 도안과 색상

① 국기의 도안

유니언 잭이 붉은 십자가에 흰색으로 가는 띠의 선으로 가두리를 두른 것이 푸른 배경에서 취한 것인지 또는 십자가에서 취한 것인지는 불분명하다.

만약 패트릭 십자가의 중심이 성 앤드루 십자가에 맞추어졌다면 성 앤드루 십자가가 성 패트릭 십자가를 위한 가두리를 두른 것처럼 보일 것이다. 그러나 그것들은 다 같다. 성 패트릭 십자가는 성 앤드루 십자가와 왜 시계의 반대 방향의 자세를 취하는가?

그것은 UK의 더 오래된 구성원인 스코틀랜드를 나타내는 성 앤드루 십자기가 비교적 최근에 합병된 아일랜드를 나타내는 성 패트릭 십자기에 앞서기 때문이다. 왼쪽 위 끝부분에서 시작하여 아래로 이동하는 성 앤드루 십자기가 시초인 것이다.

유니언 잭의 공식적인 명세는 국기의 30분의 1의 너비(높이)에 근거하고 있다. 성 조지 십자기는 너비의 30분의 6(5분의 1)이고 그것의 가두리 두름은 그 너비의 30분의 2(15분의 1)이다.

성 앤드루 십자가기는 너비의 총 30분의 6(5분의 1)인데 수직으로 대각선까지 측정한 것이다. 이것은 상단부의 게양 모서리 위에서 아래로 30분의 3(10분의 1)의 흰색, 30분의 2(15분의 1)의 붉은색, 30분의 1의 흰색으로 구성되어 있다. 이 수치들은 국기의 길이에 무관하게 적용된다. 이 국기의 정확한 모양은 다음과 같다.

유니언 잭 3 : 5의 변이형

그런데 국기의 육로변이형은 1 : 2가 아니고 3 : 5이다. 이 경우 성 패트릭 십자가기의 대각선은 4변형이 아니고 위의 그림에서처럼 잘려진다. 이것은 오류가 아니고 단순히 기하학에 근거한 것이다. 1 : 2와 3 : 5의 두 변이형은 (정부는 1 : 2의 변이형 사용) 공식적이며, 이들 명세는 영국 정부의 국기에 관한 책 『BR20 만국기』에 수록되어 있다.

영국 국기의 다른 변이형도 있다. 여왕기는 보통 정4각형이고, 매우 좁은 가두리 두름이 있으며, 대각선의 붉은색 부분과 흰색 부분의 너비는 같다. 여왕의 항무관(港務官)은 1 : 2보다 더 긴 중앙집중적인 국기를 가지고 있다.

② 국기의 색상

영국 국기의 색상은 『함대의 색상』이라는 책에 의하면 1869년에 푸른색이 진해졌다. 이 때 해군 본부는 해군의 유니언 플랙(Union Flag)을 2 : 1로 하고 성 앤드루 십자가를 더 좁게 표준화하였다. 푸른색을 진하게 한 설명은 없지만, 기를 교체할 필요가 있기 전에 색상이 바래지지 않도록 가능한 한 진한 푸른색을 선택한 것 같다.

패린(Perrin)의 『영국기들』에 의하면 1606년부터 1707년까지의 기는 연한 푸른색 바탕을 가졌으나 1801년의 기는 더 진한 푸른색 바탕을 가지고 있다. 이처럼 진한 푸른색으로 바뀐 이유는 색상이 바래면 자주 국기를 교체해야 하기 때문에 자주 교체하지 않도록 하기 위해서였다.

해군기들은 1908년에 바뀌었는데, 이때의 해군 본부는 유니언 플랙과 보조함기의 푸른색은 왕실기를 위해 에드워드 7세 때 선택된 것과 같은 푸른색으로 하였다. 이 색상은 팬톤(Pantone) 74의 로얄 블루로 알려져 있고 팬톤 63의 다크 블루(검푸른색)로 대치하였다. 다른 두 색상은 팬톤 61의 하늘색과 팬톤 61A의 중간 푸른색이었다.

『BR20 만국기』(영국정부의 국기책)에 명시된 붉은색은 팬톤 186이고 푸른색은 280이다. 이 팬톤 색상들은 유니온 플랙과 UK의 모든 파생 국기들에 대한 공식 색상이다. 1999년 12월 그레이엄 바트램(Graham Bartram)에 의해 시작되어 격렬하게 논의된 후에 결정된 색상을 보면 붉은색은 RGB : 204 －0 －0이고, 푸른색은 RGB : 0 －0 －102, 회색은 RGB : 255 －255 －255이다.

5) 국기의 폐기 처리

기의 폐기 처리에 관한 명령은 영국 해군에서 1914년 2월 26일 '보급품 직무 지시 447조' 로서 내려졌다. 영국기나 외국의 왕실기, 왕실 가족들의 기, 다른 유명 인사들 자신의 기(비단이나 기포로 된 것)들이 군에서 더 이상 사용할 수 없는 불량품으로 될 때 그 기들은 장식용으로 사용될 수 없고 골동품기로 판매될 수 없으며, 잘게 찢어서 넝마로 처분된다. 불량품으로 선언된 외국기에 대해서도 유사한 명령이 내려졌다.

전투 중에 게양된 기들은 파기되지 않는다. 1919년 8월 30일의 전쟁 명령 2886에 의하면 지휘관의 삼각기를 포함하여 개인용 해군기들은 보유할 수 있다. 취역중인 군함기들은 사진 액자 속에 넣어 선상에 보관되어야 하며, 박물관 등 다른 적절한 장소로 옮겨 보관할 수 있다.

1849년 해군 제독 테넌트 경은 유틀란트(Jutland) 전투(1916)에서 노팅엄(Nottingham) 군함의 전투기(旗)로 게양된 유니언 잭을 노팅엄 성당에 기증하였다. 리버 플레이트(River Plate) 전투에서 엑시터 군함에 게양되었던 주 전투기(旗)를 지휘관이 소유하고 있다가 해양 박물관으로 넘겼고, 두 번째의 전투기는 엑시터 시에 기증하였다. 그리고 전함을 폐기할 때에는 그 기들을 보관할 장소를 찾는데 노력을 기울였다.

말라야(Malaya) 연합국 위원회가 값을 치른 전함 말라야호는 말라야 연합국의 유럽 숙녀들이 선사한 비단으로 만들어진 다음의 기들이 있다.

'30피트의 군함기, 15피트의 유니언 잭, 15피트의 말라야기, 그 전함의 예배당을 위한 두 장의 소형 말라야기.'

그 기들은 영국왕이 그 전함을 방문할 때마다 그리고 유틀란트 전투의 기념일인 5월 31일에 게양되어야 했다. 이때 말라야기는 앞 돛대 꼭대기에 게양되었다.

(3) 일본의 국기 교육

1) 히노마루(日の丸)의 역사

① 도쿠가와 바쿠후(德川幕府) 이전의 일장(日章)

일본의 국기는 히노마루이다. 일본 국기의 휘장인 히노마루라는 일장은 고대부터 사용되어 온 것 같다. 일본은 태양신을 포함한 그들의 역사적 · 문화적 환경 속에서 일장을 '아침에 떠 오르는 해'로 나타낸 붉은 히노마루를 옛부터 귀족들이나 무장들의 표지기라든가 또는 부채 등의 문장(紋章) 도안으로 사용해 왔던 것 같다.

히노마루라는 일장은 다이호오(大寶) 율령이 제정되고 고대 천황제가 완성된 701년 1월 1일 문무왕이 태극전에서 조의를 행할 때 태극전 정문에 일상(日像)을 세웠는데[22] 이 일상을 히노마루의 기원으로 본다.

히노마루는 전국시대에 이르러 당시의 무장들(武田信玄, 伊達政宗)이 사용하였고, 도요토미 히데요시도 군기에 사용하였다 하나 나라의 상징물인 국기의 휘장으로 사용된 것은 아닌 것 같다.[23]

② 도쿠가와 바쿠후(德川幕府)의 선장(船章) 제정

일본에서 나라의 상징인 국기가 필요하게 된 것은 도쿠가와 바쿠후의 개국 이후로 보인다. 1853년 미국의 페리(Perry)에 의해 도쿠가와 바쿠후 체제가 개방됨에 따라 대외 관계에 있어서 일본은 국기의 필요성을 인식하고 일

---

22) 下村哲夫,『學校と國旗 · 國歌』(きようせい, 2000), p. 18. 佐藤秀夫 편,『日本の教育課題』,「日の丸」,「君が代」, と學校(東京:法令出版社, 2000), p. 81.

23) 下村哲夫, 위의 책, p. 19 및 佐藤秀夫 편, 위의 책, pp. 81~82.

본 선박과 다른 나라 선박의 구별을 위해 1854년 8월 도쿠가와 바쿠후는 아베 마사히로(阿部正弘)가 번주(藩主)들의 의견을 받아들여 히노마루를 선장(船章)으로 채용하게 되었다. 이때의 선박 표지기는 흰색 바탕에 히노마루의 표지 모양(日章)을 감색 · 흑색 · 적색(주색 · 홍색 · 적색) 등으로 하여 일본의 총선인(總船印)으로 하였다.[24] 이러한 일본의 선장기는 1860년 미국과의 안정조약(安政條約) 비준서를 교환하고자 미국에 건너간 강링마루(咸臨丸) 선박에 게양되었다.[25] 이것이 기의 형식으로 채용된 효시라 한다.

③ 메이지 정부의 어국기 제정

1868년 바쿠후 체제를 타도하고 새로 수립한 메이지 정부는 바쿠후 체제하에서 체결해 놓은 국제적 조약의 충실한 이행을 외국에 알리고, 바쿠후에서 정하여 사용해 온 흰 바탕의 히노마루를 일본 선박의 표지기로 계승하여 이를 어국기라고 개칭하였다.

메이지 정부는 1870년 2월 태정관포고(太政官布告) 제57호인 「우선상선규칙」을 반포하고 오른쪽에 이 국기를 달도록 하고, 달지 않는 선박은 해적선으로 취급한다는 것을 의무화하였다. 그리고 그 해 6월에는 육군 어국기(천황으로부터 하사받은 육군 연대기임)를, 11월에는 해군 어국기(천황으로부터 하사받은 해군함 기장)를 만들어 사용하였다.[26]

④ 천황기, 황족기의 제정

메이지 정부에서는 천황의 기장, 황족의 기장을 만들어 사용하였다. 천황기장은 어기라 불렀으며, 황족 기장과 함께 비단을 사용하였다. 너비(세로)와 길이(가로)의 비는 1 : 1.5로 하여 길이가 더 길었다. 천황기는 금색 비단 바탕의 중앙에 국화문장(菊花紋章)을 그려 놓고 표면은 은색의 해를, 이면에는 은색의 달을 배치하였다. 황족기는 청색 비단 바탕의 중앙에 붉은 해를 도안해 놓았다.

1871년 10월에는 비색 비단 바탕의 중앙에 금색 국화문 표지를 배치한 별도의 천황 기장이 만들어지기도 하였다. 천황기의 너비와 길이의 비는 3 : 4로

---

24) 佐藤秀夫 편, 위의 책, p. 82.

25) 咸臨丸은 바쿠후에서 네덜란드에 주문하여 건조한 군함이며 1857년 나가사키에 도착한 증기선으로 일본의 선장기를 달고 미국의 샌프란시스코 항에 도착하였다(위의 책, p. 298).

26) 下村哲夫, 앞의 책, pp. 19~20. 및 佐藤秀夫 편, 앞의 책, p. 82.

하여 정방형에 가까웠다. 1873년에는 자색 비단 바탕에 16쪽의 금색 국화문장을 도안하고 너비와 길이의 비는 1 : 1.5로 하였다.[27)]

1875년 12월에는 「해군 기장에 관한 규정」을 반포하고 어기(천황기)와 황족기를 부분적으로 개정하였다. 어기는 홍색 비단 바탕의 중앙에 백색 국화문장을, 황족기는 감색 비단 바탕의 중앙에 백색 국화문장을 도안하여 배치하고, 너비와 길이의 비는 1 : 1.5로 하였다.[28)]

천황기가 통일된 것은 1899년 「일본제국헌법」과 「황실의 전범(典範)」이 제정되고 천황제 기구가 확립되면서부터였다. 그해 9월 궁내성에서는 천황기, 황후기, 황태자기 등이 제정되었다. 이 때의 천황기는 1871년에 제정된 금색 국화문장을, 1875년에 제정된 홍색 비단 바탕으로 하고, 너비와 길이의 비는 1 : 1.5로 하였으며, 국화문장은 깃면의 중심에 위치시켰다. 국화문장의 직경은 너비의 6분의 4로 하여 1871년의 것보다 크고 1875년의 것보다 작다.[29)]

이처럼 천황기가 확정됨에 따라 종래 「해군기장 관계 법규」에 의해 규정되어 온 천황기 규정의 관행은 폐지되었다. 그 후 천황기는 1926년 10월 황실령인 「황실의 제령」 반포로 최종적으로 확정되었다. 천황기와 황족기를 제외한 선장기(함수기)나 군기는 패전 전까지 국기라 불리는 일장인 히노마루가 공식적 표지기였다. 그러나 천황기(어기) 그 자체는 천황기이지 일본의 국기는 아니었다.

⑤ 히노마루의 게양

메이지시대에 외항 · 민간 선박과 군함 등을 제외하고 처음으로 일본의 국기 게양을 지시한 것은 1872년 5월 개항장 소재현의 현청이었다. 개항장은 외국과의 교류가 많으므로 이 지역에 있는 정부 기관과 부 · 현청은 주권 소재를 나타내기 위하여 국기를 항시 게양하도록 하였다.[30)]

경축일에는 대기를, 평상시에는 중기를 달도록 하고, 관청 이외의 일반 민간에 있어서는 정부의 허가를 받아야 한다는 소극적 태도를 취하였다. 그러나 경축일에는 점차 국기를 게양하도록 하는 방향으로 나갔다. 민간에 국기

27) 佐藤秀夫 편, 위의 책, pp. 83～84.
28) 위와 같음.
29) 위의 책, p. 84.
30) 佐藤秀夫 편, 위의 책, p. 88.

게양을 소극적으로나마 공인하여서 1872년 12월 도쿄부에 대해 태정관지령이 적용되었다. 이것은 일본의 태양력 채용을 축하하기 위하여 시가의 집집마다 히노마루를 달도록 하였던 것이다. 단, 민간 유지가 히노마루를 임의로 만들어 배포하는 것은 금지되었고 지역의 공공 단체에서 적의 게양하도록 하였다.[31] 그 후 히노마루를 널리 게양하도록 한 것은 1896년 이후였다.

1890년대에는 국기를 학교 교육과 결부시키려는 노력이 많았다. 그 결과 학교에 히노마루를 비치하도록 함으로써 국기는 학교의 중요한 필수품이 되었다. 1910년대에는 외국의 국기 교육을 본받아 국기 교육을 국민 정신의 육성 수단으로 활용하였다. 조기 게양은 메이지 천황의 죽음으로 널리 게양하게 됨에 따라 더욱 장려되고 강화되어 갔다.

1887~1903년 사이 문부성에서 만든 교과서 중 수신 · 국어 · 미술 · 음악 교과서에 국기 교육을 위한 교재 단원을 설정하고 지도하도록 함으로써 히노마루는 일본 국체(國體)의 표상이 되어 국가 팽창주의의 상징이 되었다.[32]

1924년 9월 차관회의에서는 국기 게양 문제를 정하고 국기는 국가의 표상으로서 엄숙하게 경의를 표하도록 하였고, 국가적 경축일에는 정부 각 기관이 솔선해서 국기를 게양하도록 하며, 민간에서도 적극 게양하도록 함으로써 국가적 의의를 천명하여 국민 정신의 통일에 구심점이 되게 하였다.[33] 이처럼 일본의 국기 게양은 국가적 차원에서 적극적으로 장려하였지만 국기의 법적 근거라든가 제작 규정, 게양 방법에 대해서는 명확하지 않았다.

그 후 일본은 제국주의 침략 정책을 강화하면서 1931년 제59회 제국회의에 「대일본제국 국기법안」을 상정하였으나 의회의 미결로 폐안되었다. 그러나 이 법안은 1870년대의 해군 기장과 같은 것이었다. 즉 국기의 깃면은 흰색으로 하고, 너비는 길이의 3분의 2로 하고, 일장은 홍색으로 하되, 그 원의 직경은 깃면 너비의 5분의 3, 그 위치는 깃면의 중심으로 하였다. 국기는 황실의 경조나 나라의 축제일 및 경조 때 게양한다는 등 국기의 규격과 게양에 관한 내용이었다.[34] 하지만 이 법안은 히노마루를 국기로 하는 법률상의 근거는 되지 못하였다. 1930년 대의 일본의 국기 교육은 제2차 세계대전까지 계속되었다.

---

31) 위의 책, p. 89.

32) 위의 책, p. 90.

33) 위의 책, p. 92.

34) 위의 책, p. 94.

⑥ 국기 법안의 제정 · 공포

일본은 제2차 세계대전 후 연합국 최고 사령관의 지배를 받으면서 국가적 주권 행사도 제한당했으며 종래의 국기의 존폐에 대해서도 하등의 의사 표시 조차 못하였다. 다만 국가적 경축일에 한하여 국기 게양의 허가를 받아야만 하였다. 그러나 1947년의 '소학교 학습지도 요령 (1) 사회과의 취급 내용에는 국기에 대해 학습할 내용을 게재하였다.

1948년 3월 1일 이후는 일본의 12개 경축일에 국기 게양이 일괄 허가되었고, 그해 9월 15일에는 3대 항구의 귀국선 입항시부터 귀국자가 상륙을 마칠때까지 국기 게양이 허락되었다.

1949년 1월 1일부터는 일체의 제한이나 허가없이 일본 전지역에 걸쳐 히노마루의 게양이 인정되었으며, 특히 1949년 4월에는 일본의 국가와 국민의 축제일이 제정 시행됨에 따라 학교를 비롯한 여러 기관의 행사에는 국기를 게양하고 일본의 국가인 '기미가요'를 제창하도록 하였다. 이에 따라 1958년 일본의 문부성에서 소학교 · 중학교 학습지도요령(교육과정)을 제정 공포하면서부터 「학습지도요령」을 개정할 때마다 국기와 국가에 관한 취급 내용을 명시하여 국기 교육을 강화하도록 하였다.[35)]

이처럼 패전 이후 일본의 국기 교육은 해를 거듭할수록 그 중요성이 강조되어 왔다. 그러나 그 자체가 히노마루를 일본의 국기로 한다는 법적 근거는 되지 못하였다.

전후 일본에서는 국기인 히노마루의 법적 근거에 대한 정치적 · 사회적 문제가 제기되어 왔으며 교육에 있어서도 적극적인 지도를 권장해 왔다. 그러나 지나친 타율적 국기 교육의 강화는 양심의 자유에 반할 뿐만 아니라 역사의 우경화라는 국민의 여론을 맞기도 하였다. 이같은 일본 국기의 법적 문제는 1999년 8월 13일 「관보 호외 제56호」에 의해 「국기 및 국가에 관한 법률」(법률 제127호)이 고시되었고,[36)] 이 법률은 공포한 날로부터 시행한다고 함으로써 수년 간에 걸친 국기 및 국가에 관한 논쟁은 일단락되었다. 이로써 일본은 국기 및 국가에 관한 법적 근거가 명확하게 마련되었다. 이 법안의 공포로 일본은 국가적 차원에서 히노마루를 명실공히 국기로 사용하게 되었고 종래에 적용해 온 1872년에 제정되었던 「태정관포고」의 상선규칙은 완전

35) 위의 책, pp. 97～98.

36) 下村哲夫, 앞의 책, pp. 2～3.

히 폐지되었다.

이 국기 법안에 의한 일본 국기(히노마루=日章旗)의 제작 방법에 관한 규정을 보면, 깃면은 백색의 바탕으로 하고, 너비는 길이의 3분의 2, 일장의 직경은 너비의 5분의 3, 일장은 기의 중심으로 하며, 일장의 채색은 홍색으로 한다[37]고 명시되어 있다. 이같은 일본 국기의 제작 규정은 각국의 국기를 함께 게양하는 기회가 많은 국제연합 방식에 맞게 통일시킨 세계적 기준에 따른 것이라 한다.

일본의 국기 법안의 제정 공포는 국기 교육의 강제화, 즉 국기 게양의 강화, 국기에 대한 존엄성 강조, 국기 훼손에 대한 벌칙 등의 문제를 일으켜 일본 내에 있어서도 일본의 우경화를 우려하는 목소리로 나타나기도 하였으며, 이 법안이 제정 · 공포되기까지에는 많은 사회적 · 교육적 갈등과 논쟁이 빚어지기도 하였다.[38]

2) 학습지도요령(교육과정의 국기 교육 요소)

이상에서 일본의 히노마루가 국기로 제정 · 공포될 때까지의 약사를 간략히 살펴보았다. 그러면 일본에서는 히노마루를 학교 교육에 있어서 어떻게 지도하여 왔는지를 일본의 교육과정(학습지도요령)과 교과서를 중심으로 살펴보고자 한다.

① 패전 이전의 국기 교육

일본은 제2차 세계대전 전부터 오랫동안 국기 교육을 실시하여 왔다. 일본이 패전 이전에 실시하여 온 국기 교육은 주로 교과서와 학교 행사 교육을 통한 것이었다. 교과서로는 국어 · 수신 · 음악 · 미술 교과를 통하여, 학교 행사로는 조례나 일본의 축일 · 대제일 때에 국기 교육을 실시하여 왔다.

1887년부터 2004년에 이르기까지 일본의 학교 교육에 있어서 실시해 온 국기 교육의 내용이 어떠하였는지 당시의 관련 교과서와 '학습지도요령(교육과정)' 을 중심으로 살펴보고자 한다.

---

37) 위의 책, p. 5.

38) 일본은 국기 · 국가법 제정으로 교육과정에 국기 교육 요소를 구성하고 졸업식, 입학식 때에는 국기를 달고 국가를 부르도록(특별활동) 하였다. 그러나 이에 반대하는 교원들과 교육위원회 간의 마찰은 사회적 문제를 불러 일으키게 되었고, 1999년 3월에는 히로시마현의 세라고등학교의 이시가와 교장의 자살사건으로 나타났다(위의 책, pp. 7~8).

㉠ 소학교 교과서의 국기 단원

1887년부터 1945년에 이르기까지 실시해 온 국기 교육 내용 중 관련 교과서에 게재된 국기 단원을 살펴보면 아래와 같다.

－소학 수신 교과서의 국기 단원

소학 수신 교과서(교재)에 수록된 국기 관련 단원의 조사 내용을 보면 다음과 같다.

아래의 표에서 1887년부터 1945년까지 간행된 소학 수신 교과서와 교사용 교재 중 국기 교육 관련 단원이 수록된 것은 모두 31권으로 이를 간행 시기별로 보면 1940년대에 간행된 것이 전체의 51.6%인 16권으로 과반수 이상을 차지하고 있다. 이같은 이유는 중일전쟁 이후 대동아공영권을 부르짖으면서 전체주의 침략 전쟁을 수행하는데 필요한 충군애국하는 황국 신민을 기르기 위한 정신 교육을 중요시하였기 때문이다. 다음은 1930년대가 전체의 16.2%인 5권, 1903년에 간행된 것이 전체의 13%인 4권의 순이다. 특히 일본은 1880년대부터 자국의 국기 교육을 수신 교재인 소학 독본을 통하여 일찍부터 실시하여 왔음을 알 수 있다. 국기 교육 관련 단원이 수록된 교재를 사용 대상별로 보면 아동용이 전체의 58%인 18권, 교사용이 42%인 13권이다. 아동용 18권을 학년별로 보면 저학년인 1 · 2학년의 교과서가 아동용 전체의 약 62%인 12권으로 가장 많고, 3 · 4학년용이 각 17%인 3권으로 주로 저학년을 중심으로 국기 교육이 이루어졌음을 알 수 있다.

소학 수신 교과서의 국기 단원(저자 : 문부성)

구분 / 교과서명	간행 연도	대상	단원명	쪽수	요점
심상소학독본 6	1887	4학년 전기	2. 해 (태양)의 기	4~6	16조 광선을 나타낸 일장기
고등소학독본 2	1888	1학년 후기	2. 신기(神器)국기	4~5	어기(천황기) 찬미
고등소학독본 4	1889	2학년 후기	28. 황국의 민(民)	91~93	욱일기(旭日旗)의 의의, 황국에 충성
심상소학수신서	1903	3학년용	21. 히노마루	21	히노마루의 상징
심상소학수신서	1903	교사용	21. 히노마루	50~52	국기의 의의 · 중요성
심상소학독본 1	1903	1학년 전기	아이들이 놀고 있다	52~53	아이가 국기를 들고 노는 모습
심상소학독본 5	1903	3학년 전기	17. 군함	50~52	군함기를 달고 진항함
고등소학수신 4	1910	아동용	21. 국기	39~40	국기의 의의, 국기 게양
고등소학수신 4	1910	교사용	21. 국기	83~86	국기의 중요성, 국기게양일, 방법
심상소학수신 4	1920	4학년용	22과 국기	53~55	국기의 중요성, 계양 방법, 예절

구분 / 교과서명	간행 연도	대상	단원명	쪽수	요점
					1933년까지 사용
심상소학수신 4	1930	교사용	22과 국기	125~129	위와 같음(1930년 수정)
심상소학수신 3	1936	3학년용	17과 국기	5~63	국기의 중요성, 의미, 계양
심상소학수신 3	1936	교사용	17과 국기	48~104	국기의 의의, 중요성, 충군애국
심상소학수신 4	1937	4학년용	17과 축일, 대제일	72~76	축일 대제일의 국기 계양, 충군애국
심상소학수신 4	1937	교사용	17과 축일, 대제일	116~132	축일의 존중, 국기 계양, 충군애국
심상소학수신 2	1940	교사용	기원절(紀元節)	99~105	2월 11일 신무천황 즉위일 기념 기원절의 의의, 국기 계양, 충군애국
좋은 아이 상	1941	1학년용	3과 천장절(天長節)	8~9	11월 3일 천황 탄일기념, 천장절의 의의, 아동의 국기 계양
좋은 아이 상	1941	교사용	3과 천장절(天長節)	16~23	천장절의 의의 존중, 충군애국
좋은 아이 상	1941	아동용	만세	38~39	국기 예절
좋은 아이 상	1941	교사용	만세	97~103	국기의 의의, 중요성, 예절
독본(수신서) 1	1941	1학년용	3과 붉은 아침 해	5~7	해 뜨는 모습
독본(수신서) 1	1941	교사용	3과 붉은 아침 해	72~73	국기 존중
독본 1	1941	아동용	6과 히노마루	10~11	국기의 존중
독본 1	1941	교사용	6과 히노마루	82~84	국기의 의의, 존엄
독본 2	1941	1학년 후기	20과 일본의 표지	84~85	국기의 상징, 존엄
독본 2	1941	교사용	20과 일본의 표지	112~115	국기의 상징, 존중
초등과 수신 1	1942	3학년용	6과 히노마루기	76~80	국기를 든 일군의 고지점령, 만세
초등과 수신 1	1942	교사용	6과 히노마루기	137~146	국기 유래, 존중, 게양, 충군애국
초등과 수신 3	1943	아동용	11과 강링마루(咸臨丸)	61~66	국기를 달고 미국에 도착한 배
초등과 수신 3	1943	교사용	11과 강링마루(咸臨丸)	131~140	안방의 생애, 배에 국기를 달고 미국에 도착
좋은 아이 상	1944	1학년용	3과 천장절	8~9	1941년의 1학년 교재를 수정

이들 아동용 교과서에 수록된 단원의 성격을 보면 순수 국기 단원은 18개 단원 중 44%인 8개 단원이며, 국기 관련 단원이 약 56%인 10개 단원이다. 순수 국기 단원의 내용은 국기의 의의, 중요성, 게양 방법, 예절, 존엄성에 관한 것이 학년에 따라 지도 내용이 달랐다. 그러나 관련 단원에서는 일본의 축일이나 대제일(大祭日)의 유래와 의의를 설명하면서 국기 게양과 존엄성을 지도하도록 하거나 군함기를 통하여 국기와 관련 지도하도록 하였다.

−소학 국어 교과서의 국기 단원

소학 국어 교과서에 수록된 국기 관련 단원의 조사 내용을 보면 다음과 같다.

소학 국어 교과서의 국기 단원(저자 : 문부성)

구분 / 교과서명	간행 연도	대상	단원명	쪽수	요점
소학국어독본 1	1932	1학년 전기	붉은 아침 해	6~7	해 뜨는 모습, 히노마루 그림(1940까지 사용)
소학국어독본 5	1935	3학년 전기	4. 천장절	17~19	천장절의 의의, 국기 계양
소학국어독본 6	1935	3학년 후기	11. 군기(軍旗)	61~64	군기를 들고 싸우는 일본군, 군기 존중
소학국어독본 7	1936	4학년 전기	13. 비단 어기	54~59	천황기 존중
심삼소학국어 독본 12	1937	6학년 후기	13. 국기	60~65	국기의 의의, 상징성, 외국기 소개 (미,영,중,이탈리아, 1937년 수정판)
초등과 국어 2	1942	아동용	14. 군기	72~78	군기 존중, 충군애국
초등과 국어 2	1942	교사용	14. 군기	129~136	군기는 군의 생명
초등과 국어 3	1942	4학년 전기	14. 국기 계양대	65~74	국기 계양과 위치, 높이 조사
초등과 국어 3	1942	교사용	14. 국기 계양대	188~194	계양대 높이, 국기 계양 방법, 국기 경례

위의 표에서 국기 관련 소학 국어 교과서(교재)는 모두 9권으로 이를 시기별로 보면 1940년대에 간행된 것이 5권, 1930년대에 간행된 것이 4권이며, 이를 사용 대상별로 보면 9권 중 아동용이 7권(1 · 2학년용 2권, 3 · 4학년용 각 2권, 6학년용 1권)이며, 교사용이 2권이다. 아동용 소학 국어 교과서 7권에 수록되어 있는 국기 관련 단원을 보면 주로 국기의 의의, 중요성(존엄성), 국기 계양, 상징성, 외국 국기 소개 등에 관한 것이고, 관련 단원의 내용을 보면 천장절 행사 때의 국기 계양, 군기와 관련된 국기 교육을 강조한 점이 수신 교과서와는 다른 점이다.

소학 국어 교과서에 국기 교육 관련 단원을 보면 1930년대 이후 특히 1940년 대의 교재에 많이 수록된 것은 일본이 전체주의 전쟁을 수행하기 위한 수단으로 어릴 때부터 충군애국하고 황국 신민을 다하는 데 필요한 인간을 기르는 데 목적을 두었기 때문이라 생각된다.

−소학 예능 교과서의 국기 단원

소학 예능 교과서 즉 미술 · 음악 등의 교과서에 수록된 국기 교육 관련 단원의 조사 내용을 보면 다음과 같다.

소학 예능 교과서의 국기 단원(저자 : 문부성)

구분 교과서명	간행 연도	대상	단원명	쪽수	요점
심상소학모필화첩	1904	2학년용	12.아침 해	제12도(그림)	해 뜨는 모습 그림
			15.국기	제15도	일본 국기 그림
심상소학연필화첩	1904	2학년용	18.국기	제18도	일본 국기 그림
고등소학모필화첩	1904	1학년용	26.국화문	제26도	국화문 그림(16조광선 상징)
고등소학연필화첩	1904	2학년용	군기(軍旗)	제4도	16조광선 일장기 그림
심상소학모필화첩	1909	3학년용	국기	제6도	일본 국기 그림
			일출	제8도	해 뜨는 그림
심상소학모필화첩	1909	교사용	국기	제6도	국기의 구성 관찰, 그리기
			일출	제8도	일출 모습 그리기, 빛을 나타내기
심상소학연필화첩	1909	6학년용	군기	제11도	16조광선 일장기 그림
심상소학연필화첩	1909	교사용	군기	제11도	군기 그리기 채색 연습
심상소학 창가	1911	1학년용	1. 히노마루기	2~3	히노마루기 가사 · 악보(노래)
심상소학 창가	1911	1학년용	1. 히노마루기	1~3	반주 악보 가사 평석(評釋)
심상소학 도화	1932	1학년용	1. 히노마루기	제1도	1940년까지 사용 · 일본 히노마루그림
심상소학 도화	1932	교사용	1. 히노마루기	제1도	히노마루를 주제로 한 배경그리고 발표
신정심상소학 창가	1932	1학년용	1. 히노마루기	2~3	1940년까지 사용 히노마루 가사 악보(노래)
신정심상소학 창가	1932	1학년용	1. 히노마루기	2~3	1940년까지 사용, 히노마루 가사
그림책	1941	1학년	4. 기		반주악보사용
		전기	5. 기를 달다.		국기 게양, 게양대 그림
그림책	1941	교사용	4. 기	36~39	국기 그리기, 국민적 지조 기름
			5. 기를 달다.		국기 게양, 게양대
음악책 상	1941	아동용	2. 히노마루	4~5	국기 가사, 악보(노래부르기)
음악책 상	1941	교사용	2. 히노마루	66~69	국기 가사, 악보 노래로 국민지조 앙양
초등과 음악 1	1942	3학년용	16. 군기	50~51	군기 가사, 악보 부르기
초등과 음악 1	1942	교사용	16. 군기	126~13	군기노래를 불러 충군애국심 기름

위의 표에서 국기 관련 소학 예능(미술 · 음악)교과서는 모두 20권으로 이를 간행 시기별로 보면 1940년대에 간행된 것이 전체의 30%인 6권으로 가장 많으며, 다음이 1930년대가 4권, 1909년과 1904년이 각 4권이다. 그러나 1920년대에 간행된 국기 관련 소학 예능 교과서는 알 수 없다. 이를 교과별로 보면 소학 미술 교과서가 20권 중 12권(아동용 8권, 교사용 4권), 음악 교과서가 8권(아동용 6권, 교사용 2권)으로 미술 교과서가 많다.

이를 사용 대상별로 보면 아동용이 20권 중 14권(미술 8권, 음악 6권), 교사용이 6권(미술교사용 4권, 음악교사용 2권)이다. 이 아동용 14권을 학년별로 보면 미술 교과서는 8권 중 6권이 1 · 2학년용이고, 음악 교과서는 6권 중 5권이 1 · 2학년용으로 주로 저학년 중심으로 국기 교육이 이루어졌음을 알 수 있다. 아동용 14권을 단원의 내용별로 보면 순수 국기 단원은 10개(미술 5, 음악 5)이며, 국기 교육 관련 단원은 4개(미술 3, 음악 1) 단원으로 순수 국기 단원이 많다.

미술 교과서의 국기 단원은 주로 국기 그리기라든가 아침에 해 뜨는 모습을 국기와 관련 지도하는 내용이며, 음악 교과서의 국기 단원은 주로 가사나 악보를 통한 국기 교육이 중요시되었다.

② 전후의 국기 교육

일본은 제2차 세계대전의 패배로 연합군 최고사령관의 지배를 받으며 국가적 주권은 물론 전후 교육에 있어서도 제한을 받았다. 그러므로 국기에 대해서는 하등의 의사 표시를 못하고 국가적 경축일에 국기를 게양할 때도 연합국 최고사령관의 허가를 받아야만 하였다. 그렇기 때문에 패전 직후에는 국기 교육을 스스로 자주적으로 하지 못하였다. 1945년부터 1948년에 이르기까지 국기 게양에 관한 연합국 최고사령관 총사령부의 지령이 23회나 있었다. 이같은 과정을 겪고 1948년 3월 1일 이후 일본은 12개의 축제 때 국기를 게양할 수 있는 허가를 받았으며, 그 해 9월 15일에는 3개 항구의 귀국선 입항시부터 귀국자가 상륙을 마칠 때까지 국기 게양이 허락되었다. 그 후 1949년 1월 1일부터 일본의 국기인 히노마루의 게양에 관한 연합국 측의 일체의 제약이 철폐되었다. 1949년 4월에는 일본의 국가(國歌)와 국민의 축제일이 제정 시행됨에 따라 학교를 비롯한 여러 기관의 행사 때는 국기를 게양하고 국가를 제창하도록 하였다.[39)]

이에 따라 1958년에는 문부성에서 소학교 및 중등학교의 교육과정(일본에서는 학습지도요령이라 함)을 제정 · 공포하였으며, 이후 학습지도요령을 개정할 때마다 국기 교육 지도 내용을 명시하고 이를 적극적으로 지도하도록 하였다.

일본의 국기 교육에 대한 관심과 열의는 해를 거듭할수록 고조되어 1999년 8월 13일에는 「국기 및 국가에 관한 법률」을 제정 · 공포하게 되었고, 이로써 국기 교육을 위한 국가적 차원의 법적 근거가 마련되었다. 전후 일본의

39) 佐藤秀夫 편, 앞의 책, pp. 368~379.

국기교육은 1990년대에 이르러 더욱 강화되어 공립학교에 있어서는 입학식이나 졸업식 때에도 반드시 국기를 게양하도록 하였다. 이에 따라 일본의 소 · 중 · 고등학교에 있어서 입학식이나 졸업식 때 국기를 게양한 것은 98% 이상이 되었다.

1958년부터 2004년에 이르기까지 개정되어 온 일본의 '학습지도요령' 에 국기 교육 지도 내용이 어떻게 구성되어 있는지 살펴보면 다음과 같다.

㉠ 소학교 학습지도요령의 국기 지도 내용

일본의 소학교 학습지도요령은 1958년 개정된 후 1999년까지 4차례나 바뀌어 왔다. 개정된 각 학습지도요령에 보면 사회 · 음악 · 특별활동 시간에 국기 교육을 하도록 지도 내용이 구성되어 있다. 사회 · 음악 · 특별활동 시간에 구성되어 있는 국기 교육 내용을 보면 다음과 같다.

소학교 교육과정의 국기 취급 내용

교과 / 연도	사회	음악	특별활동
1958년	제6학년 3. 지도상의 유의사항 (3) 우리나라의 국기를 비롯하여 여러 외국의 국기에 대해 관심을 일층 깊이하고, 이를 존중하는 태도 등을 기르도록 함.	제1학년 2. 내용. B. 표현 (가창) (4)히노마루(日の丸) 제3지도 계획 작성 및 학습 지도의 방침 2.	제3절 학교행사 등 제 3 지도계획 작성 및 지도상의 유의 사항 5. 국민의 축일 등에 있어 의식 등을 행할 경우에는 아동들에게 이들 축일의 의의를 이해시키는 동시에 국기를 게양하고 국가를 제창하도록 함.
1968년	제6학년 3. 내용의 취급 (4) 우리나라의 국기에 대한 관심과 이를 존중하는 태도를 깊게 하는 동시에 여러 외국의 국기에 대해서도 같이 이를 존중하는 태도가 필요하다는 것을 배려할 것.	제1학년 2. 내용. C가창 (3) 공통 교재「히노마루」(문부성 창가)	제 2 내용(학교행사) 3 내용의 취급. (3) 국민의 축일 등에 있어서 의식을 행할 경우에는 아동들에게 이들 축일의 의의를 이해시키는 동시에 국기를 게양하고 국가를 제창하도록 함.
1989년	제4학년 3. 내용의 취급(2) 우리나라와 여러 외국에는 국기가 있다는 것을 이해시키는 동시에 이를 존중하는 태도를 기르도록 배려할 필요	제1학년 2. 내용 A표현 (5) 공통교재 「히노마루」(문부성 창가)	제3지도계획의 작성과 내용취급 3. 입학식 및 졸업식에 있어서도 그 의의를 이해시키고, 국기를 게양하는 동시에 국가를 제창하도록

교과 연도	사회	음악	특별활동
1989년	가 있음. 제6학년 3.내용의 취급 (3) 우리나라 국기와 국가를 이해시키고 이를 존중하는 태도를 기르는 동시에, 여러 외국의 국기와 국가도 같이 존중하는 태도를 기르도록 배려할 것.		지도할 것.
1999년	제3학년 및 4학년 3. 내용의 취급 (5) 우리나라와 외국에는 국기가 있다는 것을 이해시키고 이를 존중하는 태도를 기르도록 배려할 것. 제5학년 3. 내용취급 (6) 우리나라와 여러 외국에는 국기가 있다는 것을 이해시키는 동시에 이것을 존중하는 태도를 기르도록 배려할 것. 제6학년 3. 내용취급(3) 우리나라의 국기와 국가의 의의를 이해시키는 동시에 이를 존중하는 태도를 기르고, 동시에 여러 외국의 국기와 국가도 같이 존중하는 태도를 기르도록 배려할 것.	제1학년 및 제2학년 2. 내용 A표현 (5) 공통 교재「히노마루」(문부성 창가)	제3지도계획의 작성과 내용취급 3. 입학식 및 졸업식에 있어서는 그 의의를 되돌아보고 국기를 게양하는 동시에 국가를 제창하도록 지도할 것.

위의 표에서 보면 다음과 같은 특징을 찾아볼 수 있다.

첫째, 사회과 학습지도요령의 국기 교육 취급 내용은 1958년부터 1977년까지는 6학년의 내용 취급(3)에서 자국(일본)의 국기에 대한 관심과 이를 존중하는 태도를 기르도록 배려하는 동시에 다른 나라의 국기에 대해서도 존중하는 태도를 기르도록 하고 있다. 그러나 1989년의 학습지도요령의 국기 교육 취급 내용은 4학년과 6학년의 내용 취급에서 자국의 국기와 다른 나라의 국기에 대해 이해시키고, 이를 존중하는 태도를 기르도록 배려하고 있는 즉, 국기 교육의 대상 학년이 6학년에서 4학년으로 늘어났다는 것이다. 이 같은 국기의 취급 내용 학년이 고학년에서 중학년으로 확대되었다는 것은 국기 교육의 중요성이 강조되었기 때문이라 생각된다. 이러한 경향은 1998년에 개정된 소학교 사회과 학습지도요령에서는 3 · 4학년과 6학년에 자국과 외국에는 국기가 있다는 것을 이해시키고 이를 존중하는 태도를 기르도록 함으로써 국기 취급 내용이 3 · 4학년에까지 지도하도록 확대되었다. 이같이 일본의 국기 교육이 6학년에서 3 · 4학년으로 확대된 것은 우리나라가 저학년에서 지도하도록 교육과정이 구성된 것과는 다른 점이다.

둘째, 음악과 학습지도요령의 국기 교육 취급 내용은 제1학년의 공통 교재에서 히노마루에 관한 노래를 부르도록 하여 국기에 대한 존엄성과 의의를 이해하도록 하였다.

셋째, 특별활동에 있어서는 국민의 축일 행사 때에는 그 의의를 이해시키는 동시에 국기를 게양하고 국가를 제창하도록 하였으나 1989년부터는 학교 행사인 입학식이나 졸업식 때 국기를 게양하고 국가를 제창하도록 하였다. 학교의 입학식이나 졸업식 때 국기 게양과 국가 제창에 반대하는 교사들도 적지 않았지만 이들에게는 정도에 따라 감봉이나 정직 또는 견책, 훈고(訓告) 등 징계 처분이 내려지기도 하였다.

㉡ 중 · 고등학교 학습지도요령의 국기 교육 내용

일본의 중학교 학습지도요령이 개정될 때마다 국기 교육을 위한 지도 내용이 어떻게 구성되어 있는지 살펴보면 다음과 같다.

–중학교 교과서의 국기 지도 내용

일본의 중학교 학습지도요령에 국기 교육 내용이 수록되어 있는 교과는 사회과이다. 특히 사회과 중에서도 공민 분야에서 그 내용을 찾아볼 수 있다. 중학교 사회과 공민 분야에 수록되어 있는 국기 교육 취급 내용을 보면 다음과 같다.[40)]

40) 1958년부터 1988년까지 개정된 일본의 중학교 사회과 교육과정에는 국기 취급 내용이 없다(下村哲夫, 앞의 책, 부속자료, p. 13).

사회과 〈공민 분야〉의 국기 취급 내용

연도	1989년	1999년
취급 내용	3. 내용의 취급 (4)「국가 간의 상호의 주권 존중과 협력」과의 관련에 대해 지도할 때에는 「국기 및 국가의 의의를 같이 상호 존중하는 것이 국제적 예의라는 것을 이해시키고, 이를 존중하는 태도를 기르도록 배려할 것」	3. 내용의 취급 (4)「국가간의 상호의 주권 존중과 협력」과의 관련에 대해 지도할 때에는 「국기 및 국가의 의의를 같이 서로 존중하는 것이 국제적 예의라는 것을 이해시키고 이를 존중하는 태도를 기르도록 배려할 것」

위의 사회과「공민 분야」의 국기 취급 내용은 1989년 이전의 부분에 대해서는 알 수 없지만 1989년과 1999년의 두 학습지도요령에는「국가간의 상호의 주권 존중과 협력」이란 관련 내용을 지도할 때는 국기와 국가(國歌)의 의의를 다같이 상호 존중하는 것이 국제적 예의라는 것을 이해시키고, 이를 존중하는 태도를 기르도록 함으로써 국제 협력과 평화를 유지하도록 하였다.

–중 · 고등학교 특별 활동의 국기 취급 내용

소학교뿐만 아니라 중 · 고등학교의 학습지도요령의 특별활동 분야에 있어서도 국기 교육을 위한 취급 내용을 수록하고 있다. 중 · 고등학교 특별활동 중 학교 행사를 행할 때 내용의 취급을 어떻게 할 것인가를 보면 다음과 같다.[41]

다음의 표에서 보면 중 · 고등학교는 특별활동 중「학교 행사」, 즉 국민의 축일이나 입학식, 졸업식 등의 의식을 행할 때에는 반드시 국기를 게양하고 국가를 제창하도록 하였음을 알 수 있다. 다만 1989년 전에는 국민의 축일 등에 있어서 의식을 행할 경우에는 국기를 게양하고 국가를 제창하도록 하였다. 그러나 1989년 학습지도요령을 개정(고등학교는 1999년부터)하면서부터는 '종래의 국민의 축일 등에 있어서' 를 '입학식과 졸업식 등에 있어서' 로 바꾸고 의식을 행할 때에는 국기를 게양하고 국가를 제창하도록 지도할 것을 명시하였다. 이에 따라 소 · 중 · 고등학교의 공립 학교에 있어서도 입학식과 졸업식 때 국기를 적극적으로 게양하게 되었다. 하지만 학교의 의식 행사 때 국기를 게양하도록 한데 대해서 각급 학교의 교원들은 반발하기도 하였으며, 많은 교원들이 국기 및 국가와 관련되어 행정적인 징계 처분을 받기도 하였다.

41) 1958년의 특별 활동은 특별 교육 활동과 학교 행사로 구분되어 있다.

중 · 고교 특별 활동의 국기 취급 내용

학교 / 연도	중학교	고등학교
1958 (1960)	제3. 학교 행사 등 3. 지도계획 작성 및 지도상의 유의사항 6. 국민의 축일 등에 있어서 의식을 행할 경우에는 생도에 대해서 이들 축일의 의의를 이해시키는 동시에 국기를 게양하고 기미가요를 제창하도록 함.	제2. 학교 행사 등 (7) 국민의 축일 등에 있어서 의식을 행할 경우에는 생도에 대해서 이들 축일의 의의를 이해시키는 동시에 국기를 게양하고 기미가요를 제창하도록 함.
1969 (1970)	제 2 내용 C 학교 행사 3. (4) 국민의 축일 등에 있어서 의식을 행할 경우에는 생도에 대해서 이들 축일의 의의를 이해시키는 동시에 국기를 게양하고 기미가요를 제창하도록 함.	제 4. 학교 행사 2. 내용의 취급 (3) Ⅰ.국민의 축일 등에 있어서 의식을 행할 경우 생도에 대해서 이들 축일의 의의를 이해시키는 동시에 국기를 게양하고 기미가요를 제창하도록 함.
1977 (1978)	제 3. 지도계획의 작성과 내용의 취급 4. (4) 국민의 축일 등에 있어서 의식을 행할 경우에는 생도에 대해서 이들 축일의 의의를 이해시키는 동시에 국기를 게양하고 국가를 제창하도록 함.	제 3. 지도계획의 작성과 내용의 취급 3. (4) 국민의 축일 등에 있어서 의식을 행할 경우에는 생도에 대해서 이들 축일의 의의를 이해시키는 동시에 국기를 게양하고 국가를 제창하도록 함.
1989 (1990)	제 3. 지도계획의 작성과 내용의 취급 6. 입학식과 졸업식에 있어서는 그 의의를 되새기고, 국기를 게양하는 동시에 국가를 제창하도록 지도할 것.	제 3. 지도계획의 작성과 내용의 취급 3. 입학식과 졸업식에 있어서는 그 의의를 되새기고, 국기를 게양하는 동시에 국가를 제창하도록 지도할 것.
1999 (2000)	제 3. 지도계획의 작성과 내용의 취급 3. 입학식과 졸업식에 있어서는 그 의의를 되새기고, 국기를 게양하는 동시에 국가를 제창하도록 지도할 것.	제 3. 지도계획의 작성과 내용의 취급 3. 입학식과 졸업식에 있어서는 그 의의를 되새기고, 국기를 게양하는 동시에 국가를 제창하도록 지도할 것.

( )의 숫자는 고등학교 학습지도요령의 개정 연도임.

3) 일본 공립 학교의 국기 게양 실태

1989년(고교는 1999년)에 개정된 소 · 중 · 고등학교의 「학습지도요령」 '특별활동' 에는 입학식이나 졸업식 등의 의식을 행할 때에는 국기를 게양하고 국가를 제창하도록 하였다. 이에 따라 각급 학교에서는 의식을 행할 때 국기를 게양하게 되었고 국기 게양률은 해를 거듭할수록 더하여 갔다. 1984년부터 1994년에 이르기까지 일본의 공립 소 · 중 · 고등학교의 입학식과 졸업식 때 국기를 게양한 실태를 보면 다음과 같다.[42)]

〈표 1〉 일본의 소 · 중 · 고등학교의 국기 게양 실태

구분	학교 \ 연도	1984	1989	1990	1991	1992	1993	1994	비고
입학식	소학	·	89.9	95.7	97.0	98.1	98.2	98.4	1984년의 입학식 통계는 자료가 없어서 제시못함.
	중학	·	80.2	95.5	97.4	97.6	97.8	98.0	
	고교	·	81.3	90.1	91.6	93.6	94.4	98.4	
졸업식	소학	92.5	94.7	97.6	98.0	98.3	98.4	·	1994년의 졸업식 통계는 자료가 없어서 제시못함.
	중학	91.2	93.9	97.3	97.6	97.8	98.1	·	
	고교	81.6	83.8	91.5	93.4	94.2	96.4	·	

위의 〈표 1〉에서 보면 다음과 같은 특징을 찾아볼 수 있다.

첫째, 1989년 이전에도 졸업식 때 국기를 게양한 것을 보면 비록 입학식 때의 국기 게양률을 알 수 없다 하더라도 입학식 때에도 국기를 게양하였던 것으로 믿어진다. 이같이 1989년 이전의 입학식과 졸업식 때 국기를 게양하였다는 것은 당국의 적극적인 권장과 학교 자체의 노력 때문이라 생각된다.

둘째, 소 · 중학교의 입학식과 졸업식 때의 국기 게양률은 1989년에 약 90%였던 것이 점차 증가하여 98%를 상회하고 있다. 그러나 고등학교의 경우는 입학식이나 졸업식 때의 국기 게양률이 1984년에 약 81%에 불과하던 것이 1990년 이후 점차 증가하여 1994년에는 소 · 중학교가 다같이 98%를 상회하였다. 이런 증가 추세를 감안하면 현재에는 각급 학교의 국기 게양률은 100%일 것으로 짐작된다. 특히 「국기 및 국가에 관한 법률」이 제정 공포됨에 따라 각급 학교의 입학식과 졸업식 때에 국기를 게양하고 국가를 제창하는 것은 거의 의무적이고 정부에서는 적극적으로 강조하고 있다. 이러한 일본의 국기 교육은 일본의 정치적 우경화 속에서 향후 더욱 강화될 것으로 믿어진다.

42) 〈표 1〉의 자료는 下村哲夫 편, 앞의 책, pp. 30~50의 자료를 분석하여 필자가 재작성한 것이다.

4) 국기 및 국가와 관련된 교원의 징계 처분

① 징계 상황

1989년(고교는 1990년) 개정된 일본의 소 · 중 · 고등학교 「학습지도요령」 중 특별 활동에는 입학식이나 졸업식 및 특별활동 등의 의식을 행할 때는 국기를 게양하고 국가를 제창하도록 요구하고 있다. 이에 대해서 뜻있는 시민단체나 교원들 사이에는 이를 우려하면서 정부의 일방적 강요에 반발하기도 하였다.

1989년 9월에는 도쿄도의 한 시의회에서는 학습지도요령을 철회하라는 의견서를 제출하였으며, 그해 10월에는 일본 팬클럽 회장이 히노마루, 기미가요 강제에 대한 성명서를, 1994년 11월에는 일본 팬클럽 회장이 정부 통일 견해에 대한 성명서를 내기도 하였다.[43] 이같은 단체들의 반대 이유는 국제화시대인 21세기에 살아갈 다양한 사고력과 가치관을 가진 일본인을 길러야 할 오늘의 입장에서 볼 때, 국가적 이데올로기의 강요나 군국주의적 심벌을 의무 교육의 장에 끌어들여 강제적으로 교육한다는 것은 표현의 자유와 내심의 자유에 반할 뿐만 아니라 시대에 맞지 않기 때문에 철회해야 한다는 것이다. 교사들은 히노마루와 기미가요의 강요에 대해 입학식과 졸업식 때 의식에 참석하지 않거나 국기 게양과 국가 제창을 거부 또는 방해를 하기도 하였다. 이러한 교사들에게는 당국의 행정적인 징계 처분이 내려지기도 하였다. 1989년 졸업식 때부터 1994년 입학식 때까지 국기 및 국가의 취급과 관련되어 징계 처분을 받은 상황을 보면 다음과 같다.[44]

---

43) 佐藤秀夫 편, 위의 책, pp. 50~52.

44) 이 표는 佐藤秀夫 편, 앞의 책, pp. 30~50에 있는 자료 중 국기 · 국가의 취급과 관련한 잘못으로 교원이 징계를 받은 자료를 분석하여 재작성한 것이다. 여기서 '89졸업식과 '90졸업식 때 잘못으로 징계를 받은 46명은 그 소속을 알 수 없어서 학교 급별 통계에서는 제외하였다.

〈표 2〉 국기 및 국가와 관련된 교원의 징계 처분

징계 \ 시기		'89졸업식~ '90.7.16현재	'90졸업식~ '91입학식	'91졸업식~ '92입학식	'92졸업식~ '93입학식	'93졸업식~ '94입학식	계
징계구분	정직	·	2	·	·	2	4(0.8)
	감급(봉)	·	2	·	·	2	4(0.8)
	계고	30	12	2	8	9	61(12.0)
	훈고 등	16	198	165	41	21	441(86.4)
	계	46(9.0)	214(42.0)	167(32.7)	49(9.6)	34(6.7)	510(100.0)
학교급별	소학	학교급별 상황을 알 수가 없어서 제외하였음.	124	83	32	13	252(54.3)
	중학		69	39	11	4	123(26.5)
	고교		21	43	4	13	81(17.5)
	기타		·	2	2	4	8(1.7)
	계	46(9.0)	214(42.0)	167(32.7)	49(9.6)	34(6.7)	510(100.0)

위의 〈표 2〉에서 보면 다음과 같은 특징을 찾아볼 수 있다.

첫째, 징계 처분을 받은 교원은 모두 510명으로 이를 시기별로는 1990년 졸업식과 1991년 졸업식 때 잘못으로 징계를 받은 것이 전체의 42%인 214명으로 가장 많고, 1991년 졸업식과 1992년 입학식 때가 각 33%인 167명으로 1992년 졸업식 이후부터는 크게 감소되었다.

둘째, 징계 처분을 종류별로 보면 510명 중 기간 내에 훈고를 받은 사람이 전체의 약 86%인 441명으로 가장 많고, 다음이 계고로 12%인 61명이다. 정직이나 감봉은 극소수이다.

셋째, 학교 급별로 보면 이 기간 내에 소학교 교원이 전체 464명 중 54%인 252명으로 가장 많고, 다음이 중학교 교원으로 약 27%인 123명, 고등학교 교원이 약 18%인 81명이다. 위 표에서 기타란 농아학교 1명, 양호학교 7명으로 특수학교 교원들도 징계 처분을 받았다. 징계를 받은 교원 중에는 교장도 포함되어 있다.[45)]

일본의 국기(히노마루)게양과 국가(기미가요)를 제창할 때 거부하거나 일어서지 않은 교원들에 대한 징계는 1994년 이후에도 계속되었다. 2007년까지 입학식이나 졸업식 때 국가 제창을 거부하거나 자리에서 일어나지 않은 교원들이 교육위원회로부터 징계를 받은 것은 314명으로 이들은 경중에 따

45) '90년 졸업식 때부터 '94년 입학식 때까지 징계받은 교원 464명 중 교장이 징계받은 것은 약 41%인 189명(소학교장 117명, 중학교장 62명, 고등학교장 10명)이다.

라 훈고 · 계고 · 경고 · 감봉 · 정직 등의 징계를 받았다. 그러나 이를 강제하는 것은 사상과 양심의 자유를 침해하는 것이므로 비록 이것이 직무 명령이라 하더라도 위법이라는 도쿄지방법원의 판결이 내려져 일본 교육계에 충격을 주기도 하였다. 법원의 판결은 헌법에 보장된 '사상과 양심의 자유' 침해라는 취지를 십분 반영한 것이라 생각된다.

② 징계 사유

510명의 징계 사유를 분석하여 징계 종류별로 보면 다음과 같다.

각 징계에 대한 사유를 보면 그 내용이 큰 차이가 없다. 교원들은 주로 국기 경례와 국가 제창을 거부하거나 방해하고 의식을 혼란케한 경우, 국기 경례나 국가 제창시 일어나지 않는 경우 등이 많다. 또는 같은 사유라도 각 지역 교육위원회에 따라 징계의 정도가 다르고 시기와 학교에 따라 다른 점을 찾아볼 수 있다.

국기에 대한 존엄성을 가지고 국기에 대해 예절을 지키며 국가를 제창하는 것은 어느 국가, 어느 민족을 막론하고 국민으로서의 도리임을 잊어서는 안 될 것이다.

징계 처분 사유

징계 종류	징 계 사 유
1. 정직	① 입학식, 졸업식 때 국기 게양 방해 및 국가 제창시 교사가 일어나지 않고 학생을 일어나지 않도록 지도한 경우 ② 국가의 의미를 손상케 지도하고, 음악 교과서의 국가 가사를 훼손하였거나 훼손하도록 지도한 경우 ③ 졸업식 때 국가 제창에 대한 항의 발언과, 관리직 비난, 또는 의식을 혼란케 한 경우
2. 감급(봉)	① 입학식, 졸업식 때 국기 게양 방해, 국가 제창시 일어나지 않은 경우 ② 입학식, 졸업식 때 국기 경례 반대, 졸업식 때 출석 거부 또는 계출없이 조퇴한 경우 ③ 입학식, 졸업식 때 국가 제창에 반대하여 일어나지 않고 교장을 비난한 경우
3. 계고	① 국기 · 국가에 반대해서 근무 시간에 직무와 관련없는 유인물을 학생이나 학부모에게 배포한 경우 ② 교사 낙성식 기념식전에서 국기를 끌어내린 경우 ③ 입학식, 졸업식 때 국기 경례와 국가 제창에 반대하고, 국가 제창시 일어나지 않은 경우

징계 종류	징 계 사 유
3. 계고	④ 입학식, 졸업식 때 국기 게양을 반대한 경우 ⑤ 졸업식 때 국기 · 국가에 반대하여 졸업증서를 은닉한 경우
4. 훈고	① 졸업식, 입학식 때 국기 경례를 거부한 경우 ② 졸업식, 입학식 때 국가 제창 반대 및 제창시 일어나지 않은 경우 ③ 졸업식 때 국가 제창 저지를 위한 위압적 발언을 한 경우 ④ 졸업식, 입학식 때 국기 게양 및 국가 제창을 방해한 경우 ⑤ 졸업식, 입학식 때 국기 게양이나 국가 제창을 못하도록 방치한 경우 ⑥ 졸업식, 입학식 때 국기를 끌어내린 경우 ⑦ 국기 게양대가 아닌 다른 장소에 국기를 게양한 경우 ⑧ 졸업식 때 국기 경례에 대한 항의 발언을 한 경우

위의 징계 사유를 보면 훈고 등의 사유가 많은데, 여기서 훈고 등이란 우리나라의 주의에 해당하는 것으로 문서 훈고 · 문서 논고, 구두 훈고 · 구두 논고, 엄정 주의 등을 모두 포함한 것이다. 징계 처분을 받은 510명 중 훈고 등을 받은 441명에 대한 구체적 처분 내용을 보면 다음과 같다.

다음의 표에서 훈고 등을 받은 441명을 훈고의 종류별로 보면 문서 훈고를 받은 교원이 약 46%인 204명으로 가장 많고, 다음이 문서 논고로 전체의 40%인 177명, 엄정 주의가 11%인 49명이다.

훈고 등의 처분 상황

시기 / 훈고 구분	'89졸업식~ '90.7.16현재	'90졸업식~ '91입학식	'91졸업식~ '92입학식	'92졸업식~ '93졸업식	'93졸업식~ '94졸업식	계
문서 훈고	16	84	84	8	12	204(46.3)
문서 논고	·	105	42	23	7	177(40.1)
구두 훈고	·	·	·	·	·	·
구두 논고	·	9	·	2	·	11(2.5)
엄정 주의	·	·	39	8	2	49(11.1)
계	16(3.6)	198(44.9)	165(37.4)	41(9.3)	21(4.8)	441(100)

(3) 여러 외국의 국기 교육

1) 외국 학교에 있어서의 국기 취급 정도

일본을 제외한 다른 나라들의 국기 교육은 학교 교육에 있어서 어느 정도 이루어지고 있는지 살펴보고자 한다. 그러나 여러 외국의 교육과정이나 국기교육에 관한 자료 수집이 용이하지 않아 기존의 연구 내용을 추출하여 정리해서 간략히 살펴보고자 한다.[46)]

여러 외국 학교의 국기 취급 정도

취급내용 / 국명	국기 게양 지도	국기의 의의 지도
미국	• 연방법에 학교를 비롯한 공적 기관의 주요 건물에는 국기 게양을 규정함.	• 연방 수준의 국기 지도에 대한 특단의 규정은 없지만 주에서 취급하고 있음. • 공립학교에서는 시업 직전에 국기에 대한 충성을 서약하는 것이 널리 행해지고 있음.
영국	• 학교 내에서는 국기를 게양하지만 학교 행사시에는 게양하지 않음.	• 학교에서 국기 지도에 관한 법령은 없고, 나라의 교육과정인 「전국공통교육과정」에 있어서도 관련되지 않음. • 역사 등의 수업에서 지도함.
프랑스	• 국기 게양 의무를 정해 놓은 규정은 없지만 공립 학교를 포함한 모든 공공기관에 게양함.	• 국가는 나라의 상징의 하나로서 교육과정에 특히 공민 분야의 수업 중에 지도함.
독일	• 일반법으로 규정된 것은 없고, 국기취급을 각 주에 위임하고 있음.	• 학교에서의 국기 지도는 주에 따라 다르지만, 국기에 대한 경례 및 존엄성 지도(경시하지 않도록)를 함.
이탈리아	• 공립 학교에서는 학교에 들어가는 교문 입구 위에 게양함.	• 중학교에서는 역사 및 공민 분야의 일부로서 취급함.
러시아	• 학교에서 국기 게양을 의무화한 법령은 없으나 입학식 등 학교 행사시에는 게양함.	• 연방 수준의 특별한 규정은 없으나 지방 및 각 학교에 지도를 위임함.
중국	• 「중화인민공화국 국기법」에 학교는 매일 국기를 게양하고, 매주 한 번 또는 특별한 기념일에는 국기 게양 의식을 행하도록 함.	• 교육과정인 「학교대강」 및 당의 지도문서 등에 각 교과, 기타의 활동을 통하여 국기의 의의 및 존중 의무에 대해 지도하도록 함.

위에서 보면 연방법에 국기에 관한 규정을 마련하여 국기 교육을 하도록

46) 下村哲夫, 「국기 및 국가에 관한 관계 자료집」, 앞의 책, pp. 19~20.

되어 있는 나라는 미국과 중국이며, 각 주(지방정부)와 학교에 위임하여 국기교육을 하고 있는 나라는 독일, 러시아이다. 프랑스와 이탈리아는 교육과정에 국기 교육을 위한 지도 내용을 수록하여 지도하도록 하되 특히 역사 및 공민분야에서 지도하도록 하고 있는 것 같다. 영국의 국기 교육은 학교와 교원의 판단에 의해 지도하도록 하여 역사 수업에서 국기 지도 내용을 취급하고 있는 것 같다.

2) 여러 외국의 국기 교육 요소

여러 외국의 국기 교육에 관한 내용 요소를 좀 더 구체적으로 살펴보면 다음과 같다.[47)]

여러 외국의 국기 교육 요소

내용 취급	국기의 규정 형식	국기 게양, 존중 의무	행사 시의 국기 취급	학교에서의 국기 취급
미국	• 1947년 연방법으로 규정. • 1959년 하와이 주의 추가로 그해 대통령령으로 규정 수정.	• 연방법으로 공공기관은 국기를 게양하도록 규정함. • 국기의 존중 의무 및 모독에 대해서는 연방법으로 처벌을 규정함.	• 스포츠 기타 각종 시민 행사 때에 국기를 게양함.	• 연방법으로 공공기관은 국기를 게양하도록 규정함.
영국	• 유니언 잭을 영국 국기로 정한 법령은 없지만 관습상 국기로 취급하고 있음.	• 문화, 미디어, 스포츠 행사시 성(省)은 공공기관에 국기 게양을 지시함. • 국기에 대한 모욕 금지를 규정한 법률은 없음.	• 규모가 큰 행사와 왕족이 임석하는 경우에는 국기를 게양함.	• 입학식, 졸업식에도 게양하지 않음.
프랑스	• 1958년 헌법에 국기에 관한 규정을 둠.	• 국기 게양이나 국기에 대한 존중 의무를 정한 법적 규정은 없음.	• 각 성청, 시 사무소 등 국가기관에는 항상 국기를 게양하도록 함.	• 입학식, 졸업식 자체는 없지만 도로에 인접한 학교에는 국기를 게양함.

47) 위의 책, pp. 15~16.

내용 / 취급	국기의 규정 형식	국기 게양, 존중 의무	행사 시의 국기 취급	학교에서의 국기 취급
독일	• 1949년 기본법(헌법)에 규정함.	• 대통령령, 연방정부의 포고로 관청 등에는 게양의 의무를 규정함. • 형법에 국기 모욕에 관한 처벌 규정 있음.	• 스포츠 시합 및 민간시설의 행사 개회식에는 국기를 게양하나 통상은 아님.	• 입학식 및 졸업식 때도 계양은 하지만 통상은 아님.
이탈리아	• 1947년 헌법에 규정함.	• 국제연합일 등에는 공공건물에 게양하는 방법에 관한 규정을 둠. • 형법에 국기 모욕죄에 관한 규정을 둠.	• 스포츠 등 국제 시합장에는 국기를 게양함.	• 입학식 및 졸업식 자체가 없지만 공립학교는 정문 입구에 국기를 게양함.
캐나다	• 1965년 조칙(詔勅)에 규정함.	• 연방정부 기관만이 게양 및 존중의 의무를 규정함.	• 주정부 및 기타 지방자치단체와 민간에는 자유재량으로 위임함.	• 주정부 및 교육위원회의 판단에 의함.
중국	• 1982년 헌법에 규정함.	• 국기법으로 공공기관 및 전일제 학교 등에는 국기게양 및 존중 의무를 규정. • 헌법으로 모욕죄에 관한 벌칙 규정을 둠.	• '공식적 스포츠대회' 기타 중요한 행사 때는 국기를 널리 게양함.	• 교육부의 규정으로 월요일 아침의 국기 게양은 의무화함.

위의 표에서 보면 대부분의 나라에서는 국기에 관한 규정을 헌법에 규정하고 있다. 헌법에 국기에 관한 규정을 두고 있다는 것은 국기의 존엄성이 그만큼 크고 중요하기 때문이라 생각된다. 우리나라는 대통령령으로 국기에 관한 기본 사항을 규정하였으나 2007년 7월 27일 「대한민국 국기법」을 법률로 입법화시켰다. 가까운 일본도 국회의 승인을 받아 법으로 규정하고 있다.

여러 외국에 있어서의 국기 게양과 존중 의무는 비록 법적 규정이 없는 나라라도 그 나라의 국민들은 자국의 국기에 대한 존엄성을 가지고 국기를 게양하는데 무관심하지는 않을 것이다. 스포츠 등 국제적 시합이나 국가의 경축일에 각국에서는 자국의 국기와 행사 관련 기를 게양하는 것이 통상적 예이다. 국기에 대한 모욕죄(모독죄)에 대한 처벌 규정이 없는 나라도 있으나 형법으로 규정하고 있음을 알 수 있다.

유럽의 학교에 있어서는 입학식이나 졸업식 자체가 없는 나라들은 국기를 게양하지 않는 경우가 많지만 그렇다고 자국의 국기를 존중하지 않거나 국기게양에 무관심하지는 않을 것이다. 국기에 관한 규정이 헌법이나 법률, 또는 대통령령 등 어떤 것에 규정되어 있다 하더라도 그것을 지키고 실천하지 않으면 그것은 사문화된 법일 것이며 한 장의 휴지 조각에 지나지 않을 것이다. 그러므로 어느 나라 국민이든 간에 자국의 국기를 존중하는 것과 똑같이 다른 나라의 국기에 대해서도 존중하는 마음과 태도를 가져야 할 것이다. 그것은 21세기 세계화와 국제 평화를 위한 중요한 자세임을 잊어서는 안 될 것이다.

2. 우리나라의 국기 교육

(1) 교육과정의 국기 교육 내용

1949년 10월 15일 시정 국기를 「문교부 고시 제2호」로 반포하여 태극기가 우리나라의 국기로 확정된 후 정부 당국에서는 국기 교육을 위한 노력을 계속하여 왔다. 그 중 초 · 중등 교육과정에는 국기 교육 요소를 설정하여 각급 학교에서 적극적으로 국기 교육을 실시하도록 하였다. 그러면 당시의 문교부에서는 초 · 중등학교의 교육과정에 어떤 내용을 설정해 넣었는지 간략히 살펴보고자 한다.

1) 초등 교육과정의 국기 교육 내용 구성

교수요목기(1946~53)부터 제7차 교육과정(1997~)에 이르기까지의 교육과정을 교과 활동과 특별 활동으로 나누어 국기 교육 내용 요소를 살펴보면 다음과 같다.

초등 교육과정의 국기 교육 내용 구성

시기 \ 학년	1	2
교수요목기 (1946~54)		〈사회생활과〉 (8) 우리나라와 다른 나라의 국기 (8시간) 1. 국기는 어느 때 다는가? 2. 기쁜 날은 어째서 국기를 다는가? 3. 우리나라 국기는 어떤 모양으로 되어 있을까? 4. 우리는 어째서 국기를 존경하여야 하는가? 5. 우리나라 국기가 따로따로 띄어 있는 것은 무슨 까닭인가? 6. 다른 나라 국기에 대해서는 어떤 태도를 가져야 하는가? 7. 국제연합 국기는 어떤 모양으로 되어 있는가?
제1차 교육과정기 (1955~62)	〈사회생활과〉 우리 집, 우리 학교 (10) 즐거운 날 2. 우리나라의 즐거운 날에는 어떤 날이 있을까? • 삼일절 (3.1) • 제헌절 (7.17) • 광복절 (8.15) • 개천절 (10.3) • 한글날 (10.9) • 국제연합일(10.24) 3. 국기를 달 때는 어떤 주의가 필요한가? a. 시간 b. 깃대 세우는 위치 c. 기 간수하기	–
제2차 교육과정기 (1963~72)	〈사회과〉 6. 여러 가지 행사 (1) 국기에 대한 태도 (2) 여러 가지 행사의 의의와 종류 (3) 여러 가지 행사에 참가하는 태도 〈도덕과〉 4. 국가생활 (1) 국기, 국가에 대한 존엄성을 가진다.	〈도덕과〉 (4) 국가생활 (1) 국기, 국가에 대한 존엄성을 가진다.

시기 \ 학년	1	2
제3차 교육 과정기 (1973~81)	〈사회과〉 (1) 학교 생활 ④ 국가적 행사 ⑤ 국기, 국가, 국가 원수 〈도덕과〉 (1) 예절생활 (라) 국기에 대한 예절 방법을 알고 집회 때의 예절을 지킨다.	〈사회과〉 (4) 고장 생활 (가) 국경일과 고장의 행사 ① 국경일의 의의 ② 국경일 행사와 의의 〈도덕과〉 (1) 예절 생활 (라) 국기에 대한 경례 방법을 알고 집회 때 예절을 지킨다.
제4차 교육 과정기 (1982~86)	〈사회과〉 라) 나라 사랑 (가) 태극기 (나) 애국가 (다) 무궁화 (라) 국가 원수 〈도덕과〉 다) 나라의 발전을 위한 생활 (2) 국기, 국가, 국가원수에 대한 예절을 지킨다.	–
제5차 교육 과정기 (1987~91)	〈우리들은 1학년〉 나) 인사 (3) 국기, 애국가에 대한 예절 지키기 〈바른생활〉 라) 자랑스러운 우리나라 (3) 우리나라의 상징에 대한 인식과 자세 익히기	〈바른 생활〉 (라) 발전하는 우리나라 ③ 국가적 · 사회적 행사의 의의를 알고 참여하기
제6차 교육 과정기 (1992~96)	〈바른 생활〉 (5) 국가, 민족 생활 (가) 국기, 애국가에 대한 예절 지키기	〈바른 생활〉 (5) 국가, 민족 생활 (가) 우리나라에 대한 긍지를 가지고 나라 사랑하는 마음 가지기
제7차 교육 과정기 (1997~)	〈바른 생활〉 (5) 나라 사랑하기 ① 국기 다는 날 알기 ② 국기 바르게 달기 ③ 국기 바르게 보관하기	〈바른 생활〉 (5) 나라 사랑하기 ① 무궁화에 대하여 바르게 알기 ② 무궁화를 잘 가꾸기

학년 시기	1	2
제7차 교육 과정기 (1997～)		(6) 애국가 바르게 부르기 ① 애국가가 지니는 의미 알기 ② 애국가를 부를 때 바른 자세 가지기 ③ 애국가가 연주될 때 바른 자세 가지기

위의 표에서 국기 교육 내용과 직접적으로 관련이 있는 교과는 사회과, 도덕과, 바른 생활, 우리들은 1학년 등이며, 학년별로 보면 주로 저학년인 1 · 2학년에 집중되어 있다.

각 교과별 지도 내용 요소를 교육과정이 개정된 시기별로 보면 다음과 같다.

첫째, 교수요목기는 2학년 사회생활과를 중심으로 내용이 구성되어 있다. 2학년의 (8) '우리나라와 다른 나라의 국기' 단원을 8시간 지도하도록 하였으며, 그 내용은 주로 국기 게양일, 국기 게양 이유, 다른 나라 국기에 대한 태도, 유엔기의 모양 등 2학년 학생들에게는 수준 높은 지도 내용 요소가 포함되어 있다. 이같은 내용 구성은 광복 후 국기 교육을 위한 자료가 아동의 발달 단계에 맞도록 정비되지 못하였던 상황 하에서 아동의 국기 이해에 큰 도움을 주었을 것으로 짐작된다.

둘째, 제1차 교육과정기에는 1학년 교과에 국기 지도 내용이 구성되어 있으며, 주로 국기 게양일, 국기 게양시의 유의점(시간, 깃대 위치와 모양, 기 간수하기)에 관한 내용이다.

셋째, 제2차 교육과정기는 사회과 도덕과를 중심으로 내용이 구성되어 있으며, 사회과에서는 국기에 대한 태도를, 도덕과에서는 국기에 대한 존엄성을 중요시하였다.

넷째, 제3차 교육과정기에는 제3공화정에서 국민 정신 교육과 주체성 교육을 중요시하였기 때문에 어느 때보다 국기 교육이 강화되었다. 그리하여 사회과에서는 국기와 애국가, 국가 원수에 대한 예절, 국경일의 행사에 대해, 도덕과에서는 국기에 대한 예절지키기, 국기에 대한 경례법을 중요시하였다.

다섯째, 제4차 교육과정기에는 1학년 사회과에는 태극기, 애국가, 무궁화, 국가 원수에 대한 예절을 중요시하였으나, 도덕과에서도 사회과의 지도내용과 같은 요소를 중요시하였다.

여섯째, 제5차 교육과정기에서는 도덕과가 1 · 2학년에서는 통합 교과인 바른 생활로 바뀌었다. 따라서 사회과 도덕과는 1 · 2학년의 과정인 통합 교과에 흡수되어 3학년부터 교과로서의 위치를 갖게 되었다. 이에 따라 종래 사회과나 도덕과에서 실시하였던 국기 교육 내용은 '바른 생활'에서 지도하게 되었다. 1학년 초기의 '우리들은 1학년'에서 국기 · 애국가에 대한 예절을, 바른 생활에서는 나라의 상징에 대한 인식과 자세 익히기에 중점을 두었다.

일곱째, 제6차 교육과정기는 1학년의 경우 제5차 교육과정기의 '우리들은 1학년'의 내용과 같으며, 2학년의 바른 생활은 국가적 긍지와 나라 사랑의 마음을 기르는데 중점을 두었다.

끝으로, 제7차 교육과정기는 1학년의 바른 생활에서 국기 게양일, 국기 게양 및 보관, 애국가 바르게 부르기 등에 중점을 두었고, 2학년에서는 무궁화에 대한 지도 내용을 중요시하였다.

이처럼 초등학교 1 · 2학년을 중심으로 한 지도 내용은 주로 국기에 대한 예절과 존엄성, 국기 게양일과 게양 방법, 국기 취급의 유의점 등이 공통적인 내용이었다. 그러나 교수요목기의 국기 교육 지도 내용은 다른 시기에 비하여 의미있는 특징이 있었음을 볼 수 있다.

2) 초등 교육과정의 국기 교육 요소

초등 교육과정의 국기 교육 내용을 국기 교육 요소별로 나누어 각 교육과정이 개정된 시기별로 그 특징을 살펴보면 다음과 같다.

초등 교육과정의 국기 교육 요소

시기 \ 학년 \ 요소	1. 국기 게양 방법 및 국기보관		2. 국기에 대한 예절 (경례, 존엄성, 태도)	
	1	2	1	2
교수요목기 (1946~54)	-	〈사회생활과〉 (8) 우리나라와 다른 나라의 국기 1. 국기는 어느 때 다는가?	-	〈사회생활과〉 (8) 우리나라와 다른 나라의 국기 4.우리는 어째서 국기를 존경하여야 하는가?

시기 \ 학년 \ 요소	1. 국기 게양 방법 및 국기보관		2. 국기에 대한 예절 (경례, 존엄성, 태도)	
	1	2	1	2
교수요목기 (1946~54)	–	2. 기쁜 날은 어째서 국기를 다는가?	–	6.다른 나라의 국기에 대해서 어떤 태도를 가져야 하는가?
제1차 교육과정기 (1955~62)	〈사회생활과〉 (10) 즐거운 생활 국기를 달 때는 어떤 주의가 필요한가? a. 시간 b. 기 세우는 위치와 모양 c. 기 간수하기	–	–	–
제2차 교육과정기 (1963~72)	〈사회과〉 6. 여러 가지 행사 (1) 태극기에 대한 태도	–	〈사회과〉 6. 여러 가지 행사 (1) 국기에 대한 태도 〈도덕과〉 4. 국가 생활 (1) 국기, 국가에 대한 존엄성을 가진다.	〈도덕과〉 (4) 국가 생활 (1) 국기, 국가에 대한 존엄성을 가진다.
제3차 교육과정기 (1973~81)	〈사회과〉 (1) 학교 생활 ⑤ 국기, 국가, 국가원수	–	〈사회과〉 (1) 학교 생활 ⑤ 국기, 국가, 국가 원수 〈도덕과〉 (1) 예절 생활 (라) 국기에 대한 경례 방법을 알고 집회 때의 예절을 지킨다.	〈도덕과〉 (라)국기에 대한 경례 방법을 알고 집회 때 예절을 지킨다.

요소 / 학년 / 시기	3. 국기의 모양과 제작 방법		4. 국기의 상징성	
	1	2	1	2
제4차 교육 과정기 (1982~86)	〈사회과〉 라) 나라 사랑 마) 태극기	–	〈사회과〉 라) 나라 사랑 (가) 태극기 〈도덕과〉 다) 나라의 발전을 위한 생활 (2) 국기, 국가, 국가원수에 대하여 예절을 지킨다.	–
제5차 교육 과정기 (1987~91)	–	–	〈우리들은 1학년〉 나) 인사 (3) 국기, 애국가에 대한 예절 지키기	–
제6차 교육 과정기 (1992~96)	–	–	〈바른 생활〉 (5) 국가, 민족 생활 (가) 국기, 애국가에 대한 예절 지키기	–
제7차 교육 과정기 (1997~)	〈바른 생활〉 (5) 나라 사랑하기 ① 국기 다는 날 알기 ② 국기 바르게 달기 ③ 국기 바르게 보관하기	–	–	–
교수요목기 (1946~54)	–	〈사회생활과〉 (8) 우리나라와 다른 나라의 국기	–	〈사회생활과〉 (8) 우리나라와 다른 나라 국기

요소 / 학년 / 시기	3. 국기의 모양과 제작 방법		4. 국기의 상징성	
	1	2	1	2
교수요목기 (1946~54)	–	3. 우리나라 국기는 어떤 모양으로 되어 있는가? 7. 국제연합 국기는 어떤 모양으로 되어 있는가?	–	5. 우리나라 국기가 따로따로 띄어있는 것은 무슨 까닭인가?
제1차 교육과정기 (1955~62)	–	–	–	–
제2차 교육과정기 (1963~72)	–	–	–	–
제3차 교육과정기 (1973~81)	–	–	–	–
제4차 교육과정기 (1982~86)	–	–	–	–
제5차 교육과정기 (1987~91)	–	–	–	–
제6차 교육과정기 (1992~96)	–	–	–	–
제7차 교육과정기 (1997~)	–	–	–	–

요소 / 학년 / 시기	5. 기타 관련 내용		6. 특별 활동 관련 내용
	1	2	
교수요목기 (1946~54)	–	–	• 국경일 의식 때 국기게양
제1차 교육 과정기 (1955~62)	〈사회생활과〉 (10) 즐거운 일 2. 우리나라의 즐거운 날에는 어떤 날이 있는가? • 삼일절(3.1) • 제헌절(7.17) • 광복절(8.15) • 개천절(10.3) • 한글날(10.9) • 국제연합일(10.24)	–	• 국경일 의식 때 국기게양, 국민 의례 실시
제2차 교육 과정기 (1963~72)	〈사회과〉 6. 여러 가지 행사 (2) 여러 가지 행사의 의의와 종류	–	(1) 의식 국경일, 개교 기념일, 입학식, 기타 의식
제3차 교육 과정기 (1973~81)	〈사회과〉 (1) 학교 생활 ④ 국가적 행사	〈사회과〉 (4) 고장 생활 (가) 국경일과 고장의 행사 ① 국경일의 의의 ② 국경일 행사와 의의	(1) 의식 국경일, 개교 기념일, 입학식, 기타 의식
제4차 교육 과정기 (1982~86)	〈사회과〉 라) 나라 사랑 (나) 애국가 (다) 무궁화 (라) 국가 원수	–	가) 의식 국경일, 각종 기념일, 입학식, 졸업식, 시업식 등
제5차 교육 과정기 (1987~91)	〈바른 생활〉 라) 자랑스러운 우리나라 ③ 우리나라의 상징에 대한 인식과 자세 익히기	〈바른 생활〉 라) 발전하는 우리나라 (3) 국가적 사회적 의의를 알고 참여하기, 나라 사랑하는 마음 기르기	가) 의식 행사 (1) 국경일, 기념일 (2) 입학식, 졸업식, 시업식 등

요소 / 학년 / 시기	5. 기타 관련 내용		6. 특별 활동 관련 내용
	1	2	
제6차 교육과정기 (1992~96)	–	〈바른 생활〉 (5) 국가, 민족생활 (가) 우리나라에 대한 긍지를 가지기	(마) 행사 활동 ① 의식 행사 활동 국경일, 기념식, 입학식, 졸업식, 시업식, 종업식 등
제7차 교육과정기 (1997~)	〈바른 생활〉 (6) 애국가 바르게 부르기 ① 애국가가 지니는 의의 알기 ② 애국가를 부를 때의 바른 자세 가지기 ③ 애국가 연주될 때 바른 자세 가지기	〈바른 생활〉 (5) 나라 사랑하기 ① 무궁화에 대하여 바르게 알기 ② 무궁화를 잘 가꾸기	(5) 행사 활동 ① 의식 행사 활동 국경일, 기념식, 입학식, 졸업식, 시업식 등

위의 표에서 국기 교육 요소를 학년별 · 교육과정 개정 시기별로 그 특징을 살펴보면 다음과 같다.

첫째, 국기 게양 방법과 보관에 관한 내용은 주로 1학년에서 중요시하였으나 제5차, 제6차 교육과정기에는 이러한 요소가 없다. 2학년은 교수요목기에서만 찾아볼 수 있다.

둘째, 국기에 대한 예절 · 존엄성에 대해서는 1학년은 제2차 교육과정기부터 제4차 교육과정기까지 사회과 · 도덕과를 중심으로 구성되었으나 제5차 이후는 '바른 생활'이 중심되어 있다. 2학년은 교수요목기는 사회과에서, 제2차 · 3차 교육과정기에는 도덕과에 지도 요소가 구성되어 있다.

셋째, 국기의 모양과 그리기에 대해서는 교수요목기의 2학년 사회과에 구성되어 있다.

넷째, 국기의 의미 · 상징성에 대해서는 교수요목기의 2학년 사회과에 지도 요소가 구성되어 있다.

다섯째, 기타 국기와 관련된 애국가, 무궁화, 국가 원수, 국경일 등 국가적 행사에 관해서는 1학년은 교수요목기와 제6차 교육과정기 외에는 사회과와 바른 생활에 구성되어 있고, 2학년은 제3차 · 5차 · 6차 · 7차 교육과정기의 바른 생활 내용에 구성되어 있다.

특별 활동의 국기 교육 관련 요소를 보면 교수요목기와 제1차 교육과정기에는 특별 활동의 내용에 '학교 행사'에 관한 내용이 없다. 의식 행사는 1973년 제3차 교육과정기부터 나타나게 된다. 그러므로 이 시기의 특별 활동에는 학교 행사 활동상의 유의점에 국경일의 의식이 있을 때에는 이 행사의 의미와 가치를 충분히 이해시키고, 국기 게양, 국민 의례 등의 의식 절차를 실행해야 한다고 하였다. 그 외의 교육과정 개정기의 특별 활동에서는 의식이나 의식 행사에 국경일, 각종 기념일, 입학식, 졸업식, 시업식, 종업식에서는 국기를 게양하여 의식을 행하도록 하였다.

3) 초등 교과서의 국기 교육 관련 내용 구성

교육과정의 정신을 구현하기 위하여 만든 제7차 교육과정기의 초등 교과서에 국기 교육 관련 내용이 어떻게 어느 정도 구성되어 있는가를 살펴보면 다음과 같다.

1. 도덕 교과서의 국기 관련 내용 구성

학년	관 련 내 용	요 소
3-1	책 표지 : 태극기 사진 속 표지(앞면) : 태극기 사진, 국기에 대한 맹세문 (뒷면) : 국기 게양 방법(사진 및 설명) • 국기는 대문 중앙이나 앞에서 보아 왼쪽에 단다. • 국기를 잘 접어서 국기함 속에 넣어 보관한다. 4. 나라 사랑의 길〈태극기 사랑〉 : 국기 게양 사진	가정의 국기 게양, 국기 보관
3-2	속 표지 앞 · 뒷면의 사진과 설명문은 3-1과 같다.	
4-1	속 표지(앞면) : 태극기 사진, 국기에 대한 맹세문 (뒷면) : 국기 게양 방법 (사진과 함께 설명) • 바르게 달 때 • 조기를 달 때(깃폭의 너비만큼 띄운다) • 길게 늘여서 달 때는 필요한 만큼 늘여서 단다.	국기 게양 방법 바르게 달기, 조기, 늘여서 달 때
4-2	속 표지 앞 · 뒷면의 사진과 설명문은 4-1과 같다.	
5	속 표지(앞면) : 태극기 사진, 국기에 대한 맹세문 (뒷면) : 국기 게양 방법〈외국 국기와 게양할 때〉 • 국기를 바로 달 때는 집 밖에서 보아 왼쪽에 단다. • 교차시킬 때에는 국기는 밖에서 볼 때 깃폭은 왼쪽에 깃대는 밖으로 한다. • 기가 홀수일 때에는 국기는 중앙에 단다. • 기가 짝수일 때는 국기는 왼편 첫째에 단다.	외국 국기와 게양시, 교차시, 홀수시, 짝수시 게양

학년	관 련 내 용	요 소
6	속 표지(앞면) : 태극기 사진, 국기에 대한 맹세문 (뒷면) : 국기 그리기 제작도와 국기 다루는 법 제시 • 국기 그리기는 태극기 제작 방법(규격)제시 〈국기 다루는 법〉 1. 국기를 달 때에는 위를 먼저 매고 내릴 때에는 아래를 먼저 풉니다. 내린 국기는 땅에 닿지 않도록 양쪽에서 잡고 잘 접어서, 국기함에 넣어 정중하게 보관합니다. 2. 깃봉과 깃대도 상하지 않도록 잘 싸서 국기와 함께 보관합니다. 3. 행사 때에는 국기를 잘 말아서 정중하게 보관했다가 다시 씁시다. 4. 국기가 낡았거나 찢어져서 다시 쓸 수 없을 때는 깨끗한 곳에서 불사르도록 합니다.	• 국기 그리기 • 국기 취급시 유의점

2. 「생활의 길잡이」의 국기 관련 내용 구성

학년	관 련 내 용	요 소
1-2	6. 나라 사랑 〈국기 바르게 달기〉 (p. 74) 1. 국기는 정해진 방법에 따라 달아야 합니다. (빨간 부분이 위에) 2. 건(☰)괘는 깃대쪽으로 오게 답니다. 3. 깃봉과 깃폭 사이를 띄우지 않습니다. 4. 슬픈 일로 국기를 달 때에는 깃폭의 너비(세로)만큼 밑으로 내려서 답니다. 5. 태극기는 소중히 다룹니다.(국기함에 국기 넣는 사진) (p. 74) • 집에서 국기를 달 때에는 문 밖에서 보아 대문 왼쪽에 답니다.(대문에 게양 사진) • 아파트에는 베란다에 답니다. • 우리나라를 나타내는 것을 써 봅시다.(p. 75) 나는 국기에 대한 예절을 바르게 지키는지 반성하여 봅시다.(p. 76)	• 국기 게양 방법 • 국기 경례 • 국기 보관 및 취급 • 국기 그리기
3-2	4. 나라 사랑의 길 책 표지 : 국기함에 국기 넣는 사진	• 국기의 의미

학년	관 련 내 용	요 소
3–2	• 응, 그런데 우리나라 국기는 왜 그렇게 복잡하지? (p. 69의 만화사진) 〈다음 사항을 꾸준히 실천해 봅시다.(p. 72)〉 • 국기는 나라의 얼굴입니다. • 국기를 다는 날과 다는 방법을 잘 알고 지킵시다. 〈태극기 사랑(p. 73)〉 • 국경일에 태극기를 꼭 답니다. • 태극기를 바르게 달고 바르게 보관합니다. • 국기에 대한 경례를 바르게 합시다.	• 국기 게양일 알고 다는 방법 • 국기 경례 • 국기 취급법
5	〈안창호 선생의 나라 사랑〉 • 주권을 지키는 일(태극기 사진)(p. 113) • 국기 접는 법 • 외국과의 조약 시 국기 교차 사진	• 국기 사랑

3. 「바른 생활」의 국기 관련 내용 구성

학년	관 련 내 용	요 소
1–2	6. 나라 사랑 그림을 보고 태극기를 사랑하는 마음에 대해 이야기해 봅시다.(국기 경례자와 뛰는자의 사진) 1. 태극 무늬가 있는 물건에는 어떤 것들이 있을까요? 2. 태극기를 다는 날은 언제입니까? 3. 국기에 대한 경례를 하는 때는 언제입니까? 4. 태극기 노래를 불러 봅시다. 〈선택 활동〉 함께 하여 봅시다. 1. 태극기 다는 방법을 알아 봅시다.(대문에서 국기 매는 사진) 2. 태극기를 보관하는 방법을 알아 봅시다. • 국기 다는 방법을 잘 압니다. • 국기 다는 날에 국기를 잘 답니다. • 국기에 대한 경례를 잘 합니다. • 국기를 아끼며 소중히 생각합니다. • 국기는 소중하게 보관합니다. • 태극기에 색칠하여 봅시다.	국기 게양일과 게양 방법, 국기에 대한 경례, 국기 보관

4. 「즐거운 생활」의 국기 관련 내용 구성

학년	관 련 내 용	요 소
1-1	표지 안 윗면 태극기 사진 · 애국가 가사	나라 사랑 (국기와 애국가)
1-2	1-1과 같음	
2-1	1-1과 같음	
2-2	1-1과 같음	

위의 분석 자료에서 초등 교과서(제7차 교육과정기)에 수록된 국기 교육 관련 내용의 특색을 보면 다음과 같다.

첫째, 초등 교과서 중 국기 교육 관련 내용이 가장 많이 수록되어 있는 교과는 도덕과, 생활의 길잡이, 바른 생활의 순이다.

둘째, 바른 생활, 즐거운 생활(애국가와 관련), 생활의 길잡이는 저학년 중심으로 국기 교육 내용이 구성되어 있다.

셋째, 국기 교육 요소별로 보면 저학년에서는 국기 게양일과 국기 바르게 달기, 국기에 대한 경례, 국기 취급과 보관에 관한 기본적 요소를 중요시하고 있으나 중 · 고학년에서는 외국기와 국기를 게양하는 방법, 국기 그리기 등 저학년보다는 정도가 높다. 이같은 것은 아동의 발달 단계에 따라 지도 요소를 학년성에 맞도록 구성한 것이라 생각된다.

넷째, 교과별로는 큰 차이점을 찾아볼 수 없다. 국기 교육 요소가 교과에 따라 특성지을 만한 내용은 없으나 학년성에 따라서는 차이가 있다. 예를 들면 도덕의 고학년에 국기 그리기(제작 작도법)는 저학년에서 그리기 어려우므로 색칠하기로 지도하는 것이 좋은 예이다.

다섯째, 태극기의 의미가 무엇이며, 태극 · 4괘가 무엇을 뜻하는지에 대한 지도 내용은 거의 없다. 「바른 생활」 1학년 교재에 태극 무늬가 있는 물건이나 「생활의 길잡이」 1학년에 우리나라를 나타내는 것 외에는 국기의 상징성에 대한 요소는 하나도 없다. 이것은 초등학교에서는 국기의 상징성 지도를 하지 않도록 지침서에 규정되어 있기 때문이 아니라 우리나라의 태극기가 무엇을 상징하며, 우리 역사 · 문화, 민족과 어떤 깊은 관계가 있느냐는 것을 구체적으로 국가적 차원에서 정리해 놓은 자료가 부족하기 때문이라 생각된다. 그러므로 우리나라의 국기 교육은 알맹이 없는 형식 위주의 외형적 지도에 치우치고 있는 것이다.[48)]

48) 김상섭, 앞의 책, pp. 283~284.

여섯째, 교과서의 지도 내용은 우리나라의 국기 교육에 관한 지도 요소만 수록되어 있을 뿐 다른 나라의 국기의 중요성과 예절에 관한 내용은 거의 없다.

국기 교육을 할 때에는 우리 국기에 대한 존엄성과 국기에 대한 예절을 바르게 지키도록 지도하되 우리 국기뿐만 아니라 다른 나라의 국기에 대해서도 우리나라 국기처럼 똑같은 존엄성과 정중한 태도를 가지고 외국 국기에 대한 예절을 잘 지킬 수 있는 태도를 기르도록 하여야 한다. 그러기 위해서는 이러한 내용이 교과서에 반영되도록 하여야 할 것이다. 이것은 21세기의 글로벌시대에 살아갈 인류의 한 사람으로 세계 평화와 인류의 공영을 위한 우리의 자세인 것이다. 세계로 뻗어가는 자랑스러운 우리의 국기를 더욱 아끼고 소중히 하면서 남의 나라의 국기도 소중히 여기는 마음을 가져야 한다.

일곱째, 제7차 도덕 교육과정에는 국기 교육을 위한 영역이나 제재가 명확히 구성되어 있지 않은 데도 교과서에는 국기 교육 관련 내용이 수록되어 있어 교육과정과 교과서의 연계성이 부족한 감을 느낀다. 예를 들면 도덕 교과서에는 3학년부터 6학년까지 국기 교육 관련 내용이 학년에 따라 차이 있게 구성되어 있으나 제7차 도덕과 교육과정에는 3학년을 제외한 4 · 5 · 6학년의 도덕과 교육과정에는 국기 관련 내용이 없어서 도덕 교과서와의 연계성은 거의 없다. 그러나 바른생활은 교육과정과 교과서의 연계성은 잘 이루어지고 있다. 교육과정과 교과서의 연계성 문제에 대해서는 좀 더 영역과 제재 등에 있어 보완의 필요성을 느낀다.

우리나라의 국기 교육의 개선을 위한 노력은 여러 가지 면에서 검토되어야 하겠지만 특히 외형적 교육도 중요하나 실질적 알맹이 있는 교육을 위해서는 국기 제정의 유래와 국기의 상징성에 대한 국가적 차원의 통일성 있는 교재의 개발과 보급이 급선무라 생각된다. 이에 행정자치부에서는 국가상징해설자문위원회를 구성하고, 여기에서 1999년 초에 '태극기의 유래와 태극기에 담긴 뜻'을 정립하였으며, 이를 지도할 수 있는 자료를 개발 · 보급하고자 하였다. 다만 이러한 자료의 개발 · 보급이 어느 정도 이루어졌는지는 알 수 없다. 만약 이런 자료들이 각급 교육 기관에 보급되었다면 자료실에 비치하여 지도 자료로 활용하도록 노력하여야 할 것이다.

(2) 중학교 교육과정의 국기 교육 내용

중학교 교육과정에서는 국기 교육 내용이 어느 정도 구성되어 있는가를 보면 다음과 같다.

중학교 교육과정의 국기 교육 내용 구성

시기 \ 학년	1	2	3	특별 활동
교수요목기 (1946~54)	–	–	–	–
제1차 교육과정기 (1955~62)	–	–	–	–
제2차 교육과정기 (1963~72)	〈반공 · 도덕과〉 (4) 국가생활 ① 국기와 국가의 존엄성을 깨닫고 이에 알맞은 태도를 취한다.	–	–	입학식, 졸업식, 개교기념일, 국경일의 의식, 여러 가지 기념일 등
제3차 교육과정기 (1973~81)	〈도덕과〉 (1) 예절 생활 (사) 국기, 국가, 국가 원수에 대한 예절 (아) 국민 의례 (4) 국가 생활 (가) 국기, 국가에 대한 정중한 태도	〈도덕과〉 (4) 국가 생활 (가) 국기, 국가에 대한 애정 (나) 애국심	〈도덕과〉 (1) 예절 생활 (라) 국가 행사 시의 예절 (4) 국가 생활 (다) 국기, 국가, 국가 원수에 대한 존경	입학식, 졸업식, 개교기념일, 국경일 의식, 여러 가지 기념식, 조회 등
제4차 교육과정기 (1982~86)	–	–	–	국경일 의식, 기념일 의식, 입학식, 졸업식, 개교 기념일 의식, 시업식, 종업식 등
제5차 교육과정기 (1987~91)	–	–	–	국경일 의식, 기념일 의식, 입학식, 졸업식, 개교 기념일 의식, 시업식, 종업식, 조회 등

시기 \ 학년	1	2	3	특별 활동
제6차 교육 과정기 (1992~96)	–	–	–	경축일, 기념식, 입학식, 졸업식, 시업식, 종업식, 조회 등
제7차 교육 과정기 (1997~)	–	–	–	경축일, 기념식, 입학식, 졸업식, 시업식, 종업식, 조회 등

위의 표에서 중학교 도덕 교육과정에 구성되어 있는 국기 교육 요소를 보면 제2차와 제3차 교육과정기에만 집중되어 있을 뿐 다른 교육과정기에서는 전혀 관련 내용이 없다. 그 내용은 주로 국기에 대한 존엄성과 태도, 국기에 대한 예절과 애정 등에 관한 것으로 1 · 2 · 3학년의 학년성에 알맞은 내용이 아니라 거의 같은 내용으로 구성되어 있다.

특별 활동 분야를 보면 교수요목기나 제1차 교육과정기에 국경일의 의식을 행할 때 국기를 게양하여 의식을 행하도록 하였을 뿐 의식이나 학교 행사란 항목이 없었다. 그러나 제2차 교육과정기 이후부터는 학교 행사, 의식 행사, 기념일 등을 행할 때에는 국기를 게양하여 의식을 행하도록 하였다.

이상에서 보았을 때 초등학교와 중학교 모두 학생의 발달 단계와 학년성에 맞는 국기 교육 내용이나 요소가 구성되어 있지 못하고 거의 비슷한 내용으로 구성되어 있음을 알 수 있다.

2) 중학교 도덕 교과서의 국기 관련 내용

중학교 제2차와 제3차 교육과정기의 『민주생활』 교과서에 수록된 국기 교육 관련 내용을 보면 다음과 같다.

『민주생활』 국기 교육 관련 내용 (문교부)

학년 \ 시기	제2차 교육과정기 (1963~72)	제3차 교육과정기 (1973~81)
1	1. 우리나라의 국기 2. 내가 간직한 국기	Ⅳ. 조국에 대한 사랑 1. 우리나라의 국기

학년 \ 시기	제2차 교육과정기 (1963~72)	제3차 교육과정기 (1973~81)
1	3. 국기에 대한 예절 • 게양 방법 • 국기에 대한 경례 • 국기의 보관 • 국기의 종류 및 규격표	2. 내가 간직한 국기 5. 국기 · 국가 · 국가에 대한 예절 〈국기〉 • 국기 게양 방법 • 국기에 대한 경례 • 국기의 보관 • 국기 만들기
2	-	V. 국민의 할 일 1. 국기와 국가의 존엄성

위의 표에서 『민주 생활』 1학년의 단원을 보면 제2차 교육과정기에는 '3. 국기에 대한 예절' 단원에서, 제3차 교육과정기는 '5. 국기 · 국가 · 국가 원수에 대한 예절' 단원에서 국기 관련 내용을 취급하고 있으나 두 시기의 국기 교육 내용의 차이는 없다.

1972년 문교부에서 발간한 『생활 예절』 교본에는 국기에 대한 예절, 국기 만들기, 국기 게양일, 국기 취급 및 보관 방법, 게양 방법 등에 대한 내용이 구성되어 있다. 그러나 제7차 교육과정기의 도덕과 교육과정이나 교과서에는 국기 교육 관련 내용이 없다.

3. 국기 교육의 실태

(1) 조사의 필요성

필자는 일본이 『소학교 학습지도요령』(문부성, 1998)에 일본의 국기(히노마루)와 국가(기미가요) 교육의 중요성을 패전 이후 어느 때보다도 강조하고 있음을 보고, 한국의 제7차 교육과정(교육인적자원부, 1997)에는 국기 교육을 어느 정도 중요시하고 있으며, 교육 현장에서는 이러한 교육을 어떻게 실시하고 있고, 교사와 학생들의 국기 의식은 어떠한가에 대해 의문을 갖고 그 실태를 파악해 보고자 하였다. 특히 일본에서는 1999년 국가적 차원에서 국기와 국가에 대한 국회의 입법 조치로 국기에 대한 법적 · 제도적

바탕을 마련하였다.[49)]

이처럼 일본이 금세기에 들어 국기 교육을 국가적 차원에서 강조하고 중요시하게 된 것은 21세기 세계화시대에 살아갈 일본인으로서의 정체성을 국기와 애국가에서 찾고, 이를 일본의 국민 단결의 구심점으로 삼으려는 것으로, 이는 일본의 새로운 극우적 지향성을 나타내는 것과 궤를 같이 하는 것으로 보인다.

우리나라도 광복 이후 교수요목기부터 제7차 교육과정기에 이르기까지 국기와 애국가 교육을 중요시 하여 왔으나 일본이 주로 소학교 고학년을 중심으로 교육해 온 것과는 달리 초등학교 저학년에서 국기 게양 방법과 국기에 대한 예절을 중심으로 지도되어 왔을 뿐 국기의 제정 유래와 상징성에 관한 교육은 거의 지도되지 않은 것으로 보인다.

광복 이후 국가적 차원에서 국기 교육을 중요시 하여 왔으나 특히 제3공화정 하에서는 국민 정신 교육의 일환으로 이루어졌다. 이에 따라 각 시 · 도의 교육청에서는 국기 교육 연구 학교와 시범 학교를 지정 운영하였고, 국기 교육 자료를 개발하여 적극적인 지도 방안을 모색함으로써 학생뿐만 아니라 국민의 국기 의식 함양에 크게 이바지하였다.[50)]

그러나 정치적 혼란과 변천 과정에서 국기 교육에 관한 관심과 열의는 퇴색되어 갔으며 최근에는 각급 기관과 학교에서 실시해 왔던 '국기 게양 및 강하식' 마저 거의 이루어지지 않고 있다.[51)] 세계화란 시대적 요청과 한반도

---

49) 우리나라는 1949년 이후 국기에 관한 규정을 문교부 고시나 국무총리 훈령 등으로 규정하였고, 1984년에는 대통령령으로 규정하여 일원화시켰지만, 이것은 법률로서의 위상을 갖지 못한 것이었으나 2007년 「대한민국 국기법」을 제정하여 시행함에 따라 드디어 법률적 위상을 갖게 되었다. 그러나 일본은 종래 관행적으로 실시해 오던 국기 및 국가 교육을 1999년 8월 9일 의회에서 '국기 및 국가에 관한 법률 제127호'로 제정 공포하여 국회 차원에서 성문법으로 그 법적 · 제도적 근거를 마련하였다.

50) 제3공화정 하에서는 교육의 지표로 '국민 정신 교육의 강화와 민족 주체성의 확립'을 내걸고 국민윤리와 국사 교육뿐만 아니라 각 시 · 도 교육청에서는 윤리 및 국사 교육 연구 학교와 시범 학교는 물론 국기 교육 연구 학교와 시범 학교를 지정, 운영하는 한편, 교육과정에서도 국기 교육의 내용을 게재하였다.
이러한 당국의 적극적인 노력과 활동은 국민의 국기 의식 고취에 크게 이바지하였다. 특히 당시의 경상북도 이성조 교육감은 태극기를 민족의 구심점으로 삼고, 국기 교육을 위한 행 · 재정적 지원은 물론 국기 교육을 위한 교육과정을 마련하는 데도 크게 이바지하였다. 그러나 당시의 국기 교육은 관 주도형으로 이루어진 한계점이 없지 않았다.

51) 1996년 12월 27일 '국기 게양에 관한 규정'이 개정되고, 1998년 12월 28일 이에 관

의 정치적 변화란 현실에서 국기에 대한 존엄성과 예절 교육은 물론 국가의 정체성 교육마저 점차 약화되어 가고 있는 것처럼 보여진다.[52)]

국기는 그 나라와 민족의 상징이며 표지이다. 또한 혼이요 정신이다. 그러므로 각국에서는 저마다 국기 교육을 중요시하고 국기를 통한 자국민의 정체성을 확립하고자 노력하고 있다. 우리나라의 국기인 태극기는 민족사의 영욕과 운명을 함께 해 왔으며 그것이 갖는 상징성은 어느 나라 국기보다도 심오한 원리를 갖고 있다. 그럼에도 우리나라의 태극기는 우리 민족의 역사와 어떤 관련이 있으며, 거기에 담긴 원리가 무엇이며, 무엇을 상징하는지 국가적 차원에서 정론을 마련한 것이 없다. 광복 이후 오늘에 이르기까지 각급 학교의 학생들의 발달 단계에 맞게 태극기의 상징성을 지도할 수 있는 자료집을 마련하지 않았다는 것은 아쉬운 일이라 아니할 수 없다.

국기 교육의 중요성은 아무리 강조하여도 지나침이 없다. 그럼에도 현실은 국기 교육에 대한 당국의 관심 부족과 이에 관한 연구 성과의 미진, 교사들의 국기 교육 방법에 관한 이해와 국기 교육 자료집의 부족, 태극기의 제정 유래와 상징성에 관한 국가적 차원의 정론 미확립, 현장에서의 국기 의식의 희박 등으로 국기 교육은 외형적 지도에 그치고 있다.

이에 필자는 현장 교사들과 학생들의 국기 의식에 관한 실태를 파악하여 그 바탕 위에서 국기 교육의 효과적인 지도 방안을 모색하고, 국기 교육을 위한 자료의 일단을 제공하고자 한다. 다만 이 자료는 10여 년전의 조사 자료이므로 현재의 교사와 학생의 국기 의식의 실태와는 다소의 차이가 있을 것으로 믿어진다.

1) 조사 목적

초 · 중 · 고등학교 교사와 학생의 국기 의식에 관한 실태를 조사 · 분석하여 국기 교육의 방향 정립을 위한 자료로 활용한다.

한 제5차 개정이 됨에 따라 최근 각급 학교에서는 '국기 게양식 및 강하식'이 거의 실시되지 않고 있는 것 같다. 그러나 '국기 게양에 관한 규정' 제13조② · ③항과 ⑤항, 그리고 동 제14조 ①항을 검토해 보면 이는 국기 게양식 및 강하식을 하지 않아도 된다는 것이 아니라 하는 것으로 해석함이 옳을 듯 싶다.

52) 제6차 교육과정에서 국사 교과는 사회과 내의 한 교과로 편재되었고, 제7차 교육과정에서는 근대사 이후의 국사 교육 내용은 선택 교과로 편성됨에 따라 국사 교육은 더욱 약화되었으며, 국기 교육은 교육과정에서도 그 중요성뿐만 아니라 국기 교육 내용도 약화된 것으로 보인다.

2) 조사 대상[53] (대구 시내에 한함)

구분 \ 조사대상	교사	학생
초등학생	100명	6학년 남 100, 여 100, 계 200명
중학생	100명	2학년 남 100, 여 100, 계 200명
고등학생	100명	2학년 남 100, 여 100, 계 200명
계	300명	남 300명, 여 300명, 계 600명

3) 조사 도구

조사 도구는 연구자가 자작설문지를 만들되 교사용은 4지 선다형 15문항, 자유 기술형 3문항, 계 18문항을, 학생용은 4지 선다형 18문항, 자유 기술형 3 문항, 계 21문항을 작성하였다.

조사 내용은 교사용의 4지 선다형은 국기 교육의 필요성, 국기 교육의 목적, 교육 정도와 시기 및 방법, 국기 제작 정도, 국기 게양 및 강하 시각, 태극기에 대한 소감, 국기 교육의 문제점과 효과적인 지도 방안을, 자유 기술형은 세계 여러 나라의 국기 중 가장 좋아하는 국기와 그 이유, 국기 제작 방법, 태극기 각 부분의 상징성을 조사하였고, 학생용의 4지 선다형은 교사용 4지 선다형 내용 외에 국기 처리 방법, 깃대의 색 등의 문항을 추가하였으며, 자유 기술형은 교사의 자유 기술형 문항과 같다.

4) 조사 기간

설문지는 2002년 2월 13일부터 23일까지 10일간 조사하였으며, 국기 게양 실태 조사는 2002년 3월 1일, 6월 6일, 7월 17일, 8월 15일, 10월 3일 등 5회에 걸쳐 실시하였다.[54]

---

53) 설문조사는 연구자의 형편상 대구광역시 수성구청 관할 지역에 있는 학교에 한하였다. 설문 대상으로 교사는 초 · 중 · 고등학교 교사 각 100명씩 계 300명을 대상으로 하여 초등학교 교사는 92%, 중학교 교사는 93%, 고등학교 교사는 88%가 각각 회수되었으며, 학생은 초 · 중 · 고등학교 학생 남 · 여 각 200명씩 계 600명을 대상으로 하여 초등학생은 98%, 중 · 고등학교 학생은 99% 가 각각 회수되었다.

54) 국기 게양률을 보면 단독 주택은 500호 중 광복절이 21.4%로 가장 많았고, 다음이 3 · 1절로 18.7%, 제헌절이 10.2%, 현충일이 9.3%였다. 그러나 아파트는 거의 게양하지 않았다. 국기 게양의 실태는 지역에 따라서 다르겠지만 게양일 전일에 국기 게

5) 조사 방법

설문 조사는 우송법을 적용하였으며, 국기 게양 실태 조사는 연구자가 오전 7시부터 9시까지 대구광역시 수성구 지역(필자의 주거지에서 남북 · 동서 4km 이내)의 단독 주택 500 가구와 아파트 단지 두 곳을 직접 조사하였다.

6) 조사 결과 처리 및 해석

선다형 설문지는 반응 빈도를 계수하여 백분율로 환산하되 소수점 둘째 자리에서 반올림하였으며, 자유 기술형은 기술 내용을 공통적인 항목별로 묶어서 빈도별로 정리하였다. 해석은 선다형은 10% 이상을, 자유 기술형은 빈도순위 5위 이내를 해석 대상으로 하되 경향성 파악에 그쳤다.

(2) 교사들의 국기 의식

이 항에서는 초 · 중 · 고등학교 교사들의 국기 의식에 관한 실태를 파악하고자 18개 문항을 성별 · 경력별 · 학교 급별로 나누어 그 특징을 살펴 보았다.

1) 국기 교육의 필요성

〈표 1〉은 교사들이 국기 교육의 필요성을 어느 정도 느끼고 있는가를 알아보기 위하여 조사한 것이다.

〈표 1〉 국기 교육의 필요성

구분 / 항목	계	성별		경력별			학교 급별		
		남	여	4년 이하	5~9년	10년이상	초등	중학	고교
① 대단히 필요함	133 (48.7)	63 (61.7)	70 (41.0)	12 (26.1)	15 (32.6)	106 (58.5)	43 (46.7)	46 (49.5)	44 (50.0)
② 다소 필요함	121 (44.4)	33 (32.3)	88 (51.4)	28 (60.9)	21 (45.7)	106 (58.5)	46 (50.0)	40 (43.0)	35 (39.7)

양에 관한 홍보를 얼마나 하느냐에 따라서 차이가 있을 수 있을 것이다.

항목 \ 구분	계	성별		경력별			학교급별		
		남	여	4년 이하	5~9년	10년이상	초등	중학	고교
③ 거의 필요 없음	14 (5.1)	3 (3.0)	11 (6.4)	6 (13.0)	7 (15.2)	1 (0.5)	2 (2.2)	7 (7.5)	5 (5.7)
④ 전혀 필요 없음	2 (0.7)	1 (1.0)	1 (1.6)	–	1 (2.2)	1 (0.5)	–	–	5 (5.7)
⑤ 무응답	3 (1.1)	2 (2.0)	1 (0.6)	–	2 (4.3)	1 (0.5)	1 (1.1)	–	2 (2.3)
계	273 (100)	102 (100)	171 (100)	46 (100)	46 (100)	181 (100)	92 (100)	93 (100)	88 (100)

〈표 1〉에서 교사들의 국기 교육의 필요성을 보면 총 273명 중 국기 교육이 '대단히 필요하다'는 것은 전체의 약 49%, '다소 필요하다'는 것은 44%로 약 93%의 교사들이 국기 교육의 필요성을 느끼고 있다. 이러한 경향은 비율의 차이는 있으나 성별이나 학교 급별에 있어서도 비슷한 경향을 보이고 있다. 그러나 경력별로 보면 경력이 많은 교사들이 경력이 적은 교사에 비하여 국기 교육의 필요성을 더욱 느끼고 있다.

국기 교육이 필요하다는 교사들에게 국기 교육이 필요한 이유를 자유 기술토록 하여 그 내용을 공통적인 항목별로 나누어 반응 빈도가 많은 순으로 보면 응답자 205명 중 '애국심의 고취'가 35%로 가장 많고, 다음이 국기는 '나라와 민족의 상징'이므로 국기 교육을 하여야 한다는 것이 20%, '국가의 정체성 확립'에 필요하다는 것이 17%의 순이다.

그 외에도 비율은 낮지만 국기 교육은 '민족 의식을 고취하고, 민족의 공동체 의식을 기를 수 있으며, 국가관의 확립과 국기에 대한 존엄성을 높이는 데 중요하다'는 이유를 들기도 하였다. 이처럼 많은 교사들이 국기는 국가와 민족의 표상이므로 마땅히 국기 교육을 하여야 한다는 긍정적인 반응을 보이고 있다.

그러나 비록 극소수이긴 하지만 국기 교육이 필요하지 않다는 반응도 보였다. 그 이유는 국기 교육은 '군사 독재의 잔재'이며, '형식적 교육'에 치우쳐 있기 때문에 이러한 교육은 필요하지 않다는 것이다. 국기는 군사 독재의 잔재물이 아니다. 민족과 나라의 표상이기 때문에 국민이라면 누구나 자국의 국기에 대한 이해는 물론 국기에 대한 존엄성을 가지고 예절을 바르게 지킬 줄 알아야 할 것이다. 선진국들의 국기 교육은 우리들에게 시사하는 바가 적지 않다.

2) 국기 교육의 목적

〈표 2〉는 교사들이 학교에서 실시하는 국기 교육의 목적을 어디에 두고 있는가를 알아보기 위하여 조사한 것이다.

〈표 2〉 국기 교육의 목적

구분 / 항목	계	성별		경력별			학교 급별		
		남	여	4년 이하	5~9년	10년이상	초등	중학	고교
① 예절을 알도록 함	12 (4.4)	5 (4.9)	7 (4.1)	2 (4.3)	–	10 (5.5)	4 (4.4)	3 (3.2)	5 (5.7)
② 조국애, 민족애를 기름	192 (70.3)	70 (68.6)	122 (71.3)	32 (69.6)	28 (60.9)	132 (72.9)	67 (72.8)	58 (62.4)	67 (76.1)
③ 존엄성을 갖도록 함	18 (6.6)	4 (3.9)	14 (8.2)	5 (10.9)	6 (13.0)	7 (3.9)	5 (5.4)	11 (11.8)	2 (2.3)
④ 상징성을 알도록 함	27 (10.0)	11 (10.8)	16 (9.3)	7 (15.2)	5 (10.9)	15 (8.3)	7 (7.6)	10 (10.8)	10 (11.4)
⑤ 역사의 정체성 이해	17 (6.2)	8 (7.9)	9 (5.3)	–	4 (8.7)	13 (7.2)	7 (7.6)	7 (7.5)	3 (3.4)
⑥ 무응답	7 (2.5)	4 (3.9)	3 (1.8)	–	3 (6.5)	4 (2.2)	2 (2.2)	4 (4.3)	1 (1.1)
계	273 (100)	102 (100)	171 (100)	46 (100)	46 (100)	181 (100)	92 (100)	93 (100)	88 (100)

〈표 2〉에서 교사들이 생각하는 국기 교육의 목적을 보면 총 273명 중 국기교육을 통하여 '조국애 · 민족애'를 기를 수 있다는 것이 70%로 가장 많고, 다음이 '국기의 상징성'을 알도록 하는 데 있다는 것이 10%, '국기에 대한 존엄성을 갖도록 하는 데 있다'는 것이 약 7%, '역사의 정통성을 이해할 수 있다'는 것이 6%의 순으로, 대부분의 교사들은 국기 교육의 목적을 조국애 · 민족애의 육성에 있다고 생각하고 있는 것 같다.

이를 성별로 보면 남교사에 비하여 여교사들이, 경력별로는 10년 이상과

4년 이하의 경력을 가진 교사들이, 학교 급별로는 고등학교와 초등학교의 교사들이 '조국애 · 민족애'의 육성을 더 중요시하고 있는 것 같다.

국기 교육의 목적을 어디에 두느냐 하는 것은 개인의 가치관에 따라 차이가 있겠지만 국기에 대한 이해와 존엄성을 가지고 국기에 대한 예절을 바르게 지킴으로써 국기를 구심점으로 하여 조국애와 민족애를 기르고 민족의 단합심을 더욱 기를 수 있을 것이다. 왜냐하면 국기는 그 나라, 민족의 표상이기 때문이다. 월드컵 때의 태극기를 들고 응원하는 모습은 그 좋은 예이다.

3) 국기 교육의 정도

〈표 3〉은 교사들이 학교에서 국기 교육을 어느 정도 하는가를 알아보기 위하여 조사한 것이다.

〈표 3〉 국기 교육의 정도

구분 / 항목	계	성별		경력별			학교급별		
		남	여	4년 이하	5~9년	10년이상	초등	중학	고교
① 반드시 함	29 (10.6)	9 (8.8)	20 (11.7)	3 (6.5)	4 (8.7)	22 (12.2)	19 (20.7)	4 (4.3)	6 (6.8)
② 때때로 함	146 (53.5)	54 (52.9)	92 (53.8)	19 (41.3)	19 (39.1)	109 (60.2)	58 (63.0)	46 (49.5)	42 (47.8)
③ 거의 하지 않음	66 (24.2)	28 (27.5)	38 (24.2)	16 (34.8)	15 (32.6)	35 (19.3)	9 (9.8)	24 (25.8)	33 (37.5)
④ 전혀 하지 않음	28 (10.2)	9 (8.8)	19 (11.1)	8 (17.4)	7 (15.2)	13 (7.2)	6 (6.5)	16 (17.2)	6 (6.8)
⑤ 무응답	4 (1.5)	2 (2.0)	2 (1.2)	–	2 (4.4)	2 (1.1)	–	3 (3.2)	1 (1.1)
계	273 (100)	102 (100)	171 (100)	46 (100)	46 (100)	181 (100)	92 (100)	93 (100)	88 (100)

〈표 3〉에서 교사들의 국기 교육 정도를 보면 총 273명 중 '때때로 한다'는 것이 약 54%로 가장 많고, '반드시 한다'는 것이 11%로 약 65%의 교사들이 학교 교육에서 국기 교육을 하고 있는 것 같다. 그러나 국기 교육을 하지 않는 교사들도 무응답자를 합하여 약 35%나 된다는 점은 아쉬움이 있다.

이를 성별로 보면 국기 교육을 하는 경우가 여교사들이 남교사에 비하여 많으며, 경력별로는 10년 이상의 경력 교사들이 다른 경력자에 비하여 약 20%이상 많은 68%나 된다. 학교 급별로는 초등교사들은 중 · 고등학교 교사들에 비하여 약 30%나 많은 83%가 국기 교육을 하고 있다.

국기 교육을 하지 않는 경우는 성별로는 큰 차이가 없으나 경력별로는 경력이 적은 교사일수록 국기 교육을 하는 경향이 낮으며, 학교 급별로는 초등교사에 비하여 중 · 고등학교 교사들이 20%나 많은 40%를 상회한다.

초등학교에 비하여 중 · 고등학교로 갈수록 국기 교육을 하지 않는 경향이 많은 것은 입시 교육으로 인한 관심의 부족과 시대의 변화에 따른 국기 의식의 희박 등 때문이 아닌가 생각된다.

4) 국기 교육의 시기

〈표 4〉는 교사들이 국기 교육을 한다면 학교 교육 중에 주로 어느 때에 교육하는가를 알아보기 위하여 조사한 것이다.

〈표 4〉 국기 교육의 시기

구분 / 항목	계	성별		경력별			학교 급별		
		남	여	4년 이하	5~9년	10년이상	초등	중학	고교
① 수업 시간	83 (30.4)	28 (27.4)	55 (32.2)	12 (26.1)	10 (21.8)	61 (33.7)	34 (36.9)	25 (26.9)	24 (27.3)
② 학교 행사 시간	89 (32.6)	42 (41.2)	47 (27.5)	16 (34.8)	12 (26.1)	61 (33.7)	38 (41.3)	27 (29.0)	24 (27.3)
③ 자율 학습 시간	27 (9.9)	9 (8.8)	18 (10.5)	4 (8.7)	4 (8.7)	19 (10.6)	9 (9.8)	11 (11.8)	7 (8.0)
④ 재량 및 특활 시간	24 (8.8)	6 (5.9)	18 (10.5)	2 (4.3)	2 (4.3)	20 (11.0)	11 (12.0)	4 (4.3)	9 (10.2)
⑤ 무응답	50 (18.3)	17 (16.7)	33 (19.3)	12 (26.1)	18 (39.1)	20 (11.0)	–	26 (28.0)	24 (27.2)
계	273 (100)	102 (100)	171 (100)	46 (100)	46 (100)	181 (100)	92 (100)	93 (100)	88 (100)

〈표 4〉에서 교사들이 하는 국기 교육의 시기를 보면 '학교 행사 시간' 에 한다는 것이 273명 중 약 33%로 가장 많고, 다음이 '수업 시간' 에 한다는 것이 30%, '자율 학습 시간' 이 약 10%, '재량 및 특활 시간' 에 한다는 것이 약 9%의 순이다. 그러나 무응답이 약 18%나 되는 것으로 보아 이는 국기 교육을 하지 않는 것으로 보여진다.

이를 성별로 보면 여교사들은 '수업 시간' 이 32%, '학교 행사 시간' 이 약 26%로, 남자 교사들은 '학교 행사 시간' 이 41%, '수업 시간' 이 27%로 대조를 보이고 있다. 경력별로는 10년 미만의 교사들은 '학교 행사 시간' 이, 10년 이상의 교사들은 '학교 행사 시간' 과 '수업 시간' 에 한다는 것이 각 34%이다.

학교 급별로 보면 초 · 중학교 교사들은 '학교 행사 시간' 에 한다는 것이 41%, '수업 시간' 에 한다는 것이 약 37%를 나타내고 있으나, 고등학교 교사들은 '학교 행사 시간' 과 '수업 시간' 에 한다는 것이 27%를 나타내고 있다.

국기 교육은 교과 시간이나 학교 행사 등 어느 한 교육 활동 시간에만 한정할 것이 아니라 지도내용에 따라 전 교육 활동에 걸쳐 적절한 시간에 관련 지도되어야 할 것이다.

교사들에게 수업 시간에 국기 교육을 한다면 주로 어떤 교과시간에 하는가를 자유 기술토록 하여 알아본 결과를 보면 응답자 89명 중 윤리 · 도덕 시간에 한다는 것이 약 67%로 가장 많고, 다음이 사회과와 국어과 시간에 한다는 것이 각 13%로 교사들은 도덕, 사회, 국어 시간에 국기 관련 내용을 지도하고 있는 것으로 보인다.

5) 국기 교육 방법

〈표 5〉는 교사들의 국기 교육 방법을 알아보기 위하여 조사한 것이다.

〈표 5〉 국기 교육 방법

구분 / 항목	계	성별		경력별			학교 급별		
		남	여	4년 이하	5~9년	10년이상	초등	중학	고교
① 국기 단원 선정 지도	6 (2.2)	4 (4.0)	2 (1.2)	–	1 (2.2)	5 (2.8)	3 (3.2)	2 (2.2)	1 (1.1)
② 관련 단원에서 지도	79 (28.9)	23 (22.5)	56 (32.7)	16 (34.8)	11 (23.9)	52 (28.7)	51 (55.4)	15 (16.1)	13 (14.8)

구분 항목	계	성별		경력별			학교 급별		
		남	여	4년 이하	5~9년	10년이상	초등	중학	고교
③ 특활 및 자율 시간 이용	5 (1.8)	2 (2.0)	3 (1.8)	–	–	5 (2.8)	2 (2.3)	2 (2.2)	1 (1.1)
④ 필요시 그때 그때 이용	116 (42.5)	50 (49.0)	66 (38.6)	14 (34.4)	15 (32.6)	87 (28.0)	29 (31.5)	44 (17.3)	43 (48.9)
⑤ 무응답	67 (24.6)	23 (22.5)	44 (25.7)	16 (34.8)	19 (41.3)	32 (17.7)	7 (7.6)	30 (32.2)	30 (34.1)
계	273 (100)	102 (100)	171 (100)	46 (100)	46 (100)	181 (100)	92 (100)	93 (100)	88 (100)

〈표 5〉에서 교사들의 국기 교육 방법을 보면 '필요시 그때 그때 지도한다'는 것이 273명 중 약 43%로 가장 많고, 다음이 '관련 단원에서 지도한다'는 것이 약 29%, '국기 단원을 설정하여 지도한다'는 것이 2%로 주로 학교 행사 시간이나 수업 시간에 필요시 그때 그때 지도하고 있는 것 같다. 그러나 무응답이 약 5%로 이는 국기 교육을 하지 않는 것으로 보아도 좋을 듯 싶다.

이를 성별로 보면 비율의 차이는 있으나 교사들은 관련 단원에서 지도하는 경향이 많다. 학교 급별로는 초등 교사들은 '관련 단원에서 지도'하는 경향이 많고, 중 · 고등학교 교사들은 '필요시 그때 그때 지도한다'는 것이 많다.

6) 국기 교육 내용의 강조점

〈표 6〉은 교사들이 국기 교육을 할 때 주로 어떤 내용을 강조하는가를 알아보기 위하여 조사한 것이다.

〈표 6〉 국기 교육 내용의 강조점

구분 항목	계	성별		경력별			학교 급별		
		남	여	4년 이하	5~9년	10년이상	초등	중학	고교
① 국기 유래와 존엄성	46 (16.8)	22 (21.6)	24 (14.0)	9 (19.6)	4 (8.7)	33 (18.2)	17 (18.5)	15 (16.1)	14 (15.9)

구분 항목	계	성별		경력별			학교 급별		
		남	여	4년 이하	5~9년	10년이상	초등	중학	고교
② 국기에 대한 예절	92 (33.7)	29 (28.4)	63 (36.8)	13 (28.2)	21 (45.7)	58 (32.0)	39 (42.4)	34 (36.5)	19 (21.6)
③ 국기 제작 및 방법	3 (1.1)	1 (1.0)	2 (1.2)	1 (2.2)	–	2 (1.1)	2 (2.2)	1 (1.1)	–
④ 국기의 상징성	104 (38.1)	43 (42.1)	61 (35.7)	14 (30.4)	13 (28.2)	77 (42.6)	34 (36.9)	26 (28.0)	44 (50.0)
⑤ 무응답	28 (10.3)	7 (6.9)	21 (12.3)	9 (19.6)	8 (17.4)	11 (6.1)	–	17 (18.3)	11 (12.5)
계	273 (100)	102 (100)	171 (100)	46 (100)	46 (100)	181 (100)	92 (100)	93 (100)	88 (100)

〈표 6〉에서 교사들의 국기 교육 내용의 강조점을 보면 '국기의 상징성' 을 중요시한다는 것이 전체의 38%로 가장 많고, 다음이 '국기에 대한 예절' 이 약 34%, '국기의 유래와 존엄성' 에 관한 것이 약 17%의 순이다.

이를 성별로 보면 남교사들은 '국기의 상징성' 을, 여교사들은 '국기에 대한 예절' 을 더 중요시하고 있는 것으로 보인다. 경력별로는 비율의 차이는 있으나 4년 이하의 교사들과 10년 이상의 교사들은 '국기의 상징성' 을 강조하고 있지만 5년 이상 9년 이하의 교사들은 '국기에 대한 예절' 을 더 중요시하고 있는 것 같다.

이처럼 약 3분의 1 이상의 교사들이 '국기의 상징성' 을 강조하고 있지만 국가적 차원에서 '국기의 상징성' 에 관한 정론이 확립되어 있지 않은 현실에서 교사들이 어떤 자료에 근거하여 국기의 상징성을 지도하는지 우려되는 바 적지 않다. 그러므로 당국에서는 태극기의 상징성에 관한 정론을 확립하여 교사들이 지도 자료로 활용할 수 있도록 자료를 제공해 주어야 할 것이다.

7) 태극기의 창제 시기

〈표 7〉은 교사들이 태극기가 처음으로 만들어진 시기를 어느 정도 알고 있는가를 알아보기 위하여 조사한 것이다.

〈표 7〉 태극기의 창제 시기

항목 \ 구분	계	성별		경력별			학교 급별		
		남	여	4년 이하	5~9년	10년이상	초등	중학	고교
① 1876년	46 (16.8)	19 (18.6)	27 (15.8)	6 (13.1)	4 (8.7)	36 (19.9)	16 (17.4)	10 (10.7)	20 (22.7)
② 1882년	147 (53.8)	49 (48.0)	98 (573)	27 (58.6)	31 (67.4)	89 (49.2)	54 (58.7)	57 (61.3)	36 (40.9)
③ 1884년	31 (11.4)	18 (17.7)	13 (7.6)	3 (6.5)	2 (4.4)	26 (14.4)	7 (7.6)	6 (6.5)	18 (20.5)
④ 1894년	11 (4.0)	7 (6.9)	4 (2.3)	4 (8.7)	1 (2.2)	6 (3.3)	6 (6.5)	–	5 (5.7)
⑤ 무응답	38 (14.0)	9 (8.8)	29 (17.0)	6 (13.1)	8 (17.3)	24 (13.2)	9 (9.8)	20 (21.5)	9 (10.2)
계	273 (100)	102 (100)	171 (100)	46 (100)	46 (100)	181 (100)	92 (100)	93 (100)	88 (100)

〈표 7〉에서 교사들의 태극기의 창제 시기에 대한 이해 정도를 보면 '1882년'에 제정되었다는 것이 전체의 약 54%로 가장 많고, 다음이 '1876년' 문호 개방시 만들어졌다는 것이 약 17%, '1884년'에 제정되었다는 것이 11%로 과반수 이상의 교사들이 임오군란 후 박영효가 일본에 사신으로 갈 때 제정된 것으로 이해하고 있다.

그러나 무응답자가 14%인 점을 감안하면 상당수의 교사들은 태극기의 창제 시기를 잘 모르고 있는 것 같다. 이러한 경향은 비율의 차이는 있으나 성별이나 경력별 · 학교 급별에 있어서도 비슷한 반응을 나타내고 있다.

8) 국기 게양 정도

〈표 8〉은 교사들이 국경일에 가정에서 국기를 어느 정도 게양하는가를 알아보기 위하여 조사한 것이다.

〈표 8〉 국기 게양 정도

구분 / 항목	계	성별		경력별			학교 급별		
		남	여	4년 이하	5~9년	10년이상	초등	중학	고교
① 반드시 게양함	156 (57.2)	63 (61.8)	93 (54.3)	17 (36.9)	15 (32.6)	124 (68.5)	58 (63.1)	50 (53.8)	48 (54.6)
② 때때로 게양함	90 (33.0)	31 (30.3)	59 (34.5)	21 (45.7)	21 (45.7)	48 (26.5)	29 (31.5)	30 (32.2)	31 (35.2)
③ 거의 게양하지 않음	20 (7.3)	5 (4.9)	15 (8.8)	6 (13.0)	7 (15.2)	7 (3.8)	5 (5.4)	12 (12.9)	3 (3.4)
④ 전혀 게양하지 않음	2 (0.7)	–	2 (1.2)	1 (2.2)	–	1 (0.6)	–	1 (1.1)	1 (1.1)
⑤ 무응답	5 (1.8)	3 (3.0)	2 (1.2)	1 (2.2)	3 (6.5)	1 (0.6)	–	–	5 (5.7)
계	273 (100)	102 (100)	171 (100)	46 (100)	46 (100)	181 (100)	92 (100)	93 (100)	88 (100)

〈표 8〉에서 교사들이 가정에서 국기를 게양하는 정도를 보면 '반드시 게양한다' 는 것이 전체의 57%로 가장 많고, 다음이 '때때로 게양한다' 는 것이 33%로 거의 대부분의 교사들은 국경일에 가정에서 국기를 잘 게양하고 있는 것으로 보인다. 그러나 약 10%의 교사들은 국기를 잘 게양하지 않는 것 같다. 이러한 경향은 성별이나 경력별 · 학교 급별에 있어서도 비슷하다.

9) 가정에서의 국기 게양 위치

〈표 9〉는 교사들이 가정에서 국기를 게양할 때 국기의 게양 위치를 어느 정도 알고 있는가를 알아보기 위하여 조사한 것이다.

〈표 9〉 가정에서의 국기 게양 위치

구분 / 항목	계	성별		경력별			학교 급별		
		남	여	4년 이하	5~9년	10년이상	초등	중학	고교
① 대문 밖에서 보아 오른쪽에 단다	154 (56.4)	46 (45.1)	108 (63.2)	24 (52.1)	30 (65.2)	100 (55.2)	62 (67.4)	48 (51.6)	44 (50.0)

구분 / 항목	계	성별		경력별			학교 급별		
		남	여	4년 이하	5~ 9년	10년이 상	초등	중학	고교
② 대문 밖에서 보아 왼쪽에 단다	96 (35.2)	48 (47.1)	48 (28.0)	18 (39.1)	12 (26.1)	66 (36.5)	25 (27.2)	39 (41.9)	32 (36.4)
③ 문 안에서 보아 정중앙에 단다	1 (0.4)	1 (1.0)	–	–	1 (2.2)	–	–	–	1 (1.1)
④ 문 밖에서 보아 정중앙에 단다	7 (2.5)	1 (1.0)	6 (3.5)	2 (4.4)	–	5 (2.8)	–	6 (6.5)	1 (1.1)
⑤ 무응답	15 (5.5)	6 (5.8)	9 (5.3)	2 (4.4)	3 (6.5)	10 (5.5)	5 (5.4)	–	10 (11.4)
계	273 (100)	102 (100)	171 (100)	46 (100)	46 (100)	181 (100)	92 (100)	93 (100)	88 (100)

〈표 9〉에서 일반 가정에서 국기를 게양할 때 국기의 게양 위치에 대한 교사들의 이해도를 보면 '대문 밖에서 보아 오른쪽에 단다' 는 것이 약 56%로 가장 많고, 다음이 '대문 밖에서 보아 왼쪽에 단다' 는 것이 35%로 약 3분의 1정도가 바르게 이해하고 있다. '대문의 중앙에 단다' 는 것이 3%로 과반수 이상이 대문 밖에서 보아 오른쪽에 다는 것으로 이해하고 있다.

이를 성별로 보면 남교사는 '대문 밖에서 보아 왼쪽' 이라는 것이 47%, 오른쪽이라는 것이 45%, 여교사는 '대문 밖에서 보아 오른쪽' 이라는 것이 63%, 왼쪽이라는 것이 39%이다.

경력별로는 비율의 차이는 있으나 '대문 밖에서 보아 오른쪽' 이라는 것이 50% 이상이며, 이러한 경향은 학교 급별로 보아도 비슷하다.

이처럼 국기의 게양 위치에 대한 교사들의 이해가 혼란을 보이고 있는 것은 교사들이 잘 모르고 있는 점도 있겠지만 그 중요한 원인은 국기의 게양 위치에 관한 규정이 그간 몇 차례나 바뀌는 과정에서 이해의 혼란을 가져오게 되었다는 점과 현행「대한민국 국기법 시행령」제18조「국기의 게양 위치」에 관한 내용에 문제점이 있다는 것 등을 들 수 있다.

현행「대한민국 국기법 시행령」제18조의 '국기의 게양 위치' 에 관한 내용을 보면 다음과 같다.

> 단독 주택의 대문과 공동 주택 각 세대의 난간에는 중앙이나 앞에서 바라보아 왼쪽에 국기를 게양한다.

위의 국기의 게양 위치에 관한 규정을 보면 다음과 같은 문제점이 있음을 알 수 있다. 그것은 첫째, 일반 가정에서 국기를 게양할 경우 단독 주택의 대문과 공동 주택 각 세대의 난간에는 중앙이나 앞에서 보아 왼쪽에 게양하도록 함으로써 국기의 게양 위치에 대한 혼란을 주고 있다. 단독 주택의 대문이나 공동 주택 각 세대의 난간의 중앙에는 국기를 게양할 수 있는 깃대꽂이가 거의 설치되어 있지 않아 국기를 게양하기 어렵고, 또한 국기의 게양 위치가 중앙 또는 왼쪽에 있게 되면 들쭉날쭉하여 게양 위치에 통일성이 없고, 미관상 좋지 않다는 문제점도 있다.

둘째, 앞에서 보아 왼쪽에 국기를 게양한다고 하였는데, 이 경우 '앞에서'란 단독 주택의 대문이나 공동 주택 각 세대의 난간 밖에서 본 앞인지 아니면 대문이나 난간의 안에서 본 앞인지 분명치 않다는 점이다. 그러므로 '국기의 게양 위치' 에 관한 현재의 규정은 다음과 같이 개정하는것이 좋을 듯싶다.

> 단독 주택의 대문이나 공동 주택 각 세대의 난간에는 문밖에서 보아 왼쪽에 국기를 게양한다(안).

10) 국기 제작 정도

〈표 10〉은 교사들이 태극기를 어느 정도 그릴 수 있는가를 알아보기 위하여 조사한 것이다.

〈표 10〉에서 교사들의 국기 제작 정도를 보면 규정대로는 그릴 수 없으나 '어느 정도 태극기를 그릴 수 있다' 는 것이 전체의 약 63%로 가장 많고, '규정대로 그릴 수 있다' 는 것이 약 10% 정도이며, '태극기를 그릴 수 없다' 는 교사도 무응답자와 합하면 27%로 약 3분의 1이나 된다. 이를 성별로 보면 규정대로 그릴 수 있다는 것은 여교사에 비하여 남교사들이 많지만 태극기를 그릴 수 없는 것은 여교사들이 남교사에 비하여 약 6%나 많은 28%나 된다.

경력별로는 경력이 많은 교사일수록 경력이 적은 교사에 비하여 태극기를 그릴 수 있는 비율이 높다. 즉 경력이 적을수록 태극기를 그릴 수 없는 교사가 많다. 이를 학교 급별로 보면 태극기를 그릴 수 있는 것은 초등학교와 고등학교 교사들이 많고, 태극기를 그릴 수 없는 교사는 중학교 교사가 초등 ·

고등학교 교사에 비하여 훨씬 많다.

〈표 10〉 국기 제작 정도

구분 / 항목	계	성별		경력별			학교 급별		
		남	여	4년 이하	5~9년	10년이상	초등	중학	고교
① 규정대로 제작할 수 있음	27 (9.9)	13 (12.8)	14 (8.2)	4 (8.7)	1 (2.2)	22 (12.2)	11 (11.9)	3 (3.3)	13 (14.8)
② 어느 정도 제작할 수 있음	173 (63.4)	65 (63.7)	108 (63.2)	29 (63.0)	29 (63.0)	115 (63.5)	62 (67.4)	58 (62.4)	53 (60.2)
③ 거의 제작할 수 없음	56 (20.5)	15 (14.7)	41 (24.0)	11 (23.9)	12 (20.1)	33 (18.2)	16 (17.4)	27 (29.0)	13 (14.8)
④ 전혀 제작할 수 없음	8 (2.9)	4 (3.9)	4 (2.3)	–	1 (2.2)	7 (3.9)	2 (2.2)	3 (3.2)	3 (3.4)
⑤ 무응답	9 (3.3)	5 (4.9)	4 (2.3)	2 (4.4)	3 (6.5)	4 (2.2)	1 (1.1)	2 (2.1)	6 (6.8)
계	273 (100)	102 (100)	171 (100)	46 (100)	46 (100)	181 (100)	92 (100)	93 (100)	88 (100)

11) 국기 제작 규정(방법)의 이해

〈표 11〉은 교사들이 태극기를 그릴 수 있다면 태극기 각 부분의 제작 규정을 어느 정도 알고 있는가를 알아보기 위하여 조사한 것이다.

〈표 11〉에서 태극기 각 부분의 제작 규정에 관한 교사들의 이해도를 보면 '깃면의 길이(가로)와 너비(세로)의 비(3 : 2)는 273명 중 약 62%, 태극의 지름(깃면 너비의 1/2)은 약 47%, 태극과 괘의 사이(태극 지름의 1/4(깃면 너비의 1/8))는 약 29%, 괘의 길이(태극 지름의 1/2(깃면 너비의 1/4))와 너비(지름의 1/3(깃면 너비의 1/6))는 약 29%, 효의 너비(괘 너비의 1/4(깃면 너비의 1/24))는 약 21%, 효와 효 사이(효 너비의 1/2(깃면 너비의 1/48))는 28%, 깃봉의 지름(깃면 너비의 1/10)은 약 24%, 깃대의 색(흰색, 은백색, 연두색)은 약 21%, 금실의 폭(깃면 너비의 7분의 1~8분의 1)은 약 15%가 바르게 이해하고 있다. 이를 성별로 보면 여교사들이 남교사에 비하여 제작 규정을 더 잘 이해하고 있으며, 경력별로는 태극기의 각 부분에 따라 비율의 차이가 있다. 학교 급별로는 초등학교 교사들이 중 · 고등학교 교사들에 비

하여 제작 규정을 많이 알고 있는 것 같다. 이것은 초등학교에서 국기 교육을 하면서 태극기 제작 과정을 교육하고 있는 결과라 생각된다.

〈표 11〉 국기 제작의 이해도

구분 / 항목	계	성별		경력별			학교 급별		
		남	여	4년 이하	5~9년	10년이상	초등	중학	고교
① 깃면의 길이와 너비의 비	169 (61.9)	58 (58.0)	111 (64.2)	24 (53.3)	31 (66.0)	114 (63.0)	78 (84.8)	54 (58.1)	37 (42.1)
② 태극의 지름	127 (46.5)	42 (42.0)	85 (49.1)	19 (42.2)	24 (51.1)	84 (46.4)	65 (70.6)	38 (40.9)	24 (27.3)
③ 태극과 괘의 사이	78 (28.6)	30 (30.0)	48 (27.7)	10 (22.2)	12 (25.5)	56 (30.9)	43 (46.7)	18 (19.4)	17 (19.3)
④ 괘의 길이와 너비	78 (28.6)	19 (19.0)	59 (34.1)	15 (33.3)	12 (25.5)	51 (28.2)	56 (60.9)	11 (11.8)	11 (12.5)
⑤ 효의 너비	57 (20.9)	13 (13.0)	44 (25.4)	11 (24.4)	8 (17.0)	38 (21.0)	40 (43.5)	10 (10.6)	7 (7.9)
⑥ 효와 효 사이	77 (28.2)	20 (20.0)	57 (32.9)	11 (24.4)	11 (23.4)	55 (30.3)	46 (50.0)	23 (24.7)	8 (9.1)
⑦ 깃봉의 지름	65 (23.8)	14 (14.0)	51 (29.5)	11 (24.4)	10 (21.3)	44 (24.3)	42 (45.7)	18 (19.4)	5 (5.7)
⑧ 깃대의 색	56 (20.5)	16 (16.0)	40 (23.1)	11 (24.4)	8 (17.0)	37 (20.4)	38 (41.3)	14 (15.1)	4 (4.6)
⑨ 금실의 폭	40 (14.7)	7 (7.0)	33 (19.1)	7 (15.6)	8 (17.0)	25 (13.8)	28 (30.4)	11 (11.8)	1 (1.1)

12) 국기 게양 및 강하 시각(겨울철) 이해

〈표 12〉는 교사들이 겨울철의 국기 게양 및 강하 시각을 어느 정도 알고 있는가를 알아보기 위하여 조사한 것이다.

〈표 12〉에서 교사들의 겨울철 국기 게양 및 강하 시각의 이해도를 보면 273명 중 오전 7시에 게양하고, 오후 5시에 강하한다는 것이 전체의 약 65%로 약 3분의 2 정도의 교사들이 바르게 이해하고 있다. 그러나 약 35%의 교사들은 겨울철의 국기 게양 및 강하 시각을 잘 모르고 있는 것 같다. 겨울철

의 국기 게양 및 강하 시각에 대한 이해도를 성별로 보면 남교사에 비하여 여교사들이, 경력별로는 10년 이상의 교사, 4년 이하의 교사, 5년 이상 9년 이하의 교사 순으로, 학교 급별로는 중학교 · 초등학교 · 고등학교 교사의 순이다.

〈표 12〉 국기 게양 및 강하 시각(겨울철) 이해

항목 \ 구분	계	성별		경력별			학교 급별		
		남	여	4년 이하	5~9년	10년이상	초등	중학	고교
① 오전 6시 오후 5시	55 (20.2)	24 (23.5)	31 (18.1)	6 (13.0)	13 (28.3)	36 (19.9)	21 (22.8)	15 (16.2)	19 (21.6)
② 오전 7시 오후 5시	177 (64.8)	65 (63.7)	112 (65.5)	30 (65.3)	24 (52.1)	123 (68.0)	61 (66.3)	64 (68.8)	52 (59.0)
③ 오전 8시 오후 6시	14 (5.1)	4 (3.9)	10 (5.9)	6 (13.0)	2 (4.4)	6 (3.3)	7 (7.6)	2 (2.2)	5 (5.7)
④ 오전 9시 오후 6시	8 (2.9)	3 (3.0)	5 (2.9)	1 (2.2)	1 (2.2)	6 (3.3)	1 (1.1)	3 (3.2)	4 (4.5)
⑤ 무응답	19 (7.0)	6 (5.9)	13 (7.6)	3 (6.5)	6 (13.0)	10 (5.5)	2 (2.2)	8 (8.6)	9 (10.2)
계	273 (100)	102 (100)	171 (100)	46 (100)	46 (100)	181 (100)	92 (100)	93 (100)	88 (100)

13) 태극기에 대한 소감

〈표 13〉은 교사들이 우리나라의 태극기에 대하여 어떤 생각을 가지고 있는가를 알아보기 위하여 조사한 것이다.

〈표 13〉 국기에 대한 소감(생각)

항목 \ 구분	계	성별		경력별			학교 급별		
		남	여	4년 이하	5~9년	10년이상	초등	중학	고교
① 다른 나라 국기에 비해 아름답고 조화로움	50 (18.3)	27 (26.5)	23 (13.5)	11 (23.9)	9 (19.6)	30 (16.6)	15 (16.3)	15 (16.1)	20 (22.7)

구분 항목	계	성별		경력별			학교 급별		
		남	여	4년 이하	5~9년	10년이상	초등	중학	고교
② 모양은 아름다우나 복 잡하여 그리기 어려움	63 (23.1)	22 (21.5)	41 (24.0)	8 (17.4)	7 (15.2)	48 (26.5)	25 (27.2)	21 (22.6)	17 (19.3)
③ 너무 복잡하므로 그리기 쉬운 국기로 바꾸면 좋겠음	31 (11.4)	12 (11.8)	19 (11.1)	3 (6.5)	11 (2.2)	17 (9.4)	7 (7.6)	18 (19.4)	6 (6.8)
④ 민족사와 운명을 같이해온 국가의 상징임	104 (38.1)	32 (31.4)	72 (42.1)	20 (43.5)	11 (23.9)	73 (46.3)	38 (41.3)	33 (35.4)	33 (37.5)
⑤ 별다른 생각을 안해 보았음	14 (5.1)	3 (2.9)	11 (6.4)	3 (6.5)	5 (10.9)	6 (3.3)	7 (7.6)	4 (4.3)	3 (3.4)
⑤ 무응답	11 (4.0)	6 (5.9)	5 (2.9)	1 (2.2)	3 (6.5)	7 (3.9)	–	2 (2.2)	9 (10.3)
계	273 (100)	102 (100)	171 (100)	46 (100)	46 (100)	181 (100)	92 (100)	93 (100)	88 (100)

〈표 13〉에서 교사들의 국기에 대한 소감을 보면 273명 중 약 38%가 '민족사와 운명을 같이 해 온 국가의 상징' 이라는 것이 가장 많고, 다음이 '모양은 아름다우나 복잡하여 그리기 어렵다' 는 것이 23%, '다른 나라 국기에 비하여 아름답고 조화롭다' 는 것이 약 18%, '너무 복잡하므로 그리기 쉬운 국기로 바꾸었으면 좋겠다' 는 것이 약 11%로 약 과반수의 교사들이 긍정적인 생각을 가지고 있다. 그러나 비록 모양은 아름다우나 그리기 어렵다는 것과 그리기 쉬운 국기로 바꾸었으면 좋겠다는 것을 합하면 약 35%로 3분의 1 이상의 교사들이 국기 개정의 필요성을 느끼고 있는 것 같다.

14) 국기에 대한 경례시의 마음 가짐

〈표 14〉는 교사들이 국기에 대한 경례를 할 때 어떤 마음을 가지는가를 알아보기 위하여 조사한 것이다.

〈표 14〉 국기에 대한 경례시의 마음 가짐

항목 \ 구분	계	성별		경력별			학교 급별		
		남	여	4년 이하	5~ 9년	10년이 상	초등	중학	고교
① 아무 생각 없이 경례함	52 (19.0)	15 (14.7)	37 (21.6)	16 (34.8)	9 (19.6)	27 (14.9)	19 (20.6)	16 (17.2)	17 (19.4)
② 사회의 발전과 평화를 기원함	30 (11.0)	16 (15.7)	14 (8.2)	3 (6.5)	2 (4.3)	25 (13.8)	10 (10.9)	11 (11.8)	9 (10.2)
③ 나라와 민족의 무궁한 발전을 기원함	154 (56.4)	59 (57.8)	95 (55.5)	17 (37.0)	27 (58.7)	110 (60.8)	54 (58.7)	53 (57.0)	47 (53.4
④ 나와 가족의 발전과 번영을 기원함	24 (8.8)	7 (6.9)	17 (10.0)	7 (15.2)	5 (10.9)	12 (6.6)	8 (8.7)	7 (7.5)	9 (10.2)
⑤ 무응답	13 (4.8)	5 (4.9)	8 (4.7)	3 (6.5)	3 (6.5)	7 (3.9)	1 (1.1	6 (6.5)	6 (6.8)
계	273 (100)	102 (100)	171 (100)	46 (100)	46 (100)	181 (100)	92 (100)	93 (100)	88 (100)

〈표 14〉에서 국기에 대한 경례시 교사들의 마음 가짐을 보면 '나라와 겨레의 무궁한 발전을 기원한다' 는 것이 전체의 약 56%로 가장 많고, 다음이 '사회의 발전과 평화를 기원한다' 는 것이 11%, '나와 가족의 발전을 기원한다' 는 것이 약 9%이며, '아무 생각없이 경례만 한다는 것' 이 19%로 이를 무응답자와 합하면 약 24%가 아무 생각없이 경례를 하는 것으로 보인다. 이를 성별로 보면 큰 차이가 없으나 경력별로는 경력이 많은 교사일수록 나라와 민족의 발전을 기원하는 비율이 높다. 학교 급별로는 거의 비슷한 비율을 나타내고 있다. 그러나 '아무 생각없이 경례만 한다는 것은 성별로는 여교사가 22%로 남교사에 비하여 많으며, 경력별로는 경력이 적은 교사가 많으며, 학교 급별로는 큰 차이가 없다.

15) 태극기 각 부분의 명칭 이해

〈표 15〉는 교사들이 태극기 각 부분의 명칭을 어느 정도 이해하고 있는가를 알아보기 위하여 조사한 것이다.

〈표 15〉 태극기 각 부분의 명칭 이해

구분 / 항목	계	성별		경력별			학교 급별		
		남	여	4년 이하	5~9년	10년이상	초등	중학	고교
① □ (깃면)	62 (22.7)	18 (18.0)	44 (25.4)	8 (17.8)	13 (27.7)	41 (22.7)	35 (38.0)	24 (25.8)	3 (3.4)
② ☯ (태극)	134 (49.1)	48 (48.0)	86 (49.7)	30 (66.7)	20 (42.6)	84 (46.4)	64 (69.6)	38 (40.9)	32 (36.4)
③ ☰ (건)	171 (62.6)	60 (60.0)	111 (64.2)	36 (80.0)	27 (57.4)	108 (59.7)	83 (90.2)	49 (52.7)	39 (44.3)
④ ☷ (곤)	147 (53.8)	51 (51.0)	96 (55.5)	30 (66.7)	24 (51.1)	93 (51.4)	72 (78.3)	47 (50.5)	28 (31.8)
⑤ ☵ (감)	130 (47.6)	43 (43.0)	87 (50.3)	27 (60.0)	21 (44.7)	82 (45.3)	66 (71.7)	37 (39.8)	27 (30.7)
⑥ ☲ (리)	273 (100)	102 (100)	171 (100)	46 (100)	46 (100)	181 (100)	92 (100)	93 (100)	88 (100)

〈표 15〉에서 교사들의 태극기 각 부분의 명칭 이해도를 보면 다음과 같다.

① 깃면은 273명 중 23%가 명칭을 바르게 알고 있다. 성별로는 여교사가 남교사에 비하여 7%나 많은 25%이며, 경력별로는 5~9년의 교사가 28%, 10년 이상의 교사가 23%, 4년 이하의 교사는 18%이다. 학교 급별로는 초등 교사가 38%로 가장 많고, 다음이 중학교 교사 26%, 고등학교 교사는 5% 미만이다.

② 태극(태극 양의)은 273명 중 49%가 명칭을 바르게 알고 있다. 이를 성별로 보면 큰 차이가 없으나 경력별로 보면 4년 이하의 교사가 5년 이상의 교사에 비하여 20% 이상 많은 67%로 가장 많으며, 학교 급별로는 초등 교사가 70%, 중학교 교사가 41%, 고등학교 교사가 36%로 초등 교사들의 이해도가 높다.

③ 건괘는 273명 중 63%가 바르게 알고 있다. 이를 성별로 보면 여교사가 남교사에 비하여 이해도가 높고, 경력별로는 4년 이하의 교사가 5년 이상의 교사에 비하여 23% 이상 많은 80%이며, 학교 급별로는 초등 교사는 90%이상 이해하고 있으나, 중 · 고등학교 교사는 53% · 44%로 초등 교사들의 이해도가 높다.

④ 곤괘는 전체 273명 중 약 63%가 이해하고 있으며, 성별로는 남 · 여교사의 과반수 이상이, 경력별로는 4년 이하의 교사가 약 67%, 5년 이상의 교사는 51% 이상이, 학교 급별로는 초등 교사가 약 78%로 가장 많이 이해하고 있으며, 중학교 교사는 51%, 고등학교 교사는 약 32%의 이해를 보이고 있다.

⑤ 감괘는 전체의 약 49%의 교사가 이해하고 있으며, 성별로는 여교사가 남교사에 비하여 7%나 많은 51%, 경력별로는 4년 이하의 교사가 약 64%, 5년 이상의 교사는 약 45%가, 학교 급별로는 초등 교사가 약 72%로 가장 많이 이해하고 있으며, 중 · 고등학교 교사는 약 3분의 1 정도가 이해하고 있다.

⑥ 리괘는 전체의 약 48%의 교사가 이해하고 있으나 성별로는 여교사가 남교사에 비하여 이해도가 높고, 경력별로는 4년 이하의 교사들이 약 60%로 가장 많이 이해하고 있으며, 학교 급별로는 초등 교사가 약 72%의 이해를 보이고 있다.

16) 태극기 각 부분의 상징성(의미) 이해

〈표 16〉은 교사들이 태극기 각 부분의 상징성 즉 태극기에 담긴 뜻을 어느 정도 이해하고 있는가를 알아보기 위하여 조사한 것이다.

〈표 16〉에서 교사들이 태극기 각 부분의 상징성에 관한 이해도를 보면 다음과 같다.

① 깃면의 상징성은 전체의 273명 중 25%가 '평화', '백의 민족' 으로 이해하고 있을 뿐 75%의 교사들이 깃면의 상징성에 대하여 이해하지 못하고 있다. 이를 성별로 보면 여교사가 남교사에 비하여 이해도가 높고, 경력별로는 큰 차이가 없다. 그러나 학교 급별로 보면 초등 교사들이 중 · 고등학교 교사들에 비하여 이해도가 높다.

② 태극 양의(태극)의 상징성은 전체의 약 20%가 '창조 · 발전 · 조화 · 무궁' 등으로 알고 있을 뿐 약 80%의 교사들이 잘 모르고 있다. 이를 성별로 보면 남 · 여교사의 이해도가 비슷하며 경력별로는 큰 차이가 없다. 그러나 학교 급별로 보면 초등 교사들이 중 · 고등학교 교사에 비하여 이해도가 높다.

③ 건괘의 상징성은 '하늘 · 해 · 양' 이라고 이해하는 교사들이 전체의 약 43%이며, 이를 성별로 보면 남교사에 비하여 여교사들의 비율이 높고, 경력별로는 4년 이하의 교사들이 약 49%로 가장 많고, 학교 급별로는 초등 교사가 약 65%로 중 · 고등학교 교사에 비하여 이해도가 높다.

〈표 16〉 태극기 각 부분의 상징성 이해

항목 \ 구분	계	성별		경력별			학교 급별		
		남	여	4년 이하	5~9년	10년이상	초등	중학	고교
① 깃면 (평화, 백의민족)	69 (25.3)	22 (22.0)	47 (27.2)	11 (24.4)	11 (23.4)	47 (26.0)	42 (45.7)	16 (17.2)	11 (12.5)
② 태극 양의(창조 · 발전 조화 · 무궁)	55 (20.1)	18 (18.0)	37 (21.4)	9 (20.0)	8 (17.2)	38 (21.0)	30 (32.6)	10 (10.8)	15 (17.0)
③ 건(하늘, 해, 양(陽))	118 (43.2)	37 (37.0)	81 (46.8)	22 (48.9)	16 (34.0)	80 (44.2)	60 (65.2)	34 (36.6)	24 (27.2)
④ 곤 (땅, 달, 음(陰))	109 (39.9)	31 (31.0)	78 (45.1)	20 (44.4)	16 (34.0)	73 (40.3)	58 (63.0)	34 (36.6)	17 (19.3)
⑤ 감(물)	21 (7.7)	6 (6.0)	15 (8.7)	6 (13.3)	2 (4.3)	13 (7.2)	11 (12.0)	6 (6.5)	4 (4.5)
⑥ 리(불)	19 (7.0)	7 (7.0)	12 (6.9)	4 (8.9)	1 (2.1)	14 (7.7)	8 (8.7)	6 (6.5)	5 (5.7)
⑦ 깃봉(무궁화 꽃봉오리)	15 (5.5)	8 (8.0)	7 (4.0)	3 (6.7)	1 (2.1)	11 (6.1)	6 (6.5)	6 (6.5)	4 (3.4)

④ 곤괘의 상징성은 '땅 · 달 · 음' 이라고 이해하는 교사들이 전체의 약 40%로, 이를 성별로 보면 여교사가 남교사에 비하여 그 비율이 14%나 많은 45%이며, 경력별로는 4년 이하의 교사들이 44%로 가장 많다. 학교 급별로는 초등 교사가 63%로 중 · 고등학교 교사에 비하여 이해도가 높다.

⑤ 감괘의 상징성은 '물' 이라고 보는 교사들이 전체의 10% 미만이다. 성별로는 큰 차이가 없으나 경력별로 보면 4년 이하의 교사가 13%로 가장 높고, 학교 급별로는 초등 교사가 12%로 중 · 고등학교 교사에 비하여 이해도가 높다.

⑥ 리괘의 상징성은 '불' 이라고 이해하는 교사들이 전체의 10% 미만이다. 이같은 경향은 성별이나 경력별, 학교 급별로 보아도 거의 비슷하다.

⑦ 깃봉의 상징성은 '무궁화 꽃봉오리' 로 이해하는 교사들이 전체의 약 6%로 이러한 경향은 성별이나 경력별, 학교 급별로 보아도 비율의 차이는 있으나 거의 비슷하다. 무궁화 꽃봉오리를 꽃봉우리라고 답한 교사들도 상

당수 있었다. 이것은 봉오리와 봉우리의 개념을 잘 이해하지 못하고 있는데서 온 결과라 생각된다.

이상에서 보았을 때 교사들은 4괘 중 건괘와 곤괘의 상징성에 대한 이해가 가장 높고, 다음이 깃면과 태극 양의의 상징성에 대하여, 감괘와 리괘, 깃봉의 상징성에 관한 이해는 10% 미만이다. 이 같은 경향은 태극기의 각 부분의 상징성에 관한 내용을 국가적 차원에서 정립한 것이 없기 때문에 각급 학교에서 지도할 자료의 부족으로 제대로 지도하지 못한 데에서 온 결과라 생각된다.

17) 국기 교육의 문제점

〈표 17〉은 현장 교육에 있어서 교사들이 갖고 있는 국기 교육의 문제점은 무엇인가를 알아보기 위하여 조사한 것이다.

〈표 17〉 국기 교육의 문제점

구분 / 항목	계	성별		경력별			학교 급별		
		남	여	4년 이하	5~9년	10년이상	초등	중학	고교
① 체계적인 자료의 부족	71 (26.0)	30 (29.4)	41 (24.0)	5 (10.8)	13 (28.3)	53 (29.3)	17 (8.5)	30 (32.3)	24 (27.3)
② 시간 부족	34 (12.4)	9 (8.8)	25 (14.6)	11 (23.9)	6 (14.1)	17 (9.4)	17 (8.5)	10 (10.7)	7 (8.0)
③ 교육과정 내용의 부족	49 (18.0)	18 (17.7)	31 (18.1)	15 (32.6)	5 (10.8)	29 (16.0)	26 (28.3)	9 (9.7)	14 (15.9)
④ 당국과 교사의 성의 부족	51 (18.7)	22 (21.6)	29 (17.0)	6 (14.1)	7 (15.2)	38 (21.0)	14 (15.2)	19 (20.4)	18 (20.5)
⑤ 제작 방법의 어려움	18 (6.6)	8 (7.8)	10 (5.8)	2 (4.4)	5 (10.8)	11 (6.1)	7 (7.6)	5 (5.4)	6 (6.8)
⑥ 태극기의 상징성 미정립	18 (6.6)	4 (3.9)	14 (8.2)	2 (4.4)	4 (8.7)	12 (6.6)	10 (10.9)	4 (4.3)	4 (4.5)
⑦ 무응답	32 (11.7)	11 (10.8)	21 (12.3)	5 (10.8)	6 (14.1)	21 (11.6)	1 (1.0)	16 (17.2)	15 (17.0)
계	273 (100)	102 (100)	171 (100)	46 (100)	46 (100)	181 (100)	92 (100)	93 (100)	88 (100)

〈표 17〉에서 국기 교육의 문제점을 전체적으로 보면 국기 교육을 위한 '체계적인 자료의 부족'이 전체의 26%로 가장 많고, 다음이 '당국과 교사의 성의 부족'이 약 19%, '교육과정 내용의 부족'이 18%', '시간 부족'이 약 13%의 순이다. 그러나 비록 그 비율은 낮지만 '국기 제작 방법의 어려움', '태극기의 상징성 미정립'이 각 약 7%인 점을 감안하면 태극기의 상징성에 관한 국가적 차원의 통일안 마련의 필요성을 느끼게 되며, 이를 교육과정에 반영하도록 하여야 할 것이다.

이를 성별로 보면 남교사들은 '체계적인 자료의 부족'이 29%, '당국과 교사의 성의 부족'이 약 22%, '교육과정 내용의 부족'이 약 18%의 순이며, 여교사는 '체계적인 자료의 부족'이 24%, '교육과정 내용의 부족'이 18%, '당국과 교사의 성의 부족'이 17%, '시간 부족'이 약 15%의 순이다.

경력별로 보면 4년 이하의 교사는 '교육과정 내용의 부족'이 약 33%로 가장 많고, 다음이 '시간의 부족'이 24%, '당국과 교사의 성의 부족'이 14%, '체계적인 자료의 부족'이 약 11%의 순이다. 그러나 5년 이상의 교사들은 그 비율에 차이가 있으나 '체계적인 자료의 부족'이 가장 많고, 다음이 '당국과 교사의 성의 부족', '교육과정 내용의 부족', '시간의 부족' 등의 순으로 문제점을 들고 있다.

학교 급별로 보면 초등 교사들은 '교육과정 내용의 부족'이 28%로 가장 많고, 다음이 '당국과 교사의 성의 부족'이 15%, '태극기의 상징성 미정립'이 약 11% 순이다. 중학교와 고등학교의 교사는 비율의 차이는 있지만 '체계적인 자료의 부족'이 가장 많고, 다음이 '당국과 교사의 성의 부족'이 약 20%, '교육과정 내용의 부족', '시간의 부족' 등을 들고 있다.

18) 국기 교육의 효과적인 방법

〈표 18〉은 교사들에게 국기 교육의 효과적인 방법이 무엇이라고 생각하는지를 알아보기 위하여 조사한 것이다.

〈표 18〉에서 교사들이 생각하는 국기 교육의 효과적인 방법을 보면 '태극기의 상징성을 정립하여 지도하여야 한다'는 것이 전체의 13%로 가장 많고, 다음이 '국기 교육 내용을 교육과정화해서 지도하여야 한다'는 것이 11%, '체계적인 지도 자료를 만들어 각급 학교에 배포하여 지도하도록 하여야 한다'는 것이 9%이다.

이를 성별로 보면 비율의 차이는 있지만 다같이 '국기 교육 내용을 교육과정화해서 지도하여야 한다'는 것이 가장 많고, 다음은 '체계적인 자료의 제작 보급'을 들고 있다. 경력별로 보면 4년 이하의 교사는 '체계적인 자료의 제작 보급과 윤리 · 도덕 시간에 지도하도록 하여야 한다'는 것이 각 22%로 가장 많고, 다음이 '교육과정화하여야 한다'는 것이 11%이며, 5~9년의 교사는 '국기 교육 내용의 교육과정화와 체계적인 자료 제작 보급'이 각각 약 20%로 가장 많고, 다음이 '매스컴의 홍보'가 17%, 10년 이상의 교사는 '국기 교육 내용의 교육과정화'가 약 9%로 가장 많다.

〈표 18〉 국기 교육의 효과적인 방법

구분 / 항목	계	성별		경력별			학교 급별		
		남	여	4년 이하	5~9년	10년이상	초등	중학	고교
① 교육과정화 필요	30 (11.0)	13 (12.8)	17 (9.9)	5 (11.0)	9 (19.6)	16 (8.8)	17 (18.5)	5 (5.4)	8 (9.1)
② 매스컴 홍보	15 (5.5)	5 (4.9)	10 (5.9)	3 (6.5)	8 (17.3)	4 (2.2)	4 (4.3)	4 (4.3)	7 (8.0)
③ 윤리 도덕 시간 지도	20 (7.3)	9 (8.8)	11 (6.4)	10 (21.7)	3 (6.5)	7 (3.9)	6 (6.5)	6 (6.5)	8 (9.1)
④ 계기 교육 강화	7 (2.6)	3 (2.9)	4 (2.3)	2 (4.4)	2 (4.4)	3 (1.7)	2 (2.2)	2 (2.2)	3 (3.4)
⑤ 자료 제작 배포	25 (9.2)	11 (10.8)	14 (8.2)	10 (21.7)	9 (19.6)	6 (3.3)	6 (6.5)	8 (8.5)	11 (12.5)
⑥ 자유 재량 시간 활용	5 (1.8)	3 (2.9)	2 (1.2)	3 (6.5)	1 (2.2)	1 (0.6)	1 (1.1)	1 (1.1)	3 (3.4)
⑦ 상징성 정립 지도	9 (3.3)	6 (5.9)	3 (1.8)	3 (6.5)	2 (4.4)	4 (2.2)	2 (2.2)	2 (2.2)	5 (5.7)
⑧ 무응답	162 (59.3)	52 (51.0)	110 (64.3)	10 (21.7)	12 (26.0)	140 (77.3)	54 (58.7)	65 (69.8)	63 (48.8)
계	273 (100)	102 (100)	171 (100)	46 (100)	46 (100)	181 (100)	92 (100)	93 (100)	88 (100)

학교 급별로 보면 초등 교사는 국기 교육 내용을 '교육과정화'하여야 한다는 것이 약 19%로 가장 많지만 중 · 고등학교 교사는 비율의 차이는 있으나 '체계적인 자료를 제작 · 보급'하여야 한다는 것이 가장 많다.

(3) 학생들의 국기 의식

이 항에서는 초 · 중 · 고등학교 학생들의 국기 의식의 실태를 파악하고자 21개 항목을 조사하여 이를 성별 · 학교 급별로 나누어 그 특징을 살펴보았다.

1) 국기 교육의 필요성

〈표 1〉은 초 · 중 · 고등학교 학생들이 국기 교육의 필요성을 어느 정도 느끼고 있는가를 알아보기 위하여 조사한 것이다.

〈표 1〉 국기 교육의 필요성

구분 / 항목	계	성별		학교급별		
		남	여	초등	중학	고교
① 대단히 필요함	119 (20.0)	67 (21.8)	52 (18.1)	45 (22.8)	33 (16.7)	41 (20.6)
② 다소 필요함	323 (54.4)	154 (50.2)	169 (58.9)	90 (45.7)	99 (50.0)	134 (67.3)
③ 거의 필요 없음	112 (18.9)	60 (19.5)	52 (18.1)	45 (22.8)	51 (25.7)	16 (8.1)
④ 전혀 필요 없음	40 (6.7)	26 (8.5)	14 (4.9)	17 (8.7)	15 (7.6)	8 (4.0)
⑤ 무응답	-	-	-	-	-	-
계	594 (100)	307 (100)	287 (100)	197 (100)	198 (100)	199 (100)

〈표 1〉에서 학생들의 국기 교육에 관한 필요성을 보면 '다소 필요하다'는 것이 전체 594명 중 54%로 가장 많고, 다음이 '대단히 필요하다'는 것이 20%로 학생들의 약 74%가 국기 교육의 필요성을 느끼고 있다. 그러나 약 26%의 학생들은 국기 교육이 필요하지 않다는 반응을 보이고 있다.

이를 성별로 보면 남 · 여학생들은 그 비율의 차이는 있으나 남 · 여 각 70% 이상이 국기 교육에 대한 긍정적 입장을 나타내고 있다. 그러나 부정적인 견해를 가지고 있는 학생들도 남 · 여 각 23% 이상이나 된다. 학교 급별로 보면 고등학교 학생의 약 88%, 초등학교 학생의 약 68%, 중학교 학생의 약 67%가 국기 교육의 필요성을 느끼고 있다. 그러나 부정적인 견해를 가지고 있는 초 · 중학교 학생들 또한 각 30% 이상이나 된다.

학생들에게 국기 교육이 필요하다면 왜 필요한지 그 이유를 자유 기술토록 한 뒤, 공통적인 항목별로 나누어 그 빈도가 많은 것부터 차례로 보면 '우리나라를 상징하기 때문에 국기 교육을 하여야 한다'는 것이 응답자 314명 중 32%로 가장 많고, 다음으로 '민족 의식', '애국심'을 기르기 위해서가 24%, '우리나라의 국기를 알아야 하므로'가 23%, '국기의 중요성을 알기 위하여'가 약 11%의 순이다. 그 외에도 비록 그 비율은 5% 미만이지만 '국기의 존엄성을 알기 위하여', '국기에 대한 예절을 알기 위하여', '국경일을 기념하기 위하여', '우리나라 사람이므로 마땅히 알아야 하기 때문에' 등이 있다.

2) 국기 교육의 목적

〈표 2〉는 학생들이 생각하는 국기 교육의 목적이 무엇인가를 알아보기 위하여 조사한 것이다.

〈표 2〉 국기 교육의 목적

항목 \ 구분	계	성별		학교급별		
		남	여	초등	중학	고교
① 국기에 대한 예절 이해	75 (12.6)	43 (14.0)	32 (11.2)	36 (17.8)	25 (12.6)	15 (7.5)
② 나라 사랑하는 마음을 기름	332 (55.9)	162 (52.8)	170 (59.2)	115 (58.3)	105 (53.1)	112 (56.3)
③ 국기에 대한 존엄성을 가짐	58 (9.8)	31 (10.1)	27 (9.4)	12 (6.1)	19 (9.6)	27 (13.6)
④ 국기의 상징성 이해	62 (10.4)	43 (14.0)	19 (6.6)	14 (7.1)	22 (11.1)	26 (13.1)
⑤ 민족의 단합심 기름	54 (9.1)	25 (8.1)	29 (10.1)	13 (6.6)	24 (12.1)	17 (8.5)
⑥ 무응답	13 (2.2)	3 (1.0)	10 (3.5)	10 (4.1)	3 (1.5)	2 (1.0)
계	594 (100)	307 (100)	287 (100)	197 (100)	198 (100)	199 (100)

〈표 2〉에서 학생들이 생각하는 국기 교육의 목적을 보면 '나라 사랑하는 마음을 기르는 데 있다' 는 것이 전체 594명 중 약 60%로 가장 많고, 다음으로 '국기에 대한 예절을 이해하는 데 있다' 는 것이 13%, '국기의 상징성을 이해하는 데 있다' 는 것이 약 10%, '국기에 대한 존엄성을 갖는 데 있다' 는 것이 약 10%, '민족의 단합심을 기르는 데 있다' 는 것이 9%의 순이다.

이를 성별로 보면 남 · 여 비율의 차이는 있으나 국기 교육 목적의 순위는 차이가 없다. 다만 남학생은 '국기의 상징성 이해' 가 14%, 여학생은 '민족의 단합심 기름' 이 10%인 점이 다르다.

학교 급별로 보면 초 · 중학교 학생들은 각 항목별로 그 비율의 차이는 있지만 전체적 경향과 같으나 고등학교 학생은 '국기에 대한 존엄성을 가짐' 이 14%, '국기의 상징성 이해' 가 13%인 점이 초 · 중학교 학생들의 비율보다 높다.

3) 국기 교육의 정도

〈표 3〉은 각급 학교에서 국기 교육을 어느 정도 하는가를 알아보기 위하여 조사한 것이다.

〈표 3〉 국기 교육의 정도

구분 항목	계	성별		학 교 급 별		
		남	여	초등	중학	고교
① 반드시 함	37 (6.2)	17 (5.5)	20 (7.0)	24 (12.2)	10 (5.1)	3 (1.5)
② 때때로 함	118 (19.9)	64 (20.9)	54 (18.8)	58 (29.5)	48 (24.2)	12 (6.0)
③ 거의 하지 않음	209 (35.2)	97 (31.6)	112 (39.0)	82 (41.6)	58 (29.3)	69 (34.7)
④ 전혀 하지 않음	224 (37.7)	128 (41.7)	96 (33.5)	30 (15.2)	80 (40.4)	114 (57.3)
⑤ 무응답	6 (1.0)	1 (0.3)	5 (1.7)	3 (1.5)	2 (1.0)	1 (0.5)
계	594 (100)	307 (100)	287 (100)	197 (100)	198 (100)	199 (100)

〈표 3〉에서 학생들이 보는 국기 교육의 정도를 보면 전체 594명 중 '국기 교육을 한다' 는 학생은 약 16%로 이는 학교에서 국기 교육이 잘 이루어지지 않고 있음을 뒷받침하여 준다. 이러한 사실은 국기 교육을 하지 않는다고 보는 학생이 약 73%나 된다는 것을 보아서도 알 수 있다. 이를 성별로 보면 비율의 차이는 있으나 전체적 경향과 비슷하다. 학교 급별로 보면 초등학교는 약 40%의 학생들이, 중학교는 약 29%의 학생들이, 고등학교는 약 8%의 학생들이 국기 교육을 한다는 반응을 보였다. 이와 반대로 고등학교 학생들의 92%, 중학교 학생들의 70%, 초등학교 학생들의 57%가 국기 교육에 대해 부정적으로 응답했다. 이처럼 고등학교에서 국기 교육이 제대로 이루어지지 않는 것은 입시 위주의 교육 때문이라 생각된다.

4) 국기 교육의 시기

〈표 4〉는 학교에서 국기 교육을 한다면 주로 어떤 시간에 하는가를 알아보기 위하여 조사한 것이다.

〈표 4〉 국기 교육의 시기

구분 / 항목	계	성별		학교급별		
		남	여	초등	중학	고교
① 수업시간	113 (19.0)	70 (22.8)	43 (15.0)	77 (39.1)	28 (14.2)	8 (4.0)
② 자율 학습 시간	65 (11.0)	38 (12.4)	27 (9.4)	34 (17.3	26 (13.1)	5 (2.5)
③ 학교 행사 시간	118 (19.9)	59 (19.2)	59 (20.5)	35 (17.8)	47 (23.7)	36 (18.1)
④ 재량 및 특활 시간	78 (13.1)	31 (10.1)	47 (16.4)	30 (15.2)	30 (15.2)	18 (9.1)
⑤ 방과후 특정 시간	18 (3.0)	10 (3.3)	8 (2.8)	4 (2.0)	6 (3.0)	8 (4.0)
⑥ 무응답	202 (34.0)	99 (32.2)	103 (35.9)	17 (8.6)	61 (30.8)	124 (62.3)
계	594 (100)	307 (100)	287 (100)	197 (100)	198 (100)	199 (100)

〈표 4〉의 국기 교육의 시기를 보면 '학교 행사 시간'에 한다는 것이 약 20%로 가장 많고, 다음으로 '수업 시간'에 한다는 것이 19%, '재량 시간 및 특활 시간'에 한다는 것이 13%, '자율 학습 시간'에 한다는 것이 11% 이다. 이를 성별로 보면 남학생은 수업 시간(23%), 학교 행사 시간(19%), 재량 시간 및 특활 시간(11%) 순이며, 여학생은 학교 행사 시간(21%), 재량 시간 및 특활 시간(16%), 수업 시간(15%) 순이다. 학교 급별로 보면 초등학교는 주로 수업 시간(39%)과 학교 행사 시간(18%)에, 중학교는 학교 행사 시간(24%)과 수업 시간(14%)에, 고등학교는 학교 행사 시간(18%)과 재량 시간 및 특활 시간(9%)에 국기 교육을 하고 있는 것으로 보인다.

국기 교육은 어느 특정 시간에 한하여 할 것이 아니라 학교 교육의 각 분야에서 관련 지도가 이루어지도록 하여야 할 것이다.

5) 국기 교육시의 강조점

〈표 5〉는 학교에서 국기 교육을 한다면 주로 어떤 내용을 강조하고 있는가를 알아보기 위하여 조사한 것이다.

〈표 5〉 국기 교육시의 강조점

구분 항목	계	성별		학교급별		
		남	여	초등	중학	고교
① 태극기의 제정 유래	17 (2.9)	11 (3.6)	6 (2.1)	9 (4.6)	6 (3.0)	2 (1.0)
② 국기에 대한 예절	90 (15.1)	53 (17.3)	37 (12.9)	38 (19.3)	37 (18.7)	15 (7.5)
③ 국기에 대한 경례법	73 (12.3)	29 (9.5)	44 (15.3)	25 (12.7)	25 (12.6)	23 (11.6)
④ 국기의 존엄성과 상징성	70 (11.8)	40 (13.0)	30 (10.5)	28 (14.2)	24 (12.1)	18 (9.1)
⑤ 국기 제작 방법	59 (9.9)	36 (11.7)	23 (8.0)	38 (19.3)	12 (6.1)	9 (4.5)
⑥ 국기 게양법	127 (21.4)	58 (12.9)	69 (24.1)	43 (21.8)	48 (24.3)	36 (18.1)
⑦ 무응답	158 (26.6)	80 (26.0)	78 (27.2)	16 (8.1)	46 (23.2)	96 (48.2)

항목 \ 구분	계	성별		학교급별		
		남	여	초등	중학	고교
계	594 (100)	307 (100)	287 (100)	197 (100)	198 (100)	199 (100)

〈표 5〉에서 학생들이 보는 국기 교육 내용의 강조점을 보면 '국기 게양 방법' 에 관한 것이 21%로 가장 많고, 다음으로 '국기에 대한 예절' 이 15%, '국기에 대한 경례 방법' 과 '국기의 존엄성과 상징성' 에 관한 것이 각 약 12%이며, '국기의 제정 유래' 에 관한 지도는 5% 미만으로 극히 미진한 것 같다.

이를 성별로 보면 남학생은 '국기에 대한 예절'에 관한 것이 17%로 가장 많고, '국기에 대한 존엄성과 상징성', '국기 게양 방법'에 관한 것이 각 13%, '국기 제작 방법' 이 약 12%의 순이다. 여학생은 '국기에 대한 경례법' 이 15%, '국기에 대한 예절' 이 13%의 순이다. 학교 급별로 보면 초 · 중 · 고등학교 학생들의 반응은 비율의 차이는 있으나 교육 내용의 순위에 있어서는 큰 차이가 없다. 특히 국기 제정의 유래에 관한 지도는 초 · 중 · 고등학교에서 소홀히 취급되고 있는 것 같다.

6) 국기에 대해 알고 싶은 점

〈표 6〉은 학생들이 우리나라의 태극기에 대해 가장 알고 싶어하는 것이 무엇인가를 알아보기 위하여 조사한 것이다.

〈표 6〉 국기에 대해 알고 싶은 점

항목 \ 구분	계	성별		학교급별		
		남	여	초등	중학	고교
① 국기 제정의 유래	160 (26.9)	72 (23.5)	88 (30.7)	65 (33.0)	56 (28.3)	39 (19.6)
② 국기에 대한 예절	30 (5.1)	22 (7.2)	8 (2.8)	10 (5.1)	14 (7.0)	6 (3.0)
③ 국기에 대한 게양 방법	51 (8.6)	28 (9.1)	23 (8.0)	12 (6.1)	19 (9.6)	20 (10.0)
④ 국기의 상징성	23.5 (39.5)	131 (42.7)	104 (36.2)	73 (37.0)	61 (30.8)	101 (50.8)

구분 / 항목	계	성별		학교급별		
		남	여	초등	중학	고교
⑤ 국기 제작 방법	94 (15.8)	41 (13.3)	53 (18.5)	28 (14.2)	38 (19.2)	28 (14.1)
⑥ 무응답	24 (4.1)	13 (4.2)	11 (3.8)	9 (4.6)	10 (5.1)	5 (2.5)
계	594 (100)	307 (100)	287 (100)	197 (100)	198 (100)	199 (100)

〈표 6〉에서 학생들이 국기에 대해 알고 싶어하는 내용을 보면 '국기의 상징성' 에 관한 것이 전체의 약 40%로 가장 많고, '국기의 제정 유래' 에 관한 것이 약 27%, '국기 제작 방법' 에 관한 것이 16%로 뒤를 이었다. 반면, '국기에 대한 예절' 이나 '게양 방법' 은 10%미만으로 나타났다. 이처럼 학생들은 국기의 상징성이나 제정 유래에 대하여 알고 싶어함에도 교사들은 교사용〈표 6〉과 학생용〈표 5〉에서 보는 바와 같이 국기에 대한 예절을 강조하고 있다. 이는 국기 교육이 학생들의 욕구와는 다르게 이루어지고 있다는 것을 의미한다.

이를 성별로 보면 비율의 차이는 있으나 전체적 경향과 비슷하며, 이러한 경향은 학교 급별로 보아도 마찬가지이다.

7) 국기 창제 시기 이해

〈표 7〉은 학생들이 우리나라의 태극기가 창제된 시기에 대해 어느 정도 알고 있는가를 알아보기 위하여 조사한 것이다.

〈표 7〉에서 학생들의 국기 제정 시기에 대한 이해도를 보면, 594명 중 '1876년' 에 제정되었다고 응답한 학생이 33%로 가장 많고, '1882년' 이 약 24%, '1886년' 이 18%로 국기를 처음으로 제정한 시기에 대해서 3분의 2 이상인 76%의 학생들이 잘 모르고 있는 것 같다.

〈표 7〉 국기 창제의 시기 이해

구분 / 항목	계	성별		학교급별		
		남	여	초등	중학	고교
① 1876년	197 (33.2)	83 (27.1)	114 (39.7)	59 (30.0)	76 (38.4)	62 (31.2)

항목 \ 구분	계	성별		학교급별		
		남	여	초등	중학	고교
② 1882년	141 (23.7)	81 (26.4)	60 (20.9)	68 (34.5)	34 (17.2)	39 (19.6)
③ 1884년	107 (18.0)	63 (20.5)	44 (15.3)	32 (16.2)	24 (12.1)	51 (25.6)
④ 1896년	45 (7.6)	33 (10.7)	12 (4.2)	13 (6.6)	19 (9.6)	13 (6.5)
⑤ 무응답	104 (17.5)	47 (15.3)	57 (19.9)	225 (12.7)	45 (22.7)	34 (17.1)
계	594 (100)	307 (100)	287 (100)	197 (100)	198 (100)	199 (100)

1882년에 제정되었다고 응답한 학생들을 성별로 보면 남학생이 여학생에 비하여 이해도가 높고, 학교 급별로는 초등학교 학생들이 중 · 고등학교 학생에 비하여 이해도가 높은 것으로 보인다. 이처럼 학생들이 태극기 제정의 시기를 잘 모르고 있는 것은 학교에서 국기 제정의 유래 등 태극기의 변천사에 대한 지도가 소홀했기 때문이 아닌가 싶다. 학생용 〈표 5〉에서 보는 바와 같이 태극기의 제정 유래에 대해 알고 싶어하는 학생 비율이 높은 것을 감안한다면 학생들의 욕구에 부응하는 지도가 있어야 할 것이다.

8) 국기 게양 정도

〈표 8〉은 국가에서 지정한 국기 게양일에 학생들이 가정에서 어느 정도 국기를 게양하는가를 알아보기 위하여 조사한 것이다

〈표 8〉에서 보면 전체 594명 중 국기 게양일에 국기를 '반드시 게양한다'고 응답한 학생이 약 31%, '때때로 게양한다'고 답한 학생이 42%로 3분의 2이상의 학생들이 국기를 잘 게양하는 것으로 보인다. 그러나 약 25%의 학생들은 국기를 잘 게양하지 않는 것 같다. 국기 게양 실태를 성별로 나누어 보면 비율의 차이는 있으나 남 · 여 각 약 70%의 학생들이 국기를 잘 게양하는 것 같다. 학교 급별로 보아도 비율의 차이는 있지만 초 · 중 · 고등학생들이 가정에서 국기를 잘 게양하고 있는 것 같으나, 20% 이상의 학생들은 국기를 잘 게양하지 않는 것으로 보인다.

〈표 8〉 국기 게양 정도

구분 / 항목	계	성별		학 교 급 별		
		남	여	초등	중학	고교
① 반드시 게양함	183 (30.8)	98 (31.9)	85 (29.6)	89 (45.2)	45 (22.7)	47 (24.6)
② 때때로 게양함	250 (42.1)	117 (38.1)	133 (46.4)	63 (32.0)	80 (40.4)	107 (53.8)
③ 거의 게양하지 않음	98 (16.5)	50 (16.3)	48 (16.7)	19 (9.6)	50 (25.3)	29 (14.6)
④ 전혀 게양하지 않음	50 (8.4)	33 (10.4)	17 (5.9)	18 (9.1)	21 (10.6)	11 (5.5)
⑤ 무응답	13 (2.2)	9 (2.3)	4 (1.4)	8 (4.1)	2 (1.0)	3 (1.5)
계	594 (100)	307 (100)	287 (100)	197 (100)	198 (100)	199 (100)

국기를 게양하지 않는 학생들에게 게양하지 않는 이유를 자유 기술토록 하여 알아 본 결과 응답자 138명 중 '귀찮아서 달지 않는다' 는 것이 39%로 가장 많고, 다음으로 '국기가 없어서' 가 7%의 순이다. 이러한 경향은 비율의 차이는 있으나 성별이나 학교 급별에 있어서도 비슷한 경향을 나타내었다.

9) 국기 게양시의 마음 가짐

〈표 9〉는 학생들이 국기를 게양할 때 어떤 마음 가짐을 갖는가를 알아보기 위하여 조사한 것이다.

〈표 9〉에서 국기 게양시 학생들의 마음 가짐을 보면 '아무런 생각 없이 국기에 대해 경례만 한다' 는 것이 전체의 53%로 가장 많고, 다음이 '나라와 민족의 무궁한 발전을 기원한다' 는 것이 24%, '나와 가족의 번영과 발전을 기원한다' 는 것이 12%의 순이다.

이를 성별로 보면 비율의 차이는 있으나 여학생은 전체적 경향과 같은 반면 남학생은 '사회의 발전과 평화를 기원한다' 는 것이 약 13%로 여학생에 비하여 높다. 이러한 경향은 학교 급별로 보아도 비율의 차이는 있으나 비슷하다. 그러나 초등학생에 비하여 중 · 고등학생들은 국기에 대해 아무런 생각 없이 경례만 하는 비율이 매우 높다.

〈표 9〉 국기 게양시의 마음 가짐

구분 / 항목	계	성별		학교급별		
		남	여	초등	중학	고교
① 아무 생각 없이 경례만 함	315 (53.0)	140 (45.6)	175 (61.0)	64 (32.5)	130 (65.7)	121 (60.8)
② 사회의 발전과 평화를 기원함	56 (9.4)	39 (12.7)	17 (5.9)	37 (18.8)	10 (5.1)	9 (4.5)
③ 나라와 민족의 무궁한 발전을 기원함	141 (23.7)	78 (25.4)	63 (22.0)	55 (27.9)	38 (19.2)	48 (24.1)
④ 나와 가족의 번영과 발전을 기원함	71 (12.0)	44 (14.3)	27 (9.4)	35 (17.8)	18 (9.0)	18 (9.1)
⑤ 무응답	11 (1.9)	6 (2.0)	5 (1.7)	6 (3.0)	2 (1.0)	3 (1.5)
계	594 (100)	307 (100)	287 (100)	197 (100)	198 (100)	199 (100)

10) 국기의 게양 위치

〈표 10〉은 국경일에 가정에서 국기를 게양할 때, 국기 게양 위치를 어느 정도 알고 있는가를 알아보기 위하여 조사한 것이다.

〈표 10〉에서 학생들의 국기 게양 위치에 대한 이해도를 보면 '대문 밖에서 보아 왼쪽' 에 게양한다는 것이 전체의 약 49%로 가장 많고, '대문 밖에서 보아 오른쪽' 에 단다는 것이 30%, '아파트는 베란다 어느 쪽에 달아도 좋다' 는 것이 14%로 과반수 이상이 국기 게양의 위치를 잘 알지 못하고 있는 것 같다. 이러한 경향은 성별이나 학교 급별에 있어서도 비율의 차이는 있으나 비슷하다. 학생들이 가정에서 국기를 게양할 때 국기의 게양 위치를 잘 모르고 있다는 것은 국기 게양에 관한 규정이 6차례나 개정되었고, 2007년 대한민국 국기법 시행령이 시행됨에 따라 학생들이 혼동하게 되었을 것이며, 개정된 국기 게양 위치에 관한 지도가 철저히 이루어지지 않았기 때문이다. 「대한 민국 국기법 시행령」 제18조의 '국기의 게양 위치' 에 관한 규정을 보면 다음과 같다.

단독 주택의 대문과 공동 주택 각 세대의 난간에는 중앙이나 앞에서 바라보아 왼쪽에 국기를 게양한다(2007. 7. 27).

이 규정 내용의 문제점과 그 해결 방안은 앞의 〈표 9〉의 내용을 참고하면 지도에 도움이 될 것 같다.

〈표 10〉 국기의 게양 위치

구분 / 항목	계	성별		학교급별		
		남	여	초등	중학	고교
① 대문 밖에서 보아 오른쪽	179 (30.1)	95 (30.9)	84 (29.2)	59 (30.0)	61 (30.8)	59 (29.6)
② 대문 밖에서 보아 왼쪽	289 (48.7)	149 (48.5)	140 (48.8)	82 (41.6)	102 (51.5)	105 (52.8)
③ 대문의 정중앙	17 (2.9)	11 (3.6)	6 (2.1)	4 (2.0)	6 (3.0)	7 (3.5)
④ 아파트는 베란다 어느 쪽에도 좋음	81 (13.6)	38 (12.4)	43 (15.0)	41 (20.8)	17 (8.6)	23 (21.6)
⑤ 무응답	28 (4.7)	14 (4.6)	14 (4.9)	11 (5.6)	12 (6.1)	5 (2.5)
계	594 (100)	307 (100)	287 (100)	197 (100)	198 (100)	199 (100)

11) 국기에 대한 경례 방법

〈표 11〉은 학생들이 국기 게양식이나 강하식 때 국기에 대한 경례 방법을 어느 정도 알고 있는가를 알아보기 위하여 조사한 것이다.

〈표 11〉 국기에 대한 경례 방법 이해

구분 / 항목	계	성별		학교급별		
		남	여	초등	중학	고교
① 제복을 입은 군경, 학생은 차려 자세로 서서 국기를 향해 거수 경례함	190 (32.0)	98 (31.9)	92 (32.0)	50 (25.4)	71 (35.8)	69 (34.7)
② 평복을 입은 사람은 차려 자세로 서서 국기를 향해 거수 경례함	104 (17.5)	66 (21.5)	38 (13.2)	39 (19.8)	28 (14.1)	37 (18.6)

구분 항목	계	성별		학교급별		
		남	여	초등	중학	고교
③ 운동장에서 놀던 학생은 국기 강하와 관계없이 놀이를 계속함	33 (5.6)	23 (7.5)	10 (3.5)	9 (4.6)	15 (7.6)	9 (4.5)
④ 중요한 운동 경기중이라도 운동을 멈추고 국기를 향해 주목함	227 (38.2)	106 (34.5)	121 (42.2)	87 (44.1)	73 (36.9)	67 (33.7)
⑤ 무응답	40 (6.7)	14 (4.6)	26 (9.1)	12 (6.1)	11 (5.6)	17 (18.5)
계	594 (100)	307 (100)	287 (100)	197 (100)	198 (100)	199 (100)

〈표 11〉에서 보면 국기에 대한 경례 방법을 알고 있는 학생은 전체의 38% 밖에 되지 않는다. 이러한 경향은 성별로 보아도 비슷하다. 학교 급별로 보면 초등학교 학생에 비해 10%나 많은 36%의 중 · 고등학교 학생들이 국기에 대한 경례 방법을 알고 있었다. 평복을 입은 사람은 차려 자세로 서서 국기를 향해 주목을 하고, 운동장에서 놀던 학생들은 놀이를 중단하고 국기를 향해 거수 경례 또는 주목을 한다. 그러나 국제 경기라든가 중요한 국내 경기 중에는 운동을 멈추지 않고 계속하도록 규정하고 있다.

12) 외국 국기와 태극기의 게양 방법

〈표 12〉는 학생들이 외국 국기와 우리나라 국기를 게양할 때 홀수인 경우 우리나라 국기의 게양 위치를 어느 정도 이해하고 있는가를 알아보기 위하여 조사한 것이다.

〈표 12〉 외국 국기와 게양할 때 우리 국기의 위치(홀수인 경우)

구분 항목	계	성별		학교급별		
		남	여	초등	중학	고교
① 첫 번째 세움	101 (17.0)	51 (16.6)	50 (17.4)	32 (16.2)	37 (18.7)	32 (16.1)
② 중앙에 세움	386 (65.0)	197 (64.2)	189 (65.9)	131 (66.5)	113 (57.0)	142 (71.4)
③ 마지막 끝에 세움	40 (6.7)	21 (6.8)	19 (6.6)	12 (6.1)	20 (10.1)	8 (4.0)

구분 항목	계	성별		학교급별		
		남	여	초등	중학	고교
④ 순서 없이 세움	38 (6.4)	27 (8.8)	11 (3.8)	15 (7.6)	16 (8.1)	7 (3.5)
⑤ 무응답	29 (4.9)	11 (3.6)	18 (6.3)	7 (3.6)	12 (6.1)	10 (5.0)
계	594 (100)	307 (100)	287 (100)	197 (100)	198 (100)	199 (100)

〈표 12〉에서 우리나라 국기와 외국 국기를 게양할 때 '홀수인 경우' 우리 국기의 게양 위치를 알고 있는 학생은 전체의 65%로 약 3분의 2정도의 학생들이 잘 알고 있다. 그러나 35%의 학생들이 잘 모르고 있음을 볼 때 지도에 아쉬움을 느낀다. 이러한 경향은 성별로 보아도 비슷하다. 그러나 학교 급별로 보면 고등학교 학생(71%), 초등학교 학생(62%), 중학교 학생(57%) 순으로 고등학교 학생들이 초 · 중학교 학생들에 비해 이해도가 높다.

13) 땅에 떨어진 수기의 처리

〈표 13〉은 학생들이 땅에 떨어진 수기를 보고 어떻게 처리하는가를 알아보기 위하여 조사한 것이다.

〈표 13〉 땅에 떨어진 수기의 처리

구분 항목	계	성별		학교급별		
		남	여	초등	중학	고교
① 못 본 체하고 지나감	229 (38.5)	117 (38.1)	112 (39.0)	67 (34.0)	78 (39.4)	84 (42.2)
② 수기 있는 곳을 지나지 않고 돌아감	121 (20.4)	54 (17.6)	67 (23.3)	39 (19.8)	41 (20.7)	41 (20.6)
③ 수기를 주워서 쓰레기통에 버림	64 (10.8)	33 (10.8)	31 (10.8)	25 (12.7)	25 (12.6)	14 (7.1)
④ 수기를 주워서 소각장에 가지고 가서 불태움	155 (26.1)	94 (30.6)	61 (21.3)	59 (29.9)	44 (22.2)	52 (26.1)
⑤ 무응답	25 (4.2)	9 (2.9)	16 (5.6)	7 (3.6)	10 (5.1)	8 (4.0)

항목 \ 구분	계	성별		학교급별		
		남	여	초등	중학	고교
계	594 (100)	307 (100)	287 (100)	197 (100)	198 (100)	199 (100)

〈표 13〉에서 학생들이 땅에 떨어진 수기의 처리 태도를 보면 '못 본 체하고 지나간다'는 것이 전체의 39%로 가장 많고, 다음이 '수기를 주워서 소각장에 가지고 가서 소각한다'는 것으로 26%, '수기 있는 곳을 지나지 않고 돌아간다'는 것이 20%, '수기를 주워 쓰레기통에 버린다'는 것이 11%이다. 땅에 떨어진 수기를 보면 주워서 소각장에 가지고 가 소각하는 것이 가장 바람직한 태도이다. 수기를 주워서 쓰레기통에 버리는 태도는 옳지 않다. 학생들이 떨어진 수기를 보고도 못 본 체하고 지나가거나 떨어진 수기가 있는 곳을 지나지 않고 돌아가는 태도는 바람직하지 못하다.

이를 성별로 보면 여학생에 비하여 남학생들이 땅에 떨어진 수기의 처리 방법에 대한 이해도가 높고, 학교 급별로는 비율의 차이는 있으나 비슷한 경향을 나타내고 있다.

14) 낡은 국기의 처리

〈표 14〉는 학생들의 낡은 국기 처리 방법에 대한 이해도를 알아보기 위하여 조사한 것이다.

〈표 14〉 낡은 국기의 처리

항목 \ 구분	계	성별		학교급별		
		남	여	초등	중학	고교
① 세탁해서 그대로 사용함	188 (31.6)	101 (32.9)	89 (30.3)	74 (37.6)	70 (35.4)	44 (22.1)
② 소각장에서 소각함	301 (50.7)	142 (46.3)	159 (55.4)	76 (38.6)	93 (47.0)	132 (66.4)
③ 쓰레기통에 버림	53 (8.9)	30 (9.8)	23 (8.0)	21 (10.7)	20 (10.1)	12 (76.0)
④ 세탁 후 천으로 사용함	33 (5.6)	22 (7.2)	11 (3.8)	18 (9.1)	9 (4.5)	6 (3.0)

항목 \ 구분	계	성별		학교급별		
		남	여	초등	중학	고교
⑤ 무응답	19 (3.2)	12 (4.8)	7 (2.5)	8 (4.0)	6 (3.0)	5 (2.5)
계	594 (100)	307 (100)	287 (100)	197 (100)	198 (100)	199 (100)

〈표 14〉에서 학생들의 낡은 국기 처리 태도를 보면 '소각장에서 소각한다' 는 것이 약 51%로 가장 많고, '세탁해서 그대로 사용한다' 는 것이 32%, '쓰레기통에 버린다' 는 것이 9%로 약 과반수의 학생들이 낡은 국기의 처리 방법을 잘 알고 있다. 낡은 국기는 세탁해서 사용하거나 쓰레기통에 버려서는 안 된다. 또한 세탁 후 천으로 사용하여서도 안 된다. 왜냐하면 국기에 대한 존엄성이 훼손되기 때문이다.

이를 성별로 보면 비율의 차이는 있으나 전체적 경향과 비슷하지만 학교급별로 보면 낡은 국기를 바르게 처리하는 태도는 고등학교 학생(66%), 중학교 학생(47%), 초등학교 학생(37%)의 순으로 고등학교 학생들이 초 · 중학교 학생에 비하여 잘 알고 있는 것 같다.

15) 겨울철의 국기 게양 및 강하 시각 이해

〈표 15〉는 겨울철의 국기 게양 및 강하 시각을 어느 정도 알고 있는가를 알아보기 위하여 조사한 것이다.

〈표 15〉에서 겨울철 국기 게양 및 강하 시각에 대한 학생들의 이해도를 보면 전체의 약 23%가 바르게 알고 있을 뿐, 77%의 학생들이 잘 모르고 있는 것 같다. 이 같은 경향은 성별에 있어서도 마찬가지이다. 그러나 학교 급별로 보면 고등학교 학생들이 초 · 중학교 학생들에 비하여 34%로 이해도가 높다.

〈표 15〉 겨울철의 국기 게양 및 강하 시각 이해

시각 \ 구분		계	성별		학교급별		
			남	여	초등	중학	고교
게양 시각 ① 오전 6시	강하 시각 오후 6시	111 (18.7)	59 (19.2)	52 (18.1)	31 (15.7)	49 (24.8)	31 (15.6)

시각 \ 구분		계	성별		학 교 급 별		
			남	여	초등	중학	고교
② 오전 7시	오후 5시	134 (22.6)	69 (22.5)	65 (22.6)	29 (14.7)	37 (19.2)	67 (33.6)
③ 오전 7시	오후 6시	113 (19.0)	53 (17.3)	60 (20.9)	40 (20.3)	35 (17.7)	38 (19.1)
③ 오전 6시	오후 5시	62 (10.4)	33 (10.7)	29 (10.1)	14 (7.1)	28 (14.1)	20 (10.1)
③ 오전 8시	오후 5시	136 (22.9)	77 (25.1)	59 (20.1)	74 (37.6)	28 (14.1)	34 (17.1)
⑥ 무응답		38 (6.4)	16 (5.2)	22 (7.7)	9 (4.6)	20 (10.1)	9 (4.5)
계		594 (100)	307 (100)	287 (100)	197 (100)	198 (100)	199 (100)

16) 태극기에 대한 생각

〈표 16〉은 학생들이 우리나라 태극기를 보고 어떻게 생각하고 있는가를 알아보기 위하여 조사한 것이다.

〈표 16〉 태극기에 대한 생각

항목 \ 구분	계	성별		학 교 급 별		
		남	여	초등	중학	고교
① 외국 국기에 비하여 아름답고 조화로움	94 (15.8)	51 (16.6)	43 (15.0)	20 (10.1)	40 (20.2)	34 (17.1)
② 모양은 아름다우나 복잡하여 그리기 어려움	92 (15.5)	44 (14.3)	48 (16.7)	32 (16.2)	26 (13.1)	34 (17.1)
③ 나라의 상징이므로 소중히 여겨야 함	264 (44.5)	129 (42.0)	135 (47.1)	86 (43.7)	87 (43.9)	91 (45.7)
④ 민족의 역사와 운명을 함께 하여 자랑스러움	68 (11.4)	39 (12.7)	29 (10.1)	24 (12.2)	20 (10.1)	24 (12.1)
⑤ 너무 복잡하여 그리기 쉽도록 고쳤으면 좋겠음	54 (9.1)	33 (10.8)	21 (7.3)	24 (12.2)	17 (8.6)	13 (6.5)

항목 \ 구분	계	성별		학교급별		
		남	여	초등	중학	고교
⑥ 무응답	22 (3.7)	11 (3.6)	11 (3.8)	11 (5.6)	8 (4.1)	3 (1.5)
계	594 (100)	307 (100)	287 (100)	197 (100)	198 (100)	199 (100)

〈표 16〉에서 학생들의 태극기에 대한 생각을 보면 '우리나라의 상징이므로 소중히 여겨야 한다'는 것이 전체의 약 45%로 가장 많고, 다음으로 '외국 국기에 비하여 아름답고 조화롭다'는 것이 약 16%, '모양은 아름다우나 복잡하여 그리기 어렵다'는 것이 16%, '민족의 역사와 운명을 함께 하여 자랑스럽다'는 것이 11%로 비교적 긍정적인 생각을 가지고 있다. 비록 10% 미만이지만 '너무 복잡하므로 그리기 쉽도록 고쳤으면 좋겠다'는 의견도 있었다. 그러나 우리나라의 태극기는 역사의 영욕과 함께 하여온 민족의 상징이므로 다른 국기로 개정되어야 한다는 것은 고려되어야 할 것이다. 이러한 경향은 성별이나 학교 급별에 있어서도 비슷하다.

17) 좋아하는 나라의 국기

〈표 17〉은 학생들이 어느 나라의 국기를 가장 좋아하는가를 알아보기 위하여 조사한 것이다.

〈표 17〉에서 학생들이 좋아하는 나라의 국기 순위를 7위까지 보면 1위는 한국의 태극기(17.8%), 2위 일본 국기(17.5%), 3위 미국 국기(14%), 4위 영국 국기(6%), 5위 프랑스 국기(5%), 6위 캐나다 국기(3%), 7위 리비아 국기(2%), 중국 국기(2%) 등의 순으로 학생들은 비록 비율은 낮지만 우리나라의 국기를 가장 좋아한다.

학생들에게 왜 태극기를 좋아하는지 그 이유를 자유 기술토록 하여 살펴본 결과 한국의 국기는 우리나라 국기로 아름답고 조화로우며, 또한 우리나라 사람이니까 당연히 좋아하여야 한다는 것이다. 일본의 국기는 우리 이웃으로 그리기 쉽고 단순하고 보기 좋으며 단결을 나타내므로, 미국의 국기는 별이 많고 아름다우며 보기 좋아서, 영국의 국기는 보기 좋아서, 프랑스 국기는 자유, 평등, 박애를 지닌 의미가 좋고 그리기 쉬워서, 캐나다 국기는 단순해서, 중국 국기는 우리 이웃으로 별이 있고 보기 좋아서 좋아한다는 이유를 들고 있다.

이를 성별로 나눠 1위를 보면 남학생은 일본 국기를, 여학생은 한국 국기를 좋아한다고 하였다. 여학생이 남학생보다 한국 국기를 더 좋아하는 것은 정서적인 면에서 여성적 모성애를 가지고 있기 때문이라 생각된다.

학교 급별로 1위를 보면 초등학교 학생들은 일본의 국기를, 중학교 학생들은 한국의 국기를, 고등학교 학생들은 미국의 국기를 좋아하는데, 이는 학생들의 정서적 성장의 발달 단계가 다른데서 오는 결과라 생각된다. 이러한 반응은 우리들에게 교육적 문제점을 시사하는 바 크다 하겠다.

〈표 17〉 좋아하는 나라의 국기

구분 / 국기명	계	성별		학교급별		
		남	여	초등	중학	고교
① 한국 국기(태극기)	106 (17.8)	45 (14.7)	61 (21.3)	39 (19.8)	45 (22.7)	22 (11.1)
② 일본 국기(히노마루)	104 (17.5)	47 (15.3)	57 (19.9)	42 (21.3)	35 (17.7)	27 (13.6)
③ 미국 국기(성조기)	82 (13.8)	38 (12.4)	44 (15.3)	27 (13.7)	25 (12.6)	30 (15.1)
④ 영국 국기	36 (6.1)	24 (7.8)	12 (4.2)	9 (4.6)	9 (4.6)	18 (9.0)
⑤ 프랑스 국기	32 (5.3)	26 (8.5)	6 (2.1)	101 (5.1)	8 (4.1)	14 (7.0)
⑥ 캐나다 국기	20 (3.3)	4 (1.3)	16 (5.6)	6 (3.0)	4 (2.0)	10 (5.0)
⑦ 리비아 국기	9 (1.5)	7 (2.3)	2 (0.7)	7 (3.6)	1 (0.5)	1 (0.5)
⑧ 중국 국기	9 (1.5)	2 (0.6)	7 (2.4)	1 (0.5)	5 (2.5)	3 (1.5)
⑨ 호주 국기	7 (1.2)	2 (0.6)	5 (1.7)	2 (1.0)	4 (2.0)	1 (0.5)
⑩ 사우디아라비아 국기	5 (0.9)	5 (1.6)	–	–	–	5 (2.5)

국기명 \ 구분	계	성별		학교급별		
		남	여	초등	중학	고교
⑪ 독일 국기	5 (0.9)	5 (1.6)	–	1 (0.5)	–	4 (2.0)
⑫ 기타	7 (1.2)	5 (1.6)	2 (0.7)	1 (0.5)	4 (2.0)	2 (1.0)
⑬ 무응답	172 (29.0)	97 (31.7)	75 (26.1)	52 (26.4)	58 (29.3)	62 (31.2)
계	594 (100)	307 (100)	287 (100)	197 (100)	198 (100)	199 (100)

18) 태극기 제작 방법(규정)의 이해

〈표 18〉은 학생들이 태극기 제작 방법(규정)을 어느 정도 알고 있는가를 알아보기 위하여 조사한 것이다.

〈표 18〉 태극기 제작 방법(규정) 이해

항목 \ 구분	계	성별		학교급별		
		남	여	초등	중학	고교
① 깃면의 길이와 너비의 비 (3 : 2)	189 (31.8)	92 (30.0)	97 (33.8)	106 (53.8)	43 (21.7)	40 (20.7)
② 태극 지름 (깃면 너비의 1/2)	95 (16.0)	50 (16.3)	45 (15.7)	59 (29.9)	20 (10.1)	16 (8.0)
③ 괘와 태극 사이 (태극 지름의 1/4)	49 (8.3)	18 (5.9)	31 (10.8)	31 (15.7)	15 (7.6)	3 (1.5)
④ 괘의 길이(태극 지름의 1/2) 괘의 너비(태극 지름의 1/3)	29 (4.9)	11 (3.6)	18 (6.3)	14 (7.1)	13 (6.6)	2 (1.0)
⑤ 효의 너비 (괘 너비의 1/4)	14 (2.3)	3 (1.0)	11 (38)	–	12 (6.1)	2 (1.0)
⑥ 효와 효 사이 (효 너비의 1/2)	36 (6.1)	15 (4.9)	21 (7.3)	15 (7.6)	12 (6.1)	9 (4.5)
⑦ 깃봉의 지름 (깃면 너비의 1/10)	14 (2.3)	1 (0.3)	13 (4.5)	–	11 (5.6)	3 (1.5)

〈표 18〉에서 학생들의 태극기 제작 방법에 관한 이해도를 항목별로 보면 다음과 같다.

① 깃면의 길이(가로)와 너비(세로)의 비(3:2)를 아는 학생은 전체 594명 중 32%로 약 3분의 1정도에 불과하다. 이를 성별로 보면 여학생이 남학생에 비하여 이해도가 다소 높다. 학교 급별로 보면 중 · 고등학교 학생들에 비하여 초등학교 학생들의 이해도가 2배 이상 높다.

② 태극 지름(깃면 너비의 1/2)을 아는 학생은 594명 중 16%로 이해도가 매우 낮다. 이러한 경향은 성별에 있어서도 마찬가지이지만, 학교 급별로 보면 초등학교 학생들이 중 · 고등학교 학생에 비하여 약 3배 이상 이해도가 높다.

③ 괘와 태극 사이(태극 지름의 1/4)를 아는 학생은 전체의 8%로 매우 저조하다. 이를 성별로 보면 여학생이 남학생에 비하여 이해도가 높다. 학교 급별로 보면 초등학교 학생들이 중 · 고등학교 학생들에 비하여 이해도가 높으며, 고등학교 학생들은 약 2%정도에 지나지 않는다.

④ 괘의 길이(태극 지름의 1/2)와 괘의 너비(태극 지름의 1/3)를 아는 학생은 전체의 약 5%로 거의 대부분의 학생들이 잘 모르고 있다. 이를 성별로 보면 여학생이 남학생에 비하여 높고, 학교 급별로는 비율의 차이는 있으나 거의 비슷한 경향을 보이고 있다.

⑤ 효의 너비(괘 너비의 1/4)를 아는 학생은 약 2%로 거의 대부분의 학생들이 모르고 있다. 이러한 경향은 성별에 있어서도 마찬가지이며, 학교 급별로 보면 특히 초등학교 학생들은 아는 학생이 한 사람도 없다.

⑥ 효와 효 사이(효 너비의 1/2)를 아는 학생은 전체의 6%로 거의 대부분의 학생들이 모르고 있다. 이런 경향은 성별에 있어서도 마찬가지이며, 학교 급별로 보아도 비율의 차이는 있으나 비슷하다.

⑦ 깃봉의 지름(깃면 너비의 1/10)을 아는 학생은 전체의 2%로 대부분의 학생들이 모르고 있다. 성별로는 여학생이 남학생에 비하여 이해도가 높으며, 학교 급별로는 초등학교 학생들은 한 사람도 아는 학생이 없다.

이처럼 ③부터 ⑦까지의 태극기 제작 규정에 대해서 대부분의 학생들은 잘 모르고 있는데, 이는 학교에서 태극기 제작 방법에 관한 지도가 소홀했기 때문이 아닌가 싶다.

19) 깃대의 색

〈표 19〉는 학생들이 깃대의 색으로 사용할 수 없는 색에 대해 어느 정도 알고 있는가를 알아보기 위하여 조사한 것이다.

〈표 19〉 깃대의 색 이해

구분 / 항목	계	성별		학교급별		
		남	여	초등	중학	고교
① 흰색	220 (37.0)	109 (35.5)	111 (38.7)	76 (38.6)	70 (35.4)	74 (37.2)
② 연두색	84 (14.2)	46 (15.0)	38 (13.2)	43 (21.8)	27 (13.6)	14 (7.0)
③ 은백색	70 (11.8)	44 (14.3)	26 (9.1)	24 (12.2)	26 (13.1)	20 (10.1)
④ 청색	141 (23.7)	65 (21.2)	76 (26.5)	31 (15.7)	45 (22.7)	65 (32.7)
⑤ 무응답	79 (13.3)	43 (14.0)	36 (12.5)	23 (11.7)	30 (15.2)	26 (13.0)
계	594 (100)	307 (100)	287 (100)	197 (100)	198 (100)	199 (100)

〈표 19〉에서 깃대의 색으로 사용할 수 없는 색을 알고 있는 학생은 전체의 약 24%로, 76%의 학생들이 잘 모르고 있다. 깃대의 색은 흰색, 은백색, 연두색 또는 이와 유사한 색으로 한다(대한 민국 국기법 제7조 5항 : 2007. 1. 26 제정)는 규정을 감안하면 청색은 깃대의 색으로 사용할 수 없다.

이를 성별로 보면 여학생에 비하여 남학생의 이해도가 낮고, 학교 급별로는 고등학교 학생이 약 33%, 중학교 학생이 23%, 초등학교 학생들이 16%로 중·고교생들이 잘 모르고 있는 것 같다.

20) 태극기 각 부분의 명칭

〈표 20〉은 태극기 각 부분의 명칭을 학생들이 어느 정도 알고 있는가를 알아보기 위하여 조사한 것이다.

〈표 20〉에서 학생들의 태극기 각 부분의 명칭에 대한 이해도를 보면 다음

과 같다.

① 깃면의 명칭을 아는 학생은 594명 중 약 4%로 거의 대부분의 학생들이 깃면의 명칭을 모르고 있다. 이러한 경향은 비율의 차이는 있으나 성별이나 학교 급별에 있어서도 마찬가지이다.

〈표 20〉 태극기 각 부분의 명칭 이해

항목 \ 구분	계	성별		학교 급별		
		남	여	초등	중학	고교
① □ (깃면)	22 (3.7)	9 (2.6)	14 (4.9)	11 (5.6)	3 (1.5)	8 (4.0)
② ☯ (태극)	175 (29.5)	111 (36.2)	64 (22.3)	83 (42.1)	31 (15.7)	61 (30.7)
③ ☰ (건)	163 (27.4)	85 (27.7)	90 (31.4)	80 (40.6)	15 (7.6)	68 (34.2)
④ ☷ (곤)	128 (21.5)	71 (23.1)	57 (19.9)	73 (37.1)	12 (6.1)	43 (21.6)
⑤ ☵ (감)	110 (18.5)	53 (17.3)	57 (9.9)	68 (34.5)	6 (3.0)	36 (18.1)
⑥ ☲ (리)	108 (18.2)	51 (16.6)	57 (19.9)	68 (34.5)	8 (4.0)	32 (16.1)

② 태극의 명칭을 아는 학생은 전체의 약 30%로 3분의 1정도의 학생들이 이해하고 있으나 70%의 학생들은 잘 모르고 있다.

이를 성별로 보면 남학생이 여학생에 비하여 이해도가 높고, 학교 급별로는 초등학교 학생이 42%, 고등학교 학생이 31%, 중학교 학생이 16%로 중학생의 이해가 가장 낮다.

③ 건의 명칭을 알고 있는 학생은 전체의 약 27%뿐으로 3분의 2 이상의 학생들이 건의 명칭을 잘 모르고 있다. 이를 성별로 보면 여학생이 남학생에 비하여 이해도가 높고, 학교 급별로는 초등학생이 41%, 고등학생이 34%, 중학생이 약 8%로 중학생들의 이해도가 가장 낮다.

④ 곤의 명칭을 알고 있는 학생은 전체의 약 22%뿐으로 3분의 2 이상의 학생들이 잘 모르고 있다. 이를 성별로 보면 남학생이 여학생에 비하여 이해도가 높고, 학교 급별로는 초등학생이 37%, 고등학생이 22%, 중학생이 6%

로 중학생의 이해가 가장 낮다.

⑤ 감의 명칭을 알고 있는 학생은 전체의 19%뿐으로 약 80%의 학생들이 감의 명칭을 모르고 있다. 성별로는 남학생(17%), 학교 급별로는 초등학생(35%), 고등학생(18%), 중학생(3%) 순으로 중학생의 이해도가 가장 낮다.

⑥ 리의 명칭을 알고 있는 학생은 전체의 18%로 약 80% 이상의 학생들이 잘 모르고 있다. 성별로 큰 차이가 없지만 학교 급별로는 초등학생이 35%, 고등학생이 16%, 중학생이 4%로 중학생의 이해도가 가장 낮다.

이처럼 태극기의 각 부분의 명칭에 대한 이해도가 전체적으로 낮은 것은 명칭에 대한 학교에서의 지도도 문제이겠지만 중 · 고등학생들은 초등학교에서 학습한 내용을 오랜 기간 학습하지 않은 채 해를 거듭하면서 그 명칭을 잊어버렸기 때문이라 생각된다.

21) 태극기 각 부분의 상징성 이해

〈표 21〉은 학생들이 태극기 각 부분의 상징성, 즉 태극기에 담긴 뜻에 대하여 어느 정도 알고 있는가를 알아보기 위하여 조사한 것이다.

〈표 21〉에서 학생들의 태극기 각 부분의 상징성에 대한 이해도를 보면 거의 대부분의 학생들이 모르고 있다. 이는 성별이나 학교 급별로 보아도 마찬가지이다. 태극기 각 부분의 상징성에 대한 학생들의 이해도를 보면 깃면은 평화 · 백의 민족 · 영토로, 태극은 발전 · 무궁 · 창조 · 조화, 건은 하늘 · 해 · 양(陽), 곤은 땅 · 음(陰) · 달, 감은 물, 리는 불, 깃봉은 무궁화 꽃봉오리로 이해하고 있으나 그 숫자는 몇 명 되지 않는다. 이처럼 태극기 각 부분의 상징성에 대한 이해가 극히 저조한 것은 태극기의 상징성에 관한 내용이 국가적 차원에서 정립되어 있지 않고, 학교에서는 이를 지도할 수 있는 자료가 없어 실질적 지도가 이루어지지 않았기 때문이라 생각된다.

〈표 21〉 태극기 각 부분의 상징성 이해

항목 \ 구분	계	성별		학교 급별		
		남	여	초등	중학	고교
① 흰바탕의 깃면 (평화, 백의 민족, 영토)	13 (2.2)	3 (1.0)	10 (3.5)	7 (3.6)	3 (1.5)	3 (1.5)
② 태극 양의 (무궁, 발전, 창조, 조화)	2 (0.3)	–	2 (0.7)	–	1 (0.5)	1 (0.5)

항목 \ 구분	계	성별		학교급별		
		남	여	초등	중학	고교
③ 건 (하늘, 양, 해)	15 (2.5)	5 (1.6)	10 (3.5)	3 (1.5)	2 (1.0)	10 (5.0)
④ 곤 (땅, 음, 달)	10 (1.7)	5 (1.6)	5 (1.7)	3 (1.5)	2 (1.0)	5 (2.5)
⑤ 감 (물)	6 (1.0)	2 (0.7)	4 (1.4)	2 (1.0)	2 (1.0)	2 (1.0)
⑥ 리 (불)	6 (1.0)	2 (0.7)	4 (1.4)	2 (1.0)	2 (1.0)	2 (1.0)
⑦ 깃봉 (무궁화 봉오리)	1 (0.2)	-	1 (0.3)	-	-	1 (0.5)

국기에 대한 존엄성을 가지고 국기에 대한 예절을 잘 지키며 국기를 존중하기 위해서는 국기에 담긴 참된 상징성을 바르게 이해하여야 하며, 올바른 상징성에 대한 이해가 있을 때 국기에 대한 존엄성은 마음 속에서 우러나오게 된다. 맹목적으로 무조건 예절을 지키도록 하고 게양 방법을 익히도록 한다고 하여 국기에 대한 존엄성을 갖게 되는 것은 아니다.

그러므로 당국은 태극기의 상징성 정립에 대한 어떤 어려움이 있더라도 보편적 상징성을 정립하고, 이를 각급 학교의 교육 자료로 배포하여 실질적 지도가 이루어지도록 하여야 할 것이다. 광복 60년이 지나도록 당국에서 태극기의 상징성에 대한 정론을 마련한 바 있으나 단순한 예절과 게양 방법, 제작 방법과 보관 등에 대해서만 지도하도록 한 것은 아쉬운 일이다. 비록 만시지탄의 감이 없지 않지만 지금이라도 늦지 않았으니 당국은 적극적인 자세로 태극기의 보편적 상징성 정립을 위한 노력이 있어야 할 것이다.

우리의 태극기에 담긴 상징성을 아동의 발달 단계에 맞게 기본적 · 보편적 의미를 찾아 정리하는 작업은 불가능하지 않을 것이다. 태극기에 담긴 기본적 원리를 추출하여 쉽게 이해할 수 있도록 정리하면 될 것이다. 이런 작업을 위해서는 철학 · 유학 · 역사학 · 윤리학 · 교육학 · 미술학 등 관련 학계의 전문가들로 구성된 가칭 「태극기 상징성 정립 위원회」를 만들어야 할 것이다. 외국인으로부터 한국의 국기가 무엇을 상징하느냐고 질문을 받았을 때 우리는 무엇이라고 답을 해야 할지 망설여진다.

4. 효과적인 국기 교육의 방안

(1) 국기 교육의 개념과 영역

국기는 나라와 민족의 상징이며, 주권을 대표하는 표지이다. 그러므로 세계 어느 국가를 막론하고 자유주의 국가든, 사회주의 국가든 정도의 차이는 있을지언정 자국의 국기를 존중하고 국기에 대한 예절을 바르게 지키려는 노력을 국가적 · 사회적으로는 물론 학교 교육을 통하여 실시하고 있다.

여기서 국기 교육이란 국기의 의미와 필요성(중요성), 국기의 제정 유래, 국기에 담긴 뜻, 국기 제작 방법, 국기에 대한 태도와 존엄성, 국기에 대한 예절, 국기에 대한 맹세, 국기에 대한 경례 방법, 국기 게양 및 강하 방법, 국기 취급과 보관법, 외국 국기에 대한 태도 등에 대해 국가적 · 사회적 뿐만 아니라 학교 교육을 통하여 국기를 바르게 이해시키고 예절을 실천하는 능력과 태도를 기르도록 하는 계획적 · 의도적인 노력과 활동을 말한다.

(2) 국기의 교육적 기능

국기가 갖는 교육적 기능은 여러 가지가 있지만 다음과 같은 기능이 대표적이다.

1) 국기의 중요한 기능은 나라를 상징하고 국가와 민족을 대표하는 표지로서의 기능이 있다.

2) 국기는 그 나라의 역사와 문화, 민족과 전통, 환경 등을 나타내는 기능이 있다.

3) 국기는 국민에게 나라와 민족을 사랑하는 마음과 태도를 기르도록 하는 기능이 있다.

4) 국기는 국민을 하나로 단결 통합하고 국민정신을 기르는 기능이 있다.

5) 국기는 국기 제정의 과정을 통하여 나라와 민족을 사랑하는 마음을 길러 나라 발전에 이바지할 수 있는 능력을 기르는 기능이 있다.

6) 국기는 민족사와 영욕을 영원히 함께 하는 민족의 운명 공동체이다.

7) 국기는 국민에게 희망과 꿈, 용기와 활력, 민족의 자긍심을 갖게 하는 기능이 있다.

이 외에도 국기가 갖는 기능은 여러 가지가 있다. 중요한 점은 이런 교육적 기능을 달성하도록 노력하여야 한다는 것이다.

(3) 국기 교육의 요소

국기 교육을 위한 요소는 여러 가지가 있으나 그 중 중요한 요소를 추출하여 기본적 사항(대단원에 해당), 기초적 사항(중단원), 구체적 사항(소단원), 학습 요항으로 나누어 요소의 발전 계통을 표로 보면 다음과 같다.

국기 교육의 요소

기본적 사항	기초적 사항	구체적 사항	학습 요항
1. 기와 국기의 개념과 역사	(1) 기의 개념과 역사	1) 기의 개념과 변천	① 기의 개념 ② 기의 변천
		2) 기의 종류	① 용도별 ② 형태별 ③ 무늬별 ④ 색상별
	(2) 국기의 개념과 역사	1) 국기의 개념과 변천	① 국기의 개념 ② 국기의 변천
		2) 국기의 유형	① 형태별 ② 무늬별 ③ 색상별
2. 태극기의 구성과 그 의미	(1) 태극기의 구성	1) 각 부분의 명칭	① 깃면 ② 태극 ③ 음양 양의 ④ 4괘
	(2) 태극 도형의 의미와 변천	1) 태극의 의미와 변천	① 태극의 의미 ② 태극의 변천
		(2) 태극 도형의 의미와 변천	① 태극 도형의 의미 ② 태극 도형의 변천 ③ 태극 도형의 유형
	(3) 음양 양의의 의미와 구성	1) 음양 양의의 의미	① 의미 ② 양의(兩儀)
		2) 음양 양의의 표시와 위치	① 음양의 표시 ② 음양의 위치
	(4) 괘와 효의 의미와 구성	1) 괘의 의미와 구성	① 괘의 의미 ② 괘의 구성
		2) 효의 의미와 구성	① 효의 의미 ② 효의 구성

기본적 사항	기초적 사항	구체적 사항	학습 요항
	(5) 태극기에 담긴 뜻(상징성)	1) 각 부분의 의미	① 깃면 ② 태극 ③ 음양 양의 ④ 4괘
		2) 깃봉 · 깃대의 의미	① 깃봉 ② 깃대
3. 태극기의 제정 과정	(1) 민족 문화와 태극형 무늬	1) 태극형 무늬의 시원	① 선사시대 ② 여러 지역의 태극형 무늬
		2) 민족 문화 속의 태극형 무늬	① 선사시대 ② 삼국시대 ③ 통일신라시대 ④ 고려시대 ⑤ 조선시대
		3) 태극형 무늬의 유형	① 양의형 ② 삼의형 ③ 사의형 ④ 다의형
		4) 여러 지역의 태극형 무늬	① 한국 ② 중국 ③ 일본 ④ 인도 ⑤ 서구
		5) 태극형 무늬의 의미	① 종교관 ② 자연관 ③ 생산관
	(2) 태극기의 창제	1) 창제의 배경	① 국내적 ② 대외적
		2) 국기 도식의 논의	① 황준헌의 용기 ② 마건충의 청운홍룡도→태극팔괘도
		3) 태극기의 창제	① 관련 인물(김홍집, 이응준, 박영효, 제임스 등) ② 창제 장소 ③ 창제 시기 ④ 창제시 태극기(태극 4괘도)

기본적 사항	기초적 사항	구체적 사항	학습 요항
	(3) 태극기의 변천	1) 대한제국 이전의 태극기	①창제 당시의 태극기 ②박영효 태극기 사본 ③쥬이와 데니 태극기 ④통상장정 태극기
		2) 대한제국기의 태극기	① 독립문 · 독립신문 · 기타 신문, 학보의 태극기 ② 1900년 국기 규정 반포 ③ 우정국 · 불원복 태극기
		3) 일제 식민지시대의 태극기	① 1910년대 태극기 ② 1920년대 태극기 ③ 1930년대 태극기 ④ 임시정부의 국기 규정 반포와 태극기
	(4) 태극기의 시정(是正)	1) 광복후 미군정기의 태극기	① 광복군 태극기 ② 미군정시 태극기 ③ 광복 직후 중앙에서 만든 태극기
		2) 국기시정위원회의 구성	① 국기 규격 불통일 ② 국기 통일 지시 ③ 42명의 국기시정위원회 구성 ④ 12명의 특별 심사위원 위촉
		3) 국기시정위원회의 활동	① 5개 도안 심의 ② 깃봉 · 깃대 확정 ③ 시정태극기 확정
		4) 시정태극기 반포	①문교부 고시 제2호 ②문교부 고시 제3호
	(5) 국기에 관한 규정	1) 대한민국 국기에 관한 규정 제정	① 국기법 제정 이전의 규정 ② 대한민국 국기법 ③ 대한민국 국기법 시행령

기본적 사항	기초적 사항	구체적 사항	학습 요항
		2) 국기에 관한 벌칙	① 형법 규정 ② 국기 관련 벌칙 규정 법원판례
4. 국기 제작법	(1) 국기 제작 규정	1) 각 부분의 작도 규정	① 깃면 ② 태극 양의 ③ 표준 색도 ④ 4괘
		2) 깃봉 규정	① 깃봉 모양 ② 깃봉 크기
	(2) 국기 제작	1) 제작의 실제	① 저학년 ② 중학년 ③ 고학년 이상
5. 국기 게양 및 강하방법	(1) 국기 게양일과 게양 시간	1) 국기 게양일	① 국경일, 기념일 ② 조기 게양일 ③ 정부가 따로 지정한 날 ④ 지자치단체 조례 또는 지방 의회에서 정한 경사스러운 날
		2) 게양 시간	① 하절기 ② 동절기
	(2) 국기 게양 장소와 위치	1) 게양 장소	① 옥내의 게양 ② 옥외의 게양
		2) 게양 위치	① 옥내의 게양 위치 ② 옥외의 게양 위치
		3) 게양 장소	① 군부대 · 학교 ② 정부공공기관, 단체
	(3) 게양 방법	1) 일반적 게양 방법	① 경축일, 기념일 ② 조기 게양일 ③ 국기 하나를 게양할 때 ④ 국기와 다른 기를 게양할 때

기본적 사항	기초적 사항	구체적 사항	학습 요항
		2) 국기와 외국 국기의 게양	① 홀수일 경우 ② 짝수일 경우 ③ 교차시킬 경우 ④ 유엔기와 같이 게양할 경우
	(4) 국기 강하 시간과 강하 방법	1) 강하 시간	① 하절기 ② 동절기
		2) 강하 방법	① 국기와 다른 기를 강하할 때 ② 국기와 외국 국기를 강하할 때 ③ 조기를 내릴 때
6. 국기에 대한 예절	(1) 국기에 대한 경례	1) 국기를 게양하거나 강하할 때	① 제복 착모자 ② 평복 착모자 ③ 평복자 ④ 제복 탈모자 ⑤ 주변인과 주위의 행인 ⑥ 운동 경기자
		2) 국기 게양식 및 강하식 때	위와 같음
		3) 국기의 행진시	① 자기 앞을 지날 때
	(2) 국기의 관리	1) 국기 보관 방법	① 국기 접기 ② 국기함 갖추기 ③ 국기함에 넣기 ④ 정중한 태도
		2) 국기 처리 방법	① 구겨지거나 훼손된 국기 ② 수기의 처리 ③ 땅에 떨어진 국기
	(3) 국기에 대한 존엄성	1) 국기 제작할 때	① 정성 ② 소중한 마음 ③ 존엄성 ④ 나라 사랑의 마음

기본적 사항	기초적 사항	구체적 사항	학습 요항
		2) 국기 게양 및 강하 할 때	① 차려 자세 ② 경건한 마음 ③ 나라 사랑의 마음
		3) 국기를 다룰 때	위와 같음
		4) 국기 판매, 무늬 활용시	① 존엄성 ② 혐오감 없도록 함
	(4) 외국 국기에 대한 예절	1) 외국 국기에 대한 이해	① 외국 국기 이름 알기 ② 좋아하는 나라의 국기 그리기 ③ 외국 국기에 담긴 뜻 알기 ④ 외국 국기 선호도 ⑤ 국기와 외국 국기의 차이점 알기
		2) 외국 국기에 대한 예절	① 국기와 같이 존엄성 유지 ② 국기에 대한 예절과 같이 함 ③ 국기에 대한 태도와 같은 태도
7. 국기에 대한 맹세	(1) 국기에 대한 맹세	1) 국기에 대한 맹세 제정	① 제정 시기와 실시시기 ② 제정 당시의 사정
		2) 국기에 대한 맹세 내용	① 내용 이해 ② 내용의 의미 이해 ③ 내용의 용어 이해
	(2) 국기에 대한 맹세 태도	1) 맹세시의 자세	① 차려 자세 ② 나라 사랑의 마음
		2) 다른 나라의 국기 맹세와 비교	① 내용 비교 ② 용어 비교 ③ 의미 비교 ④ 국기에 대한 맹세의 차이점, 같은 점, 공통점 비교

(4) 국기 교육의 방안

학문에는 왕도가 없다고 하지만 거기에는 각 교과가 갖는 특성과 방법론의 차이가 있는 것 같다. 같은 교과라 하더라도 지도자에 따라 그 방법은 상당한 차이가 있음을 볼 수 있다. 그러므로 가르치는 사람은 21세기 전자 IT 시대에 있어서 최대의 공약수를 찾아 효과적인 성과를 거두도록 힘써야 할 것이다.

국기 교육 또한 마찬가지이다. 어떻게 하면 국기에 대한 존엄성을 높이고 국기에 대한 예절을 바르게 지키도록 할 것인가? 어떻게 하면 우리 국기에 담긴 뜻을 바르게 이해하도록 할 것인가? 어떻게 하면 국기를 바르게 그리도록 할 것인가? 또한 우리 국기인 태극기는 어떻게 제정되게 되었는가에 대한 역사적 과정을 바르게 알도록 할 것인가? 등에 대한 지도는 교사에 따라 차이가 있을 것이다.

모든 교과 교육이 다 그러하듯이 국기 교육도 크게 두 가지 방법을 들 수 있을 것 같다.

하나는 교과 활동을 통한 지도와 다른 하나는 교과외의 활동을 통한 지도가 그것이다. 이제 이 두 가지 방법에 대해 구체적으로 살펴보고자 한다.

1) 교과 활동을 통한 지도

교과 활동을 통한 지도란 수업 시간에 국기 교육 관련 단원이 나오면 국기 교육 관련 자료를 교재와 관련시켜 지도하는 방법이다. 이 방법에는 분산적 접근법과 주제 접근법의 두 방안이 있다.

① 분산적 접근법

분산적 접근법이란 연간 진도 계획에 따라 본시 수업을 진행해 가다가 국기 교육과 관련 있는 단원이나 교재가 나오면 국기 교육 자료를 교재와 관련시켜 4~5분 정도 보충 설명을 한 후 본시 수업을 진행해 가는 방법이다. 예를 들면 초등 사회과 6학년 교과서에 '독립문' 사진이 나오면 독립문과 거기에 새겨져 있는 태극기 사진을 제시하여 태극기를 독립문에 새겨 놓은 이유와 그것이 갖는 의미, 독립문의 태극기가 오늘날의 태극기와 다른 점 등에 대한 토론과 지도를 한 후 독립문에 대한 수업을 진행해 가도록 하는 방법이다.

이같은 분산적 접근법을 적용한다는 것은 수업 진도상 어려움이 있으리라 생각되지만 관련 교재를 충분히 분석하고 검토하여 기본적인 관련 자료로서 어떤 것이 있으며, 어떤 목적으로 어떻게 활용할 것인가에 대한 검토와 준비가 있다면 효과적인 교육이 가능할 것이다.

중학교 사회과 3학년(9학년) 교과서에 '갑신정변' 이란 주제에 박영효가 나오면 갑신정변에 대한 역사적 사실 지도에만 그치지 말고 이때 교사는 박영효가 1882년 8월 일본에 수신사로 갈 때 메이지마루호 배 안에서 선장 제임스의 조언을 받아 처음으로 태극기를 만들어 일본의 고베에 도착했을 때 니시무라야 숙소 옥상에 태극기를 게양한 내용을 보충 설명하고, 나아가 이렇게 만든 태극기는 1883년 1월 27일(음) 고종이 국기로 공포하였다는 것을 설명한다. 박영효와 국기(태극기)의 관련 지도는 필수적이다. 이렇게 함으로써 학생들은 국기에 대한 관심을 더욱더 갖게 될 것이며, 태극기의 역사성에 대한 이해를 하게 될 것이다.

이같은 접근법을 적용하기 위해서는 교수 · 학습 계획을 작성할 때 관련 단원을 검토한 후 단원을 선정하고, 그 단원과 관련된 국기 교육 자료를 충분히 준비하여 활용 방법에 대한 계획을 세워야 한다. 교재 단원과 국기 교육 자료를 관련시키기 위해서는 다음의 양식을 참고할 수 있다.

교재 단원과 국기 교육 자료의 관련

학년	주	차시	주 제	학습요항	국기 자료명	활용 방법

② 주제 접근법

주제 접근법은 국기를 주제 단원으로 선정하여 국기 교육을 위한 자료를 개발하고, 구체적인 지도 계획을 세워 2시간 이상 집중적으로 국기 교육을 하는 방법을 말한다. 즉 이 방법은 국기 교육을 위한 다양한 자료를 개발하여 국기가 갖는 기능을 달성할 수 있도록 지도하는 방법으로, 주제 접근법을 위한 수업 절차를 보면 다음과 같다.[55)]

국기 주제 접근법의 수업 절차

Ⅰ 단계	Ⅱ 단계	Ⅲ 단계	Ⅳ 단계	Ⅴ 단계
국기 주제 선정	진단 검사	지도 계획	지도 과정	평 가
• 학습자의 관심 • 자료의 풍부 • 교사의 주관 지양 • 교사와 학생의 공동 선정	• 국기에 대한 이해도 • 국기에 대한 관심, 국기 의식 • 국기에 대해 알고 싶은 점 • 문화적 환경 • 자료 처리 능력	• 구체적 목표 설정 • 기본적 학습 사항 밝힘 • 자료 준비 • 수업 절차 • 시간 배당 • 타교과와 관련 • 유의점	• 과제 제시 • 자료 정선 • 문제 추구, 해결, 자료 제시, 분석, 비판, 해석, 발표, 토의 • 보고서 작성	• 국기 이해도 • 국기관의 변화 • 활동상 • 가치관의 변화 • 국기와 관련된 사실

위의 수업 절차를 구체적으로 살펴 보면 다음과 같다.

㉠ Ⅰ단계(국기 주제 선정)

국기 단원으로서의 가치와 의의가 있는 주제를 선정하되 학생들의 관심과 흥미를 고려하고 자료가 풍부한 주제를 선정하여야 한다. 주제를 선정할 때에는 교사의 주관이나 편견, 감정을 앞세우지 말고 학생과 공동으로 논의하여 주제를 선정하여야 한다.

㉡ Ⅱ단계(진단 검사)

진단 검사는 선정한 주제에 대하여 학생들은 어느 정도의 선수 학습 능력과 이해가 있는가, 국기에 관한 관심과 흥미, 국기관(존엄성, 태도), 국기에 대한 의식, 국기에 대하여 가장 알고 싶어하는 점, 국기 교육을 위한 문화적 환경(가정의 자료 여부, 국기에 대한 도우미), 학생들의 자료 처리 능력 등에 대해 가장 핵심적인 것을 진단 검사하는 단계다. 지도 계획을 위한 자료로 활용된다.

55) 국기 교육을 위한 자료는 당시의 국기 사진(그림), 만든 시기와 동기, 당시의 사료(대화 내용, 회의 자료), 국기 관련 인물 사진이나 슬라이드, 국기 연표, 국기의 변천 사진 등 다양한 자료를 들 수 있다.

㉢ Ⅲ단계(지도 계획)

3단계인 지도 계획 단계는 진단 검사를 통하여 얻어진 자료에 바탕하여 지도 계획을 수립하는 단계이다. 이 때 중요한 것은 국기 교육을 위한 주제에 대한 학습 목표를 구체적으로 명시하고 학습 과제(기본적 사항)를 분석하여 학습 요항을 밝히고 학습 자료의 준비, 학습 절차에 따른 시간 배당을 충분히 고려하여 배정하여야 한다는 것이다. 지도상의 유의점은 본 주제와 타 교과와의 관련이라든가, 국기 자료를 활용 때의 주의할 사항이나 강조점, 학습자의 자료 처리 능력 등에 대해 밝혀야 한다는 점이다.

㉣ Ⅳ단계(지도 과정)

지도 과정은 5단계로 나누어 진행된다.

– 과제 제시(1단계)

이 과제 제시 단계는 교사가 국기 교육을 위한 주제 접근법에 대한 오리엔테이션 즉 수업 방향과 절차, 수업의 목적 등을 설명하여 학습자가 본 수업의 목표와 학습 과제를 파악하도록 하는 단계이다. 이 단계에서는 학습자가 문제 의식을 가지고 과제를 해결하려는 동기가 유발하게 된다. 이 때 교사는 구두 설명보다는 사진이나 슬라이드 등의 자료를 제시하거나 학생들 소집단별로 과제를 찾도록 하는 것이 효과적이다.

– 자료의 정선(2단계)

이 단계는 학생들이 문제 의식을 가지고 과제를 파악하게 되면 과제 해결을 위한 자료를 찾도록 하고, 찾은 자료 중 필요한 기본적 자료를 정선하는 단계이다. 이 때 교사는 학생들이 찾은 자료가 부족할 경우 준비해 둔 자료를 나누어 주고 과제 해결에 활용하도록 도와 주어야 한다. 자료는 객관성, 가치성, 활동성 등을 충분히 고려하여야 한다.

국기 교육을 위한 자료로는 인물 사진(초상화), 연표, 국기 약사, 사료, 녹음자료, 슬라이드, 영상 매체, 기행문, 소설, 도서 자료(교과서 포함), 신문 자료, 연구 보고서 등 다양하다. 특히 만화로 보는 『태극기 이야기』(문룡호, 미술문화, 2000)는 어린 학생들에게 흥미있는 자료라 생각된다.

– 문제 추구 및 해결(3단계)

이 단계는 학습 과제별로 정선된 자료를 분석하고 비판하며, 해석하고 종합 정리하여 발표 · 토론하도록 함으로써 문제를 해결하도록 하는 단계이다. 이 때 교사는 특정아 중심으로 수업을 진행해서는 안 되며, 자유로운 수업 분위기를 조성하여야 한다. 수업 분위기를 불안하게 하거나 공포감이나 위협감을 조성해서는 안 된다. 또한 학생들의 발표, 토의 중에 교사의 편견이나 주장을 강요해서도 안 된다.

– 정리 및 보고서 작성(4단계)

이 단계는 수업의 마지막 단계로서 발표 · 토의한 후 교사가 지도 조언을 하고, 소집단별로 또는 개인이 발표 · 토의한 내용을 바탕으로 학생 스스로가 또는 소집단별로 정리하여 보고서를 작성한다. 보고서를 작성할 때에는 교사가 보고서 작성 요령을 먼저 설명한 후에 간결한 보고서 양식을 학생들에게 나누어 주어 정리하도록 하여야 한다. 보고서 작성이 끝나면 교사는 보고서를 모아서 하나 하나 읽고 잘 된 보고서는 뒤의 자료 게시판에 붙여 다른 학생이 읽어 보고 나의 것과 비교해보도록 한다.

㉤ V단계(평가)

주제 접근법에 의해 수업을 한 후 마지막 단계는 형성 평가를 하는 것이다. 형성 평가는 수업 후 보고서 작성이 끝난 다음에 하게 된다. 수업 내용과 발표 · 토론 내용을 바탕으로 국기에 대한 관심이나 흥미도, 국기관, 국기 의식, 국기에 대한 이해도 등 학습자들의 지적 · 정의적 변화상을 평가한다. 이때 중요한 것은 진단 검사를 한 문항에다 필요한 문항을 더하여 평가하고, 평가 결과는 전 · 후 비교법을 적용하여 진단 검사를 했을 때의 결과와 수업 후의 결과가 얼마나 어떻게 달라졌는지를 비교하여야 한다.

만약 비교 결과가 변함이 없다면 그것은 교사의 주관이 개재되었든지, 자료가 부족하였든지, 교사 중심의 수업으로 흘렀기 때문이다. 그러므로 주제 접근법에 있어서 중요한 것은 풍부한 자료의 준비, 교사의 편견과 주관 배제, 자유로운 수업 분위기의 조성 등이 관건이라 하겠다.

형성 평가를 할 때에는 학생들의 자료 처리 능력, 발표 · 토의 내용, 보고서 내용, 학습 활동상, 평가 결과 등을 충분히 반영해야 한다.

5단계인 평가는 교사에 따라 그 기준이 달라질 수 있지만 학습 내용의 이해도와 자료의 처리 능력, 학습 활동상, 과제 처리 등을 종합하여 평가하여야 한다.

국기 교수·학습 계획안 (예시)

지도교사 : 김 갑 돌

주제 : 태극기의 제정 유래
대상 : 6학년
지도기간 : 2005년 12월 12일~20일(총 10시간)

1. 주제의 성격

(1) 단원 설정의 이유

우리나라의 국기인 태극기는 1882년 9월 제정된 이후 60여 년간 사용해 왔으나 규격이 통일되지 않아 사용에 혼란을 가져왔다. 그러나 1949년 10월 15일 「문교부 고시 제2호」를 반포하여 시정(是正) 국기인 태극기를 현재까지 사용하고 있다. 이러한 국기를 우리는 일제의 식민 지배와 6·25전쟁을 거치면서도 이를 간직하고 지켜 왔다.

그럼에도 국민의 대부분은 태극기의 제정 과정과 국기에 담긴 뜻이 무엇인가를 잘 모르고 있으며, 국기에 대한 국민 의식도 점차 희박해져 국기에 대한 예절을 잘 지키지 않고 국기에 대한 존엄성도 점차 사라져가고 있는 것 같다.

이러한 때에 본 주제는 태극기의 제정 과정과 거기에 담긴 뜻이 무엇인가를 이해하며, 국기에 대한 존엄성을 가지고 예절을 바르게 생활화할 수 있는 능력과 태도를 기르는 데 대단히 중요한 주제라 생각된다.

(2) 교재관

1) 조선의 태극기는 19세기 후반 국제적 대외 관계 속에서 중국(청)의 종용과 제임스 선장의 조언을 받아 창제된 것이다.

2) 태극기를 창제·반포한 당시에는 국기 규격이 정해져 있지 않았으나 그 후 두 차례에 걸쳐 국기에 관한 규정이 제정되었지만 규격이 통일된 국기를 사용하지 못하였다. 현행 태극기는 광복 후 1949년 10월 15일 「문교부 고시 제2호」를 반포하여 시정 태극기를 오늘에까지 사용하고 있다.

3) 국기 제정 관련 용어와 자료

① 도안 : 태극형 무늬, 용기, 청운·홍룡도, 태극·8괘도, 태극·4괘도

② 관련 인물 : 황준헌, 마젠충, 이응준, 김홍집, 박영효, 제임스

③ 관련 자료 : 국기약사, 연표, 사료, 각종 사진 등

(3) 학생관

1) 초·중·고등학교 학생들은 국기에 대한 관심이 많고, 국기 교육의 필요성을

느끼고 있으나 태극기의 제정 유래와 그 기에 담긴 뜻에 대해서는 잘 모르고 있는 것 같다.

2) 학생들은 우리나라 국기에 대해 긍정적인 사고를 하고 있으나 국기 제작 규정에 대해서는 잘 모르고 있다.

3) 학생들은 태극기 제정 과정과 그 기에 담긴 뜻이 무엇인가에 대해 가장 알고 싶어하고 있다.

(4) 지도관

1) 국기 제정과 변천 과정을 연표와 사료 · 사진 자료 등을 활용하여 이해시키고 자료 처리 능력을 기르도록 한다.

2) 국기 제정 과정과 관련있는 역사적 인물의 활동을 조사 · 비교하여 발표하도록 한다.

3) 소집단별로 과제를 조사하여 발표한다.

4) 태극기가 우리 민족과 어떤 관련이 있는가를 안다.

5) 국기 사랑의 마음을 가지고 국기 예절을 생활화하여 국기 존엄성을 높인다.

6) 역사과, 도덕과, 사회과, 미술과 등의 교과와 밀접한 관련이 있다.

2. 목표

이 해		적 용	
1	태극기의 구성 요소와 거기에 담긴 뜻을 이해한다.	1	태극기에 담긴 뜻을 조사하여 정리할 수 있다.
2	태극형 무늬와 우리 국기와의 관계를 이해할 수 있다.	2	태극형 무늬의 유형을 조사하여 다른 점을 비교 설명할 수 있다.
3	태극기의 창제 과정을 안다.	3	태극기 창제와 관련있는 인물의 활동상을 조사하여 설명할 수 있다.
4	태극기의 변천 과정을 차례로 말할 수 있다.	4	태극기 변천 사진을 보고 차이점을 비교 설명할 수 있다.
5	국기시정위원회의 활동상을 이해한다.	5	태극기를 시정할 때 제시된 5가지 도안을 비교하여 그 차이점을 설명할 수 있다.
6	국기에 관한 규정이 어떻게 바뀌어져 왔는지 알 수 있다.	6	국기 제작에 관한 각 규정을 조사 비교하여 그 차이점을 설명할 수 있다.
7	국기 경례 및 강하 방법, 취급법을 이해한다.	7	국기 사랑의 마음을 가지고 예절을 잘 지킬 수 있는 태도를 기른다.
8	국기 제작 규격을 이해한다.	8	국기 제작 규정에 맞는 국기를 그릴 수 있는 능력을 기른다.

이 해		적 용	
9	우리 국기와 외국의 국기를 비교하여 우리 국기의 장 · 단점을 말할 수 있다.	9	외국의 국기와 비교하여 우리 국기의 장 · 단점을 정리 · 설명할 수 있다.
10	국기에 대한 맹세를 암송할 수 있다.	10	국기에 대한 맹세를 할 때 나라와 민족을 위하여 이바지하겠다는 마음을 가진다.

3. 지도 계획

차시	주제	학습 요항	자료명	유의점
1	태극기에 담긴 뜻	· 태극기의 구성 요소 · 태극 음양 · 4괘에 담긴 뜻	· 태극기	· 태극기에 담긴 뜻이 우리민족과 어떤 관계가 있는지에 유의함.
2	태극형 무늬와 민족 문화	· 태극형 무늬와 유형 · 민족 문화 속의 태극형 무늬	· 태극형 무늬 사진 · 민족 문화중의 태극형 무늬 사진	· 세계 여러 지역의 태극형 무늬를 비교하여 우리 태극형 무늬의 특징을 살펴 보도록 한다.
3	태극기의 창제	· 창제 전의 사정 · 창제 과정 · 창제 시기, 장소	· 사화기략 · 창제 관련 인물 · 태극 도형 · 연표	· 창제 과정에서 보여준 조선의 태도에 유의한다.
4	태극기의 변천	· 1880년대의 태극기 · 대한제국기의 태극기 · 일제식민지기의 태극기 · 임시정부시의 태극기	· 각 시기별 태극기 사진	· 태극기 규격의 변천에 유의(임시정부 국기 양식 통일 안)
5	태극기의 시정(是正)	· 광복 후의 국기 · 국기시정위원회 활동 · 특별심사위원회 활동	· 광복 후의 태극기 사진 · 5개 태극기 도안 · 국기 약사 연표	· 국기 약사 연표를 사진과 함께 활용하도록 한다.

차시	주제	학습 요항	자료명	유의점
6	국기에 관한 규정	· 문교부 고시 제2호, 제3호 · 국무총리 훈령 · 대통령령 · 국기 관련 벌칙	· 국기 규정 연표 · 형법 조문	· 대한민국 국기에 관한 규정의 개정 이유에 유의한다. · 국기 관련 법원의 판례를 조사 · 발표하도록 한다.
7	국기에 대한 예절	· 국기 계양 및 강하법 (조기포함) · 국기에 대한 경례법 · 국기 취급과 보관 방법 · 외국 국기에 대한 예절	· 국기 계양 및 강하 사진 · 경례 사진 · 국기함 · 외국 국기와 함께 계양한 사진 · 외국 국기에 대한 경례	· 조기 계양 방법에 유의한다. · 다른 기와 국기를 게양 · 강하하는 방법에 유의한다.
8	국기 그리기	· 국기 제작 방법 · 깃면 · 태극 · 양의 · 4괘 · 깃봉 · 깃대	· 국기 제작 규정 · 국기 제작 도구	· 국기 제작 규정을 숙지시킨 후에 그리도록 한다.
9	세계 여러 나라의 국기	· 태극기와 외국 국기 비교	· 만국기 · 좋아하는 나라의 국기 · 싫어하는 나라의 국기	· 외국 국기와 비교해 본 우리 국기에 대한 소감을 발표하도록 한다.
10	국기에 대한 맹세	· 국기에 대한 맹세 제정 목적 · 국기에 대한 맹세 내용, 의미, 용어 · 외국의 국기 맹세와 비교	· 국기에 대한 맹세 내용 인쇄 자료 · 미국의 충성의 선서 내용 자료	· 맹목적 암기를 지양하도록 한다. · 국기에 대한 맹세를 할 때 마음 가짐을 발표하도록 한다. · 미국과 우리나라의 국기 맹세의 차이점을 알도록 한다.

본시(3/10차시) 교수 · 학습 계획안 (예시)

주제	태극기의 창제	학년	6-1(30명)	지도 일시 : 2005년 12월 12일(월) 3교시	장소	6-1교실

수업목표	이해	적용
	① 태극기의 창제 과정을 차례로 말할 수 있다. ② 태극기 창제 관련 인물을 4명 이상 말할 수 있다. ③ 태극기를 창제한 시기와 장소를 말할 수 있다. ④ 우리나라 국기를 태극기라고 하는 이유를 말할 수 있다.	① 태극기의 창제 과정을 바르게 이해함으로써 국기에 대한 경건한 마음을 갖는다. ② 창제 당시의 태극기의 모습을 그릴 수 있다. ③ 국기에 대한 존엄성을 가지고 국기 예절을 바르게 지킬 수 있는 능력과 태도를 기른다.

단계	학습 요항	시간	교수 학습 활동	자료명	유의점
문제제시	· 우리나라 국기의 구성 요소	5분	• 전시 학습 내용을 확인하고 국기의 구성 요소를 태극기를 보고 발표한다. • 본시 과제를 조사하여 확인한다.(과제지 배부)	· 태극기 사진 또는 실물 · 과제지	· 과제지를 나누어 주고 확인하도록 한다.
자료정선	· 과제별 자료 조사 · 기본적 자료의 정선	8분	• 교과서의 자료 조사 · 학습 참고 도서의 자료 조사 · 사전에 준비해 온 자료 정리 · 과제별로 기본적인 자료를 정선	· 인물 사진(김홍집 · 박영효 · 마젠충) · 태극 · 8괘 도안 · 자료(김홍집과 마젠충의 대담, 사화기략) · 연표(국기 창제 및 약사연표)	· 교사는 학생들의 부족한 자료를 확인하고, 준비한 자료를 학생들에게 나누어 준다.
문제추구 및 해결	1. 태극기 창제무렵의 조선의 사정	5분	• 태극기를 창제할 무렵 조선의 안으로의 사정을 조사하여 발표한다. · 강화도 조약을 계기로 국기문제 대두 · 임오군란 후 일본과 제물포조약 맺음	· 운요호사진 · 조선 지도	· 운요호 사진을 제시하여 침략성을 인식시킨다.

단계	학습 요항	시간	교수 학습 활동	자료명	유의점
문제 추구 및 해결			• 대외적 사정을 조사 발표한다. · 중국의 조선에 대한 국기 권고 · 미국, 영국, 프랑스, 러시아 등 여러 나라와 통상조약 맺음 · 조선은 국제 무대에 등장(개항장)		· 개항장의 위치를 지도에서 확인시킨다.
	2. 중국(청)의 국기 도안 제시	5분	• 황준헌의 용기 제시 내용을 조사하여 발표한다. · 마젠충이 청운 · 홍룡기의 사용을 권고하였으나 김홍집이 반대한 이유를 조사 · 발표한다. · 마젠충이 태극 · 8괘도안을 제시하여 조선의 국기로 사용할 것을 종용한 내용을 조사 · 발표한다(사진 활용). · 태극 · 8괘 도안 제시에 대한 조선의 태도에 대해 조사 · 발표한다(사진 활용). · 이응준이 만든 태극 · 4괘도를 조사하여 발표한다.	· 중국의 용기 사진 · 흰 바탕의 청운 · 홍룡기 사진 · 김홍집 사진 · 태극 · 8괘 도안 · 마젠충 사진 · 마젠충과 김홍집의 대담 내용	· 김홍집이 반대한 이유가 무엇인가를 알도록 한다. · 태극 · 8괘도를 종용한 이유에 유의해야 한다. · 조선에서 수용한 이유에 대해 알도록 한다.
	3. 박영효의 일본 파견	12분	1) 파견 목적 • 박영효가 일본에 파견된 까닭이 무엇인가를 조사 · 발표한다(박영효 사진을 제시함). • 박영효가 일본에 갈 때 타고간 배에 대해 조사 · 발표한다(메이지마루호 사진 제시). 2) 태극기의 창제 • 태극 · 8괘도안에 대해 제임스 선장이 박영효에게 조언한 내용을 조사, 발표한다(사료 제시). • 제임스가 제안한 태극 · 4괘를 받아들여 배 안에서 창제한 태극기의 모습을 이해한다(사료 제시).	· 박영효 사진 · 메이지마루호 사진 · 사회기략(사료)	· 제물포 조약에 유의 · 태극 · 8괘도를 태극 · 4괘로 바꾼 이유에 유의 · 태극기의 크기에 유의

단계	학습 요항	시간	교수 학습 활동	자료명	유의점
문제 추구 및 해결			3) 창제한 국기 게양 • 메이지마루 배 안에서 그린 국기는 어디에 처음 게양하였는지 조사·발표한다.	· 사회기략(사료)	· 국기 게양에 관한 사료를 학생들에게 제시한다.
			4) 국기 창제 시기와 장소 • 국기를 창제한 시기와 장소를 확인한다(연표 제시).	· 국기 창제 연표	· 연표를 통하여 국기 창제 과정을 정리하도록한다.
			5) 국기의 반포 • 고종이 전국에 국기 제정을 반포한 이유와 반포 시기에 대해 조사·발표한다(연표 제시).	· 국기 약사 연표	· 8도·4도(道 : 수원, 강화, 광주, 개성)에 반포하였음에 유의한다.
정리 및 보고서 작성	· 학습 내용 정리	3분	• 국기약사 연표를 통하여 학습 내용을 정리한다.	· 국기 약사 연표(창제 과정)	· 국기약사 연표를 작성하고 이를 읽을 수 있도록 한다.
	· 의문점 질의	2분	• 학습 내용 중 의문점을 질문하고 이를 해결한다.		· 의문점 질의에 대해 교사의 독단적 견해를 말해서는 안된다. · 의문점 질의를 무시해서는 안 된다.
	· 보고서 작성	5분	• 학습 내용을 정리한 후 보고서를 작성한다(보고서 양식 제시).	· 보고서 양식	· 보고서 작성 시 유의점을 이야기해야 한다.

단계	학습 요항	시간	교수 학습 활동	자료명	유의점
정리 및 보고서 작성	· 차시 과제 제시		• 차시 학습 과제를 확인한다(과제물 제시).	· 과제물	· 예습해 오도록 한다.
평가 기준	① 태극기의 창제 시기와 장소는? ② 태극기 창제와 관련있는 인물과 그 활동상은? ③ 창제 당시의 국기 모양은(그리기)? ④ 국기 창제 연표를 보고 읽을 수 있는가?				

평 가

※ 1. 태극기의 그림을 보고 태극기의 이름을 〈보기〉에서 골라 그 기호를 ( )안에 써 넣으시오.

보 기

ㄱ. 스미스소니언 국립박물관 소장 태극기(1884)
ㄴ. 우정박물관 소장 태극기(1900년경)
ㄷ. 태극기 목각판(1919)
ㄹ. 불원복 태극기(1906)
ㅁ. 독립문 태극기(1897)
ㅂ. 데니 태극기(1890)
ㅅ. 김구 친필 서명문 태극기(1941)
ㅇ. 임시정부 통일안 태극기(1942)
ㅈ. 박영효의 태극기 모사본(1881. 11) (영국 국립문서보관소 소장 태극기 사본)
ㅊ. 통리교섭통상사무아문 제작 태극기(1884)

1) 

( )

2) 

( )

3) 

( )

4) 

( )

5) 

( )

6) 

( )

7) 

( )

8) 

( )

9) 

( )

10) 

( )

※ 2. 위의 각 태극기를 비교하여 차이점과 공통점을 설명하시오.

① 음양의 색과 위치 :

② 4괘의 위치와 색 :

※ 3. 다음의 태극기 그림을 보고 태극기의 도안 이름을 〈보기〉에서 골라 그 기호를 ( )안에 써 넣으시오.

보 기	
ㄱ. 구 왕궁 소장 안	ㄴ. 미군정 문교부 안
ㄷ. 이정혁 안	ㄹ. 독립문 안
ㅁ. 우리국기보양회 안	ㅂ. 현행 태극기(시정(是正) 태극기)

1) 

(　　)

2) 

(　　)

3) 

(　　)

4) 

(　　)

5) 

(　　)

6) 

(　　)

※ ① 현행 태극기를 만든 기구는 무엇이며, 어떤 과정을 거쳐 지금의 태극기가 만들어졌는지 설명하시오.
② 현행 태극기를 국기로 공포한 시기는 언제이며, 그 규정은 무엇이라 합니까?

2) 교과 외의 활동을 통한 지도

교과 외의 활동을 통한 지도란 일상교육을 통한 지도, 행사교육을 통한 지도, 특별활동이나 자율시간을 통한 지도방법 등이 있다.

① 일상 교육을 통한 지도

오전 9시부터 수업을 마치고 집으로 돌아갈 때까지 학교 생활을 하는 중에 게시판이나 복도의 사용, 학교 방송, 영화 감상, 스크랩북 제작 등을 통하여 국기에 관한 학습을 스스로 하도록 하는 방법을 말한다. 게시판에 국기 제작법에 관한 제작 모형을 그려 놓고 제작 방법을 알도록 하거나 국기 교육의 각 영역에 관한 내용을 사진과 함께 게시하여 학생들이 학교를 오가면서 스스로 보고 이해하도록 하는 방법, 국경일에 국기를 게양해 놓고 방송을 통하여 국경일의 의의, 국기에 대한 예절이나 게양 방법, 취급과 보관 등에 대해 설명하는 방법, 복도나 교실 뒤 자료 게시판에 국기 약사 연표라든가 국기의 변천 모습에 관한 사진 등을 게시해 놓고 학생 스스로가 학습하도록 하는 등 다양한 방법을 적용할 수 있다. 또는 국기에 대한 독후감을 쓰도록 하고 잘된 보고서는 교실 자료 게시판에 게시하여 나의 독후감과 비교해 보도록 하는 방법도 생각해 볼 수 있다.

② 행사 교육을 통한 지도

이 방법은 3 · 1절이나 광복절 또는 국기 시정일(10월 15일) 같은 날에 행사교육의 일환으로 국기에 대해 지도하는 방법이다. 태극기 변천에 관한 사진 전시회를 개최한다든가, 태극기 그리기 대회나 국기에 관한 글쓰기 대회 등을 열고 훌륭한 작품을 선정해서 게시하고 시상하는 방법, 지역 사회 행사 때 적극 참여하여 국기에 대한 이해와 존엄성을 높이도록 하는 방법, 국기와 관련있는 유물 전시관이나 유적지 탐방, 운동장 조회 때의 훈화, 방송을 통한 훈화, 국기 바르게 달기 캠페인 등 다양한 방법을 모색해 볼 수 있다.

③ 특별 활동과 자율 시간을 통한 지도

이 방법은 국기 조사 연구반 같은 것을 조직하여 특별 활동 시간이나 자율 시간에 국기 교육을 실시하는 방법이다. 도서관에 가서 국기 제정에 관한 자료를 찾아 연구하여 발표 · 토론하도록 한다든가, 옛날 국기나 국기 사진을 수집하여 전시하고, 국기 바르게 달기 운동 전개, 국기 · 국기함 · 깃대 유무 조사하기, 국기에 담긴 뜻 조사하기, 우리 국기와 외국 국기 비교하기, 국기 의식에 대하여 조사하기, 국기에 대한 경례 방법에 대한 사진 전시회 개최, 국기 그리기, 국기의 각 부분에 관한 상징 내용을 조사하여 발표하기, '국기에 대한 맹세' 의미 조사 발표하기, 국기에 대한 경례나 맹세 거부에 대한 입장 토론하기 등 다양한 방법을 생각해 볼 수 있다.

그 외에도 잘못 그려진 태극기(음양이나 4괘의 위치 · 도안 · 색상이 잘못된 것, 비례가 잘못된 것, 태극과 4괘의 간격이 잘못된 것 등)를 제시하여 틀린 부분을 찾아 발표하고 정정하도록 하는 방법, 자석판으로 태극기를 만들어 보도록 하는 방법 등을 모색해 볼 수 있다.

국기 교육은 교육을 하는 교사나 학생들의 마음에 따라 성과가 달라질 수 있다. 외적 힘에 의하여 피동적인 관 주도형으로 하기보다 자율적으로 국기를 존중하는 마음을 가질 때, 국기 교육의 성과는 클 것이다. 1882년 국기가 창제된 이후 오늘에 이르기까지 1세기 이상 국기를 사용하여 오는 중에 우리의 국기는 민족의 수난기인 일제 강점하에 일제의 탄압을 받으면서 그 빛을 잃기도 하였다. 국기를 간직하고 항일 운동을 전개해 왔던 우리민족, 국군이 6 · 25전쟁 때 이 땅을 지키기 위하여 싸우면서 간직하였던 태극기, 이 국기에 대한 교육이 현장에서 시들지 않기를 바라는 마음 간절하다.

국기 교육은 어느 한 교과에 한정해서 이루어질 것이 아니다. 관련 교과와 학교의 여러 교육 활동, 지역 사회와의 협력을 통해 상호 유기적으로 이루어져야 한다. 국기 교육을 위해서는,

첫째, 국기 교육은 거시적 안목에서 미래 지향적으로 이루어지게 해야 한다.

둘째, 정부에서는 국기 제정기념일(1949. 10. 15)을 정하여 국민들에게 이해시키고, 역사적으로 가치있는 태극기 자료인 문화재를 자료화하여 보급하고, 국기 제정 기념일을 지정하여 이 날을 기념하여 국기에 대한 존엄성을 높이도록 하여야 하며, 또한 각급 학교 자료실에는 국기 관련 자료를 비치하여 지도 자료로 활용하도록 하여야 한다.

셋째, 국가상징해설자문위원회에서 정립한 국기 제정의 과정과 국기에 담긴 뜻에 관한 자료를 정리하여 실질적 교육이 이루어지도록 자료집을 발간 · 배포하여 지도 자료로 활용하도록 하여야 한다.

넷째, 국기 교육은 국기 예절, 경례법, 게양 방법과 강하 방법, 국기 취급과 보관 등에 관한 외형적 · 형식적 교육도 중요하지만 나아가 국기 그리기와 국기에 담긴 뜻, 국기 제정의 유래 등에 대한 실질적 교육이 이루어지도록 하여야 한다.

다섯째, 국기 교육의 내용은 학년성과 발달 단계를 고려하여 초등 저 · 중학년에서는 국기에 대한 기본적 예절과 게양 방법(단독 주택과 아파트), 내리는 방법, 국기 취급과 보관에 관한 것을, 4 · 5학년에서는 외국기와 함께 달 때(교차시, 병립시, 짝 · 홀수시)의 방법과 국기 취급의 유의점 등에 대해, 6학년에서는 국기의 제정 과정과 국기에 담긴 뜻을 지도하도록 교육과정이 구성되었으면 한다. 지금 교육과정에는 국기 교육 내용이 저학년 중심으로 구성되어 있는데 이는 일본이 중 · 고학년에서 지도하도록 구성되어 있는 것과는 차이가 있다.

여섯째, 우리나라의 국기만 강조할 것이 아니라 외국의 국기에 대해서도 우리나라 국기와 마찬가지로 존중하며 예절을 바르게 지키도록 지도되어야 한다. 이것은 21세기 글로벌 시대에 있어서 인류의 평화와 공존을 위한 우리의 기본적 자세이다.

V 국기와 우리의 자세

1882년 8월 박영효가 일본에 수신사로 갈 때 메이지마루호 배 안에서 선장 제임스의 조언으로 만들어진 태극기는 1883년 3월 고종이 국기로 공포하였다. 그러나 당시에는 국기의 규격과 색상에 대한 규정이 없었기 때문에 그리는 사람에 따라 차이가 있었다. 이러한 문제를 해결하기 위하여 광무 4년(1900년 12월 28일(음))에, 1942년 6월 29일 상하이 대한민국 임시정부에서 국기에 관한 규정을 공포하였으나 이후에도 국기를 제작하는 사람에 따라 태극 · 4괘의 위치와 색상이 달랐으며, 이러한 국기는 민족 수난기 뿐만 아니라 광복 후 미군정기에도 계속되었다.

그러나 1949년 10월 15일 「문교부 고시 제2호」와 1950년 1월 25일 「문교부 고시 제3호」의 반포로 통일된 국기를 만들어 사용하게 되었다. 하지만 1949년 시정(是正) 태극기, 즉 현행 태극기에 대한 개인의 견해를 보면 혹자는 태극 · 4괘의 위치와 배열이 역학적 원리에 맞지 않기 때문에 개정되어야 한다는 의견을 주장해 오기도 하였으며, 또 한편에서는 역사적 당위성과 현실성을 들어 개정 불가론을 주장하는 견해도 만만치 않다. 이 두 주장에 대해 간략히 살펴보고자 한다.

1. 국기 개정 불가론

국기 개정을 반대하는 사람들이 주장하는 이유 가운데 가장 중요한 것은 역사적 당위론이다. 국기 개정을 반대하는 입장의 사람으로는 이선근, 유승국, 백광하, 이우직, 대한민국 학술원 국기자문위원회 등을 들 수 있다.

(1) 이선근

이선근은 국기시정위원회 위원의 한 사람으로, 1949년 국기를 시정하는데 적극적으로 참여해서 활동한 사람이다. 그는 중국의 마건충이 제안한 용기의 사용을 당연히 거절하고 조선 국왕 스스로 태극국기의 채용을 하명하였다는 점, 그 얼마나 통쾌하게 생각할 것이냐? 라고 한 것을 보면 태극기 제정 과정에서 조선의 태도를 긍정적으로 보았던 것 같다.[1)]

---

1) 이선근, 앞의 논문, p. 200.

그는 우리 태극 도안의 특색에 대하여 중국과 다른 점을 다음과 같이 정리하였다.

첫째, 중국은 태극 · 8괘를 붙이는 것이 보통인데 우리나라는 태극 · 4괘만을 채택하여 도안을 선명하게 기한 점.

둘째, 중국의 것은 음양 양의를 수직으로 배치하고 의두(양의 머리)에 작은 구멍으로 심을 표시하고 색도 청 · 적이나 홍 · 흑, 흑 · 백 등을 사용하였는데, 우리는 양의를 수평으로 배치하고 의두에 작은 구멍(심)도 없으며 색도 청 · 적으로 고정시켰다는 점.

셋째, 빛깔의 해석에서는 중국은 청 · 적 등의 빛깔을 흑 · 백 등으로 혼동해 사용한다는 점이다. 두 빛깔은 해와 달, 하늘과 땅, 불과 물, 남성과 여성 등을 들추어 내지만, 우리나라에서 붉은 빛은 햇빛과 같은 존귀한 빛을 푸른 색은 아침을 말하여 국기 도안 자체가 조선을 의미한다는 점.

넷째, 중국에서 용기의 사용을 강압하였으나 이를 거부하고 독자적인 주견으로 도안을 채택한 것은 우리의 독립 정신을 상징한다는 점.

우리 국기 도안의 심오한 의의를,

첫째, 세계 인류의 조상들이 다같이 품고 있던 창조적인 우주관을 근세 조국의 심볼로 삼았다는 점.

둘째, 우주 창조의 원리로서 민주 개화와 독립 자주의 심벌로 삼았다는 것을 강조하였다. 다만 왜 근세 조국의 심벌로 삼고 민주화와 독립 자주의 심벌로 삼았는지 구체적 설명이 없다.

그는 우리 국기 도안의 의미를 묻거든,

첫째, 양의 태극과 4괘는 우주 생성의 기본 요소를 말하는 천지 · 일월 · 4시 · 4방을 의미한다.

둘째, 제정의 역사와 대조하여 도안이 조국을 의미하며 조국의 민주 독립을 상징한다고 알려주면 된다고 하였다.

그는 결론에서 "태극기 시정위원회에서는 부득이한 참고 이상의 역학적인 해석에 치우침을 삼가기로 하였고, 또한 금후에는 누구든지 문교부가 이미 결정한 대로 도안의 역학적인 해설을 고집하거나 함부로 내세우지도 말아주기 바란다"고 하였다. 그는 더불어 "개정의 경위로 보나 상징성으로 보나 손색이 없으며, 태극기 깃발 아래 항일 독립 운동을 전개해 왔으니 개정이란 있을 수도 없는 일이며, 국토 통일의 대업을 달성하기 전에 개정 운운이란 말도 안 된다"고 하였다(이선근, 앞의 논문, pp. 213~217).

(2) 유승국

유승국은 태극기의 원리와 우리 민족의 이상에 대해서, "건은 천도(天道)로서 지선 지공의 정의를 의미하고, 곤은 지도(地道)로서 후덕과 풍요의 공리를 상징하며, 감은 수성(水性)으로서 지혜와 활력을 나타내고, 리는 화성(火性)으로서 광명과 정열을 뜻하는 것이며, 백색의 바탕은 평화의 정신을 상징한다.

정의와 풍요, 광명과 지혜, 이 네 가지는 우리 국기의 4괘가 상징하는 특징이며, 백색의 바탕인 평화의 정신을 성취하는 길이다. 이것은 산업과 도의를 균형있게 발전시키며, 정열과 지성을 겸비한 온전한 인간과 사회를 이룩하려는 이상을 포함한 것이다.

산업과 도시, 정열과 지성을 원만하게 조화함으로써 사회의 안정과 질서를 유지하며 개개인의 인권이 존중되고 자유가 보장되는 복지 사회를 건설하려는 바탕이 된다. 문화의 창조와 인류의 평화를 상징하는 우리나라의 태극기는 우리 대한민국이 희구하는 좌표인 동시에 홍익인간의 국시를 표현한 것이다"라고 하였다(유승국, pp. 11~12).

이런 점으로 보아 유승국도 국가의 표지인 태극기를 존중하여야 하는 태도를 갖고 있음을 알 수 있다.

(3) 백광하

백광하는 '우리 태극기는 완전 무결하다'는 대전제 하에 우리 태극기는 역괘에 있어서나 태극 도형의 음양 위치에 있어서나 어느 것도 역리와 과학에 조금도 틀림없는 완전한 도형이 되었다고 하였다. 그가 역리나 과학적으로 틀림없는 완전한 도형이라고 강조한 점은 그가 현행 태극기에 대한 긍정적 태도를 갖고 있음을 알 수 있다(백광하, 앞의 책, p. 50).

(4) 대한민국 학술원 국기자문위원회

대한민국 학술원 국기자문위원회에서 만든 『태극기의 원리와 해설』(1978)에 보면 태극기에 보이는 태극과 음양과 건 · 곤 · 감 · 리 4괘는 그 원리에 있어서 역리를 취한 것은 사실이지만 그렇다고 하여 태극기의 도형과 4괘의 배열이 중국 주렴계의 태극 도형이나 이른바 복희팔괘도 또는 문왕팔괘도의 방위를 기초로 한 것은 아니므로 태극기의 태극 도형과 4괘의 배열이 그들과 일치하지 않으며, 우리 국기는 우리의 견지에서 창안해 낸 것이므로 복희팔괘도나 문왕팔괘도를 기준으로 하여 해석할 수 없다고 하였다(학술원 국기자문위원회, p. 17). 이러한 논지는 앞에서 살펴본 유승국의 주장과 같은 내용을 취하고 있다고 볼 수 있다(유승국, pp. 21~22).

이상에서 살펴본 태극기의 개정을 반대하는 사람들의 견해는 통일이 될 때까지 역사성을 지닌 현행 태극기를 개정해서는 안 된다는 것이다.

2. 국기 개정론

(1) 백운곡

백운곡은 "비록 우리 국기의 위치 선정이 역리에 부합되지 않는다고 하여 우리 국기가 나쁘거나 우수하지 않다는 것이 아니다. 태극기는 깃면의 중심에 음양 양의는 상하로 두되 홍색의 넓은 부분이 오른쪽에, 청색의 넓은 부분이 왼쪽에 오도록 하고, 정방(正方)에 건괘는 위, 곤괘는 아래에, 감괘는 오른쪽에 세로로, 리괘는 왼쪽에 세로로 배치하여야 한다"고 하면서, 바른 태극기의 그림을 다음과 같이 제시하였다(백운곡, 앞의 책, p. 11및 p. 150 그림 3, 『태극기 그 원리와 비밀』, 생각하는 백성, 2006, P. 171.)

백운곡 주장 태극기

(2) 김상섭

김상섭은 태극 · 양의 · 8괘에 대한 중국과 조선 학자들의 역학적 연구를 실증적 자료를 바탕으로 심층적으로 연구하고 우리나라의 국기 제정의 과정을 많은 사료를 검토하고 종합하여 지금까지 잘못 알려진 문제 등에 대해 기존의 연구 성과를 비판 · 지적하며 새로운 시각, 즉 역학의 원리적 측면에서 이를 설명한 심도 있는 연구 성과를 내놓았다. 그는 대한민국의 태극기는 잘못 그려졌으며 반드시 바뀌어야 한다는 주장을 다음과 같은 이유를 들어 제시하였다.

1) 잘못 그려진 태극기

김상섭은 현행 태극기가 잘못 그려진 부분을 다음과 같이 말하였다.

① 음양 양의 그림이 잘못 그려져 있다는 점

음양의 그림은 괘의 음효 · 양효의 수에 의해 결정된다고 하면서 건 · 태 · 리 · 진 4괘는 양괘에, 손 · 감 · 간 · 곤 4괘는 음괘에 속한다. 그러므로 양괘가 있는 위치에는 양의가, 음괘가 있는 위치에는 음의가 와야 한다. 양괘는 건괘부터 원의 왼쪽 위에서 아래로 내려오며, 음괘는 손괘부터 원의 오른쪽 위에서 아래로 내려오면서 원을 따라 배열된다. 양에 속하는 건 · 리 두 괘는 왼쪽에, 음에 속하는 감 · 곤 두 괘는 오른쪽에 있으므로 반원의 양의는 왼쪽에, 반원의 음의는 오른쪽에 위치해야 한다. 양기는 왼쪽의 진괘에서 생겨나 원을 따라 왼쪽의 리 · 태 두 괘를 거치면서 점차 강성해져 건괘에 이르러 가장 강성해진다. 음기는 오른쪽의 손괘에서 생겨나 오른쪽의 감 · 간 두 괘를 거치면서 점차 강성해져 곤괘에 이르러 가장 강성해진다. 이것은 양기가 가장 강성할 때 음기가, 음기가 가장 강성할 때 양기가 자라나며, 이러한 음양의 순환은 끝없이 이루어지고 만물은 변하고 또 변한다. 그럼에도 현행 태극기의 음양(양의) 그림은 양의가 와야 하는 곳에 음의가, 음의가 와야 하는 곳에 양의가 그려져 있어 위의 원리에 맞지 않음으로 이를 바로 잡아야 한다는 것이다(김상섭, 앞의 책, pp. 124~127).

② 음양의 색이 바뀌어 있다는 점

리괘는 불을 상징하는 양에 속하므로 양의는 왼쪽에, 감괘는 물을 상징하는 음에 속하므로 음의는 오른쪽에 와야 한다. 그럼에도 현행 태극기는 이러한 역리의 원리에 따르지 않고 원의 왼쪽 반원에 양의가 와야 할 위치에 음의가, 오른쪽의 반원에 음의가 와야 할 자리에 양의가 자리하고 있다. 그러므로 음양의 색도 바뀌어 있으며 음양 양의의 넓은 부분(가장 왕성할 때)도 잘못 그려져 있다. 그러므로 청색의 부분에 홍색이 오되 건괘 부분에 홍색의 넓은 부분이, 홍색의 부분에 청색이 오되 곤괘 부분에 청색의 넓은 부분이

와야 한다는 것이다.

이것은 태극기 창제 후 오늘에 이르기까지 괘의 배열과 음양의 위치, 그림에 대한 원리 관계를 잘 모르는 사람들에 의해 태극기가 계속 잘못 그려져 왔기 때문이라고 하면서 역리의 원리에 맞는 태극기를 그려서 다음과 같이 제시하였다(김상섭, pp. 127~131).

역리에 맞다고 그린 태극기

위의 태극기를 보면 음양 양의는 청색이 오른쪽에 있되 넓은 부분이 아래쪽에, 홍색은 왼쪽에 있되 넓은 부분이 위쪽에 반듯하게 세워져 있다. 4괘는 1882년에 창제된 태극기와 현행 태극기의 4괘의 위치와 같다. 즉 음양의 그림만 바꾸고 4괘의 위치는 현행대로 두었다. 그러나 이같은 견해에 대해 다른 역학자들의 견해는 어떠할지 의견을 달리하는 사람도 있지 않을까 생각된다.

2) 잘못 그려진 원인

김상섭은 태극기의 그림이 잘못 그려진 원인은 국기시정위원들이 태극이나 음양, 괘에 대한 역리적 이해의 부족과 비주체적 의식 때문이라고 하였다(김상섭, p. 134).

3) 태극기에 대한 인식 변화의 필요

그는 국기가 바뀌기 위해서는 태극기에 대한 인식의 변화가 있어야 한다고 강조하였다. 즉 지금까지 잘못 주장해 왔던 주장들에 대한 재인식이 필요하다는 것이다. 예를 들면 다음의 4가지 문제를 지적하였다.

첫째, 영조 책봉례 〈봉사도〉의 태극 그림에 대한 정확한 인식이 필요하다는 것이다.

이 그림은 조선의 21대 영조의 왕세자 책봉례(1725)에 참석했던 청나라 사행인 사신단의 부사였던 아극돈이 사행의 전과정을 그린 화첩(가로60cm,

세로47cm) 20장이다.[2)]

이 그림은 1998년 중국에서 김원모(단국대 교수, 국기 연구가)가 중국의 베이징, 민족도서관에서 발견하여 당해에 공개한 것이다. 이 봉사도에는 태극 깃발 두 점이 있는데 하나는 청 사신 숙소 앞에 있는 홍·흑색의 태극도와, 흑색 위에 리괘, 홍색 아래에 감괘를 그려 넣은 태극 깃발이고, 다른 하나는 영조의 청 사신 영접도에 있는 삼각 태극 깃발이다. 이 두 태극 깃발의 사진을 보면 아래와 같다.

청 사신 숙소 앞 태극 깃발

청 사신 영접도

2) 아극돈, 『봉사도』, 요녕민족출판사, 1999, pp. 40~41에는 청 사신 숙소 및 태극 그림이, pp. 50~51에는 청 사신 영접도가 있다. 이 태극 그림의 음양은 흑색이 위에, 홍색이 아래에 놓여 있으며 음양 양의의 넓은 부분에는 흰 동그라미(원)가 있다.

위의 두 기에 대해 김원모는 면밀한 검토와 연구를 통하여 '『봉사도』의 태극 원형기'라는 주제로 경원대학교 아시아문화연구소 주최로 열린 학술 발표대회에서 발표한 바 있으며 또한 행정자치부 국가상징기획단 연구 발표회에서도 이런 주장을 제기하여 그 가능성을 인정받기도 하였다(『동아일보』, 1999년 7월 14일자 참고). 김원모가 발표한 내용 중 핵심적인 쟁점 내용을 요약하면 다음과 같다.

첫째, '청 사신 숙소 앞 태극 깃발'에 대해 김원모는 "1882년 박영효가 처음 만들어 1883년 조선의 국기로 공포한 태극기보다 150여 년 앞선 1725년경 조선 영조시대에 이미 태극기를 만들어 사용했다"고 하면서 "이 깃발이 1882년 조미수호통상조약을 체결할 당시 조선의 상징물로 사용했던 '4괘 없는 태극 깃발'로 이어지고 다시 박영효의 태극기로 완성된 것"이라고 하였다. 또한 그는 " '청 사신 숙소 앞 태극 깃발'은 조선의 일종의 '의장용 휘장' "이라고 하였다(김원모, 앞의 논문, pp. 16~17).

이에 대해 김상섭은 " '청 사신 숙소 앞 태극 깃발'은 청의 사신단의 부사인 이극돈이 그린 것이며, 반청 · 반홍의 태극 음양을 그린 것은 푸른색은 오행상 목(木)에 해당되고, 방위로는 동방이다. 이것은 중국의 동쪽에 있는 조선을 상징한 것이다. 이 깃발은 청과 조선의 군신 관계가 책봉례를 통해 완숙하였음을 의미한 것"이라고 하면서 김원모의 주장에 대해 "근거 없는 전제에서 나온 확대된 주장이며, 우리의 현행 태극기와 전혀 관계없는 것"이라고 하였다(김상섭, pp. 250~256). 위의 김원모의 주장은 '청 사신 숙소 앞 태극 깃발'을 조선에서 그려 조선에서 청 사신 숙소 앞에 달아 놓은 것으로 보고, 이를 태극기의 원형기로 인식한 데서 오는 근거 없는 속단이라 생각된다.

김원모가 " '청 사신 숙소 앞 태극 깃발'은 박영효가 태극기를 제정한 것보다 150여 년 앞선 1725년경 태극기를 만들어 사용했다"는 것과 "이 깃발이 조미수호통상조약 체결 당시 조선의 상징물로 사용했던 4괘 없는 태극 깃발로 이어지고 다시 박영효의 태극기로 완성된 것"이라고 한 것은 태극기의 창제시기를 확실한 근거 없이 앞당기려는 선입견에서 나온 것으로 보인다. 태극기의 창제 시기에 관한 지금까지의 연구 결과로는 이 깃발은 청 사신단의 이극돈이 그린 깃발이고, 태극기를 처음으로 제정한 것은 이응준으로 추정되며 '이응준 감정본'은 박영효의 태극기 제작에 큰 영향을 끼쳤으며, 이응준 감정본(태극 · 4괘)은 조미수호통상조약 체결 때 조선의 국기 대용으로 사용되었을 것이라는 연구 성과를 감안하면 김원모의 주장은 설득력이 없으며 그것은 개인적인 견해에 지나지 않는다.

둘째, '청 사신 영접도의 태극 깃발'에 대해서 김원모는 "청나라 황제를 대신한 사신과 조선의 왕이 참여한 의전 행사에 조선의 삼각 깃발과 청의 삼각 용 깃발이 등장하는 것으로 보아 이들이 양국 왕실을 상징하는 깃발임에 틀림없다"고 하면서 " '청 사신 영접도의 태극 깃발'은 '조선 왕실의 깃발' " 이라고 하였다(김원모, pp. 15~16). 이에 대해 김상섭은 "삼각 태극 깃발이 조선의 것이라는 확실한 증거도 없이 '태극 깃발=조선의 용 깃발=청기' 라는 도식을 기정 사실로 전제하고 주장한 것"이라고 하면서 위의 주장에 대해 사진의 자료를 들어 김원모의 논지를 비판하였다. 김상섭의 논지를 요약 정리하면 다음과 같다(김상섭, pp. 252~257).

① '청 사신 영접도'의 삼각 태극 깃발은 조선 왕실의 깃발이 아니라 청의 깃발이라는 것이다. 말을 탄 무관과 도열해 있는 병사들 사이마다 세워져 있는 것으로 보아 이것은 용기와 용도가 전혀 다른 병사들이 사용하는 군기이며 '청 사신 영접' 그림에 '흠차'와 예를 하고 있는 영조와 조선의 사신(갓을 쓰지 않음)은 허리를 굽히고 있으나 청의 사신들은 갓을 쓰고 뻣뻣하게 서 있다. 말을 탄 무관과 도열해 있는 병사들의 복장은 조선 병사들의 복장과 다르다. 청의 말을 탄 무관과 도열해 있는 병사들 사이에 열을 이어 세워 둔 삼각 태극 깃발은 청의 병사들이 사용하고 있는 군기 깃발임이 분명하다.

② '청 사신 숙소 앞' 태극 깃발과 '청 사신 영접' 그림의 삼각 태극 깃발은 다르다는 것이다.

태극 깃발을 보면 전자는 태극 음양의 아래에는 감괘가, 위에는 리괘가 그려져 있으나, 후자의 깃발에는 괘가 없다. 음양 양의의 위치도 전자는 홍색의 넓은 부분이 왼쪽 위로, 청색의 넓은 부분은 오른쪽 아래로 향하고 있으나 후자의 깃발은 홍색의 넓은 부분이 오른쪽 위로, 흑색의 넓은 부분은 왼쪽 아래로 향하고 있다. 양의의 색도 전자는 반홍 · 반청인데, 후자는 반홍 · 반흑이다. 전자의 태극 깃발에는 깃면 둘레에 수실이 없으나 후자의 깃발에는 술실 장식이 있다. 전자의 태극 깃발은 『봉사도』 20장 중 하나 밖에 없으나 후자의 깃발은 여러 기가 세워져 있다(위와 같음).

김상섭은 또 "『봉사도』는 청 사신단의 부사인 아극돈이 조선에 와서 사행의 과정을 그린 그림이다. 이런 점으로 보아 전자의 깃발은 청의 조선에 대한 우월감과 속방국임을 나타내기 위한 그림이며, 후자의 태극 깃발은 병사들이 사용했던 군기를 가져온 것으로 믿어진다"고 하였다. 김상섭은 영조의 '반차도(班次圖)'와 정조의 '화성 행차도'에도 태극 깃발이 없음에도 김원모가 양자를 동일한 깃발로 여겨 전자는 '조선의 의장용 휘장'이고, 후자는

'조선 왕실의 깃발'이라고 하는 것은 옳지 않으며, 양자가 다른 확실한 근거와 그에 대한 명백한 설명이 있어야한다고 하였다(위와 같음).

셋째, 감은사지 석재 기단석의 태극형 무늬

이 무늬는 고대부터 사용해 왔던 태극형 무늬로 우리나라 태극기 도형의 원형으로 보려는 견해가 지배적이다. 그러나 김상섭은 그것의 문제를 4가지 들고 이 기단석의 무늬는 불교 미술의 한 부분이란 새로운 해석을 하였다(김상섭, pp. 259~301).

넷째, 고려 범종에 새겨진 태극기

국기선양회에서 1392년에 제작되었다고 주장하는 여말의 범종(높이 35cm, 동경 30cm)은 조그마한 종이다. 이 종이 여말에 제작되었다는 근거는 1956년 한 일본인의 감정을 들 수 있다. 일본인의 감정서에 의해 다시 만든 커다란 범종은 국기선양회에서 개최한 태극기 변천사 전시회에 전시되었는데, 이 종의 중심에는 태극 · 4괘의 도형이 새겨져 있다. 이 태극 · 4괘를 국기선양회에서는 1882년 박영효가 국기를 제정한 것보다 훨씬 오래 된 것으로 이것을 태극기의 시원으로 보고 있다. 이에 대해 김상섭은 '태극 · 4괘의 도형은 1882년 이전에는 이러한 그림이 나올 수 없다' 고 하면서 '이 여말의 범종은 지구상에 없으며 일본인의 감정서는 물론 국기선양회의 주장도 믿기 어렵다' 고 하였다(김상섭, pp. 262~266).

끝으로 김상섭은 태극기에 대한 견강부회식의 억지 해석은 꿈보다 해몽이 좋다는 생각이 든다면서 "지나친 아전인수격 해석을 지양하고 태극기에 대한 인식의 전환이 있어야 한다"고 하였다(김상섭, pp. 271~273).

(3) 임채도

임채도는 태극에 담긴 뜻이 너무 형이상학적인 설명으로 어렵고 그리기가 복잡하므로 국기를 개정해야 한다고 하였다. 특히 통일 헌법을 기초할 때 국기 문제를 논의함이 필요하다고 하면서 개정시는 시각적 간결성, 민족과 역사와의 관련성, 채색을 한 역사와 환경성 등을 충분히 감안해야 한다고 하였다(임채도, 앞의 논문 참조).

(4) 최창동

최창동은 남북 통일이 이루어질 경우 통일 국기를 제정할 때 남북간의 새로운 갈등을 가져올 요소가 많다면서, 그 전제로서 민족의 동질성 회복과 대통합 정신, 민족의 역사성과 전통성, 통일 국가로서의 이념, 통일 국가로서의 역사성 유지 등이 중요하다고 하였다(최창동, 앞의 논문 참조).

(5) 김경탁

김경탁은 태극 양의의 위치는 청색이 건괘에서 시작하여 곤괘로 강성하도록 오른쪽에, 홍색은 곤괘에서 시작하여 건괘로 강성해지도록 왼쪽에 바로 세우고, 건괘는 위에, 곤괘는 아래에, 감괘는 오른쪽에, 리괘는 왼쪽에 두어야 한다고 하였다. 그의 개정 국기를 그림으로 보면 다음과 같다(김경탁, 앞의 책, p. 8).

김경탁 주장 태극기

그의 개정 국기는 4괘의 위치가 백운곡이 그린 태극기의 4괘 위치와 같으나, 음양 양의의 위치는 백운곡이 수평으로 놓은 것과는 달리 세로로 바르게 세워 놓은 점이 다르다.

(6) 백문섭

백문섭은 청 · 홍색이 아래 · 위로 놓여 있는 양의(兩儀)를 홍색은 왼쪽, 청색은 오른쪽에 오도록 양의를 바꾸어야 하되 바로 세워야 한다고 하였으며, 회전 운동은 왼쪽에서 오른쪽으로 움직이도록 되어야 한다고 하였다. 단, 4괘는 현행 태극기의 4괘의 위치와 같이 배열하였다. 백문섭이 제시한 태극기 그림을 보면 다음과 같다(백문섭, 앞의 책, p. 136, 그림 및 안 표지 그림).

백문섭 주장 태극기

백문섭이 주장한 위 태극기의 양의는 김상섭의 개정 국기의 양의와는 달리 세로로 반듯하게 놓여 있다.

(7) 구필회

구필회는 태극기를 바꾸어야 하는 이유로 현행 태극기는 역리에 맞지 않고, 태극 · 4괘의 배열이 잘못이라고 하고 독립문에 새겨진 태극기대로 복원되어야 한다고 주장하였다.

그가 제시한 독립문 태극기 그림을 보면 다음과 같다(구필회, p. 3 그림). 그러나 독립문에 새겨져 있는 태극기 그림에는 음양 양의에 점이 있지만 구필회가 제시한 태극기 그림에는 점이 없다. 구필회가 제시한 독립문 태극기와 점이 있는 독립문 태극기 그림을 보면 다음과 같다(구필회, 앞의 책, pp. 13~139).

구필회가 주장한 태극기

점이 있는 독립문 태극기

(8) 정현규

정현규는 현행 태극기를 지금 당장 바꾸자는 것이 아니라 통일될 한국의 앞날을 내다보고 통일 한국의 상징인 국기의 제정에 관한 개인의 견해를 밝혔다.

그는 현재를 통일 한국의 상징을 준비할 때로 보고, 통일 한국의 국기를 만들 때에는 '민족의 역사적 정통성과 동질성을 상징하는 내용, 민족의 고유한 전통과 생활 풍습, 남 · 북의 대립과 갈등을 해소하고, 한민족으로서 미래의 공동 발전과 번영을 추구하는 민족의 의지 등이 담겨지고 반영된 것이어야 한다' 고 하면서 통일 한국의 국기는 '흰색 바탕에 4괘를 없애고, 태극기의 태극 지름을 세로(너비)면의 3분의 2로 확대한 국기' 를 다음과 같이 제시하였다(정현규, 앞의 책, pp. 210~212).

그는 민족사적 정통성과 문화적인 면에서 볼 때 통일 한국의 국기에는 반드시 '태극 문양' 이 포함되어야 하며, 우리의 역사성은 북한의 오각별을 배제시켜야 할 충분한 논거가 될 수 있다고 하였다(위의 책, p. 214).

그는 이러한 태극기 외에도 국조이래에 조상들이 사용해 온 남 · 북한의 문화 유적에서 공통으로 발견되는 '천부도(天符圖)' 를 바탕으로 한 '천부기' 도 국기로서 손색이 없을 것이라 하였다(위와 같음).

(9) 장경하

장경하는 정통 근본 원리의 태극기를 다음과 같이 제시하였다(백문섭, 앞의 책, p. 92).

장경하가 주장하는 태극기

위의 태극기는 양의(홍색)가 위에, 음의(청색)이 아래에 반듯하게 놓여 있으며, 4괘는 현행 태극기의 4괘의 위치와는 모두 다르다.

(10) 오재춘

오재춘은 태극 · 음양과 4괘를 다음과 같이 도해하여 제시하였다(오재춘, 앞의 책, p. 12)

오재춘이 도해한 태극기

위의 태극기를 보면 음의는 홍색으로 위에, 양의는 청색으로 아래에 반듯하게 놓여 있다. 이러한 음양 양의의 색이 홍 · 청색으로 표시된 것은 다른 태극기에서는 찾아볼 수 없다. 4괘의 위치도 건 · 곤괘는 좌우에, 리 · 감괘는 상하에 놓여 있다.

(11) 백영기

백영기는 그의 '용마하도'에서 태극 양의와 4괘의 위치를 다음과 같이 그려 제시하였다(백문섭, 앞의 책, p. 104).

백영기의 태극 · 4괘도

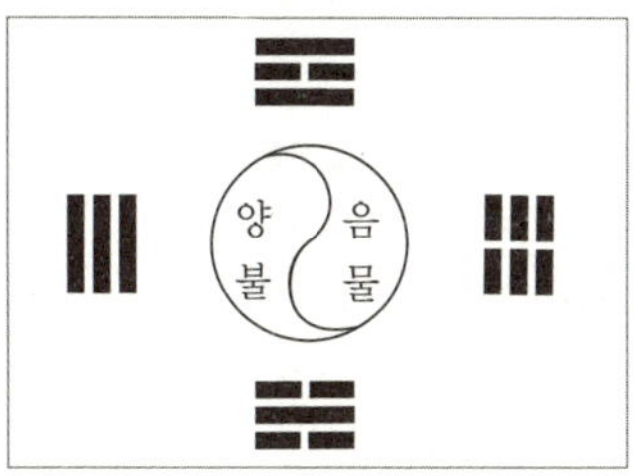

위의 태극 양의는 음의(물)를 오른쪽에, 양의(불)를 왼쪽에 세로로 반듯하게 세우고, 4괘의 건 · 곤괘는 좌우에, 리 · 감괘는 상하에 배열시켜 현행 태극기의 4괘의 위치와 다르다.

태극기를 바꾸어야 한다는 주장의 공통점은 역리에 맞지 않고, 태극 4괘는 우리 민족과 아무런 관련이 없으며, 현행 태극기에 대한 억지 해석 등을 들고 있다. 이같은 것이 비록 개인의 견해라 하더라도 현행 태극기를 부정하고 개정론만을 주장한다면 어떻게 될 것인가? 그러나 통일을 앞둔 21세기에 우리는 통일 국기를 제정할 때까지 우리의 역사성과 현실성을 고려하여 국기 개정 문제는 일단 유보함이 옳을 듯 싶다.

태극기 개정 찬성론자들이 말하는 태극 · 4괘의 위치는 논자마다 차이가 있다. 4괘의 위치는 그대로 두고, 음양 양의만 홍색을 왼쪽에, 청색을 오른쪽에 두어야 한다는 의견도 있고, 4괘는 정방에 건 · 곤괘를 위 · 아래에, 감 · 리괘를 오른쪽 · 왼쪽에 두고, 음양 양의는 수평 또는 수직으로 두어야 한다는 주장이 있으며, 또한 통일 국기를 제정할 때까지 우리는 통일 국기를 만들기 위한 심적 준비와 그에 대한 문제점을 유연하게 짚어 보아야 한다는 견해도 있다. 이처럼 태극기 개정론을 주장하는 사람들의 의견이 각각 다른 것은 역리학적 해석상의 차이에서 오는 결과라 생각된다.

우리는 '홍익인간' 이라는 민족사의 건국 이념을 가지고 있다. 홍익인간의 정신을 반영한 통일 국기를 만드는 데는 민족의 이념과 혼이 담긴 것, 민족의 역사성과 정통성을 나타내는 것, 상징성에 대한 명쾌한 설명, 제작의 편리성 등에 대한 전문가의 충분한 검토와 연구가 있어야 할 것이다.[3] 즉 태극 음양 · 4괘에 대한 역학적 고찰도 필요하지만 오랜 옛날부터 사용해온 S자 모양의 음양 무늬를 역학적 연구로부터 벗어나 전통 무늬로서의 의미를 고고학적 면에서 재조명하여 태극 · 음양 무늬와 우리 국기와의 관계를 규명해야 할 것이다.

3. 우리의 자세

(1) 국기의 정체성 제고

태극기에 대한 개정 찬반론이 항간에 심심찮게 들린다. 하기야 국제적 체육 행사 때마다 대한민국이라는 주권 국가를 상징하는 국기가 아닌 '한반도기' 를 들고 입장하는 모습을 보아온 것은 어제 오늘이 아니다. 우리는 한반

3) 김상섭, 앞의 책, 결론 참조.

도기에 대해 일비일희의 감정을 느낀다. 대한민국의 상징인 태극기가 내려지고 한반도기가 게양된 경기장의 모습을 보는 국민의 마음은 어떠할까?

한반도기는 남 · 북이 분단된 현실에서 민족의 동질성을 찾고, 민족의 화합이라는 대차원에서 비정치적인 국제적 체육 행사 때에 남 · 북의 선수단이 함께 입장하기 위하여 만든 단기(團旗)이다. 이 선수단의 단기인 한반도기는 선수단이 들고 들어가는 단기라는 상징적 의미 외에 다른 의미는 없다. 그러므로 이 한반도기는 앞으로도 남 · 북한의 선수단이 국제적 체육 행사에 참가할 때에는 사용 가능성이 있다고 보여진다. 그러나 이 기는 독립 주권 국가로서의 한국을 상징하는 국기도 아니며 또한 통일 한국의 국기도 아닌 것이다.

국내외에서 열리는 국제적 체육 행사 때 민족의 화합이라는 대차원에서 우리는 주최국으로서의 정체성마저 잃어버린 듯한 느낌을 받는다. 그런가 하면 국경일에 국기 게양 실태를 보면 국기에 대한 의식이 점차 식어가고 있을 뿐아니라 국기에 대한 존엄성도 점차 사라지는 듯한 느낌이 든다. 각급 학교에서 실시해 오던 국기 게양식이나 강하식 마저 폐지된지 오래이다. 국기를 게양하여야만 국기에 대한 예절을 지키고 국기에 대한 존엄성을 갖는 것은 아니다. 국기를 게양하지 않아도 국기를 존중하는 마음과 태도를 가질 수 있다.

국기 게양대에 게양된 태극기가 바람에 펄럭이는 것을 국내외에서 볼 때마다 가슴이 벅차오르는 민족 감정을 느낀다. 이것은 강요에 의해서 나타나는 국기 사랑의 마음이 아니다. 그것은 스스로의 순수한 나라 사랑의 마음이다.

국기에 대한 존업성을 높이기 위해서는 국기를 모독 · 훼손 · 비방하는 행위를 해서는 안된다. 그러나 2015년 4월 세월호 1주기에 즈음하여 일어난 시위 현장에서 태극기를 불지를 놀라운 사태가 일어났다. 참으로 가슴아픈 일이며, 우리모두에게 국기에 대한 경각심을 불러 일으키게 하였다. 태극기를 불사른 모습을 보면 다음과 같다(이 사진 자료는 『뉴스1』김병훈 팀장의 자료 제공과 게재승인을 받은 것임).

여러분은 이 사진을 보고 무엇을 느끼셨습니까? 국기를 불사르는 사람의 행위는 국기 · 국장의 모독 · 훼손 · 비방에 관한 형법 중 국기 관련 벌칙규정(제105조, 제106조)을 위반한 범법행위이며, 이는 대한민국의 정통성과 태극기의 정체성을 부정하는 반정부적 행위로 마땅히 그에 상응하는 처벌을 받아야 하며, 국민의 지탄을 받아 마땅한 것이다. 우리 모두 태극기의 존엄성에 대해 다시 한번 반성을 촉구해야 한다.

중국에서는 동북공정이란 기치 아래 고구려사를 중국사로 넣으려고 하고 있는가 하면, 최근 일본에서는 독도를 일본의 땅이라고 우겨대면서 역사 왜곡으로 식민지배에 대한 정당성을 미화하고 더욱 강화하고 있다. 이러한 때에 우리는 국가와 민족의 정체성을 지켜나갈 마음과 태도를 기르도록 당국의 적극적 노력이 요구된다.

태극기는 대한민국의 독립 주권을 상징하는 숭고한 표지이며, 민족의 이상이 담겨 있는 존재물이다. 그렇기 때문에 어떤 명분 하에서도 어디서나 쉽게 포기할 수 있는 그런 상징물은 아니다. 우리 민족의 역사와 영고 성쇠를 함께 하여 온 태극기에 대해 어떤 마음을 가지고 어떻게 취급해야 하는지 우리의 주변과 스스로를 한 번 돌아보아야 할 때이다.

우리는 국기에 대한 시시비비를 논할 것이 아니라 어떻게 하면 나라 사랑하는 마음을 갖도록 할 것인가를 생각해 보아야 하며, 국민의 한 사람으로서 국기를 사랑하는 태도를 갖도록 스스로 힘써야 한다. 국기에 대한 존엄성이 해이해지면서 국기에 대한 존엄성을 해치고 혐오감을 주는 물건이나 속옷, 물건의 밑바닥, 1회용품, 침대시트, 방석 등에는 국기를 문양으로 활용하도록 하여서는 안된다. 국기에 대한 존엄성은 곧 나라 사랑의 마음인 것이다.

나라 사랑하는 곳에 국기가 있으며, 국기 있는 곳에 나라 사랑의 마음이 있다. 지나치게 역리에 빠져 자기 의견만을 주장하여 현행 우리 국기를 부정하고 개정론만을 주장한다면 태극기에 대한 이해에 혼동을 더욱 가져다 줄 것이다. 그러므로 우리나라의 태극기에 대해서는 설사 역리에 부합되지 않은 점이 있다 하더라도 태극기의 역사성과 현실성을 감안하여 남북 통일 후 통일 국기를 만들어 사용할 때까지는 지나친 논의나 문제점에 대한 주장은 유보함이 좋을 듯 싶다.

태극기에 대한 주장을 각자가 견강부회식으로 자기 입장에서 자기의 견해만을 옳다고 할 것이 아니라, 의미상 다소 미흡한 점이 있다 하더라도 국가에서 정한 태극기의 상징성이 있다면, 이것을 이해하고 지도하도록 해야 한다.

태극기는 일제 강점하에서는 민족의 항일독립운동의 구심체였으며, 6 · 25 전쟁 때에는 대한민국의 정통성을 지키는 국민의 구심체였다는 인식이 우리의 가슴에 새겨져 있다.

이러한 태극기에 담겨 있는 뜻이 무엇인가에 대한 국가적 차원의 논의는 1949년 국기시정위원회 이후 한국정신문화연구원이나 학술원 국기자문위원회에서도 상징성을 정립한 바 있으나 국민에게는 널리 알려지지 않았다. 그 후 1999년 초 행정자치부에서는 광복 50주년 기념 사업의 하나로 학계와 언론계 등의 전문가들의 의견을 수렴하여 '태극기의 내력과 태극기에 담긴 뜻'이 무엇인가를 정립하여 국기 교육 자료로 활용하도록 하였다.

예로부터 우리의 선조들이 생활 속에서 즐겨 사용하던 태극 무늬를 중심으로 만들어진 태극기는 우주와 더불어 끝없이 창조와 번영을 희구하는 한민족(韓民族)의 이상을 담고 있다.

따라서, 우리는 태극기에 담긴 이러한 정신과 뜻을 이어받아 민족의 화합과 통일을 이룩하고 인류의 행복과 평화에 이바지하도록 해야할 것이다.

(2) 올바른 국기 게양 방법의 인식 제고

잘못 게양된 국기의 모습을 우리는 TV화면에서 자주 보게 된다. 실내의 회의장이나 강당에서 행해지는 회의나 집회 · 의식 행사때, 법원의 법정, 정당이나 의회의 회의때, 기관장실 등에 게양된 태극기가 양의(빨간색)의 넓은 부분이 왼쪽 위에, 음의(파란색)의 넓은 부분이 오른쪽 아래에 오도록 잘못 게양되어 있는 모습을 자주 볼 수 있다. 참으로 안타깝고 답답하다.

2007년 2월 13일(화) '유럽 순방 노대통령 특별기에 태극기 잘못 게양'이란 제하에 다음의 기사가 보도됐다(『조선일보』, 2007. 2. 13. A9면에서 재인용).

유럽 순방 노대통령 특별기에 태극기 잘못 게양

「유럽을 순방 중인 노무현 대통령이 순방에 나서기 위해 11일 낮 탑승한 아시아나 항공 특별기에 위 · 아래가 뒤바뀐 태극기가 게양되었다. 서울 성남 모 공군 기지에서 이륙한 이 비행기 조종석 꼭대기에 청와대 휘장과 나란히 게양된 태극기의 위 · 아래가 뒤바뀐 것이다. …(중략)… 노대통령이 탄 비행기가 첫 순방지인 스페인에 도착했을 때는 제대로 꽂혔지만, 이륙 의전 때는 청와대나 아시아나 항공 측도 이 같은 사실을 확인하지 못 했던 것으로 알려졌다」

참으로 다행한 일이었다. 만약 스페인에 도착했을 때 이 잘못 게양된(꽂혔던) 태극기가 그대로 있었다면 어떻게 되었을까? 이 외에도 태극기의 음양의 위치를 바꾸어 그린 태극기를 게양한 경우도 있었다.

2007년 6월 28일(목) 서울 프레스센터에서 열린 '제3회 세계 시민 기자 포럼'에 내보낸 노무현 대통령의 영상 메시지 화면에서 노대통령의 옆에 게양된 태극기가 거꾸로 잘못 게양된 모습이 사진과 함께 신문에 보도된 바가 있었는데 그 내용을 보면 다음과 같다(『조선일보』, 2007년 7월 2일 A2면에서 재인용).

[6월 28일 노무현 대통령의 영상 축하 메시지 화면에 등장한 태극기(이하 생략)]

잘못 그린(만든) 태극기

청와대 '이상한 태극기'

대통령 대국민 영상 메시지용

오목 · 볼록 태극 문양이 반대로

「노무현 대통령이 국민들에게 전하는 영상 메시지를 담을 때 사용하는 태극기가 수 개월 동안 잘못 그려진 채로 걸려 있었던 것으로 1일 확인되었다. 청와대는 화면을 본 시민의 지적을 받고 최근 이 태극기를 폐기했다.

지난달 28일 서울 프레스센터에서 열린 제3회 세계 시민 기자 포럼에 보낸 노대통령의 축하 영상 메시지 화면에서 노대통령의 옆에 놓인 태극기의 태극 문양이 잘못되어 있었다. 음(파랑)과 양(빨강)으로 이뤄진 태극 문양의 볼록한 부분과 오목한 부분이 반대로 그려져 있었다. …(중략)…

이에 대해 청와대 김정섭 부대변인은 "대통령의 영상 메시지에 나온 태극기는 올들어 화면 크기에 맞게 특별히 수제로 제작해 사용해온 것"이라며 "최근 화면을 본 시민의 지적을 받아 태극기가 잘못된 것을 알고, 곧바로 폐기 처분했다"고 말했다.」

앞의 태극기를 얼핏 보면 바르게 그린 태극기를 바르게 게양한 것처럼 보인다. 그러나 태극기의 음양 양의는 「대한민국 국기법」 제7조 제2항(국기의 깃면)에 '…태극기의 윗부분과 아랫부분은 각각 빨간색과 파란색으로 하며…'라고 규정하고, 「대한민국 국기법 시행령」 제6조 제2항, 제3항에는

'반원으로 연결된 원의 윗부분은 빨간색으로, 그 아랫부분은 파란색으로 한다' 고 명시되어 있다. 이것은 태극기의 음의(파란색)는 아래로 오도록 하되 그 넓은 부분은 왼쪽 아래에, 양의(빨간색)는 위로 가도록 하되 그 넓은 부분은 오른쪽 위에 가도록 하여야함을 나타낸 것이다. 그럼에도 위의 태극기 사진을 보면 음의의 넓은 부분이 왼쪽 위로, 양의의 넓은 부분은 오른쪽 아래로 향하여 굽혀 있다. 이 잘못 만든 태극기를 청와대의 누구도 알지 못한 채 수 개월 동안 게양해 왔다는 것은 쉽사리 납득이 가지 않는다. 참으로 어처구니 없는 일이다. 한국 정치의 심장부인 청와대에 근무한 사람들의 태극기의 기본적 사항에 대한 이해와 인식이 의심스럽다. 수제로 만든 태극기를 납품 받은 즉시 바르게 제작되었는지 확인을 하였더라면 이러한 어처구니없는 일은 없었을 것이다.

태극기의 음양 양의의 위치가 잘못 게양된 모습은 최근의 국제 외교상에 있어서도 찾아볼 수 있다.

2008년 4월 19일 오전(현지 시각) 이명박 대통령과 조시 부시 대통령이 '한 · 미 정상회담' 을 마친 후, 캠프 데이비드 헬기장에 마련된 공동기자 회견장에는 성조기와 함께 태극기가 오른쪽에 게양되었는데, 이 태극기 사진을 보면 다음과 같다(『동아일보』, 2008년 4월 21일(월요일) A3에서 재인용).

캠프 데이비드 공동기자회견장에 게양된 성조기와 태극기 사진

위의 태극기를 보면 양의(빨간색)는 왼쪽(양의의 넓은 부분이 왼쪽 위)에, 음의(파란색)는 오른쪽(음의의 넓은 부분은 오른쪽 아래)에 있다. 이 태극기를 얼핏 보면 대부분의 사람들은 바르게 게양된 것처럼 볼 수 있다. 그러나 태극기를 게양할 때는 양의는 태극 반원의 윗부분(넓은 부분은 오른쪽 위)에, 음의는 그 반원의 아랫부분(넓은 부분은 왼쪽 아래)에 오도록 달아야 한다. 그럼에도 위의 게양된 태극기 사진은 양의를 왼쪽에, 음의를 오른쪽에 오도록 달은 것은 잘못 게양된 것이다. 국제적 행사 때 국기를 잘못 게양하

였거나 잘못 단 수기의 모습을 종종 볼 수 있다. 몇 가지 사례를 보면 다음과 같다.

① 2008년 8월 9일 베이징 국가 올림픽 체육관 센터에서 열린 한국 대 러시아의 여자 핸드볼 경기를 국가 원수가 국기를 거꾸로 단 수기를 들고 응원하는 모습이 방송과 사진을 통하여 보았을 때

② 대한민국 건국 60 돌 홍보물(36쪽의 홍보 책자)인 『대한민국 성공 역사는 계속된다』에 감 · 리 두 괘의 위치가 바뀌어 있는 그림(『조선일보』, 2008년 8월 27일 11면)을 보았을 때

③ 2009년 4월 2일 '런던 G20 금융정상회의' 폐막 기자회견장(엑셀 센터 회견장)에서 잘못 게양된 태극기의 모습을 나왔을 때

④ 2010년 캐나다 벤쿠버에서 개최된 동계 올림픽 대회나 이탈리아에서 열린 쇼트트랙 세계 선수권 대회 때 잘못 게양된 태극기의 모습 등을 보았을 때

잘못 게양된 태극기를 보고서도 이를 모르고 지났다는 것은 참으로 안타까우며 이것은 우리 모두의 책임이다. 국내외의 각종 행사 때 국기를 게양할 때는 관계관들의 세심한 주의와 관심이 요망되며, 반드시 확인하여야 한다. 그러기 위해서는 국기 게양에 관한 올바른 인식과 태도의 확립이 필요하며, 국기게양에 관한 기본적 이해가 요구된다.

2007년은 한국의 국기사에서 하나의 획을 긋는 의미있는 해이다. 대한민국의 국기에 관한 규정이 '대통령령'에서 '대한민국 국기법'으로 입법화되어 수권법으로서의 위상을 갖게 되었다. 국기에 관한 기본적 사항이 법제화된 점도 중요하지만 아무리 좋은 법이라도 우리가 지키고 좋은 법이 되도록 잘 가꾸고 실천하지 않으면 그것은 사문화된 조문에 지나지 않을 것이다. 우리는 국기법의 제정에 관한 의의를 바르게 이해하고, 각종 행사나 의식 때, 또 실내의 사무실과 강당, 실내 회의장, 법정, 기관장실 등에 국기를 게양할 때는 국기를 바르게 달도록 유념하여야 한다.

태극기는 대한민국의 국기이며, 우리나라의 주권과 독립, 존엄성을 나타낸 표상이다. 그러므로 국기에 대한 대국민 계도는 아무리 중요시하고 강조하여도 지나침이 없다. 그렇다고 국수적 · 배타적인 태도를 취하여서는 안 된다. 우리나라의 국기를 사랑하고 존중하는 것처럼 다른 나라의 국기도 똑같은 마음과 태도로 존중하여야 한다. 이것은 21세기 국제화시대를 살아가는 바람직한 태도이다.

이러한 예는 국내의 중요한 의식이나 행사 때에도 찾아볼 수 있다. 잘못

그린 태극기를 사용하거나 태극기를 잘못 게양하는 일이 있어서는 안 될 것이다. 의식이나 행사를 주관하는 기관이나 담당자는 국기에 대한 관심을 가지고 사용할 국기를 확인한 후 바른 태극기를 바르게 달도록 주의를 더욱 기울여야 할 것이다.

(3) 국기 계도(啓導)를 위한 바람

행정자치부에서는 비록 늦은 감은 있으나 2007년 7월 27일 「대한민국 국기법」과 「대한민국 국기법 시행령」을 제정 · 공포하여 시행하였다. 이에 따라 우리나라의 국기에 관한 기본 사항은 종래의 대통령령에서 국기법으로 입법화되어 선진국과 같이 법률로서의 위상을 갖게 되었다. 그러나 국기법이 제정되었다고 하여 국기의 위상과 존엄성이 높아지는 것은 아니다. 태극기에 담긴 뜻이 아무리 숭고하고 철학적이며, 또 아무리 좋은 국기법이라 하더라도 국민의 태극기에 대한 존엄성과 올바른 이해가 없고, 이를 잘 준수하고 실천하려는 의지와 태도가 없다면 그것은 사문화된 법에 지나지 않을 것이다. 태극기에 담긴 뜻을 바르게 알고, 국기에 대한 존엄성과 국기 사랑의 마음을 가지고 있을 때 국기법을 준수하고 실천하려는 마음과 태도를 갖게 될 것이다. 「대한민국 국기법」과 동법 시행령이 시행된 지 수년이 지난 지금, 우리 국민은 국기법의 제정 여부와 그 내용에 대해 얼마나 알고 있는지, 각급 학교에서는 국기법과 동법 시행령의 지도를 어떻게 어느 정도 하고 있으며, 관련 기관(정부)에서는 얼마나 대국민 계도를 하고 있는가 생각해 보아야 할 것이다.

정부에서는 국기법과 동법 시행령의 제정 · 공포에 거치지 말고 이의 준수와 실천을 위한 관련 부처의 대국민 홍보 및 계도는 물론 학교와 사회 교육을 통하여 이를 지도하도록 적극적인 뒷받침을 하여야 할 것이다. 그러기 위해서는 다음과 같이 하여야 한다.

첫째, 당국(문화재청)에서는 2008년 8월 12일 한국 근대의 항일민족운동 과정에서 민족의 정신적 구심과 애국심 발로의 지주가 되며, 당시의 민족 정기의 표상과 민족 운동의 구심점이 되었던 역사적 가치와 의미가 있는 중요한 태극기 자료를 등록 문화재로 지정 · 등록하여 훼손되지 않도록 영구히 보존하도록 하였다. 문화재는 민족의 혼이요, 역사와 문화의 결정체이며, 살아있는 사료이다. 이것은 국민의 여망에 부흥할 뿐 아니라 한국 국기사의 새로운 장을 여는 매우 뜻깊고 의미있는 것이다. 이같은 조치는 국기의 존엄성을 더 높이는 계기가 될 것으로 믿어 의심치 않는다. 그러나 단순히 등록문화재로 그칠 것이 아니라 이들 소중한 국기 자료들을 현장의 교육 자료로 활용할 수 있도록 적극적인 자료의 보급과 지도에 지속적으로 힘써야 할 것이다.

둘째, 당국에서는 태극기 기념관이나 태극기 자료실 같은 기구를 설치하여 각 개인이나 문중, 사회단체나 기업체 등 국내외에 산재해 있는 태극기 관련 역사적 자료(실물 태극기 · 태극기 사진 · 관련 역사적 인물 자료 · 각종 규정 · 사료 · 도서 · 영상 · 인쇄물 · 유물 · 목판 · 연표 · 녹음 등)를 수집하여 태극기의 변천 과정을 시대별로 분류 · 전시하고, 이를 국기 교육의 학습의 장과 국기 교육 체험장으로 활용하도록 하며, 국기 교육 연구 자료로도 활용할 수 있도록 하여야 할 것이다. 태극기 관련 문화 유산을 한 곳에 모아 전시 · 보존 · 연구 · 교육하도록 함으로써 국기에 대한 사랑과 존엄성을 더욱 갖게 될 것이다.

셋째, 정부에서는 국기 제정 기념일을 지정하여 국기에 대한 사랑과 존엄성을 더욱 높이도록 하여야 한다.

필자는 지금까지 정부에서 국기 제정 기념일이나 '국기의 날(National Flag Day)'을 지정하여 국가적 차원에서 기념 행사를 실시한 기억이 거의 나지 않는다.

태극기의 창제 과정에서 국기제정 기념일과 관련이 있는 날을 찾아 보면, 1882년 5월 22일 조미수호통상조약을 체결할 때 미국의 성조기와 함께 태극기를 게양하였으며, 1882년 9월 박영효가 일본에 수신사로 갈 때 만든 태기를 고종이 그 이듬해인 1883년 3월 6일(양) 국기로 정하여 8도(道) 4도(都)에 반포하였다. 그 후 1942년 6월 29일 대한민국 임시정부에서 '국기 양식 일치안(국기제작 규정)'을 제정, 공표하였으며, 광복 후에는 1949년 10월 15일 '문교부 고시 제2호'를 공표하여 태극기를 대한민국의 국기로 사용해오고 있다. 그럼에도 아직까지 국기제정 기념일이나 국기의 날을 지정한 바는 없다. 선진 외국에서는 국가적 차원에서 국기의 날을 정하여 정부 차원의 기념 행사를 하고 있음을 볼 때 우리는 국기에 대한 자주적 인식과 국기 사랑의 마음이 극히 부족함을 느낀다. 5년 전에도 조선일보 김홍진 논설위원인이 '국기제정 60주년'을 맞이하여 국기 기념일의 중요성과 필요성을 주창하기도 하였다(『조선일보』, 2009년 10월 15일(목) A38, '만물상'). 정부와 사회 공공기관이나 단체에서는 70여 개의 각종 기념일이나 의미 있는 날을 지정하여 그날에 걸맞은 행사를 하고 있다. 비록 만사지탄의 감이 없지 않으나 지금이라도 국가적 차원에서 가칭 '국기제정 기념일 지정위원회'를 구성하여 전문가들로 하여금 심도 있는 검토와 심의를 거쳐 국민이 공감할 수 있는 국기 제정 기념일을 정하여 의미 있는 행사가 이루어지기를 바란다. 참고로 우리나라의 각종 기념일을 월별로 보면 다음과 같다(2014년도 달력에 근거한 것임).

넷째, 당국에서는 올바른 국기 게양에 관한 홍보와 계도를 하여 국기를 바르게 달도록 하여야 한다. 우리는 실외의 국기 게양대에는 국기를 바르게 게양하지만 실내의 단상이나 강당, 또는 각 기관장실, 실내의 회의장이나 집회

정부 및 사회단체 기관에서 지정한 각종 국경일과 기념일

월별	각종 기념일	계
3	삼일절(3.1) 납세자의 날(3.3) 상공의 날(3.19) 세계 물의 날(3.22) 기상의 날(3.23)	5
4	향토 예비군의 날(4.4) 식목일(4.5) 보건의 날(4.7) 대한민국 임시정부 수립 기념일(4.13) 4 · 19혁명 기념일(4.19) 장애인의 날(4.20) 과학의 날(4.21) 정보 통신의 날(4.22) 법의 날(4.25) 충무공 탄신일(4.28)	10
5	근로자의 날(5.1) 어린이날(5.5) 석가 탄신일(5.6) 어버이날(5.8) 유권자의 날(5.10) 입양의 날(5.11) 스승의 날(5.15) 가정의 날(5.17) 성년의 날(5.17) 발명의 날(5.19) 민주화운동 기념일(5.18) 세계인의 날(5.20) 부부의 날(5.21) 방제의 날(5.25) 바다의 날(5.31) 세계 금연의 날(5.31)	16
6	의병의 날(6.1) 세계 우유의 날(6.1) 씨름의 날(6.2) 환경의 날(6.5) 현충일(6.6) 6 · 10민주항쟁기념일(6.10) 건설의 날(6.18) 6.25 전쟁일(6.25)	8
7	정보 보호의 날(7.9) 인구의 날(7.11) 제헌절(7.17)	3
8	광복절(8.15)	1
9	통계의 날(9.1) 태권도의 날(9.4) 사회 복지의 날(9.7) 철도의 날(9.18) 치매 극복의 날(9.21) 세계 관광의 날(9.27)	6
10	국군의 날(10.1) 노인의 날(10.2) 개천절(10.3) 세계 한인의 날(10.5) 교과서의 날(10.5) 재향군인의 날(10.8) 한글날(10.9) 임산부의 날(10.10) 체육의 날(10.15) 문화의 날(10.18) 경찰의 날(10.21) 국제연합일(10.24) 대한적십자사의 날(10.27) 저축의 날(10.28) 교정의 날(10.28)	15
11	학생 독립운동 기념일(11.3) 소방의 날(11.9) 농어업인의 날(11.11) 보행자의 날(11.11) 순국 선열의 날(11.17)	5
12	소비자의 날(12.3) 무역의 날(12.5) 자원봉사자의 날(12.5) 성탄절(12.25) 원자력의 날(12.27)	5
	계	74

때, 실내의 행사 때 이동식 게양대에 국기를 잘못 게양한 모습을 TV화면에서 자주 볼 수 있다. 특히 정당의 중앙회의 석상에 게양된 태극기를 보면 양의(빨간색)의 넓은 부분이 왼쪽 위에, 음의(파란색)의 넓은 부분이 오른쪽 아래에 오도록 게양한 모습을 자주 본다. 이 정당의 국회 의원이나 사무 관계자들은 국기 게양에 관한 방법을 모르고 있는 것인지 아니면 의도적으로 잘못 게양하고 있는 것인지 아쉽고 답답할 뿐이다. 당국에서는 특히 실내에서 행사나 의식을 행할 때, 또는 의회의 회의나 집회 때 국기를 바르게 달도록 공문을 통하여 철저히 주지 · 실행토록 하여야 한다. 특히 국기를 취급하고 관리하는 담당자는 유념하여야 한다.

다섯째, 당국에서는 초 · 중학교의 '교육과정'에는 각 학년성의 수준에 맞는 국기 교육 관련 내용을 반영하여 이를 지도하도록 하여야 한다. 각급 학교에서는 입학식이나 졸업식 때는 국민 의례의 한 과정으로서 국기에 대한 예절을 잘 지킨다. 그러나 교과 시간에는 국기 교육을 어떻게 하고 있는지, 국기 게양식이나 강하식은 어떻게 하고 있는지 생각해 보아야 할 것이다. 국기 교육은 어떤 한 부분적으로 이루어지기 보다는 학교 교육 전체 속에서 상호 관련을 가지고 이루어지도록 하여야 한다.

여섯째, 당국에서는 국기 교육을 위한 자료집을 발간 · 공급하여 국기 교육 자료로 활용하도록 하여야 한다. 각급 학교의 도서관에서는 국기 관련 자료를 비치해서 학생뿐만 아니라 지역민도 태극기 자료를 활용할 수 있도록 하여야 할 것이다. 뿐만 아니라 시중에서 제작 · 판매되고 있는 태극기와 깃봉이 국기 및 깃봉 제작 규정에 맞는지 철저한 관리 · 감독을 하여 규격에 맞는 국기를 제작 사용하도록 하여야 한다.

일곱째, 국기의 존엄성이 훼손되지 않도록 대국민 계도와 교육을 적극적, 지속적으로 하여야 한다.

국기는 나라와 민족의 표상이며, 민족의 역사와 전통 · 이상이 담겨있는 숭고한 표지이다. 그러므로 국기에 대한 존엄성은 아무리 강조하여도 지나침이 없다. 그럼에도 국기의 존엄성을 훼손하는 경우를 종종 볼 수 있다.

「대한민국 국기법」 제11조(국기 또는 국기 문양의 활용 및 제한)에는

① 국기 또는 국기 문양(태극과 4괘)은 각종 물품과 의식 등에 활용할 수 있다.
  1. 깃면에 구멍을 내거나 절단하는 등 훼손하여 사용하는 경우
  2. 국민에게 혐오감을 주는 방법으로 활용하는 경우
② 제1항의 국기 모양 중 태극과 4괘는 이름과 함께 또는 따로 분리하여 각종 물품과 의식 등에 활용할 수 있다.

고 규정하고 있다.

위의 규정은 국기나 국기의 문양(태극과 4괘)을 국기의 존엄성을 훼손하지 아니하는 범위 안에서 활용할 수 있도록 한 것이다. 여기서 국민에게 혐오감을 주는 행위나 각종 물품이란 어떤 것인가?

혐오감을 주는 행위란 국기에 구멍을 내거나 찢는 것, 절단하는 것(칼이나 가위 등으로 자르는 것), 국기에 낙서하거나 물감으로 칠하는 것, 오물을 뿌리는 것, 국기를 짓밟거나 더러운 곳에 버리는 것, 스프레이로 더럽히는 것, 국기를 땅에 깔고 태극 위에 물건을 올려 놓거나 사람이 밟고 서 있는 것, 국기를 땅에 대고 끌고 다니는 것, 국기를 바닥에 놓고 깔고 앉는 것, 국기로 속옷을 만들어 입는 것 등이다. 혐오감을 주는 각종 물품이란 양말의 밑바닥, 속옷, 일회용 컵, 접시, 침대 시트, 방석이나 손수건, 각종 물품이나 도구의 밑바닥, 누추한 천이나 장소, 더러운 물건(품), 불미스러운 광고, 목욕수건 등 다양하다. 국기를 게양하고 내릴 때 깃면이 땅에 닿지 않도록 하고 땅에 떨어진 수기나 국기는 주워서 깨끗한 곳에서 소각시키며 더러운 국기나 찢어진 국기는 불에 태우도록 하는 것도 국기의 존엄성을 훼손하지 않도록 하기 위함이다. 국기를 바르게 달고 내리며 국기를 국기함에 넣어 깨끗한 장소에 보관하고 국기에 대한 예절을 바르게 지키는 것은 국기의 존엄성을 높이는 방법이며 행위이다. 그럼에도 정부 각 기관이나 공공기관, 사회단체와 산업체의 장이나 각종 회의실, 법원의 재판장 등에 잘못 게양된 국기의 모습을 TV화면에서 종종 보게 된다. 국제적 체육 행사 때 애국가가 울려 퍼지면서 잘못 게양된 태극기가 올라가는 모습을 볼 때 참으로 답답하고 안타깝다.

국기에 대한 존엄성은 다른 사람이 가져다주는 것이 아니며 또한 타율적으로 높여지는 것도 아니다. 부모를 공경하고 남편과 아내 · 자식을 사랑하고 소중히 여기는 것처럼 나라와 민족의 표상인 국기를 경건한 마음으로 다루고 예절을 바르게 지키며 존엄성을 갖는 것은 문화 민족으로서의 도리요, 기본 태도이다. 그러므로 당국에서는 국기에 대한 자주적 의식을 가지고 학교와 사회교육을 통하여 국기를 소중히 여기고 바르게 다루어 국기에 대한 존엄성을 높이도록 지속적인 계도와 교육을 하도록 하여야 할 것이다. 뿐만 아니라 규격에 맞는 깃봉(금색의 무궁화 꽃봉오리)과 태극기를 제작 · 사용하도록 관심을 가지고 지도 감독하여야 한다.

끝으로, 국기에 대한 존엄성과 국기 의식이 점차 희박해 가는 요즈음 학교 교육뿐만 아니라 사회 교육을 담당하고 있는 지도자들은 국기 교육을 적극적으로 해야겠다는 마음과 자세를 가져야 한다. 국기 교육의 성패는 가르치는 사람의 자세에 달려 있다. 아무리 좋은 국기법과 시행령이 제정되고, 태극기 자료관이 설치되고 좋은 자료집이 발간된다 하더라도 그것을 활용하려는 지도자의 마음 가짐과 태도 여하에 따라 그 성과는 달라질 것이다.

우리는 먼 후일 남북 통일이 되어 통일 국가를 이루었을 때에 민족이 공감할 수 있는 나라의 건국 이념과 민족의 역사와 이상이 담겨진 정체성이 있는 국기를 만들되 설명하기 쉽고 누구나 그리기 쉬운 국기를 만들어야 할 것이다.

Ⅵ 국기에 관한 제규정

1. 국기법 제정 이전의 국기에 관한 규정

(1) 국기 제작 방법에 관한 규정

가. 문교부 고시 제2호(1949.10.15)

우리 나라 국기에 관하여서는 단기 4278년 11월 군정하 학무당국에서 그 형식을 공표하여 이래 사용하여 왔으나 일부에 그 공표된 형식에 이견을 가지고 공표와 다른 형식의 태극기를 사용하는 측도 있어 국기 형식에 통일이 없었음에 비추어 금번에 대통령의 지시에 의한 국기시정위원회의 연구 사정(査定)과 국무회의 의결에 따라 국기의 형식 및 깃봉(旗頭)을 좌기와 같이 시정(是正)하여 단기 4282년 10월 15일부터 이를 시행한다.

단기 4282년 10월 15일

문 교 부 장 관

국기 제작법

1. 깃면
1) 깃면은 백색으로 하고 길이와 넓이는 3과 2의 비례로 함.
2) 태극은 깃면의 중심을 중심으로 하여 직경이 깃면 넓이의 2분의 1의 원을 그린 다음 건(乾)과 곤(坤)을 통하는 사선에 의한 원의 직경을 4등분하여 좌우 각 4분의 1점을 중심으로 하여 향좌는 선하(線下)에 향우는 선상에 반원을 그려 양의를 이루고, 상반부를 새빨간 빛(진홍색)으로 하반부를 푸른 빛(아청색)으로 함.
3) 괘(卦)는 두 대각선상에 태극에서 태극 직경의 4분의 1의 거리를 두어 우선 직경의 2분의 1과 3분의 1의 장방형을 그리고, 그 넓이를 4등분하여 효(爻)는 각각 한 푼으로 하고 효와 효 사이는 각각 반 푼으로 하며 검은 빛(흑색)으로 함. 위치는 건(乾)을 향좌상, 곤(坤)을 우하, 감(坎)을 우상, 리(離)를 좌하로 함.
2. 깃봉과 깃대
1) 깃봉은 대체로 구형(그 직경이 태극 직경의 3분의 1)에 가까운 무궁화 봉오리를 상징하되 하반부에 꽃받침(5편)을 뚜렷이 표시하며 전부 금색으로 함.
2) 깃대는 대(竹)로 하되 색칠을 하지 않고 대 제대로의 순색으로 함.
3. 기의 대소
1) 옥상에 높이 걸거나 게양용의 대기는 넓이 180(厘), 140(厘)의 두 가지로 함.
2) 일반 가정용의 중기는 넓이 1(米), 70(厘)의 두 가지로 함.
3) 손에 들 소기는 넓이 30(厘), 20(厘)의 두 가지로 함.
단, 형편에 따라서는 임의의 치수로 만들어도 좋음.

시정 태극기

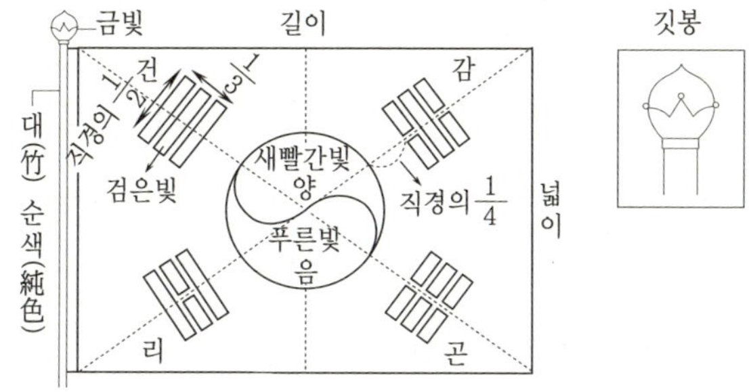

나. 문교부 고시 제3호(1950.1.25)

단기 4282년 10월 15일 부 문교부 고시 제2호 국기 제작법 중 좌와 같이 개정한다.

단기 4282년 1월 25일

문 교 부 장 관

기

1. 깃봉의 구형 직경이 태극 직경의 「3분의 1」은 「5분의 1」로 개정한다.
2. 도시한 깃봉 꽃받침 5편 첨단의 소구형을 없이 하고, 깃봉의 규격을 좌도와 같이 한다.

개정 국기봉 (도식 설명)

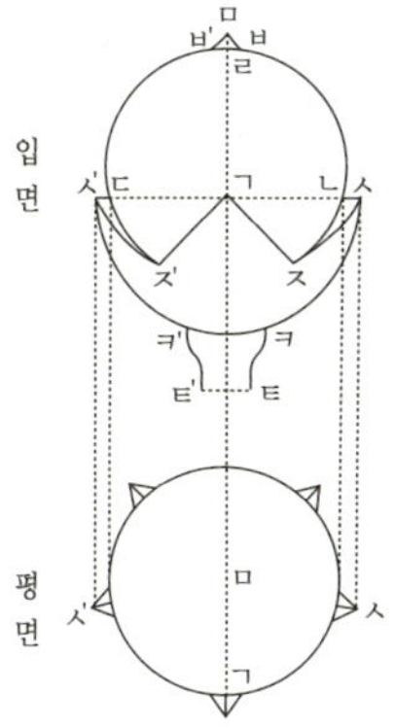

1. ㄴㄷ은 깃봉의 직경임(태극 지름의 1/5)
2. ㄱㄴ : ㄱㄹ=7 : 8로 하여 ㄴㄹㄷ의 반타원을 이룸
3. ㄹㅁ, ㄹㅂ은 각 ㄱㄹ의 $\frac{1}{8}$
4. 꽃받침 첨단의 부피는 ㄱㄴ의 $\frac{1}{8}$
5. ㄱ을 중심으로 하여 ㅅㅊㅅ'의 반원을 그려 꽃받침을 이룸
6. ㅈ은 ㄱㅊ, ㄱㅅ의 각 중간점에서 수평 수직된 선의 교차점임
7. ㅊㅋ은 ㄱㄴ의 $\frac{1}{3}$
8. ㅋㅌ은 ㄱㄴ의 $\frac{2}{5}$

국기와 깃봉의 대소표

	1호(게양대 · 식장용 대)	2호(게양대 · 식장용 소)	3호 (가정용 대)	4호 (가정용 소)	5호 (수기 대)	6호 (수기 소)
깃면의 넓이	180cm	140	100	70	30	20
태극의 직경	90cm	70	50	35	15	10
깃봉의 직경	18cm	14	10	7	3	2

(2) 대한민국 국기에 관한 규정

가. 대한민국 국기에 관한 규정 제정(1984. 2. 21)

국무회의의 심의를 거친 대한민국 국기에 관한 규정을 이에 공포한다.

대 통 령 전 두 환 (인)

1984년 2월 21일

국 무 총 리 진 의 종

국 무 위 원

총무처장관 박 찬 긍

대통령령 제11,361호

대한민국 국기에 관한 규정

◇ 대한민국 국기에 관한 규정 제정 이유

현행 국기 제작법(문교부 고시)과 국기 게양 방법에 관한 건(대통령 고시)으로 이원화되어 있는 국기에 관한 규정을 흡수 · 통합하고 일부 규정을 보완하여 대통령령으로 제정함으로써 국기의 존엄성을 높이고 국기에 관한 국민의 인식을 올바르게 하려는 것임.

◇주요 골자

가. 국기의 제작 및 게양 방법에 관한 종전의 대통령 고시와 문교부 고시의 내용을 이 규정에 그대로 흡수 · 통합하여 규정하되, 그 내용을 국민이 이해하기 쉽도록 일부 보완함.

나. 국기는 제작 · 보존 · 사용 및 판매 등에 있어서 그 존엄성이 유지되도록 함(영 제2조).

다. 국기에 대한 맹세와 경례 방법을 명문화함(영 제3조 및 제4조).

라. 인쇄물 등에 국기의 깃면을 원래의 색으로 표시할 수 없는 경우에는 깃면 바탕과 태극의 윗부분은 인쇄물 등의 바탕색으로, 태극의 아랫 부분과 4괘는 검정색으로 나타내도록 함(영 제8조).

마. 의전용 등 국기의 깃면의 둘레에 금실을 달 수 있는 경우와 그 방법 등을 정함(영 제9조).

바. 국기의 깃대의 재질 및 색을 다양화하고, 깃대와 깃대의 거리를 정함(영 제11조).
사. 국경일 등 국기를 게양하여야 하는 날과 그 게양 및 강하 시각을 명문화함(영 제12조 및 제13조).
아. 국가 · 지방자치단체 · 기타 공공단체 등 연중 국기를 게양하는 기관의 게양식과 강하식의 거행 방법을 명문화함(영 제14조).
자. 일반 가정 · 건물 등에 있어서 국기의 게양 위치를 정함(영 제17조).
차. 재외 공관에 있어서 국기의 게양 및 강하 시각 등은 주재국의 관례를 따르도록 함(영 제21조).
카. 국기의 깃면의 용도별 규격에 실내 게시용 규격 및 가정용 일부 규격을 추가 보완함(영 제22조).

◇ 「대한민국 국기에 관한 규정」의 풀이 (법령 해설)

1. 국기의 존엄성

가. 국기는 나라의 상징이며, 민족의 전통과 이상이 담겨 있으므로 나라마다 특성이 드러날 수 있도록 그 색깔과 모양을 달리 하고 있다. 따라서 우리나라 국기인 "태극기"를 소중히 하고, "태극기"에 대한 예절을 지켜 존엄성을 높이는 일은 바로 국가와 민족에 대한 자존심을 지키는 일과 같으며, 국민으로서 마땅히 하여야 할 도리임.
나. 국기의 존엄성을 높이기 위하여는 국기의 제작 · 보존 · 사용 및 판매 등 국기를 다루는 모든 과정에서 예절을 지켜 소홀함이 없도록 하여야 하며, 규격에 맞는 국기를 갖추어 국기 게양일에 올바르게 게양하여야 함.

2. 국기에 대한 맹세 및 경례

가. "국기에 대한 맹세"를 하여야 하는 경우

• 국기의 게양식 및 강하식

일기 변동 등으로 정해진 시간 이외에 국기를 게양 또는 강하하는 때와 국기 게양식에서 애국가 주악을 생략할 때에는 "국기에 대한 맹세"를 생략함.

• 각종 의식에서 "국기에 대한 경례"를 할 때

국기에 대한 맹세

나는 자랑스런 태극기 앞에 조국과 민족의
무궁한 영광을 위하여 몸과 마음을 바쳐
충성을 다 할 것을 굳게 다짐합니다.

(수정 전의 맹세문)

나. "국기에 대한 경례" 방법

• 제복을 입지 않은 사람

국기를 향하여 오른손을 펴서 왼편 가슴에 대고 국기를 주목

제복을 입지 아니한 사람 중 모자를 쓴 사람

국기를 향하여 오른손으로 모자를 벗어 왼편 가슴에 대고 국기를 주목(모자를 벗기 곤란한 경우(갓 등)에는 벗지 아니하고 경례를 할 수 있음)

- 군인 · 경찰관 · 교도관 · 보이스카웃 · 학도호국단원 등 제식화된 복장을 입은 사람
  국기를 향해 거수 경례

3. 국기의 제작법

가. 깃면의 제작

- 깃면의 제작 방법을 도면으로 표시하면 다음과 같음.

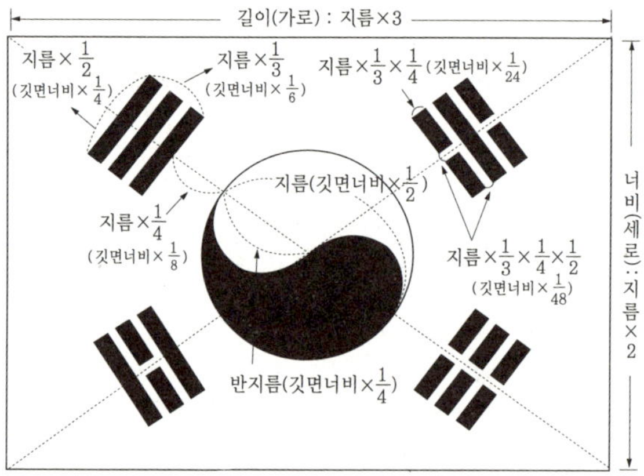

- 국기의 용도별 규격은 다음과 같으나 특별한 경우에는 깃면의 길이와 너비의 비례(3 : 2)를 지켜 그 크기를 달리 제작할 수 있음.

호수	깃면 규격 (길이×너비)	깃봉 직경	깃대의 길이	용 도
특호	300cm이상×200cm이상	20cm이상	지상 깃대 : 10m이상 옥상 깃대 : 7m이상	건물의 옥상 또는 전면 지상에 고정적으로 설치된 게양대용
1호	270cm×180cm	18cm		
2호	210cm×140cm	14cm		
3호	150cm×100cm	10cm	지상 깃대 : 5m이상 옥상 깃대 : 3.5m이상	일반 가정에 고정적으로 설치된 게양대용
4호	105cm×70cm	7cm		
5호	90cm×60cm	6cm	2.5m이상	일반 가정의 조립식(이동식) 깃대용
6호	60cm×40cm			실내 게시용
7호	45cm×30cm			
8호	30cm×20cm	2cm	35cm이상	수기용

• 깃면을 흑색으로만 인쇄하여야 하는 부득이한 경우에는
  · 깃면의 바탕과 태극의 윗부분은 인쇄물의 바탕색으로
  · 태극의 아랫부분과 4괘는 검정색으로 나타냄
• 금실을 부착할 수 있는 경우는 다음과 같으며, 이 때의 금실의 폭은 깃면 너비의 1/7~1/8로 하고 깃대와 닿는 부분에는 달지 아니함.
  · 국가를 대표하는 사람의 승용차에 다는 경우
  · 의전용으로 쓰이는 경우
  · 실내에서 게양하는 경우
  · 각종 국제 회의시에 탁상용으로 쓰이는 경우

나. 깃봉의 제작
• 깃봉의 모양은 꽃받침 5편이 있는 둥근 모양의 무궁화 봉오리 모양임.
• 깃봉의 색은 전부 황금색으로 함.
• 깃봉의 지름은 국기 깃면 너비의 1/10로 함.
• 깃봉의 제작 방법은 아래와 같음.

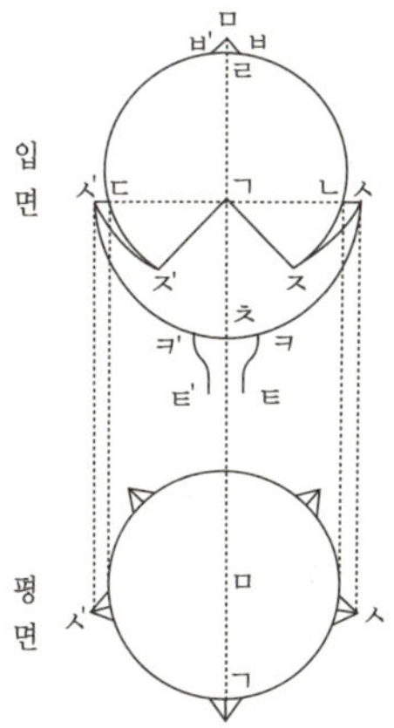

1. ㄴㄷ은 깃봉의 지름임
   (깃면 너비의 1/10)
2. ㄱㄴ : ㄱㄹ=7 : 8로 하여 ㄴㄹㄷ의 반타원을 이룸
3. ㄹㅁ · ㄹㅂ은 각 ㄱㄹ의 1/8
4. 꽃받침 첨단의 부피는 ㄱㄴ의 1/10
5. ㄱ을 중심으로 하여 ㅅㅊㅅ′의 반원을 그려 꽃받침을 이룸
6. ㅈ은 ㄱㅊ,ㄱㅅ의 각 중간점에서 수평 수직된 선의 교차점임
7. ㅊㅋ은 ㄱㄴ의 1/3
8. ㅋㅌ은 ㄱㄴ의 2/5

다. 깃대의 제작
• 깃대는 대나무 · 쇠 등 견고한 재질로 만듬.
• 깃대의 색은 대나무색 또는 대나무색과 비슷한 색으로 함.
※ 깃대의 색을 흰색으로 할 수 있는 경우
  · 건물 등에 고정된 깃대
  · 의전용 및 탁상용 깃대
  · 실내 게양용 깃대
• 2개 이상의 깃대를 설치할 때의 깃대와 깃대 사이는 게양하는 깃면의 길이보다 넓게 하여야 함.

4. 국기의 게양

가. 국기를 전국적으로 게양하는 날

- 경축일
  - 설날(1월 1일)
  - 3 · 1절(3월 1일)
  - 제헌절(7월 17일)
  - 광복절(8월 15일)
  - 국군의 날(10월 1일)
  - 개천절(10월 3일)
  - 한글날(10월 9일)
- 조의를 표하는 날(조기 게양일)
  - 현충일(6월 6일)
  - 국장 기간
  - 국민장일
- 기타 정부가 따로 지정하는 날

나. 연중 국기를 게양하여야 하는 기관

- 국가와 지방 자치 단체 및 공공단체의 청사
- 각급 학교

다. 국기의 게양 및 강하 시간

- 비 또는 눈이 내리지 않는 날의 낮에 게양함.
- 국기의 게양 및 강하를 전국적으로 통일하기 위하여 정한 시각은 다음과 같음.

기간	게양 시각	강하 시각
4월~9월	06:00	17:00
10월~다음해 3월	07:00	17:00

※강하 시각은 연중 17:00로 통일

- 비 또는 눈이 오거나 다시 개거나 하는 때에는 일기에 따라 수시로 강하 또는 게양함.
- 재외 공관의 국기 게양 및 강하 시각은 주재국의 관례에 따름.

라. 국기의 게양식 및 강하식

- 게양식 및 강하식을 하여야 하는 기관
- 연중 국기를 게양하는 건물
  - 국가와 지방자치단체 및 공공단체의 청사
  - 각급 학교
- 식의 거행 방법
  - 애국가 주악 시간과 일치되도록 함.
  - 애국가 주악과 병행하여 "국기에 대한 맹세"문을 낭송함.
  - 애국가 주악과 "국기에 대한 맹세"는 건물 내외에서 들을 수 있도록 함.
  - 일기 변동으로 정해진 시간 외에 게양 · 강하할 때에는 식을 생략함.

· 국기 게양식의 경우에는 애국가 주악과 "국기에 대한 맹세"를 생략할 수 있음.
· 국기와 다른 기를 게양할 때에는 국기와 다른 기를 동시에 게양하거나 먼저 게양한 후 다른 기를 게양하여야 하며, 강하할 때에는 국기와 다른 기를 동시에 강하하거나, 다른 기를 먼저 강하하여야 함.

마. 게양식 및 강하식 때의 경의 표시 방법

- 건물 밖에 있는 사람
  · 국기를 볼 수 있는 사람 : 국기를 향하여 경례
  · 국기를 볼 수 없고 주악만을 들을 수 있는 사람 : 그 방향을 향하여 차렷 자세
- 건물 안에 있는 사람 : 국기를 향하여 선 채로 차렷 자세
- 식을 하고 있는 건물의 울타리 안에 있는 차량에 탑승하고 있는 사람 : 차량을 정지하고 앉은 채 차렷 자세

바. 국기의 게양 방법

- 경축일 및 평일의 게양 방법은 아래 그림과 같이 깃봉과 깃면의 사이를 떼지 아니함.

- 조의를 표하는 현충일 · 국장 기간 · 국민장 등의 날에는 아래 그림과 같이 깃봉과 깃면의 사이를 깃면 너비만큼 내려 담.

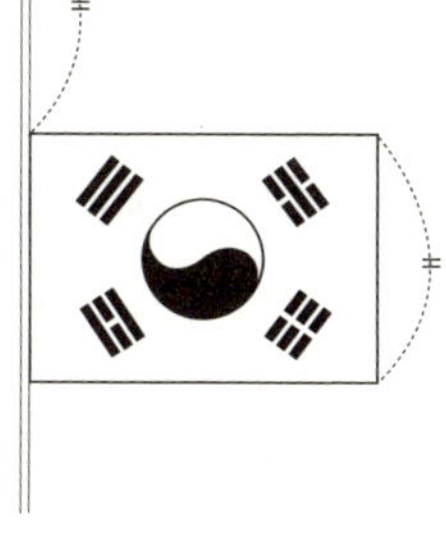

- 경축 행사 등의 경우에 깃면을 늘여서 다는 방법은 아래 그림과 같이 깃면 길이의 흰 부분만을 길게 하여 리괘가 왼쪽 위로 오도록 함.

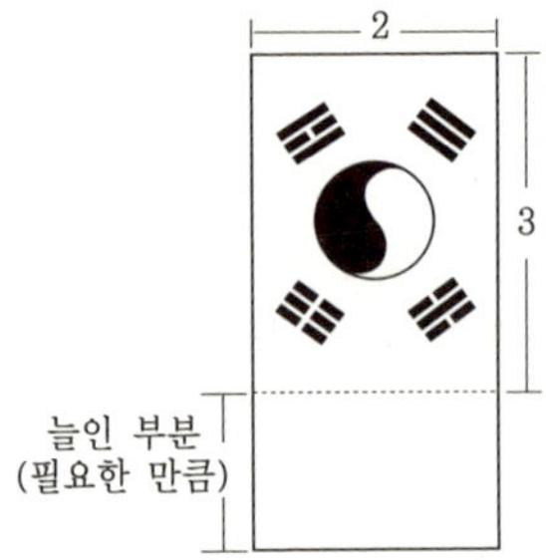

사. 국기의 게양 위치

• 일반 가정의 대문에는 아래 그림과 같이 집 밖에서 보아 왼쪽 대문에 게양함.

• 건물의 옥상에는 아래 그림과 같이 중앙에 게양함.

• 국기 깃면을 건물 안의 사무실에 게시할 때에는 출입문 맞은편 벽의 중앙 윗면에 게시하는 것을 원칙으로 하되, 부득이한 경우에는 출입문에서 보이는 좌 · 우측 벽의 중앙 윗면에 게시할 수 있음.

• 회의장, 강당 등에 국기를 깃대에 달아서 세워 놓거나 게시할 때에는 아래 그림과 같이 그 전면의 중앙 또는 왼쪽에 국기가 위치하도록 함.

- 각종 차량에는 전면을 밖에서 보아 왼쪽에 국기를 게양함.
- 국기와 다른 기를 게양할 때에는 게양하는 기의 수가 홀수인 경우와 짝수인 경우로 구분하여 아래 그림과 같이 위치하도록 함.

(홀수인 경우)

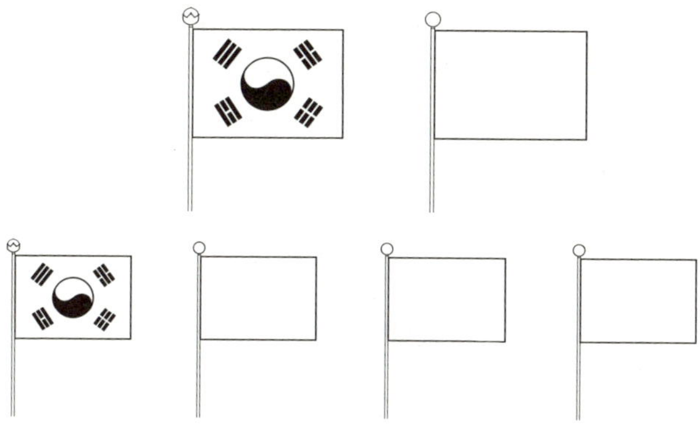

(짝수인 경우)

아. 국기 · 외국기 · 국제연합기의 게양

- 우리나라를 승인한 나라의 국기에 한하여 게양하는 것이 원칙임. 다만, 국제적 회의 · 체육 대회 등에 우리나라를 승인하지 아니한 나라의 대표선수 등이 참가하였을 경우에 그 나라의 국기를 게양하고자 할 때에는 미리 총무처 장관의 협의를 거쳐야 함.
- 국기 · 외국기 · 국제 연합기를 함께 게양할 경우에는 그 크기 및 높이가 같아야 함.
- 국기와 외국기를 함께 게양할 때에는 국기를 가장 윗자리에 게양하고 외국기의 게양 순위는 외국 국가 명칭의 알파벳 순서에 따르되, 게양하는 기의 수가 홀수인 경우와 짝수인 경우로 구분하여 아래 그림과 같이 게양함.

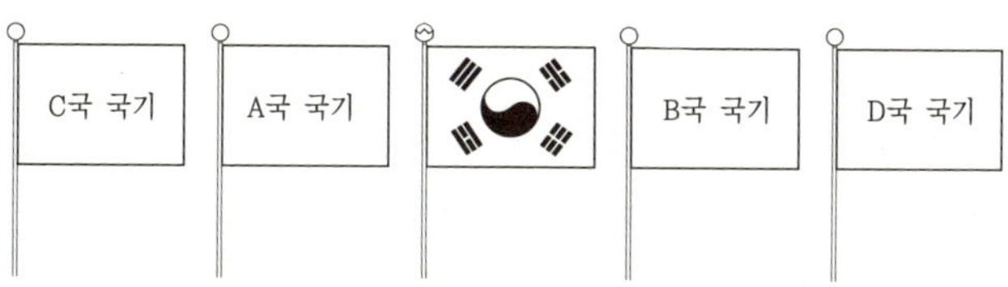

(홀수인 경우)

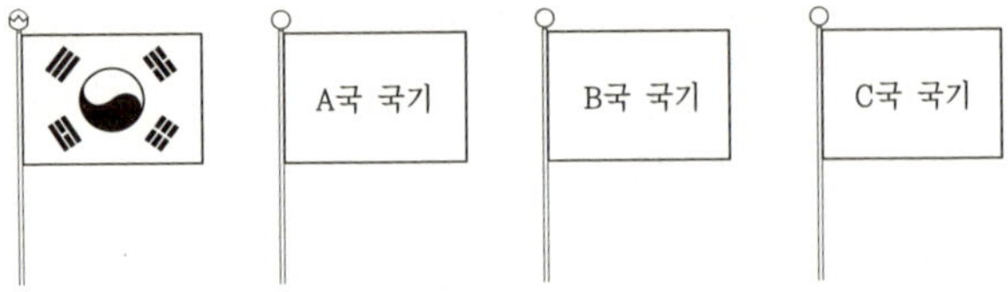

(짝수인 경우)

• 국기 · 외국기 · 국제연합기를 함께 게양할 경우에는 아래 그림과 같이 국제연합기 · 국기 · 외국기 순서에 따라 가장 윗자리부터 차례로 게양함.

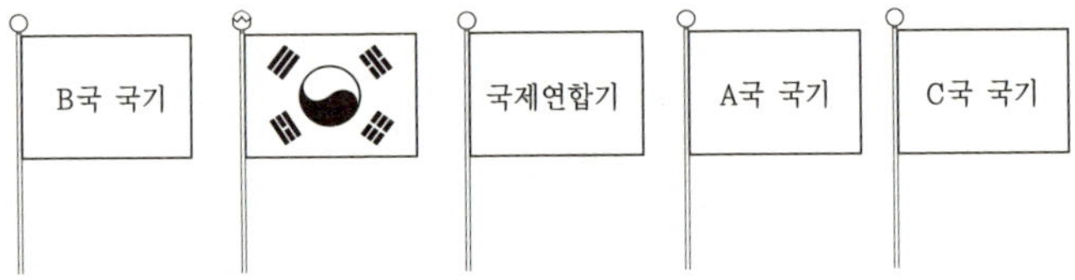

(홀수인 경우)

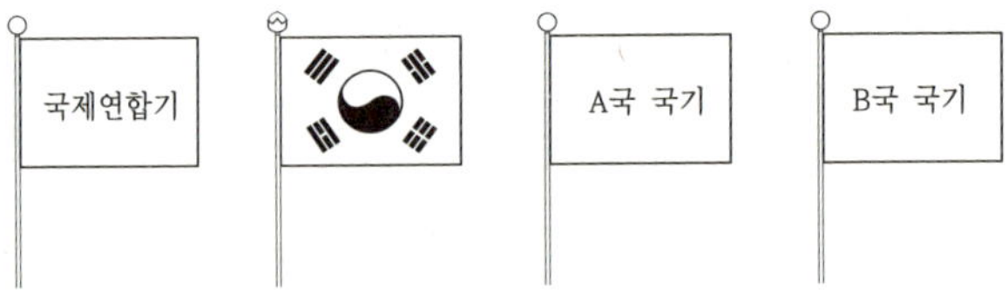

(짝수인 경우)

• 국기와 외국기를 교차시켜 게양하는 방법은 아래 그림과 같이 밖에서 보아 국기의 깃면이 왼쪽에 오도록 하고, 국기 깃대가 외국기의 깃대 앞쪽으로 오도록 함.

(교차시)

5. 기타 사항

가. 영구에 국기를 덮을 때에는 영구의 덮개를 위에서 바로 내려다 보아 덮개의 윗부분 오른쪽에 건괘 부분이, 왼쪽에 리괘 부분이 오도록 함. 이 때에 국기 깃면이 땅에 닿지 않도록 하여야 하며, 영구와 함께 매장할 수 없음.

나. 국기가 훼손된 때에는 지체없이 소각하여야 함.

나. 대한민국 국기에 관한 규정 개정.

대한민국 국기법이 제정되기 이전의 규정은 1984년 2월 21일 대통령령 제11361호의 공포로 모두 폐지되었다. 1984년에 제정된 대통령령(제11361호)은 이후 6차례의 개정을 거쳤다. 그 개정 과정을 요약해 보면 다음과 같다.

국기에 관한 규정 개정

개정횟수	대통령령	개정년월일	개정 주요내용	개정대통령
1차 개정	제12148호	1987. 4. 29(수요일) 1987. 5. 10 시행	제13조 제3항 국기의 게양 시각 및 강하 시각	전두환
2차 개정	제12642호	1989. 3. 10(금요일) 공포한 날부터 시행	제12조 제3호 설날을 1월1일로 함 제17조 3항 삭제 제22조 국기 깃면의 크기 정함	노태우
3차 개정	제14943호	1996. 3. 12(화요일) 공포한 날부터 시행	국기에 대한 맹세문 낭독 안함	김영삼
4차 개정	제15182호	1996. 12. 27(금요일) 공포한 날부터 시행	제7조 국기의 표준 색도 정함 제9조 1항 국기 금실 다는 규정 신설 제15조 국기 게양일 제13조 국기의 게양 및 강하 시간 제14조 국기 게양식 · 강하식 제22조 국기의 문양 활용	김영삼
5차 개정	제15948호	1998. 12. 28(월요일) 공포한 날부터 시행	제18조 1항 용어 변경 제7조 및 제13조 장관명 변경 (총무처장관→행정자치부장관)	김대중
6차 개정	제17770호	2002. 11. 6(수요일) 공포한 날부터 시행	제22조 국기 또는 국기 문양의 활용 규정	김대중

다. 대한민국 국기에 관한 규정 내용

대한민국 국기에 관한 규정

(1984. 2. 21
대통령령 제11,361호)

6차개정 2002. 11. 6. 대통령령 제17770호

제1장 총 칙

제1조 (목적) 이 영은 대한민국을 상징하는 태극기(이하 "국기"라 한다)의 제작 · 게양 및 관리 등에 관한 사항을 규정함을 목적으로 한다.

제2조 (국기의 존엄성) 국기는 제작 · 보존 · 사용 및 판매 등에 있어서 그 존엄성이 유지되도록 하여야 한다.

제3조 (국기에 대한 맹세) 국기에 대한 경례를 할 때에는 다음의 맹세문을 낭송하여야 한다. 다만, 국기에 대한 경례 중 애국가를 주악하는 경우에는 이를 낭송하지 아니한다.

"나는 자랑스런 태극기 앞에 조국과 민족의 무궁한 영광을 위하여 몸과 마음을 바쳐 충성을 다할 것을 굳게 다짐합니다."(개정 96. 3. 12)

제4조 (국기에 대한 경례) ① 제복을 입지 아니한 사람은 국기를 향하여 오른손을 펴서 왼편 가슴에 대고 국기를 주목한다.
② 제복을 입지 아니한 사람 중 모자를 쓴 사람은 국기를 향하여 오른손으로 모자를 벗어 왼편 가슴에 대고 국기를 주목한다. 다만, 모자를 벗기 곤란한 경우에는 이를 벗지 아니할 수 있다.
③ 제복을 입은 사람은 국기를 향하여 거수경례를 한다.

제2장 국기의 제작

제1절 깃면

제5조 (깃면의 구성) ① 국기의 깃면은 그 바탕을 흰색으로 하고, 그 깃면의 길이와 너비는 이 영에 특별한 규정이 있는 경우를 제외하고는 3대 2의 비례로 한다.
② 국기의 깃면은 태극(太極)과 4괘(卦)로 구성한다.

제6조 (태극의 작도) 태극은 다음 순서에 따라 아래의 그림과 같이 그린다.

1. 깃면의 두 대각선이 서로 교차하는 점을 중심으로 깃면 너비의 2분의 1을 지름으로 하는 원을 그린다.
2. 두 대각선 중 왼쪽 윗모서리에서 오른쪽 아랫모서리로 그어진 대각선상의 원의 지름을 2등분하여 왼쪽 부분에 원의 지름의 2분의 1(깃면 너비의 4분의 1)을 지름으로 하는 반원을 대각선의 아랫부분에 그리고, 그 오른쪽 부분에 원의 지름의 2분의 1(깃면 너비의 4분의 1)을 지름으로 하는 반원을 대각선의 윗부분에 그린다.
3. 반원으로 연결된 원의 윗부분은 빨강색(진홍색)으로, 그 아랫부분은 파랑색(아청색)으로 한다.

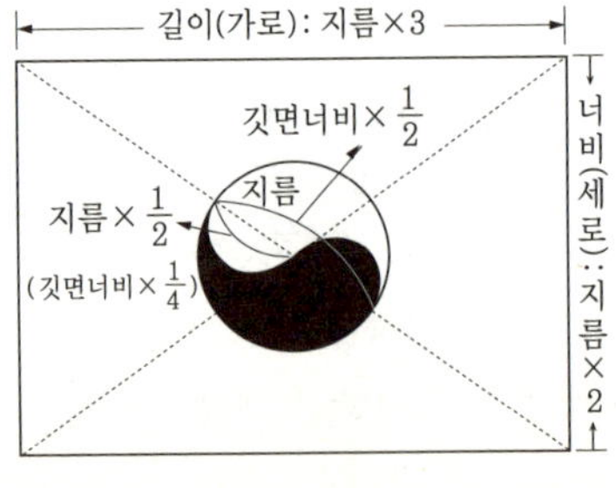

제7조 (괘의 작도) 4괘는 다음 각호에 따라 아래의 그림과 같이 그린다.

1. 4괘는 건(乾 : ☰), 곤(坤 : ☷), 감(坎 : ☵), 리(離 : ☲)로 하되, 깃면의 왼쪽 윗부분에 건을, 오른쪽 아랫부분에 곤을, 오른쪽 윗부분에 감을, 왼쪽 아랫부분에 리를 각각 배열한다.
2. 괘의 길이는 태극 지름의 2분의 1(깃면 너비의 4분의 1)로 하고, 괘의 너비는 태극 지름의 3분의 1(깃면 너비의 6분의 1)로 하며, 괘와 태극 사이는 태극 지름의 4분의 1(깃면 너비의 8분의 1)을 띄운다.
3. 괘의 길이 중심을 깃면의 두 대각선상에 두되, 그 길이는 두 대각선과 각각 직각을 이루도록 한다.
4. 괘의 구성 부분은 효(爻)로 하되, 그 효의 너비는 괘 너비의 4분의 1(깃면 너비의 24분의 1)로 하고, 효와 효 사이 및 끊어진 효의 사이는 효 너비의 2분의 1(깃면 너비의 48분의 1)로 한다.
5. 괘는 검정색으로 한다.

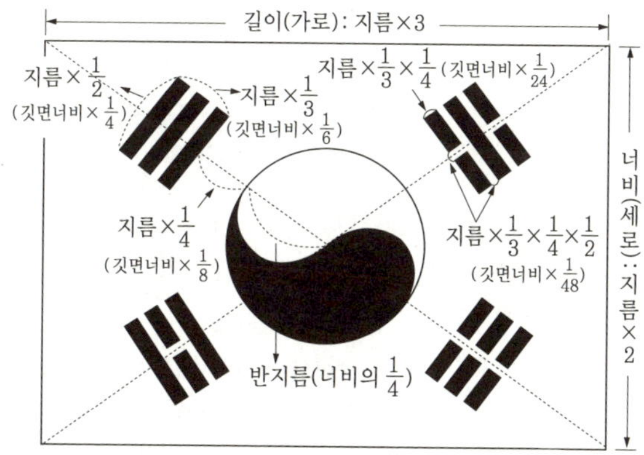

제7조의 2(국기의 표준색도) 행정자치부 장관은 제5조 내지 제7조의 규정에 의한 색의 표준이 되는 색도를 정하여 이를 고시한다(신설 96. 12. 27, 개정 98. 12. 28).

태극기의 표준 색도(총무처 고시 제1997-61호 : 1997. 10. 25)

색 표시 방법	태극기 빨강	태극기 파랑
CIE 색좌표	x=0.5640 y=0.3194 Y=15.3	x=0.1556 y=0.1354 Y=6.5
Munsell 색표기	6.0R 4.5/14	5.0PB 3.0/12

- Pentone가이드(1996~1997, 제9판)에서 태극기의 빨강은 186C를, 태극기의 파랑은 194C를 가장 가까운 색으로 추천함.
- 위 표준 색도는 백색 아트지(120g)에 별색 잉크로 구현하여 한국 표준 과학연구

원에서 표준 광원 C로 측색한 수치를 기준으로 함(필자가 조사하여 넣은 것임).

제8조 (국기의 검정색 표시) 인쇄물 등에 국기의 깃면을 제5조 내지 제7조의 규정에 의한 색으로 표시할 수 없는 경우에는 깃면 바탕과 태극의 윗부분은 인쇄물 등의 바탕색으로, 태극의 아랫부분과 4괘는 검정색으로 나타내야 한다. 다만, 외국인의 열람을 위한 인쇄물 등은 국기를 표시함에 있어서 특별한 사유가 없는 한 제5조 내지 제7조의 규정에 의한 색으로 표시하여야 한다.

제9조 (금실의 부착) ① 다음의 경우에 한하여 깃면의 둘레에 금실을 달 수 있다. 다만, 국기와 금실을 달지 아니하는 외국기를 함께 게양하거나 사용하는 경우에는 금실을 달 수 없다(개정 96. 12. 27).

1. 국가를 대표하는 사람의 승용차에 다는 경우
2. 의전용으로 쓰이는 경우
3. 실내에서 게양하는 경우
4. 각종 국제회의시에 탁상용으로 쓰이는 경우

② 금실의 폭은 깃면 너비의 7분의 1내지 8분의 1로 하여 깃면의 둘레에 달되, 깃대와 접하는 부분에는 이를 달지 아니 한다.

제2절 깃봉과 깃대

제10조 (깃봉의 제작) ① 깃봉은 아랫부분에 꽃받침이 5편이 있는 둥근 모양에 가까운 무궁화 봉오리 모양으로 하되, 그 색은 황금색으로 한다.

② 깃봉의 지름은 국기 깃면 너비의 10분의 1로 한다.

③ 깃봉의 제작 방법은 별표 1과 같다.

제11조 (깃대의 제작 등) ① 깃대는 견고한 재질로 만들고, 그 색은 흰색 · 은백색 · 연두색 또는 이와 유사한 색으로 한다(개정 96. 12. 27).

② 깃대를 지상이나 건물 등에 고정하여 설치하는 때에는 지면으로부터 수직으로 한다. 다만, 벽면에 깃대를 설치하는 때에는 하늘을 향하여 기울어진 형태로 할 수 있다(신설 96. 12. 27).

③ 2이상의 깃대를 고정하여 설치할 때에는 그 깃대와 깃대의 사이는 깃면의 길이보다 넓어야 한다.

제3장 국기의 게양

제12조 (국기의 게양일) ① 국기를 게양하여야 하는 날은 다음 각호와 같다. 다만, 다른 날에도 국기를 게양할 수 있다(개정 96. 12. 27).

1. 국경일
2. 1월 1일
3. 국군의 날
4. 한글날
5. 현충일(조기 게양)

6. 국장 기간(조기 계양)
7. 국민장일(조기 계양)
8. 정부가 따로 지정하는 날
9. 지방 자치 단체가 조례 또는 지방 의회의 의결로 정하는 경사스러운 날(당해 지방자치단체에 한 한다)

② 국가와 지방자치단체 기타 공공단체의 청사와 각급 학교에는 연중 국기를 게양하여야 하고, 다음 각호의 장소에는 되도록 연중 국기를 게양하여야 한다(신설 96. 12. 27).

1. 공항 · 호텔 등 국제적인 교류 장소
2. 대형 건물 · 공원 등 많은 사람이 드나드는 곳
3. 주요 정부 청사의 울타리
4. 기타 많은 게양대가 함께 설치된 곳

제13조 (국기의 게양 및 강하 시간) ① 국기는 24시간 게양할 수 있다. 이 경우 야간에는 되도록 적절한 조명을 하여야 한다.

② 학교 및 군부대의 주된 게양대에는 국기를 낮에만 게양한다.

③ 국기를 낮에만 게양하고자 하는 경우 게양 및 강하 시각은 다음 각호와 같다.

1. 게양 시각 : 오전 7시
2. 강하 시각 : 3월부터 10월까지 오후 6시, 11월부터 다음 해 2월까지 오후 5시

④ 다음 각호의 경우에는 제3항의 규정에 의한 국기의 게양 및 강하 시각을 변경할 수 있다.

1. 야간 행사 등에 있어서 국기를 게양할 필요가 있는 경우
2. 국장 및 국민장 등 조기를 게양하여야 하는 경우
3. 기타 특별한 사유로 인하여 중앙 행정 기관의 장이 행정자치부 장관과 협의하여 정한 경우(개정 98. 12. 28)

⑤ 국기는 심한 비 · 바람 등으로 훼손되거나 존엄성이 유지되기 어려운 경우에는 이를 게양하지 아니한다(조 개정 96. 12. 27).

제14조 (게양식 및 강하식) ① 학교 및 군부대는 그 주된 게양대의 국기를 게양 및 강하하는 때에 게양식 및 강하식을 행하여야 한다. 다만, 제13조 제5항의 규정에 의하여 국기를 수시로 게양 · 강하하는 경우에는 그러하지 아니 한다(개정 96. 12. 27).

② 게양식 및 강하식은 애국가의 주악에 맞추어 이를 행하되, 애국가의 주악은 이를 청사의 건물 내외에서 들을 수 있도록 하여야 한다. 다만, 게양식의 경우에는 애국가의 주악은 이를 생략할 수 있다.

제15조 (게양식 및 강하식에 있어서의 국기에 대한 경의 표시) 게양식 및 강하식에 있어서는 다음 각호에 따라 국기에 대하여 경의를 표시하여야 한다. 다만, 체육 대회 등으로 경의를 표시하지 못할 부득이 한 사유가 있는 사람과 제14조 제2항 단서의 규정에 의하여 애국가의 주악을 생략하는 경우에 국기를 볼 수 없는

사람은 경의 표시를 생략할 수 있다.

1. 건물 밖에 있는 사람 중 국기를 볼 수 있는 사람은 국기를 향하여 경례를 하여야 하며, 국기를 볼 수 없고 주악만을 들을 수 있는 사람은 그 방향을 향하여 선 채로 차렷 자세를 취한다.
2. 건물 안에 있는 사람은 국기가 있는 방향을 향하여 선 채로 차렷 자세를 취한다.
3. 건물의 울타리 안에 있는 차량에 탑승하고 있는 사람은 그 차량을 정지하고 앉은 채 차렷 자세를 취한다.

제16조 (국기의 게양 방법) ① 국기는 그 깃면의 건괘가 왼쪽 위로 오도록 하여 건괘와 리괘가 있는 쪽의 깃면 너비 부분이 깃대에 접하도록 게양하며 깃봉과 깃면의 사이는 이를 떼지 아니 한다.

② 국기는 국장 · 국민장 등 조의를 표하는 날에는 깃봉과 깃면의 사이를 깃면의 너비만큼 떼어 게양하되, 게양할 때에는 깃면의 왼쪽 모서리가 깃봉에 닿도록 깃면을 올렸다가 다시 내려 달고, 강하할 때에도 깃면의 왼쪽 윗모서리가 깃봉에 닿도록 올렸다가 다시 내린다.

③ 국기와 다른 기를 함께 게양할 경우에는 다른 기는 국기 게양과 동시 또는 그 후에 게양하여야 하며, 국기와 다른 기를 함께 강하할 경우에는 다른 기는 국기 강하와 동시 또는 그 전에 강하하여야 한다.

제17조 (국기의 게양 위치) ① 단독 주택의 대문과 공동 주택 각 세대의 난간에는 중앙에 국기를 게양하거나 앞에서 보아 왼쪽에 국기를 게양한다(개정 96. 12. 27).

② 건물(주택은 제외한다)에는 앞에서 보아 지상의 중앙이나 왼쪽, 옥상의 중앙, 현관의 차양 시설 위 중앙 또는 주된 출입구 위 벽면의 중앙에 국기를 게양한다(개정 96. 12. 27).

③ 건물 안의 회의장 · 강당 등에서 국기를 깃대에 달아서 세워 놓을 때에는 그 내부의 전면을 마주 보아 그 전면의 중앙 또는 왼쪽에 국기가 위치하도록 한다.

④ 각종 차량에는 전면을 밖에서 보아 왼쪽에 국기를 게양한다.

⑤ 제1항 내지 제4항의 규정에 불구하고 건물 또는 차량의 구조 등으로 인하여 부득이 한 경우에는 국기의 게양 위치를 변경할 수 있다(신설 96. 12. 27).

⑥ 제1항 내지 제5항의 경우에 국기와 다른 기를 같이 게양할 때에는 다음 예시의 그림과 같이 게양하는 기의 수가 홀수인 경우에는 국기를 가장 윗자리인 중앙에 게양하여야 하며, 그 수가 짝수인 경우에는 국기를 가장 윗자리인 마주 보아 왼쪽의 첫번째에 게양하여야 한다.

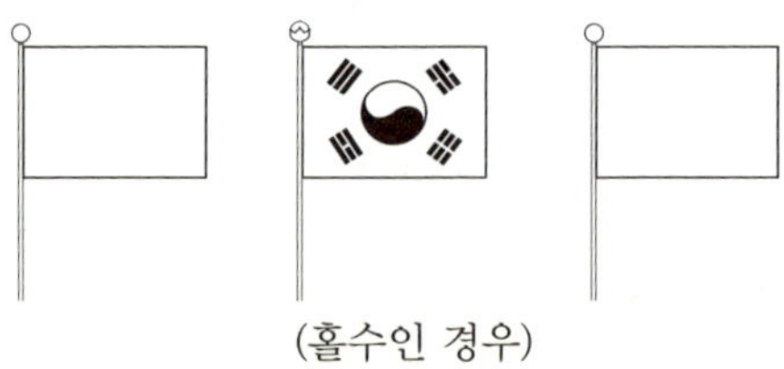

(홀수인 경우)

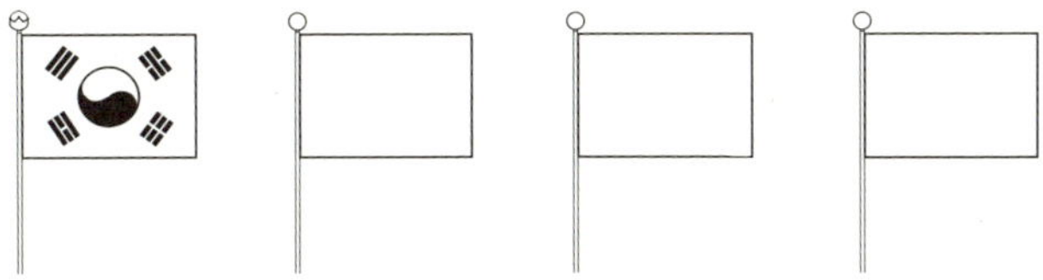

(짝수인 경우)

第18조 (국기와 외국기의 게양) ① 외국기는 우리나라를 승인한 나라에 한하여 게양하여야 한다.
다만, 국제적 회의 또는 체육 대회 등에 있어서는 우리나라를 승인하지 아니한 국가의 국기를 게양할 수 있다(개정 96. 12. 28).
② 국기와 외국기는 다음 예시의 그림과 같이 제17조 제6항의 규정에 의한 가장 윗자리에 국기를 게양하고, 그 다음 위치부터 외국기를 게양하며, 국기와 외국기는 그 크기 및 높이가 같도록 한다. 이 경우 외국기의 게양 순위는 외국 국가 명칭의 알파벳 순서에 따르되, 국기를 포함하여 게양하는 기가 짝수인 경우에는 국기를 마주 보아 오른쪽으로 그 순서에 따라 외국기를 게양하며, 홀수인 경우에는 국기를 마주 보아 국기를 중심으로 하여 가까운 왼쪽 · 오른쪽의 순으로 외국기를 게양한다.
③ 국기와 외국기를 교차시켜 게양하여야 할 경우에는 다음 그림과 같이 밖에서 보아 국기의 깃면의 왼쪽에 오도록 하고, 그 깃대는 외국기의 깃대 앞쪽에 오도록 한다.

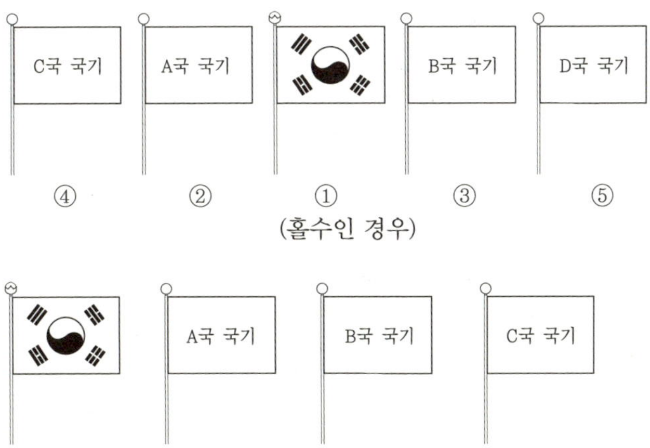

(홀수인 경우)

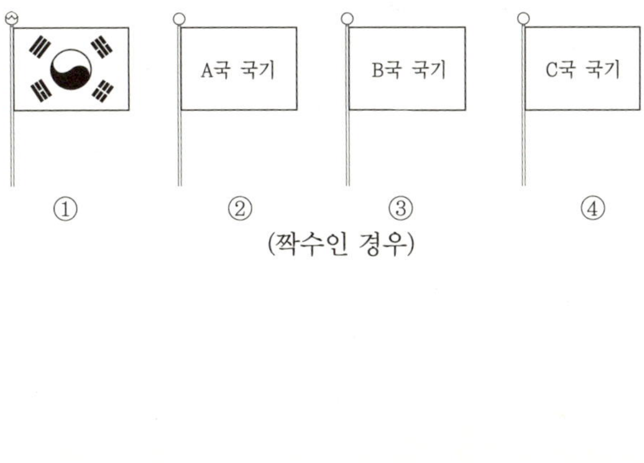

(짝수인 경우)

(교차할 경우)

제19조 (국기와 국제연합기의 게양 방법) ① 국기와 국제연합기만을 게양할 경우에는 밖에서 보아 왼쪽에 국제연합기를, 오른쪽에 국기를 게양한다.

② 국기 · 국제연합기 및 외국기를 함께 게양할 경우에는 국제연합기 · 국기 및 외국기의 순으로 제18조 제2항의 규정에 의한 가장 윗자리부터 차례로 게양한다.

제20조 (국기의 깃면을 늘여서 게양하는 방법) 경축 행사 등의 경우에 국기의 깃면을 늘여서 달고자 할 때에는 깃면의 태극과 4괘는 제6조 및 제7조의 규정에 의하되, 다음 그림과 같이 깃면 길이의 흰 부분만을 길게 하여 리괘가 왼쪽 위로 오도록 한다.

제21조 (재외 공관에 있어서 국기의 게양 및 강하 시각 등) 재외공관의 경우에 국기의 게양 및 강하 시각 등은 주재국의 관례에 따른다.

제4장 보 칙

제22조(국기 깃면의 크기) 국기 깃면의 크기는 특호 및 1호 내지 10호로 구분하되, 별표 2의 국기의 호수별 표준 규격에 의한다. 다만, 필요한 경우에는 제5조 제1항의 규정에 의한 길이와 너비의 비례를 따라 그 크기를 달리 할 수 있다(개정96. 12. 27).

제22조의 2(국기 또는 국기 문양의 활용) ① 국기 또는 국기 문양(태극과 4괘로 이루어져 국기의 온전한 형태를 유지하고 있는 무늬와 모양을 말한다)은 그 품위를 손상하지 아니하는 범위 안에서 각종 물품 등에 이를 활용할 수 있다.

② 국기 문양 중 태극 문양과 괘 문양은 이를 따로 분리하거나 함께 각종 물품 등에 활용할 수 있다(조 개정 2002. 11. 6).

제23조 (영구에 국기 깃면을 덮는 방법) ① 영구에 국기를 덮을 때에는 영구의 덮개를 위에서 바로 내려다 보아 덮개의 윗부분 오른쪽에 건괘 부분이, 왼쪽에 리

괘 부분이 오도록 한다. 이 경우에 국기는 땅에 닿도록 하여서는 아니 된다.

② 국기는 영구와 함께 매장할 수 없다.

제24조 (국기의 소각) 국기가 훼손된 때에는 이를 지체없이 소각하여야 한다.

부 칙(대통령령 제17770호 2002. 11. 6.)

이 영은 공포한 날로부터 시행한다.

[별표 1]

깃봉의 제작 방법

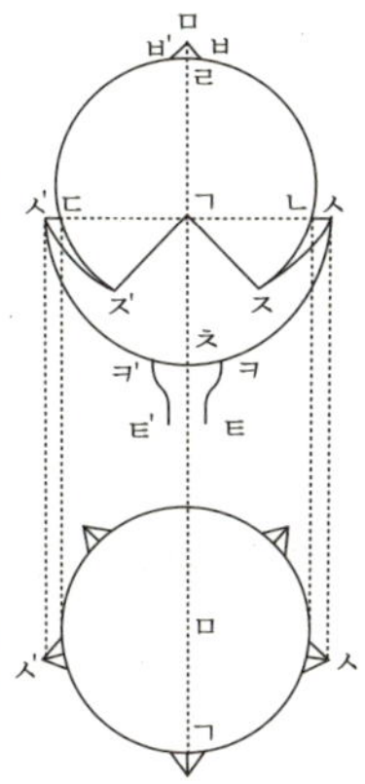

1. ㄴㄷ은 깃봉의 지름임 (깃면 너비의 1/10)
2. ㄱㄴ:ㄱㄹ=7:8로 하여 ㄴㄹㄷ의 반타원을 이룸
3. ㄹㅁ · ㄹㅂ은 각 ㄱㄹ의 1/8
4. 꽃받침 첨단의 부피는 ㄱㄴ의 1/10
5. ㄱ을 중심으로 하여 ㅅㅊㅅ′의 반원을 그려 꽃받침을 이룸
6. ㅈ은 ㄱㅊ,ㄱㅅ의 각 중간점에서 수평 수직된 선의 교차점임
7. ㅊㅋ은 ㄱㄴ의 1/3
8. ㅋㅌ은 ㄱㄴ의 2/5

[별표 2]

(개정 96. 12. 27) **국기의 호수별 표준 규격**(제22조 관련)

호수	깃면의 표준규격(길이×너비)	비 고
특호	540cm이상×360cm이상	용도별 권장 규격 · 건물 게양대용 : 특호, 1호~7호 · 가정용 : 7호 또는 8호 · 차량용 : 9호 또는 10호
1호	450cm×300cm	
2호	306cm×204cm	
3호	270cm×180cm	
4호	225cm×150cm	
5호	180cm×120cm	
6호	153cm×102cm	
7호	135cm×90cm	
8호	90cm×60cm	
9호	45cm×30cm	
10호	27cm×18cm	

2. 대한민국 국기법

법률 제8272호 (제정, 2007. 1. 26 / 시행일, 2007. 7. 27)

국회에서 의결된 대한민국 국기법을 이에 공포한다.

대 통 령 노 무 현 ㊞

2007년 1월 26일

국무총리 한 명 숙

국무위원 행정자치부 장관 박 명 재

◇ 대한민국 국기법 제정 이유 ◇

국기는 한 나라의 역사와 전통 및 국권 · 국위 · 존엄성을 나타내는 대표적인 상징으로서, 주요 선진국을 비롯한 세계 각국에서는 국기에 관한 사항을 헌법에 명문화하거나 혹은 단일 법률로 제정하고 있으나, 우리나라는 수권 법률 없이 대통령령인 「대한민국국기에 관한 규정」으로 규정하고 있으므로 우리나라의 역사와 전통 및 이상이 담겨져 있는 국기에 관한 사항을 법률로 규정함으로써 국기에 대한 국민들의 자긍심과 인식을 제고시키고 나아가 애국 정신을 고양하려는 것임. 〈법제처 제공〉

◇ 대한민국 국기법 전문 내용 ◇

제1조(목적) 이 법은 대한민국을 상징하는 국기의 제작 · 게양 및 관리 등에 관한 기본적인 사항을 규정함으로써 국기에 대한 인식의 제고 및 존엄성의 수호를 통하여 애국정신을 고양함을 목적으로 한다.

제2조(정의) 이 법에서 "공공기관"이라 함은 다음 각 호의 어느 하나에 해당하는 기관 · 법인 또는 단체를 말한다.

1. 「정부투자기관 관리기본법」 제2조의 규정에 따른 정부투자기관
2. 「정부산하기관 관리기본법」 제2조의 규정에 따른 정부산하기관
3. 그 밖에 대통령령이 정하는 기관 · 법인 또는 단체

제3조(다른 법률과의 관계) 국기에 관한 사항은 다른 법률에 특별한 규정이 있는 경우를 제외하고는 이 법이 정하는 바에 따른다.

제4조(대한민국의 국기) 대한민국의 국기(이하 "국기"라 한다)는 태극기(太極旗)로 한다.

제5조(국기의 존엄성 등) ① 모든 국민은 국기를 존중하고 애호하여야 한다.
② 국가 및 지방자치단체는 국기의 제작 · 게양 및 관리 등에 있어서 국기의 존엄성이 유지될 수 있도록 필요한 조치를 강구하여야 한다.

제6조(국기에 대한 경례) 국기에 대한 경례를 하는 때에는 선 채로 국기를 향하여 오른손을 펴서 왼편 가슴에 대고 국기를 주목하거나 거수 경례를 한다. 그 밖에 국기에 대한 경례 방법 및 절차 등에 관하여 필요한 사항은 대통령령으로 정한다.

제7조(국기의 깃면, 깃봉, 깃대 등) ① 국기는 가운데의 태극(太極)과 네 모서리의 건곤감리(乾 : ☰, 坤 : ☷, 坎 : ☵, 離 : ☲) 4괘(卦)로 구성한다.
② 국기의 깃면은 그 바탕을 흰색으로 하고, 태극의 윗부분과 아랫부분은 각각 빨간색과 파란색으로 하며, 괘는 검은색으로 한다.
③ 국기의 깃면의 길이와 너비는 3대 2의 비례로 한다. 다만, 경축행사 등 대통령령이 정하는 경우에는 그러하지 아니한다.
④ 국기의 깃봉은 아랫부분에 꽃받침 다섯 편이 있는 둥근 무궁화 봉오리 모양으로 하며, 그 색은 황금색으로 한다.
⑤ 국기의 깃대는 견고한 재질로 만들고, 그 색은 흰색 · 은백색 · 연두색 또는 이와 유사한 색으로 한다.
⑥ 국기 깃면의 그리는 방법과 규격, 국기의 표준 색도, 깃봉의 제작 및 깃대의 설치 방법 등 그 밖의 필요한 사항은 대통령령으로 정한다.

제8조(국기의 게양일 등) ① 국기를 게양하여야 하는 날은 다음 각호와 같다.
1. 「국경일에 관한 법률」 제2조의 규정에 따른 국경일
2. 「각종 기념일 등에 관한 규정」 제2조의 규정에 따른 기념일 중 현충일 및 국군의 날
3. 「국장 · 국민장에 관한 법률」 제6조의 규정에 따른 국장기간 및 국민장일
4. 정부가 따로 지정한 날
5. 지방자치단체가 조례 또는 지방의회의 의결로 정하는 날

② 제1항의 규정에 불구하고 국기는 매일 24시간 게양할 수 있다.
③ 국가, 지방자치단체 및 공공기관의 청사 등에는 국기를 연중 게양하여야 하며, 다음 각 호의 장소에는 가능한 연중 국기를 게양하여야 한다. 이 경우 야간에는 적절한 조명을 하여야 한다.
1. 공항 · 호텔 등 국제적인 교류 장소
2. 대형건물 · 공원 · 경기장 등 많은 사람이 출입하는 장소
3. 주요 정부 청사의 울타리
4. 많은 깃대가 함께 설치된 장소
5. 그 밖에 대통령령이 정하는 장소

④ 각급 학교 및 군부대의 주된 게양대에는 국기를 매일 낮에만 게양한다.
⑤ 국기가 심한 눈 · 비와 바람 등으로 그 훼손이 우려되는 경우에는 이를 게양하지 아니한다.
⑥ 국기의 게양 및 강하 시각, 시각의 변경 등에 관하여 필요한 사항은 대통령령으로 정한다.

제9조(국기의 게양 방법 등) ① 국기는 다음 각 호의 방법으로 게양하여야 한다.

1. 경축일 또는 평일 : 깃봉과 깃면의 사이를 떼지 아니하고 게양함
2. 현충일 · 국장 기간 · 국민장일 등 조의를 표하는 날 : 깃봉과 깃면의 사이를 깃면의 너비만큼 떼어 조기(弔旗)를 게양함

② 국기의 게양 및 강하 방법, 국기와 다른 기의 게양 및 강하 방법, 국기의 게양 위치, 게양식 · 강하식 등 그 밖에 필요한 사항은 대통령령으로 정한다.

제10조(국기의 관리 등) ① 국기를 게양하는 기관 또는 단체의 장등은 국기의 존엄성이 훼손되지 아니하도록 국기 · 깃봉 및 깃대 등을 관리하여야 한다.

② 여러 사람이 모이는 집회 등 각종 행사에서 수기(手旗)를 사용하는 경우 행사를 주최하는 자는 국기가 함부로 버려지지 아니하도록 관리하여야 한다.

③ 국기가 훼손된 때에는 이를 지체없이 소각 등 적절한 방법으로 폐기하여야 한다.

④ 국기를 영구(靈柩)에 덮을 때에는 국기가 땅에 닿지 않도록하고 영구와 함께 매장하여서는 아니 된다. 이 경우 국기를 영구에 덮는 방법 등에 관하여 필요한 사항은 대통령령으로 정한다.

제11조(국기 또는 국기 문양의 활용 및 제한) ① 국기 또는 국기 문양(태극과 4괘)은 각종 물품과 의식(儀式) 등에 활용할 수 있다. 다만, 다음 각 호에 해당하는 경우에는 그러하지 아니하다.

1. 깃면에 구멍을 내거나 절단하는 등 훼손하여 사용하는 경우
2. 국민에게 혐오감을 주는 방법으로 활용하는 경우

② 제1항의 국기 문양 중 태극과 괘는 이를 함께 또는 따로 분리하여 각종 물품과 의식 등에 활용할 수 있다.

제12조(국기 선양을 위한 사업의 지원) 국가는 국기 선양을 위하여 대통령령이 정하는 사업을 추진하는 법인 · 단체 등에 대하여 예산의 범위 안에서 필요한 지원을 할 수 있다.

부 칙

이 법은 공포 후 6개월이 경과한 날부터 시행한다.

3. 대한민국 국기법 시행령

대통령령 제20204호(제정·시행, 2007. 7. 27)
일부개정 대통령령 제20741호(2008. 2. 29)
일부개정 대통령령 제20915호(2008. 7. 17)

국무회의의 심의를 거친 대한민국 국기법 시행령을 이에 공포한다.

대 통 령 노 무 현 ㊞

2007년 7월 27일

국무총리 한 덕 수

국무위원
행정자치부 박 명 재
장 관

대통령령 제20204호 대한민국 국기법 시행령

◇ 대한민국 국기법 시행령 제정 이유 ◇

대한민국을 상징하는 국기(태극기)의 제작 · 게양 및 관리에 관한 사항을 규정하는 「대한민국 국기법」이 제정(법률 제8272호, 2007. 1. 26. 공포, 2007. 7. 27. 시행)됨에 따라 법률에서 위임된 사항과 법률의 시행에 필요한 사항을 현행 「대한민국 국기에 관한 규정」에 준하여 규정하는 한편, 국기에 대한 맹세문 등을 보다 국민 정서에 맞게 수정하여 정하려는 것임.

◇ 주요 내용 ◇

가. 국가 및 지방자치단체의 국기 선양 사업(영 제2조)

국기의 존엄성을 유지하고 모든 국민들이 국기를 올바로 이해할 수 있도록 하기 위하여 국가 및 지방자치단체의 장으로 하여금 국기에 대한 교육 · 홍보 등 국기선양사업(國旗宣揚事業)을 추진 · 지원할 수 있도록 함.

나. 국기에 대한 맹세(영 제4조)

국민 제안, 여론 조사 등을 거쳐 현행 '국기에 대한 맹세문'을 보다 국민 정서에 맞게 수정하여 규정함.

다. 국기의 깃면, 깃봉, 깃대의 제작 · 설치 방법(영 제6조부터 제11조까지)

(1) 태극기를 그리는 방법, 국기의 표준 규격, 표준 색도 등 국기의 제작에 관한 기본적인 사항을 현행 「대한민국 국기에 관한 규정」에 준하여 규정함.

(2) 국기 게양대는 국기를 잘 볼 수 있는 위치에 설치하도록 하는 등 국기 게양대 설치에 관한 구체적인 기준을 제시함.

라. 국기 게양 및 강하 방법(영 제13조부터 제19조까지)

(1) 국기는 원칙적으로 깃대 또는 국기 게양대에 달아서 게양하되, 교육 목적 등으로 필요한 경우에는 실내 벽면 등에 게시할 수 있도록 함.

(2) 국기 깃면을 늘여서 게양하는 방법, 국기와 다른 기의 게양 및 강하 방법, 국기의 게양 위치, 게양식 및 강하식 등 국기 게양 및 강하 방법의 기본적인 사

항을 현행「대한민국 국기에 관한 규정」에 준하여 규정함.

〈법제처 제공〉

◇ 대한민국 국기법 시행령 전문 내용 ◇

제1조(목적) 이 영은「대한민국 국기법」에서 위임된 사항과 그 시행에 관하여 필요한 사항을 규정함을 목적으로 한다.

제2조(국가 및 지방자치단체의 국기 선양 활동) ① 행정자치부장관 및 지방자치단체의 장은 국기에 대한 올바른 이해와 국기의 존엄성을 유지하기 위하여 필요한 교육 및 홍보 활동 등 국기 선양 사업을 추진 · 지원한다(개정 2008. 2. 29).

② 교육인적자원부장관은 각급 학교에서의 국기에 대한 교육 활동 등 국기 선양 사업을 추진한다(개정 2008. 2. 29).

제3조(국기에 대한 경례 방법)「대한민국 국기법」(이하 "법"이라 한다) 제6조의 국기에 대한 경례는 다음 각 호의 구분에 따른 방법으로 한다.

1. 제복을 입지 아니한 국민은 국기를 향하여 오른손을 펴서 왼쪽 가슴에 대고 국기를 주목(注目)한다.

2. 제복을 입지 아니한 국민 중 모자를 쓴 국민은 국기를 향하여 오른손으로 모자를 벗어 왼쪽 가슴에 대고 국기를 주목한다. 다만, 모자를 벗기 곤란한 경우에는 제1호의 방법에 따를 수 있다.

3. 제복을 입은 국민은 국기를 향하여 거수경례(擧手敬禮)를 한다.

제4조(국기에 대한 맹세) ① 국기에 대한 경례를 하는 때에는 다음의 맹세문을 낭송하되, 애국가를 연주하는 경우에는 낭송하지 아니한다.

"나는 자랑스러운 태극기 앞에 자유롭고 정의로운 대한민국의 무궁한 영광을 위하여 충성을 다할 것을 굳게 다짐합니다."

② 제1항의 맹세문 낭송은 녹음물 · 영상물 등 시청각 자료를 활용하여 실시할 수 있다.

제5조(깃면의 길이와 너비에 대한 예외) 법 제7조제3항 단서에 따라 경축행사 또는 가로변에 국기를 게양하는 경우에는 깃면의 길이와 너비의 비례를 달리 할 수 있다.

제6조(국기의 깃면을 그리는 방법) ① 국기는 흰색 바탕의 깃면에 가운데의 태극과 네 모서리의 4괘로 구성한다.

② 태극은 다음 각 호의 순서에 따라 아래의 그림과 같이 그린다.

1. 깃면의 두 대각선이 서로 교차하는 점을 중심으로 깃면 너비의 2분의 1을 지름으로 하는 원을 그린다.

2. 두 대각선 중 왼쪽 윗 모서리에서 오른쪽 아랫 모서리로 그어진 대각선상의 원의 지름을 2등분하여, 왼쪽 부분에 원의 지름의 2분의 1(깃면 너비의 4분의 1)을 지름으로 하는 반원을 대각선의 아랫 부분에 그리고, 그 오른쪽 부분에 원의 지름의 2분의 1(깃면 너비의 4분의 1)을 지름으로 하는 반원을 대각선의 윗부분에 그린다.

3. 반원으로 연결된 원의 윗부분은 빨간색으로, 그 아랫부분은 파란색으로 한다.

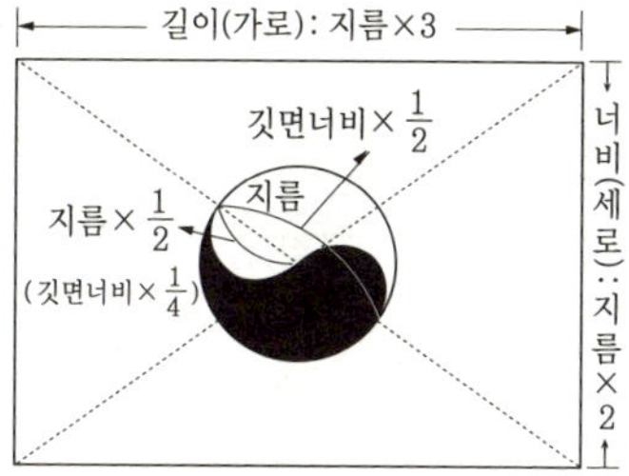

③ 4괘는 다음 각 호의 방법에 따라 아래의 그림과 같이 그린다.

1. 4괘는 깃면의 왼쪽 윗부분에 건(乾 : ☰)을, 오른쪽 아랫부분에 곤(坤 : ☷)을, 오른쪽 윗부분에 감(坎 : ☵)을, 왼쪽 아랫부분에 이(離 : ☲)를 각각 배열한다.

2. 괘의 길이는 태극 지름의 2분의 1(깃면 너비의 4분의 1)로 하고, 괘의 너비는 태극 지름의 3분의 1(깃면 너비의 6분의 1)로 하며, 괘와 태극 사이는 태극 지름의 4분의 1(깃면 너비의 8분의 1)로 한다.

3. 괘의 길이 중심을 깃면의 두 대각선상에 두되, 그 길이는 두 대각선과 각각 직각을 이루도록 한다.

4. 괘의 구성 부분은 효(爻)로 하되, 그 효의 너비는 괘 너비의 4분의 1(깃면 너비의 24분의 1)로 하고, 효와 효 사이 및 끊어진 효의 사이는 효 너비의 2분의 1(깃면 너비의 48분의 1)로 한다.

5. 괘는 검은색으로 한다.

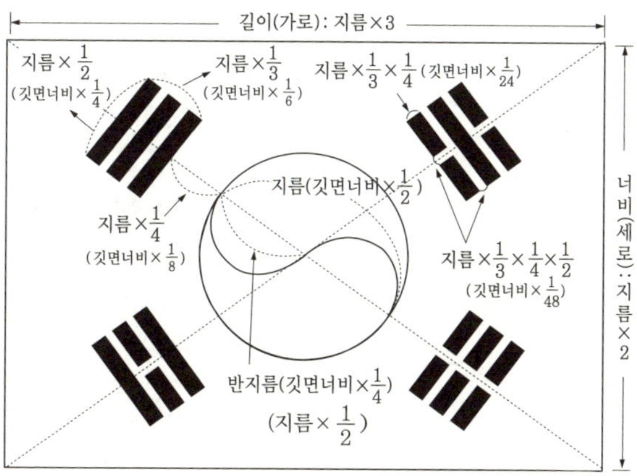

제7조(국기의 호수별 표준 규격) 법 제7조의 국기 깃면의 크기는 특호 및 1호부터 10호까지로 구분하며, 호수별 표준 규격은 별표 1과 같다. 다만, 필요한 경우에는 같은 조에 따른 길이와 너비의 비례를 유지하면서 그 크기를 달리할 수 있다.

[별표 1]

국기의 호수별 표준 규격(제7조 관련)

호수	깃면 규격(길이×너비)	비 고
특호	540cm이상×360cm이상	용도별 권장 규격 · 건물 게양대용 : 특호, 1호~7호까지 · 가정용 : 7호 또는 8호 · 차량용 : 9호 또는 10호
1호	450cm×300cm	
2호	306cm×204cm	
3호	270cm×180cm	
4호	225cm×150cm	
5호	180cm×120cm	
6호	153cm×102cm	
7호	135cm×90cm	
8호	90cm×60cm	
9호	45cm×30cm	
10호	27cm×18cm	

제8조(국기의 표준 색도) 법 제7조의 국기의 표준 색도는 별표 2와 같다.

[별표 2]

국기의 표준 색도(제8조 관련)

색 이름 / 색 표시 방법	빨간색	파란색	검은색	흰색
C I E 색좌표	x＝0.5640 y＝0.3194 Y＝15.3	x＝0.1556 y＝0.1354 Y＝6.5	–	–
Munsell 색표기	6.0R 4.5/14	5.0PB 3.0/12	N 0.5	N 9.5

비고 : 1. 인쇄물 등에 국기의 깃면을 별표 2의 색으로 표시할 수 없는 경우에는 깃면 바탕과 태극의 윗 부분은 인쇄물 등의 바탕색으로, 태극의 아랫 부분과 4괘는 검은색으로 표시한다.

2. 외국인의 열람을 위한 인쇄물 등에 국기를 표시하는 때에는 특별한 사유가 없는 한 별표 2의 색으로 표시한다.

제9조(금실의 부착) ① 다음 각 호의 어느 하나에 해당하는 경우에는 국기의 깃면 둘레에 금실을 달 수 있다.

1. 국가를 대표하는 사람의 승용차에 다는 경우
2. 의전용으로 쓰이는 경우

3. 실내에서 게양하는 경우
4. 각종 국제회의 시 탁상용으로 쓰이는 경우

② 금실의 길이는 깃면 너비의 7분의 1에서 8분의 1사이의 길이로 하여 깃면의 둘레에 달되, 깃대와 접하는 부분에는 금실을 달지 아니한다.

제10조(깃봉의 제작) 법 제7조의 깃봉의 지름은 국기 깃면 너비의 10분의 1로 하며, 깃봉의 제작 방법은 별표 3과 같다.

[별표 3] 깃봉의 제작 방법(제10조 관련)

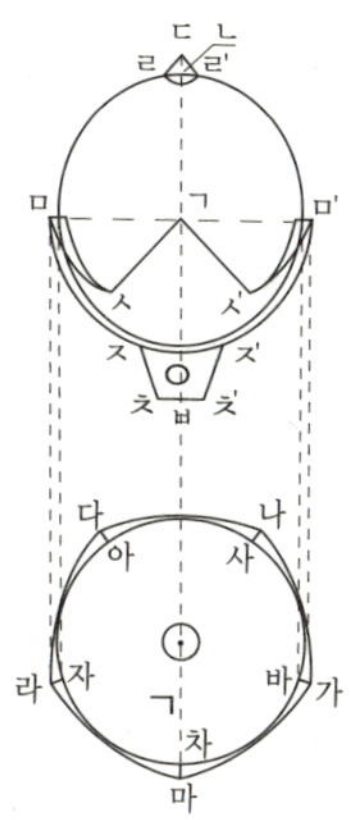

1. ㄱ-바를 짧은 축의 반지름으로 하고, ㄱ-ㄴ을 긴 축의 반지름으로 하는 반타원형이 꽃봉오리임(ㄱ-바는 깃면 너비의 1/20, ㄱ-바 : ㄱ-ㄴ=7 : 8임)
2. ㄴ-ㄷ · ㄴ-ㄹ은 각 ㄱ-ㄴ의 1/8
3. 꽃받침의 두께(바 - 가의 길이)는 ㄱ-바의 1/10
4. 가, 나, 다, 라 마는 정오각형의 위치에 있음(각 점간 각도는 72°)
5. ㄱ을 중심으로 ㄱ-가를 반지름으로 하는 반(半)구형을 그려 꽃받침을 이룸
6. ㅅ은 ㄱ-ㅇ, ㄱ-ㅁ의 각각의 중간점에서 수평, 수직된 선의 교차점임
7. ㅇ-ㅈ은 ㄱ-바의 1/3
8. ㅈ-ㅈ′ : ㅊ-ㅊ′ =5 : 3임

제11조 (깃대의 설치 방법) ① 지상이나 건물 등에 고정하여 설치하는 깃대(이하 "국기 게양대"라 한다)는 지면 또는 건물 등에 수직으로 설치한다. 다만, 건물 등의 벽면에 국기 게양대를 설치하는 경우에는 하늘을 향하여 기울어진 형태로 설치한다.

② 국기 게양대는 주위가 트인 지면 또는 건물 옥상 등에 국기의 게양식 · 강하식을 할 수 있을 정도로 높게 설치한다. 다만, 건물의 구조 또는 주변 환경으로 인하여 부득이한 경우에는 건물 앞면의 벽면 또는 차양 시설 위 등 건물 형태에 적합한 장소에 설치할 수 있다.

③ 국기 게양대를 다른 기의 게양대와 같이 설치하는 때에는 국기 게양대를 다른 기의 게양대보다 높게 설치한다. 다만 다음 각 호의 어느 하나에 해당하는 경우에는 그러하지 아니한다(신설 2008. 7. 17).

1. 국기 게양대를 포함하여 게양대를 2개 설치하는 경우
2. 국기 게양대와 유엔기 · 외국기를 상시 게양하기 위한 게양대를 같이 설치하는 경우

④ 제③항 본문에 따라 게양대를 설치하는 경우 그 총수가 홀수인 경우에는 국기 게양대를 중앙에 설치하고, 짝수인 경우에는 앞에서 바라보아 중앙에서 왼쪽 첫 번째에 설치한다(신설 2008. 7. 17).

⑤ 제③항에 따라 국기 게양대를 설치하는 때에는 국기 게양대의 높이는 다른 게양대보다 깃면의 너비(세로)만큼 높게 하고 그 간격은 깃면의 길이(가로)보다 넓게 한다(신설 2008. 7. 17).

제12조(국기의 게양 및 강하 시각) ① 국기를 매일 게양 · 강하하는 경우에는 다음 각 호의 구분에 따른 시각에 국기를 게양 · 강하한다.

1. 게양 시각 : 오전 7시
2. 강하 시각 : 3월부터 10월까지는 오후 6시, 11월부터 다음 해 2월까지는 오후 5시

② 다음 각 호의 어느 하나에 해당하는 경우에는 제1항의 국기 게양 및 강하 시각을 달리 할 수 있다.

1. 야간 행사 등에 국기를 게양할 필요가 있는 경우
2. 「국장 · 국민장에 관한 법률」에 따른 국장 및 국민장 등 조기(弔旗)를 게양하여야 하는 경우
3. 그 밖에 특별한 사유로 인하여 중앙 행정 기관의 장이 행정자치부장관과 협의하여 정한 경우

제13조(국기의 게양 및 강하 방법) ① 국기는 깃대 또는 국기 게양대에 게양한다. 다만, 다음 각 호의 어느 하나에 해당하는 경우에는 국기를 벽면 등에 게시할 수 있다.

1. 실내 여건, 교육 목적 등으로 실내 벽면에 국기를 게시하는 경우
2. 경축 등의 목적으로 건물의 벽면 등에 대형 국기를 게시하는 경우

② 국기는 그 깃면의 건괘가 왼쪽 위로 오도록 하여 건괘와 리괘가 있는 쪽의 깃면 너비 부분이 깃대에 접하도록 게양한다.

③ 조기의 게양 및 강하 순서는 다음 각 호의 방법에 따른다.

1. 게양시에는 깃면의 왼쪽 윗모서리가 깃봉에 닿을 때까지 깃면을 올렸다가 깃면 너비만큼 내려 게양한다.
2. 강하 시에는 깃면의 왼쪽 윗모서리가 깃봉에 닿을 때까지 올렸다가 다시 내린다.

제14조(국기의 깃면을 늘여서 게양하는 방법) ① 제5조에 따라 국기의 깃면을 늘여서 게양할 때에는 별표 4에 따라 리괘가 왼쪽 위로 오도록 한다. 다만, 가로변에 게양하는 국기로서 대칭하여 2개의 국기를 늘여서 게양하는 경우에는 왼쪽 국기의 건괘가 왼쪽 위에 오도록 한다.

[별표 4] 국기의 깃면을 늘여서 게양하는 방법(제14조 관련)

제15조(국기와 다른 기의 게양 및 강하 방법) ① 국기와 다른 기를 같이 게양할 때에는 별표 5에 따라 국기를 가장 높은 깃대에 게양한다. 다만, 2개 이상의 게양대 높이가 동일할 때에는 별표 5-2에 따라 게양하는 기의 수가 홀수인 경우에는 국기를 중앙에, 그 수가 짝수인 경우에는 앞에서 바라보아 왼쪽 첫 번째에 게양한다(신설 2008. 7. 17).

[별표 5-1] 신설 2008. 7. 17 국기와 다른 기의 게양 방법
(국기게양대를 높게 설치한 때 제15조 제1항 본문 관련)

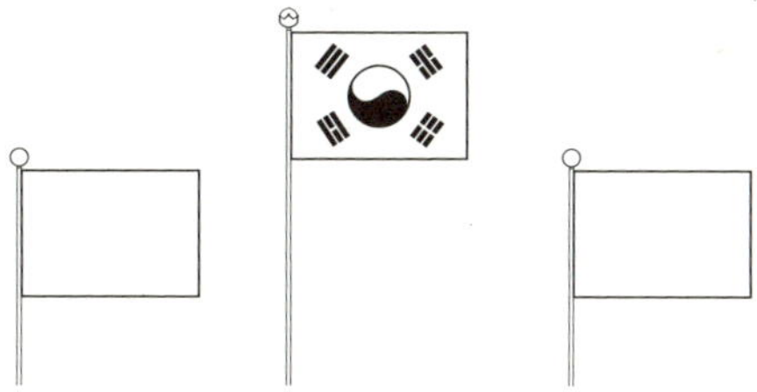

(게양대가 3개인 경우)

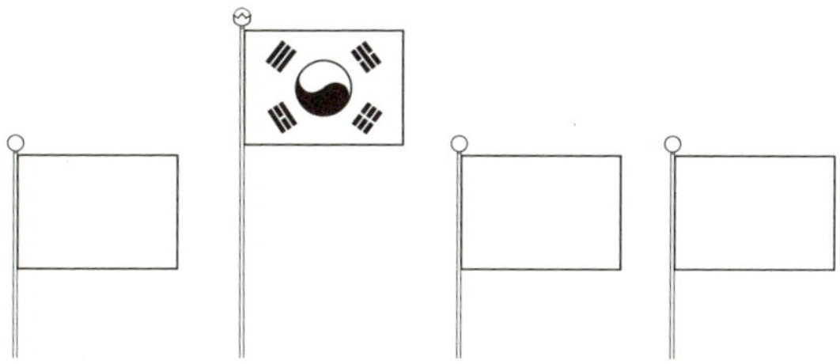

(게양대가 4개인 경우)

[별표 5-2] 신설 2008. 7. 17 국기와 다른 기의 게양 방법
(게양대의 높이가 동일한 경우 제15조 제1항 단서 관련)

(홀수인 경우)

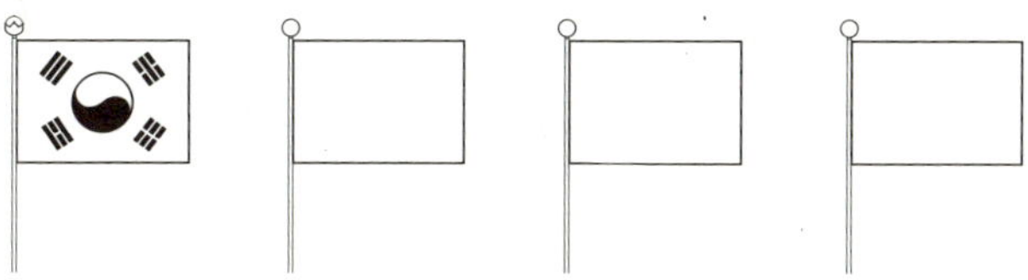

(짝수인 경우)

② 국기와 다른 기를 게양할 경우에 다른 기는 국기 게양과 동시에 또는 그 이후에 게양하며, 강하할 경우에는 기는 국기 강하와 동시에 또는 그 이전에 강하한다.

③ 국기와 다른 기를 같이 게양할 경우에 다른 기는 국기 게양과 동시에 또는 그 이후에 게양하며, 강하할 경우에는 다른 기는 국기 강하와 동시에 또는 그 이전에 강하한다.

제16조(국기와 외국기의 게양 방법) ① 외국기는 우리나라를 승인한 나라만 게양한다. 다

만, 국제회의 · 체육 대회 등에 있어서는 우리나라를 승인하지 아니한 국가의 국기도 게양할 수 있다.

② 국기와 외국기를 게양할 때에는 별표 6과 같이 하며, 국기와 외국기는 그 크기와 높이를 같도록 한다. 이 경우 외국기의 게양 순서는 외국 국가 명칭의 영문 알파벳 순서에 따른다(개정 2008. 7. 17).

[별표 6] 국기와 외국기의 게양 방법(제16조 제2항 관련)

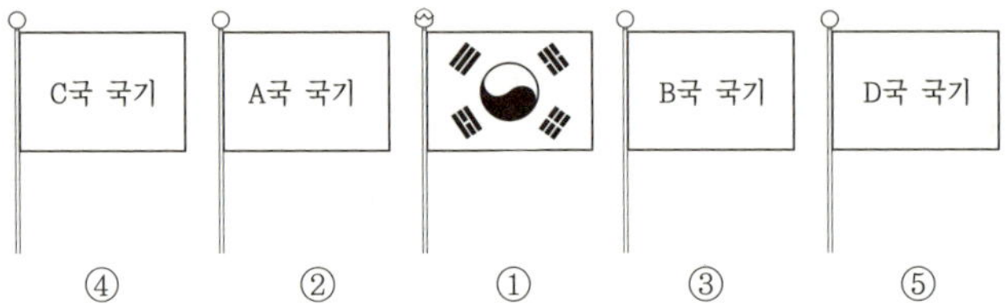

(홀수인 경우)

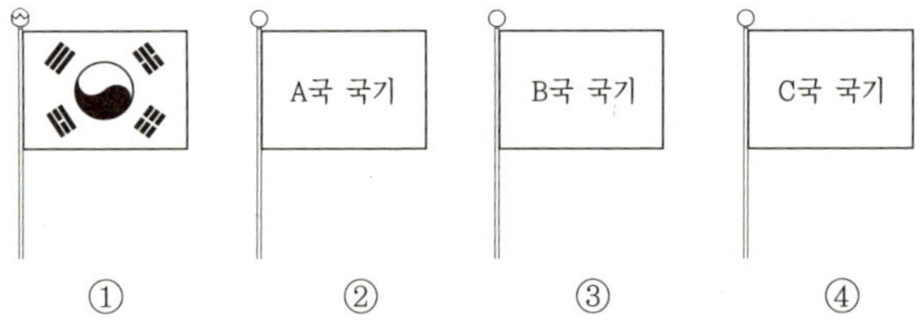

(짝수인 경우)

③ 국기와 외국기를 교차시켜 게양하는 경우에는 별표 7과 같이 앞에서 바라보아 국기의 깃면이 왼쪽에 오도록 하고, 그 깃대는 외국기의 깃대 앞쪽에 오도록 한다.

[별표 7] 국기와 외국기를 교차시켜 게양하는 방법(제16조 제3항 관련)

(교차할 경우)

제17조(국기와 유엔기의 게양 방법) ① 국기와 유엔기를 게양할 경우에는 앞에서 바라보아 왼쪽에 유엔기를, 오른쪽에 국기를 게양한다.

② 국기 · 유엔기 및 외국기를 함께 게양할 경우에는 유엔기 · 국기 및 제16조 제2항의 외국기의 순서로 게양한다.

제18조(국기의 게양 위치) ① 국기는 다음 각 호의 위치에 게양한다. 다만, 건물 또는 차량의 구조 등으로 인하여 부득이한 경우에는 국기의 게양 위치를 달리 할 수 있다.

1. 단독 주택의 대문과 공동 주택 각 세대의 난간에는 중앙이나 앞에서 바라보아 왼

쪽에 국기를 게양한다.

2. 제1호의 주택을 제외한 건물에는 앞에서 바라보아 지면의 중앙이나 왼쪽, 옥상의 중앙, 현관의 차양 시설 위 중앙 또는 주된 출입구의 위 벽면 중앙에 국기를 게양한다.

3. 건물 안의 회의장 · 강당 등에서는 그 내부의 전면을 앞에서 바라보아 그 전면의 왼쪽 또는 중앙에 국기가 위치하도록 한다.

4. 차량에는 그 전면을 앞에서 바라보아 왼쪽에 국기를 게양한다.

제19조(게양식 및 강하식) ① 법 제8조 제4항의 낮에만 국기를 게양하는 학교 및 군부대는 그 주된 국기 게양대의 국기를 게양 · 강하하는 때에는 게양식 및 강하식을 행한다. 다만, 같은 조 제5항의 사유로 국기를 게양 · 강하하는 경우에는 그러하지 아니하다.

② 법 제9조의 게양식 및 강하식은 애국가의 연주에 맞추어 행한다. 다만, 주변 여건상 부득이한 경우에는 애국가의 연주를 생략할 수 있다.

제20조(게양식 및 강하식에서의 국기에 대한 경의 표시) 법 제9조의 국기 게양식 또는 강하식을 하는 때에는 다음 각 호의 구분에 따라 국기에 대하여 경의를 표시한다. 다만, 경기 중이거나 그 밖에 경의를 표시하지 못할 부득이한 사유가 있는 경우에는 경의 표시를 생략할 수 있다.

1. 국기를 볼 수 있는 국민은 국기를 향하여 경례를 하며, 국기를 볼 수 없고 연주만을 들을 수 있는 국민은 그 방향을 향하여 선 채로 차렷 자세를 취한다.

2. 건물의 울타리 안에 있는 차량에 탑승하고 있는 사람은 그 차량을 멈추고 앉은 채로 차렷 자세를 취한다.

제21조(영구에 국기 깃면을 덮는 방법) 법 제10조에 따라 국기를 영구(靈柩)에 덮을 때에는 영구의 덮개를 위에서 바로 내려다보아 덮개의 윗부분 오른쪽에 건(乾 : ☰)괘가, 왼쪽에 이(離 : ☲)괘가 오도록 한다.

제22조(국기의 관리) 국기에 때가 묻거나 구겨진 경우에는 국기를 훼손하지 아니하는 범위에서 국기를 세탁하거나 다림질하여 게양 · 보관할 수 있다.

제23조(재외공관의 국기 게양 및 강하 시각 등) 재외공관의 국기 게양 및 강하 시각 등은 주재국의 관례에 따른다.

제24조(국기 선양 사업의 범위) 법 제12조에 따라 국가는 국기에 대한 교육 또는 홍보 사업을 추진하는 법인 · 단체 등에 필요한 지원을 할 수 있다.

부 칙

제1조(시행일) 이 영은 공포한 날부터 시행한다.

제2조(「대한민국 국기에 관한 규정」의 폐지)「대한민국 국기에 관한 규정」은 폐지한다.

4. 국기의 게양 · 관리 및 선양에 관한 규정

국무총리훈령 제538호(2009. 9. 10)

제1장 총칙

제1조(목적) 이 훈령은 「대한민국국기법」 및 「대한민국국기법 시행령」에서 규정하고 있는 국기의 게양 · 관리 및 선양에 관하여 그 시행에 필요한 사항을 규정함으로써 국기에 대한 존경심과 애국심을 고양함을 목적으로 한다.

제2조(정의) 이 훈령에서 사용하는 용어의 뜻은 다음과 같다.

1. "다른 기"란 국기를 제외한 외국기, 단체기, 군집기(群集旗)를 말한다.
2. "가로기"란 가로(街路)변에 다는 국기를 말한다.
3. "차량기"란 차량에 다는 국기를 말한다.
4. "깃대형"이란 실내에서 이동식 깃대에 국기를 게양하는 것을 말한다.
5. "게시형"이란 실내에서 벽면에 국기를 게양하는 것을 말한다.
6. "탁상형"이란 실내에서 탁상 위에 국기를 게양하는 것을 말한다.

제2장 국기의 게양

제3조(국기게양대 설치 기준) ① 국가 · 지방자치단체 · 공공기관의 청사, 공항, 호텔, 대형건물, 경기장 및 공동주택단지 등에서 국기를 게양하기 위하여 고정하여 설치하는 깃대(이하 "국기게양대"라 한다)를 설치할 경우 국기게양대의 설치 장소별 권장 높이는 다음 각 호와 같다.

1. 지상 : 지면에서 7미터 이상. 다만, 3층 이하의 건물인 경우 5미터 이상으로 한다.
2. 옥상 및 차양대(遮陽臺) 위 : 옥상 · 차양대 바닥에서 3미터 이상
3. 건물벽면 : 조기(弔旗) 게양이 가능하도록 게양할 국기 세로 너비의 3배 이상

② 건물 및 건물 주변에 국기게양대를 설치하는 경우에는 건물과 국기게양대 사이에 충분한 거리를 유지하여야 하며, 최소한 게양하는 국기의 가로 길이보다 넓게 하여 국기가 건물에 닿지 않게 해야 한다.

③ 국기게양대를 포함한 여러 개의 게양대를 함께 설치할 경우에는 게양대 간 간격은 최소한 게양하는 국기의 가로 길이보다 넓게 하여 서로 닿지 않게 해야 한다.

제4조(국기 게양일 및 게양 · 강하 시각) ① 국기는 매일 24시간 게양할 수 있다. 다만, 교육적 목적을 위해 국기게양식 및 국기강하식이 필요한 학교 및 군부대의 주된 국기게양대에는 매일 낮에만 게양하며, 심한 눈 · 비와 바람 등으로 국기의 훼손이 우려되는 경우에는 게양하지 아니한다.

② 국가 및 지방자치단체는 「대한민국국기법」(이하 "법"이라 한다) 제8조제1항에 따라 국기를 게양하여야 하는 날에는 모든 국민이 국기를 게양하도록 계도하는 데에 최대한 노력하여야 한다.

제5조(옥외 국기 게양 규격) ① 옥외 국기 게양 규격은 영 별표 1에 따른 규격을 기준으로 다음 각 호에서 정한 바에 따르되, 고층 · 대형건물인 경우에는 건물의 높이와 규모를

고려하여 최대한 대형의 국기를 게양하도록 한다.

1. 국가기관, 특별시, 광역시, 도, 특별자치도의 청사 : 3호기(270센티미터×180센티미터) 이상
2. 시 · 군 · 자치구, 특별지방행정기관 및 그 밖에 관할구역이 이에 상당하는 기관의 청사 : 5호기(180센티미터×120센티미터) 이상
3. 읍 · 면 · 동 및 그 밖에 관할구역이 이에 상당하는 기관의 청사 : 7호기(135센티미터×90센티미터) 이상

제6조(국기와 다른 기의 게양방법) ① 외국기, 단체기 또는 군집기(이하 "다른 기"라 한다)를 국기와 함께 게양하는 경우에는 그 크기를 국기에 맞추어 게양하며, 다른 기의 모양이 국기와 달라 크기를 맞출 수 없을 경우에는 다른 기의 좌측 상단에서 우측 하단까지의 길이를 국기의 대각선의 길이에 맞춰 그 크기를 조정한다.

② 영 제11조제3항에 따라 국기게양대를 다른기의 게양대보다 높게 설치한 경우에는 국기를 높은 게양대에 게양한다. 다만, 외국기와 함께 게양할 때에는 그 높이를 같게 게양한다.

③ 국기와 함께 게양할 다른 기의 게양 순서는 다음 각 호와 같다.

1. 게양할 기의 총수가 홀수인 경우 : 앞에서 게양대를 바라보아 국기의 왼쪽이 차순위, 국기의 오른쪽이 차차순위로 하여 국기의 왼쪽이 오른쪽에 우선하여 번갈아 가면서 국기에서 멀어질수록 후순위가 되도록 한다.
2. 게양할 기의 총수가 짝수인 경우 : 앞에서 게양대를 바라보아 국기의 바로 오른쪽이 차순위, 그 다음이 차차순위로 하여 국기에서 오른쪽으로 멀어질수록 후순위가 되도록 한다. 다만, 국기게양대가 높게 설치된 경우에는 제1호의 방법을 따르되, 마지막 순서의 기는 오른쪽 끝에 위치하도록 하여 좌우 균형을 맞추도록 한다.

④ 게양대의 높이가 동일한 경우의 국기 게양위치는 다음 각 호와 같다.

1. 게양할 기의 수가 홀수인 경우 : 중앙
2. 게양할 기의 수가 짝수인 경우 : 앞에서 게양대를 바라보아 왼쪽 첫 번째

⑤ 그 밖에 제1항부터 제4항까지 외의 경우에 국기 및 다른 기의 게양 방법은 별표 1과 같다.

제7조(국기의 조기 게양) ① 법 제9조제1항제2호에 따른 현충일 등의 조의를 표하는 날에는 함께 게양하는 다른 기도 국기와 같이 조기로 게양한다. 다만, 외국기를 조기로 게양할 경우에는 미리 해당 국가 또는 관계기관과 협의를 거치도록 한다.

② 조기는 법 제9조제1항제2호에 따라 게양하되, 차량이나 보행자의 통행에 지장을 줄 우려가 있거나 깃대가 짧아 조기로 게양할 수 없는 등 부득이한 사유가 있는 경우에는 조기임을 알아볼 수 있을 정도로 최대한 내려 단다.

③ 가로기와 차량기는 원칙적으로 국경일 등에 게양하고 조기 게양일에는 게양하지 않는다. 다만, 국립현충원 등 추모행사장 주변 도로나 추모행사용 차량에는 조기를 게양할 수 있다.

제8조(국기의 야간 게양) ① 국기를 매일 24시간 게양하는 경우 야간게양의 효과를 높이기 위해 각 기관 청사의 주된 게양대에는 야간조명시설을 설치하고, 청사 울타리 등 많은 깃대가 함께 설치된 장소에도 가급적 야간조명시설을 설치하도록 한다.

② 지방자치단체의 장은 관내 공항 · 호텔 등 국제적인 교류장소와 대형건물 · 공원 ·

경기장 등 많은 사람이 출입하는 장소의 국기게양대에도 해당 시설물의 관리자로 하여금 가급적 야간조명시설을 설치할 것을 권장하도록 한다.

③ 야간조명등은 방수등(防水燈)으로 하며 국기의 색상이 정확하게 보이는 메탈할라이드 계통을 사용하되, 전력량당 광량(光量)이 많은 것을 사용하여 에너지를 절약하고 수명이 길며 빛의 색상이 변하지 않는 것을 사용한다.

④ 야간조명시설을 설치할 때에는 국기 전체를 비출 수 있도록 하며, 다른 기와 함께 게양할 때는 다른 기도 함께 조명될 수 있도록 한다.

제9조(가로기 게양) ① 가로기는 다음 각 호의 날을 경축하기 위해 주요 도로변에 게양하며, 제1호의 경우에는 전일부터 당일까지, 그 밖의 경우에는 해당일 또는 해당기간에 게양한다.

1. 「국경일에 관한 법률」 제2조에 따른 국경일
2. 국군의 날
3. 그 밖에 정부가 따로 지정한 날 또는 기간

② 지방자치단체는 제1항의 규정에도 불구하고 지역의 기념일이나 축제를 경축하기 위해 해당 지방자치단체의 관할 구역에 한정하여 가로기를 게양할 수 있으며, 국기선양을 목적으로 일정구간을 지정하여 연중 게양할 수 있다.

③ 가로기용 국기꽂이는 V자형 꽂이(표준규격의 국기를 게양하기 위해 V자형으로 설치한 국기꽂이를 말한다. 이하같다) 또는 배너형 꽂이(국기의 깃면을 필요한 만큼 늘여서 수직으로 게양하기 위해 설치한 국기꽂이를 말한다. 이하같다)로 설치하며, 차량이나 보행자의 통행에 지장을 주지 않도록 높이와 방향 등을 적절하게 설치하여야 한다.

④ V자형 꽂이를 설치할 때는 V자형 꽂이의 방향을 도로와 인도의 경계선과 나란히 하여 기둥의 도로 방향 쪽 면에 하나의 몸체로 설치하고 V자의 내각은 90도 이내로 하여 부채꼴모양이 되도록 한다.

⑤ 하나의 기둥에 V자형 꽂이와 배너형 꽂이를 함께 설치할 때에는 V자형 꽂이를 배너형 꽂이보다 높게 설치하고, 이 경우 국기를 다른 기보다 아래쪽에 게양해서는 아니된다.

⑥ 국가적 경축일에는 국기만을 가로기로 게양하는 것을 원칙으로 한다. 다만, 다음 각 호의 어느 하나에 해당될 때에는 국기와 다른 기를 함께 게양할 수 있다.

1. 외국의 주요 국빈 방문이나 국제적 행사기간과 겹칠 때
2. 지역축제 등 지방자치단체의 경축일과 겹칠 때
3. 기타 민방위훈련 등 국가 및 지방자치단체가 실시하는 행사와 겹칠 때

⑦ 국기와 다른 기를 함께 게양할 경우에는 차량 진행 방향에서 바라보아 국기는 왼쪽, 다른 기는 오른쪽에 위치하도록 하여 하나의 기둥에 같이 게양하거나 기둥을 달리하여 국기와 다른 기를 차례로 번갈아 게양한다.

⑧ 가로기의 게양 방법은 별표 2와 같다.

제10조(주택 및 건물에서의 국기 게양) ① 단독주택의 대문과 공동주택의 각 세대 난간에는 밖에서 바라보아 중앙이나 왼쪽에 국기를 게양하는 것을 원칙으로 하되, 부득이한 경우에는 그 위치를 달리할 수 있다.

② 건물 또는 건물 주변에 국기를 게양할 경우에는 건물 앞쪽에서 건물을 바라보아 건물의 중앙이나 왼쪽 지상, 건물 옥상의 중앙이나 왼쪽 또는 차양시설 위의 중앙에 수직으로 게양하거나 주된 출입구의 위쪽 벽면 중앙에 하늘을 향해 경사지게 게양할 수 있다.

③ 주택 및 건물에서의 국기 게양 방법은 별표 3과 같다.

제11조(실내에서의 국기 게양) ① 실내에서의 국기 게양은 깃대형을 원칙으로 하되, 실내 여건에 따라 게시형이나 탁상형으로도 할 수 있다.

② 실내에서 국기를 게양하는 경우에는 다음 각 호의 규격으로 게양하되, 사무실의 크기 등을 감안하여 크기를 조정할 수 있다.

1. 깃대형 : 5호부터 8호까지의 규격
2. 게시형 : 8호부터 9호까지의 규격. 이 경우 가급적 별표 4에 따른 실내게시용 국기틀 규격을 사용하도록 한다.
3. 탁상형 : 9호부터 10호까지의 규격

③ 실내에서의 국기 게양 장소는 별표 5에 따르되, 시 · 군 · 자치구 이상의 기관의 기관장실에는 가급적 깃대형을 설치하도록 한다.

④ 깃대형에 국기를 게양할 때에는 태극문양의 빨간색이 오른쪽에 오도록 하여 늘어뜨려 단다.

⑤ 국기의 게양 유형별 게양 위치는 다음 각 호와 같다.

1. 깃대형의 경우
   가. 기관장실, 부서장실 등의 개인집무공간인 경우에는 앞에서 집무탁상을 바라보아 집무탁상 뒤 왼쪽에 위치하도록 한다.
   나. 회의실 또는 강당의 경우에는 앞에서 단상을 바라보아 단상 왼쪽에 위치하도록 한다.
2. 게시형의 경우
   가. 주출입문 맞은편 벽면에 게시하는 것을 원칙으로 하되, 사무실의 구조 및 기타 게시물과의 간격을 적절하게 조정하여 전체적으로 조화를 이루도록 한다.
   나. 국기를 다른 게시물과 함께 게시하는 경우에는 다른 게시물보다 낮게 게시해서는 안되며 별표 6과 같이 게시한다.
3. 탁상형의 경우 : 앞에서 탁상을 바라보아 탁상 위 왼쪽 전면에 위치하도록 한다.

제12조(행사장에서의 국기 게양) ① 행사장별 국기 게양 방법은 다음 각 호와 같다.

1. 옥외행사의 경우 : 이미 설치된 옥외의 주된 게양대에 대형의 국기를 게양하는 것을 원칙으로 한다. 다만, 단상에 참석한 사람들이 옥외 게양대의 국기를 볼 수 없거나 멀리 떨어져 있을 때에는 앞에서 단상을 바라보아 단상 왼쪽에 임시 국기게양대를 설치한다.
2. 옥내행사의 경우 : 실내체육관 등 중 · 대형 행사장은 대형 깃면을 단상 뒤쪽 중앙 벽면에 설치하는 것을 원칙으로 하되, 원형 실내체육관 등은 깃면이 잘 보이는 위치에 설치하도록 한다.
3. 회의실 등 소규모 행사장의 경우 : 탁상형 국기를 게양하되, 앞에서 단상을 바라보아 단상 왼쪽에 게양하도록 한다.

② 실내 · 외 행사를 막론하고 행사장에 국기를 게양할 때에는 실물 국기를 게양하여야 한다. 다만, 보조적으로 발광화면이나 스크린 등을 활용하여 국기를 볼 수 있도록 하는 것은 가능하되 실물 국기를 게양하지 않은 채 발광화면이나 스크린 등을 통해 영상만으로 국기를 보여주어서는 아니된다.

제3장 국기의 관리 및 선양

제13조(옥외게양용 국기천의 소재) 옥외게양용 국기천의 소재는 쉽게 오염되지 않고 약한 바람에도 잘 나부끼며 심한 비 · 바람 등의 날씨에도 쉽게 훼손되지 않도록 하기 위해 다음 각 호의 기준에 맞는 천을 사용하는 것을 원칙으로 하되, 이와 같은 효과를 높이기 위해 필요한 경우에는 코팅 등 특수처리를 하거나 다른 소재의 천을 사용할 수 있다.

1. 소재 : 폴리에스테르 섬유 100퍼센트
2. 무게 : 1제곱미터당 53그램 이상
3. 밀도 : 5센티미터당 경사 165본 이상, 위사 131본 이상

제14조(국기의 염색 및 가공) ① 국기는 그 색상이 변색 또는 퇴색됨이 없이 선명하게 오래 지속되는 방식으로 염색하여야 한다.

② 국기의 염색은 앞뒤 양면 모두 선명하게 나타나도록 하여야 하며 태극의 빨간색과 파란색이 서로 겹치거나 틈새가 생기지 않도록 하여야 한다.

③ 국기는 그 가공과정에서 때가 덜 묻고 정전기의 발생을 방지하며 발수가 잘 되도록 필요한 처리를 하여야 한다.

④ 국기는 그 깃면의 테두리를 두줄박이로 봉제하여 쉽게 터지지 않도록 하여야 한다.

⑤ 제1항부터 제4항까지에 따른 국기의 품질가공기준은 별표 7과 같다.

제15조(국기 보급 확대) ① 행정안전부장관은 국기의 원활한 보급을 위하여 필요한 경우 관계행정기관에 협조를 요청할 수 있으며, 관계행정기관은 이에 적극적으로 협조할 수 있도록 노력하여야 한다.

② 지방자치단체의 장은 지역주민들이 국기를 쉽게 구입할 수 있도록 국기선양관련단체, 국기판매업체 등과 협의하여 소속기관의 민원실에 국기판매대를 설치 · 운영하거나 구내매점에서 국기를 판매하도록 하고, 백화점 · 편의점 · 문구점 등 상업시설에서도 국기를 판매할 것을 적극 권장하도록 한다.

③ 국가 및 지방자치단체는 각종 대회의 시상품이나 행사기념품 및 방문기념품 등으로 국기를 적극 활용하도록 한다.

④ 지방자치단체의 장은 전입자 또는 혼인 신고자 등에게 국기를 선물로 증정하는 방안을 강구하고, 공동주택이나 각종 업소에서도 입주 증정품 또는 사은품 등으로 국기를 활용할 것을 적극 권장하도록 한다.

제16조(국기수거함의 설치 · 운영) ① 지방자치단체의 장은 민원실, 주민센터 등에 국기수거함을 설치 · 운영하여 지역주민들로 하여금 오염 · 훼손된 국기를 쉽게 폐기할 수 있도록 한다.

② 국기수거함은 국기의 품격을 떨어뜨리지 않도록 제작 · 관리하여야 한다.

제17조(국기 게양 관리) ① 국기를 게양하는 국가기관 및 지방자치단체의 장은 게양된 국기의 깃면 상태를 수시로 점검하여 오염 · 훼손된 국기는 즉시 교체하도록 하고, 국기게양대 상태를 월 1회 이상 정기점검하여 변색 또는 파손된 국기게양대는 규정에 맞게 보수하거나 교체하여야 한다.

② 지방자치단체의 장은 오염 · 훼손된 가로기를 게양하는 일이 없도록 하고, 게양기간 동안 가로기의 깃대가 파손되거나 깃면이 오염 또는 훼손된 채 방치되는 일이 없도록 수시로 관리하여야 한다.

제18조(국기 및 국기문양의 활용) 국가 또는 지방자치단체는 다음 각호의 경우를 제외하고는 국기를 선양할 목적으로 국기 및 국기문양의 활용을 장려하되, 민간 기업이나 단체 또는 개인이 영리목적, 인지도 향상 등의 사적인 목적으로 국기 또는 국기문양을 이용하지 않도록 계도 · 안내하도록 한다.

1. 국기의 깃면에 구멍을 내거나 절단하여 사용하는 경우
2. 국기 또는 국기문양이 국민에게 혐오감을 줄 우려가 있는 방식으로 활용되는 경우

제19조(국기의 선양) ① 국가기관 및 지방자치단체는 국기의 존엄성과 위상을 높이고 국민들의 국기에 대한 인식 및 친근성을 높이기 위해 국기 보급 운동, 국기사랑 글짓기 대회, 그림 그리기 대회, 사진대전 등 다양한 국기 선양 사업을 개발 · 추진하도록 한다.

② 국가기관 및 지방자치단체는 모든 국민을 대상으로 전개하는 국기 선양 운동에 적극 참여하여야 한다.

③ 학교는 국기 그리는 법과 게양방법 및 국기에 대한 예절교육을 실시하여 국기에 대한 관심과 이해를 높이고 나라 사랑하는 마음을 길러줄 수 있도록 한다. 특히, 국경일, 기념일 등 모든 국민이 국기를 게양하여야 하는 시기에는 특별히 국기 게양방법 교육을 실시하도록 한다.

④ 국기 선양을 위한 각 기관별 추진사항은 별표 8과 같다.

부　칙

제1조(시행일) 이 훈령은 발령한 날부터 시행한다.

제2조(다른 훈령의 폐지) 태극기 사랑운동 실천지침은 폐지한다.

[별표 1] 경우에 따른 국기 및 다른 기의 게양 위치(제6조 제5항 관련)

1. 국기 게양 방법

(국경일 · 평일)

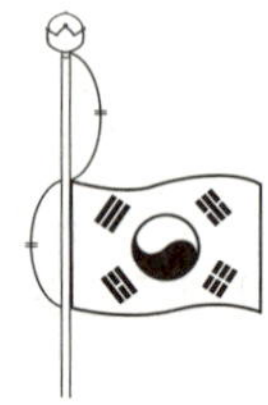

(조의를 표하는 날)

2. 국기 게양대가 높게 설치된 경우
(2008. 7. 17부터 국기 게양대를 설치하는 경우에 적용한다)

• **게양대가 3개인 경우**(앞에서 바라보는 경우를 말한다)

(다른기 1개와 함께 달 때)

(다른기 2개와 함께 달 때)

• **게양대가 4개인 경우**(앞에서 바라보는 경우를 말한다)

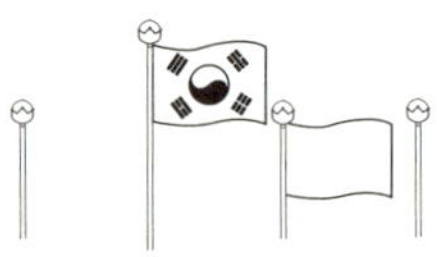

(다른기 1개와 함께 달 때)

(다른기 2개와 함께 달 때)

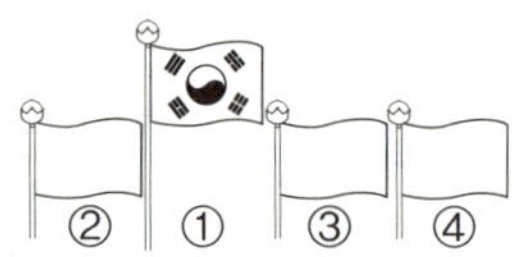

(다른기 3개와 함께 달 때)

• **외국기와 함께 게양할 경우**(앞에서 바라보는 경우를 말한다)

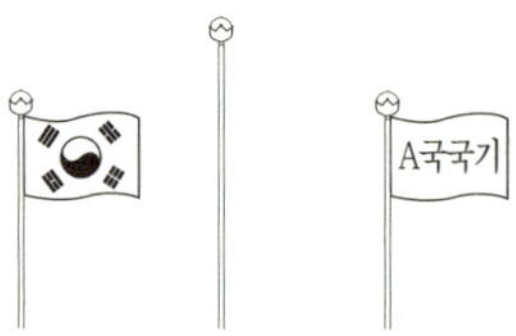

(게양할 기의 수가 2개인 경우)

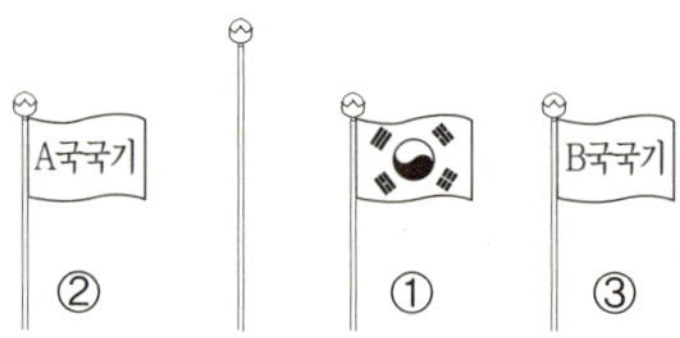

(게양할 기의 수가 3개인 경우)

3. 게양대의 높이가 동일하게 설치된 경우
(2008.7.17부터 국기 게양대를 설치하는 경우에 적용한다)

• **게양대가 2개인 경우**(앞에서 바라보는 경우를 말한다)

(국기만 달 때)

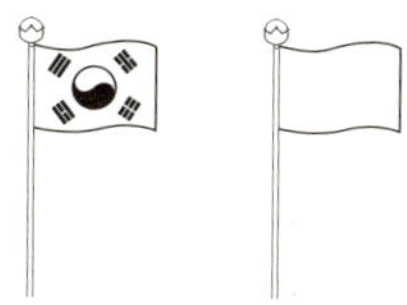
(다른기와 함께 달 때)

• **게양대가 홀수인 경우**(앞에서 바라보는 경우를 말한다)

(국기만 달 때)

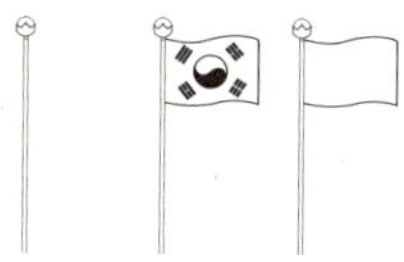
(다른기 1개와 함께 달 때)

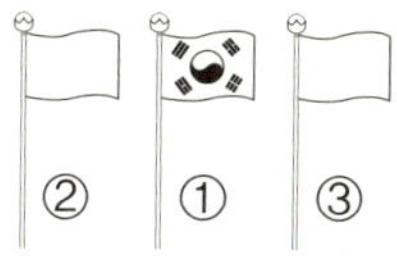

(다른기 2개와 함께 달 때)

• **게양대가 짝수인 경우**(앞에서 바라보는 경우를 말한다)

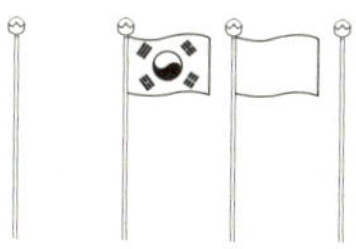
(다른기 1개와 함께 달 때)

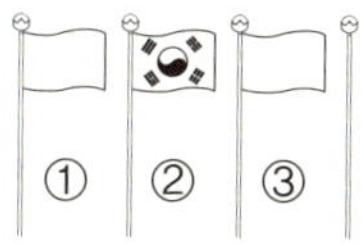

(다른기 2개와 함께 달 때)

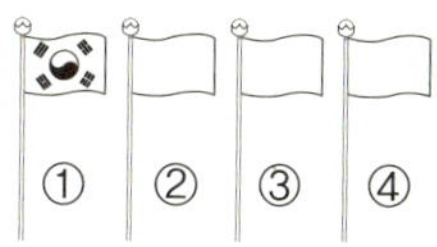

(다른기 3개와 함께 달 때)

• **여러 외국기와 함께 게양할 경우**(앞에서 바라보는 경우를 말한다)

– 게양할 기의 총수가 홀수인 경우(중앙) –

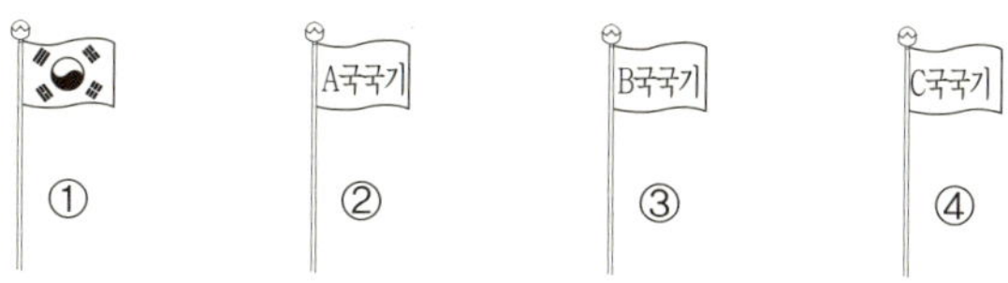

– 게양할 기의 총수가 짝수인 경우(왼쪽) –

[별표 2] 가로기의 게양 방법(제9조 제8항 관련)

1. 국기만 게양할 때(차량 진행 방향에서 바라보는 경우를 말한다)

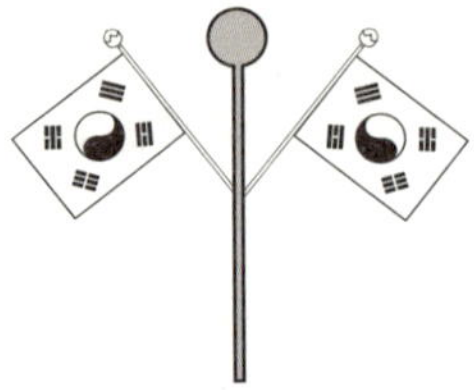
경사진 형태(v자형)

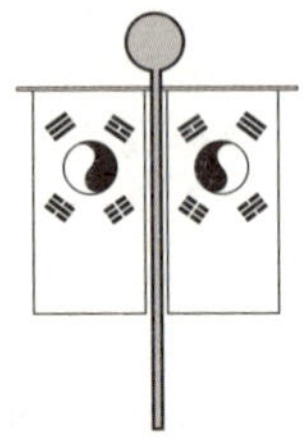
깃면을 늘여 다는 형태(배너형)

2. 국기와 다른 기를 함께 게양할 때

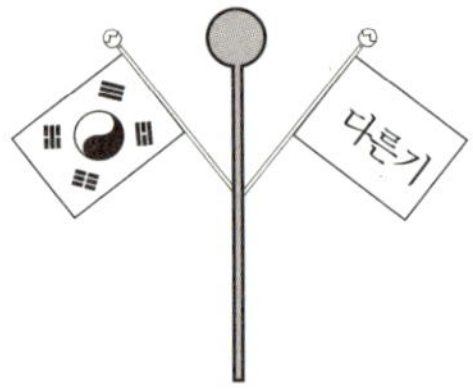

경사진 형태(v자형)

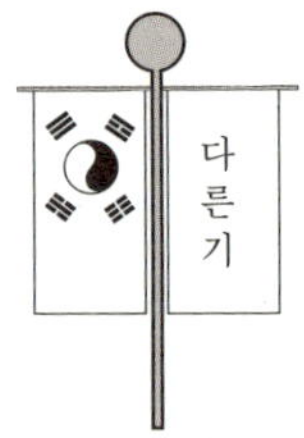

깃면을 늘여 다는 형태(배너형)

※ 하나의 기둥에 꽂이를 달리하여 위 그림과 같이 게양하거나, 기둥을 달리하여 국기와 다른기를 차례로 번갈아 게양함.

[별표 3] 주택 및 건물에서의 국기 게양 방법(제10조 제3항 관련)

1. 단독주택(집 밖에서 바라보아 대문의 왼쪽 또는 중앙에 게양한다.)

2. 공동주택(집 밖에서 바라보아 대문의 왼쪽 또는 중앙에 게양한다.)

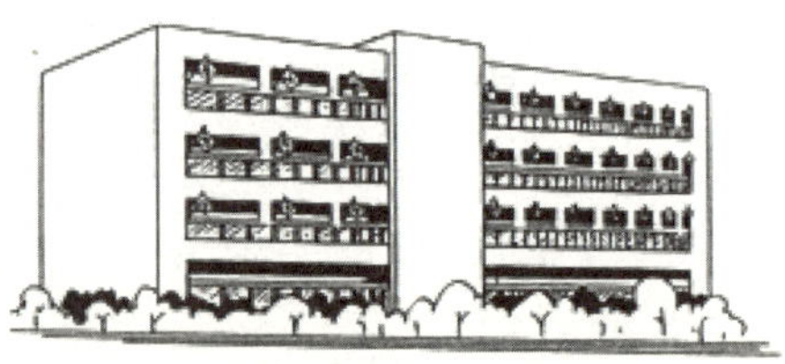

3. 전면지상의 중앙 또는 왼쪽, 옥상이나 차양시설 위의 중앙 또는 주된 출입구의 위 벽면 중앙에 게양한다.

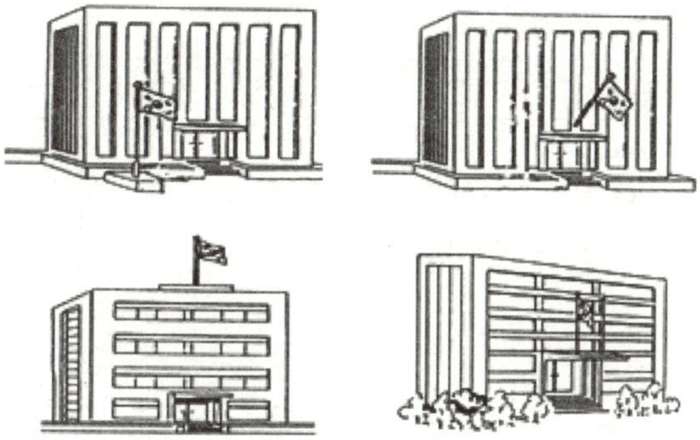

[별표 4] 실내 게시용(정부 권장형) 국기틀 규격(제11조 제2항 관련)

1. 구성 : 국기, 국기틀
2. 국기의 규격 등
   · 국기의 크기 : 국기의 표준규격 제9호(450mm×300mm)
   · 국기의 표면 : 실내조명에 반사되지 않도록 무광(無光)처리
3. 국기틀의 규격 등 : 1종(2개 색상)

형태	크기	재질	색상
좌우보필형	밑판 574×350mm 원형목 32mm(지름) 두께(국기부분) 18mm	목재	밤색 연한밤색

· 국기틀 사진

(밤색)

(연한밤색)

4. 국기틀의 색도
   · 밤색 : pantone 18-1239TP
   · 국기 : pantone 16-1327TP
5. 국기 및 국기틀 규격의 변경
   · 게시장소의 여건에 따라 국기 및 국기틀의 규격을 확대 또는 축소할 수 있다. 다만, 이 경우에도 국기는 3 : 2의 비율을 유지해야 하며, 국기틀의 품격을 떨어뜨려서는 안된다.

[별표 5] 실내 게양(게시) 범위(제11조 제3항 관련)

1. 중앙행정기관 및 소속기관

구분	기관장실	부기관장실	대회의실(대강당)	민원실	부서장실	일반사무실
유무	○	○	○	○	△	△
유형(택1)	깃대형 게시형	깃대형 게시형 탁상형	깃대형 게시형	게시형	게시형 탁상형	게시형

(○:의무, □:권장, △:자율)

2. 지방자치단체 및 소속기관

구분	단체장실	부단체장실	대회의실(대강당)	민원실	부서장실	일반사무실
유무	○	□	○	□	△	△
유형(택1)	깃대형 게시형	깃대형 게시형 탁상형	깃대형 게시형	게시형	게시형 탁상형	게시형

(○:의무, □:권장, △:자율)

3. 교육행정기관 및 각급 학교

구분	기관장실	부기관장실	대회의실(대강당)	민원실	부서장실	일반사무실	교무실	교실
유무	○	□	○	□	△	△	□	○
유형(택1)	깃대형 게시형	깃대형 게시형 탁상형	깃대형 게시형	게시형	게시형 탁상형	게시형	게시형	게시형

(○:의무, □:권장, △:자율)

4. 기타 공공기관의 경우에는 위의 기준을 준용한다.

[별표 6] 국기와 일반 게시물의 게시 예(제11조 제5항 관련)

1. 횡으로 배치 시

· 2종의 경우 — [국기] [게시물1]

· 3종의 경우 — [게시물1] [국기] [게시물2]

· 4종의 경우 — [국기] [게시물1] [게시물2] [게시물3]

2. 횡 · 종 배치 혼합형

· 3종의 경우

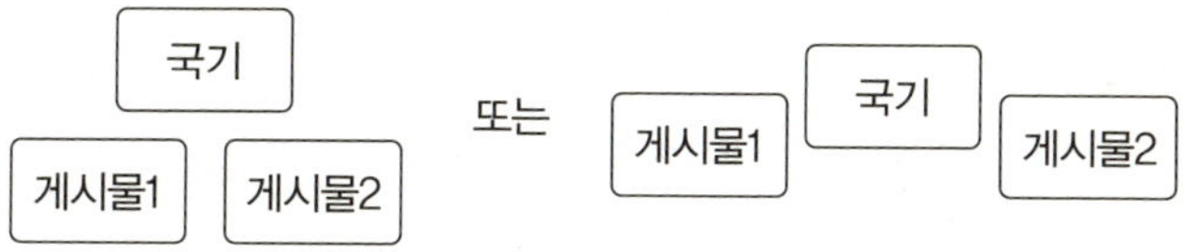

· 4종의 경우

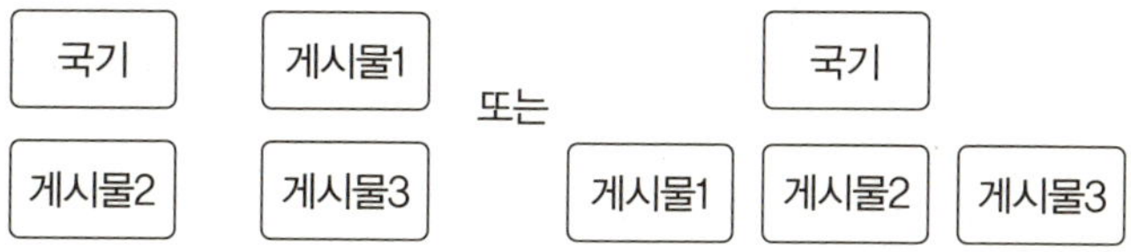

3. 종으로 배치 시

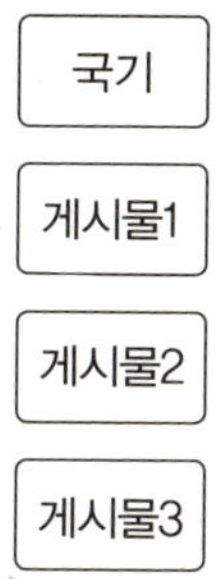

[별표 7] 국기의 품질가공기준(제14조 제5항 관련)

구분	기준	비고
가. 일광견뢰도	4급이상	1~8급
나. 세탁견뢰도		
– 변퇴	4급 이상	1~5급
– 오염	4급 이상	1~5급
다. 발 수 도	90이상	0, 50, 80, 90, 100

비고 : 등급은 한국산업표준(KS)에 의한 시험방법에 따른 등급을 말함.

[별표 8] 국기 선양을 위한 관련 부처별 추진 사항(제19조 제4항 관련)

1. 각 부처 공통사항
   - 부처별 각종 행사시 실내의 경우라도 반드시 국기를 게양하여 TV 중계나 보도사진 등에 국기가 잘 보이도록 한다.
   - 각종 임명장 수여식, 기자회견(예 : 기자회견장의 배면 장식)이나 회의시에도 TV화면에서 국기가 잘 보일 수 있도록 한다.
   - 각종 대회나 각급 기관 · 단체, 교육원 및 학교 등의 시상품 또는 방문 기념품으로 국기 세트를 증정한다.
   - 독립건물을 가진 각종 협회, 사회봉사 및 시민운동단체 등 산하 유관단체의 건물과 민간대형건물에 매일 · 24시간 국기 게양을 권장한다.

· 각급 기관 · 단체명의로 제작 · 배포하는 수첩 · 달력 등에 국기 수록 및 국기 다는 날을 표시하도록 한다.
· 각 부처 발간 정부간행물의 표지에 국기문양 등 국가상징물을 활용한다.
· 국기게양대 간의 간격을 조정하여 대형국기를 게양하도록 권장한다.
· 모든 행정기관은 원칙적으로 조달청 보급 국기를 구입 · 활용한다. 다만, 조달청에 해당 호수의 국기가 없거나, 긴급한 사유가 있는 등 불가피한 경우와 조달가격보다 더 저렴하게 구입할 수 있는 경우에는 민간업체로부터 구입할 수 있다.

2. 「전 국민 국기 달기 운동」 부처 공통 추진사항
· 기관 홈페이지, 구내방송, 직원조회, 게시판 등을 활용하며, 소속직원으로 하여금 국기 달기 운동을 적극 홍보할 수 있도록 독려한다.
· 산하 각급 기관 · 단체 및 관련 기업체 등에 전파할 수 있도록 협조를 요청한다.

3. 부처별 소관사항

부처명	소관사항	비고
행정 안전부	• 국기 보급 및 선양 계획 수립 · 총괄 • 지방자치단체 소관 사항에 대한 지도 · 지원 • 공공기관의 국기 게양 및 관리 실태 점검 • 국가상징 선양사업 추진 및 우수기관(개인) 포상 실시 • 「전 국민 국기 달기 운동」추진 – 국기 달기 계획 수립 · 통보 – 관보에 국기 달기 홍보 – 정부청사(중앙 · 과천 · 대전)국기 달기 안내 방송 실시 및 전광판 홍보	각급 기관 및 단체
문화체육 관광부 · 방송통신 위원회	• 국가상지 선양프로그램 제작 및 방송 – 국경일 계기 특집방송 프로그램 제작 – 공익방송 및 공익광고 등 활용 • 「전 국민 국기 달기 운동」홍보 – 각 언론사(방송 · 신문)에 국기 달기 홍보 협조 요청 • TV방송 진행자 코멘트 협조 • TV자막 방송 – 옥외 전광판 및 케이블TV를 이용한 국기 달기 홍보 등 • 문화CI, 관광CI에 국기 등 국가상징 문양 활용 연계 – 국가상징 문양을 활용한 관광상품 개발 · 보급 등 • 각급 관광호텔의 매일 · 24시간 국기 게양 권장	방송사 및 언론사
교육과학 기술부	• 각급 학교 학생에 대한 국기 교육 실시 – 국기의 뜻과 유래, 국기 게양방법 등 교육 – 그림 그리기, 글짓기 등 활용	

부처명	소관사항	비고
교육과학 기술부	– 계양 · 강하식에 학생 참여 – 각급 학교 교과과정에 국기에 관한 내용 반영 •「전 국민 국기 달기 운동」홍보 – 각 시 · 도 교육청 및 각급 학교에 전파 · 각 시 · 도 교육청 및 각급 학교에 전파 · 부모님과 함께 국기 달기 참여 유도 · 국기달기 '가정통신문' 발송 · 국기 달기에 대한 소감문 발표 유도	각 시 · 도 교육청
지식 경제부	• 백화점 등 대형유통시설에 상설 국기 판매대 설치 및 통신판매 확충 • 민간기업체의 고객사은품으로 국기 증정 권장 • 생활용품 및 학용품 등에 국기 등 국가상징 문양을 활용한 디자인개발 • 각 기업체 고객 사은품 · 기념품으로 가정용 국기 증정 권장	경제 5단체 및 전국 은행 연합회
	•「전 국민 국기 달기 운동」홍보 – 인터넷우체국(www.ePOST.go.kr) 및 우체국판매 – 상품카탈로그를 통한 태극기 판매 홍보	우정 사업 본부
국토 해양부	• 공항, 호텔, 대형건물, 경기장 등에 게양대 설치 및 게양대간 간격 확보 • 아파트 등 공동주택단지의 주게양대 설치 • 국제공항 등에서의 매일 · 24시간 국기 게양 • 항구 · 선박 등의 매일 · 24시간 국기 게양 • 터미널 · 역 · 고속도로 휴게소 등의 국기 게양 • 단독 및 공동주택 신축 또는 증 · 개축 시 국기꽂이 설치 확인점검 ※근거 :「주택건설기준 등에 관한 규정」 제18조 제4항 •「전 국민 국기 달기 운동」홍보 – 철도 · 전철 구내방송을 통한 국기 달기 홍보 안내 방송 실시	
법무부	• 외국인 귀화시 국기 증정	
외교통상부	• 재외공관「재외동포 국기 나눠주기 운동」 추진	
조달청	• 매일 · 24시간 게양에 따른 태극기 재질기준 제고 • 가로기의 조달 물품화 추진	
지방 자치 단체	• 연중게양 대상 확대 – 대형 할인마트 · 백화점 · 호텔 · 시장 등 많은 사람이 모이거나 드나드는 장소 – 광역자치단체 청사의 울타리기, 시 · 군 · 구의 도로변 및 농촌마을 입구의 군집기 등 – 운동장 · 공원 등 다중집합시설의 국기게양대	

부처명	소관사항	비고
지방 자치 단체	• 국기의 대형화와 게양위치 조정 – 대형건물에 걸맞는 대형 국기 게양 – 국기가 잘 보이도록 건물 형태별 게양위치 조정 – 대형국기에 걸맞는 게양대 설치 및 게양대 간 충분한 간격 확보 일선 행정기관의 국기판매대 및 국기수거함 설치 · 운영 – 시 · 군 · 구 민원실 및 읍 · 면사무소 · 동 주민센터 등 ※건물용 · 가정용 국기 비치 • 백화점 등 상업시설에 국기판매 권장 • 신축건물에 대한 국기꽂이 설치 계도 • 주된 국기게양대가 없는 아파트 등 공동주택단지에 국기게양대 설치 계도 • 국기꽂이가 설치되지 않은 가구에 대한 국기꽂이 설치 대책수립 · 시행 • 노후된 게양대 및 깃봉의 도색 등 주기적 정비 실시 · 계도 • 오염 · 훼손된 국기의 신속한 교체 실시 · 계도 • 현행 v자형 꽂이를 가급적 배너형 꽂이로 교체 또는 V자형 꽂이를 교통 흐름에 방해가 되지 않는 방향으로 개선 • 혼인신고 또는 전입 신고시 국기세트 선물 증정 권장 • 「전 국민 국기 달기 운동」홍보 추진 – 모든 홍보 기능을 활용, 국기 게양 홍보 강화 · 통(반) · 리장 등 일선 조직을 활용 각 가정 국기달기 독려 · 아파트단지 · 상가 밀집지역 등에 홍보 유인물 배포, 게시판 부착, 안내 방송 실시 · 국기꽂이가 설치되지 않은 가구에 대하여 설치 권장 – 택시 · 버스 등 차량에 국기 달기 운동 전개 – 지역방송매체 및 지하철(버스)내 홍보 방송 실시 – 관내 주요 도로에 가로기 게양 및 관리 철저 · 오염 · 훼손된 국기가 게양되거나, 깃면이 거꾸로 게양되지 않도록 사전 확인 철저 · 게양된 가로기의 깃대가 부러지거나 깃면이 오염 · 훼손된 채 방치되지 않도록 수시 점검 및 즉각적인 조치 실시	

5. 국기 관련 벌칙 규정

(1) 형법 중 국기 관련 벌칙

1) 국기에 관한 죄(제2편 제3장)

(법률 제293호, 1953. 9. 18
개정법 제2745호, 1975. 3. 25
개정법 제5057호, 1995. 12. 29)

① 제105조 [국기, 국장의 모독]

대한민국을 모욕할 목적으로 국기 또는 국장을 훼손 · 제거 또는 모욕한 자는 5년 이하의 징역이나 금고, 10년 이하의 자격 정지 또는 700만 원 이하의 벌금에 처한다(1995. 12. 29).

② 제106조 [국기, 국장의 비방]

전조의 목적으로 국기 또는 국장을 비방한 자는 1년 이하의 징역이나 금고, 5년 이하의 자격 정지 또는 200만 원 이하의 벌금에 처한다(1995. 12. 29).

2) 국교에 관한 죄(제2편제4장)

① 제109조 [외국의 국기, 국장의 모독]

외국을 모욕할 목적으로 그 나라의 공용에 공하는 국기 또는 국장(國章)을 손상, 제거 또는 오욕한 자는 2년 이하의 징역이나 금고, 또는 300만 원 이하의 벌금에 처한다(1995. 12. 29).

(2) 국기 관련 법원 판례

1) 대법원 판례

① 음효의 절간 규격에 관한 판례 1969년 5월 27일
대법원선고 69누 4호 판결

문교부 고시 제2호 국기 제작법 '효와 효 사이는 반 푼으로 한다' 고 규정되어 있다. 그러나 '음효의 절간이 한 푼이 옳다' 는 주장을 하여 대법원에 상고한 사실이 있었는데, 대법원에서는 이를 기각하여 음효 절간 규격은 반 푼이 옳다는 판시를 내렸다.

대 법 원

1969년 5월 27일 판결 선고

사건 69누 4 국기에 대한 지시 등 취소
원고상고인 사단법인 대한민국 국기선양회
이사 김 일 수

피고피상고인	문교부 장관	
	소송 대리인 변호사 김 종 수	
원판결	서울 고등법원 1969. 2. 20 선고 : 68누 449 판결	
주문	상고를 기각한다.	
	상고 소송 비용은 원고의 부담으로 한다.	
이유	생략(필자)	

1969. 5. 27

재판장	대법원 판사	방 순 영
	〃	손 동 욱
	〃	주 운 화
	〃	유 재 방

② 국기 경례를 거부한 학생에 대한 제적 처분의 당부(當否)
(판례 22)

1976년 4월 27일
대법원 선고 75누 249호 판결

㉠ 문제점 : 종교상의 이유로 국기에 대한 경례를 거부한 학생들에 대한 제적 처분은 정당한가?

㉡ 판시 사항 : 국기에 대한 경례를 종교상의 우상 숭배라 하여 거부한 학칙 위반 학생을 제적 처분한 것은 정당하다.

2) 고등법원의 판례

① 대구고등법원 판결(시사통신 1978. 6. 2(금) 교 · 권1)
국기에 대한 경례를 거부하다가 제적 처분 당한 학생들이 대구고등법원에 상고한 원고(학생)들의 주장은 이유없다고 청구를 기각하였다.

② 고등법원 판례(2004년 11월 3일 (수)자 「조선일보」 A11)

㉠ 사건의 내용
미군 장갑차에 치여 숨진 여중생(신효순, 심미선)을 추모하는 촛불 집회 때 모형 성조기를 불태운 혐의로 기소된 유모씨(30세)에 대한 판례임.

㉡ 판결 이유
우리가 미국인의 태극기 소각에 대해 미국 법원이 처벌해 주기를 바라듯 어떤 경우에도 상대방 국가의 국기는 존중되어야 하며, 공공 장소에서 기물을 태우는 행위는 공공의 안전을 위해 규제되어야 한다.

㉢ 선고 내용
징역 4월에 집행 유예 1년과 벌금 30만원을 선고하였다.

부록 국기 약사연표

- 1876년 : 강화도조약 체결시 국기 문제 제기됨.
- 1880년 12월 : 청의 황준헌이 『조선책략』에서 중국의 용기 사용을 권고함.
- 1881년 3월 : 이응준(조선)이 마건충에게 국기 도식(이응준 감정본)을 제시함(내용은 알 수 없음).
- 1882년 4월 : 마건충이 김홍집에게 흰 바탕의 청운 · 홍룡(네 발톱) 도식 제안함, 김홍집이 반대함.
- 1882년 4월 : 마건충이 태극(반홍 · 반흑) · 팔괘 도식 제안함.
- 1882년 5월 : 이응준이 만든 태극 · 4괘도(감정본)를 조미수호통상조약을 체결할 때 성조기와 함께 게양한 것으로 추정됨.
- 1882년 8월 : 박영효는 메이지마루호 배 안에서 영국 선장 제임스의 조언을 받아 태극기를 제정함. 제임스는 군주기(君主旗)에 대해서도 설명함.

  8월 14일 : 박영효가 일본 고베(神戶)에 도착하여 니시무라야(西村屋) 숙소에 국기를 깃대에 매어 게양함.
- 1883년 1월 27일 : 고종이 태극기를 국기로 8도(道) · 4도(都)에 반포함(국기 규격은 규정하지 않음).
- 1884년 : 통리교섭통상사무아문에서 '조선 국기'를 만듦.
- 1884년 : 우정국 구내에 있는 회화나무 고목 곁에 국기를 게양함.
- 1887년 : 박정양이 미국 전권 공사로 부임하면서 워싱턴 15번가 주미 조선 공사관 건물에 국기를 게양함.
- 1897년 : '대한제국국기만만세' 태극기를 만들어 사용함.
- 1900년 12월 : 국기 규격을 제정하여 훈령을 내림(흰바탕, 깃면의 길이 2척, 너비 1척 8치, 태극 7치 청 · 홍색).
- 1942년 6월 29일 : 상하이 대한민국 임시정부 국무위원회에서 국기 규격 규정을 반포함(깃면 가로 · 세로의 비는 3대 2, 태극 상반부 반원은 진홍색, 하반부 반원은 아청색, 괘는 흑색, 건 · 곤괘는 우상좌하, 리 · 감괘는 좌상우하).
- 1945년 10월 15일 : 정부에서 태극기 도형을 반포함.
- 1945년 11월 7일 : 미군정하 문교부에서 국기 도형을 공포하여 사용함.
- 1946년 5월 : 교과서에 국기를 게재함.
- 1949년 1월 4일 : 이승만 대통령이 국기 규격을 통일하도록 지시함.
- 1949년 1월 7일 : 국무회의에서 국기시정위원회 구성안을 의결하여 문교부에 위촉함.
- 1949년 1월 14일 : 국기시정위원회 구성을 위한 준비위원회를 개최함.
- 1949년 2월 3일 : 국기시정위원회 위원 42명 위촉함.

  2월 7일 : 제1회 전체 위원회 개최(중앙청 제1회의실). 국기시정위원회에서 4개 도안을 논의함. 특별심사위원 12명 위촉함.

2월 23일 : 특별심사위원회를 열어(심계원 회의실) 제3도안(우리국기보양회안)을 채택 가결함.

2월 28일 : 제2회 전체위원회 개최(중앙청 제1회의실). 우리국기보양회안에 대한 이의 제기와 개의로 제5도안(독립문 태극기 안) 제시함. 재개의로 구왕궁 소장안(제1도안)을 제시, 표결 결과 제5도안을 채택 가결함(제3도안 부결).

- 1949년 3월 25일 : 제3회 전체위원회 개최(중앙청 제1회의실). 제5도안에 대한 이의 제기로 재검토 · 논의한 결과 제3도안이 다시 가결됨. 특별심사위원회에서 제3도안을 시정 통일하기로 함. 깃봉(무궁화 꽃봉오리), 깃대(대나무 순색)의 규격 결정.
- 1949년 4월 7일 : 총무처에서 우리국기보양회에 외국에 보낼 국기를 납품하도록 의뢰함(미국의 뉴헤븐 국제박물관의 국기 기증 요청).

  4월 11일 : 시정국기를 제작하여 납품한 것을 외국에 공식으로 보냄(미국 뉴헤븐 국제박물관에 보냄).

  4월 13일 : 총무처장 전규홍이 우리국기보양회에 국기 수납에 대한 감사문을 보냄.
- 1949년 7월 27일 : 문교부에 국기 연구 결과 보고서 제출.
- 1949년 10월 12일 : 대통령의 재가를 받음(시정국기).
- 1949년 10월 15일 : 문교부 고시 제2호로 국기 제작법을 고시함.
- 1950년 1월 25일 : 문교부 고시 제3호로 깃봉 규격 시정을 공포함. 국무원 고시 제8호로 국기 게양 방법을 제시함.
- 1950년 1월 26일 : 총제430호로 국기 경례법 시달.

  9월 18일 : 법률 제293호로 국기 관련 벌칙을 규정함.
- 1964년 5월 1일 : 6 · 25 전쟁으로 국기시정위원회 회의록을 분실하여 문교부는 김일수에게 음효의 절간에 대해 질의함.
- 1964년 5월 16일 : 김일수는 절간이 1푼으로 제정되었다고 회신함.
- 1966년 4월 25일 : 대통령령 제2호로 구체적인 게양 방법을 제시함.
- 1967년 7월 7일 : 각 시도 교위에 정규 규격 국기에 관한 지침을 시달함.
- 1967년 8월 10일 : 김일수 팜플렛에 절간이 1푼인 도형을 게재함.
- 1967년 9월 2일 : 국기 교육 자료심사위원회(김일수 포함 12인)에서 괘의 절간이 1푼이 옳다고 의결함. 문교부는 이 의결을 받아들이지 않고 기자들에게 문교부 고시에 변화 없음을 설명함.
- 1967년 12월 7일 : 각급 학교에서 김일수의 국기 강연회를 실시하도록 교위에 협조 공문을 시달함.
- 1968년 4월 18일 : 강원도 교위에서 절간 문제 질의함.
- 1968년 5월 2일 : 배명고, 수도여고에서 절간 문제 질의함.
- 1968년 5월 13일 : 김일수의 계몽 의뢰 내용 취소, 강연을 중지시킴. 교위에 정규 규격 국기를 갖추도록 지시함.
- 1968년 5월 17일 : 문공부 장관을 통하여 김일수에게 문교부 고시대로 협조해 줄 것을 통보함.

- 1968년 6월 7일 : 김일수는 문교부에 절간 반푼의 정규 규격 국기 갖추기 지시 취소 소원을 냄.
- 1968년 9월 6일 : 소원 부당성을 지적하여 각하함.
- 1968년 8월 19일 : 김일수의 계몽 선전 승인을 취소함.
- 1969년 1월 16일 : 김일수는 문교부를 상대로 취소 청구 행정 소송을 제기함.
- 1969년 5월 27일 : 대법원은 김일수의 상고를 기각함.
- 1972년 4월 1일 : 문교부는 장학자료 15집(국기 · 국가 · 국가 원수에 대한 예절)을 발간하여 지도하도록 함.
- 1972년 8월 8일 : '국기에 대한 맹세' 를 실시함.
- 1976년 10월 4일 : 국무총리 훈령 제136호로 '국기 게양식 및 강하식 시행요령' 을 시달함.
- 1984년 2월 21일 : 대통령령 제11,361호로 대한민국 국기에 관한 규정 제정(제규정을 흡수, 통합함).
- 1987년 4월 29일 : 대통령령 제12,148호로 대한민국 국기에 관한 규정을 제1차 개정함(국기 게양 시각 및 강하 시각 변경).
- 1989년 3월 10일 : 대통령령 제12,642호로 대한민국 국기에 관한 규정을 제2차 개정함(사무실 내의 국기 게양 규정 개정, 국기 표준 규격 완화).
- 1996년 3월 12일 : 대통령령 제14,943호로 대한민국 국기에 관한 규정을 제3차 개정함(애국가의 주악과 국기에 대한 맹세 낭송시 맹세를 낭독하지 않도록 함).
- 1996년 3월 12일 : 국무총리 지시 제1996-5호로 국기 게양 · 관리 및 국민 의례에 대한 지침을 시달함.
- 1996년 12월 27일 : 대통령령 제15,182호로 대한민국 국기에 관한 규정을 제4차 개정함(국기의 문양 보완).
- 1997년 1월 1일 : 국기를 연중 24시간 게양하도록 함.
- 1997년 1월 31일 : 총무처 공고 제1997-7호로 옥외 게양용 국기천의 소재 및 염색 가공기준을 정하여 공고함.
- 1997년 10월 13일 : 국무총리 지시 제1997-16호로 국기 게양 · 관리 및 보급에 관한 지침을 시달함.
- 1997년 10월 25일 : 총무처 고시 제1997-61호로 태극기의 표준 색도를 지정하여 고시함.
- 1998년 12월 28일 : 대통령령 제15,948호로 대한민국 국기에 관한 규정을 제5차 개정함(한국을 승인하지 않는 나라의 국기 게양 문제 완화).
- 1999년 초 : 행정자치부에서 태극기의 내력과 태극기의 담긴 뜻을 정리하여 간행함.
- 2002년 8월 9일 : 행정자치부 고시 제2002-16호로 실내 게양용(정부 권장형)국기틀 규격을 정하여 고시함.
- 2002년 8월 19일 : 행정자치부 고시 제2002-17호로 「실내 게시용(정부 권장형) 국기틀 규격 고시」(행정자치부 고시 제2002-16호(2002년 8월 9일))의 내용을 정정하여 고시함.
- 2002년 11월 6일 : 대통령령 제17,770호로 대한민국 국기에 관한 규정을 제6차 개정함(태극기의 문양 디자인을 다소 자유롭게 사용하도록 함).

- 2007년 1월 26일 : 법률 제8272호로 「대한민국 국기법」을 제정 공포함.(시행일, 2007년 7월 27일)
- 2007년 7월 27일 : 대통령령 제20204호로 「대한민국 국기법 시행령」을 제정 시행함.
- 2007년 7월 27일 : 「국기에 대한 맹세문」을 수정 공포함(대한민국 국기법 시행령 참조).
- 2008년 2월 28일 : 영국 국립문서보관소에 소장되어 있는 태극기 사본을 발굴 · 공개함.
- 2008년 2월 29일 : 「대한민국 국기법 시행령」을 일부 개정함(대통령령 제20741호).
- 2008년 7월 17일 : 「대한민국 국기법 시행령」을 일부 개정함(대통령령 제20915호).
- 2008년 8월 12일 : 문화재청에서 태극기 자료 15점을 등록문화재로 지정 등록함.
- 2009년 9월 10일 : 「국기의 게양 · 관리 및 선양에 관한 규정」을 재정 · 시행함(국무총리훈령 제538호).
- 2010년 2월 25일 : 진관사 소장 태극기 및 독립신문 류 6종 21점을 등록문화재로 지정 · 등록함(등록문화재 제458호).

참고문헌

1. 저서

박영효 기, 『사회기략』, 부산대학교, 1958.
태극학회, 『태극학보』, 1907.
김경탁, 『태극의 원리』, 취영암, 1946.
김두봉, 『신국기의 제정과 태극기의 폐지에 대하여』, 노동신문사, 1948.
박영랑, 『독립혈사』, 문화정보사, 1950.
오재춘, 『태극기론』, 산해당, 1955.
김일수, 『국기해설-국기 시정(是正) 약사』, 우리국기보양회, 1957.
국립중앙박물관, 『감은사지 발굴 연구 보고서-특별조사보고 2』, 1961.
백광하, 『태극기 : 역리와 과학에 의한 해설』, 동양수리연구원, 1965.
　　　　『태극기』, 동양수리연구원출판사, 1967.
이우직 저, 백상기 편, 『태극기 해설』, 민족사상선양사, 1967.
문교부, 『장학자료』 15, 1972.
천관우, 『한국사 대계』 10 (연표), 삼진사, 1973.
김원룡, 『한국미술전집』 4 (벽화), 동화출판사, 1975.
진홍섭, 『한국미술전집』 3 (토기 · 토우 · 와전), 동화출판사, 1975.
한병삼, 『한국미술전집』 2 (고분미술), 동화출판사, 1975.
경상북도 교육위원회, 『국기교육 지도지침서』, 1976.
민족문화원, 『국기교본』, 민족문화원, 1977.
박영효저, 이재호 역 『사화기략』 (『해행총서』 10), 민족문화추진회, 1977.
경상북도 교육위원회, 『국기교육 자료집』 법규편, 1978.
대한민국학술원 국기자문위원회, 『태극기의 원리와 해설』, 1978.
부산시 교육위원회, 『국기교육』 2, 1978.
김종호, 『국기해설』, 집문당, 1978.
문화공보부 문화재관리국, 『조선시대 궁중복식』, 1981.
사단법인 독립동지회, 『국기해설』, 송산출판사, 1982.
대한우표회, 『한국 우표백년』, 대한우표회, 1984.
Dr. AnHoSang, “The Ancient History And Culture of Korea” , Sarimwon Printing Co, 1986.
독립기념관, 『독립기념관 전시품요록』, 1987.
이우직, 『태극기 해설』, 현암사, 1987.
총무처, 『태극기-제작 · 게양 및 관리 요령』, 1989.
구평회, 『태극기와 민족 정기』, 태극기 광복추진위원회, 1990.

한국정신문화연구원, 『한국민족문화대백과사전』 3 · 4 · 17, 1991.
백문섭, 『올바른 태극기 해설』, 보경문화사, 1992.
유길준전서편찬위원회, 『유길준전서』 4, 1996.
김원모, 『태극기의 연혁』, 행정자치부, 1998.
백운곡, 『태극기에 담겨있는 새 천년 한국의 운』, 생각하는 백성, 1999.
『태극기 그 원리와 비밀』, 생각하는 백성, 2006.
문룡호, 『태극기 이야기』, 미술문화, 2000.
김상섭, 『태극기의 정체』, 동아시아, 2001.
교학사 편집부, 『국기와 함께 알아보는 세계여행』, 2002.
정현규, 『이제 통일 한국의 상징을 준비할 때다』, 삶과 꿈, 2004.
독립기념관, 『독립기념관 전시품요록』, 2004.
지경사 편집부, 『국가와 국기』, 2004.
독립기념관 한국독립운동사연구소, 『대한민국임시정부공보』, 한국독립운동사료총서 19, 2004.
김영한, 박은경, 고정민, 『태극기 마케팅』, 이지북, 2004.
최정혜, 『국기와 함께하는 지구촌 여행』, 은하수 미디어, 2005.
허정윤, 반재원, 『태극기 : 태극기의 모든 것』, 한배달, 2006.
교육부, 『초 · 중 · 고등학교 교육과정』, 1949~2005.
교육부, 『초등학교 사회과 · 음악과 · 미술과 교과서』, 1963~2005.
교육부, 『초등학교 1 · 2학년 통합교과서』, 1995~2005.
송춘영, 『우리 모두가 알아야 할 태극기의 어제와 오늘』, 형설출판사, 2008.
朱熹 저, 김상섭 역, 『易學啓蒙』, 예문서원, 1994.
何克敦, 『奉使圖』, 遼寧民族出版社, 1999.
田中慶太郎교정, 『周易本義』, 東亞圖書公司, 1979.
佐藤秀夫 편, 『日本の教育課題』, 「日の丸」「君が代」と學校, 東京法令出版社, 1999.
下村哲夫, 『學校と國旗 · 國歌』, きようせい, 2000.
文部省, 『小中高等學校社會科學習指導要領』, 1958~2000.
카이저 빌헬름 2세 저, 龜井邦一 역, 『巴卍の歷史的 硏究』, 白揚社, 1933.
박충훈, 『태극기의 탄생』 21세기북스, 2010.
이병근 지음, 이완본 감수, 『역사로 만나는 우리 태극기』, 서울 셀렉션, 2015.
Dr. An Hosang, The Ancient History And Colture of Korea, Salim Won printing Co, 1986.
Susan J. Ripperger & Kathleen A. Staudt, "*Pledge of Allegiance*" , New York and London, Routledfalmer, 2003.
Doulass M. Rife, The History of the Flag of the United States, "*Pledge of Allegiance*", Teaching & Learning Company, Cathage, 2004.

2. 논문

김두봉, 「신국기의 제정과 태극기의 폐지에 대하여」, 노동신문사, 1948

이선근, 「우리 국기 제정의 유래와 그 의의」, 『국사상의 제문제』 2, 국사편찬위원회, 1959.

권석봉, 「국기 제정의 유래에 대한 관견」, 『역사학보』 23, 1964.

전해종, 「청국 문답」(자료소개), 『역사학보』 22, 1964.

이상천, 「현행 태극기에 대한 고찰」, 『교육평론』 127 · 128, 교육평론사, 1969.

이상백, 「효과적인 국기 교육을 위한 자료 개발에 관한 연구」, 『연구논문집』 30, 부산시교육연구원, 1973.

송춘영, 「고등학교 학생들의 국기 의식에 관한 조사연구」, 대한교육연합회 발표논문, 1976.

이성조, 「태극기의 중심 도형에 대하여」, 『*Bulleting Korean Methemetical Society*』, Vol.13, 대한수학회, 1976.

양호일, 「한국의 태극 symbol에 관한 연구」, 한양대학교 대학원 석사학위논문, 1980.

유승국, 「태극기의 원리와 민족의 이상」, 『정신문화연구』 여름호, 1983.

임채도, 「남북한의 상징 깃발과 태극기의 정통성」, 『북한』 3월호, 1986.

임정무, 「주역과 팔괘(八卦)로 풀어본 태극기」, 『금속회보』 58, 1987.

최창동, 「태극기의 제정 배경과 법철학적 의의 및 남북한 통일기 제정 소고」, 『법학연구』, 창간호, 부산외국어대학, 1989.

「국기의 상징에 관한 연구–대한민국 국기를 중심으로」, 동국대학교 박사학위 논문, 1989.

한종인, 「국가의 절대 상징 표상으로서의 태극기에 관한 연구」, 홍익대학교 산업미술대학원 석사학위논문, 1991.

장학근, 「태극기의 유래와 해군」, 『해사논문집』 33, 1991.

김원모, 「자료 조미조약 체결사」, 『사학지』 25, 단국사학회, 1992. 「조미조약체결 연구」, 『동양학』 22, 단국대학교 동양학연구소, 1992.

백영기, 「태극기와 혼백사상」, 『태극기 보급이 민족혼에 미치는 영향』, 대한민국 국기보급회, 1995.

김은집, 「기의 개념과 기능」, 『태극기 보급이 민족혼에 미치는 영향』, 대한민국 국기보급회, 1995.

김혜수, 「해방 후 통일국가 수립운동과 국가 상징의 제정과정–국호 · 국기 · 국가 · 국경일 제정을 중심으로」 『국사관 논총』 75, 1997.

허 윤, 「태극기를 활용한 캐릭터 개발에 관한 연구」, 계명대학교대학원 석사학위논문, 1998.

김원모, 「태극기의 연혁」, 행정자치부 의정과, 1998.

김동섭, 「태극기 오경석 · 겸경수가 고안했다」 『주간조선』 1485호, 1998.

김연갑, 「근대사 영욕 함께한 '민족의 얼굴'」 『주간조선』 1485호, 1998.

이광률, 「태극기의 역학적 고찰」 『국학논총』 3, 경산대학교 국학연구소, 1998.

신정록, 「태극기 국기 채택 '제적 과반수로' 가결」 『주간조선』 1486호, 1998.

최덕수, 『사화기략(1882)』연구 『사총』 50, 1999.

정선덕, 「국기를 활용한 홈페이지 디자인 연구」, 계명대학교대학원 석사학위 논문, 2000.

김기한, 「포스터에 활용한 태극기의 시각적 표현 연구」, 계명대학교대학원 석사학위 논문, 2000.
한철호, 「우리나라 최초의 국기('박영효 태극기', 1882)와 통리교섭통상사무아문 제작 국기(1884)의 원형 · 발견과 그 의의」, 한국독립 운동사 제243회 월례 발표회, 2008.
이태진, 「고종의 국기 제정과 군민 일체의 정치 이념」, 『고종시대의 재조명』, 태학사, 2000.
김원모, 「봉사도의 태극도형기에 대하여-태극기 기원문제를 중심으로」 『아세아 문화연구』 4, 경원대학교 아세아문화연구소, 2000.
정명교, 「조선시대 이후 한국 전통기(깃발)연구」 홍익대학교석사학위논문, 2003.
조인수, 「태국문양의 역사와 태극도의 형성에 대하여」 『동아시아의 문화와 예술』, 동아시아 문화학회, 2004.
김문식, 「1882년 박영효가 사용한 조선 국기」 『문헌과 해석』 36, 2006.
심범섭, 「한국의 삼태극 사상 연구」 성균관대학교석사학위논문, 2006.
목수현, 「한국근대 전환기 국가 시각 상징물」 서울대학교박사학위논문, 2008.
신원봉, 「박영효 태극기의 유래와 그 발견의 의미」 『동양고전연구』 43, 2011.

3. 신문

『뎨국신문』, 제281호(1900).
『독립신문』, 제1호 · 제76호(1896), 제100호(1919).
『황성신문』, 제11호(1898) · 제104호(1900), 제1921호(1905), 제2012호(1905)
『조선일보』, 1998년 11월 3일, 2001년 4월 6일, 2003년 4월 24일 · 5월 30일, 2004년 1월 27일, 2007년 2월 13일 · 7월 2일.
『주간조선』, 1998년 7월 4일, 1485호 · 1486호.
『동아일보』, 1999년 7월 4일, 2008년 2월 29일, 2008년 4월 21일.

찾아보기

ㄱ

ㄴ

ㅂ

ㅅ

ㅇ

ㅊ

ㅋ

ㅌ

ㅍ

ㅎ

국민 모두가 알아야 할
태극기의 어제와 오늘

초　판 1쇄 발행 / 2008년 6월 15일
개정판 1쇄 발행 / 2015년 8월 10일

저자　송춘영
발행처　형설출판사
서울시 종로구 효자로 7길 25 · 전화 (02) 738-6052~4 · 팩시밀리 (02) 736-7134
대구광역시 중구 동덕로 115 진석타워 1119호 · 전화 (053) 425-2811~4 · 팩시밀리 (053) 425-7315
발행인　장지익
등록　라-제9호 · 1962년 5월 1일
홈페이지　http://www.hyungseul.co.kr
e-mail　hyungseul@hyungseul.co.kr

정가 24,000원

©2015 송춘영 All Rights Reserved.

ISBN 978-89-472-7629-0 93300

* 본서는 저자와의 협의에 따라 인지는 붙이지 않습니다.
* 이 책은 저작권법에 의해 보호를 받는 저작물이므로 동영상 제작 및 무단전재와 복제를 금합니다.

이 도서의 국립중앙도서관 출판시도서목록(CIP)은 서지정보유통지원시스템 홈페이지(http://seoji.nl.go.kr)와 국가자료공동목록시스템(http://www.nl.go.kr/kolisnet)에서 이용하실수 있습니다. (CIP제어번호 : CIP2015019173)